Das kleine Afrika-Lexikon

Schriftenreihe Band 437

Jacob E. Mabe (Hrsg.)

in Verbindung mit Leonhard Harding, Carola Lentz, Peter Meyns, Johannes Triebel und Karl Vorlaufer

Das kleine Afrika-Lexikon

Politik, Gesellschaft, Wirtschaft

bpb: Bundeszentrale für politische Bildung

Inhalt

Bonn 2004
Lizenzausgabe für die
Bundeszentrale für politische Bildung

Das Kleine Afrika-Lexikon ist eine gekürzte Ausgabe des folgenden Werkes:

Das Afrika-Lexikon. Ein Kontinent in 1000 Stichwörtern
In Verbindung mit Till Förster, Leonhard Harding, Carola Lentz, Peter Meyns, Dieter Riemenschneider, Johannes Triebel, Raimund Vogels, Karl Vorlaufer, Rainer Voßen und Helmut Ziegert herausgegeben von Jacob E. Mabe
VIII, 720 Seiten. Mit 101 Abbildungen, Karten und Tabellen.
2001. Peter Hammer Verlag, Wuppertal und Verlag J. B. Metzler, Stuttgart
ISBN 3-87294-885-7 (Peter Hammer) und 3-476-01538-6 (J. B. Metzler)

Gedruckt auf chlorfrei gebleichtem, säurefreiem und alterungsbeständigem Papier

Lektorat: Gudrun Honke
Satz: Typomedia, Ostfildern
Druck und Bindung: Ebner & Spiegel GmbH, Ulm
Printed in Germany

ISBN 3-89331-538-1

Vorwort

Das *Kleine Afrika-Lexikon* ist eine Teilausgabe des 2001 erschienenen Afrika-Lexikons, des ersten Nachschlagewerks seiner Art in deutscher Sprache. Das *Kleine Afrika-Lexikon* versteht sich als eine Reaktion auf das zunehmende Bedürfnis der Leserinnen und Leser nach sachlicheren Informationen über die afrikanische Gegenwart. Sein Ziel ist es, das Wissen über Politik, Gesellschaft und Wirtschaft in Afrika in möglichst verständlicher Form einem breiteren Leserkreis zugänglich zu machen. Durch fundierte Information will das Lexikon ein vorurteilsfreies und positives Bild von Afrika vermitteln. Vor diesem Hintergrund wurden Stichwörter ausgewählt, die nicht nur atavistische, triviale oder sogenannte afrikaspezifische Lebensweisen spiegeln, sondern auch moderne Denkweisen behandeln sowie wissenschaftsrelevante Sachverhalte im afrikanischen Kontext veranschaulichen. Die Aufnahme pejorativer Begriffe dient dazu, unreflektiert negative Meinungen über Afrika zu korrigieren. Personenartikel konnten aus Platzgründen nicht aufgenommen werden.

Thema des Lexikons ist der ganze Kontinent. Dies entspricht den Ergebnissen neuerer Forschung, die zwischen den einzelnen Regionen Afrikas jahrtausendealte Verbindungen aufgezeigt hat und früher übliche Aufteilungen wie Weiß- und Schwarzafrika oder Nord- und subsaharisches Afrika mehr und mehr fragwürdig erscheinen lässt. Beschränkt sich das *Kleine Afrika-Lexikon* auf Politik, Gesellschaft und Wirtschaft, so behandelt sein »großer Bruder«, *Das Afrika-Lexikon. Ein Kontinent in 1000 Stichwörtern*, diese genannten Bereiche ausführlicher. Hinzu kommen noch detailliert die Gebiete Kunst, Literatur, Sprachen, Musik sowie Archäologie und Geschichte. Darüber hinaus enthält das große Afrika-Lexikon umfassende Artikel zu allen Ländern des Kontinents und den ihn umgebenden Inseln.

Sämtliche Querverweise des großen Lexikons sind beibehalten worden, auch wenn die entsprechenden Artikel nicht in diesem Auswahlband enthalten sind. Bitte konsultieren Sie in solchen Fällen das große Afrikalexikon (eine vollständige Artikelliste findet sich auf der Homepage des Verlages J.B. Metzler: www.metzlerverlag.de). Auf den gleichen Grund geht auch die nicht fortlaufende Nummerierung der Karten und Abbildungen im kleinen Lexikon zurück.

Ein solches Nachschlagewerk kann nicht ohne fremde Hilfe und Fachkompetenz entstehen. So danke ich zunächst den beiden Verlagen J.B. Metzler und Peter Hammer, die für dieses Vorhaben zu einer Kooperation zusammengefunden haben. Mein Dank gilt insbesondere der Lektorin Frau Gudrun Honke, den Koordinatoren der im Lexikon vertretenen Gebiete sowie allen Autorinnen und Autoren für ihre konstruktive Mitarbeit sowie ihre geistige Aufgeschlossenheit. Großer Dank gebührt nicht zuletzt meiner Frau Dr. Ute Winkler für ihre Ratschläge und lange Geduld sowie meinem Sohn Syl für manch unerwartete Inspiration.

Berlin, im Februar 2002

Jacob Emmanuel Mabe

Die Fachkoordinatoren

Professor Dr. Leonhard Harding, Hamburg: Geschichte
Professor Dr. Carola Lentz, Frankfurt/M.: Gesellschaft
Dr. Dr. Jacob E. Mabe, Berlin: Wirtschaft
Professor Dr. Peter Meyns, Duisburg: Politik
Professor Dr. Dr. Johannes Triebel, Neuendettelsau: Christentum
Professor Dr. Karl Vorlaufer, Düsseldorf: Geographie, Umweltschutz, Urbanisierung, Tourismus

Abhängigkeit ↗ peripherer Kapitalismus

Abtreibung. Schwangerschaftsabbruch ist auch in Afrika eine verbreitete Form der Geburtenregelung. Man schätzt, dass weltweit etwa 15% aller Schwangerschaften in einer Fehlgeburt und 22% in einer A. enden. Von den jährl. weltweit etwa 50 Mio. A. werden etwa 20 Mio. von Personen ohne die notwendigen Fertigkeiten durchgeführt und/oder in einer Umgebung, die nicht minimalen medizin. Standards entspricht. Da fast alle Länder Afrikas A. verbieten oder nur in sehr eng definierten Ausnahmen zulassen (Gefahr für Leben und Gesundheit der Frau, Vergewaltigung), werden die meisten A. unter unzureichenden Bedingungen vorgenommen; eine Notfallversorgung ist kaum gegeben. Die auf jährl. 5 Mio. geschätzten Risiko-A. in Afrika resultieren in etwa 34.000 Todesfällen sowie einem Vielfachen an gesundheitlichen Folgen. Durchschnittl. 13% und in einigen Ländern bis zu 50% der in den meisten afrik. Staaten extrem hohen Müttersterblichkeit beruhen auf den Folgen von A. Da verlässliche Statistiken fehlen, beruhen Zahlenangaben meist auf in Krankenhäusern durchgeführten Studien; insbes. über A. von Frauen in ländl. Gegenden liegen kaum Daten vor.

A. werden durch Einführen scharfer Gegenstände in Vagina und Gebärmutter oder durch die Einnahme unterschiedlichster Kräuter und chemischer Substanzen herbeigeführt oder versucht herbeizuführen, und zwar vom Gesundheitspersonal, von Hebammen, traditionellen Praktikern und den Frauen selbst.

In jeder Gesellschaft gibt es Frauen, für die in einer bestimmten persönlichen, wirtsch. und sozialen Situation das Austragen einer Schwangerschaft inakzeptabel ist. Der häufig niedrige Status von ↗ Frauen in Afrika und ihr Mangel an Selbstbestimmung schränken aber die Möglichkeiten ein, ungewollte Schwangerschaften zu vermeiden. In Gesellschaften, in denen Frauen früh heiraten und Kinder haben oder auch schon vor der Ehe Kinder haben sollen, werden A. wohl eher von Frauen mit erfülltem Kinderwunsch vorgenommen. Wo jedoch sexuelle Beziehungen vor der Ehe gesellsch. nicht akzeptiert sind und z. B. schwangere Schülerinnen die Schule verlassen müssen, werden überproportional viele A. von jungen unverheirateten Frauen vorgenommen. Abtreibungskomplikationen betreffen überwiegend Jugendliche, weil insbes. sie weniger über sichere Abtreibungsmöglichkeiten informiert sind und nicht das dafür notwendige Geld haben. Die Folgen unsachgemäßer A. beanspruchen enorme finanzielle und personelle Ressourcen, z. B. in den gynäkologischen Abteilungen der Krankenhäuser und -stationen. Rechtliche Regelungen haben i.d.R. wenig Einfluss auf die Zahl der A., jedoch auf ihre gesundheitlichen Folgen; Sexualaufklärung für Jugendliche, Zugang zu Verhütungsmitteln und Beratungsstellen für Familienplanung könnten dagegen A. einschränken. Seit in den 1990er Jahren mehrere internat. Konferenzen und Konventionen den Regierungen empfahlen, Programme zur Vermeidung von A. und zur Behandlung der gesundheitlichen Folgen unsachgemäßer A. zu entwickeln sowie sicheren Schwangerschaftsabbruch dort zugänglich zu machen, wo er nicht verboten ist, hat die öffentl. Diskussion um die Abtreibungsgesetzgebung zugenommen und Programme zur besseren Betreuung von Komplikationen bei A. werden umgesetzt. ↗ Verhütung, ↗ Schwangerschaft und Geburtshilfe, ↗ Gesundheitsversorgung, ↗ Geschlechterbeziehungen.

🕮 Bankole/Singh/Haas, Characteristics of Women Who Obtain Induced Abortion: a Worldwide Review. In: Internat. Family Planning Perspectives 25 (1999). – Alan Guttmacher Institute, Sharing Responsibility – Women, Society and Abortion Worldwide, New York 1999. – IPPF Africa Region, Unsafe Abortion and Post-Abortion Family Planning in Africa, London 1994. – www.who.int

Cordula Schümer

Abuja-Vertrag ↗ OAU

ADB ↗ AfDB

AfDB (*African Development Bank/Banque Africaine de Développement*), eine regionale Entwicklungsbank für den afrik. Kontinent (mit vergleichbarer Aufgabenstellung wie die Weltbank, die Asiatische und die Interamerik. Entwicklungsbank) mit Sitz in Abidjan (Elfenbeinküste). Die AfDB wurde 1963 als rein afrik. Institution gegründet und nahm 1966 die Arbeit auf. Zur Erweiterung der Kapitalbasis wurde 1979 der Zutritt auch nichtafrik. Mitgliedsstaaten beschlossen, wegen hinhaltenden Widerstandes (u. a. von Algerien, Nigeria) aber erst 1982 wirksam. Mitglieder derzeit (1. 1. 2001): alle 53 afrik., 24 außerafrik. (davon 14 europ.) Staaten. Oberziel der AfDB ist die finanzielle Förderung der wirtsch. und sozialen Entwicklung Afrikas, wobei die Priorität bei den ärmeren Ländern und auf den Sektoren Landwirtschaft, Infrastruktur und Industrie liegen soll. Die Bank selbst vergibt Kredite zu variablen Bedingungen an die ökonom. relativ stärkeren Staaten (mit deutlichem Schwerpunkt auf Nordafrika). Daneben gibt es in der AfDB-Gruppe als separate Einheiten den 1972 gegründeten ADF (*African Development Fund*), der zinsfreie und lang laufende Kredite an die ärmeren Mitgliedsländer vergibt und ausschließl. aus regelmäßigen Finanzbeiträgen der nichtafrik. Mitglieder gespeist wird, sowie den 1976 geschaffenen NTF (*Nigeria Trust Fund*), der auf Sonderbeiträgen Nigerias beruht und nur noch eine mindere Rolle spielt. Außerdem ist die AfDB aktiv beteiligt an der *Africa Reinsurance Corporation*, der *African Export-Import Bank*, der *Association of African Development Finance Institutions*, *Shelter-Afrique* und SIFIDA (*Société Internationale Financière pour les Investissements et le Développement en Afrique*). In den 1990er Jahren durchlief die AfDB eine mehrjährige Krisenphase mit massiver externer Kritik an einer laxen Geschäftsführung, die zu hohen finanziellen Außenständen geführt und die Reputation ernsthaft gefährdet hatte, bei gleichzeitiger Furcht vor einer allzu starken Einflussnahme der nichtafrik. Mitglieder, deren Finanzbeiträge aber dringend benötigt wurden. Unter neuer Führung wurde ab 1995 ein harter Sanierungskurs durchgesetzt, der das Leistungsprofil deutlich verbesserte. Als Kompromiss wurde der Kapitalanteil der nichtafrik. Mitglieder an der AfDB von 33 % auf 40 % angehoben.

🕮 E. P. English/H. M. Mule, The African Development Bank, Boulder/London 1996.

Rolf Hofmeier

Afrikanische Renaissance ↗ Entwicklungszusammenarbeit, ↗ Modernisierung

Afrikanische Union ↗ OAU

Afrikanischer Sozialismus ↗ Sozialismus

Afrooptimismus/-pessimismus ↗ Entwicklungszusammenarbeit

Agrarforschung ↗ grüne Revolution

Agrarpolitik stellt einen Teilbereich der allg. Wirtschafts- und Gesellschaftspolitik dar und ist schwerpunktmäßig auf die ↗ Landwirtschaft ausgerichtet. Sie bezeichnet die Gesamtheit aller Bestrebungen und Maßnahmen, die darauf abzielen, die ordnungspol. Rahmenbedingungen für den Agrarsektor zu gestalten und den Ablauf der ökonom. Prozesse im Agrarsektor zu beeinflussen. Primäre Ziele der A. in den EL (Entwicklungsländern) sind die Ernährungssicherung, die Armutsbekämpfung durch Arbeitsplatz- und Einkommensschaffung im ländl. Raum, die Verbesserung der sozialen und wirtsch. Infrastruktur, die Verhinderung einer zu starken Landflucht (↗ Migration), die Erhaltung der natürlichen Ressourcen und die Verbesserung des ökolog. Gleichgewichts.

Weltweit wird fast überall durch agrarpol. Instrumente in den landwirtsch. Sektor eingegriffen, allerdings sind in den EL im Vergleich zu den IL (Industrieländern) andere Rahmenbedingungen zu berücksichtigen. So beträgt der Anteil der Landwirtschaft am Sozialprodukt in den EL z. T. noch über 50%, wohingegen er in den IL unter 5% gesunken ist. Die ↗ Bevölkerung wächst schneller, der techn. Fortschritt vollzieht sich meist langsamer, es herrschen vielfach Armut, Hunger und Unterernährung, und der Abstand der Lebensbedingungen zwischen Stadt und Land ist wesentlich größer (↗ Stadt, ↗ Urbanisierung). Zudem findet in den EL eher eine Besteuerung und in den IL meist eine Unterstützung des Agrarsektors statt.

Für die tatsächlichen Anreize der Landwirte in EL ist sowohl die direkte wie auch die indirekte A. wichtig. Direkte A. beinhaltet wirtsch. Maßnahmen, die gezielt auf den Agrarsektor einwirken, z. B. Preisstützungsmaßnahmen. So werden in den EL durch die direkte A. Güter für den heimischen Verbrauch (wie Weizen, Mais und Reis) oft gegenüber den Agrarexportgütern (wie Kaffee) bevorteilt. Ein Grund für diese Ungleichbehandlung ist, dass in Nahrungsmittelimportländern eine Erhöhung des Selbstversorgungsgrades und eine Verringerung der Importabhängigkeit angestrebt wird. Dagegen bezieht sich die indirekte A. auf Instrumente der Wirtschaftspolitik, die auf andere Sektoren oder die gesamtwirtsch. Entwicklung abzielen, aber den Agrarsektor beeinflussen. Ein verbreitetes Beispiel für indirekte A. in EL ist eine Importsubstitutionspolitik für Industriegüter, die über Wechselkurs- und Faktorpreiseffekte den Agrarsektor implizit belastet.

Die Wirkungen der direkten und der indirekten A. auf die Preisrelation zwischen Agrar- und Nichtagrarsektor und die daraus folgenden Allokations- und Verteilungseffekte ergeben in EL folgende Protektionsstruktur: Der Agrarsektor wird über eine indirekte A. belastet, v.a. von der Importsubstitutionspolitik im industriellen Sektor. Damit ist eine Verschlechterung der Preisrelation zwischen Agrar- und Nichtagrarsektor verbunden sowie eine Überbewertung der heimischen Währung. Diese Wirkungen der indirekten A. sind für die Produktion typischer Agrarimportgüter (z.B. Weizen und Reis) ebenso negativ wie für typische Agrarexportgüter (z.B. Kaffee oder Kakao). Als Folge der direkten A. besteht in den meisten Ländern eine Besteuerung traditioneller Agarexportgüter über Exportzölle und Exportsteuern. Staatl. Monopole (sog. *Marketing Boards* bzw. Absatzbehörden), wie z.B. in Ghana, kontrollieren die Agrarexporte und den Ankauf einzelner Agrarprodukte. Zwar sollten ihre Mittel für die Landwirtschaft verwendet werden, doch wurden sie in der Vergangenheit mehr und mehr zur Unterstützung der ↗ Industrialisierung eingesetzt. Die direkte A. führt zu einer deutlichen Benachteiligung der Produktion von Agrarexportgütern im Vergleich zu den typischen Agrarimportgütern. In vielen EL haben die negativen Wirkungen der direkten und indirekten A. eine hohe Besteuerung des Agrarexportsektors ergeben. Bei den Agrarimportgütern wurden Anreize über die direkte A. durch die negativen Effekte der indirekten A. oft wieder kompensiert. Auch in Afrika stellte die indirekte A. einen wichtigen Einflussfaktor der Agrarproduktion dar und war z.T. bedeutender als die direkte A. Die wirtschaftspol. Diskriminierung des Agrarsektors besteht aus vielerlei Gründen noch heute. Diese A. ist mit gesamtwirtsch. Wohlstandsverlusten verbunden, und Hunger und Unterernährung stellen weiterhin ungelöste Probleme in den EL dar. ↗ Finanz- und Währungspolitik, ↗ Handels- und Marktsysteme, ↗ Landesentwicklung, ↗ Lomé-Abkommen.

🕮 P. Gorn/R. Herrmann/B. Schalk, The Pattern of Protection for Food Crops and Cash Crops in Developing Countries. In: European Review of Agricultural Economics 20 (1993), S. 261–290. – M. Schiff/A. Valdés, The Political Economy of Agricultural Pricing Policy, Bd. 4: A Synthesis of the Economics in Developing Countries, Baltimore/London 1992. – Weltbank (Hg.), Weltentwicklungsbericht 1986, Washington 1986 (www.worldbank.org).

Roland Herrmann/Susanne Gärtner

Aids (*acquired immune deficiency syndrome*), bisher tödlich verlaufende Infektionskrankheit, die durch das menschliche Immunschwächevirus HIV (*human immunodeficiency virus*) hervorgerufen und durch Blut, sexuelle Kontakte sowie von der Mutter auf das Kind (bei der Geburt oder durch Muttermilch) übertragen wird. Afrika ist weitaus stärker als andere Kontinente betroffen. Nach UN-Schätzungen lebten Ende 2000 von den weltweit 36,1 Mio. HIV-Infizierten 25,3 Mio. im subsahar. Afrika, d.h. 70 % der Fälle bei nur 10% der Weltbev. Im Gegensatz zu Westeuropa, wo A. in der Mehrzahl homosexuelle Männer und Drogenabhängige betrifft, sind in Afrika 55% aller Infizierten Frauen. Von den weltweit 11 Mio. Aidswaisen leben 90% im subsahar. Afrika. A. hat Malaria als häufigste Todesursache verdrängt. Seit Anfang der 1980er Jahre, als A. in den USA erstmals identifiziert wurde, hat sich die Krankheit zunächst in Ostafrika, dann in West- und explosionsartig im südl. Afrika ausgebreitet, wohingegen Nordafrika bislang relativ verschont geblieben ist. In 16 Ländern sind mehr als 10% der erwachsenen Bev. infiziert, in Südafrika, dem Land mit der höchsten Ansteckungsrate, ein Viertel und in Botsuana, Malawi, Sambia sowie Simbabwe mehr als ein Drittel.

Für das dramatische Ausmaß von A. in Afrika ist neben Armut eine Vielzahl von Faktoren verantwortlich: (1) Ökonom. und pol. Ursachen: ↗ Migration, ↗ Urbanisierung, wachsende Verelendung, Mangel an bezahlbaren Medikamenten, fehlender Zugang zu medizin. Versorgung, zu Bildung, zu pol. und gesellsch. Rechten, massenhafte Vertreibungen durch ↗ Kriege/Bürgerkriege und pol. Instabilität. (2) Biologische Ursachen: häufiges Vorkommen nicht behandelter Geschlechtskrankheiten, die durch Genitalgeschwüre eine Ansteckung mit HIV begünstigen. (3) Soziokulturelle Ursachen: seltener Gebrauch von Kondomen, voreheliche, außereheliche sowie kommerzielle sexuelle Beziehungen (↗ Prostitution), Promiskuität, Eheformen wie ↗ Polygamie, ↗ Levirat, ↗ Sororat, ungleicher Status der Geschlechter mit geringem Entscheidungsspielraum der Frauen bei sexuellen Handlungen, hohe Altersunterschiede der Sexualpartner sowie fehlende Sexualerziehung insbes. der Mädchen. Hinzu kommt, dass Krankheit und Tod nicht immer auf natürliche Ursachen zurückgeführt, sondern als böses Omen, Vergiftung, ↗ Hexerei oder göttliche Strafe empfunden und für nur bedingt beeinflussbar gehalten werden. Als Krankheit, die mit Sexualität und Leben spendenden Flüssigkeiten (Sperma, Blut, Muttermilch) zusammenhängt, unterliegt A. kulturellen Tabus, was eine öffentl. Diskussion und Aufklärungskampagnen erschwert. Viele Länder haben das Problem daher zunächst verdrängt und erst in den 1990er Jahren, als A. zunehmend als nat. Katastrophe wahrgenommen wurde, Maßnahmen eingeleitet und sich den UN-Programmen zur Aids-Bekämpfung (ab 1996: UNAIDS) angeschlossen.

A. ist nicht nur eine menschliche, sondern für die betroffenen Staaten auch eine soziale und ökonom. Katastrophe und mit einem spürbaren Absinken des Entwicklungsstandards verbunden: Die Versorgung von Aidskranken, der Tod junger Erwachsener, die steigende Zahl von Aidswaisen führt zu Einkommensverlusten aller Bevölkerungsschichten, insbes. der armen und weniger gebildeten, zur Zerrüttung sozialer Beziehungen und zu Verwahrlosung. Die Abnahme der durchschnittl. Lebenserwartung (um bis zu 30 Jahre) lässt das Wirtschaftswachstum sinken, z. B. in Südafrika um 0,3 bis 0,4 %, was bis 2010 ein Absinken des BIP um ca. 17 % bedeuten könnte und einen Verlust von 22 Mrd. US$ für die einheimische Wirtschaft. Bei verminderten Staatseinnahmen sind drastische Budgeterhöhungen erforderlich, insbes. im öffentl. Gesundheitswesen aufgrund der ständig zunehmenden Krankheitsfälle sowie im Bildungssystem, da durch den aidsbedingten Mangel an Fachpersonal erheblich mehr qualifizierte Arbeitskräfte (z. B. in Südafrika drei für einen Arbeitsplatz) ausgebildet werden müssen.

Um die katastrophalen Folgen abzuwenden, die A. für die Zukunft Afrikas hat, sind neben Maßnahmen gegen die HIV-Weitergabe von Müttern an Neugeborene v. a. Aufklärungskampagnen, Ausbildungsprogramme und der Ausbau des Bildungssystems notwendig. So konnte in Uganda die Infektionsrate durch konsequente Aufklärung und Erziehung innerhalb von fünf Jahren fast halbiert werden, und bei höherem Bildungsniveau, das haben Studien im subsahar. Afrika gezeigt, steigt die Bereitschaft, das Sexualverhalten zu ändern und Kondome zu benutzen. Dazu sind nach UNAIDS-Schätzungen jährl. ein bis drei Mrd. US$ erforderlich (in den USA z. B. stehen bei erheblich weniger Infektionen jährlich 10 Mrd. $ zur Verfügung), die u. a. durch Schuldenerlass der reichen Länder aufgebracht werden könnten. A. ist auch ein Symbol des ökonom. Ungleichgewichts in der Welt. Nicht nur bei der Prävention, auch bei der medizin. Betreuung der Aidsinfizierten ist Afrika auf internat. Unterstützung angewiesen. Medikamente kosten pro Patient und Jahr ca. 15.000 US$, für die Gesundheitsversorgung stehen in Afrika pro Einwohner jedoch nur 4–40 US$ zur Verfügung. Auf die Pharmaindustrie wird daher verstärkt öffentl. Druck ausgeübt, die Medikamentenpreise drastisch zu senken (Elfenbeinküste, Senegal, Uganda und Ruanda haben bereits Sonderkonditionen ausgehandelt) bzw. die Herstellung billigerer Medikamente vor Ort zuzulassen und einen Impfstoff zu entwickeln, ohne den A. in Afrika letztlich nicht erfolgreich zu bekämpfen sein wird.

🕮 M. Gehler, Un continent se meurt. La tragédie du SIDA en Afrique, Paris 2000. – M. L. Renaud, Women at the Crossroads: A Prostitute Community Response to Aids in Urban Senegal, New York 1997. – www.unaids.org

Damien Rwegera

Akkulturation umfasst die Änderungen kultureller Normen und Verhaltensweisen, die bei einem andauernden Kontakt zwischen Gruppen oder Individuen mit unterschiedlichen kulturellen Traditionen in Gang gesetzt werden. Die Bezeichnung A. wurde erstmals in den 1880er Jahren von amerik. Anthropologen benutzt, ein detaillierteres Konzept in den 1930er Jahren anhand der Kontakte zwischen Afrikanern und Europäern sowie zwischen nordamerik. Indianern und Angloamerikanern erarbeitet. Untersuchungen zur A., die zwischen 1930 und 1950 ihre Blütezeit hatten und eng mit dem Kolonialismus verknüpft waren, konzentrierten sich auf die Übernahme oder Kombination kultureller Elemente (Akzeptanz, Adaptation, Ablehnung) in Abhängigkeit von der Größe der aufeinander treffenden Gruppen und den Bedingungen, unter denen der Kulturkontakt zustande gekommen war. Die Veränderungen interpretierte man allg. eher als »Kulturfusion« denn als bloße Vermischung.

Im Gegensatz zu älteren Ideologien, die den Kolonialismus als eine ↗ zivilisatorische Mission ansahen, bot das Konzept der A. ein neues deskriptives Vokabular für die reellen Auswirkungen des Kolonialismus auf »native Gesellschaften«, bes. in Afrika. Der Kolonialismus wurde als eine von mehreren Formen des Kulturkontakts zwischen »primitiven« und »westl.« Gesellschaften betrachtet. Malinowski unterschied zwar A. und »Transkulturation« auf der Grundlage von Wechselseitigkeit und Asymmetrie zwischen den aufeinander treffenden Gruppen, die Studien zur A. bezogen sich in den 1930er Jahren jedoch fast ausschließlich auf koloniale Akkulturationsprozesse.

Der Begriff der A. basiert auf der Vorstellung,

dass die Welt aus einem Mosaik separater Kulturen besteht, die jede für sich ein organisches Ganzes bilden und durch scharfe, exakt definierte Grenzen voneinander getrennt sind. Beim Kulturkontakt kommt es zwischen diesen ganzheitlichen Gesellschaften zum Austausch kultureller Eigenschaften. Die Vorgänge bei der A. und der später so genannten ↗ Kreolisierung (insbes. ↗ Synkretismus) sind sehr ähnlich. Theorien zum Kulturkontakt beschrieben native Gesellschaften und ihre »hybriden« Kulturen als Teil der modernen Welt und machten den Weg frei für eine Analyse der Geschichte und Interaktion kolonialer und nativer Gesellschaften. Afrik. und westl. Gesellschaften traten nun nebeneinander auf. Durch die Perspektive der A. und bes. durch die Kategorie »Kulturfusion« wird, ähnlich wie beim Paradigma der Globalisierung und bei der Unterscheidung zwischen Zentrum und Peripherie oder zwischen entwickelten und Entwicklungsländern, die Unterscheidung zwischen traditionellen und modernen Kulturen verwischt. ↗ Kultur, ↗ Assimilation, ↗ Bikulturalismus.

🕮 B. Malinowski (Hg.), Methods of Study of Culture Contact in Africa, Oxford 1938. – Ders., The Dynamics of Culture Change. An Inquiry into Race Relations in Africa, New Haven 1949. – R. Redfield/R. Linton/M. J. Herskovits, The Memorandum for the Study of Acculturation. In: American Anthropologist (38) 1936.

Ayse Caglar

Alter. In afrik. Kulturen springt die Verschiedenheit der Formen der Altersorganisation ins Auge. Außerordentlich vielfältig ist die Art, wie Gesellschaften Lebensalter praktisch und begrifflich gliedern. Vielfältig ist auch die Art, wie sie ihre Alten behandeln oder die Alten sich gesellsch. Institutionen zunutze machen, um die Alterssicherung zu gewährleisten.

Das soziale A. wird in Afrika nicht über die Anzahl gelebter Jahre bestimmt, sondern über die Stellung in der Generationenfolge, den sozialen Status, die Zugehörigkeit zu festgelegten Altersgruppen bzw. -klassen oder durch die Position im Familienzyklus. Es werden vier Typen der Altersgliederung unterschieden: (1) Physisch-funktional: V. a. bei Jäger- und Sammlergesellschaften (z. B. in Zentralafrika) finden sich Altersbegriffe, die auf die körperlichen Fähigkeiten abheben. Wer nicht mehr zu großen Anstrengungen in der Lage ist – bei Männern zu weiten Jagdzügen, bei Frauen zum Sammeln der Grundnahrungsmittel und zur Versorgung von Kleinkindern –, gilt als alt. (2) Alters- und Generationsklassensysteme (↗ Altersklassen): Hier gehört jeder Mensch zu einer als gleichaltrig bezeichneten Gruppe von Menschen, die mit ihm in gleichem Verhältnis zur vorangegangenen Generation steht. Mit diesen de facto oft sehr unterschiedlichen Gleichaltrigen rückt der Mensch in rituell bestimmten Jahreszyklen, im Gada-System der Oromo (Äthiopien, Kenia) etwa alle acht Jahre, in andere Alterskategorien auf. Hierbei variiert das A. oft beträchtlich. So können in einer Gruppe manche 40 Jahre jünger sein als die Ältesten der gleichen Kategorie. (3) Unterscheidung nach Positionen im Reproduktionszyklus: In manchen Gesellschaften ist der Familienstatus, insbes. von ↗ Frauen, die dominante Ordnungskategorie im Lebenslauf. Entscheidend ist, ob sie schon heiratsfähig, verheiratet, Mutter, geschieden, Schwiegermutter oder Witwe sind. Unverheiratete oder kinderlose alte Frauen oder Männer können so nie zu Alten werden. (4) Senioritätssysteme: Hierbei beinhaltet das Vorrücken in der Geburtenfolge einen Machtzuwachs. A. wird immer im Verhältnis zu den Nachgeborenen definiert. Diese Vorstellung von A. kommt unserer Vorstellung von chronologischem A. am nächsten. Auch in Gesellschaften, in denen A. und Macht verknüpft sind, werden keineswegs alle alten Menschen zu Geronten und teilen das hohe Prestige, das mit A. assoziiert wird. Wer alt wird, ohne ein Ältester zu sein, kann u. U. an den Rand gedrängt werden.

Bei der Betrachtung nichtindustrieller afrik. Gesellschaften wird deutlich, dass die Versorgung im hohen A. – wenn die Alten mehr konsumieren, als sie produzieren können –, nichts Natürliches ist, sondern einer institutionellen Einbettung bedarf, die problematisch ist und ein unstabiler Balanceakt bleibt. Die versch. Formen der Alterssicherung implizieren deshalb immer auch den Konflikt zwischen Lebensaltern. Sehr unterschiedliche Institutionen dienen u. a. auch der Absicherung des Überlebens alter Menschen. (1) Magie und Religion: Hohes Ansehen der Alten kann von einer Zuschreibung magischer Kompetenz abgeleitet sein, die aber als durchaus ambivalent wahrgenommen wird und in bestimmten kulturellen Kontexten auch die Verachtung oder Tötung der Alten begründen kann. Auch relig. Institutionen, in denen Wissen um wirksame Gebete, Rituale oder Heilkräuter von Alten angehäuft wurde, können diesen Sicherheit und Versorgung bieten. (2) Akkumuliertes Wissen: In einer Reihe schriftloser Kulturen stützen die Alten ihre Altersversorgung auf das Beherrschen von Wissenselementen, die für die

Gesellschaft unverzichtbar sind. So gibt es eine Spezialisierung von Alten auf erinnerbares Wissen u.a. über Dorf- und Klangeschichte, über Landbesitzverhältnisse oder Konfliktlösungsstrategien. Dieses Wissen schafft Prestige. (3) Eigentum: Das Eigentum an Land und Häusern oder die Position des Verwalters von Grund und Boden der Verwandtschaftslinie sichern eine Versorgung der Alten.

Nichts verletzt das Bild vom Umgang afrik. Kulturen mit ihren Alten so sehr wie die Praxis der Altentötung (Senizid) in Jäger- und Sammlergesellschaften. Die San, Jäger und Sammler in der Kalahari (Südafrika), ließen ihre gebrechlichen Alten zurück, wenn sie nicht mehr zu langen Streifzügen zur Nahrungssuche in der Wüste imstande waren und somit die Mobilität der ganzen Gruppe eingeschränkt hätten. Bei Ernteausfällen und sie begleitenden Hungersnöten sind es die Kleinkinder und die Alten, die zuerst sterben, da die verbliebenen Nahrungsmittel zuerst an die arbeits- und reproduktionsfähigen Erwachsenen verteilt werden. Heute sind Vernachlässigung und Unterversorgung der Alten insbes. dort eine regelmäßige Erscheinung, wo die junge Generation abwandert und die Älteren – sogar die eigenen Eltern und Großeltern – die normativen Verpflichtungen nicht mehr erzwingen können. In Ländern mit hoher ↗ Aids-Infektionsrate ist die Versorgung zunehmend schwieriger zu gewährleisten, da immer größere Teile der jüngeren Generation an der Epidemie sterben. ↗ Bevölkerung.

🕮 C. Attias-Donfut/L. Rosenmayr (Hg.), Vieillir en Afrique, Paris 1994. – D. Dracklé (Hg.), Alt und zahm? Alter und Älterwerden in unterschiedlichen Kulturen, Hamburg 1998. – G. Elwert/M.Kohli (Hg.), Im Lauf der Zeit. Saarbrücken 1990.

Karola Elwert-Kretschmer

Angepasste Technologie (*appropriate technology*) ist ein entwicklungspol. Begriff aus den 1960er Jahren, der von einer Differenzierung der Technik für Industrie- und Entwicklungsländer ausgeht. Ähnlich wie die Begriffe *intermediate technology* (mittlere Technologiestufe), *low-cost-technology* (Billigtechnologie), *self-help-technology* (Selbsthilfetechnologie) bezeichnet er situationsgerechte Geräte und Verfahren. Die Diskussion um a.T. beruht auf der Erkenntnis, dass die Technologie der westl. Länder aus ihrer Kultur und ihren Bedürfnissen heraus entstanden und vornehmlich arbeitssparend und kapitalintensiv ist, sich in dieser Form aber keineswegs für die i.d.R. kapitalschwachen sog. EL (Entwicklungsländer) eignet. Ziel entsprechender Technologieentwicklungen – insbes. im Bereich der ↗ landwirtsch. Produktion und in der Lagerung und Weiterverarbeitung von Agrarprodukten – ist es, den Menschen in den EL Geräte und Verfahren zur Verfügung zu stellen, die weitgehend unabh. von importierten Ressourcen (↗ Rohstoffe, Ersatzteile, Energie) sind, dem Entwicklungsstand eines Landes entsprechen, sozialverträglich und ökol. akzeptabel sind. Bes. sollte durch den verstärkten Einsatz von Zugtieren in semiariden (halbtrockenen) Regionen Afrikas die Abhängigkeit von importierten Erdölderivaten vermieden werden. So wurden z.B. auch millionenfach Kleinbiogasanlagen (↗ Energien, erneuerbare) mit staatl. Subventionen und im Rahmen der techn. Zusammenarbeit (↗ Entwicklungszusammenarbeit) zur lokalen Energieversorgung gebaut, einfache Geräte zum Schälen, Dreschen und Reinigen von Hülsen- und Körnerfrüchten propagiert oder verbesserte Holz-, Holzkohle- und Solarkocher eingeführt.

Da sich die westl. Industrie mit ihrem Know-how weitgehend von der Entwicklung a.T. distanzierte, blieben Konstruktion und Bau von Geräten, Anlagen und auch von Kleintraktoren weniger erfahrenen Handwerkern und Laien überlassen. Derartige Werkzeuge und Geräte waren dann billig, Funktion und Lebensdauer ließen aber, wie große Schrotthaufen in den EL bezeugen, zu wünschen übrig. Außerdem zeigte sich, dass eine solide, einfache Technik wohl für landwirtsch. Subsistenzbetriebe ausreicht – sofern sie sich diese überhaupt leisten können –, es aber hoch mechanisierter Agrarbetriebe bedarf, um genügend Nahrungsmittel für die in den Städten (↗ Stadt, ↗ Urbanisierung) lebende Bev. zu produzieren. Außerdem wurde als Konkurrenz zu a.T. der überbetriebliche Maschineneinsatz gefördert, um auch kleinen Betrieben die Vorteile moderner Technik zukommen zu lassen (↗ Mechanisierung). GATE, die dt. Institution zum Austausch von a.T., definierte a.T. in den 1980er Jahren neu: »Angepasst sind Lösungen, die sich nach wirtsch. wie auch nach sozialen und kulturellen Kriterien als bes. geeignet für Entwicklungsprozesse erweisen. Sie sollen bei optimaler Ressourcennutzung und minimaler Umweltbelastung zu einer sozioökom. Entwicklung beitragen. Fallweise kann es sich dabei um traditionelle, intermediäre oder hoch entwickelte Technologie handeln.« Inzwischen hat sich gezeigt, dass mehr noch als die Geräte selbst, das Know-how und die notwendige Infrastruktur entscheidend sind für den erfolgreichen Einsatz einer Technologie.

Kein Land der Erde wird sich heute ausschließlich auf low-input, arbeitsintensive Technik, beschränken können, um nicht von der Weltentwicklung abgekoppelt zu werden. So werden in jedem afrik. Staat arbeitsintensive Verfahren (um ein hohes Maß an produktiver Beschäftigung zu erreichen) und kapitalintensive Verfahren (z. B. in der medizin. Technik, ↗ Forschung und auch in der ↗ Landwirtschaft) nebeneinander existieren müssen. Im Zuge der Globalisierung rücken Länder und Menschen enger zusammen, Probleme wie die Umweltbedrohung (↗ Umweltschutz) treffen die ganze Welt, die weiter nach Lösungen suchen muss, die der jeweiligen Situation angepasst sind, sich aber stets ändern werden.

📖 E. F. Schumacher, Small is beautiful: die Rückkehr zum menschlichen Maß, 2. Aufl., Heidelberg 1995.

Rüdiger Krause

Animation rurale ↗ Community Development

Arabische Liga, 1945 von Ägypten, Irak, Jemen, Libanon, Saudi-Arabien, Syrien und Transjordanien (heute Jordanien) mit dem Ziel gegründet, die Beziehungen der Mitgliedsländer auszubauen, ihre Unabh. zu schützen bzw. – angesichts fortdauernder milit. Besetzung einiger Länder – vollständig zu verwirklichen, Konflikte untereinander auf friedlichem Wege zu lösen und arab. Interessen gegenüber anderen Staaten zu vertreten. Von einzelnen Beteiligten wurde die AL auch als Beitrag zur Wiederherstellung der arab. Einheit und als Vorstufe zu einem weitergehenden Zusammenschluss der arab. Staaten gesehen.

Höchstes Beschlussorgan der AL ist der Ligarat, der zweimal jährl. tagt. Koordiniert wird die Arbeit der AL durch den Generalsekretär, der traditionell aus Ägypten bestellt wird, dem (mit Ausnahme der Jahre 1979 bis 1991) offiziellen Sitz der Liga. Die AL hat 16 offizielle Ausschüsse (Erdölfragen, Gesundheit, Kultur, Wirtschaft u. a.), Unterorganisationen sowie Fachkommissionen. Aus den Ausschüssen und Arbeitsgruppen wurden u. a. die (letztlich erfolglose) Initiative zur »Arab. Wirtschaftseinheit« (1957) oder die »Charta der Sozialarbeit« (1971) entwickelt. Der seit 1974 institutionalisierte »euro-arab. Dialog« wird von einem der 10 stellv. Generalsekretäre koordiniert. Die AL kann eigene Friedenstruppen aufstellen (wie 1976 im Libanon), sie verfügt über einen eigenen Entwicklungsfonds, eine Atomagentur, die Arab. Postunion und andere permanente Fachorganisationen.

Schon bei der Gründung der AL nahm Ägypten als bevölkerungsreichstes Mitgliedsland eine Führungsrolle ein, die 1954 bis 1967 unter Nasser weiter ausgebaut wurde, wobei die panarab. Bekundungen des Präsidenten den ägypt. Vormachtanspruch in der AL nur unzureichend verdecken konnten. Der Friedensschluss Ägyptens mit Israel (Camp David) erwies sich 1979 als schwere Belastung für die AL, in deren Gefolge Ägypten ausgeschlossen und der Sitz der AL von Kairo nach Tunis verlegt wurde. 1989 wurde Ägypten wieder aufgenommen, 1991 kehrte die AL nach Kairo zurück. Seit der Rückkehr in das arab. Lager 1989 nimmt Ägypten eine wichtige, aber nur zusammen mit Syrien und Saudi-Arabien dominierende Rolle ein, zumal das Land unter Mubarak weiterhin eine eher nationalägypt. als panarab. Politik verfolgt.

Das Ziel der AL, die Konkurrenz innerhalb der arab. Welt zu reduzieren und die arab. Interessen gemeinsam nach außen zu vertreten, wird u. a. durch den tiefgreifenden pol. Dissens zwischen Syrien und dem Irak oder zwischen Irak und Kuweit konterkariert. Die Liga-Mitglieder Ägypten und Syrien nahmen 1991 sogar an der Seite der USA am zweiten Golfkrieg gegen den Irak teil.

Weitere Probleme sind die sozioökonom. und soziokulturellen Inhomogenitäten der Mitgliedsländer, da der AL neben den arab. Staaten Kuweit, Saudi-Arabien und Jemen auch solche mit lediglich arabisierter Bevölkerung (z. B. Algerien und Marokko) oder mehrheitlich anderen, z. B. afrik. Volksgruppen angehören, die nicht die gemeinsame arab. Geschichte eint, sondern allenfalls die gemeinsame islam. Religion. Auch die unterschiedlichen ökonom. Interessen von reichen Ländern wie Kuweit und extrem armen wie Mauretanien tragen zur Reduzierung der Handlungsfähigkeit der AL bei.

📖 K. Eberlein, Die Arab. Liga, Bd. 1–3, Frankfurt 1993/95. – League of the Arab States. In: The Middle East and North Africa 1995, London 1995, S. 232ff. – M. I. Al Ramadhani, Die Liga der Arab. Staaten, Diss., Bamberg 1974. – U. Steinbach/R. Robert (Hg.), Der Nahe und Mittlere Osten. Opladen 1988.

Frank Bliss

Assimilation. Obgleich A. und ↗ Akkulturation als Bez. für Vorgänge bei kulturellen Veränderungen häufig simultan verwendet werden, bezeichnet A. die Ergebnisse der Akkulturation, bei der eine Gruppe die größere Anzahl kultureller Eigenschaften der anderen Gruppe, mit der sie in Berührung kommt, übernimmt. Bei A. treffen unterschiedlich große oder ungleich komplexe Gruppen aufeinander. Komplette Absonderung und völlige A. sind die entgegengesetzten Enden ein und derselben Skala. Die Akkulturation bei Migranten oder ethn. Minderheiten wurde von »Schmelztiegel-«Theoretikern wie Redfield, Linton und Herskovits meist als A. beschrieben, bei der, wenn eine Gruppe oder Gesellschaft die größere Menge an Eigenschaften aus einer anderen Kultur übernimmt, der Hauptteil ihres kulturellen Erbes verlorengehe und nicht nur die Verhaltensmuster, sondern auch die inneren Werte der anderen Kultur übernommen würden. Auch Malinowski und andere Autoren der *Methods of Study of Culture Contact in Africa* sprechen von assimilierten Afrikanern, meinen aber eher Akkulturation als A. Es geht ihnen um die neue *composite culture* in Afrika, eine aus versch. Elementen zusammengesetzte Kultur, die aus dem Kontakt zwischen Europäern und Afrikanern hervorgeht und eher durch kompromissreiche wechselseitige Veränderungen charakterisiert ist als durch die einseitige Übernahme von Verhaltensmustern. A. unterscheidet sich von Akkomodation oder Adaptation insofern, als sie eine einseitige Durchdringung bedeutet, während die anderen Formen kultureller Veränderung wechselseitig vonstatten gehen. ↗ Kultur.

🕮 B. Malinowski (Hg.), Methods of Study of Culture Contact in Africa, Oxford 1938. – R. Teske/B. Nelson, Acculturation and Assimilation. A Clarification. In: American Ethnologist 1 (1974).

Ayse Caglar

Ausbildung ↗ Bildungswesen, ↗ Brain Drain, ↗ Missionsschule

Außenwirtschaft umfasst den Außenhandel von Gütern und Dienstleistungen, grenzüberschreitende Bewegungen von Kapital und Arbeitskräften (↗ Migration aus den jeweiligen Nachbarländern nach z. B. Südafrika, Sambia, Kenia und Elfenbeinküste; Abwanderung hochqualifizierter Arbeitskräfte in die Industrieländer, ↗ *Brain Drain*) sowie das Währungssystem und die Währungstransaktionen einer Volkswirtschaft. Beeinflussende Faktoren sind die Entwicklung der internat. Märkte, die nat. Außenwirtschaftspolitik und internat. Wirtschaftsabkommen.

I. Tendenzen. Exporte aus und Kapitalzuflüsse nach Afrika wuchsen in den letzten 20 Jahren langsamer als die gesamte Wirtschaftsleistung des Kontinents – im Gegensatz zu allen anderen Weltregionen, die sich zunehmend in die Weltwirtschaft integrierten. Damit verlor nicht nur die A. an Bedeutung für die afrik. Volkswirtschaften, sondern Afrika umgekehrt auch an weltwirtsch. Relevanz. So sank der Anteil am Weltexport nach Angaben der WTO zwischen 1980 und 2000 von 6% auf 2%. Vorteile der internat. Arbeitsteilung (Spezialisierungsgewinne durch internat. Gütertausch, Kapital- und Technologietransfer durch ausl. Investitionen) konnten somit in Afrika weniger realisiert werden als andernorts. Ursachen für die Marginalisierung Afrikas sind die abnehmende Bedeutung von ↗ Rohstoffen im Welthandel, die geringe ↗ Industrialisierung afrik. Volkswirtschaften, unzureichende ↗ Transportsysteme insbes. in Ländern ohne Meereszugang, andere Infrastrukturmängel wie die mangelnde Verlässlichkeit der Stromversorgung für Telekommunikation sowie auf Unternehmensebene unzulängliche Lieferkapazitäten, Qualitätsgarantien und Vertragstreue. Auch die Wirtschaftspolitik behinderte lange Zeit die weltwirtsch. Integration Afrikas: Seit ihrer pol. Unabh. verfolgten die meisten Staaten eine importsubstituierende Außenwirtschaftsstrategie mit dem Ziel, durch eine Überbewertung der heimischen Währung Importe von Produktionsmitteln und Konsumgütern zu verbilligen, zugleich aber durch produktspezifische Beschränkungen, z. B. bes. Zollsätze, die neu entstehenden nat. Industrien zu schützen und zu fördern – häufig auch im Rahmen regionaler Freihandelsabkommen (↗ kollektive Eigenständigkeit). Jede Überbewertung der Währung behindert den Export und damit einen potentiellen wirtsch. Wachstumsfaktor. Eine Umkehr der Außenwirtschaftspolitik erfolgte seit Ende der 1970er Jahre unter maßgeblicher Beteiligung von Weltbank und IWF durch Programme zur ↗ Strukturanpassung, d. h. Währungsabwertungen und Orientierung auf die Produktion traditioneller (landwirtsch.) Güter für den Export, um die bestehenden komparativen Kostenvorteile zu nutzen und später durch Exportdiversifizierung Wachstumsimpulse zu schaffen. Weltweit sinkende Erzeugerpreise für Rohstoffe haben diese Strategie zunächst konterkariert. Erst Mitte der 1990er Jahre erreichte der Außenwirtschaftssektor in den meisten Ländern eine höhere Wachstumsrate als die Binnenwirtschaft. Diese Umkehr wird allerdings wegen der großen Schwankungen der Rohstoffpreise kaum von Dauer sein.

II. Außenhandel. Afrika lieferte 1999 Waren im Werte von 100 Mrd. US$ an Volkswirtschaften außerhalb der Region; die offiziell registrierten Warenausfuhren innerhalb Afrikas beliefen sich auf lediglich 11 Mrd. US$. Allerdings gibt es im intraafrik. Handel einen erheblichen nicht registrierten, grenzüberschreitenden Warenverkehr (Schmuggel). Über die Hälfte der afrik. Exporte sind Mineralstoffe, ein Viertel sind Landwirtschaftsprodukte. Afrikas Importe beliefen sich 1999 auf 133 Mrd. US$ – v. a. Maschinen und andere Fertigwaren (jeweils etwa ein Drittel), Nahrungsmittel, Erdöl, Chemikalien. Eine größere Bedeutung für den Welthandel hat Südafrika (1999 Exporte und Importe im Wert von jeweils 27 Mrd. US$), ferner die Erdölexportländer und Mittelmeeranrainer: Algerien, Nigeria, Libyen, Marokko und Tunesien. Die übrigen 47 Volkswirtschaften Afrikas lieferten insges. Güter im Wert von nur 40 Mrd. US$ ins Ausland. I.d.R. sind die Exporte afrik. Volkswirtschaften auf wenige Produkte oder sogar nur ein einziges konzentriert: Erdöl aus Nigeria (95% der Exporteinnahmen 1995), Kupfer aus Sambia (80–90%), Tabak aus Malawi (70%). Ghana exportiert Gold, Kakao und Holz (zusammen 70% der Exporterlöse), Kamerun exportiert Erdöl, Kakao, Holz, Kaffee und Aluminium (zusammen 70%). Nur wenige Länder führen größere Mengen Fertigwaren aus (Mauritius, Simbabwe, Südafrika, Kenia). Die Konzentration auf wenige Exportgüter führt zu hoher Abhängigkeit von Nachfrageschwankungen auf dem Weltmarkt. Neben dem mengenmäßigen Absatz ist das Preisverhältnis zwischen Exporten und Importen (*commodity terms of trade*) für den Außenhandel relevant. Bei konstanten oder steigenden Preisen für eingeführte Maschinen und Fertigwaren führte der Rückgang der Rohstoffpreise seit Ende der 1970er Jahre insbes. für die nicht Erdöl exportierenden Länder zu einem nachhaltigen Verfall der realen Austauschverhältnisse im Außenhandel. Sinkende Preise für Kakao, Kaffee, Baumwolle, Palmöl, Kupfer und Aluminium führten Ende der 1980er Jahre zu katastrophalen Einbußen in den *commodity terms of trade*: In Ghana z. B. sank der Indexwert von 100 (1987) auf 45 (1992). Konjunkturbedingt, z. T. auch durch Anpassungen im Exportmix, stieg dieser Indikator in den meisten Ländern wieder an – in Ghana 1997 auf einen Wert von 69. Ein gelegentlich vermuteter säkularer Verfall der *terms of trade* für alle Rohstoff exportierenden Volkswirtschaften lässt sich empirisch allerdings nicht belegen. – Die Handelsströme der Weltwirtschaftsregion Afrika sind in hohem Maße nach außen gerichtet. Während in Asien etwa 45% des grenzüberschreitenden Handels innerhalb der Region selbst stattfindet, beträgt der intrakontinentale Außenhandel Afrikas nur ca. 10% des ges. Außenhandelsvolumens der afrik. Länder (1999). Gründe dafür liegen in den mangelhaften Transportmöglichkeiten, Handelshemmnissen (u. a. Zölle), der geringen Kaufkraft der Bev. und in der Tatsache, dass benachbarte Länder häufig die gleichen Produkte exportieren und daher kein Anreiz zum Austausch besteht. Für die meisten afrik. Länder ist die EU wichtigster Handelspartner: Bspw. verkauften Kamerun, Niger und Uganda mehr als zwei Drittel ihrer Exporte nach Europa. Ausnahmen sind Nigeria (Haupthandelspartner USA), einige Binnenländer sowie Kenia und Simbabwe (ein Drittel der Gesamtexporte in afrik. Länder). Die ↗ Lomé- bzw. Cotonou-Abkommen garantieren freien Zugang zum Industriegütermarkt Europas sowie günstige Zollsätze für die meisten Agrargüter. Südafrika wurde seit 1994 in das Allg. Präferenzsystem (APS) für EL (Entwicklungsländer) einbezogen. Infolge der von der WTO angestrebten Liberalisierung werden die dadurch gegenüber anderen EL entstandenen Vorteile in Zukunft aber an Bedeutung verlieren. Dann müssen bestehende Absatzmärkte im Ausland durch intraafrik. Wirtschaftskooperationen sowie verstärkte Anstrengungen zur Qualitätssicherung gehalten und neue Märkte durch Exportdiversifizierung und Handelsliberalisierung innerhalb Afrikas erschlossen werden. – Die Konzentration der Außenhandelsbeziehungen auf ein Land legt es nahe, Währungen fest an die Währung dieses Landes zu binden, um das Risiko von Wechselkursschwankungen auszuschalten. Diesen Weg haben in der Franc-CFA-Zone 14 westafrik. Länder gewählt. Der Wechselkurs zum frz. Franc wurde bislang lediglich einmal (1994) abgewertet. Die Wechselkurse der übrigen afrik. Währungen unterliegen dagegen häufig Abwertungen, um inflationsbedingte Kaufkraftverluste gegenüber den globalen Leitwährungen auszugleichen. – Weltweit hat sich der grenzüberschreitende Handel mit Dienstleistungen (u. a. Transport, Reisen, Kommunikation, Finanzdienstleistungen) seit 1980 mehr als verdreifacht und ist damit stärker gewachsen als der internat. Warenhandel. Diese Entwicklung berührte die afrik. Volkswirtschaften kaum. Nur Touristikdienstleistungen haben für Länder wie Kenia und Südafrika an Bedeutung gewonnen (↗ Tourismus). Der Anteil Afrikas am weltweiten Dienstleistungsexport ging seit 1980 um fast die Hälfte zurück und beträgt jetzt 2 %.

III. Grenzüberschreitende Faktorbewegungen. Nettokapitalzuflüsse nach Afrika kamen noch Anfang der 1980er Jahre vorwiegend aus privaten Quellen. Während des internat. Kreditbooms 1977–82 (Folge der Erdölpreisexplosionen der 1970er Jahre und der weltweiten Vermögensumschichtungen) stellten Bankkredite, die jedoch nur selten produktiv verwendet wurden, die vorherrschende Komponente privater langfristiger Kapitalzuflüsse dar. In den 1990er Jahren wurden private Kredite praktisch nicht mehr gewährt, es kam bei dieser Art Kapitalverkehr sogar zu Nettoabflüssen. Andererseits ist das subsahar. Afrika die Entwicklungsregion mit den höchsten Kapitalzuflüssen aus öffentl. Quellen geworden: 1990–95 erhielt die Region ein Viertel aller für EL aus öffentl. Quellen der Industrieländer und von internat. Organisationen gewährten Zuschüsse und Kredite. Daher sind fast alle afrik. Volkswirtschaften gegenüber dem Ausland hoch verschuldet, und der weit überwiegende Teil der Schulden (ca. drei Viertel) ist bei öffentl. Kreditgebern anhängig (↗ Verschuldung). Der Schuldendienst, d. h. die Tilgung der Kredite und die Zinszahlung, bindet für Investitionen benötigte Finanzmittel. In Verhandlungen mit den im Pariser Klub zusammengeschlossenen öffentl. Gläubigern konnten mehrere Länder mit Auflagen zur Wirtschaftsreform verknüpfte Umschuldungsabkommen erreichen. – Neben Krediten sind ausl. Direktinvestitionen (ADI), d. h. Beteiligungen an einem ausl. Unternehmen mit mehr als 10% des Anlagekapitals, und Portfolioinvestitionen (Wertpapierkäufe) als geringfügigere, ausschließlich renditeorientierte Beteiligungen mögliche Formen des Kapitalimports aus privaten Quellen. Seit Mitte der 1980er Jahre werden Investitionen weltweit zunehmend außerhalb des Herkunftslandes getätigt (Globalisierung). Zwar hat auch das subsahar. Afrika (mit Ausnahme der Länder der CFA-Zone) seitdem einen wachsenden Bestand sowie schwankende, aber tendenziell wachsende Zuflüsse von ADI. Von den 1998 weltweit in Höhe von 430 Mrd. US$ getätigten Direktinvestitionen außerhalb des Herkunftslandes entfielen aber nur etwa 90 Mrd. US$ auf EL und davon nur knapp 5 Mrd. US$. auf das subsahar. Afrika (ohne Südafrika). Generell können Direktinvestitionen im Ausland beschaffungsorientiert (Rohstoffgewinnung, niedrige Lohnkosten) oder absatzorientiert sein. Direktinvestitionen in Afrika erfolgten i. Allg. zum Rohstoffabbau (Angola, Kamerun, Gabun, Ghana, Guinea, Nigeria), manchmal sind auch Lohnkostenvorteile für ADI ausschlaggebend (Mauritius). Marktorientierte ADI finden sich nur vereinzelt, z. B. bei der Produktion von Mercedes-Fahrzeugen in Nigeria und Südafrika. Die Gewinne aus Direktinvestitionen in Afrika sind zwar oft höher als Gewinne aus Investitionen in anderen EL: 24–30% gegenüber 16–18 % (erste Hälfte der 1990er Jahre), allerdings ist das Länderrisiko für den Investor erheblich höher. – Erst seit 1992 sind z. B. in Südafrika, Botsuana und Elfenbeinküste Portfolioinvestitionen aus dem Ausland erlaubt, die zu Liquiditätszuwachs und Ausdifferenzierung der Finanzmärkte beitragen können. Im Verhältnis zu anderen »neuen Märkten« (*emerging markets*) ist das Volumen ausl. Portfolioinvestitionen in Afrika gering.

📖 P. Collier, The Marginalization of Africa. In: Internat. Labour Review 134 (1995), S. 541–557. – African Development Perspectives Yearbook, Bd. 8: Africa's Re-Integration Into the World Economy, Münster/Hamburg 2001. – H. Bass, Berg- und Talfahrt bei Rohkakao. Westafrika: Die Strukturprobleme bleiben – dennoch gibt es Auswege. In: Entwicklung und Zusammenarbeit 42 (2001) 3; sowie die jährl. erscheinenden Berichte der UNCTAD (Trade and Development Report, World Investment Report: www.unctad.org) und der WTO (World Trade Report: www.wto.org).

Hans H. Bass

Autoritäre Regime, eine Herrschaftsform, die zwischen ↗ Demokratie und Totalitarismus liegt. Bis 1989/90 wurden die meisten Länder Afrikas autoritär regiert, seitdem hat eine Demokratisierungswelle eingesetzt, die freilich, wie zahlreiche Rückfälle zeigen, noch instabil ist. Unter a. R. versteht man pol. Systeme, die im Wesentlichen durch drei Merkmale gekennzeichnet sind: (1) begrenzter Pluralismus, (2) fehlende umfassende Ideologie, (3) geringer Grad von Mobilisierung, wobei sich in der Realität – insbes. nach den Umwälzungen von 1989/90 – noch sehr viel mehr Typen herausgebildet haben, als diese Merkmale andeuten können. A. R. haben viele Jahre lang die Frage aufgeworfen, ob nicht eine positive Korrelation zwischen dem Regimetypus und dem Grad der sozioökonom. Entwicklung vorliegen bzw. ob eine »Entwicklungsdiktatur« nicht verstärkt, d. h. besser organisiert, eine Verbesserung der Lebensbedingungen ihrer Bev. erreichen könne. Dies wurde selbst für ↗ Militärregime vermutet. In der Retrospektive erwiesen sich solche Annahmen – insbes. für Afrika – als haltlos. Es kann heute als gesicherte Erkenntnis gelten, dass die an die Macht gekommenen ↗ Eliten sich in a. R. eher schamlos bereichert als Entwicklungsprozesse ausgelöst haben. Man spricht daher von einer Kriminalisierung des Staates, d. h. der Routinisierung illegaler Praktiken in Staat und Verwaltung, wobei die Illegalität nach den Gesetzen des jeweiligen Landes und dem internat. Recht zu messen ist.

Folgende Merkmale, die in Afrika zur Konstituierung von a. R. geführt haben, lassen sich unterscheiden: (1) Rahmenbedingungen für eine oligarchische Machtausübung der neuen Elite nach der Unabh., (2) eine ideol. Legitimation im Sinne gebündelter Anstrengungen über eine zentrale Planung zur Überwindung der Unterentwicklung bzw. der Folgen der Kolonialherrschaft, (3) eine pol.-soziale Begründung durch den Rekurs auf vermeintlich hist. ableitbare Formen gemeinschaftlichen Handelns, wie das Beispiel ↗ Ujamaa in Tansania zeigt, (4) eine modernistisch-okzidentale Begründung im Sinne der Verhinderung des Aufkommens von Klassengegensätzen und (5) eine extreme Personalisierung von Herrschaftsausübung, die Formen des Klientelismus und ↗ Neopatrimonialismus mit sich bringt.

Die bekannteste Form von a. R. ist die Herrschaft der Einheitspartei im ↗ Einparteisystem. In Afrika ist auch ein häufiges Vorkommen von Militärregimen zu konstatieren, auch wenn sie nur selten lange bestanden haben. Aus heutiger Sicht lassen sich kaum noch normative Rechtfertigungen für a. R. aufrechterhalten. Tatsache ist jedoch, dass trotz des großen Demokratisierungsdrucks autoritäre Herrschaftsformen noch weithin wirksam sind. ↗ Nachkolonialer Staat.

🕮 H. F. Illy u. a., Diktatur – Staatsmodell für die Dritte Welt? Freiburg/Würzburg 1980. – D. Nohlen, Autoritäre Systeme. In: Ders. (Hg.), Lexikon der Politik, Bd. 4, München 1997, S. 67–75. – A. Kourouma, Die Nächte des großen Jägers. Roman, Wuppertal 2000.

Hans F. Illy

BAD ↗ AfDB

Banken ↗ Finanz- und Währungspolitik, ↗ Finanzsektor

Befreiungsbewegungen ↗ Rebellenbewegungen

Beschneidung, kollektiv oder individuell durchgeführte operative Entfernung oder Veränderung bestimmter Teile der äußeren Geschlechtsorgane bei Kindern bzw. Erwachsenen beiderlei Geschlechts. Aufgrund der Zeugungsanteile beider Eltern gelten Kinder (meist bis zur Pubertät) als ursprgl. bisexuell angelegt. Damit aus ihnen vollgültige Männer und Frauen werden, die heiraten und ihren Zeugungsfunktionen nachkommen können, bedarf es des »korrigierenden« Eingriffs, der bei Jungen in der Entfernung der Vorhaut als weiblichem, bei Mädchen in der Entfernung der Klitoris als männlichem »Reststück« besteht. Die B. ist damit Teil der Riten, die den Übergang vom Kind zum Erwachsenen vollziehen (↗ Initiation).

Häufigste Form der traditionellen Knaben-B. ist die Zirkumzision (Entfernung der Penisvorhaut), die sich mit der ↗ Islamisierung auch unter Bevölkerungsgruppen verbreitet hat, die ehemals keine Knaben-B. kannten. Seltener ist die Inzision (z. B. bei den ostafrik. Maasai), bei der die Vorhaut lediglich vom Eichelrand (*Collum glandis*) bis zur Penisspitze dorsal eingeschnitten wird. Die zunächst beidseitig herabhängenden Lappen wachsen unterhalb der Eichel (*Glans*) zu einem Wulst zusammen, der sich mit der Zeit merklich zurückbildet.

Bei der in Ägypten und nahezu allen Ländern West-, Zentral- und Ostafrikas verbreiteten Mädchen-B. werden entweder die Vorhaut der Klitoris oder Vorhaut und Spitze der Klitoris oder die ganze Klitoris (Klitoridektomie) oder zusätzlich die kleinen Schamlippen, seltener auch der obere Teil der großen Schamlippen (Exzision) entfernt. Die Operation kann nach der Geburt, einige Monate oder Jahre später oder bei Eintritt in die Pubertät erfolgen und wird von älteren Frauen unter Ausschluss der männl. Öffentlichkeit, falls staatlicherseits untersagt, auch heimlich ausgeführt. In NO-Afrika und dem Sudan, aber auch in Teilen Eritreas, Somalias, des Tschad, Nordnigerias und Malis ist damit ein zeitweiliges Verschließen der Scheide (Infibulation) verbunden, gewöhnlich erstmals bei Mädchen im Alter von zwei bis acht Jahren. Dabei werden zunächst die Klitoris und die kleinen Schamlippen exstirpiert, dann die großen Schamlippen bis auf Hautrandteile beiderseits der Vagina abgetragen und (mit Rindersehne, Pferdehaar, Zwirn oder Bast) vernäht oder zum Verwachsen zusammengelegt. Belassen wird eine etwa fingerstarke Öffnung zum Ausscheiden von Urin und Menstruationsblut. Kurz vor der Hochzeit nimmt eine erfahrene Frau oder der

Bräutigam selbst die Defibulation durch einen Einschnitt längs der Narbe vor. Vor der ersten Niederkunft wird die Öffnung durch einen abermaligen Schnitt erweitert – und danach so weit, dass der Geschlechtsverkehr gerade noch möglich bleibt, aufs Neue verschlossen. Folge dieser sog. pharaonischen B. sind nicht nur psychische Traumata, sie führt auch häufig zu schwerwiegenden Komplikationen wie akuten oder chronischen Infektionen der Harnwege und Geschlechtsorgane, Blutungen, Zysten und Abszessen an der Vulva, Geschwulsten, Problemen beim Urinieren, Stauung von Menstruationsblut in der Bauchhöhle, Frigidität, Unfruchtbarkeit und Tod. Dennoch sind immer noch 80–90% aller Mädchen und Frauen in Nubien und im Sudan infibuliert. Zweck der pharaonischen B. soll sein, zunächst die Jungfräulichkeit und später die eheliche Treue der Frauen zu sichern.

Die weibl. B. – internat. FGM *(Female genital mutilation)* bzw. weibl. Genitalverstümmelung genannt und zunehmend als Menschenrechtsverletzung eingestuft – ist heute in Afrika heftig umstritten. Während sie einerseits noch immer als wichtiger Bestandteil der traditionellen Kultur gilt, schließen sich in den meisten Ländern verstärkt Frauen zusammen, um Öffentlichkeit und Betroffene im Kampf gegen die B. aufzuklären und zu sensibilisieren.

🕮 M. Bloch, From Blessing to Violence. History and Ideology in the Circumcision Ritual of the Merina of Madagascar, Cambridge 1986. – A. Cloudsley, Women of Ondurman. Life, Love and the Cult of Virginity, London 1983. – S. Dinslage, Mädchenbeschneidung in Westafrika, Hohenschäftlarn 1981. – C. Hermann, Das Recht auf Weiblichkeit. Hoffnung im Kampf gegen die Genitalverstümmelung, Bonn 2000.

Ute Ritz-Müller

Bevölkerung. *I. Bevölkerungsentwicklung.* Markantes Merkmal der B. Afrikas ist das im Vergleich zur Weltbevölkerung rasante Wachstum. 1950 stellte die B. Afrikas mit ca. 224 Mio. 8,8%, im Jahre 2000 mit über 800 Mio. ca. 13% der Welt-Bev. Für 2025 sind 15,9% prognostiziert. Von 1970–1990 verzeichnete das subsahar. Afrika trotz zahlreicher Kriege, Hungerkatastrophen, des Zusammenbruchs medizin. Dienste in vielen Regionen oder der Ausbreitung von Krankheiten und Seuchen wie Malaria (↗ Tropenkrankheiten) und ↗ Aids ein Bevölkerungswachstum von 2,8%, von 1990–99 von immerhin noch 2,6% (1970–90/1990–99 Lateinamerika und Südasien 2,2/1,7 bzw. 1,9%; Ostasien 1,8/1,2%; Industrieländer 0,7/0,6%; vgl. auch

Karte 5: Das Bevölkerungswachstum (in %) in den Ländern Afrikas 1950–1998

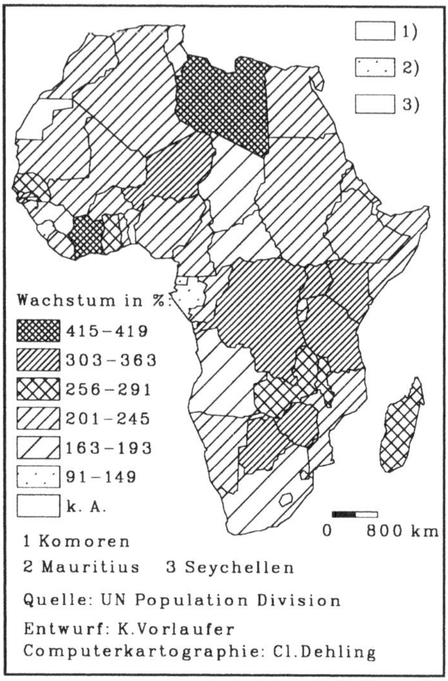

Karte 5). Beispielhaft für viele Länder steht Kenia, das nach der Unabh. 1963 bei rasant steigenden Geburten- und schnell sinkenden Sterbeziffern ein Spitzenwachstum von ca. 4,3% in den frühen 1980er Jahren und von immerhin noch 2,1% in den späten 1990er Jahren erreichte (Welt: 1,4%). Gleichwohl ist Afrika gemessen an seiner Fläche mit ca. 819 Mio. Einw. im Jahre 2000 bevölkerungsarm: Indien weist bei nur 10% der Fläche Afrikas eine um fast 30% größere B. auf.

Für das subsahar. Afrika lassen sich fünf Phasen der Bevölkerungsentwicklung unterscheiden: (1) Zeitenwende bis ca. 1600: Auf der Basis einer zunächst noch geringen B. und gewisser Fortschritte in der Agrartechnik ergab sich ein Bevölkerungswachstum von ca. 12 auf 100 Mio. Menschen. Der Anteil an der Welt-B. betrug um 1600 18%. (2) 1600–ca. 1900: Die B. ging v.a. infolge des ↗ Sklavenhandels um fast 10% zurück; der Anteil an der Welt-B. fiel auf 5,5%. Geburten- und Sterberaten waren hoch. Nach dem Modell des demographischen Übergangs befand sich das subsahar. Afrika in der prätransformativen Phase (Abb. 6). (3) 1900–1945/50:

Abb. 6: Die Stellung afrikanischer Großräume im demographischen Übergang im Vergleich zu anderen Weltregionen 1975-80 und 1995-2000

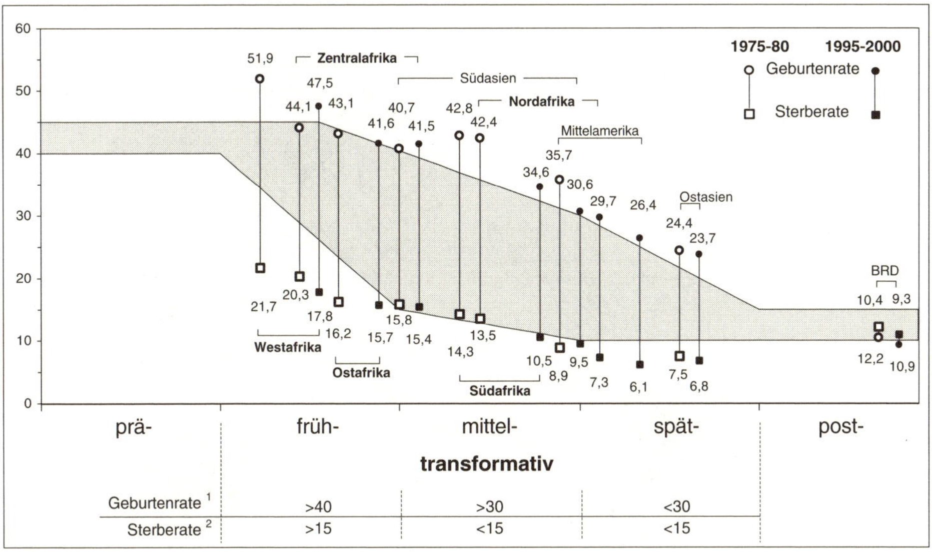

Entwurf: K.Vorlaufer Grafik: U.Dortschy Quelle: Daten der UN Population Division 1998

1 Zahl der Lebendgeborenen pro 1000 Einwohner der mittleren Wohnbevölkerung

2 Zahl der Gestorbenen pro 1000 Einwohner der mittleren Wohnbevölkerung

Mit der Etablierung der Kolonialherrschaft (↗ Kolonialismus), durch verbesserte ↗ Gesundheitsversorgung, die Unterbindung von Sklavenhandel und Kriege erfolgte ein allmählicher Rückgang der hohen Sterberaten bei weiter hohen Geburtenraten. Die B. wuchs von 95 (1900) auf 167 Mio. (1950), das sind +75%. (4) 1945/50–1960: Infolge des Wirtschaftswachstums, verbesserter medizin. Versorgung und Schulbildung sank die Sterberate weiter; die Geburtenrate war gleichbleibend oder nahm leicht zu. Die meisten Länder befinden sich in der frühtransformativen Phase. (5) Seit 1960: Sinkende Sterberaten (1960/65: 229/1.000 Einw.; 1985/90: 148) und weiterhin hohe Geburtenraten (1960/65: 48,8/1.000 Einw.; 1985/90: 43,1) führen zu einem rasanten Bevölkerungswachstum von bis zu 4% pro Jahr. Die meisten Länder befinden sich noch am Ende der früh-, nur Südafrika ist bereits in der mitteltransformativen Phase; die Bevölkerungsschere weitet sich noch, beginnt sich in einigen Ländern jedoch infolge zurückgehender Geburtenraten sowie steigender Sterberaten infolge von Aids und ↗ Kriegen/Bürgerkriegen etwas zu schließen.

Nordafrika verzeichnete bis ca. 1850 eine vom Rest des Kontinents abweichende Bevölkerungsentwicklung. Hier wurde das Maximum um ca. 200 n. Chr. mit 16 Mio. Menschen erreicht; nach einem starken Rückgang wurde diese Zahl erst um 1900 wieder ausgewiesen. Dann setzte eine mit dem subsahar. Afrika vergleichbare rasante Entwicklung ein. Heute befindet sich Nordafrika bereits in der mitteltransformativen Phase; die Bevölkerungsschere schließt sich allmählich (Sterberate 1985/90: 9,8; 1995/2000: 7,5; Geburtenrate 1985/90: 34,4; 1995/2000: 28,2).

II. Faktoren des Bevölkerungswachstums. Dauer des Transformationsprozesses sowie Höhe und Abstand der Sterbe- und Fruchtbarkeitsziffern werden beeinflusst durch kulturspezifische Faktoren, Kriege und Unterschiede in der wirtsch. Entwicklung, die Übernutzung natürl. Ressourcen, die Ausbreitung von Aids, Hungerkatastrophen (z. B. Äthiopien) oder die unterschiedliche Intensität der aus den IL übernommenen Strategien (z. B. Leitbild der Familienplanung, Verwendung moderner Kontrazeptiva). Infolge weiter verbesserter medizin. Versorgung und der Seuchenbekämpfung ging die Sterberate kontinentweit und bes. in Nordafrika zurück, und zwar von 8,6/1.000 Einw. (1990/95) auf 7,5

Karte 6: Die Lebenserwartung bei Geburt in den Ländern Afrikas

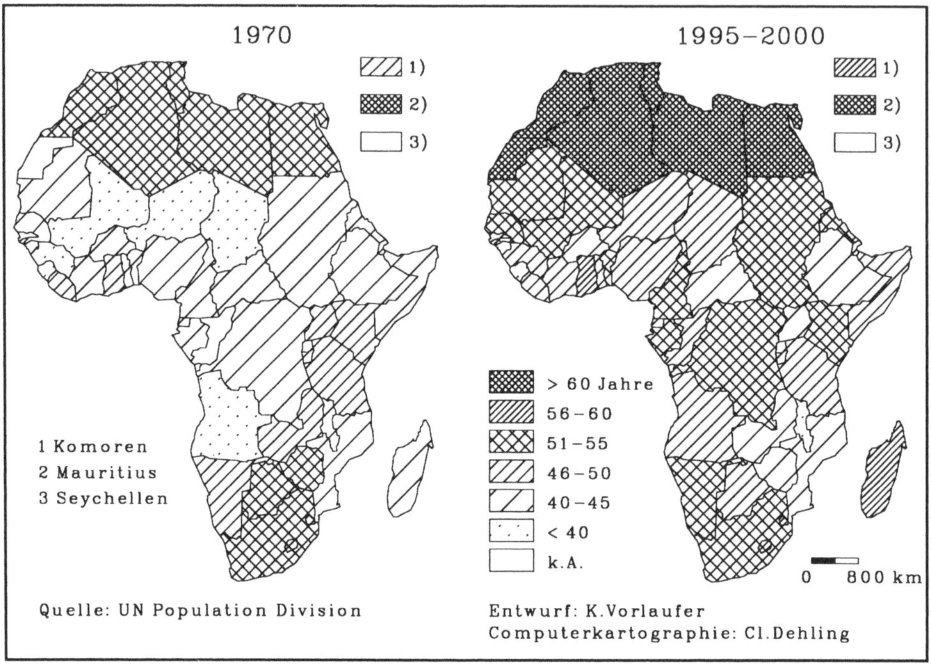

(1995/2000). Dies trifft auch auf die Säuglingssterblichkeit zu, die im Vergleich zum Europa des 19. Jh. in Afrika niedrig, im Vergleich zu den IL heute aber hoch ist (subsahar. Afrika bei knapp über 100, in Simbabwe 1999 nur bei 60 auf 1.000 Geburten; Deutschland Mitte des 19. Jh. ca. 300, IL 1999: 6). Die durchschnittliche Lebenserwartung bei der Geburt ist zwischen 1970 und 2000 i. Allg. gestiegen, im subsahar. Afrika von 44 auf 49 Jahre: Die Lebenserwartung weist nicht nur zwischen den Ländern (Karte 6), sondern i.d.R. auch innerhalb eines Landes, zwischen versch. Sozialschichten und ethn. Gruppen markante Unterschiede auf. Zwischen den Distrikten Kenias z. B. schwankte 1969 die Lebenserwartung bei der Geburt zwischen 34,2 und 63,2 Jahren: Regionale Disparitäten hinsichtlich u. a. Einkommen, Bildungsstand, medizin. Versorgung sind wichtige Faktoren. Große Unterschiede weist die Mortalität zudem zwischen Stadt und Land auf. Die Sterberate ist in Städten v. a. infolge besserer medizin. und hygienischer Standards niedriger als auf dem Lande. Auch die Unterschiede zwischen ↗ Slums und Oberschichtvierteln sind eklatant.

Mit der Ausbreitung von Aids hat sich die Sterberate in den meisten Ländern – mit Ausnahme des von der Epidemie nur wenig betroffenen Nordafrika – wieder erhöht. Daraus ergibt sich ein Rückgang der durchschnittl. Lebenserwartung bei der Geburt, in Botsuana z. B. von 52 (1970) auf 45 Jahre (1999), in Simbabwe von 50 auf 43 Jahre, nach Schätzungen der WHO sogar auf nur ca. 40 Jahre. Das Wachstum der B. (und Wirtsch.) wird wesentlich davon abhängen, ob es gelingt, die rasante Ausbreitung von Aids zu verhindern. Neben der Sterblichkeit sind für die Bevölkerungsentwicklung die Geburtenraten entscheidend. Besser als die rohe Geburtenrate vermittelt die TFR (Totale Fruchtbarkeitsrate) einen Einblick in die Fruchtbarkeit einer B. Die TFR gibt an, wie viele Kinder durchschnittl. von einer Frau im gebärfähigen Alter geboren werden. Im Vergleich zu anderen Weltregionen weist die B. Afrikas eine hohe Fruchtbarkeit auf (subsahar. Afrika 1999: 5,4; Welt: 2,6), die jedoch innerhalb des Kontinents stark schwankt. In Mali lag sie 1999 z. B. bei 6,4, in Südafrika nur bei 3,1. Schon viele 20-jährige Frauen sind oft mehrfache Mütter: Wenn auch die Zahl unerwünschter Schwangerschaften insbes. bei jungen Mädchen steigt, so werden doch häufige Geburten und frühe Heirat durch die Einbindung in Großfamilien meist wirtsch. abgefedert. Mutterschaft und Kinderreichtum gelten in Afrika als ein Wert an sich, als Basis eines sinnerfüllten Lebens. Kinder gelten als Garantie der Fortsetzung des Lebens in der Ahnenreihe (↗ Ahnenkult). Als Arbeitskräfte und für die Versorgung im Alter sind sie unentbehrlich. Ein stärkerer Geburtenrückgang wurde bisher auch durch den Einfluss des Katholizismus und Islam verhindert; beide Religionen lehnen Familienplanung ab. Die seit Jahren vielerorts propagierte und internat. geförderte Familienplanung zeigt erst in jüngster Zeit Erfolge (↗ Abtreibung, ↗ Schwangerschaft und Geburtshilfe, ↗ Verhütung).

Der aktuelle Rückgang der TFR wird sich auf die Dynamik des Bevölkerungswachstums erst in einigen Jahrzehnten auswirken. Die große Zahl der in den nächsten 15 Jahren ins gebärfähige Alter kommenden Frauen wird auch bei einer rückläufigen TFR eine weiter hohe Geburtenzahl bedingen. Diese als Echo- und Momentum-Effekt bezeichnete Eigendynamik wird rd. 50–75 Jahre andauern, bis die Altersverteilung den veränderten Geburtenraten angepasst ist. Bei der für 1998–2015 prognostizierten Wachstumsdynamik von 2,3% pro Jahr wird sich die B. des subsahar. Afrikas in ca. 30 Jahren auf rd. 1,2 Mrd. Menschen verdoppeln. In jedem Fall aber besteht für eine riesige wachsende Zahl junger Menschen ein enormer zusätzlicher Bedarf an Schul- und Arbeitsplätzen, Wohnungen, Nahrungsmitteln und medizin. Versorgung. In Anbetracht der schon weit verbreiteten Armut, Arbeitslosigkeit und Unterbeschäftigung, von Hunger und Unterernährung sind dies kaum lösbare Probleme. Soziale, pol., ethn. und relig. Konflikte dürften sich verschärfen.

III. Bevölkerungsverteilung. Das Bevölkerungswachstum wird in seinen Auswirkungen durch die extrem unterschiedliche Bevölkerungsverteilung und -dichte verschärft. Regionen mit extrem hoher Bevölkerungsdichte, in denen die Tragfähigkeit bereits überschritten, die Übernutzung und damit die Zerstörung natürl. Ressourcen ein drängendes Problem ist, stehen weite Gebiete gegenüber, die, an ihren Ressourcen gemessen, bevölkerungsarm sind. Das ostafrik. Hochland mit seinen günstigen agrarökolog. Bedingungen, die Oberguinea-Staaten sowie einige nordafrik. Länder haben eine relativ hohe Bevölkerungsdichte. Demgegenüber ist die Dichte in den weiten Trockenräumen der Sahelzone und des südl. Afrika (v.a. in Namibia, Botsuana) gering. Die Länder im Bereich des äquatorialen Regenwaldes weisen ebenfalls eine geringe Dichte auf, u.a., weil diese Gebiete mit zehn humiden Monaten auf der Basis der Brandrodung schwerer zu roden und zu besiedeln waren und sind als die sich im N und S anschließenden Feuchtsavannen. Im Kontaktbereich zwischen der Regenwald- und Feuchtsavannenzone (↗ Ökozonen) werden daher mit die größten Dichten erreicht. Hohe Bevölkerungsdichten weisen im subsahar. Afrika zudem die Höhenstufen zwischen ca. 1.200–2.200 m auf, u.a., weil hier Malaria und Schlafkrankheit weniger auftreten, Niederschläge i.d.R. hoch und verlässlich sind, die Tsetsefliege kaum vorkommt und so Rinderhaltung möglich ist. Die ungleiche Verteilung der B. ist auf Landesebene oft noch schärfer ausgeprägt. Bei Berücksichtigung nur des nutzbaren Ackerlandes (Karte 7) verschieben sich die Dichtewerte eklatant. In Ägypten z.B. konzentrieren sich 98% der B. auf ein nur wenige Kilometer breites Band entlang des Nil und im Nildelta. Abgesehen von den Oasen sind riesige Trockenräume menschenleer. In Kenia konzentrieren sich über 90% der B. auf rd. 20% der Staatsfläche. In einigen kleinbäuerl. Regionen etwa Westkenias wird eine Bevölkerungsdichte von rd. 1.000 Einw. pro km^2 erreicht, in trockneren, nur für die extensive ↗ Weidewirtschaft geeigneten Regionen liegen die Werte lediglich bei 1–2 Einw./km^2. Diese extremen Unterschiede werden durch die rasante Entfaltung riesiger hoch verdichteter Agglomerationen verschärft. Infolge unterschiedlicher Ressourcenausstattung ist sowohl die effektive (heutige) als auch potenzielle (künftige) Tragfähigkeit sehr differenziert. Dünnbesiedelte Trockengebiete können daher – in Relation zu ihren Ressourcen – schon übervölkert sein, während Gebiete mit hervorragenden agrarökolog. Bedingungen und günstiger Lage zu den Märkten evtl. trotz bereits hoher Dichte ihr Bevölkerungsoptimum noch nicht erreicht haben. Obwohl die relativ dünn besiedelten Regenwälder z.B. in Gabun, Kongo, Demokrat. Rep. Kongo und der Zentralafrik. Republik hinsichtlich ihres agrarischen Potentials nicht zu überschätzen sind, ist hier die Tragfähigkeitsgrenze noch nicht erreicht. Der Bevölkerungsdruck der angrenzenden dichtbesiedelten Hochländer wie Burundi und Ruanda auf diese noch relativ bevölkerungsarmen Räume wird sich langfristig weiter verschärfen, und Konflikte zwischen übervölkerten und bevölkerungsarmen Ländern sind vorgezeichnet.

Staatl. und ↗ ethnische Konflikte ergeben sich oft dadurch, dass Bevölkerungsgruppen aus ihrer übervölkerten Heimatregion in unterbevölkerte Siedlungsräume einwandern. Durch eine ver-

Karte 7: Die Bevölkerungsdichte in den Staaten Afrikas bezogen auf das nutzbare Ackerland 1998

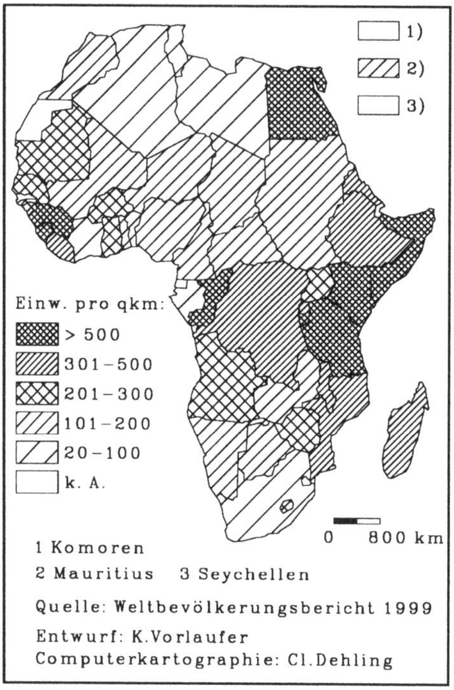

stärkte Erschließung bisher noch un- oder untergenutzter Potenziale wie z. B. dem tropischen Regenwald oder von Naturparks können sich ökolog. Probleme ergeben – wie bei der Klimaveränderung auch von globaler Relevanz.

IV. Bevölkerungswachstum und wirtsch. Entwicklung. In weiten Räumen Afrikas könnte ein noch stärkeres Bevölkerungswachstum zum Katalysator wirtsch. Entwicklung werden. Insbes. in den in Relation zu ihren Ressourcen dünn besiedelten Räumen ergeben sich dann Wachstumsimpulse; es entstehen u. a. Märkte im Nahbereich der bisher noch dispers siedelnden B., deren Versorgung mit staatl. und privaten Dienstleistungen sowie mit Infrastrukturen bisher auch aufgrund zu geringer Bevölkerungsdichte wirtsch. nicht realisierbar ist.

Zwischen dem Wachstum und der Wohlfahrt der B. besteht kein positiver Zusammenhang, wie ein Vergleich des Bevölkerungswachstums mit dem von der UNDP (*United Nations Development Program*) entwickelten HDI (Index für menschliche Entwicklung) bestätigt (Abb. 7), der sich aus drei Parametern zusammensetzt: Lebensdauer (durchschnittliche Lebenserwartung bei Geburt), Bildungsgrad (Alphabetisierungsrate von Erwachsenen und Gesamteinschulungsquote) und Lebensstandard (reales BIP/Kopf in US$ auf Kaufkraftparitätsbasis). Der Index 1 repräsentiert die höchste, der Index 0,1 die niedrigste Entwicklung. (Fast) alle Länder Afrikas weisen im Vergleich selbst zu anderen Entwicklungsländern extrem niedrige Indices auf. Infolge des v. a. aidsbedingten Rückgangs der Lebenserwartung auf max. 45 Jahre wird sich der Index in den nächsten Jahren bes. für Länder des subsahar. Afrika verringern.

In vielen Ländern hat die bisher hohe Fruchtbarkeit die Einkommensverteilung zu Ungunsten der Armen weiter verstärkt und ein schnelleres Wirtschaftswachstum verhindert. Bei einer noch deutlich höheren B. wird sich zudem der Ressourcenverbrauch dramatisch verschärfen. Im Sahel, in Ägypten und insbes. Ostfrika sind die für eine agrarische Nutzung geeigneten Flächen schon jetzt weitgehend aufgebraucht; der Anbau greift bereits auf weniger günstige Areale (oder illegal auf Wald-/Naturschutzgebiete) über, die geringere und unsichere Ernteerträge bringen. In trockeneren Regionen wird bei weiter wachsender B. der Wasserverbrauch zunehmen. Die Erschließung neuer Wasservorräte und die Wasseraufbereitung werden einen stetig größeren Teil der nat. Budgets verschlingen, der dann für andere Entwicklungsmaßnahmen fehlt. Mit dem enormen Wachstum der B. ist zudem eine Steigerung der Erzeugung von Treibhausgasen verbunden. Im subsahar. Afrika werden z. B. 68% des gestiegenen CO_2-Ausstosses der Jahre 1980–88 auf das Bevölkerungswachstum zurückgeführt. Ein Großteil der projektierten Bevölkerungszunahme wird sich zudem auf Städte konzentrieren, der Verbrauch von oft wertvollen Agrarflächen für Siedlungen wird sich erhöhen. Die Absorptionsfähigkeit der Umwelt von Müll und Abwässern wird zunehmend überschritten; ein Zusammenbruch der Ökosysteme ist zu befürchten (↗ Umweltschutz). Der Landhunger der wachsenden B. ist eine direkte Bedrohung für andere Arten. Lebensräume wild lebender Tiere und Pflanzen werden eingeschränkt oder gänzlich vernichtet; die Biodiversität wird weiter zurückgehen (↗ Naturschutz). Die Überfischung der Meere und großen Seen ist eine weitere Bedrohung. Trotz rasanten Bevölkerungswachstums ist im subsahar. Afrika der Anteil unterernährter Menschen von 1979/81 bis 1995/97 zwar um 4% zurückgegangen, liegt aber mit 33% weltweit an der Spitze. In Mittel-, Ost- und

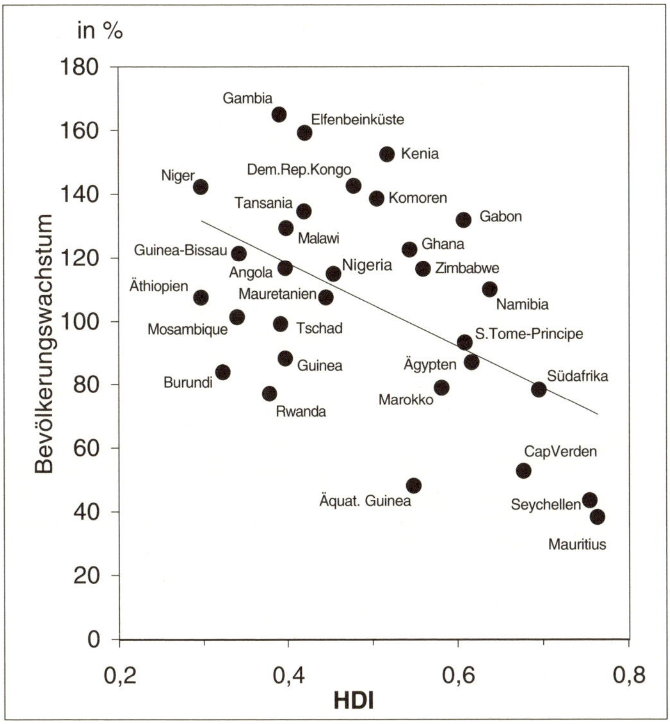

Abb. 7: Der Zusammenhang zwischen Human Development Index (1997) und Bevölkerungswachstum (1970–1998) am Beispiel ausgewählter Länder

Quelle: Human Development Report 1998

Entwurf: K.Vorlaufer Grafik: U.Dortschy

im südl. Afrika ist die Hälfte der B. unterernährt. Trotz oft beachtlicher Investitionen in die ↗ Landwirtschaft und der Ausdehnung der landwirtsch. Produktionsflächen hat sich namentlich in den Staaten mit schnell wachsender B., wie z. B. Kenia, die Nahrungsmittelproduktion pro Kopf in den letzten Jahren verringert, in Ländern mit relativ geringer Bevölkerungszunahme hingegen erhöht wie z. B. in Mauritius und Ägypten. Bei einer schon für die nächsten Jahrzehnte zu erwartenden Verdopplung oder Verdreifachung der B. in vielen Ländern wird sich diese Situation verschärfen. Unterernährung und Hunger als ständige Begleiter einer Bevölkerungsmehrheit werden sich verzögernd auf die Entwicklung anderer Wirtschaftssektoren auswirken.

V. Probleme der Altersgliederung. Die Alters- und Geschlechtergliederung zeigt in den meisten Ländern die für eine schnell wachsende B. typische Pyramidenform mit breiter Basis als Ausdruck der großen Zahl von Kindern (↗ Kinder, ↗ Jugendliche) und schmaler Spitze für die geringe Zahl älterer Menschen, deren Anzahl durch den Rückgang der Geburtenrate (im subsahar. Afrika von 1970 jährl. 48 Geburten pro 1.000 Einw. auf 40 im Jahre 1999) und die höhere Lebenserwartung allerdings steigen wird. Mauritius ist eines der wenigen Länder, in denen die Zahl der Angehörigen jüngerer Altersgruppen absolut ab-, die der mittleren und älteren Altersgruppen infolge hoher Fruchtbarkeitsrate früherer Jahre zugenommen hat. Eine dramatisch gestiegene Zahl der Angehörigen aller Altersgruppen ist jedoch typisch für die meisten Länder (Beispiel Kenia, Abb. 8). Die damit verknüpfte Notwendigkeit der Schaffung zusätzlicher Schulen, Arbeitsplätze und Wohnungen ist eine kaum lösbare Aufgabe. Die schnell wachsende Zahl auch älterer Menschen infolge gestiegener Lebenserwartung stellt die Gesellschaft vor weitere Probleme. Im Zuge sozialen Wandels und zunehmender Verelendung breiter Schichten und durch Aids wird das traditionelle System sozialer Fürsorge für die Alten, die großfamiliäre Solidargemeinschaft, zunehmend brüchig (↗ Alter, ↗ Familie, ↗ Verwandtschaft). Renten- und Pensionsansprüche bestehen nur für eine win-

Abb. 8: Das Bevölkerungswachstum Kenias zwischen 1969 und 1998

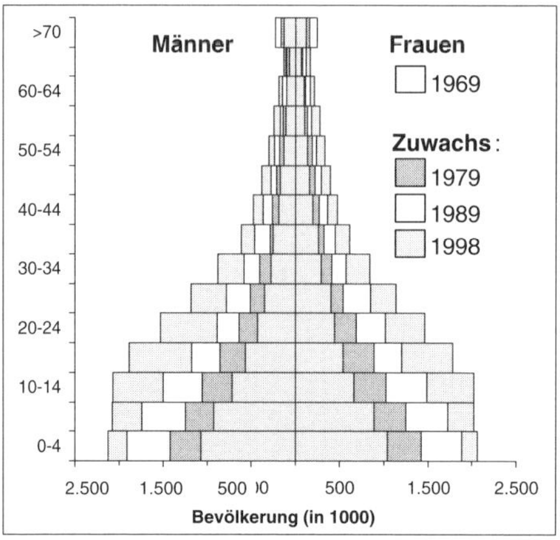

Quelle: Kenia Population Census; U.S.Census Bureau
Entwurf: K.Vorlaufer Grafik: U.Dortschy

zige Minderheit (↗ soziale Vorsorge). V.a. Witwen sind im Alter auf familiäre Unterstützung angewiesen. Eine Studie aus Simbabwe ergab 1995, dass 21% der Alten weder von Kindern noch von anderen Verwandten Hilfe erhalten. Das Überleben dieser steigenden Zahl alter Menschen ist in fast allen Ländern gefährdet. Zusätzlich müssen überlebende Großmütter oft allein für die Aidswaisen ihrer Kinder sorgen. Eigentlich von Menschen im Erwerbsalter abhängige Generationen sind zunehmend auf sich selbst gestellt. In Großstädten wie z.B. Addis Abeba (Äthiopien) und Accra (Ghana) haben sich erste Selbsthilfegruppen gebildet, die allein stehende Alte unterstützen; in vielen Städten übertrifft die Zahl der obdachlosen alten Menschen die der Straßenkinder.

Der Abhängigkeitsindex, die Zahl der unter 15- und der über 59-Jährigen auf 100 der B., ist in Afrika hoch. Volkswirtsch. wird so ein immer größerer Teil des von den mittleren Altersgruppen erwirtschafteten BIP für nicht produktive Bereiche verbraucht. Die Verteilung begrenzter Mittel auf eine steigende Zahl von Menschen nur für den Konsum, zur physischen Existenzsicherung, schränkt die Möglichkeit des Sparens, die Kapitalbildung für Investitionen ein. In einem kumulativen Prozess wird so die Verelendung einer stetig größeren B. beschleunigt. Die Unterschiede in der Alters- und Geschlechtergliederung zwischen Stadt und Land sind groß. In Städten überwiegen infolge der ↗ Urbanisierung und ↗ Migration die arbeitsfähigen Jahrgänge, auf dem Lande Kinder und Ältere. Insbes. für einen wachsenden Teil der auf dem Lande lebenden Alten, deren Unterstützung durch die in der Stadt lebenden arbeitsfähigen Kinder tendenziell abnehmen wird, verschärft sich die Armut.

VI. Ethnische Struktur. In den meisten Ländern des subsahar. Afrika stellen Afrikaner weit über 95% der B.: Nur in den Hauptstädten leben – z.T. nur vorübergehend – oft größere Gruppen Menschen etwa europ. oder asiat. Herkunft (↗ Minderheiten). Selbst in Simbabwe, der ehem. Siedlerkolonie Südrhodesien, stellen Weiße nur noch eine winzige Minderheit in Höhe von ca. 0,5%. Auch die ebenfalls wirtsch. noch bedeutende asiat. B. Ostafrikas ist zurückgegangen, zumal seit der Unabh. viele ↗ Inder unter Zwang

Tab. 1: Die Differenzierung demographischer Merkmale der Bevölkerungsgruppen Südafrikas

	Schwarze	Farbige	Asiaten/ Inder	Weiße
Zahl in Mio. 1996	31,13	3,60	1,05	4,43
mittlere jährliche Zuwachsrate in %				
1980–91	2,78	1,90	1,78	1,07
1991–95	2,40	1,43	1,40	0,67
Geburtenrate (%)				
1970	40,0	34,1	32,3	22,9
1994	25,3	21,7	18,1	13,7
Lebenserwartung bei Geburt in Jahren				
1980	56,2	58,5	65,4	70,4
1991	60,3	66,5	68,9	73,1

Quelle: Wiese, B.: Südafrika mit Lesotho und Swasiland, Gotha/Stuttgart 1999 (nach offiziellen Statistiken)

(Uganda) oder freiwillig aufgrund unsicherer Zukunftsperspektiven Ostafrika verlassen haben und noch verlassen. Eine wichtige Rolle im Handel spielt in Westafrika die ebenfalls kleine Minderheit der Libanesen. Nur in der »Regenbogennation« Südafrika und eingeschränkter in Namibia leben größere nicht schwarze Gruppen, wobei die demographischen Merkmale stark variieren (Tab. 1). Ähnliche Differenzierungen sind oft auch zwischen afrik. Ethnien typisch, da sie u.a. hinsichtlich Urbanisierungsgrad, Wirtschaftsweise – Landwirtschaft, ↗ Nomadismus –, Bildungsstand und Umweltsituation große Unterschiede aufweisen. Die afrik. B. fast aller Staaten gliedert sich i.d.R. in eine große Zahl etwa in Sprache, Religion und Identität unterschiedlicher Ethnien (↗ Ethnizität, ↗ politisierte Ethnizität, ↗ Sozialstruktur). Ethn. und relig. Zugehörigkeit verquicken sich nicht selten und stellen ein nicht unbeträchtliches Konfliktpotential dar, so z.B. christl. Yoruba/Ibo und islam. Hausa in Nigeria; islam. Araber/christl. Dinka und Schilluk im Sudan.

📖 J. Bähr/Chr. Jentsch/W. Kuls, Bevölkerungsgeografie, Berlin, New York 1992. – UNDP (Hg.), Human Development Report 2000 (www.undp.org). – UN-Bevölkerungsfonds (Hg.), Weltbevölkerungsbericht, Bonn, jährl. seit 1987. – WHO (Hg.), World Health Report 2000 (www.who.int). – www. uneca.org – www.weltbevölkerung.de

Karl Vorlaufer

Bildungswesen. *I. Erziehung in vorkolonialer Zeit.* In allen Gesellschaften ist die Übermittlung von Verhaltenseinstellungen und Werthaltungen, aber auch von konkretem Wissen an deren heranwachsende Glieder Aufgabe der Erziehung. Diese wird einerseits von der Familie, andererseits von öffentl. und privaten Bildungsinstitutionen wahrgenommen. Abgesehen von den frühen Formen institutionalisierter Erziehung am Hofe der Pharaonen in Ägypten, den entsprechenden Einflüssen der griech. und röm. Kultur, v.a. in Nordafrika, und dem B. der ↗ Araber spielte sich Erziehung auf dem afrik. Kontinent in und außerhalb der ↗ Familie in den traditionellen Formen ab. Sie erfolgte über die Familien durch Spiele und bes. Übungen. Es gab aber auch lehrlingsähnliche Formen, in denen der Vater, die Mutter oder Verwandte und vereinzelt auch spezialisierte Fachkräfte handwerkliche und gewerbliche Fähigkeiten vermittelten. Die Vermittlung bezog sich nicht nur auf Kenntnisse von ↗ Ackerbau und ↗ Viehhaltung und der unmittelbaren Umgebung, sondern auch auf ↗ Kunst, Literatur, ↗ Musik, ↗ Tanz, ↗ Religion und die Vergangenheit (↗ geschichtliche Überlieferung, ↗ Oralliteratur). Herzstück dieser Erziehung aber war die institutionalisierte Übermittlung grundlegender Kenntnisse über das Leben und die Gemeinschaft, die in gesondert zusammengezogenen Altersgruppen (↗ Altersklassen) stattfand und nach einer Phase der Absonderung mit der ↗ Initiation in die Erwachsenengesellschaft endete. Herrscher, Priester und Heiler wurden in bes. Form auf ihre Aufgaben vorbereitet.

Aus der arab. Tradition verbreiteten sich mit dem Vordringen des ↗ Islam auf dem Kontinent die Koranschulen bzw. das islam. B. mit den Universitäten von Al Azhar in Kairo (seit etwa 1000), Kairouan/Tunesien, Fez/Marokko oder Timbuktu/Mali (Hochblüte im 16. Jh.). Unter den ↗ Kopten in Ägypten und im alten Äthiopien gab es ein hochentwickeltes christl. B.

II. Bildungswesen der Kolonialzeit. Vor und während der Kolonisierung Afrikas fassten die christl. Missionen Fuß und brachten die europ. Schule mit. Im Jahre 1827 wurde das Fourah Bay College in Sierra Leone auf Initiative der christl. Mission eröffnet, das nach 1945 zur ersten Universität in Westafrika wurde. In den 1870er Jahren gründeten die Missionen in Westafrika mehrere Grundschulen und je eine Sekundarschule an der Goldküste (im heutigen Ghana) und in Nigeria, denen entsprechende Einrichtungen gegen Ende des Jahrhunderts in Ostafrika folgten (↗ Missionsschule).

Die Kolonialbehörden richteten Schulen ein zur Vorbereitung einheimischer Hilfskräfte für die Verwaltung bzw. der Söhne afrik. Chiefs, um so die alten Herrschaftsstrukturen in die neuen Verwaltungsstrukturen einzubinden. Im Jahre 1927 gab es mit dem Achimota College an der Goldküste die erste afrik. staatl. Sekundarschule auf dem Kontinent. Hauptsächlich aufgrund der Bemühungen der Missionare, aber durch die Kolonialbehörden abgestützt und auch finanziell unterstützt, verbreitete sich die westl. Bildung über alle Teile des Kontinents, wenn auch nicht gleichmäßig in städt. und ländl. Regionen und kaum an die bestehenden Lebensbedingungen der Afrikaner angepasst. Höhere techn. Schulen und Universitäten wurden erst nach dem Zweiten Weltkrieg eingerichtet.

III. Koloniales Erbe. Als um 1960 die meisten Kolonien die Unabh. erlangten, bestanden erhebliche Probleme mit den bis dahin erfolgten westl. Schulgründungen: (1) Die Mehrheit der Bev. wurde nicht erreicht, blieb daher illiterat und war auf eine moderne Kommunikation in einem eigenen Staatswesen nicht vorbereitet. (2) Die kleine, von den Kolonialregierungen ausgebildete afrik. ↗ Elite, die mit der Unabh. an die Macht kam, war weitgehend ihrer eigenen Kultur entfremdet. (3) Die Vernachlässigung der technischen und beruflichen Bildung und die Attraktivität der *White-Collar*-Berufe führten zur Missachtung der Hand- und Feldarbeit und standen einer modernen industriellen Entwicklung im Wege. (4) Die ungleiche regionale Verteilung der Bildungseinrichtungen behinderte ein Zusammenwachsen der versch. ethn. Gruppen und schürte oft Spannungen zwischen ihnen (↗ Ethnizität).

Das über die Missionen und Kolonialregierungen nach Afrika importierte westl. B. hatte jedoch eine so große Anziehungskraft gewonnen, dass es ohne tiefergehende Reflexion unmittelbar in die neue Wirklichkeit der unabh. Staaten überführt wurde. Die neuen afrik. Führer sahen in diesem B. das beste Mittel für die ↗ Nationenbildung, für eine soziale Transformation ihrer Länder im Sinne der ↗ Modernisierung und für deren wirtsch. Entwicklung. Man war sich zwar einig, dass das in der Kolonialzeit aufgebaute System nicht etwa nur weiter ausgebaut, sondern auch qualitativ reformiert werden musste. Der öffentliche Druck auf einen Zugang zu den schulischen Institutionen, die bisher nur wenigen Auserwählten vorbehalten waren, war jedoch so groß, dass mehr Schulplätze geschaffen wurden. Eine Neudefinition des Sinns der Bildung bzw. eine inhaltliche Umgestaltung des aus der Kolonialzeit übernommenen B. erfolgte durchweg nicht und ist bis heute ein Desiderat geblieben.

IV. Bildungspolitische Konzeptionen nach der Unabhängigkeit. Der wohl wichtigste afrik. Ansatz zu einer qualitativen Reform stammt von dem ehem. Präsidenten Tansanias, Julius Nyerere, der Lehrer war. In seiner *Education for Self-Reliance* (1967) stellte er Bildung als Grundlage eines neuen afrik. ↗ Sozialismus dar und hob die Notwendigkeit hervor, die elitäre Ausrichtung kolonialer Bildung durch eine Grundbildung für alle abzulösen, die westl. und traditionelle afrik. Bildungselemente integriert und die Achtung vor körperlicher Arbeit und Dienstleistungen für die Gemeinschaft in den Bildungsprozess einbezieht.

Im Jahre 1961 wurde auf Veranlassung der UNESCO der erste wichtige Schritt zur Förderung des B. im unabh. Afrika auf einer Konferenz von 35 afrik. Staaten in Addis Abeba (Äthiopien) unternommen. Der auf dieser Konferenz verabschiedete Addis-Abeba-Plan für afrik. Bildung enthielt einmal die Aufforderung, die Bildungsinhalte auf die afrik. Umwelt zu beziehen. Zum zweiten legte er quantitative Entwicklungsziele fest. Das B. in Afrika sollte im Zeitraum von 1960 bis 1980 von 40 % auf 100 % im Primarschulbereich, von 3 % auf 30 % im Sekundarbereich und von 0,5 % auf 5 % im Hochschulbereich anwachsen, jeweils bezogen auf die Gesamtbev. im entsprechenden Alter. Ein Jahr später befasste sich Konferenz in Antananarivo (Madagaskar) mit der Entwicklung des höheren B. In der Folgezeit versuchten weitere internat. Konferenzen der afrik. Erziehungsminister (so in Abidjan/Elfenbeinküste 1964, in Nairobi/Kenia 1968, in Lagos/Nigeria 1976, in Harare/Simbabwe 1982 und in Dakar/Senegal 1991), die Entwicklung von Schulen und Hochschulen in Afrika voranzutreiben. Schon bald zeigte sich, dass einerseits die Planziffern von Addis Abeba nicht zu erreichen waren, andererseits aber gab es schon seit 1964 Anzeichen dafür, dass die steigenden Zahlen der Primarschulabgänger und später der Sekundar- und Hochschulabgänger nicht in den wirtsch. Entwicklungsprozess eingegliedert werden konnten. Für sich betrachtet war die Expansion des B. in Afrika zunächst dennoch beachtlich. Sie überstieg die Zuwachsraten aller anderen Entwicklungsregionen der Welt. Von 1961 bis 1980 stieg die Einschulung im Primarschulwesen um 6,2% jährlich. Bis 1980 gelangten etwa 70% der afrik. Kinder in die Primarschule und etwa 20% in die Sekundarschule, allerdings hier wesentlich mehr Jungen als Mädchen, bei einem Anteil der Jungen von 25% und dem der Mädchen von nur 15%. Der prozentual größte Anstieg wurde bei den Hochschulen erreicht, deren Studentenzahl sich in diesem Zeitraum verzwanzigfachte, allerdings mit sehr hohen Kosten. Während im Schnitt für einen Platz in der Grundschule 1980 nur 22 US$ und in der Sekundarschule 133 US$ ausgegeben wurden, waren es für einen Hochschulplatz 986 US$, also fast fünfzig Mal so viel wie für den in der Grundschule.

V. Rückläufige Entwicklung seit 1980. In den 1980er Jahren führten Bevölkerungsanstieg und erhebliche wirtsch. Probleme in vielen Staaten zu einem Rückgang der erreichten Einschulungsraten, wovon sich ein Teil dieser Staaten bis heute nicht erholt hat. In ganz Afrika gehen derzeit etwa 4o Mio. Kinder überhaupt nicht zur Schule. In zehn Ländern, und zwar Äthiopien (Einschulungsrate: männl. 43 %, weibl. 28 %,

1995–99), Burkina Faso (Besuch der Grundschule: männl. 38 %, weibl. 28 %, 1990–99), Eritrea (39/35 %), Guinea (39/26 %), Komoren (45/42 %), Mali (45/36 %), Niger (31/21 %), Senegal (48/42 %), Somalia (21/13 %) und Tschad (44/29 %), besuchen weniger als die Hälfte der Kinder im Schulalter die Grundschule. Nur 8 der 53 afrik. Staaten haben die Grundschulrate von 100% erreicht (Botsuana, Kap Verde, Libyen, Malawi, Mauritius, Seychellen, Swasiland, Tunesien). In 28 Ländern können mehr als die Hälfte der ↗ Frauen weder lesen noch schreiben. Die Wiederholerraten sind mit bis zu einem Drittel in der Grundschule sehr hoch, und ebenfalls ein Drittel der Grundschüler und -schülerinnen muss die Schule – vielfach aus wirtsch. Gründen – vor Abschluss der vierten Klasse verlassen.

Unterernährung und Krankheiten sind ein weiteres Hindernis für die Bildung. Zudem ist die Unterrichtssituation in vielen Schulen des Kontinents schwierig. Die Lehrer und Lehrerinnen sind unzureichend ausgebildet und vielfach völlig unterbezahlt bzw. monatelang nicht bezahlt, was sie für ihre Tätigkeit nicht sonderlich motiviert. Lehr- und Lernmaterialien sind kaum vorhanden. Viele Klassenzimmer haben keine Tafel. Die Kinder hocken in kahlen und unsauberen Räumen oder sitzen unter Bäumen im Freien. Sie haben mitunter lange Schulwege und werden in der Schule mit vielen Dingen konfrontiert, die für ihr späteres Leben keine Bedeutung haben.

Bes. zurückgeblieben ist der Hochschul- und Wissenschaftsbereich. Der Anteil der wiss. Veröffentlichungen der Welt aus Afrika beträgt nur 0,8%, und lediglich 0,36% der Naturwissenschaftler und Ingenieure der Welt arbeiten in Afrika. Hinzu kommt eine große Abwanderung von Fach- und Führungskräften (↗ *Brain Drain*). Seit 1960 hat der Kontinent ein Drittel seiner ausgebildeten Fachkräfte an die Industrienationen verloren, allein zwischen 1985 und 1990 an die 60.000 höhere und mittlere Fach- und Führungskräfte.

Die Gründe für diese Unzulänglichkeiten sind vielfältig. Die gewaltige Expansion der sozialen Dienste, neben der Bildung auch der ↗ Gesundheitsversorgung, nach der Unabh. und die wirtsch. Krise der 1980er Jahre ebenso wie die enormen Auslandsschulden bzw. deren Rückzahlung belasten die Staatshaushalte schwer und lassen eine angemessene Finanzierung des B. nicht zu (↗ Verschuldung). Gleichzeitig tragen die finanziellen Engpässe dazu bei, dass die notwendigen strukturellen Veränderungen bzw. Reformen nicht erfolgen. So bleibt die Schule, die immer noch dem europ. Vorbild nachjagt, ein Fremdkörper in der afrik. Gesellschaft. Das lässt sich u.a. an den im Unterricht dominierenden europ. ↗ Sprachen ablesen, was sich bes. in der Grundschule negativ auf Schulleistungen und auf soziale Integration auswirkt. In nur wenigen Ländern erfolgt der ges. Primarschulunterricht in einer einheimischen Sprache, z.B. in Äthiopien, Eritrea, Ruanda und Tansania. In etwa einem Drittel der Staaten werden afrik. ↗ Sprachen zwar als Unterrichtssprache benutzt, aber lediglich in den Anfangsjahren, meist in der ersten bis dritten Klasse. Obwohl immer wieder auf die Notwendigkeit hingewiesen wurde, Kinder in einer ihnen vertrauten Sprache und Kultur zu unterrichten, hat sich diese Situation seit 1982 nicht wesentlich verändert. Erst in den letzten Jahren versuchen einige Staaten, die Schule an das sprachliche und kulturelle Umfeld der Kinder anzubinden. Das ist jedoch bei der Sprachenvielfalt mancher Länder nicht einfach und erfordert eine detaillierte Planung und mitunter auch zusätzliche finanzielle Ressourcen.

Ähnlich krass zeigt sich die bisherige Unfähigkeit der Regierungen und der betroffenen Institutionen zu grundlegenden Reformen im Hochschulbereich. Die Mehrzahl der Studenten und Studentinnen sind nach wie vor in den geisteswiss. Fakultäten eingeschrieben. Die Vermittlung spezifischer techn. Fertigkeiten, etwa im ländl. Bereich oder im öffentl. Gesundheitswesen, ist unterrepräsentiert.

VI. Internationale bildungspolitische Zusammenarbeit und neue Entwicklungsprogramme. Seit der Konferenz von Addis Abeba hat die internat. ↗ Entwicklungszusammenarbeit dem afrik. B. vielfältige Impulse gegeben und bedeutende Finanzmittel bereitgestellt. Im Jahre 1996 bspw. erhielt Afrika in diesem Bereich 668 Mio. US$ offizielle Entwicklungshilfe. Das entspricht etwa 3% der Bildungsausgaben der afrik. Staaten in Höhe von etwa 20 Mrd. US$. Etwa die Hälfte dieser Hilfe ging in die Grundbildung. Die Hilfsaktivitäten sind aber noch zu wenig koordiniert, zu sehr von außen gesteuert, zu wenig den nat. Prioritäten und Wirklichkeiten angepasst und insges. zu gering, um die Bildungssituation grundlegend verbessern zu können.

Die Weltbank hat 1988 die afrik. Regierungen aufgefordert, umfassende und kohärente Entwicklungsprogramme zu formulieren (*Education in Sub-Saharan Africa: Policies for Adjustment, Revitalization and Expansion*). Auf der Weltkonferenz »Erziehung für alle« in Jomtien/Thailand verpflichteten sich 1990 alle Länder der Welt und die großen internat. Entwicklungsagenturen, bis zum Jahre 2000 eine Grundbildung für alle zu gewährleisten. Mehr als 40 afrik. Regierungen erarbeiteten daraufhin entsprechende Entwicklungspläne. Da das Ziel, die Einschulungsrate von 100%, nur von wenigen Staaten erreicht wurde, hat das Weltforum für Erziehung im April 2000 in Dakar (Senegal) erneut die Staaten und Entwicklungsagenturen der Welt aufgefordert, »Erziehung für alle« spätestens bis 2015 überall sicherzustellen.

Für die meisten afrik. Länder besteht nach wie vor ein Bevölkerungswachstum von zwischen 2 und 3%, was in 25 bis 30 Jahren zur Verdoppelung der ↗ Bevölkerung führen wird. Je schneller es gelingt, Bedingungen zu schaffen, die zu einer Verlangsamung dieses Wachstums führen, desto effektiver können die nat. und internat. Ressourcen eingesetzt werden. Weiter sind die Folgen der vielen (bewaffneten) Konflikte für den Wiederaufbau im B. zu bewältigen. Auch die vielen Krankheiten und v. a. die Todesfälle durch ↗ Aids hinterlassen ihre Spuren. In einigen Ländern sind bis zu 40% der Lehrkräfte infiziert und werden in den nächsten Jahren sterben. Nicht nur im Hinblick auf den Wiederaufbau der Infrastruktur und die Bewältigung der vielen Traumata bei den Kindern ist das B. gefragt, sondern auch im Hinblick auf Maßnahmen der Konfliktvermeidung oder der Erziehung zum Frieden, zur ↗ Demokratie und zur Achtung der ↗ Menschenrechte. Mit Fernunterricht und dem Einsatz neuer ↗ Medien bietet sich eine kostengünstige Möglichkeit der Bildungsvermittlung.

Bildung wird auch in Zukunft eine wichtige Voraussetzung von Entwicklung sein. Ohne durchgreifende qualitative und quantitative Verbesserungen im B. können weder die sozioökonom. Lebensbedingungen verbessert, noch kann die Armut wirksam bekämpft werden. Bildung ist zudem ein effektives Mittel, die Geburtenraten zu senken. Bildung kann allerdings nicht allein wirtsch. Entwicklung für alle bewirken. Pol. und makroökonom. Stabilität bzw. ein Regierungssystem, das nicht auf die eigenen Interessen, sondern auf die der Entwicklung aller gesellsch. Kräfte ausgerichtet ist, sind ebenso notwendig. ↗ Internet.

🕮 A. Habte/T. Wagaw, Education and social change. In: General History of Africa, Bd. 8, London/Paris 1993, S. 678–701. – Weltbank (Hg.), Education in Sub-Saharan Africa: Policies for Adjustment, Revitalization and Expansion, Washington 1988. – A. A. Mazrui, Towards Diagnosing and Treating Cultural Dependency: The Case of the African University. In: International Journal of Educational Development 12 (1992), 2, S. 95–111.

Wolfgang Küper

Blauhelmeinsätze, aufgrund der UN-blauen Kopfbedeckung der Soldaten Bez. für ein UN-Instrument milit. Friedenserhaltung, das in der Zeit des Ost-West-Konflikts entwickelt wurde. Traditionelle B. beruhen auf dem Einverständnis der Konfliktparteien sowie der Bereitschaft der UN-Mitgliedstaaten zur Entsendung von Truppen. Die Aufgaben bestehen in der Überwachung von Abkommen (insbes. Waffenstillständen) und der Bildung von Pufferzonen zwischen den Konfliktparteien. Neben Friedenstruppen, die in Verbänden operieren und leichte Waffen tragen, gibt es auch unbewaffnete Beobachtermissionen aus Offizieren und Zivilisten. Mit dem Ende des Ost-West-Konflikts erfuhren die B. eine Ausweitung hin zu multidimensionalem *Peace-keeping*. Dazu gehören die Überwachung der lokalen Polizei, die Organisation und Überwachung demokrat. Wahlen, die Unterstützung der lokalen Administration sowie die Schaffung günstiger Bedingungen für nat. Versöhnung und Friedenskonsolidierung. Darüber hinaus operieren UN-Truppen vermehrt im Rahmen »humanitärer Interventionen« und »robuster B.«, um in kriegerischem Umfeld humanitäre Aufgaben zu übernehmen und massive Menschenrechtsverletzungen zu verhindern.

I. Blauhelmeinsätze während des Ost-West-Konflikts. Von den 13 B., die von 1948 bis 1987 weltweit stattfanden, war nur einer in Afrika: die ONUC (*Opération des Nations Unies au Congo*), die heute eher skeptisch bewertet wird und sich grundlegend von den übrigen damaligen B. unterschied. Von 1960 bis 1964 waren im Kongo bis zu 20.000 Soldaten stationiert, um eine weitere Eskalation der Kongokrise zu verhindern (↗ Kriege/Bürgerkriege). Die völkerrechtl. Legitimation des Kongo-Einsatzes war umstritten, *de facto* stellte er eine Zwangsmaßnahme dar, die kaum etwas mit dem Charakter traditioneller B. zu tun hatte und die UN einer Zerreißprobe unterzog.

II. Blauhelmeinsätze seit 1989. Mit dem Ende des Ost-West-Konflikts änderte sich die Situation: Insges. 19 B. wurden zwischen 1989 und Jan. 2001 in zwölf afrik. Konflikten auf den Weg gebracht (Äthiopien/Eritrea, Angola, Liberia, Demokrat. Rep. Kongo, Mosambik, Namibia, Ruanda, Sierra Leone, Somalia, Tschad/Libyen,

Westsahara, Zentralafrik. Rep.). Sie reichten von Beobachtermissionen und Friedenstruppen über multidimensionale Einsätze bis hin zu humanitären Interventionen. B. in Afrika machten in den 1990er Jahren etwa die Hälfte aller neu beschlossenen UN-Operationen aus. Zugleich herrscht seit Mitte der 1990er Jahre angesichts zahlreicher Rückschläge Ernüchterung vor, die die Entsendung weiterer Missionen (so etwa nach Burundi, Rep. Kongo) verhinderte bzw. verzögerte. Im Jan. 2001 waren von den weltweit 15 B. vier in Afrika lokalisiert (Westsahara, Sierra Leone, Dem. Rep. Kongo, Äthiopien/Eritrea).

III. Blauhelmeinsätze im südlichen Afrika. Der erste B. nach dem Ost-West-Konflikt war in Afrika die UNTAG (*UN Transition Assistance Group*). Sie begleitete 1989/90 mit mehr als 6.000 Soldaten und Polizisten erfolgreich den Übergang Namibias in die Unabh. und war durch die Angola-Namibia-Vereinbarungen möglich geworden, auf die sich Südafrika, Angola und Kuba unter Vermittlung der USA und Beteiligung der Sowjetunion Ende 1988 verständigt hatten. Der Einsatz war konzeptionell innovativ, insofern er die Vorbereitung von Wahlen und die Kontrolle der Polizei beinhaltete, und ist als Vorstufe multidimensionaler B. anzusehen.

Eng mit dem Namibia-Einsatz verbunden war die UNAVEM I (*UN Angola Verification Mission*). Sie überwachte von 1989 bis 1991 den Abzug der kubanischen Truppen aus Angola. Im Mai 1991 vermittelte Portugal zwischen der angolanischen Regierung und der UNITA das Abkommen von Bicesse, an dem die USA und die Sowjetunion als Garantiemächte beteiligt waren und das die Demobilisierung der Exkombattanten, die Bildung einer neuen Armee und Wahlen vorsah. Die erst spät einbezogenen UN begleiteten diesen Prozess mit einem B. (UNAVEM II), der mit 350 Militär- und 90 Polizeibeobachtern nur unzureichend ausgestattet war. Nach den Parlaments- und Präsidentschaftswahlen vom Sept. 1992, als UNITA-Chef Savimbi den Erfolg der Regierungspartei MPLA und des Präsidenten dos Santos nicht anerkannte, scheiterte der Friedensprozess. Wieder aufgenommene Kampfhandlungen mündeten in eine humanitäre Katastrophe, der 1993/94 mehrere hunderttausend Menschen zum Opfer fielen.

1992 wurde auch der Krieg in Mosambik beigelegt. Auf Drängen insbes. der RENAMO und ihres Führers Dhlakama überwachte von Ende 1992 bis 1994 die ONUMOZ (*UN-Operation in Mozambique*) die Demobilisierung und Entwaffnung der Kombattanten und die Wahlen von Okt. 1994, aus denen die regierende FRELIMO und Präsident Chissano als Sieger hervorgingen. Aufgrund der schlechten Erfahrungen mit UNAVEM II umfasste ONUMOZ neben etwa 6.500 Soldaten auch Zivilpolizei und eine humanitäre Komponente (UNOHAC), was ebenso wie die Bewertung der Parlaments- und Präsidentschaftswahlen als »frei und fair« nicht unumstritten blieb. ONUMOZ wurde aber trotzdem als überwiegend gelungener B. gewertet.

1995 sollte das Erfolgsmodell ONUMOZ auf den angolanischen Bürgerkrieg übertragen werden. Mit dem Lusaka-Abkommen vom Nov. 1994 hatten die Konfliktparteien eine neue Friedensvereinbarung erzielt, die das Ergebnis der 1992er Wahlen anerkannte. UNAVEM II wurde 1995 in UNAVEM III umgewandelt und auf bis zu 7.000 Soldaten ausgeweitet. Die mit Ablauf des B. 1997 erzielten Fortschritte bei der Regierungsbildung und Demobilisierung blieben brüchig, da sich die UNITA, die sich in dieser Phase aus illegalem Diamantenverkauf finanzierte, nicht an die Vereinbarungen hielt. Auch die Nachfolgeoperation MONUA (*UN Observer Mission in Angol*a) konnte mit ihren 1.000 Polizisten, Soldaten und Beobachtern kriegerische Auseinandersetzungen nicht verhindern und wurde 1999 beendet.

IV. Blauhelmeinsätze in Nordafrika. In Nordafrika spielten UN-Missionen eine geringe Rolle. Nach einem von Libyen akzeptierten Urteil des Internat. Gerichtshofes zugunsten des Tschad wurde 1994 UNASOG (*UN Aouzou Strip Observer Group*, bestehend aus 9 Militärbeobachtern, 6 Zivilisten), erfolgreich eingesetzt, um den Abzug libyscher Truppen aus einem umstrittenen Grenzstreifen zu überwachen. Als komplizierter erwies sich 1991 die Aufgabe der 2001 etwa 300 Personen umfassenden MINURSO (*UN Mission for the Referendum in Western Sahara*) in der ehem. span. Kolonie. Grundlage war ein von der POLISARIO und Marokko 1988 auf Vermittlung der UN und der OAU unterzeichneter Friedensplan mit Waffenstillstandsabkommen, den MINURSO erfolgreich überwachte. Ein Referendum über die Zukunft der Westsahara ist jedoch, hauptsächlich aufgrund marokkanischer Hinhaltetaktik, immer wieder verschoben worden. Nachdem zuletzt der für Juli 2000 angesetzte Termin gestrichen wurde, ist vor dem Jahr 2002 nicht mit einer Abstimmung zu rechnen.

V. Blauhelmeinsätze am Horn von Afrika. 1988 begann in Somalia ein Bürgerkrieg, der ab 1991 zum Staatszerfall führte. Die tödliche Mischung aus Krieg und Dürre löste eine humanitäre Katastrophe aus, der bis Ende 1992 vermutlich 300.000 Menschen zum Opfer fielen. Die im April 1992 beschlossene UNOSOM I (*UN Operation in Somalia* mit zunächst nur 50 Militärbeobachtern, später zusätzlich 500 Soldaten) erzielte keine Wirkung. Angesichts des menschlichen Leids genehmigte der UN-Sicherheitsrat am 3. 12. 1992 mit Resolution 794 die Entsendung einer 30.000 Soldaten starken multinat. Truppe unter Führung der USA, um die Bereitstellung humanitärer Hilfsgüter zu ermöglichen, notfalls mit milit. Mitteln. Die UNITAF (*Unified Task Force*) wurde im Mai 1993 durch rund 20.000 Blauhelmsoldaten unter UN-Oberbefehl (UNOSOM II) abgelöst. UNOSOM II war der erste B., der mit einem *enforcement*-Mandat gemäß Kapitel VII UN-Charta (Zwangsmaßnahmen) ausgestattet war. Die Lage im Lande konnte kurzfristig stabilisiert werden, doch geriet die UNOSOM II bald in eine Zwangslage: Die UN wurden nach der Tötung von 23 pakistanischen Blauhelmen am 5. 6. 1993 selbst zur Kriegspartei, als sie auf Druck der USA zur Verfolgung des *Warlord* Aidid übergingen. Als im Okt. 1993 amerik. Soldaten ums Leben kamen, ihre Leichen durch die Straßen von Mogadischu geschleift wurden und entsprechende Fernsehbilder um die Welt gingen, bereiteten die USA und dann auch die anderen Staaten einen »geordneten Rückzug« vor. Im März 1995 verließ die UN-Mission das Land.

Nachdem der Krieg zwischen Äthiopien und Eritrea im Juni 2000 durch ein Waffenstillstandsabkommen beendet wurde, beschloss der UN-Sicherheitsrat im Juli bzw. Sept. 2000 die Entsendung von 4.200 Blauhelmsoldaten und Militärbeobachtern. Anfang 2001 überwachten 3.300 Soldaten und 145 Militärbeobachter die Einrichtung einer Pufferzone und die Umsetzung des im Dez. 2000 unterzeichneten Friedensabkommens.

VI. Blauhelmeinsätze in Zentralafrika. Die für die westl. Öffentlichkeit einschneidenden Erfahrungen mit Somalia hatten Rückwirkungen auf das UN-Engagement in Zentralafrika. Auf den ↗ Genozid in Ruanda 1994 und die völlige Destabilisierung der Region ab 1995 reagierte die internat. Gemeinschaft unentschlossen bis paralysiert. Zunächst (Juni 1993 bis Sept. 1994) sollten in dem Konflikt zwischen der von Exil-Tutsi dominierten RPF (Ruand. Patriotischen Front), die ab 1990 von Uganda aus Ruanda angriff, und dem Regime des Hutu-Präsidenten Habyarimana 81 Militärbeobachter der UNOMUR (*UN Observer Mission Uganda-Rwanda*) sicherstellen, dass die RPF keine Waffen von Uganda erhielt. Nach dem Friedensvertrag von Arusha (4. 8. 1993) entsandten die UN die UNAMIR I (*UN Assistance Mission for Rwanda*). Die etwa 2.500 Blauhelme wurden im April 1994 zu Zeugen (und mitunter auch Gejagten) eines detailliert geplanten Genozids, dem innerhalb dreier Monate zwischen 500.000 und 1 Mio. Tutsi und oppositionelle Hutu zum Opfer fielen (↗ ethn. Konflikt). Nach der Ermordung von 10 belg. Blauhelmsoldaten wurden die B. bis auf 540 verbleibende Soldaten abzogen. Am 17. 5. 1994 fasste der UN-Sicherheitsrat mit Resolution 918 den verspäteten Beschluss, eine 5.500 Mann starke humanitäre Schutztruppe (UNAMIR II) zu entsenden, deren Aufstellung mehrere Monate in Anspruch nahm. Am 22. 6. 1994 stimmte der Sicherheitsrat mit Resolution 929 einer umstrittenen Intervention Frankreichs zu, der *Opération Turquoise*, die im SW des Landes die humanitäre Versorgung sicherstellen sollte, daneben aber auch vielen für den Genozid Verantwortlichen die Flucht ermöglichte. UNAMIR II wurde im März 1996 nach erheblichen Spannungen mit der neuen RPF-Regierung abgezogen.

Wesentlich auf afrik. Truppen stützten sich die Peace-keeping-Missionen in der Zentralafrik. Rep. Nach mehreren Meutereien wurde am 1997 unter Vermittlung west- und zentralafrik. Staaten ein Friedensvertrag vereinbart, der Amnestie und Entwaffnung der Meuterer sowie ihre Reintegration in die Armee vorsah. Die Umsetzung sollte durch die 800 Soldaten starke Interafrik. Friedenstruppe MISAB (*Mission Interafricaine de Surveillance des Accords de Bangui*) überwacht werden. MISAB wurde logistisch und finanziell von Frankreich unterstützt. Die Lage blieb jedoch labil. Im April 1998 wurde MISAB durch die 1.500 Soldaten starke UN-Truppe MINURCA (*Mission des Nations Unies en République Centrafricaine*) ersetzt. Aufgabe von MINURCA war es, in Bangui Sicherheit und Bewegungsfreiheit zu gewährleisten, die nat. Sicherheitskräfte zu unterstützen, die Lagerung und Vernichtung der eingesammelten Waffen zu überwachen, bei der Reform der Polizei mitzuwirken und die Abhaltung der Wahlen zu gewährleisten. Nach den Parlamentswahlen Ende 1998 wurde das Mandat um ein Jahr bis zu den Präsidentschaftswahlen im Sept. 1999 verlängert, die der Amtsinhaber Patassé gewann. Am 15. 2. 2000 wurde MINURCA beendet.

Am 30. 11. 1999 beschloss der UN-Sicherheitsrat eine neue Mission für die Demokrat. Rep. Kongo, die MONUC (*UN Mission in the*

Democratic Republic of Kongo), im Feb. 2000 stimmte der Rat dafür, in die Demokrat. Rep. Kongo unter Kapitel VII der UN-Charter 500 Militärbeobachter und 5.000 Blauhelmsoldaten zu entsenden, die das Waffenstillstandsabkommen von Lusaka, das die von Angola, Namibia und Simbabwe unterstützte kongolesische Regierung im Juli 1999 mit den von Ruanda und Uganda unterstützten Rebellen vereinbart hatte. Mandat und Handlungsmöglichkeiten von MONUC blieben aber begrenzt. Am 31. März 2001 waren 246 Militärbeobachter, 255 Soldaten und 283 zivile Mitarbeiter vor Ort; hinzu kamen 160 lokale Angestellte.

VII. Blauhelmeinsätze in Westafrika. In Westafrika haben die UN in den 1990er Jahren die Überwachung und Begleitung einer regionalen Interventionstruppe durch UN-Beobachtermissionen als ein »Mischmodell« des *Peace-keeping angewandt.* 1990 hatte die ↗ ECOWAS mit einer Interventionstruppe, der ↗ ECOMOG, in den Liberia-Konflikt eingegriffen, deren Einsatz die UN nachträglich legimitierten und 1992 mit Resolution 788 durch die Verhängung eines Waffenembargos unterstützten. Auf der Grundlage der Cotonou-Vereinbarung 1993 autorisierte der UN-Sicherheitsrat die UNOMIL (*UN Observer Mission in Liberia*) mit einer Größe von bis zu 368 Militärbeobachtern. Nach der Abhaltung von Wahlen, aus denen Rebellenführer Taylor als Sieger hervorging, verließ UNOMIL 1997 das Land. – Ebenso verfuhren die UN im Nachbarland Sierra Leone, wo seit 1991 ein eng mit dem Liberia-Konflikt verflochtener Bürgerkrieg herrschte. 1997 schloss die in Guinea befindliche Exilregierung des demokrat. gewählten Präsidenten Kabbah mit einer aus Armee und Rebellen gebildeten Junta eine Friedensvereinbarung, die die ECOMOG-Truppen mit Gewalt durchsetzten. 1999 vermittelte der UN-Sondergesandte eine weitere Vereinbarung. Nachdem die am 13. 7. 1998 vom UN-Sicherheitsrat autorisierte UNOMSIL (*UN Observer Mission in Sierra Leone*) nur die Aufgabe gehabt hatte, die ECOMOG zu unterstützen, übernahmen im Okt. 1999 die UN die Hauptrolle bei der Überwachung des Friedensabkommens. Mit 6.000 Mann sollte UNAMSIL (*UN Mission in Sierra Leone*) schrittweise die ECOMOG ersetzen, die sich aus finanziellen Gründen zurückzogen. Im Feb. 2000 wurde das Mandat ausgeweitet und die Maximalstärke auf bis zu 11.000 Blauhelme erhöht.

VIII. Zukunft der Blauhelmeinsätze in Afrika. Nach dem erfolglos verlaufenen Friedenseinsatz in Somalia ist in den westl. Staaten und bes. in den USA eine stark abnehmende Bereitschaft zu verzeichnen, sich mit eigenen Soldaten an UN-Friedensoperationen in Afrika zu beteiligen. Die USA, Frankreich, Großbritannien sowie die EU/WEU haben daher seit 1994 vielfältige Initiativen unternommen, den Aufbau afrik. *Peace-keeping*-Kapazitäten zu fördern. Anfang 1997 lancierten die USA eine *African Crisis Response Inititative* (ACRI) mit dem Ziel, in versch. afrik. Staaten 8 bis 10 Bataillone mit jeweils 500 bis 800 Soldaten auszubilden. Frankreich engagierte sich mit ähnlicher Ausrichtung in den frankophonen Ländern West- und Zentralafrikas, so bspw. bei der Interafrik. Friedenstruppe MISAB. Großbritannien setzte in Kooperation mit Nigeria einen europ.-afrik. Konsultationsprozess in Gang, der auf die Stärkung von OAU-Kapazitäten in den Bereichen Frühwarnung und Operationsplanung sowie auf die Unterstützung von Trainingszentren in Kairo (Ägypten) und Harare (Simbabwe) abzielte. Schließlich gibt es Bemühungen, die sicherheitspol. Rolle ↗ regionaler Organisationen wie der ECOWAS und der ↗ SADC auszubauen. Diese Entwicklungen führen dazu, dass im Bereich des *Peace-keeping* das Verhältnis zwischen regionalen Organisationen, ↗ OAU und den UN neu bestimmt wird. ↗ Rebellenbewegungen.

📖 K.A. Annan, Konfliktursachen und die Förderung dauerhaften Friedens und einer nachhaltigen Entwicklung in Afrika, New York 1998. – E.J. Keller/D. Rothchild (Hg.), Africa in the New Internat. Order, London 1996. – W. Kühne, Afrika auf dem Wege zu eigenen Kapazitäten für Konfliktprävention und Peace-keeping? Ebenhausen 1998. – V. Matthies, Zwischen Erfolg und Fehlschlag. Die Friedensmissionen der VN in Afrika. In: Vereinte Nationen 43 (1995), 3, S. 105–112. – V. Matthies, Die friedenspol. Rolle der OAU. In: Institut für Afrika-Kunde/R. Hofmeier (Hg.), Afrika-Jahrbuch 1996, Opladen 1997, S. 49–62. – UN Department of Peace-Keeping Operations, UN Peace-Keeping Operations, New York 2000 (http://www.un.org/Depts/DPKO/Missions).

Tobias Debiel

Blockfreienbewegung, ein seit 1961 bestehender, loser Zusammenschluss vornehmlich afrik., asiatischer, und lateinamerik. Staaten, die sich als die pol. Stimme der ↗ Dritten Welt in den internat. Beziehungen begreifen. Das Entstehen der B. war Ausdruck der wachsenden Zahl junger Nationalstaaten, die am Ende der Kolonialzeit ihren Platz in der Welt suchten. Bereits 1955 hatten sich 29 Staaten Asiens und Afrikas, darunter China und Indien, auf Einladung Sukarnos zur hist. Bandung-Konferenz in Indonesien zusammengefunden. Der *Geist von Bandung*, der die Prinzipien friedlicher Koexistenz und die Vollendung der ↗ Entkolonialisierung beinhaltete, prägte auch die B. Deren Gründungsväter, v. a. G. A. Nasser (Ägypten), J. Nehru (Indien) und J. B. Tito (Jugoslawien), führte zudem die Sorge um den Weltfrieden angesichts der Rivalität der beiden Machtblöcke im Ost-West-Konflikt zusammen, als sie 1961 die Gründungskonferenz der B. nach Belgrad einberiefen. Die 25 Gründungsmitglieder erklärten, dass sie sich nicht an Militärbündnissen im Kontext des Konflikts der Großmächte beteiligen würden. Seit 1976 unterhält die B. ein Koordinationsbüro am Sitz der UN in New York.

Die Staaten Afrikas verpflichteten sich in der Charta der 1963 gegr. ↗ OAU auf die Prinzipien der Blockfreiheit. Sie haben immer eine aktive Rolle in der B. gespielt. Von 12 Gipfelkonferenzen, die bis 1998 stattgefunden haben, wurden 5 in Afrika abgehalten: 1964 in Kairo, 1970 in Lusaka (Sambia), 1973 in Algier, 1986 in Harare (Simbabwe) und 1998 in Durban (Südafrika). Heute umfasst die B. 113 Mitglieder, darunter 53 afrik. Staaten.

Die B. ist durch die Heterogenität ihrer Mitglieder gekennzeichnet. Gemeinsam ist ihnen ihre periphere wirtsch. Stellung und verbreitete Armut, die fehlende Macht in der Weltpolitik und ihre (bis auf einige Ausnahmen) geringe Größe. Standen zunächst pol. Fragestellungen wie die prekäre Stellung der Mitgliedstaaten zwischen den Machtblöcken, friedliche Konfliktbewältigung und Solidarität mit den antikolonialen Unabhängigkeitsbewegungen im Vordergrund, so widmete sich die B. in den 1970er Jahren verstärkt ökonom. Forderungen an den Norden. Zusammen mit der ↗ Gruppe der 77 formulierte sie wirtschafts- und entwicklungspol. Positionen der Dritten Welt und setzte sich v. a. im Rahmen des UN-Systems für eine ↗ Neue Weltwirtschaftsordnung ein. Obwohl diese Forderungen letztlich am Widerstand der Industriestaaten scheiterten, ist es der B. gelungen, ihren Mitgliedern die Teilnahme an internat. Verhandlungen zu ermöglichen und die Thematik des Nord-Süd-Konflikts in der internat. Politik zu verankern.

Schien ihre Existenz nach dem Ende des Ost-West-Konflikts zunächst gefährdet, so begreift sich die B. heute als Interessengruppe des Südens in einer sich verändernden, globalisierten Welt. Es hat sich gezeigt, daß der Wunsch nach einer gemeinsamen Organisation fortbesteht. Insbes. die wachsenden Fragen bzgl. eines globalisierten Freihandels und der Rolle der WTO dabei haben die Länder des Süden wieder stärker zusammengeführt und der B. die Perspektive einer Renaissance eröffnet, die auf dem Gipfeltreffen in Durban 1998 verkündet wurde. ↗ Peripherer Kapitalismus, ↗ Rebellenbewegungen.

🕮 S.Amin, La faillite du développement en Afrique et dans le tiers monde, Paris 1989. – V. Matthies, Die Blockfreien – Ursprünge, Entwicklung, Konzeptionen, Opladen 1985. – M.-L. Pörtner, Die Blockfreien-Bewegung seit 1989, Wiesbaden 1997.

Samir Amin

Bodenrecht regelt die auf den Boden bezogenen Verfügungs- und Nutzungsrechte im Rahmen einer gesellschaftlichen Ordnung. B. muss nicht in geschriebener Form vorliegen; entscheidend ist, dass es allg. anerkannt ist und seine Beachtung von einer Autorität geregelt wird. Das im subsahar. Afrika weit verbreitete kommunale B. gewährt jedem ↗ Bauern ein Nutzungsrecht innerhalb des von seiner ethn. Gruppe, ↗ Familie oder ↗ Verwandtschaft kontrollierten Gebietes. Sowohl die Vorfahren, die in der Erde ruhen, als auch die Lebenden und die noch nicht Geborenen besitzen den Boden gemeinsam. Das Land kann daher nicht veräußert werden. Die Verteilung des Landes obliegt traditionell in Westafrika den ↗ Erdherren (*chefs de terre*), den in den Dörfern eingesetzten Älteren zur Verteilung des Bodens. Das kommunale B. wird den Ansprüchen moderner Wirtschaftsordnungen vielfach nicht mehr gerecht, da es wenig Anreize bietet, den Boden zu erhalten bzw. in Grundverbesserungen zu investieren. Das kommunale B. kann zudem gleichberechtigten Zugang zum Land nur noch dann gewährleisten, wenn Bodenreserven verfügbar sind. Mit steigender Bevölkerungsdichte und insbes. bei Vorherrschen von permanentem Feldbau wandeln sich Nutzungsrechte zu Quasi-Eigentumsrechten. Die Folge dieser Entwicklung ist das Entstehen einer Klasse von Landlosen, was erheblichen sozialen Zündstoff schafft. Nach der Unabh. wurde Boden, der dem kommunalen Recht unterlag, vielfach zu Staatseigentum erklärt. Dies blieb für die Bewirtschafter i.d.R. ohne unmittelbare Konsequenzen. Die Wirkung auf Naturwälder und Aufforstungsflächen war dagegen eher negativ, da unkontrollierte Landnahme und Abholzung gefördert wurden. In manchen Ländern benachteiligt das traditionelle B. Frauen, die bei der Bodennutzung nur eingeschränkt berücksichtigt werden.

Feudales B. gab es bspw. in Ägypten und Äthiopien, wo vor den Agrarreformen der 1950er bzw. 1970er Jahre oligarchisch oder zentralistisch regierte Reiche bestanden. Großgrundbesitzer, die gleichzeitig an der Staatsmacht beteiligt waren, vergaben das Land an Pächter. Üblicherweise geschah das im System der Teilpacht, d.h. neben Arbeitsleistung für den Grundherrn musste ein Teil der Ernte abgeliefert werden. In Äthiopien konnte dieser Anteil z.B. bis zu 50% des Ertrages ausmachen, je nachdem ob der Landeigentümer Ochsen und Gespanne zur Verfügung stellte oder nicht. Während früher unter feudalem B. umfangreiche Kulturleistungen und Investitionen in Grundverbesserungen (Terrassen, Bewässerungsanlagen u.a.) getätigt wurden, behinderte das System der Teilpacht später die Modernisierung der ↗ landwirtsch. Produktion. Ertragsteigernde Produktionsmittel bspw. konnten nicht eingesetzt werden, wenn die Ernte mit dem Grundherrn geteilt werden musste. Allerdings hat die Überführung des Landes in Genossenschaftsbesitz oder Staatseigentum durch Agrarreformen i.d.R. auch keine Produktivitätssteigerung bewirkt.

In einigen Ländern Afrikas besteht infolge der ↗ Islamisierung kommunales B. neben dem Individualeigentum. In der Kolonialzeit wurden Eigentumstitel im europ. Sinne vergeben, die i.d.R. nicht für die autochtone Bev., sondern nur für europ. und asiat. Siedler galten. Heute gewinnt privates B. zunehmend an Bedeutung. In Kenia bspw. wurde kleinbäuerl. Land katastermäßig erfasst und in Eigentum überführt. Der Boden kann seitdem beliehen werden und Investitionen in Grundverbesserungen, z.B. für den ↗ Erosionsschutz, werden möglich. ↗ Familien- und Erbrecht, ↗ Recht.

🕮 Deutsche Gesellschaft für Techn. Zusammenarbeit (GTZ), Bodenrecht und Bodenordnung. Ein Orientierungsrahmen, Eschborn 1997. – K. Schukalla, Traditionelles Bodenrecht und ländl. Entwicklung, Münster 1998. – A. Eckert, Grundbesitz, Landkonflikte und kolonialer Wandel. Douala 1880–1960, Stuttgart 1999.

Eckhard Baum

Bodenschätze ↗ Rohstoffe

Brain Drain ist eine Form der ↗ Migration, die die Abwanderung von teilweise hoch qualifizierten Fachkräften und Intelligenzija aus den EL (Entwicklungsländern) bezeichnet. Zielregionen sind dabei sowohl die IL (Industrieländer) als auch klassische Einwanderungsländer (USA, Kanada) und ehem. Kolonialmächte (Großbritannien, Frankreich), aber auch Schwellenländer und Erdöl fördernde Staaten (z.B. Golfstaaten, Nigeria, Gabun) oder Staaten, die entwickelter sind als ihre Nachbarländer, bspw. Südafrika. Die Zielländer können sich je nach wirtsch. Konjunktur ändern. Die EL übernehmen i.d.R. die Ausbildungskosten; die anderen Länder haben den Nutzen. Hiermit gehen den EL auf Dauer Entwicklungschancen und Know-how verloren. Bereits bis zum Ende der 1980er Jahre wurde der Verlust für Afrika auf ca. 1,2 Mio. Personen bzw. 50 Mio. US$. geschätzt. Genauere Daten liegen nicht vor.

Die Wanderungsbewegung qualifizierter Fachkräfte unterscheidet bei den *push*-Faktoren (Druckfaktoren) ökonom., kulturelle und intellektuelle, soziale und pol. Faktoren wie ökonom. Unterentwicklung, geringe Einkommenshöhe und -steigerung, mangelnde Bildungs- und Arbeitskräfteplanung, Verfall der wiss.-techn. Infrastruktur, mangelnde Kommunikationssysteme, Formen der Diskriminierung ethn., relig. und sprachlicher Art, Vorurteile gegen ↗ Forschung und Entwicklung, intellektuelle Repression, pol. Instabilität sowie geringe Betonung der Wissenschaftspolitik. In vielen EL wird dieser Trend durch die internat. verordnete ↗ Strukturanpassung verstärkt, die die Kürzung von Bildungs- und Gesundheitsausgaben zur Folge hat. Zu den *push*-Faktoren gehören auch hist. Bedingungen, v.a. das von den Kolonialmächten importierte Bildungssystem, Möglichkeiten der Auslandsausbildung, ein internat. Markt für qualifizierte Arbeitskräfte und persönliche Faktoren.

Zu den *pull*-Faktoren (Zugfaktoren) rechnet man die Attraktivität der Einwanderungsländer in Bezug auf Einkommen, gute Forschungs- und Entwicklungsinfrastruktur, soziale Absicherung, intellektuelle Freiheit, persönliche Sicherheit und eine Nachfrage nach hochqualifizierten Arbeitskräften. Die Entscheidung, fortzugehen, wird bestimmt durch die »*job-vacancy*-Hypothese« und die »*income-differentials*-Hypothese«, d.h. die unterschiedlichen Beschäftigungs- und Einkommenssituationen in Herkunfts- und Zielland.

Fehlender Rückkehrwille von Ausgebildeten, die teils Stipendien von ihren Heimatländern erhalten, schädigt die EL ebenfalls. Obwohl die Entsendung zu Ausbildung und Studium unter der Bedingung gewährt worden ist, für die Entwicklung des Herkunftslandes personelle Ressourcen zu schaffen, bleiben zunehmend Fachkräfte in den Ausbildungsländern. Genaue Zahlen über die Abwanderungen gibt es weder nach Herkunft noch nach Qualifikationsniveau. Eine Umkehrung des Prozesses ist wohl nur durch die Verbesserungen aller Rahmenbedingungen in den Heimatländern möglich. ↗ Eliten, ↗ Migration.

🕮 D. Galinski, Brain Drain aus Entwicklungsländern. Theoret. Grundlagen und entwicklungspol. Konsequenzen, Frankfurt/M. 1986. – B. A. Odunsi, An Analysis of Brain Drain and its Impacts on Manpower Development in Nigeria. In: Journal of Third World Studies 13 (1996), S. 193–214. – G. Braun, Internat. Migration: Ihre Folgen für die Ursprungsländer und Ansätze eines Migrationsregimes, St. Augustin 1998.

Klaus-Dieter Osswald

Bürgerkrieg ↗ Kriege/Bürgerkriege

Casablanca-Gruppe ↗ OAU

Christentum. *I. Verbreitung und Struktur.* Der Anteil Afrikas an der Weltchristenheit beträgt ca. 19%. Das Ch. prägt heute v. a. im subsahar. Afrika das relig. Erscheinungsbild. Nordafrika ist muslimisch; Christen bilden dort eine Minderheit, und in den meisten Ländern NO-, Ost- und Westafrikas sind sowohl Ch. als auch der ↗ Islam vertreten, was z. B. in Nigeria und im Sudan verstärkt zu Spannungen führt (vgl. Karte 11 zur Religionsverteilung beim Artikel »Islam«). Die Christen gehören einer Vielzahl von ↗ Kirchen an: der röm.-kath., den lutherischen und reformierten, orthodoxen, anglikanischen, baptistischen, methodistischen sowie mehreren Tsd. Afrik. Unabh. Kirchen. Ökumenisch sind die Kirchen seit 1963 – mit Ausnahme der röm.-kath. – in der gesamtafrik. Kirchenkonferenz AACC (*All Africa Conference of Churches*) zusammengefasst. Die kath. Kirche wird in der 1961 gegr. AMECEA (*Association of Member Episcopal Conferences in Eastern Africa*) und im 1969 eröffneten SECAM (*Symposium of the Episcopal Conferences of Africa and Madagascar*) länderübergreifend repräsentiert.

II. Frühchristentum. Das Ch. ist im nördl. Afrika, zu dessen ältester Kirche die koptische gehört, seit dem 1. Jh. n.Chr. präsent (↗ Kopten, ↗ römische Kolonisation). Vom 4. Jh. bis zur islam. Eroberung im 7. Jh. war das Ch. in Nordafrika die vorherrschende Religion und hatte z. B. mit Origenes (ca. 185–253/54), der grundlegend für die griech. Theologie in Alexandria wirkte, und insbes. Augustinus (354–430), dem größten latein. Kirchenlehrer des Frühchristentums, entscheidenden Anteil an der Entwicklung der kirchlichen Dogmatik und dem Aufbau der latein. Kirche. Mit der von Augustinus bekämpften schismatischen Bewegung der Donatisten (↗ Donatismus) entstand im 4. Jh. eine zweite Kirche, die sich erst nach Verfolgung durch die röm. Behörden auflöste, aber noch bis ins 7. Jh. Spuren hinterließ. Ebenfalls im 4. Jh. wurde die heute noch bestehende äthiop. Kirche gegründet (↗ Axum).

III. Neuzeitliches afrik. Christentum. Da die neuzeitliche Missionierung ein europ. Ch. nach Afrika exportierte, spricht man erst wieder in Bezug auf das 20. Jh. von einem »afrik. Ch.« und meint damit die Antwort afrik. Christen auf das monokulturelle Religionsverständnis, das den Missionskirchen zugrunde lag. Mit den Unabhängigkeitsbewegungen und der Bildung eines neuen afrik. Selbstbewußtseins (*Black consciousness,* ↗ *Négritude,* ↗ *African Personality,*) kam es zur Kritik an den importierten kirchlichen Strukturen und deren Theologien. Daraus entwickelte sich der unter den Begriffen Inkulturation (kath.) und Kontextualisierung (ev.) bekannt gewordene programmatische Versuch, Evangelium und afrik. Denk- und Lebensweise zu verbinden (↗ Synkretismus). Die Realisierung dieses Programms erweist sich allerdings schon angesichts der enormen Anzahl afrik. ↗ Sprachen (bis zu ungefähr 2.000) als langwierig. In der kath. Kirche erfolgte der Aufbruch zu einem multikulturellen Lernprozess, in dem es versch. Formen, das Christsein zu leben, zu entdecken und zu respektieren gilt, mit dem Zweiten Vatikanischen Konzil (1962–65). Dieses brachte eine – wenn auch noch in vielem zaghafte – liturgische Erneuerung und trug durch seine Aufwertung der Ortskirchen zur Bildung von Basisgemeinden (*small christian communities* in Kenia, Tansania, Sambia, Uganda bzw. *petites communautés chrétiennes* in Kongo) und der Übertragung der Gemeindeleitung an Laien bei. Darüber hinaus ermutigten nachkonziliare Schreiben den gesellsch. Einsatz der Kirche in Menschenrechtsfragen, für ↗ Flüchtlinge, für die Opfer von Hungerkatastrophen und zur Bewahrung der Schöpfung.

IV. Afrik. Unabhängige Kirchen. Aus den Afrik. Unabh. Kirchen (AUK), insbes. den Pfingstbewegungen, die sowohl exogener (meist USA) als auch afrik. Herkunft sind, erwächst die bislang stärkste relig. Erneuerung. Bei den AUK handelt es sich um Gemeinschaften unterschiedlichster Größe, teilweise um temporäre Phänomene, die seit der zweiten Hälfte des 19. Jh.

entstanden und vorwiegend im südl. sowie im westl. Afrika zu finden sind. Anfangs (bis ca. 1910) entstanden solche Bewegungen – mit Rückgriff auf Psalm 68,32 und Apostelgeschichte 8,26–40 meist als »äthiop.« Kirchen bezeichnet – als Reaktion gegen Bevormundung seitens der Missionskirchen. Von 1910–1930 gründeten sich v. a. Geist- oder zionistische Kirchen (im Anschluss an die afroamerik. Pfingstkirche der *Christian Catholic Apostolic Church in Zion*), die meist ein heiliges Zentrum (neues Jerusalem) besitzen, der Heilung und dem Wirken des Geistes besondere Bedeutung beimessen. Zu den bekannten AUK gehören die Kimbanguisten (EJCSK – *L'Eglise de Jésus-Christ sur la Terre par le prophète Simon Kimbangu*) in der Demokrat. Rep. Kongo, die Nazaretha-Kirche von Isaiah Shembe, die *Zionist Christian Church* von Samuel Mutendi sowie die 1930 gegr. *Church of the Lord* (*Aladura*), eine ökumenische, der pfingstlichen Tradition verpflichtete Gemeinschaft, die weltweite Verbreitung fand.

Die Ursachen für die Entstehung solcher AUK lagen zum einen in der Enttäuschung vieler Afrikaner über das westl. Ch. – fehlendes Verständnis und mangelnder Respekt der Missionare gegenüber den traditionellen ↗ Religionen, Arroganz und Paternalismus – und zum anderen in der Suche nach einer eigenen Identität. AUK sind daher Protest- und Widerstandsbewegungen gegenüber den Missionskirchen bzw. Versuche, ein authentisch afrik. Ch. zu begründen: *a place to feel at home*. Eine wichtige Rolle spielte dabei die Übersetzung der ↗ Bibel in die jeweilige afrik. Sprache, die es ermöglichte, das Verhalten der Missionare unmittelbar an den biblischen Idealen zu messen und von ihnen ausgeblendete Seiten wie z. B. ↗ Polygamie und Wertschätzung von Sexualität und Fruchtbarkeit zu entdecken. Im Vordergrund des Interesses der AUK steht das Geistwirken, wie es sich in prophetischer Rede, in ↗ Träumen, Trance und in der Glossolalie (ekstatisches Reden in fremden Sprachen) äußert. Die AUK halten an der Ganzheitlichkeit des Glaubens fest, z. B. an der Heilung in der Gemeinschaft, und setzen mehr auf Orthopraxis als auf Orthodoxie. In der Ausgestaltung von ↗ Gottesdiensten entwickeln sie viel Kreativität und greifen stark auf die afrik. Symbolik zurück.

V. Afrik. Theologie. Abgesehen von vereinzelten Spuren, wie sie bspw. bei der 1706 im Königreich ↗ Kongo von den Portugiesen hingerichteten Priesterin Kimpa Vita (Donna Béatrice) und ihrer Rede vom Schwarzen Christus bzw. Gott sei schwarz zu finden sind, beginnt die Entwicklung einer eigenständigen afrik. Theologie in der zweiten Hälfte des 20 Jh. Erste Impulse gaben europ. Missionare wie der Deutsche Bruno Gutmann (1876–1966), der unter den Dschagga arbeitete, oder der belg. Franziskaner Placide Tempels (1906–1977). Mit seinem Werk *La philosophie bantoue* (1945), in dem er die ↗ Lebenskraft (*force vitale*) als zentralen Begriff der Bantu-Ontologie und des afrik. Denkens herausstellt (↗ Ethnophilosophie), übte Tempels einen bedeutenden Einfluss aus auf junge afrik. Theologen wie Vincent Mulago (Kongo) und Alexis Kagame (Ruanda). Mit dem von Alioune Diop 1956 herausgegebenen *Des prêtres noirs s'interrogent* begann eine breite öffentl. Diskussion um afrik. Theologie. Eine wichtiger Diskussionsbeitrag stammte von Tharcisse Tshibangu (Kongo), der eine Integration von christl. Glauben und afrik. Kultur für notwendig erachtete. 1960 erschien Bengt Sundklers *The Christian Ministry in Africa*, das lange Zeit als Standardwerk zur Afrikanisierung der Theologie galt.

Die protestantische Auseinandersetzung afrik. Theologie begann 1966 auf der AACC (gesamtafrik. Kirchenkonferenz) in Ibadan (Nigeria). Wichtige Beiträge lieferten Bolaji Idowu (Nigeria), Harry Sawyerr (Sierra Leone) und John S. Mbiti (Kenia) sowie 1972 ein Kongress an der Makerere-Universität in Uganda zum Thema *African Theology and Church Life*. 1977 wurde die überkonfessionelle EAAT/AOTA (*Ecumenical Association of African Theologians/Association Oecuménique de Théologiens Africains*) gegründet, die Vereinigung afrik. Theologen und Theologinnen, die zu der ein Jahr zuvor in Daressalaam (Tansania) gegründeten Ökumenischen Vereinigung von Dritte-Welt-Theologen (EATWOT) gehört und zusammen mit der 1983 ins Leben gerufenen EAATSA (*Ecumenical Association of African Theologians of South Africa*) führend an der Ausarbeitung einer afrik. Theologie beteiligt war. Zu den bekannten Vertretern aus dem frankophonen Raum gehören Engelbert Mveng und Jean Marc Éla (Kamerun), Oscar Bimwenyi-Kweshi, Bénézet Bujo und A. Ngindu Mushete (Demokrat. Rep. Kongo), Anselme Titianma Sanon (Burkina Faso) und Efoé-Julien Pénoukou (Benin). Aus dem anglophonen Raum sind John S. Mbiti (Kenia), Kwesi A. Dickson und John S. Pobee (Ghana), Charles Nyamiti (Tansania) und Edward Fasholé-Luke (Sierra Leone) zu nennen. Prominente afrik. Theologinnen sind Rosemary Edet und Teresa Okure (Nigeria), Elizabeth Amoah, Mercy Amba Oduyoye (Ghana) und Amélé Ekué (Togo). Während manche Theologen mehr kulturelle Probleme behandeln, wie sie sich aus der Afrikanisierung des Ch. ergeben (Ethnotheologie), stehen für andere die aktuellen gesellschaftspol. Herausforderungen aus den Transformationsprozessen im Mittelpunkt des Interesses. Zu den theolog. Quellen zählen nicht allein Bibel und kirchliche Überlieferung, sondern traditionelle Religiosität und afrik. Anthropologie genauso wie die in Mythen (↗ Mythos), Sprichwörtern (↗ Oralliteratur), Gesängen (↗ Gesang) u. a. sich findende afrik. Weisheit (↗ Oralphilosophie, ↗ Weisheitsphilosophie)

VI. Schwarze Theologie. Black Theology ist eine Selbstbezeichnung von Befreiungstheologien in Südafrika, die in den späten 1960er, frühen 1970er Jahren unter dem Einfluss der afroamerik. *Black Power*-Bewegung und der *Black consciousness* im Widerstand gegen die ↗ Apartheid entstand und eine menschenwürdigere Gesellschaft anstrebte. Aus der langen und leidvollen Erfahrung mit dem weißen, auch theologisch legitimierten ↗ Rassismus und ↗ Kolonialismus heraus begannen Christen, sich mit Politik auseinanderzusetzen und nach der Bedeutung des Evangeliums für den Kampf um Befreiung in einer Gesellschaft zu fragen, die den Schwarzen die minimalsten Lebensrechte vorenthielt. Ausgangspunkt schwarzer Theologie ist deshalb die konkrete Leiderfahrung von Afrikanern, die mit Hilfe einer Kontextanalyse zu Bewusstsein gebracht wird, um auch die internalisierte Sklavenmentalität zu brechen. Durch das Evangelium motiviert, insbes. durch die Identifikation Jesu Christi mit den Armen und Leidenden, nahmen Christen den Kampf um Humanität, soziale Gerechtigkeit und kulturelle Würde auf. Schwarze Theologen zeigten die Verflechtung von weißem Ch. und europ. Ausbeutungssystem und forderten eine Befreiung des Evangeliums aus den Fesseln abendländischer Tradition. Allan Boesak, Manas Buthelezi, Frank Chicane, Bonganjalo Goba, Simon Maimela, Takatso Mofokeng, Mokgethi Motlhabi, Gabriel Setiloane sind Repräsentanten der schwarzen Theologie in Südafrika. Von nachhaltiger Wirkung war das von schwarzen und weißen Theologen erarbeitete Kairos-Dokument, welches erstmals 1985 und in einer revidierten Fassung ein Jahr später erneut erschien. Darin wird die »Staatstheologie«, die Rassismus, Kapitalismus und Totalitarismus in sich vereint, scharf zurückgewiesen; genauso wenden sich die Verfasser gegen die »Kirchentheologie«, die Apartheid nur in begrenztem Rahmen und verhalten kritisiert. Statt dessen formulieren sie eine »prophetische Theologie«, in der Gott auf der Seite der Unterdrückten steht und die Christen zum Kampf für Befreiung und für eine gerechte Gesellschaft ermutigt werden. Nach dem Ende des Apartheidsystems (1994) sprachen Theologen wie Charles Villa-Vicencio von einer Theologie der Rekonstruktion (*Constructive Theology*), um damit die Notwendigkeit einer Beteiligung am Prozess des gesellsch. Aufbaus hervorzuheben. Eine solche Theologie hat allem ihre Zustimmung zu verweigern, was von der Lebensgestaltung und -erhaltung wegführt oder ihnen zuwider läuft. Vielmehr hat sie entschieden all das zu bejahen, was der gesellsch. Gerechtigkeit und menschlichen Würde dient. ↗ Juden in Afrika, ↗ Kunst, christl.

📖 J. M. Éla, Mein Glaube als Afrikaner. Das Evangelium in schwarzafrik. Wirklichkeit, Freiburg 1987. – J. S. Mbiti, Bibel und Theologie im afrik. Christentum, Göttingen 1987. – H. J. Becken, Wo der Glaube noch jung ist. Afrik. Unabh. Kirchen im Südlichen Afrika, Erlangen 1985. – B. Bujo, Afrik. Theologie in ihrem gesellschaftlichen Kontext, Düsseldorf 1986. – M. A. Oduyoye, Wir selber haben ihn gehört. Theologische Reflexionen zum Christentum in Afrika, Freiburg/ Schweiz 1988. – J. Parratt, Theologiegeschichte der Dritten Welt – Afrika, München 1991. – H. Rücker, »Afrikanische Theologie«. Darstellung und Dialog, Innsbruck/ Wien 1985.

Giancarlo Collet

COMESA (*Common Market for Eastern and Southern Africa*), eine auf Schaffung eines gemeinsamen Marktes der Länder im östl. und südl. Afrika abzielende ↗ regionale Organisation mit Sitz in Lusaka (Sambia), die formell 1994 als Nachfolgerin der seit 1981 existierenden PTA (*Preferential Trade Area for Eastern and Southern Africa*) gegründet wurde. Mitglieder sind (1. 1. 2001): Ägypten, Angola, Äthiopien, Burundi, Dschibuti, Eritrea, Kenia, Komoren, Demokrat. Rep. Kongo, Madagaskar, Malawi, Mauritius, Namibia, Ruanda, Sambia, Seychellen, Simbabwe, Sudan, Swasiland, Uganda. Lesotho und Mosambik hatten 1997 sowie Tansania 2000 ihre Mitgliedschaft aufgekündigt, während Südafrika als wichtigste regionale Wirtschaftsmacht aufgrund einer seit langem anhaltenden und fortbestehenden Rivalität mit der ↗ SADC wegen ähnlicher Ziele und überlappender Mitgliedschaft kein Interesse an einem Beitritt hatte. Die Kernaufgaben der COMESA liegen im Handelsbereich mit dem Ziel der Schaffung einer Freihandelszone (Teilbeginn Nov. 2000) und einer Zollunion bis zum Jahr 2004. Nach mehrfachen Verzögerungen der vorgesehenen Zollsenkungen und verbreiteter Skepsis bzgl. der Weiterexistenz der COMESA hat diese inzwischen ihre Ziele besser voranbringen können, obgleich die Heterogenität der Mitglieder und die großen geogr. Distanzen offensichtliche Grenzen setzen. An einer Entwicklungsbank (*PTA-Bank*) mit temporärem Sitz in Nairobi sind 15 der Mitgliedsländer beteiligt.

Rolf Hofmeier

Commonwealth. Eine alle Kontinente umfassende freiwillige Gruppierung (ohne Verfassung oder Vertragstext) unabh. Staaten, die ursprgl. auf das *British Empire* bzw. (ab 1931) das *British Commonwealth of Nations* zurückgeht. Unter den insgesamt 54 Mitgliedern (Stand 1. 1. 2001) sind 19 Staaten aus Afrika, also ein Drittel aller selbstständigen Länder des Kontinents. Mitglieder sind: Botsuana, Gambia, Ghana, Kamerun, Kenia, Lesotho, Malawi, Mauritius, Mosambik, Namibia, Nigeria, Sambia, Seychellen, Sierra Leone, Simbabwe, Südafrika, Swasiland, Tansania, Uganda. Das Sekretariat befindet sich in London. Die Vorgeschichte des C. geht in die zweite Hälfte des 19. Jh. zurück, als die ersten weißen *Dominions* des Empire (zuerst Kanada) die Autonomie erhielten. Als erstes afrik. Land trat Ghana 1957 dem C. bei. In jüngster Zeit wurde die Mitgliedschaft über den Kreis ehemals brit. Kolonien und Territorien hinaus erweitert: 1990 Namibia, 1995 Mosambik und Kamerun. Ein Aufnahmeantrag von Ruanda wurde 1997 zurückgestellt. Südafrika hatte 1961 nach wachsender Kritik wegen der Apartheidpolitik auf die weitere Mitgliedschaft verzichtet, wurde aber 1994 nach dem pol. Wandel wieder aufgenommen. Nigeria wurde wegen seines Militärregimes 1995 von der Mitgliedschaft suspendiert (aber nicht ausgeschlossen) und 1999 nach Abhaltung von Wahlen wieder aufgenommen.

Wichtigstes und sichtbarstes Forum des C. sind die zweijährig stattfindenden Gipfeltreffen der Regierungschefs (CHOGM, *C. Heads of Government Meetings*), die informellen Charakter haben und konsensual ohne Abstimmungen ablaufen. In Afrika fanden bisher drei Gipfel statt: 1979 in Lusaka (Sambia), 1991 in Harare (Simbabwe) und im Nov. 1999 in Durban (Südafrika). Abschlusserklärungen der Gipfeltreffen, die als pol. Leitlinien bes. Bedeutung erlangt haben, sind die allg. Erklärung der C.-Prinzipien (Singapur 1971), die Erklärung über Rassismus (Lusaka 1979) und die Erklärung zu Demokratie und Menschenrechten (Harare 1991). Im Gesamtrahmen des C. gibt es eine große Zahl spezialisierter Organisationen, die auf verschiedensten Gebieten einen kontinuierlichen Erfahrungsaustausch zwischen den Mitgliedsländern ermöglichen. Ein 1971 geschaffener CFTC (*C. Fund for Technical Cooperation*) vermittelt entwicklungspol. Unterstützung, basierend auf freiwilligen Beiträgen der reicheren Mitglieder.

Das C. hatte bei inneren pol. Entwicklungen und Konflikten der einzelnen Mitgliedsländer keine Sanktionsmacht. Deshalb blieb es bis Mitte der 1970er Jahre ohne erkennbare Bedeutung etwa für den Kampf gegen das weiße Siedlerregime in Rhodesien oder die Apartheid in Südafrika. Erst in der Endphase der Überführung Rhodesiens in das unabh. Simbabwe erhielt das C. eine wichtige Rolle (CHOGM Lusaka 1979), in der Folgezeit auch im Hinblick auf Südafrika. In den 1990er Jahren trat gerade in Afrika die Beschäftigung mit der Einhaltung von ↗ Menschenrechten und ↗ Demokratie – neben der Zielsetzung einer nachhaltigen Wirtschafts- und Sozialentwicklung und der Armutsbekämpfung – immer stärker in den Vordergrund. Ausgelöst durch die Menschenrechtsverletzungen des ↗ Militärregimes in Nigeria wurde 1995 eine CMAG (*C. Ministerial Action Group*) aus Außenministern versch. Mitgliedsländer zur fortlaufenden Überprüfung der Lage in Nigeria gebildet. Die CMAG, die auch zeitweilige Mitgliedschaftsrestriktionen gegen die Militärregime in Gambia und Sierra Leone verhängte, wurde 1998 in eine permanente Einrichtung umgewandelt. Durch Wahlbeobachtergruppen verfolgt das C. aktiv Wahlen und Demokratisierungschritte in Afrika seit Anfang der 1990er Jahre.

📖 W. D. McIntyre, The Significance of the Commonwealth 1965–1990, London 1991. – The Commonwealth Yearbook, London (jährl.).

Rolf Hofmeier

Community Development/Animation Rurale sind Strategien, die von England und Frankreich kurz nach der Unabh. v. a. für den ländl. Raum entwickelt und eingesetzt wurden. Sie zielten ab auf die Entwicklung von unten, von den »Graswurzeln« her, für benachteiligte nomadische (↗ Nomadismus) oder bäuerl. Bevölkerungsgruppen.

Voraussetzung waren dabei vorhandene vordemokrat., vorgenossenschaftliche, segmentäre Sozialstrukturen, z. B. Formen der gegenseitigen Hilfe, kollektiven Arbeit und traditionellen sozialen Sicherung, die für eine Modernisierung nutzbar gemacht werden sollten. C. D. übertrug Erfahrungen aus sozialen Organisationsformen aus Großbritannien und den USA nach Afrika, die dort unter dem Namen C. D., *Community Organization* oder *Mass Education* weiterentwickelt wurden. Eine klare Definition gibt es nicht, da alle Maßnahmen mit der größtmöglichen Flexibilität eingesetzt werden.

1957 wurde das Konzept auf Anregung der ↗ ECA als eine Strategie, die gleichzeitig die wirtsch. und soziale Entwicklung fördert, Energien mobilisiert und erzieherischen Charakter hat, in den ehemaligen brit. Kolonien unter dem Namen C. D., in den ehemals frz. als A. R. übernommen und variiert. Hauptziele sind der Wandel von Einstellungen im ↗ Dorf, die Anleitung durch Regierungsvertreter, kurzum die Kombination von Eigeninitiative und Hilfe von außen in Bereichen wie Alphabetisierung, Erwachsenenbildung, gemeinsame Bauvorhaben, Frauen- und Jugendarbeit, Organisation des landwirtsch. Bereichs (↗ Landwirtschaft), Anleitung zum Hausbau, Haushaltsführung, Hygiene und Gesundheitspflege (↗ Gesundheitsversorgung). Die Aktivitäten sollen nicht gleichzeitig entwickelt werden, sondern sich behutsam gesteuert je nach Bedarf und Notwendigkeit voneinander ableiten. Deshalb wird im C. D. viel Wert auf ausgebildete Fachkräfte gelegt, die ins Dorf kommen und dort arbeiten. In der A. R. werden dagegen eher Vertreter des Dorfes in gemeinsame Ausbildungszentren geholt, die dann als Multiplikatoren in die Dörfer zurückzukehren.

Beide Ansätze wollen den Willen zur Selbsthilfe fördern, das Gefühl für und die Einsicht in die Notwendigkeit der Aktionen, die Mobilisierung des Dorfes als Gesamtgruppe. Das Konzept soll sich aus Modellprojekten verbreiten, weitere Bevölkerungsgruppen sollen sich beteiligen, jeweils neue Aktivitäten hinzukommen. Es soll laufend überprüft werden, ob die Zielsetzungen erreichbar sind, ansonsten sind je nach den lokalen Bedürfnissen Änderungen vorzunehmen; eine kurz- und mittelfristige Rentabilität muss erzielt werden. Einer der Ansätze, die für ökonom. fruchtbar gehalten wurden, war die Entwicklung genossenschaftl. Organisationsformen. Probleme bei der Umsetzung ergaben sich v. a., wenn die soziostrukturellen Voraussetzungen nicht beachtet wurden, wenn das Konzept trotz lokaler Orientierung als zu zentralistisch empfunden wurde und wenn für die Implementierung und Durchführung zu wenig ausgebildete Fachkräfte zu Verfügung standen. Wenn man die ländl. Bev. am Entwicklungsprozess beteiligen will, bieten sich C. D. bzw. A. R. zusammen mit dem Genossenschaftswesen als Mobilisierungsmöglichkeiten an.

📖 Community Development Journal, London 1965ff. – H. Hintjens, Community Development in the Third World. In: Community Development Journal 33 (1998), S. 281–284. – K. D. Osswald, Community Development und Animation rurale. In: P. Trappe (Hg.), Sozialer Wandel in Afrika südl. der Sahara, Bd. 1, Hannover 1968, S. 63–88.

Klaus-Dieter Osswald

Cotonou-Abkommen ↗ Lomé-Abkommen

CPLP (*Comunidade dos Países de Língua Portuguesa*). Am 17. 7. 1996 wurde auf einer Konferenz der Staats- und Regierungschefs von Angola, Brasilien, Guinea-Bissau, Kap Verde, Portugal, Mosambik und São Tomé und Príncipe die »Gemeinschaft der Länder portugiesischer Sprache« (CPLP) in Lissabon gegründet. Im Gründungsdokument werden die Stärkung von Solidarität und Kooperation zwischen den Mitgliedsländern, die Förderung der wirtsch. und sozialen Entwicklung sowie die Bekräftigung und Verbreitung der portug. Sprache als Ziele der Gemeinschaft genannt. Ausdrücklich wird die Achtung der souveränen Gleichheit der Mitgliedsstaaten hervorgehoben. Damit zog die CPLP einen Schlussstrich unter vergangene Beziehungen. Denn viele Jahre lang hatte Portugal die Idee eines »lusitanischen Imperiums« unter seiner Hegemonie verfolgt, aus dem sich seine afrik. Kolonien erst 1974/75, nach ihrer Unabh., befreien konnten. Das Bestreben Portugals, die lusophonen Länder aufgrund der gemeinsamen portug. Sprache und des Interesses, diese als internat. Sprache zu verwurzeln, wieder zusammenzuführen, blieb lange erfolglos. Mit der Zugehörigkeit zur CPLP erhoffen sich die afrik. Mitgliedsländer, mit Hilfe Portugals einen besseren Zugang zu EU-Mitteln und freien Zuzug nach Europa zu erhalten. Bei Letzterem kann Portugal ihnen wegen seiner Bindung an den Schengener Vertrag jedoch kaum entgegenkommen. Geogr. über drei Kontinente verstreut, sind die Möglichkeiten ökonom. Kooperation zwischen den CPLP-Ländern begrenzt. Dass die CPLP keinen überragenden Stellenwert hat, zeigt die Tatsache, dass sich ihre afrik. Mitglieder auch anderen Gemeinschaften angeschlossen haben: Mosambik dem ↗ *Commonwealth*, Guinea-Bissau der Franc-CFA-Zone und andere als Beobachter den jährl. ↗ Frankophonie-Treffen. ↗ PALOP.

📖 P. Canelas de Castro, The Community of the Portuguese Speaking Countries. In: Verfassung und Recht in Übersee 31 (1998), S. 122–50, 268–301.

Peter Meyns

Demokratie. *I. Begriffsbestimmung.* Die D. ist eine pol. Herrschaftsform, die in einer Mehrzahl der afrik. Staaten zu Beginn der 1990er Jahre eine Renaissance erlebt hat. Im Zuge der sog. dritten Welle der Demokratisierung wurden in aufeinander folgenden Etappen zunächst in Lateinamerika, anschließend in Mittel- und Osteuropa und nur kurze Zeit später auch in mehr als 30 Staaten Afrikas Demokratisierungsprozesse in Gang gesetzt. Trotz dieser weltweiten Ausbreitung pol. Systeme, die als D. bezeichnet werden, existiert keine allg. anerkannte wiss. Definition dessen, was ein demokrat. System ausmacht. Unterschieden wird zwischen normativen Auslegungen des Demokratiebegriffs und prozeduralen oder minimalistischen Definitionen. In der normativen Demokratieauffassung wird D. nicht auf den Bereich der pol. Ordnung reduziert; sie ist vielmehr auch eine Gesellschaftsform, die die Demokratisierung möglichst vieler gesellsch. Bereiche zum Ziel hat und eine Ausweitung der Partizipationschancen der Bürger anstrebt. Insbes. in den Augen einiger Kritiker des Demokratieexports nach Afrika schließt Demokratisierung auch eine Verbesserung der ökonom. und sozialen Chancengleichheit im Sinne eines *empowerment* der Bevölkerung ein. Nach dieser Auffassung ist eine Trennung des Demokratiebegriffs vom Entwicklungsbegriff problematisch, da die effektive Teilnahme der Bürger an pol. Prozessen ohne eine Veränderung der sozioökonom. Voraussetzungen kaum möglich erscheint. – In der empirisch orientierten, komparativen Demokratieforschung hat sich jedoch weitgehend der minimalistische Demokratiebegriff durchgesetzt, der sich an R. Dahls Konzept der Polyarchie anlehnt. Danach muss ein System im Wesentlichen drei prozedurale Mindestanforderungen erfüllen, um als demokrat. zu gelten: (1) pol. Wettbewerb zwischen Parteien und Individuen, (2) ein hoher Grad an pol. Partizipation (insbes. in freien und fairen Wahlen) und (3) die Einhaltung rechtl. Standards wie die Kontrolle der Politik durch eine unabh. Justiz und die Anerkennung unveräußerlicher Menschen- und Bürgerrechte. Diese Eingrenzung des Demokratiebegriffs auf den Bereich des pol. Systems im engeren Sinn trägt zur Akzeptanz der D. als universalistisches Konzept bei, da es einen Spielraum offen lässt für die konkrete Ausformung der D. in unterschiedlichen kulturellen und pol. Kontexten. D. wird in diesem Verständnis nicht als dichotomes Konzept ausgelegt, das entweder verwirklicht oder nicht verwirklicht sein kann, sondern als Prozess des soziopol. Wandels begriffen. Zudem ermöglicht der minimalistische Demokratiebegriff eine kulturübergreifende Vergleichbarkeit, da er außereurop. Formen der demokrat. Herrschaft nicht durch eine zu starke Orientierung auf seine europ. Wurzeln ausschließt.

II. Demokratische Tradition Afrikas. Inwieweit Elemente einer traditionellen afrik. pol. Kultur als Anknüpfungspunkte für die moderne D. dienen können, ist umstritten. Im vorkolonialen Afrika hat es eine große Vielfalt an Herrschafts- und Gesellschaftsformen (↗ vorkoloniale pol. Systeme) gegeben, so dass nicht von einer einheitlichen afrik. Herrschaftstradition gesprochen werden kann. Es standen sich Häuptlingstümer, Königtümer (↗ König), Theokratien, Stadtstaaten und ↗ segmentäre Gesellschaften ohne übergeordnete, weltliche Herrschaftsinstanzen gegenüber. Die Ausrichtung der pol. Ordnung hing dabei stark von der Art der erwirtschafteten Lebensgrundlage und der Bevölkerungsdichte ab. So wiesen Nomaden- und Hirtenvölker geringere Autoritätsstrukturen auf als stärker durch Handel und gegenseitige ökonom. Abhängigkeiten geprägte Gesellschaften. Das in vielen Gesellschaften verbreitete dörfliche Palaver (↗ *Noparty Democracy*) stellte eine Form friedlicher Konfliktlösung dar, in der Konsensentscheidungen quasi basisdemokrat. durch Diskussionen herbeigeführt wurden. Die Partizipation an der Diskussion beschränkte sich jedoch i.d.R. auf die männl. Dorfbewohner, deren Einflussmöglichkeiten auf die zu treffende Entscheidung erst mit zunehmendem Alter stiegen. Weiterhin wurde in vielen Gesellschaften die Position und Einflussnahme der Teilnehmer am Palaver durch Besitz und Familienzugehörigkeit bestimmt, so dass auch das egalitäre Element oft weniger stark ausgeprägt war als vielfach im Nachhinein proklamiert wurde. In den meisten afrik. Gesellschaften war eine punktuelle Kritik am Herrscher möglich, die Institution einer permanenten Kontrolle durch eine organisierte Opposition existierte jedoch nicht. Insbes. für Minderheiten blieb häufig nur die *exit option* als Ausweg, d.h. die Möglichkeit, durch Flucht oder Abwanderung der Macht des Herrschers zu entgehen. Unabh.

davon, inwieweit eine genuin demokrat. pol. Kultur real existierte, kann sich jedoch das Bewusstsein über eine demokrat. Tradition positiv auf die Überlebensfähigkeit der modernen D. auswirken. So gilt z. B. die hohe gesellsch. Bedeutung, die der friedlichen und konsensualen Konfliktlösung auf Dorfebene in Botsuana beigemessen wird, als eine der Ursachen für die Stabilität der botsuanischen D.

III. Geschichte der Demokratie. Erste Erfahrungen mit demokrat. Regierungssystemen konnten in der Endphase der Kolonialzeit gesammelt werden. Nach Erlangung der Unabh. wurden in der Mehrzahl der afrik. Staaten demokrat. Verfassungen und Mehrparteiensysteme eingeführt, die von den neuen pol. Entscheidungsträgern mit den abziehenden Kolonialmächten ausgehandelt worden waren. In den ehem. frz. Kolonien diente i.d.R. die Verfassung der V. Republik als Vorbild für die Unabhängigkeitsverfassungen, wobei der im frz. System ohnehin starken Position des Staatsoberhauptes häufig (z. B. Guinea, Elfenbeinküste, Niger) nur geringe Kontrollmechanismen gegenübergestellt wurden. Auch in den ehem. brit. und belg. Kolonien wurden die importierten Regierungsmodelle vielfach schon in den 1960er Jahren (z. B. Ghana, Malawi, Kenia, Rep. Kongo) in Richtung eines sog. afrik. Präsidentialismus umgewandelt, indem dem Präsidenten als Staats- und Regierungsoberhaupt weitreichende exekutive Vollmachten eingeräumt wurden. Dies hatte nicht nur eine Machtkonzentration, sondern auch eine starke Personalisierung von pol. Herrschaft zur Folge. Der ersten formaldemokrat. Phase nach der Unabh. folgte fast überall die schrittweise Einschränkung der Parteienkonkurrenz, worauf i.d.R. nur kurze Zeit später die offizielle Einführung des Einparteisystems (↗ Parteien) erfolgte. Nachdem ab Mitte der 1960er und in den 1970er Jahren in zahlreichen Ländern Militärputsche stattfanden, war die D. als pol. Herrschaftsform in Afrika kaum noch anzutreffen. ↗ Militärregime und zivile ↗ Einparteisysteme prägten die pol. Landschaft. Das vielfach vorgebrachte Argument gegen die Mehrparteiensysteme war die ethn. Heterogenität der neuen Staatsgebilde. Dem Fehlen eines nationalstaatl. Zusammengehörigkeitsgefühls der Ethnien, die durch die koloniale Grenzziehung vielfach gespalten bzw. neu »zusammengewürfelt« worden waren, sollte durch nationalistische Einheitsideologien und Abschaffung der auf ethn. Identifikationen beruhenden Parteienkonkurrenz entgegengewirkt werden (↗ Ethnizität). Viele als »tribalistisch« klassifizierte Konflikte zwischen den ethn. Gruppen verschärften sich allerdings gerade dadurch, dass Rechte von Minderheitsethnien missachtet wurden oder die herrschende Regierungselite bzw. Militärjunta im Verteilungskonflikt um staatl. Pfründe ihre Macht dadurch abzusichern suchte, dass sie bestimmte Mehrheitsgruppen bevorzugte, während ganze Regionen vernachlässigt wurden. Ein weiteres Argument gegen die Mehrparteiendemokratie stellte das proklamierte Entwicklungsideal der neuen afrik. Eliten dar, das von der Notwendigkeit der vorrangigen Förderung der sozioökonom. Entwicklung durch einen handlungsfähigen Staat vor der Einführung von D. ausging. – Obwohl in einigen Einparteisystemen das Bemühen glaubwürdig erschien, durch innerparteiliche D. den Mangel an Meinungspluralismus auszugleichen (z. B. Tansania), verlief die Entscheidungsfindung in den Einheitsparteien der unterschiedlichen Regime i.d.R. nicht demokrat. und unter Einbeziehung der Basis, sondern – gemäß der Herrschaftslogik von *personal rule*-Systemen – zunehmend autoritär und willkürlich. Notwendige pol. Kurskorrekturen, insbes. in der Wirtschaftspolitik, kamen nicht zustande. Spätestens zu Beginn der 1980er Jahre wurde deutlich, dass sich die Mehrzahl der pol. Systeme Afrikas zu »Diktaturen ohne Entwicklung« gewandelt hatte. – Die Enttäuschung über die ausbleibenden Entwicklungserfolge war es auch, die das Ende der ↗ autoritären Regime Afrikas einläutete. So war der Auslöser für die Massenproteste gegen die verkrusteten Staatsstrukturen, die in Afrika Ende der 80er Jahre einsetzten, die schlechte wirtsch. Situation der Länder, unter der zunehmend auch die gebildeten Mittelschichten in den Städten zu leiden hatten. Diese neuen Mittelschichten, organisiert in Gewerkschaften, Handelskammern, Lehrer-, Journalisten- oder Rechtsanwaltsvereinigungen, entwickelten sich zu den Trägern der neuen Demokratiebewegungen, die verstärkt pol. und wirtsch. Reformen einklagten. Auch andere Interessengruppen, wie Militärs und Staatsbeamte oder die marginalisierten städt. Armen, zeigten sich zunehmend konfliktbereit und setzten Verhandlungsprozesse um die Staatsmacht in Gang (↗ nationale Konferenz). Außenpol. wirkte sich das Ende des Ost-West-Konflikts positiv auf die Demokratisierungsbewegungen der 1990er Jahre aus. Die Unterstützung für die autoritären Regime, die im Zuge der globalen Systemkonkurrenz – je nach pol. Ausrichtung der afrik. Verbündeten – von Westeuropa bzw. den USA und den Ländern des Ostblocks gewährt wurde, ließ spürbar nach. – Die Redemokratisierung Afrikas setzte zu Beginn der 1990er Jahre ein. Eine Vorreiterrolle spielte dabei das westafrik. Benin, wo bereits Ende 1989 heftige Proteste urbaner Bevölkerungsgruppen gegen das bankrotte Militärregime stattfanden. Erstmals gelang es einer oppositionellen, konfliktbereiten ↗ Zivilgesellschaft, einen Militärdiktator zu stürzen und eine Mehrparteienverfassung rechtskräftig werden zu lassen, so dass freie Wahlen stattfinden konnten. In den folgenden fünf Jahren wurden in fast allen Staaten Afrikas demokrat. Reformen eingeleitet, die von der Einführung eines Mehrparteiensystems bis zur Anerkennung bzw. pol. Durchsetzung demokrat. Rechte wie der Presse- und Versammlungsfreiheit oder der Gewaltenteilung reichten.

IV. Typen der Demokratie. Die Typen der D. in Afrika weisen häufig einen fragilen bzw. vorläufigen Charakter auf, der vom Status einer konsolidierten D. noch weit entfernt ist. Die versch. Erscheinungsformen und Defizite der noch jungen D. in Afrika haben zahlreiche Typologisierungen und neue Begrifflichkeiten wie »blockierte« D., »Fassaden«-D. oder »defizitäre« D entstehen lassen. Es existieren in der Tat versch. Mischformen der D., die sich formal von autoritären Systemen unterscheiden, in denen jedoch eine Aushöhlung der demokrat. Prinzipien zu beobachten ist. Wenngleich nahezu überall Wahlen stattgefunden haben, bei denen mehrere Parteien zugelassen wurden, so musste die Chancengleichheit zwischen der herrschenden und den oppositionellen Parteien in vielen Fällen bezweifelt werden. Oft genießt die herrschende Partei einen erheblichen organisatorischen und technischen Vorsprung, den sie strategisch auszunutzen weiß, z. B. über die Kontrolle der ↗ Medien. Neben den vielseitigen Behinderungen der Opposition – bis hin zu Einschüchterungen ihrer Anhänger – erscheint auch das Bekenntnis zur Anerkennung von Menschen- und Bürgerrechten einiger »gewandelter« afrik. Eliten unglaubwürdig. So wurde die verfassungsrechtl. Einführung demokrat. Prinzipien in einigen Ländern auch als Transition zu »Mehrparteiensystemen ohne Demokratisierung« kritisiert. – In formaler Hinsicht weisen die afrik. D. starke Ähnlichkeiten zu den D. in den westl. Industrieländern auf. Es überwiegen nicht die parlamentarischen Regierungssysteme (wie z. B. in Deutschland oder Großbritannien), sondern präsidentielle und semipräsidentielle Regierungssysteme (wie in den USA und Frankreich). Darin zeigt sich die Tendenz zu einem starken exekutiven Präsidenten. Die Folge ist, dass der Staatspräsident häufig über eine große Machtfülle verfügt, der oft ein schwaches Parlament gegenübersteht. Die Wahlsysteme wurden i.d.R. auch nach der Redemokratisierung Afrikas nicht verändert, d. h., dass in den ehem. brit. und frz. Kolonien das Mehrheitswahlrecht dominiert, während in den ehem. portug. Kolonien das Verhältniswahlsystem vorherrscht. In den jungen D. Namibia und Südafrika wurden Verhältniswahlsysteme eingeführt, was sich positiv auf die Chancen kleinerer Oppositionsparteien auf eine Repräsentation im Parlament ausgewirkt hat.

V. Perspektiven der Demokratie. Über die zukünftigen Chancen der D., sich auf dem afrik. Kontinent dauerhaft etablieren zu können, kann kein einheitliches Urteil abgegeben werden. Auf der einen Seite ist der Trend in Richtung D. und Rechtsstaatlichkeit nicht zu übersehen. Auf der anderen Seite existieren eine Reihe von Problemen, die den Prozess der Demokratisierung bedrohen: (1) In vielen der nichtdemokrat. Staaten leiden die Bev. unter gewaltsamen Konflikten und sind von Staatszerfall bedroht. Die Bürgerkriege in Sierra Leone, Liberia und der Demokrat. Rep. Kongo sind dramatische Beispiele. Diese Länder sind nicht nur weit von einer möglichen Demokratisierung entfernt, sie stellen auch für benachbarte Länder eine Bedrohung dar, in Konflikte einbezogen zu werden und so die Demokratisierung zu behindern oder gar umzukehren. (2) Pol. Gewalt ist auch in Staaten zu finden, wo Demokratisierungsprozesse stecken geblieben sind bzw. blockiert wurden. In diesen Ländern hat kein Übergang von der mit Unsicherheit behafteten Umbruchphase des Regimewechsels in einen stabileren Zustand stattgefunden, in dem neue, verbindliche gesellsch. und soziale Normen gelten. Es kam vielmehr zu Konflikten zwischen alten und neuen Eliten und versch. Gruppen der Bev., die i.d.R. auf der Basis ethn. Loyalitäten mobilisiert wurden. Der nicht durchsetzungsfähige Staat war mit der Regelung dieser Konflikte nach rechtsstaatl. Verfahren überfordert, Korruption und gewaltsame Auseinandersetzungen nahmen zu. (3) In zahlreichen Mehrparteiensystemen Afrikas sind akteursbedingte Entwicklungen zu beobachten, die an den Chancen einer substantiellen D. zweifeln lassen. Nicht nur das Verhalten der neuen regierenden Eliten, deren Methoden zum Machterhalt häufig dem undemokrat. Stil ihrer Vorgänger ähneln, sondern auch das Agieren der oppositionellen pol. Akteure macht deutlich, dass von der Einführung demokrat. Spielregeln bis zu einem voll entwickelten demokrat. System Lernprozesse erforderlich sind, die unter Umständen viel Zeit benötigen. So sind die oppositionellen Parteien häufig schwach und zersplittert und stellen in den Augen vieler Wähler keine programmatische Alternative zu den regierenden Parteien dar. Auch die ↗ Zivilgesellschaft, auf die viele Beobachter zu Beginn der 1990er Jahre ihre Hoffnungen gesetzt hatten, hat sich in den meisten Ländern bisher nur teilweise zu der erhofften Instanz gesellsch. Gegenmacht entwickeln können. (4) Die strukturelle Frage, wie sich D. unter den Bedingungen von Armut und Unterentwicklung entfalten kann, bleibt weiterhin ungeklärt. Wenngleich die Wirtschaftskrisen vielerorts die Ablösung der autoritären Regime ausgelöst haben, so ist die Dauerhaftigkeit der D. ohne sozioökonom. Fortschritte der neuen Regierungen gefährdet. Der Widerstand gegen die autoritäre Herrschaft war oft mit der Hoffnung auf wirtsch. und soziale Verbesserungen verbunden, so dass die Legitimation vieler demokrat. gewählter Regierungen bei oft gleichbleibender Armut der Bev. abnahm. Die in vielen Bereichen ökonom. notwendigen, sozial jedoch schlecht abgefederten Programme zur ↗ Strukturanpassung haben die Zahl der städt. Armen erhöht, was eine wachsende Entfremdung vom pol. System zur Folge hatte. Die pol. Frustration der Bev. in vielen D. Afrikas manifestiert sich z. B. in zunehmend niedrigeren Wahlbeteiligungen, die im Gegensatz stehen zur durchweg hohen Partizipation in den ersten Wahlen nach den demokrat. Regimewechseln. – Trotz dieser Probleme kann jedoch nicht in Abrede gestellt werden, dass die demokrat. Reformen vielfach erste Erfolge zeigen. In vielen Ländern steht die Regierung einer zunehmend kritischen Medienöffentlichkeit gegenüber, die demokrat. Defizite anprangert und eine bessere Regierungsführung einklagt. Auch Verfassungsgerichte und Parlamente fordern verstärkt ihre Rechte als Kontrollinstanzen der Regierungen ein.

📖 C. Ake, Democracy and Development in Africa, Washington 1996. – M. Bratton/N. van de Walle, Democratic Experiments in Africa: Regime Transitions in Comparative Perspective, Cambridge 1997. – R. A. Dahl, Polyarchy. Participation and Opposition, New Haven and London 1971. – G. Erdmann, Demokratie, Kultur und Tradition. Zum Problem vorkolonialer Herrschaft in der afrik. Demokratiedebatte, Hamburg 1998. – W. Merkel/H. J. Puhle, Von der Diktatur zur Demokratie: Transformation, Erfolgsbedingungen, Entwicklungspfade, Opladen 1999. – G. Schubert/R. Tetzlaff (Hg.), Blockierte Demokratien in der Dritten Welt, Opladen 1998.

Antonie Nord

Desertifikation, lat. *desertum facere*, verwüsten, bezeichnet die Ausbreitung wüstenähnlicher Verhältnisse in Gebiete, in denen sie zonal-klimatisch nicht existieren sollten. Seit der UNCOD (*UN Conference on Desertification*) 1977 in Nairobi (Kenia) hat der Begriff D. in den entwicklungspol. Sprachgebrauch Eingang gefunden. D. ist maßgeblich anthropogen, d. h. vom Menschen verursacht, und äußert sich durch eine deutliche Verminderung bzw. Zerstörung des biolog.-biotischen Potentials des Landes, so dass wüstenähnliche Bedingungen entstehen. D. ist als ein Degradationsprozess zu verstehen, der unter bestimmten Klimabedingungen, vornehmlich in den randtropisch semiariden (halbtrockenen) Zonen im Bereich der Dornstrauch- und Trockensavannen (↗ Savanne), aber auch in den semiariden Subtropen, z. B. in den Halbwüsten am Nordrand der ↗ Sahara verbreitet ist (Karte 8). D. entsteht sowohl in weidewirtsch. genutzten Regionen (↗ Weidewirtschaft) als auch in Regenfeldbau- und Bewässerungsgebieten. Sie tritt typischerweise nicht zonal-flächenhaft auf, sondern punktuell und fleckenhaft überall dort, wo eine anthropogen verursachte Fehl- bzw. Übernutzung der Böden und des natürl. Pflanzenkleides stattfindet, so v. a. im Umkreis von Städten und Dörfern durch Brennholzentnahme, aber auch ringförmig um Tiefbrunnen und Wasserstellen, wo die Grasdecken durch Überweidung zerstört werden. Die zunehmende ↗ Verstädterung ist ein verstärkender Faktor der D., die außer der Bodenstruktur auch den Wasserhaushalt und die Artenzusammensetzung der natürl. Vegetation verändert.

Die Erscheinungsformen der D. reichen von einer Remobilisierung alter, früher durch Grasvegetation festliegender Altdünen im südl. Sahel über Formen der Verkrustung der Bodenoberfläche (Laterisierung) im Bereich des Mossi-Plateaus (Burkina Faso), von flächenhaftem Bodenabtrag (Denudation), der Gully-Bildung und der Bodenversalzung bis hin zu versch. Formen und Stadien der Zerstörung des natürl. Pflanzenkleides durch Überweidung, Nutz- und Brennholzentnahme sowie durch Brandrodung im Zuge der Landwechselwirtschaft (↗ Landwirtschaft). Die floristische Artenverarmung (Biodiversitätsverlust) ist ein wichtiger Indikator für D.; meist kommt es zu einer Zunahme von für Mensch

Karte 8: Verbreitung der durch Desertifikation gefährdeten Gebiete in Afrika

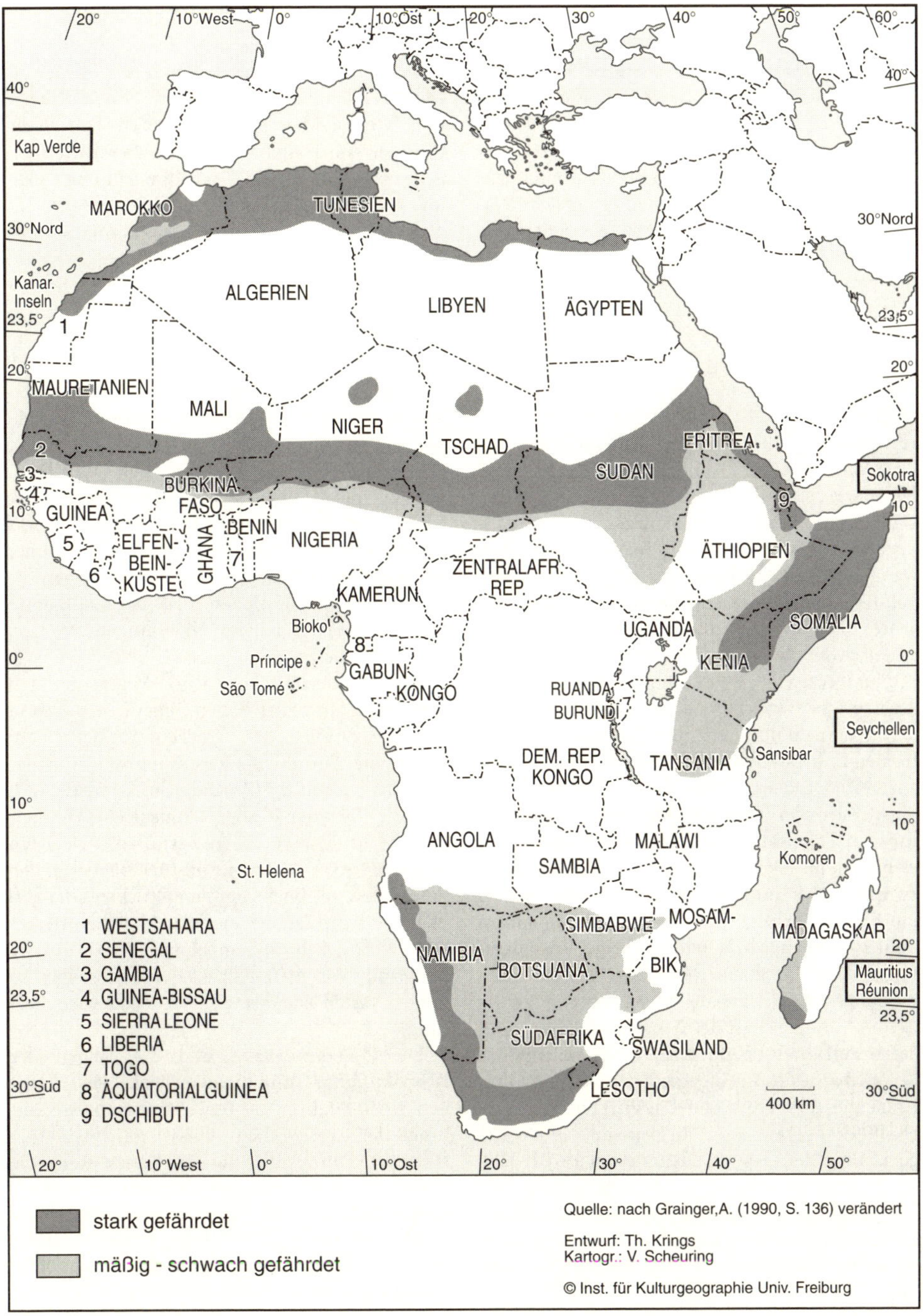

Quelle: nach Grainger,A. (1990, S. 136) verändert

Entwurf: Th. Krings
Kartogr.: V. Scheuring

und Weidetiere wenig nutzbaren Pflanzen wie z. B. des Sodomapfels (*Calotropis procera*) in Teilräumen des Sahel.

Wenn D. in den geschädigten Regionen die Folgen von Dürreperioden verstärkt, wird sie zu einem beträchtlichen Risiko. In geoökolog. Hinsicht führen Dürreperioden durch Grundwasserabsenkung, Absterben von Bäumen etc. zu einer weiteren Verschlechterung des Naturpotentials, womit sie einer weiteren Degradierung der ↗ Naturräume Vorschub leisten. Dürreperioden und D. stehen deshalb in einem systemischen Zusammenhang, wenngleich ihre Ursachen einerseits klimatisch (Dürren), andererseits anthropogen bedingt sind.

Für die Ausbreitung der D. im 20. Jh. in den randtropisch semiariden und subtropischen Klimazonen wird i.d.R. die Ursachenkette Bevölkerungsdruck (↗ Bevölkerung), Überkultivierung, Überweidung und Abholzung (↗ Forst- und Holzwirtschaft) als ausschlaggebend angesehen. Dabei werden die diesen Phänomenen zugrunde liegenden Prozesse des sozioökonom. Strukturwandels seit der Kolonialzeit, d. h. die hist. und pol.-ökonom. Dimension der D., zu wenig beachtet. So führte z. B. die frz. Politik der agrarischen Inwertsetzung (*mise en valeur*) im sog. Erdnussbecken im westl. Senegal und südl. Teil des heutigen Niger zur sukzessiven Erschließung der Savannenräume für den Erdnussanbau. Da für den Erdnussanbau Böden mit sandiger Textur am besten geeignet sind, die ursprgl. eher extensiv entweder weidewirtsch. oder für den Anbau von Pennisetumhirse genutzt wurden, kam es bereits im ersten Drittel des 20. Jh. durch D. zu einer großräumigen Degradation der Böden im Erdnussbecken, so dass der Erdnussanbau immer weiter nach N und O in die Siedlungsräume der halbnomadischen Fulbe wanderte. Betreiber des Erdnussanbaus waren Angehörige der islam. ↗ Bruderschaft der Muriden *(Muridiyya)*, deren Anführer eine Interessenallianz mit der Kolonialverwaltung eingegangen waren und ihre Anhänger (jüngere Wolof-Bauern) zur Erdnussproduktion veranlassten. In den südl. Teilen Nigers führte der Erdnussanbau in den 1970er Jahren zu gravierender D., so dass der Anbau seit 1978 in Folge mehrerer Dürreperioden und damit einhergehender Bodendegradation rückläufig war. Neben diesen z. T. extern gesteuerten Prozessen wirkte sich auch der soziopol. Wandel negativ auf die Umweltsituation aus. Da die koloniale Pazifizierung (↗ Kolonialismus), die sukzessive Befreiung der schwarzen Sklaven und Abhängigen nomadischer Völker sowie die Verbesserung der ↗ Gesundheitsversorgung zu einer Zunahme der Bev. führte, erfolgte z. B. im Südsahel von Burkina Faso und Niger eine Ausweitung des Hirseanbaus. Mit dem Gelderlös aus Hirseüberschüssen kauften sich die Iklan, die ehem. Abhängigen der Tuareg, große Rinder- und Kleinviehherden. Da es sich bei diesen Gruppen um Halbnomaden bzw. Sesshafte handelt, betreiben sie die Tierhaltung in einer ökolog. wenig angepassten stationären Weise, so dass die D. auf den Altdünen zunimmt. Seit den 1970er Jahren begannen in der Sahelzone auch Städter in die Viehhaltung zu investieren. Urbanes Handelskapital fließt nur selten in gewerbliche Betriebe, es wird eher spekulativ im Agrarbereich eingesetzt. Bspw. hat sich in Mali und Somalia die Rinder- und Schafzucht zu einem dynamischen Wirtschaftszweig entwickelt. Somalia war bis vor dem Bürgerkrieg einer der Hauptexporteure von Fleischschafen in die Staaten der arab. Halbinsel. Die Aufzucht der Tiere wird von Lohnhirten durchgeführt. Zwecks schnellen Profits halten viele Hirten die früher üblichen Weideregeln nicht mehr ein. Übernutzungen der Weideflächen, z. B. der nahrhaften Bourgou-Grasweiden im Nigerbinnendelta von Mali, sind die Folge.

Die Zerstörung der natürl. Vegetation und eine Degradation der Böden findet heute auch in vielen Gebieten der Trockensavannen statt. Durch die Einführung des Pflugbaus und der Ochsenanspannung (↗ Landtechnik) steigt auch hier die Zahl der Rinder. Nomadische Viehherden, die aus den von Dürre betroffenen Gebieten des Sahel nach Süden in die Ackerbauregionen vordringen, erhöhen hier den Druck auf die verbliebene Brachlandvegetation. Mancherorts im südl. Afrika, z. B. in Simbabwe, tritt D. in oder am Rande von Nationalparks als Folge eines zu hohen Wildbestandes auf (↗ Wildbewirtschaftung).

Die ↗ Verschuldung und die Folgen der ↗ Strukturanpassung zwingen viele Staaten seit den 1990er Jahren zu einer massiven Ausweitung der agrarischen Cash-Crop-Produktion (Erdnuss, Baumwolle, Tabak). Damit steigt die Übernutzung der für den Getreideanbau benötigten Flächen.

Seit 1980 werden in vielen Projekten ländl. Regionalentwicklung (↗ ländl. Entwicklung) Maßnahmen zur Desertifikationsbekämpfung durchgeführt. Technisch bewährt haben sich (1) die Anlage von Bankettenfeldern, d. h. kleinerer mit Steinwällen und Gräben eingefasster Areale, die die flächenhafte Bodenerosion eindämmen sollen und als Standorte für den Hirseanbau genutzt werden, (2) die Anlage von »Halbmonden«, d.h. sichelförmigen Wällen auf Plateaus mit Oberflächenverkrustung zum Zweck des *water-harvesting*, (3) mit Bäumen und Sträuchern bepflanzte Konturlinien zur Eindämmung des Bodenabtrags durch Wind, (4) Steinreihen in Ackerbauflächen, (5) Dünenbefestigung mit Gräsern und Palmblättern, (6) Gully-Verbauung mit in Drahtgitter verpackten Gesteinsblöcken (Gabionen) sowie (7) die Technik des *mise en défense*, d.h. der Einhegung natürl. Vegetationsareale (↗ Erosionsschutz). Problematisch ist dabei immer die sozioökonom. Nachhaltigkeit. Vielfach stehen aufgrund der ↗ Migration v.a. jüngerer Männer nicht genug Arbeitskräfte zur Verfügung, um diese Maßnahmen dauerhaft weiterzuverfolgen; gleichzeitig ergeben sich zunehmend Schwierigkeiten aufgrund unsicherer ↗ Bodenrechte. Auch die Nutzungsrechte an den angepflanzten Bäumen sind nicht eindeutig geregelt.

Die Quantifizierung, die Messung und das Monitoring der D. auf unterschiedlichen räumlichen Maßstabsebenen befindet sich erst in den Anfängen. Ein wichtiges Hilfsmittel stellt hierzu die kontinuierliche Auswertung multitemporaler Satellitenbild- und Luftbildserien dar, die durch empirische physisch-geogr. und sozialwiss. Untersuchungen vor Ort ergänzt werden müssen. ↗ Ökozonen, ↗ Wüste.

📖 A. Grainger, The Threatening Desert. Controlling Desertification, London 1990. – Th. Krings, Theoretische Ansätze zur Erklärung der ökolog. Krise in der Sahelzone Afrikas. In: Zeitschrift für Wirtschaftsgeografie 38 (1994), S. 1–10. – H. Mensching, Desertifikation, Darmstadt 1990.

Thomas Krings

Destabilisierung. Das Ende des portug. ↗ Kolonialismus 1974/75 führte im südl. Afrika zu einer regionalen Wende. Durch die Unabh. Angolas und Mosambiks veränderte sich das Kräfteverhältnis zwischen den verbliebenen weißen Mächten und den afrik. Staaten. Insbes. das Apartheidregime in Südafrika sah die Sicherheitszone entlang seiner nördl. Grenze bröckeln. Auf diese neue Lage reagierte es mit der Politik der D. Sie bestand darin, als Bedrohung angesehene Nachbarländer durch unterschiedliche – v.a. milit. – Maßnahmen so unter Druck zu setzen, dass sie ihr Verhalten im Sinne Südafrikas modifizierten. D. war eingebettet in die »totale nationale Strategie« P.W. Bothas, von 1978 bis 1989 zuerst Premierminister, ab 1984 Präsident Südafrikas. Es handelte sich um eine umfassende, sowohl nach innen wie nach außen gerichtete gesellsch. Strategie mit dem Ziel, die ↗ Apartheid gegen den Weltkommunismus abzusichern. D. sollte die betroffenen Nachbarländer kurzfristig davon abhalten, südafrik. Befreiungsbewegungen (↗ Rebellenbewegungen) zu unterstützen, während langfristig eine »Konstellation von Staaten im südl. Afrika« unter der Hegemonie Südafrikas angestrebt wurde. Unrühmlich bekannt wurde die D. durch die milit. Unterstützung von Anti-Regime-Rebellenbewegungen, namentlich der RENAMO in Mosambik und der UNITA in Angola. Außerdem operierte die D. mit Militärschlägen gegen Ziele in Nachbarländern, die mit der Abwehr bevorstehender Angriffe gerechtfertigt wurden, und übte mit Hilfe der südafrik. Wirtschaftsmacht Druck aus. Das Ende der D. kam mit dem Ende des Ost-West-Konflikts und der Reformbereitschaft der weißen Regierung nach Bothas Entmachtung.

📖 R.M. Price, The Apartheid State in Crisis. Political Transformation in South Africa 1975–1990, New York/Oxford 1991.

Peter Meyns

Dezentralisierung ↗ Öffentliche Verwaltung

Diktatur ↗ nachkolonialer Staat

Dorf, ländl. Siedlung mit überwiegend agrarischer Wirtschaftsform. Für Afrika setzt sich D. als pauschalisierender Begriff in europ. und einheimischen Sprachen seit dem späten 19. Jh. gegenüber älteren, differenzierteren Terminologien durch. Im engeren Sinne werden darunter größere, räumlich abgegrenzte Siedlungen mit vielfältigen Binnenbeziehungen, gemeinschaftlicher Identität und basisnahen pol. Institutionen verstanden. Das afrik. D. wurde darüber hinaus zum Synonym von Bodenständigkeit und Traditionsnähe (↗ Tradition) und damit, je nach Einstellung, zum entwicklungshemmenden oder auch idyllischen Gegenpol von ↗ Stadt, Staat und Moderne stilisiert.

In der hist. Realität zeigt das D. in Afrika nicht erst im 20. Jh. eine große Variationsbreite und Dynamik. Vorkoloniale Dörfer waren teils rund, teils band- oder haufenförmig angelegt und reichten von verstreuten, oft kurzlebigen Weilern (bes. verbreitet im O und S) bis hin zu kompakten, teils befestigten Großdörfern mit interner sozialräumlicher Segregation (bes. im W). Diese versch. Dorfformen, die sich oft auch in derselben Region fanden, ergaben sich aus unterschiedlicher Landnutzung (Ackerbau, Viehhaltung und Jagd- bzw. Sammelwirtschaft) sowie pol.-ökonom. Strukturen und Strategien (Fernhandel, Sklavenkriege, Patronage- bzw. Gefolgschaftsverhältnisse, Autonomiestreben etc.) und standen untereinander in vielfältigen Beziehungen.

Die koloniale Befriedung, neue Formen der Marktintegration und die Christianisierung verstärkten im 20. Jh. vielerorts die Tendenz zu Streusiedlung und individuellem Landbesitz. Gleichzeitig gab es aber auch vielfältige neue Anstöße für Siedlungsverdichtung und -stabilisierung, v. a. entlang der Straßen: (1) die wachsende Bedeutung öffentl. Infrastruktur wie Straßen, Gesundheitszentren, Schulen usw.; (2) die Etablierung des D. als unterster Einheit des kolonialen und ↗ nachkolonialen Staats mit neuen pol. und rechtl. Funktionen (z. B. die Institutionen der *village headmen/chefs de village* und *village committees*); sowie (3) staatl. Umsiedlungs- und Konzentrationsmaßnahmen (*villagization* u. ä.). Letztere wurden zunächst vorrangig in Siedlerkolonien durchgeführt, in der Endphase des ↗ Kolonialismus und danach auch auf viele andere Länder ausgeweitet. Parallel dazu wurde das D. vielerorts durch feste Siedlungs- und Gemarkungsgrenzen markiert und ihm wurden neuartige Ideologien »traditioneller Solidarität«, des ↗ *community development* und auch relig. Gemeinschaft zugeordnet. Ältere Strukturen und Vorstellungen des D. konnten damit aber kaum völlig verdrängt werden, sie erhielten z. T. nur neue Etiketten.

Demnach müssen auch in Afrika Formen und Wandlungen des D. im Kontext vielfältiger Außenbeziehungen erklärt werden. Das gleiche gilt auch für dorfinterne Strukturen und Prozesse. ↗ Verwandtschaft (↗ Klan und Lineage; ↗ Heiratsordnungen, ↗ Familie) ist weithin der wichtigste Integrationsfaktor des afrik. D. Aber auch ↗ Nachbarschaft, Freundschaft, Gefolgschafts- und Abhängigkeitsverhältnisse sowie pol.-rituelle Funktionen wie die des nominellen Erstsiedlers oder Erdpriesters (↗ Erdherr) spielten und spielen eine nicht zu unterschätzende Rolle. Dennoch sind alltägliches Zusammenleben, gemeinschaftliche Identität und lokale Macht bzw. Autorität im D. keineswegs einfach gegeben, sondern immer wieder Anlass zu Rivalität und Konflikt und auf Schlichtungs- und Aushandlungsprozesse angewiesen. Interne wie externe Integrations- und Legitimationsversuche stützen sich u. a. auf Geschichtserzählungen und öffentl. ↗ Rituale. All diese Bemühungen stehen vor dem Hintergrund ausgeprägter sozioökonom. Ungleichheit innerhalb der Dorfbev. Das typische Bild des afrik. D. ist darum keine adäquate Beschreibung der Realität, sondern ein facettenreiches Projekt der afrik. Moderne, an dem Regierungen und NGOs (»Dorfentwicklung«), Wissenschaftler (»Dorfstudien«) und auch Dorfbewohner selbst beteiligt waren und sind.

🕮 A. v. Oppen, Dorf, Siedlung, Gemeinschaft. In: J.-G. Deutsch/A. Wirz (Hg.), Geschichte in Afrika, Berlin 1997, S. 231–60.

Achim v. Oppen

Dritte Welt. Bez., die der frz. Demograph Alfred Sauvy 1952 analog zur Ersten (westl. Industrieländer) und Zweiten Welt (östl. Industrieländer) für die Entwicklungsländer vorschlug. D. W. ist etwa gleichbedeutend mit Süden (heute mehr in Mode) oder Peripherien des kapitalistischen Weltsystems (↗ peripherer Kapitalismus). Als »*tiermondisme*« war die D. W. in den 1950er und 1960er Jahren Inbegriff des radikalen Aufbruchs der vom ↗ Kolonialismus unterjochten Völker (↗ Blockfreienbewegung). Der Begriff D. W. zielt einmal auf die Konzeption, neben den beiden Machtblöcken einen eigenen Weg zu beschreiten (↗ *Self-reliance*), zum andern auf die von der globalen Expansion des Kapitalismus erzeugte Polarisierung und dadurch verursachte Armut und Unterentwicklung. Nach dem Ende des Ost-West-Konflikts und damit der Zweiten Welt schien es keinen Sinn mehr zu machen, von der D. W. zu sprechen. Der sehr viel weiter in der Geschichte zurückreichende und immer noch brisante Nord-Süd-Konflikt sorgte jedoch für den Fortbestand dieser Bez. (↗ Gruppe der 77).

Um 1800, am Vorabend der industriellen Revolution, unterschieden sich die Weltregionen nur wenig in ihrer durchschnittl. Produktivität – etwa im Verh. 2 zu 1. Heute steht das Verhältnis für Zentren und Peripherien bei etwa 60 zu 1, und Vorteile des hohen Entwicklungsniveaus genießen nicht mehr als 20% der Weltbevölkerung. Dabei weisen die Länder der D. W. aufgrund ihrer unterschiedlichen wirtsch. Entwicklung eine große Heterogenität auf. Zu unterscheiden sind:

(1) Die kapitalistischen Länder Ostasiens (Südkorea, Taiwan, Hongkong, Singapur), nach ihnen jedoch auch andere Länder Südostasiens

(v.a. Malaysia und Thailand) und China, die zunehmende Wachstumsraten verzeichneten, während diese fast im gesamten Rest der Welt nachließen. Trotz der 1997er Wirtschaftskrise konkurrieren diese Länder aktiv auf den Weltmärkten für Industrieerzeugnisse. Die wirtsch. Dynamik geht bei ihnen einher mit weniger scharfen sozialen Verwerfungen (was im Einzelfall nuanciert werden muss), geringerer Verwundbarkeit, weil die Beziehungen innerhalb der Region wie in der EU intensiviert werden, und Interventionen des Staates, der eine bestimmende Rolle bei der Umsetzung der nationalen, wenn auch nach außen geöffneten Entwicklungsstrategien behält.

(2) Die Länder Lateinamerikas und Indien besitzen ebensolche industrielle Kapazitäten. Aber die regionale Integration ist weniger ausgeprägt (20% für Lateinamerika), die staatl. Intervention weniger kohärent. Die Ungleichheiten, ohnehin in diesen Regionen erheblich, verschärfen sich umso dramatischer, als die Wachstumsraten bescheiden bleiben.

(3) Die Länder Afrikas und der arab. bzw. islam. Welt haben noch eine veraltete internat. Arbeitsteilung. Sie bleiben großenteils Rohstoffexporteure, denn sie sind entweder noch nicht ins Industriezeitalter eingetreten, oder sie haben schwächliche, verwundbare, nicht wettbewerbsfähige Industrien (↗ Industrialisierung). Zeichen der sozialen Verwerfungen sind hier die verarmten und ausgeschlossenen Massen. Es gibt nur wenige Fortschritte der regionalen (innerafrik. oder innerarab.) Integration (↗ regionale Organisationen). Diese Gruppe umfasst zwar arme oder sehr arme wie auch sog. reiche Länder (gering bevölkerte Erdölexporteure), ist aber, da kein Land sich an der Gestaltung des Weltsystems beteiligt, marginalisiert. Eine Analyse dieser Länder an Hand von drei Entwicklungsmodellen – Agrarexporteure, Bergbauländer, Nutznießer von Erdölrenten – und eine Untersuchung der unterschiedlichen, aus der Unabh. (↗ nachkolonialer Staat) hervorgegangenen sozialen Hegemonien macht deutlich, dass die Entwicklung hier kaum mehr war als ein Versuch, sich in das kapitalistische Weltsystem zu fügen, und dass das Modell der kolonialen Verwertung ohne größere Transformationen überlebt hat.

Der Unterschied zwischen aktiven und marginalisierten Peripherien betrifft nicht nur die Wettbewerbsfähigkeit ihrer industriellen Produktion, sondern auch ihre Politik. In den aktiven Peripherien haben die Machthaber und hinter ihnen die Gesellschaft als Ganzes (was innere soziale Widersprüche nicht ausschließt) ein Projekt und eine Strategie, um es zu verwirklichen. Das gilt für China, Korea und in geringerem Maße für bestimmte Länder Südostasiens, Indien und einige Länder Lateinamerikas. Diese nat. Projekte stehen denen der Zentren gegenüber, und das Ergebnis dieser Konfrontation wird die Welt von morgen prägen. Dagegen haben die marginalisierten Peripherien weder eigene Projekte, selbst wenn die Rhetorik des pol. ↗ Islam das vorgibt, noch eigene Strategien. Die Zentren denken für sie und behalten die Initiative zu Projekten für diese Regionen (z.B. die Assoziation EU – AKP-Staaten). Diese Länder sind daher passiv der Globalisierung unterworfen.

Natur und Perspektiven der Einbindung der D.W.-Länder in das kapitalistische Weltsystem werden nicht einhellig beurteilt. Manche Beobachter sehen die dynamischsten aufstrebenden Länder auf dem Weg des Aufholens und daher nicht mehr als Peripherien, sondern auf Zwischenstufen der Weltrangordnung (↗ Schwellenländer). Für andere bilden sie den Kern der eigentlichen Peripherie von morgen. Der Gegensatz Zentren – Peripherien beruht heute nicht mehr auf dem Gegensatz von industrialisierten und nicht industrialisierten Wirtschaften, sondern ist im Kontext der von der Triade USA, EU, Japan ausgeübten monopolistischen Kontrollen zu sehen. Diese neuen Monopole der Triade – in Bezug auf Technologien, Zentralisierung der Finanzmittel, Zugang zu den Naturschätzen der Welt, Kontrolle der Kommunikationsmittel und Verfügung über Massenvernichtungswaffen – werden zu einer noch verschärfteren Polarisierung in globalem Maßstab führen. ↗ Peripherer Kapitalismus.

🕮 S. Amin, Capitalism in the Age of Globalisation, London/New Jersey 1996. – L. Brock, Die Dritte Welt in ihrem fünften Jahrzehnt. In: Aus Politik und Zeitgeschichte 50 (1992), 4. 12. 1992, S. 13–23. – D. Nohlen/ F. Nuscheler (Hg.), Handbuch der Dritten Welt, Bd. 1: Grundprobleme, Theorien, Strategien, 3. Aufl., Bonn 1992.

Samir Amin

EAC (*East African Community*). Im Nov. 1999 auf dem Hintergrund einer lange zurückreichenden regionalen Kooperation in Ostafrika neu konstituierte ↗ regionale Organisation mit Sitz in Arusha (Tansania). Mitglieder sind Kenia, Tansania und Uganda. Bereits seit den 1920er Jahren hatte es enge Formen der Zusammenarbeit im Wirtschafts- und Währungsbereich und bei pol. Fragen gegeben. Nach einem Prozess fortschreitender Intensivierung und institutioneller Veränderungen war nach der Unabh. der drei Länder 1967 eine erste EAC gegründet worden, die einige Jahre lang als Modell für die regionale Zusammenarbeit von Entwicklungsländern galt und ambitionierte Integrationsziele verfolgte. Dennoch kam es aufgrund unterschiedlicher ökonom. Strukturen und Interessen sowie eskalierender pol. Spannungen (↗ *Ujamaa* in Tansania; Idi Amin in Uganda) schon bald zu einer Erosion, die 1977 zum Zusammenbruch der EAC führte. Unter grundlegend veränderten Rahmenbedingungen schien die regionale Kooperation Anfang der 1990er Jahre wieder wünschenswert und im März 1996 wurde unter der Bezeichnung *East African Cooperation* ein neues Sekretariat in Arusha eingerichtet. Als Vision wird erneut eine weitgehende Zusammenarbeit (potenziell sogar eine pol. Föderation) angestrebt, in dem am 7. 7. 2000 in Kraft getretenen EAC-Vertrag eine Konkretisierung der Handels- und Wirtschaftsintegration aber wegen Bedenken Tansanias und Ugandas zunächst ausgeklammert. Mittelfristig erscheint eine Erweiterung der Mitgliedschaft um Burundi und Ruanda möglich.

🕮 R. Hofmeier, Die Ostafrik. Gemeinschaft. Fallstudie über Geschichte, Funktionsweise und Zerfall einer regionalen Staatengruppierung in der Dritten Welt. In: V. Matthies (Hg.), Süd-Süd-Beziehungen, München/Köln 1982, S. 273–309.

Rolf Hofmeier

ECA (*Economic Commission for Africa*). Eine der fünf kontinentalen Wirtschaftskommissionen des UN-Systems, die dem ECOSOC (Wirtschafts- und Sozialrat der UN) unterstehen, mit Sitz in Addis Abeba (Äthiopien). Die ECA wurde 1958 gegründet; heute gehören ihr alle 53 unabh. Staaten Afrikas an. Die Gründungsresolution bestimmte als Ziel, die afrik. Wirtschafts- und Sozialentwicklung zu fördern, v. a. durch Stärkung der regionalen und kontinentalen Kooperation und Integration sowie durch Vertiefung der Wirtschaftsbeziehungen zwischen afrik. Ländern und anderen Staaten der Welt. Die ECA fungiert als Clearingstelle für die gemeinsame Erarbeitung wirtsch. Entwicklungsstrategien der afrik. Länder, für die Untersuchung und Förderung kontinentaler und regionaler Zusammenarbeit, für die Informations- und Datensammlung sowie als Diskussionsforum für Regierungskonsultationen. Die ECA darf nur mit Zustimmung der nat. Regierungen aktiv werden. Die fachliche Arbeit obliegt weitgehend dem Sekretariat in Addis Abeba, das sich neben einem Leitungsbüro und einem Frauenzentrum aus acht Fachabteilungen zusammensetzt. Ein wichtiges Bindeglied zwischen Sekretariat und Ländern stellen die fünf Regionalbüros dar: in Tanger (Marokko) für Nordafrika, Niamey (Niger) für Westafrika, Yaoundé (Kamerun) für Zentralafrika, Kigali (Ruanda) für das östl. und Lusaka (Sambia) für das südl. Afrika. Bei allen Fragen der Wirtschaftspolitik und Regionalintegration arbeitet die ECA eng zusammen mit ↗ OAU und ↗ AfDB, den beiden anderen sich auf den Gesamtkontinent beziehenden Organisationen. Wichtigstes Ziel ist die mittelfristige Schaffung einer *African Economic Community*, deren Vertrag 1991 beim OAU-Gipfel in Abuja (Nigeria) unterzeichnet wurde und seit 1994 nach Ratifizierung durch zwei Drittel der Mitglieder in Kraft ist.

Rolf Hofmeier

ECOMOG (*ECOWAS Monitoring Group* bzw. *ECOWAS Ceasefire Monitoring Group*). In Liberia (1990–99), Sierra Leone (1997–2000) und Guinea-Bissau (1999) kamen multinat. Streitkräfte westafrik. Staaten zum Einsatz – Eingreifverbände aus Mitgliedstaaten der ↗ ECOWAS, die entsandt wurden, um innerstaatl. Kriege zu beenden, Waffenstillstände zu überwachen und die sicherheitspol. Rahmenbedingungen für längerfristige Friedensregelungen (u. a. durch allg. Wahlen) zu schaffen.

Die Initiative zur ECOMOG-Gründung ergriff die Regionalmacht Nigeria, als der 1989 begonnene Bürgerkrieg in Liberia zu immer mehr Massakern an der Zivilbev. führte. Mit der humanitären Begründung, dem »Abschlachten afrik. Brüder« Einhalt gebieten zu müssen, setzte Nigeria im Aug. 1990 die Entsendung der Eingreiftruppe in das Kriegsland durch. Dieser Beschluss war weder durch den UN-Sicherheitsrat autorisiert noch durch eine ECOWAS-Gipfelkonferenz; er stützte sich lediglich auf das Votum des von Nigeria dominierten, aus fünf Staaten bestehenden und eigens aus Anlass des Liberia-Konflikts gegründeten *ECOWAS Standing Mediation Committee*. Die völkerrechtl. Legitimation der Eingreiftruppe blieb daher umstritten: Regierungen frankophoner ECOWAS-Staaten und Oppositionskreise in den ECOMOG-Gründerstaaten Nigeria, Ghana, Guinea, Gambia und Sierra Leone kritisierten die Intervention u. a. als Versuch zur Schaffung einer »Pax Nigeriana«.

Trotz der fragwürdigen Umstände ihrer Gründung erhielt die ECOMOG Rückendeckung durch die UN- und OAU-Generalsekretäre sowie u.a. die USA. Um den Geburtsfehler, die fehlende Akzeptanz frankophoner Staaten und der mächtigsten liberianischen Kriegspartei unter Führung Ch. Taylors, zu korrigieren, wurde der ECOMOG im Sept. 1993 per Resolution des UN-Sicherheitsrates die UNOMIL vorgeschaltet (↗ Blauhelmeinsätze). Erst im Aug. 1996 konnte in Abuja ein Friedensabkommen erzielt werden, das es ermöglichte, die Streitmacht mit Beteiligung einer Reihe frankophoner Staaten als allg. akzeptierte Friedenstruppe einzusetzen und Wahlen abzuhalten, die den Krieg beendeten.

Kurz bevor in Liberia der Wahlsieger Ch. Taylor die Regierung übernahm, verlagerte sich das ECOMOG-Einsatzgebiet in das Nachbarland Sierra Leone. Als die 1996 gewählte Regierung von A. T. Kabbah 1997 durch einen Militärputsch gestürzt wurde, entsandte Nigeria zunächst im Alleingang unter der Bez. ECOMOG Truppen, um den Umsturz rückgängig zu machen. UN, OAU, ECOWAS und westl. Staaten billigten diese Initiative, doch gelang es Nigeria erst im Feb. 1998 durch eine besser vorbereitete Militärintervention, Kabbah gewaltsam den Weg zurück zur Macht zu ebnen und seine Regierung gegen weitere Rebellenoffensiven zu verteidigen. Ein angesichts eines milit. Patts im Juli 1999 in Lomé (Togo) geschlossenes Friedensabkommen übertrug der zwischenzeitlich durch Soldaten aus Ghana, Guinea und Mali ergänzten Eingreiftruppe u.a. die Aufgabe, die Demobilisierung von Milizionären zu überwachen. Wegen der immensen Kosten und des hohen Sicherheitsrisikos wurde 1999 jedoch der Rückzug eingeleitet.

In Guinea-Bissau, wo es 1998–99 nach einem Militäraufstand zu bewaffneten Auseinandersetzungen kam, hielt sich die Regionalmacht Nigeria abseits. Nach anfänglicher Intervention der Nachbarstaaten Senegal und Guinea mit finanzieller und logistischer Unterstützung Frankreichs wurden unter der Bez. ECOMOG Truppen aus Benin, Mali, Niger, Togo und Gambia eingesetzt.

Ungeachtet der durchwachsenen Bilanz beschloss die ECOWAS Ende 2000, eine – diesmal wieder von Nigeria dominierte – ECOMOG-Truppe bereitzuhalten, um die befürchtete Ausweitung grenzüberschreitender milit. Konflikte in Guinea, Sierra Leone und Liberia zu einem Regionalkrieg zu verhindern. In Teilen v.a. des nigerianischen Militärs wird das Interesse verfolgt, die bisherige Ad-hoc-Eingreiftruppe zu einer ständigen sicherheitspol. Einrichtung aufzuwerten, was sich mit Interessen der USA an »afrik. Lösungen für afrik. Probleme« deckt. ↗ Kriege/Bürgerkriege.

🕮 K. Magyar/E. Conteh-Morgan (Hg.), Peacekeeping in Africa: ECOMOG in Liberia, New York 1998. – M. A. Vogt (Hg.), The Liberian Crisis and ECOMOG: A Bold Attempt at Regional Peacekeeping, Lagos 1992.

Peter Körner

ECOWAS (*Economic Community of West African States*; frz.: CEDEAO, *Communauté Economique de l'Afrique de l'Ouest*). ECOWAS wurde 1975 mit Sitz in Lagos (Nigeria) gegründet. Mitgliedsländer sind Benin, Burkina Faso, Elfenbeinküste, Gambia, Ghana, Guinea, Guinea-Bissau, Kap Verde, Liberia, Mali, Mauretanien, Niger, Nigeria, Senegal, Sierra Leone und Togo. Ziele sind die Förderung der wirtsch. Stabilität und Anhebung des Lebensstandards, regionale Kooperation und Entwicklung im Bereich Handel, Landwirtschaft, Kommunikation, Verkehr, Zahlungsverkehr und Zölle. Geplant sind die Bildung einer Freihandelszone und die Schaffung einer Zollunion nach europ. Vorbild. Angekündigt wurde auch die Bildung einer Währungsunion. Die währungspol. Integration wird von der Unterorganisation WAMA (*West African Monetary Agency*) gefördert. Das Ziel bestand darin, bis zum Jahr 2000 eine Gemeinschaftswährung zu etablieren. Davon ist ECOWAS jedoch weit entfernt, nicht zuletzt infolge unterschiedlicher Währungsstabilität – bspw. verfügen die erfolgreicheren frankophonen Gemeinschaften ↗ UEMOA und ↗ CEMAC über eine gemeinsame konvertible Währung, den Franc-CFA, und eine stärkere Liberalisierung der Märkte –, infolge unterschiedlicher Wirtschaftskraft, Größe und Einwohnerzahl (z. B. zwischen Nigeria mit ca. 85 Mio. Einwohnern und Gambia mit 600.000), der pol.-ideol. Ausrichtung und der Anbindung einiger Mitgliedstaaten an Frankreich. Diese pol. und wirtsch. Unterschiede haben bislang eine wirkliche Integration verhindert. Trotz der relativ geringen Fortschritte im formellen Integrationsprozess hat sich der Handel zwischen den Ländern ausgeweitet – wenn auch meist als informeller Handel (Schmuggel), der eine lange Tradition hat und heute mit modernen Mitteln weitergeführt wird. Beteiligt sind Unternehmen des informellen Sektors (insbes. bei Elektronikersatzteilen und nigerianischen Pharmazeutika), Staatsbeamte und Bauern. Es wird geschätzt, dass die Handelsintegration – unter Berücksichtigung des informellen Sektors – inzwischen bei ca. 25% liegt (d.h. ein Viertel des gesamten Außenhandels findet innerhalb der ECOWAS-Staaten statt). Die im Rahmen des ↗ Lomé-Abkommens und des Nachfolgeabkommens von Cotonou vorgesehene Kooperation der EU mit einzelnen Regionen (Freihandelszonen) könnte dem Integrationsprozess neuen Auftrieb geben.

Alle Maßnahmen zur Verbesserung des Integrationsprozesses wurden aufgrund mangelnder Einigung, der schwachen Integration von Institutionen, der finanziellen Unterausstattung des Amtssitzes in Lagos (neuerdings in Abuja/Nigeria), der schwachen Ausstattung des »Fonds für Zusammenarbeit, Kompensation und Entwicklung« (mit Sitz in Lomé, Togo) und der nationalstaatl. Eigeninteressen immer wieder verschoben.

Eine wichtige pol. Rolle nahm ECOWAS in der Initiative zur Konfliktvermeidung und -schlichtung in Westafrika ein. Zur Beendigung des liberianischen Bürgerkrieges wurde die von ECOWAS gebildete ↗ ECOMOG-Truppe eingesetzt.

🕮 D. von der Boom, Politik und Probleme der ECOWAS, Hamburg 1996. – P. Körner, Macht- und Interessenspolitik in der ECOWAS, Hamburg 1996. – S. Radelet, Regional Integration and Cooperation in Sub-Saharan Africa, Cambridge, Mass. 1997.

Robert Kappel

Ehe gilt auch in Afrika in erster Linie als Institution zur legitimen Fortpflanzung und Begründung einer ↗ Familie. Biolog. und soziale Elternschaft ist an die Existenz einer gesellsch. anerkannten Lebensgemeinschaft zwischen zwei Partnern gebunden. Diese müssen, wie im Fall der ↗ Gynägamie, nicht unbedingt versch. biolog. Geschlechts sein. Anders als im christl. geprägten Europa gelten E. in vielen afrik. Gesellschaften nicht als lebenslange, unauflösliche Bindungen, auch wenn ein solches Ideal durchaus existiert. Die E. wird eher als ein Prozess gesehen, der sich durch die Geburt von Kindern zu einem dauerhaften Zustand verfestigt, nicht als unmittelbares Ergebnis der Heirat (↗ Heiratsordnungen, ↗ Brautpreis).

Die erste E., meist das entscheidende Übergangsritual in den Erwachsenenstatus, ist häufig instabil, u.a. weil sie oft von den Eltern von Braut und Bräutigam arrangiert wird und der Altersunterschied zwischen den Ehepartnern erheblich sein kann. Um sich aus einer E. mit einem ungeliebten älteren Mann und dem schwierigen Zusammenleben mit seinen anderen ↗ Frauen (↗ Polygamie) zu befreien, wählen junge Frauen immer häufiger die Scheidung. E., die ohne die Zustimmung der Beteiligten zustande kommen (z.B. durch Kinderverlobung), werden durch die moderne Gesetzgebung zunehmend eingeschränkt. Wenngleich die E. aufgrund der veränderten ↗ Geschlechterbeziehungen heute einem Wandel unterliegt, ist sie doch nicht nur eine Verbindung zwischen zwei Individuen, sondern eine Angelegenheit, welche die Verwandtschaftsgruppen beider Partner betreffen (↗ Verwandtschaft).

E. in Afrika ist keine Partnerschaft im westeurop. Sinne, sondern gekennzeichnet durch die »Trennung« und Eigenständigkeit von Mann und Frau. Beide arbeiten in versch. Bereichen, und es wird auf getrennte Kassen geachtet, so dass der eine keinen Zugriff auf das Einkommen des anderen hat, dessen Höhe nicht kennt und im Bedarfsfall nur schwerlich Ansprüche auf Unterstützung durchsetzen kann. Die Sachlichkeit, mit der viele E. in Afrika geschlossen und geführt werden, bedeutet aber nicht, dass Liebe nicht existiert. Emotionale Nähe sucht man nicht unbedingt beim Ehepartner, sondern auch bei den Eltern, Geschwistern, Kindern oder bei gleichgeschlechtlichen Freunden.

🕮 C. Oppong (Hg.), Female and Male in West Africa. London 1983.

Katja Werthmann

Eigentum bezeichnet das Recht, über eine Sache wie z.B. Grund und Boden, Tiere sowie sonstige bewegliche Güter nach Belieben zu verfügen, soweit nicht Gesetze oder Rechte Dritter dem entgegenstehen. Während das islam. Recht in Nordafrika das individuelle, relativ uneingeschränkte E. (= *milk*) kennt, dem das staatl. oder kollektive Eigentum diametral gegenübersteht, ist im subsahar. Afrika der Eigentumsbegriff überaus vielschichtig. Hier wird E. individuell oder der Gruppe (Gemein-E. auf Ebenen wie ↗ Dorf, ↗ Klan oder Lineage; E. einer ↗ Altersklasse, einer sozialen Gruppe etc.) zugeordnet und seine Nutzung und Verfügbarkeit erheblich eingeschränkt.

Bestimmte Dinge gehören ausschließlich Männern, andere nur ↗ Frauen, oder sie können wie z.B. Ackerland oft ausschließlich von Autochthonen, nicht aber von Zuwanderern erworben werden. Bei den Pygmäen sind z.B. Waffen und Arbeitsgeräte meist individuelles E., wohingegen das Jagdgebiet Gemein-E. (eines Klans) ist. Nomaden (↗ Nomadismus) reklamieren ebenfalls häufig kollektive Eigentumsrechte für bestimmte Territorien, die ausschließlich von einer Gruppe oder einer genau definierten Anzahl versch. Gruppen genutzt werden dürfen. Auch Weide-E. kann abgestuft sein, indem (Teil-)Eigentümer bestimmte Flächen z. B. nur sukzessive beweiden dürfen. Vom E. zu unterscheiden sind Nutzungsrechte, die Nomaden z. B. in der Darfur-Provinz (Sudan) auf dem Gebiet ↗ Ackerbau betreibender Gemeinden in der Form zeitlich limitierter Weiderechte oder von Durchzugskorridoren eingeräumt werden.

Häufig steht traditionelles Gewohnheitsrecht dem »modernen« staatl. ↗ Recht gegenüber. Im Forstrecht z. B. geht der Trend dahin, traditionelle Nutzungsrechte wieder anzuerkennen. Zu Spannungen kommt es dagegen, wenn wie in Sambia der Staat die traditionellen Landeigentumsrechte (↗ Bodenrecht) nicht mehr anerkennt und Landflächen als sog. Staatseigentum an Dritte verkauft.

Einzelne Kategorien von E. wie z. B. Boden können mancherorts durchaus individuell durch Erbschaft, Schenkung oder für ein Entgelt erworben, aber nicht außerhalb der ↗ Verwandtschaft weitergegeben werden (↗ Familien- und Erbrecht). Die Nutzung des E. kann saisonal oder auf bestimmte Teile beschränkt bleiben, z. B. können Früchte am Baum nur dem Eigentümer, Blätter und herabfallende Äste und sekundäre Erzeugnisse des Baumhains aber jedem zugänglich sein.

Innerhalb vieler Rechtssysteme verpflichtet E., soweit es sich nicht um den persönlichen Hausrat, die Kleidung oder den Schmuck eines Individuums handelt. So ist ggf. das nicht selbst genutzte Land eines Dorfes, eines Klans oder sogar eines Individuums leihweise für eine Saison Dritten zu überlassen. Im islam. Nordafrika muss Wasser aus einem privaten Brunnen kostenlos zum Durstlöschen zur Verfügung gestellt werden, oder ein Eigentümer hat zu dulden, dass Dritte einen Kanal über sein Land legen, wenn sie keinen unmittelbaren Zugang zu einem Gewässer haben.

🕮 J. Raintree (Hg.), Land, Trees and Tenure, Nairobi/ Madison 1987.

Frank Bliss

Einparteisystem. Im Gefolge der Unabh. zahlreicher Staaten in den Jahren ab 1960 setzte sich das E. als das am weitesten verbreitete pol. System in Afrika durch. In einem E. bestimmt nur eine einzige pol. Partei die Politik eines Landes. In den Ländern, in denen eine nationalistische Bewegung den Kampf gegen die Kolonialherrschaft angeführt und mit breiter Unterstützung der Bev. die Regierungsverantwortung übernommen hatte, schien keine Notwendigkeit für mehrere miteinander konkurrierende ↗ Parteien zu bestehen. Weitere Argumente, die das E. als das für afrik. Verhältnisse am besten geeignete System rechtfertigten, waren die Vorrangigkeit der sozioökonom. Entwicklung, die Bewahrung der nat. Einheit im Rahmen der ↗ Nationenbildung und der Bezug auf die afrik. Tradition. – In der Realität waren E. durch zunehmend autokratische Merkmale gekennzeichnet. Zwar wurden in einigen E. auch Parlamentswahlen zwischen zwei oder mehr von der Einheitspartei aufgestellten Kandidaten abgehalten, doch kann diesen Wahlen in vergleichender Betrachtung nur semikompetitiver Charakter zugesprochen werden. Zudem erfüllte die Einheitspartei das Erfordernis, die gesamte Nation zu repräsentieren, in Wirklichkeit nicht, so dass sie die Herrschaft im Namen der ganzen Nation, aber im Interesse partikularer Gruppen ausübte. Autokratische Herrschaft gepaart mit schwach ausgebildeten Kontrollmechanismen stärkte den ↗ Neopatrimonialismus. Während E. häufig der Selbstprivilegierung kleiner Machteliten dienten, blieb die in Aussicht gestellte sozioökonom. Entwicklung der breiten Bev. i.d.R. aus. – Seit 1989/90 sind fast alle E. in Afrika durch Mehrparteiensysteme abgelöst worden. Trotz Mehrparteienverfassungen haben indessen manche Länder aufgrund der Dominanz einzelner Parteien auch weiterhin den Charakter faktischer (*de facto*) E. ↗ Autoritäre Regime, ↗ Demokratie, ↗ Nachkolonialer Staat, ↗ Nationalismus.

Peter Meyns

Eliten bestehen aus den Inhabern höchster Führungspositionen einer Gesellschaft, die insges. eine soziokulturelle, pol. und wirtsch. gestaltende Minderheit bilden (↗ Sozialstruktur). Hist. kann man in Afrika traditionelle E., Übergangs-E. und modernisierende E. unterscheiden, obwohl die Übergänge fließend sind. Gemeinsamkeiten werden durch die zunehmende Verschmelzung von Wirtschafts- und pol. E. gestützt. Reiche Kaufleute oder Rechtsanwälte werden *chiefs*, Politiker übernehmen die Leitung von Staatsunternehmen. – In vorkolonialer Zeit bestimmten traditionelle E. die afrik. Gesellschaften (↗ traditionelle pol. Herrscher). Sie gehörten zu privilegierten Familien, erbten ihre Position oder erhielten sie durch eine Mischung von Erbe und Wahl und waren oft zugleich die oberste relig. Autorität. In der Kolonialzeit (↗ Kolonialismus) wurden diese E. entmachtet, da Kolonialbeamte die höchsten Führungspositionen ausfüllten und die traditionellen *chiefs* entweder abgeschafft oder in das Kolonialsystem eingegliedert wurden, also der Fremdbestimmung durch die Kolonialverwaltung unterlagen. Probleme hatten die hierarchisch geordneten Kolonialregierungen v. a. mit ↗ segmentären Gesellschaften, die nur Ältestenräte kannten, aber keine ↗ Könige oder *chiefs* und die sich oft gegen die Oktroyierung von *chiefs* wehrten. In diesen Gesellschaften wurde eine »neotraditionelle« Häuptlings-E. erst durch die Kolonialherren eingeführt. In der Kolonialzeit entstand jedoch auch die Übergangselite. Sie wurde in den christl. ↗ Missionsschulen und staatl. Schulen (↗ Bildungswesen) ausgebildet, übernahm die europ. Bildungsvorstellungen und bediente sich der kolonialen Amtssprache (engl., frz., portug. etc.)

Das Herkunftsprinzip, das die Auslese der traditionellen E. bestimmte, wurde teilweise durch das Leistungsprinzip abgelöst. Die Absolventen der Missionsschulen und der europ. oder afrik. Universitäten nahmen in der Kolonialzeit die mittleren Ränge in der ↗ öffentl. Verwaltung, in den Kirchen, im Bildungs- und Gesundheitswesen und in der Wirtschaft ein. Allmählich wurden aber auch traditionelle Positionen von westl. gebildeten Afrikanern übernommen. Nach dem Zweiten Weltkrieg erkämpften sie mit Unterstützung der Bauern und Arbeiter die Unabh. ihrer Staaten von der Kolonialherrschaft. Bis zu diesem Zeitpunkt waren sie Konsensus-E., da sie sich gemeinsam gegen die Kolonialherrschaft wandten. Nach dem Erreichen der Unabh. ließ der Konsensus nach, und eine Differenzierung der Machtelite in Politiker, Bürokraten, Technokraten und Wirtschaftsführer (Unternehmer oder Leiter staatl. Betriebe) setzte ein. Außerdem entstanden Gegensätze zwischen der nat. Elite der Hauptstadt und den regionalen E., die teilweise noch traditionell gegründet waren, auf dem Lande und in kleineren Städten. Die regionalen E. stützen sich auf bestimmte Ethnien (herkömmliche oder neu geschaffene) und stehen beim Kampf um Ressourcen des Landes oft im Gegensatz zu den nat. E. Das kann zur Sezession führen (Biafra) oder zum Bürgerkrieg (Sudan, Äthiopien, Kongo, Ruanda; ↗ Kriege/Bürgerkriege).

Eine weitere Differenzierung der E. erfolgt durch ihre versch. Funktionen (Funktions-E.). Man kann die pol. Machtelite von der relig. (Kirchenführer), der milit. (Offiziere) und der wiss.-kulturellen E. (Lehrer, Professoren, Studierende, Schriftsteller, Journalisten) unterscheiden, zu der die schon erwähnte wirtsch. E. kommt. Die modernisierende E., die die Übergangs-E. ablöst, unterscheidet sich von dieser auch in ihrem Verhalten zum Geld. Wohlstand ist das Ziel aller E., aber sie gehen damit unterschiedlich um. Die traditionellen und die Übergangs-E. fühlen sich verpflichtet, von ihrem Reichtum an die Mitglieder der Großfamilie und auch an ihre Anhänger und Mitglieder ihres Klans (↗ Klan und Lineage) und ihres Herkunftsortes abzugeben (↗ Neopatrimonialismus). Die modernisierenden E. versuchen, sich diesen Verpflichtungen mehr und mehr zu entziehen, was Konflikte mit den Nicht-E. verstärkt. Teils findet eine Abwanderung statt nach Europa und Nordamerika (↗ Brain Drain, ↗ Forschung und Entwicklung).

Konnten die Übergangs-E. noch durch ↗ Einparteisysteme oder Militärherrschaft (↗ Militärregime) ihre Macht mit oder ohne Gewalt verteidigen, beschränkt die beginnende Demokratisierung (↗ Demokratie) zunehmend ihre Alleinherrschaft. Wichtiger als die Gründung neuer ↗ Parteien ist für die Demokratisierung die Entstehung der ↗ Zivilgesellschaft, d.h. auch von einer Gegenelite. Geistliche, Journalisten, Schriftsteller, Rechtsanwälte und Studierende waren schon immer in Afrika die Kritiker der diktatorischen Systeme und wurden verfolgt, verhaftet, ins Exil geschickt oder ermordet. Ein früher Kritiker der pol. und bürokratischen E. in den unabh. gewordenen Staaten Afrikas war der in Algerien tätige Psychiater Frantz Fanon, der sie als unproduktiv und ausbeuterisch beschrieb. Setzen sich die von der Gegenelite und von großen Teilen der Mittelschicht geforderten ↗ Menschenrechte durch, insbes. Religions- und Pressefreiheit, unabh. Gerichtsbarkeit, allg. und geheime Wahlen und die Unverletzlichkeit der Person, muss die modernisierende E. Beschränkungen ihrer Macht hinnehmen. Hinzu kommt, dass die zunehmende Globalisierung der Weltwirtschaft die Abhängigkeit der afrik. E. von Entscheidungen internat. Organisationen (Weltbank, IWF) und Unternehmen verstärkt. Die pol. und wirtsch. E. stehen vor der Alternative, sich gegen für das Land oft nachteilige Entscheidungen der internat. Akteure zu wehren oder diese gegenüber den Nicht-E. ihres Landes zu vertreten. Beides führt zu Konflikten.

In neuerer Zeit ist, veranlasst durch die wiss.-kulturelle E., eine stärkere Hinwendung der pol. Macht-E. zu in der Kolonialzeit verschütteten afrik. Traditionen zu beobachten. So hat es trotz aller Widerstände durch ↗ Christentum und ↗ Islam immer Verbindungen zwischen Mitgliedern afrik. E. und ↗ Hexerei und ↗ Magie gegeben, vergleichbar mit der Neigung mancher europ. Elitenmitglieder zu Astrologen und anderen Zukunftsdeutern. Die Hinwendung zur Wiederaufnahme afrik. Traditionen ist also ambivalent. Sie enthält emanzipative und regressive Elemente. Das hat auch Konsequenzen für die ↗ Frauen, die viel später als die Männer die Möglichkeit erhielten, Schulen und Hochschulen zu besuchen und führende Positionen einzunehmen (↗ Geschlechterbeziehungen). Der Kampf gut ausgebildeter Afrikanerinnen gegen willkürliche relig., pol., wirtsch. und rechtl. Beschränkungen ist ein wichtiger Faktor bei der sich nur langsam entwickelnden Demokratisierung afrik. Gesellschaften, die nur dann zu stabilen Systemen führt, wenn die zerstrittenen E. einen neuen Grundkonsens finden.

📖 T. D. Bakary, Les elites africaines au pouvoir, Paris 1990. – A. Cohen, The Politics of Elite Culture, Berkeley 1981. – P. Geschiere, The Modernity of Witchcraft. Politics and the Occult in Postcolonial Africa, Charlottesville 1997. – G. Grohs, Stufen afrik. Emanzipation. Studie zum Selbstverständnis westafrik. E., Stuttgart 1967. – C. Lentz, Home, Death and Leadership. Discourses of an Educated Elite from North-Western Ghana. In: Social Anthropology (2) 1994.

Gerhard Grohs

Entwaldung. Neben dem Rückgang der immer- und halbimmergrünen Regenwälder in den immerfeuchten Tropen (↗ Regenwald/Regenwaldzerstörung), greift die E. auch in den wechselfeuchten ↗ Savannen- und Trockenwaldgebieten immer schneller um sich. Ca. 40% der Savannenbestände im trop. Afrika sind stark degradiert. Die Ursachen liegen einmal in dem aufgrund von Bevölkerungswachstum (↗ Bevölkerung) und ↗ Urbanisierung steigenden Nutz- und Brennholzbedarf, zum anderen im agrarstrukturellen Wandel wie z. B. der massiven Ausweitung weltmarktorientierter Cash-Crop-Produktion (Baumwolle, Tabak) bereits seit dem ersten Drittel des 20. Jh. sowie dem steigenden Bedarf an Ackerland.

Von der E. bes. betroffen sind die von Miombowäldern bedeckten Länder SO-Afrikas (Malawi, Simbabwe, Tansania), wo zwischen 1990 und 1995 2,1 Mio. ha der Anlage von Tabakfeldern weichen mussten. Nach der Brandrodung wird zunächst Tabak angebaut, der stets neue, keimfreie Böden benötigt, dann Mais in zwei Anbauperioden. Nach einem dreijährigen Nutzungszyklus ist der Boden erschöpft, und neue Flächen müssen gerodet werden. In Ost- und SO-Afrika werden Entwaldungsprozesse aber auch durch die starke Zunahme des Wildtierbestandes, v. a. Elefanten, in den Nationalparks Kenias (Amboseli, Tsavo) und Simbabwes (Hwange) ausgelöst. Dies ist eine Folge der Zusammendrängung von Wildtierbeständen auf relativ begrenzte Schutzflächen (↗ Naturschutz, ↗ Wildtierbewirtschaftung), während es im Umkreis der Parks zu einer intensivierten agrarwirtsch. Nutzung durch eine ständig wachsende Bev. kommt (↗ Landwirtschaft).

In den Trocken- und Feuchtsavannen Westafrikas ist die E. dagegen eher selektiv als flächenhaft, so dass sog. landwirtsch. Parksavannen entstehen, wobei die für die Ernährungssicherung und Viehfutterbeschaffung wertvollen Baumarten, z. B. Schibutterbäume (*Acacia albida*), auf den Feldern bleiben. Beispiele für Wald erhaltende Strategien finden sich aber auch bei manchen Völkern in der Übergangszone vom Regenwald zur Feuchtsavanne, z. B. bei den Kissi (Guinea), wo aus kultischen Gründen ringförmige Waldgebiete um Siedlungen erhalten werden. Flächenhafte E. findet im Umkreis großer Städte (↗ Stadt) statt aufgrund des Bau- und Brennholzbedarfs; so muss z. B. Brennholz und Holzkohle zur Versorgung von Bamako (Mali) oder Niamey (Niger) bereits aus über 100 km Entfernung herangeschafft werden. Auch Grüngürtelanlagen wie z. B. im Umkreis von Wagadugu, der Hauptstadt von Burkina Faso, können die Brennholzkrise nicht beheben; sie verbessern eher das Lokalklima und verhindern Bodenerosion (↗ Erosionsschutz). Im nördl. Sahel, z. B. am N- und S-Rand des Nigerbinnendeltas in Mali, sind durch wiederholte Dürreperioden und damit verbundenes Absinken des Grundwasserspiegels ausgedehnte Gehölzbestände abgestorben. Das Totholz wird in den Städten Malis als Brennmaterial verkauft. ↗ Ökozonen.

📖 FAO (Hg.), State of the World's Forest, Rom 1997 (www.fao.org). – H. Geist, Tropenwaldzerstörung durch Tabak. In: Geogr. Rundschau 50 (1998), S. 283–290. – J. Fairhead/M. Leach, Reframing Deforestation: Global Analysis and Local Realities. Studies in Westafrica, London 1998.

Thomas Krings

Entwicklungsdiktatur ↗ Autoritäre Regime, ↗ Zivilgesellschaft

Entwicklungshilfe ↗ Entwicklungszusammenarbeit, ↗ kirchliche Entwicklungsarbeit

Entwicklungszusammenarbeit (EZ). Oberbegriff für alle Maßnahmen und Aktivitäten, die von unterschiedlichen Akteuren und Trägern mit dem Ziel einer Verbesserung der wirtsch. und sozialen Lebenssituation in den Entwicklungsländern (EL) durchgeführt werden; auch synonym gebraucht mit Entwicklungshilfe (EH), was auf Dt. wegen abwertender Konnotation häufig vermieden, auf Engl. (*aid*) aber verwandt wird. Die EZ im engeren Sinne ist abzugrenzen von dem weiter gefassten Begriff der internat. Entwicklungspolitik (EP), der alle Bereiche der Nord-Süd-Beziehungen zwischen Industrieländern (IL) und EL einschließt (wie z. B. Fragen der Finanz-, Handels-, Rohstoff- und Umweltpolitik). Nach der vom DAC (*Development Assistance Committee*) der OECD festgelegten Definition umfasst die als EZ anerkannte ODA (*Official Development Assistance*) alle Leistungen, die aus öffentl. Haushalten der Geberländer stammen, zur Verbesserung der Lebensbedingungen in den Empfängerländern bestimmt sind und mindestens ein sog. Zuschusselement von 25% (im Vergleich zu marktüblichen Finanzkonditionen) aufweisen. Privatinvestitionen, Exportkredite, Militärhilfe, rein private Spenden und Hilfsleistungen fallen somit nicht unter die ODA. Alle afrik. Staaten (einschl. Südafrika seit dem Ende der Apartheid) sind internat. als EL klassifiziert und damit potenzielle Empfänger von ODA. Zu den Akteuren bzw. Trägern der EZ gehören auch die afrik. Institutionen, während im Folgenden nur die Seite der internat. Geber (engl.: *donors*) dargestellt wird.

Die EZ umfasst ein breites Spektrum unterschiedlicher Instrumente und an der Durchführung beteiligter Institutionen bzw. Organisationen. Es gibt bilaterale EZ (von Einzelstaaten) und multilaterale (von internat. Organisationen, die aber meist aus nat. Mitteln finanziert werden). Die EZ-Leistungen können als reine Zuwendungen (engl.: *grants*) oder als Kredite mit z. B. niedrigen Zinsen, langen Rückzahlungsfristen erfolgen. Insbes. in Deutschland wichtig sind einmal die finanzielle Zusammenarbeit (FZ), wobei Finanzmittel für Investitionen transferiert werden, und zum zweiten die techn. Zusammenarbeit (TZ), die vornehmlich auf fachliche Beratung, Ausbildung und Übertragung von Know-how abstellt; dazu gehört auch die personelle Zusammenarbeit (PZ). Innerhalb der auf langfristige Zielsetzungen angelegten EZ gibt es allerdings auch Notwendigkeiten zu akuter Nahrungsmittel- und Katastrophenhilfe. Neben den auf staatl. Ebene mit der Konzeption und Durchführung der EZ befassten öffentl. Institutionen spielen auch nichtstaatl. Organisationen – wie Kirchen, parteinahe pol. Stiftungen, andere ↗ Nichtregierungsorganisationen (NGOs) – unter Einsatz staatl. wie auch eigener Mittel im Bereich der EZ eine wichtige ergänzende Rolle. Darüber hinaus wird neuerdings unter dem Begriff *Public Private Partnership* (PPP) eine Kooperation regulärer staatl. EZ mit der Privatwirtschaft propagiert, um so neue Potenziale erschließen zu können.

Aus der großen Zahl der in der EZ tätigen Organisationen werden hier nur die wichtigsten aufgeführt: Auf internat. Ebene sind dies: die Weltbank, die ↗ AfDB als regionale Entwicklungsbank, der IWF, die EU sowie die UN-Organisationen, insbes. das UNDP (*UN Development Programme*). Alle EZ-Geberländer haben ihre eigenen nat. Durchführungsorganisationen. In Deutschland liegt die pol. Verantwortung für die EZ beim seit 1961 existierenden Bundesministerium für Wirtsch. Zusammenarbeit und Entwicklung (BMZ), während die Durchführung der Projekte und Programme in der FZ durch die Kreditanstalt für Wiederaufbau (KfW) und in der TZ durch die Dt. Gesellschaft für Techn. Zusammenarbeit (GTZ) erfolgt. Der Förderung von privaten Investitionen dient die Dt. Investitions- und Entwicklungsgesellschaft (DEG), die Aus- und Fortbildung von Führungskräften aus EL erfolgt über die Dt. Stiftung für Internat. Entwicklung (DSE) und die Carl-Duisberg-Gesellschaft (CDG), die Entsendung von dt. Entwicklungshelfern durch den Dt. Entwicklungsdienst (DED). Die ev. und die kath. Kirche sind u. a. durch Hilfswerke entwicklungspol. in Afrika engagiert (↗ Kirchl. Entwicklungsarbeit). Die den im Bundestag vertretenen Parteien nahestehenden pol. Stiftungen – Friedr.-Ebert-Stiftung (SPD), Konrad-Adenauer-Stiftung (CDU), Heinrich-Böll-Stiftung (Grüne), Friedr.-Naumann-Stiftung (FDP) und Hanns-Seidel-Stiftung (CSU) – betätigen sich i.d.R. im Bereich der gesellschaftspol. Bewusstseinsbildung. Darüber hinaus arbeiten noch viele kleinere NGOs in Afrika ebenso wie eine beträchtliche Anzahl Consulting-Unternehmen und Gutachter; auch einzelne Firmen sind mit Lieferaufträgen für EZ-

Vorhaben vertreten (selbst wenn insges. der dt. Export nach Afrika nur eine marginale Größe aufweist).

Nach rund vier Jahrzehnten Erfahrung mit EZ in Afrika sieht die Erfolgsbilanz sowohl in Fachkreisen wie in der Öffentlichkeit ausgesprochen kritisch und unbefriedigend aus. Afrika ist unbestritten die Weltregion, die seit vielen Jahren in Relation zu ihrer Bev. und ihrem Sozialprodukt die weltweit höchsten EZ-Leistungen erhalten hat, wo sich, pauschal betrachtet und von wenigen Ausnahmen abgesehen, die sozioökonom. Situation der Bevölkerungsmehrheit über Jahre jedoch verschlechterte und sich in den 1990er Jahren allenfalls auf extrem niedrigem Niveau stabilisierte, aber noch nicht wieder merklich verbessert hat, ja im Zeichen der Globalisierung sogar noch weiter zurückzufallen droht. Allerdings sollten die Erwartungen bzgl. der Auswirkungen von EZ nicht zu hoch geschraubt werden, da Entwicklung ein extrem komplexer gesamtgesellsch. Prozess (mit internen wie externen Einflussgrößen) ist, zu dem EZ auch im besten Fall nicht mehr als einen begrenzten Teil beisteuern kann. Dennoch herrscht weithin der Eindruck vor, dass die bisherige Form der EZ insbes. in Afrika nicht effektiv gewesen sei und keine signifikanten Erfolge habe erzielen können. Von einigen Kritikern wird sogar gerade das Übermaß an EZ – Afrika als Prototyp eines von externer Hilfe abhängigen Kontinents – als Hindernis für eine bessere Entwicklung angesehen, da dieses Hilfesyndrom die Mobilisierung eigener Kräfte untergraben und eine Dynamisierung lokaler Wirtschaftspotentiale verhindert habe: Schlagwort Afropessimismus. Andersgerichtete Äußerungen (neuer Afro-Optimismus) stehen bisher auf unsicherem Boden. Auch das maßgeblich vom südafrik. Präsidenten Mbeki vertretene Konzept einer allumfassenden »Afrik. Renaissance« stellt eher eine der Mobilisierung dienende Zielorientierung dar als schon erreichte Realität.

Die internat. EZ mit Afrika erfuhr im Laufe der Jahrzehnte mehrfache tiefgreifende Veränderungen sowohl im Hinblick auf entwicklungstheoretische Konzepte und die verfolgten pol. Ziele der Geber als auch im Hinblick auf die praktischen Instrumente und Durchführungsmodalitäten. Bis zum Ende des Ost-West-Konflikts war die Vergabe der EH geprägt von der pol. Konkurrenz zwischen den beiden Großmächten, auf die tatsächlichen Entwicklungsleistungen und -ergebnisse der afrik. Regierungen wurde wenig geachtet. Dies änderte sich erst in den 1990er Jahren, da nun die Beurteilung genuiner Leistungskriterien der Empfängerländer (in Bezug auf ökonom. wie gesellschaftspol. Ziele) in den Vordergrund rückte. Dennoch behielten bei der bilateralen EZ auch weiterhin die jeweiligen nat. Eigeninteressen und Prioritäten der Geber ein dominierendes Gewicht. Während anfänglich die Begründung für EZ ganz überwiegend in der Notwendigkeit von Transfers knappen Investitionskapitals nach Afrika (als Grundvoraussetzung für Wirtschaftswachstum) und in verschiedensten Formen von Ausbildungsprogrammen gesehen wurde, ergab sich dann als Reaktion auf viele Enttäuschungen und Fehlschläge ein besseres Verständnis der Komplexitäten des Entwicklungsprozesses und der wechselseitigen Verflechtungen vieler Komponenten. Über im engeren Sinne ökonom. Fragestellungen hinaus kamen dabei die pol. Systeme der afrik. Länder und ihre soziokulturellen Gegebenheiten als wesentliche – häufig hemmende – Einflussgrößen ins Blickfeld. Da die meisten zunächst auf Kreditbasis (entweder vom Privatsektor oder im EZ-Rahmen) getätigten Investitionen ihre volkswirtsch. intendierten Ziele nicht erreichten, ergab sich eine schnell wachsende und untragbar werdende Auslandsverschuldung nahezu aller afrik. Länder. Dies führte zu immer großzügigeren Finanzierungsbedingungen der EZ (weitgehende Umstellung auf nicht rückzahlbare Zuschüsse, Erlass früherer EZ-Kredite) und zu Forderungen nach umfassenden Schuldenerlassen (u.a. seit 1996 im Rahmen der HIPC-Initiative für die *Highly Indebted Poor Countries*). Die seit Beginn der 1980er Jahre von Weltbank und IWF propagierte ↗ Strukturanpassung, die bei den meisten afrik. Regierungen auf erheblichen Widerstand traf und wegen ihrer sozialen Auswirkungen umstritten blieb, sah das Heil in umfassender Liberalisierung, Vertrauen auf die Marktkräfte und in weitgehendem Abbau staatl. Strukturen. Inzwischen wird wieder stärker die Notwendigkeit zentraler staatl. Funktionen und der Armutsorientierung von EZ-Maßnahmen anerkannt. Das ODA-Gesamtvolumen ist seit Beginn der 1990er Jahre rückläufig; während andere Entwicklungsregionen diesen Rückgang durch stark ansteigende private Kapitaltransfers (v.a. für Direktinvestitionen) mehr als kompensieren konnten, gilt dies nicht für Afrika (↗ Außenwirtschaft), wo der ODA-Zufluss wohl noch weiter zurückgehen wird.

Heute ist weitgehend akzeptiert, dass zwar EZ auch bei Formulierung stringenter Vergabebedingungen (d.h. Konditionalität), z.B. in ökonom. und/oder pol. Hinsicht, keine echten und dauerhaften Erfolge in einem Empfängerland erzwingen, bei geeigneten Rahmenbedingungen (im Sinne »guter Regierungsführung«) aber eine positiv unterstützende Wirksamkeit erzielen kann. Tatsächlich effektiv kann EZ also nur dort sein, wo die nat. Entscheidungsträger eine eigenständige (*ownership*) Politik betreiben, die auf nachhaltige Entwicklungserfolge abzielt. Angesichts weiter zurückgehender EZ-Etats in den Geberländern ist davon auszugehen, dass in Zukunft die knappen EZ-Mittel durch eine sorgfältigere Auswahl auf weniger Empfängerländer konzentriert werden. Im Bemühen um eine Verbesserung der Effektivität der EZ darf aber die weiterbestehende Mitverantwortung der Strukturen in den Geberländern nicht übersehen werden.

🕮 BMZ (Hg.), Journalisten-Handbuch Entwicklungspolitik, Bonn (jährl.) – J. Carlsson/G. Somolekae/N. van de Walle, Foreign Aid in Africa. Learning from Country Experiences, Uppsala 1997. – R. Cassen, Entwicklungszusammenarbeit, Bern/Stuttgart 1990. – C. Lancaster, Aid to Africa: so Much to Do, so Little Done, Chicago 1999. – F. Nuscheler, Lern- und Arbeitsbuch Entwicklungspolitik, 4. Aufl., Bonn 1995. – Weltbank: Weltentwicklungsbericht, Washington (jährl.). – World Bank (Hg.), Aid and Reform in Africa, Washington 2001.

Rolf Hofmeier

Erziehung ↗ Bildungswesen, ↗ Ethik

Etatismus ↗ Nachkolonialer Staat

Ethnische Konflikte, von manchen auch als ethnopol. oder ethnozistische Konflikte bezeichnet, sind gewaltsame Auseinandersetzungen von Gruppen mit soziokulturellen Unterschieden, die meist eine von drei Konfliktursachen zum Inhalt haben: Bewahrung von Macht bzw. Abwehr von hegemonialen Machtansprüchen anderer (Furcht vor ↗ Assimilation); Bewahrung oder Ausdehnung der eigenen kulturellen Identitätsansprüche (Autonomie und Hegemonie) und die Verteidigung bzw. Eroberung materieller Ressourcen auf Kosten anderer »Wir-Gruppen«. Das Ethnische daran ist häufig nur die kostengünstigste und die höhere Wirksamkeit versprechende Form der *Konfliktmodalität* – nicht deren Ursache. Man spricht deshalb besser von ethnopol. oder – im Fall von sezessionistischen Bewegungen – von ethnoregionalistischen Konflikten.

Es gibt diverse Erklärungen über Ursprung und Beendigung e. K. Ted Gurr erklärt ihre globale Existenz durch die Begegnung sozioökonom. ungleicher Gruppen, die um Macht, Ressourcen oder Prestige kämpfen und dabei ihre Anhängerschaft mobilisieren. Für die Mobilisierung der Anhänger spielen zwei Faktoren eine bes. Rolle: zum einen die Stärke der kollektiven Identität einer Ethnie, zum andern der Grad ihrer kollektiven Benachteiligung. E. K. sind deshalb bes. langlebig und zäh, weil sie oftmals nicht primär um eine gerechte Ressourcenverteilung geführt werden, sondern um die Bewahrung des Gruppenstatus, der kulturell definiert wird. Während Verteilungsprobleme rational lösbar sind, widersetzen sich konkurrierende Ansprüche auf die »richtige« Definition nat. Identität diesem rationalen Zugriff und verknäulen das Problem zu einem fundamentalen Streit um existenzielle Fragen. Im Sudan z. B. ereignete sich folgende ethn.-rassistische Eskalationsspirale: Nachdem 1955 ein relativ harmloser Streit über die Besetzung von Verwaltungsposten zwischen Nord- und Südsudanesen rational und einvernehmlich nicht gelöst werden konnte, eskalierte er allmählich zu einem Bürgerkrieg der benachteiligten Südsudanesen, die eine reguläre ↗ Rebellenbewegung zur Abwehr sozioökonom. Diskriminierung und kultureller Überfremdung (Schulsprache Arab. statt Engl. etc.) gründeten. Daraus wurde, da beide Seiten zu Kompromissen in zentralen Fragen der relig. bzw. kulturellen Identität nicht bereit waren, der längste ethnopol. Konflikt Afrikas mit mehr als 2 Mio. Toten und völlig verhärteten Fronten, zu dem nun zu allen anderen Dimensionen die relig. Komponente – die Scharia-Frage – gekommen ist. Dies ist ein Fall von »Konfliktintensivierung durch Konfliktakkumulation« (P. Waldmann).

Derartig komplexe Prozessverläufe, bei denen sich durch Politisierung von Volksgruppen oder ethn. Entitäten deren strittige Identität im Konfliktverlauf weiter verhärtet, lassen sich mit einfachen monokausalen Ansätzen – etwa als Modernisierungskonflikt – nicht erklären. So lässt sich auch der größte und tragischste Konflikt dieser Art in Afrika, der ↗ Genozid von 1994 in Ruanda mit der Folge der pol. Destabilisierung der ges. zentralafrik. Region der Großen Seen, nicht einfach auf eine Dimension – etwa auf den tradierten oder von den Kolonialmächten geschürten Hass zwischen Tutsi und Hutu – reduzieren. Hier liegt eher der Fall einer komplizierten *Ethnogenese* durch die Eskalation militanter Konflikte über Jahrhunderte um immer knapper werdende Bodenressourcen vor, die zu

Identifikationen und Exklusionen führten. Waren Tutsi und Hutu einst primär soziale Kategorien (Krieger und Bauern), so wurden sie im Verlauf des Konflikts durch Feindbilder und Propaganda (»Gehirnwäsche«) zu unversöhnlichen Gegnern als Exponenten unterschiedlicher Volksgruppen, Ethnien oder gar »Rassen« gemacht. Aber auch fingierte oder manipulierte Weltbilder können unter Stressbedingungen neue konkrete Realitäten schaffen, weil sie ein Eigenleben gewinnen und sich von ihren Entstehungsgründen ablösen. Die pol. erzeugte ethn.-pol. Identität der Täter als bedrängtes Volk der Hutu, das um sein Überleben kämpfen zu müssen glaubte (wie im benachbarten Burundi), schuf allmählich die Bereitschaft, die eigenen Nachbarn, Volksgenossen und Verwandten in großer Zahl mit der Machete – dem demokratischsten Mordinstrument – umzubringen. Ethnopol. erzeugter Hass setzt die Tötungshemmungen herab, nicht nur in Afrika.

In Zukunft ist bei wachsenden Verteilungsproblemen infolge von Bevölkerungswachstum, Ressourcenknappheit und Politisierung aller Lebensbereiche mit einer Intensivierung und Ausweitung e. K. zu rechnen. Weitverbreitete klientelistische Pfründenwirtschaft (↗ Neopatrimonialismus), exzessive ↗ Korruption, die Ausnutzung des Staatsapparats als wichtigste Ressource für die Bereitstellung und den Machterhalt von Staatsklassen sowie autoritär-repressive Herrschaftssysteme (↗ Autoritäre Regime) führten im Verein mit Störungen lokaler Systeme der Landnutzung, mit Landverlust, ökolog. Schädigungen und schrumpfenden Ressourcen in vielen Fällen zur Desintegration von Staat und Gesellschaft und zu lang anhaltendem Konfliktaustrag.

Versuche, e. K. bzw. ethnoregionalistische Konflikte zu entschärfen, können auf drei Ebenen ansetzen: der Ebene der Prinzipien und Ideen, jener der gesellsch.-pol. Führungsgruppen und schließlich auf der institutionellen Ebene (Föderalismus; Mehrparteiensystem). Auf der Ebene der Normen sollte Demokratisierung unterstützt und dabei das Konzept des *demos* anstelle des *ethnos* propagiert werden, wobei Demos primär auf das Volk als legitimer Träger der pol. Herrschaft abstellt, während Ethnos mehr die geschichtlichen, relig.-kulturellen und sozioökonom. Besonderheiten einer Volksgruppe meint. ↗ Demokratie im Sinne von Demos begründet v. a. individuelle Rechte, als Ethnos ist sie die Quelle kollektiver Rechte. Pol. Eliten des Zentrum mit demokrat. Selbstverständnis werden daher eher bereit sein, ethnoregionalistische Kompromisse im Rahmen föderaler Regierungssysteme zu akzeptieren als Eliten, die sich auf das Ethnosprinzip als staatl. Legitimationsbasis versteifen. Entscheidend dürfte aber in den meisten Fällen von e. K. das Verhalten der pol. Führer gegenüber der Regierung sein. Solange sie glauben, ihre eigenen materiellen wie immateriellen Interessen außerhalb eines gemeinsamen Herrschaftssystems (UNITA in Angola) oder gar Staatsverbandes (Casamance-Sezessionsbewegung in Senegal) genauso gut oder sogar besser verfolgen zu können, werden sie zu pol. Kompromissen nicht bereit sein. Andererseits hat der Fall der RENAMO in Mosambik gezeigt, dass auch militante ethnopol. Bewegungen Kompromisse eingehen, wenn deren Führungen genug Anreize geboten werden, ihre partikularen Interessen innerhalb eines demokratisierten pluralistisch-föderalen Systems verfolgen zu können.

Der Erhalt und die Festigung lebensfähiger staatl. Strukturen, um Staatszerfall und Staatskollaps als Brutstätten ethnopol. Konflikte vorbeugen zu können, sollte daher eine primäre Aufgabe internat. Entwicklungspolitik (↗ Entwicklungszusammenarbeit) sein. Generell gilt, dass die Beendigung und Befriedung e. K. ohne Entwicklung nicht von Dauer sein kann und zahlreiche afrik. Gesellschaften auf Unterstützung von außen angewiesen sein werden, um Demilitarisierungs-, Dezentralisierungs- und Demokratisierungsprozesse mit Aussicht auf dauerhaften Erfolg absichern zu können. ↗ Politisierte Ethnizität

🕮 T. R. Gurr, Why Minorities Rebel? A Global Analysis of Communal Mobilization and Conflict since 1945. In: Internat. Political Science Review 14 (1993), S. 161–201. – V. Matthies, Kriegerische Konflikte und friedliche Konfliktbearbeitung in Afrika. In: M. A. Ferdowsi (Hg.), Afrika zwischen Agonie und Aufbruch, München 1998, S. 49–78. – O. Nnoli, Ethnic Politics in Africa, Ibadan 1989. – R. Tetzlaff, Der Wegfall effektiver Staatsgewalt in den Staaten Afrikas. In: Die Friedens-Warte 74 (1999), S. 307–330. – P. Waldmann/G. Elwert (Hg.), Ethnizität im Wandel, Saarbrücken 1989. – P. Waldmann, Ethnoregionalismus und Nationalstaat. In: Leviathan 21 (1993), S. 391–406.

Rainer Tetzlaff

Ethnizität. Der Begriff E., eine Eindeutschung des im Engl. erst seit den 1960er Jahren geläufigen Worts *ethnicity*, zielt auf die Beziehungen zwischen ethn. Gruppen (Ethnien) und lässt sich am besten als »Denken in ethn. Kategorien« übersetzen. Ethnien sind familienübergreifende Gruppen, die sich selbst eine kollektive Identität zuschreiben und/oder von außen als Gruppe definiert werden. Die Kriterien, die die Außengrenze der Gruppe markieren, sind höchst wandelbar und greifen immer nur einen kleinen Teil des kulturellen Repertoires auf, das eine ethn. Gruppe mit vielen ihrer Nachbarn teilt (↗ Kulturkreise). Man muss also unterscheiden zwischen den soziologisch beschreibbaren Prozessen der Gruppenbildung und -abgrenzung einerseits und den ethn. Ideologien andererseits, die die Gruppen selbst entwickeln. Ethn. Gemeinschaftsideologien behaupten i.d.R., dass die Mitglieder der Wir-Gruppe (der Ethnie) Kultur, Abstammung, Sprache und Geschichte miteinander teilen; oft wird auch die Vorstellung eines gemeinsamen Territoriums formuliert. Manchmal ist Religion das wichtigste Kriterium ethn. Gemeinsamkeit; dann kann sogar ohne gemeinsame Sprache Zugehörigkeit zu einer ethn. Gruppe behauptet werden. Ethn. Gemeinsamkeiten werden immer als ererbt und qua Geburt (oder Adoption in die Gruppe) gegeben vorgestellt und meist als wichtiger erachtet als individuell erworbene ökonom. und pol. Positionen. Die Begriffe E. und ethn. Gruppe ersetzen heute in Afrika oft problematisch gewordene Termini wie ↗ Tribalismus, Rasse (↗ Rassismus) oder ↗ Stamm, ohne deswegen aber präziser definiert zu sein. E. ist eine schillernde, vieldeutige Kategorie, die längst nicht mehr nur zum Repertoire sozialwiss. Begriffe, sondern auch zum Wortschatz von Politikern und sozialen Bewegungen gehört.

Wer heute über E. in Afrika schreibt, steht vor einem Paradox. Auf der einen Seite sind sich westl. Historiker und Ethnologen weitgehend einig, dass das vorkoloniale Afrika nicht aus den gegenwärtig bekannten ethn. Gruppen bestand, zwischen denen sich klare kulturelle, sprachliche und pol.-territoriale Grenzen hätten ziehen lassen. Prägende Charakteristika der meisten afrik. Gesellschaften waren (und sind noch heute) Mobilität, überlappende Netzwerke, multiple Gruppenmitgliedschaften und kontextabhängige Grenzziehungen. Nur in wenigen Fällen ähnelten die afrik. Gemeinschaftsideologien dem europ. »Volks«-Denken des 19. Jh. Afrik. Gemeinschaften gründeten sich auf ↗ Nachbarschaft, ↗ Verwandtschaft oder die gemeinsame Loyalität gegenüber einem pol. Oberhaupt, aber nicht unbedingt auf eine gemeinsame Sprache und Kultur. Die meisten vorkolonialen Staaten (↗ vorkoloniale pol. Systeme) waren multiethn. Gebilde; der gemeinsame Name, der heute als Ethnonym verwendet wird, verwies auf die gemeinsame Anerkennung des Herrschers, nicht auf gemeinsame Herkunft und Sprache. Nicht staatl. organisierte Gruppen waren durch sich vielfältig überlappende Verwandtschaftsbeziehungen und relig. und wirtsch. Netzwerke sowie ↗ Bünde oder ↗ Altersklassen untereineinander und mit den sie umgebenden Staaten verbunden, hatten aber nur selten ein Gemeinschaftsbewusstsein entwickelt, das über den eigenen Klan und die Siedlung hinausging. Ethn. Gemeinschaftsideologien entwickelten sich aus diesen regional versch. kollektiven Identitäten meist erst in der Auseinandersetzung mit dem europ. Denken in Stämmen, das Missionare und Kolonialbeamte nach Afrika brachten.

Auf der anderen Seite haben ethn. Gemeinschaftsideologien aber inzwischen in Afrika so stark Fuß gefasst, dass die Vorstellung, die heute bekannten ethn. Gruppen existierten schon seit Jahrhunderten, weit verbreitet ist. Ob nun E. positiv als Festhalten an kulturellen Traditionen oder negativ als illegitime pol. Vetternwirtschaft bewertet wird, sie ist fester Bestandteil des öffentl. pol. Diskurses in Afrika und auch in Europa, man denke nur an die in den Medien übliche Erklärung, die ↗ Kriege/Bürgerkriege seien Auswüchse traditioneller »Stammesfehden«. Doch auch wenn viele Afrikaner die hist. Wurzeln der versch. Ethnien betonen, so wird über die konkreten Grenzen, Namen, Geschichte und kulturellen Werte der ethn. Gruppen lebhaft gestritten.

I. Die koloniale »Erfindung« von Ethnizität. Der Eindruck der hist. Kontinuität der heutigen afrik. Ethnien verdankt sich z.T. dem Umstand, dass die Kolonialbeamten, Missionare und Ethnografen bei ihrer Klassifikation der afrik. »Stämme« und deren schriftlicher sowie kartographischer Fixierung an lokale Namen anknüpften. In vorkolonialer Zeit verwiesen diese Namen aber oft eher auf Berufsgruppen oder pol. Gemeinwesen als auf kulturell-sprachlich definierte und rigide voneinander abgegrenzte ethn. Gemeinschaften. So konnten nomadische, Rinder haltende Tuareg im Norden Nigerias zu Hausa werden, wenn sie in Zeiten extremer Dürre in die Städte zogen und Handel trieben. Als Nupe wurden dagegen alle Krieger, Bauern, Viehhalter und Handwerker versch. Ursprünge bezeichnet, wenn sie nur den Nupe-König als Oberhaupt anerkannten. Manche der heute gebräuchlichen ethn. Namen waren ursprgl. nur eine Selbstbezeichnung für »Menschen«; andere entspringen den Fremdbezeichnungen, mit denen eine Bev. von ihren Nachbarn oder von Händlern oder Eroberern benannt wurde. Welche Namen in die kolonialen Landkarten und Ethnographien Eingang fanden, hing nicht zuletzt von den afrik. Übersetzern und lokalen Eliten ab, mit denen die Kolonialherren zusammenarbeiteten. Dabei wurden ethn. Kategorien immer »im Plural« entworfen, als System von Unterschieden, die die Kolonialbeamten nun häufig mit Bezug auf ihre militärstrategischen und verwaltungstechn. Anforderungen definierten. So wurden z. B. die Dagara im heutigen Nordghana trotz gemeinsamer Sprache in »Lobi« und »Dagarti« unterteilt, weil die einen als kriegerischer und schwerer zu befrieden erschienen als die anderen. Vielerorts galten auch bestimmte »Stämme« als bes. geeignet für den Dienst in der Armee oder als Minenarbeiter.

Das koloniale Verständnis von »Stämmen« war von nationalistischen und evolutionistischen Theorien des 19. Jh. geprägt. In den Augen der Kolonialbeamten gehörte jeder Afrikaner einem – und nur einem – »Stamm« an, der Abstammung, Sprache und Kultur teilte, sich deutlich von den Nachbarn unterschied, auf einem bestimmten Territorium lebte und von einem Ältestenrat oder Häuptling regiert wurde. Dabei galt der »Stamm« als ein Stadium einer natürl., gesetzmäßigen pol. Entwicklung, die in aufsteigender Linie von Familien zu Klans, Klans zu Stämmen, Stämmen zu Stammesföderationen und schließlich zu Nationen verlief. Der »Stamm« war also nicht nur ein Instrument der Klassifikation, sondern auch pol. Ordnungsmodell, und Häuptlingstümer und Distrikte sollten den ethn. Grenzen Rechnung tragen. Dass Ethnien und *native states* (so die brit. Terminologie) deckungsgleich würden, erwies sich in der Praxis als nicht realisierbar. Tatsächlich wurden darum meist nicht »Stämme« in Häuptlingstümern organisiert, sondern umgekehrt wurden durch machtpol. Faktoren zustande gekommene Häuptlingstümer nachträglich mit einem ethn. Etikett versehen.

Diese koloniale »Erfindung« von Stämmen speiste sich aber auch aus der aktiven Mitwirkung von Afrikanern, die aus eigenen Interessen neue pol. und kulturelle Traditionen schufen und »Stammes«geschichten schrieben. Genauso wie die Kolonialbeamten effektive Verwaltungseinheiten brauchten, wollten viele Afrikaner Aktionseinheiten ins Leben rufen, die größer und wirksamer waren als der Verwandtschaftsverband und die einzelne Siedlung und die es ermöglichten, auf koloniale Entscheidungen Einfluss zu nehmen. Häuptlinge, Missionszöglinge und Älteste spielten eine zentrale Rolle in der Benennung von Ethnien und Kodifizierung von »Stammes«bräuchen. Teils wurden ganz neue Praktiken, Symbole und Geschichten als »Tradition« eingeführt; teils wurden ältere Elemente aufgegriffen, die dann aber durch ihre Verschriftlichung und Fixierung ihren Charakter veränderten. Koloniale ethn. Kategorien waren insges. erheblich rigider als die vorkolonialen kollektiven Identitäten.

Die koloniale »Erfindung« von Stämmen knüpfte an komplexe und lokal verschiedenartige Vergemeinschaftungsprozesse an. Drei Aspekte lassen sich festhalten: (1) der Kontext sozialer Ungleichheit, in dem ethn. Kategorien typischerweise entstanden sind, und zwar oft – zumindest anfänglich – als Instrument der Stabilisierung (oder Neubegründung) dieser Ungleichheit; (2) die Zusammenarbeit kolonialer Autoritäten mit afrik. »Kulturmaklern«, die europ. mit lokalen Identitätsmodellen verflochten; (3) die Verfestigung der neu produzierten Identitäten durch alltägliche (Verwaltungs-)Praxis, die ihnen den Anschein der Natürlichkeit verlieh. Entscheidend ist, dass die Gründe für die Fortdauer ethn. Identitäten sich sehr weit von den Gründen entfernen können, deretwegen sie geschaffen wurden. In vielen Kolonien entstanden durch den raschen sozialen Wandel – ↗ Migration, ↗ Urbanisierung und die wachsende Monetarisierung sozialer Beziehungen auch auf dem Land – Unsicherheit und Bedürfnisse nach Orientierung an »traditionellen« Werten, die die neuen ethn. Ideologien für breite Bevölkerungskreise attraktiv machten.

II. Ethnizität und Arbeitsmigration. Für die vielen afrik. Arbeitsmigranten, die seit Beginn des 20. Jh. in immer wachsender Zahl ihre Dörfer verlassen, um saisonal oder auch langfristig in den Städten, auf Plantagen oder im Bergbau zu arbeiten, wurde die ethn. Zugehörigkeit zu einer wichtigen Ressource für Hilfe bei der Arbeitssuche, Beschaffung von Unterkünften und in Notfällen. Auch für Geselligkeit und Feste wurde von vielen der Kreis derer vorgezogen, mit denen man die Sprache (wenngleich in versch. Dialekten), musikalische Traditionen und Bräuche teilte. Mit der Berufung auf die gemeinsame Zugehörigkeit zu einer ethn. Gruppe ließen sich weit mehr Menschen zum Beistand bei Beerdigungen mobilisieren, als Klan- oder Dorfzugehörigkeit es vermochten. In vielen Städten und Minen wurde es auch von den Arbeitgebern, lokalen Chiefs und der Kolonialverwaltung erwartet, dass sich die Migranten unter ethn. Führern (in brit. Terminologie: *tribal headmen*) zusammenschlossen, die als Vermittler zwischen Migranten und Gastgebern fungieren sollten. An die Stelle der *tribal headmen* für die Migranten sind heute vielerorts ↗ Vereine getreten, in denen sich Migranten aus einer Herkunftsregion zum Zweck gegenseitiger Hilfe zusammenschließen und die darüber hinaus oft auch zur Entwicklung der Heimat beitragen wollen – in Nigeria z. B. die vielerorts verbreiteten *hometown associations*, im frankophonen Afrika die *associations de ressortissants*. E. ist also nach wie vor eine wichtige Grundlage von Solidarität in der Fremde.

Nicht nur für Arbeitsmigranten, auch für Händler und andere Berufssparten kann E. zur ökonom. Ressource werden. Gut untersucht ist das Beispiel von Hausa-Händlern in Westafrika, die ihre kulturelle und relig. Differenz zur Gastgesellschaft nutzten, um ein Monopol über den Fernhandel mit Kolanüssen und Vieh aufrechtzuerhalten. Ähnliche ethn. »Monopole« finden sich v. a. im ↗ informellen Sektor. Wo die Verknüpfung von ökonom. Tätigkeit und ethn. Zugehörigkeit sehr eng ist, lassen sich oft Fälle von ethn. »Konversion« beobachten: Jemand wechselt seine ethn. Identität, um Zugang zu einer bestimmten Berufssparte zu erhalten.

Seit den 1940er Jahren haben v. a. brit. Sozialanthropologen in einer Reihe methodisch und theoretisch innovativer Studien zu Städten im rhodesischen Kupfergürtel und in Südafrika den Zusammenhang von E. und Arbeitsmigration untersucht. Diese Studien betonten die Situationsbezogenheit, Flexibilität und Manipulierbarkeit ethn. Zugehörigkeit im urbanen Kontext. Städt. ethn. Kategorien entsprachen nämlich oft nicht den ländl. »Stämmen«, sondern wurden von den Migranten oder ihren Arbeitgebern den jeweiligen Erfordernissen gemäß neu geschaffen. Mit der Rückkehr der Migranten in ihre Heimat wirkten die neuen ethn. Kategorien auch in die ländl. Siedlungen zurück. Wenn man die ethn. Zusammenschlüsse über einen längeren Zeitraum beobachtet, wird auch klar, dass ihre Grenzen fließend sind. In Süden Ghanas schlossen sich z. B. zu Beginn des 20. Jh. alle Migranten aus dem Norden der Kolonie unter einem einzigen *tribal headman* zusammen und verhielten sich damit so, als ob sie einer einzigen ethn. Gruppe angehörten. Mit der Zahl der Arbeitsmigranten aus dem Norden wuchs aber das Bedürfnis nach weiterer Untergliederung, und mit zusätzlichen *tribal headmen* für kleinere Gruppen wurden auch neue »Stämme« definiert – ein Prozess, der meist durch Konflikte der sezessionierenden Gruppe mit dem alten *headman* ausgelöst wurde. Ähnlich ergeht es heute ethn. Vereinen: Sobald die Zahl der potenziellen Mitglieder steigt, geht die Tendenz in Richtung auf weitere Fragmentierung. Je nach Situation können aber auch die umfassenderen Zugehörigkeiten nach wie vor handlungsrelevant sein.

III. Politische Ethnizität. Wachsendes ethn. Bewusstsein und die Integration einer Gruppe in einen Staat schließen sich keineswegs gegenseitig aus, wie viele neuere Studien zeigen, im Gegenteil: Der neue pol. Kontext macht den Rückgriff auf ethn. Identität zu einer nützlichen Strategie, Vorteile für die eigene Gruppe einzufordern. Doch warum drückt sich in den ↗ nachkolonialen Staaten Konkurrenz um Bildung, Einkommen, Status, Infrastruktur und pol. Einfluss so oft in ethn. Konflikten aus, nicht in Klassenkampf oder Religionskrieg? Z. T. hängt das mit der räumlich ungleichen Verteilung von Gütern wie Bildung und Infrastruktur zusammen – ein Resultat von regional unterschiedlich verlaufenen Modernisierungsprozessen. Auf dem Hintergrund der kolonialen »Ethnisierung« werden diese Unterschiede nun in ethn. Kategorien wahrgenommen, als Bevorzugung bestimmter ethn. Gruppen gegenüber anderen. Außerdem werden die gebildeten Eliten von weniger begüterten Mitgliedern ihrer ethn. Gruppe unter Druck gesetzt, ihnen Arbeitsplätze, Zugang zu Schulen und eine verbesserte Infrastruktur in der Heimat zu verschaffen. Daher schließen sich die Eliten nur selten zu einer pan-ethn., nat. herrschenden Klasse zusammen, sondern konkurrieren untereinander um die Zuweisung von Mitteln an ihre jeweilige Herkunftsregion. In demokrat. Systemen ist die eigene ethn. Gruppe zusätzlich auch als Wählerpotential wichtig. Dadurch entwickelt sich der Staat zu einem nach ethn. Gesichtspunkten funktionierenden klientelistischen System (↗ Neopatrimonialismus). Diese Form der Instrumentalisierung von E. wird manchmal auch »pol. Tribalismus« genannt. Jedenfalls ist E. heute eines der innerhalb wie außerhalb Afrikas populärsten Erklärungsmuster für pol. Diskriminierung, Unterentwicklung und Bürgerkriege, selbst dann, wenn andere Faktoren wie Ökonomie und Demographie (↗ Bevölkerung) unübersehbar sind.

IV. Die Mehrdimensionalität von Ethnizität. Eine allg. Theorie der E. im heutigen Afrika lässt sich aus der bisherigen Forschung nicht ableiten. Deutlich wird vielmehr immer wieder, dass die

Entstehung ethn. Identitäten hist. und regional spezifisch verläuft und dass E. versch. Funktionen und Bedeutungen annimmt. E. kann zum Medium persönlicher und kollektiver Identität in Situationen der Fremdheit und Unsicherheit werden wie bei den Migranten. Sie kann eine moralische Gemeinschaft begründen, innerhalb derer über Elite-Status (↗ Eliten) und Ansprüche der weniger wohlhabenden Mitglieder auf Umverteilung und ein Mindestmaß an gegenseitiger Unterstützung gestritten wird. E. kann zur Ressource klientelistischer Netzwerke und pol. Mobilisierung werden, mit der um Bildung, Posten, allg. um größere Zuwendungen vom Staat konkurriert wird. Ethn. Ideologien konstruieren das Bild einer natürl. und unveränderlichen Identität. Ihre Wirkungsmacht beruht darauf, dass die emotionale Kraft von Verwandtschaft und »Heimat« auf größere Gemeinschaften übertragen wird. Aber nur weil sich dahinter Raum für multiple Interpretationen und Aushandlungsprozesse verbirgt, ist E. für so viele versch. Menschen emotional attraktiv und zugleich strategisch effizient. Wo diese Aushandlungsprozesse allerdings gewaltsam beschränkt werden, produzieren ethn. Ideologien auch Ausschluss, Not, Unsicherheit und Tod. ↗ Ethnische Konflikte, ↗ politisierte Ethnizität, ↗ Tradition.

🕮 B. Berman, Ethnicity, Patronage and the African State. The Politics of Uncivil Nationalism. In: African Affairs 97 (1998). – G. Elwert, Nationalismus und Ethnizität. Über die Bildung von Wir-Gruppen. In: Kölner Zeitschrift für Soziologie und Sozialpsych. 41 (1989). – C. Lentz, Ethnizität und »Tribalismus« in Afrika. Ein Forschungsüberblick. In: Leviathan 23 (1995), S. 115–145. – C. Lentz/P. Nugent (Hg.), Ethnicity in Ghana. The Limits of Invention. London 2000. – T. Ranger, The Invention of Tradition in Colonial Africa. In: E. Hobsbawm/T. Ranger (Hg.), The Invention of Tradition, Cambridge 1983, S. 211–62. – L. Vail (Hg.), The Creation of Tribalism in Southern Africa, London 1989.

Carola Lentz

Familie, grundlegende, auf ↗ Verwandtschaft oder Heirat beruhende soziale Lebensform. Insbes. in ländl. Regionen Afrikas richten sich Arbeitsteilung (zwischen Männern und Frauen sowie zwischen den Generationen) und Zugang zu Ressourcen, z. B. Landnutzungsrechte (↗ Bodenrecht), nach Verwandtschaftsbeziehungen und ↗ Heiratsordnungen. Es gibt einen großen Reichtum an Familientypen mit jeweils unterschiedlichen Wohnsitz- und Vererbungsregeln. Bei manchen ethn. Gruppen verläuft Vererbung – z. B. von Namen, Status und Eigentum – entweder über die väterliche (patrilineare) oder mütterliche (matrilineare) Linie (↗ Matrilinearität), bei anderen sowohl über die mütterliche als auch über die väterliche Linie (bilinear). In patrilinearen Gruppierungen ziehen Ehepaare nach der Heirat häufig zur F. des Mannes (virilokale Residenz, ↗ Patrilokalität), in matrilinearen zur F. der Frau (uxorilokale Residenz). Daneben existieren Formen duolokaler Residenz, d. h. Ehepartner bleiben in weitgehend »eingeschlechtlichen« Haushalten – mit Vätern oder Müttern und anderen männl. bzw. weibl. Verwandten – wohnen. F., die in gemeinsamen oder benachbarten Häusern und Gehöften leben, bilden nicht notwendigerweise auch Produktions- und Konsumptionseinheiten. Häufig sind sie in einzelne Haushalte untergliedert, die in Größe und Zusammensetzung sowie Art und Ausmaß von Kooperation zwischen den Mitgliedern beträchtlich variieren. – In Bezug auf F. und ↗ Ehe gelten unterschiedliche rechtliche Regelungen (↗ Familien- und Erbrecht). Gewohnheitsrecht, ↗ islam. Ehe- und Familienrecht und die staatl. Gesetzgebung können widersprüchliche normative Orientierungen vermitteln (↗ Recht). Kommerzialisierung der Landwirtschaft, ↗ Migration, ↗ Urbanisierung, Christianisierung (↗ Mission) und ↗ Islamisierung haben zu teils erheblichen Veränderungen familiärer und ehelicher Beziehungen geführt, z. B. einer wachsenden Anzahl ↗ Frauen, die – temporär oder dauerhaft – Haushalte ohne männl. Partner führen (↗ Geschlechterbeziehungen). Staatl. Systeme sozialer Sicherung (↗ soziale Vorsorge) sind wenig entwickelt, deshalb sind Beziehungen zur erweiterten F. – neben Netzwerken unter Freunden, Nachbarn (↗ Nachbarschaft) und Bekannten – nach wie vor von großer Bedeutung für die Gestaltung des Alltags und die Strategien persönlicher Krisenbewältigung. Angesichts der schwierigen sozioökom. Verhältnisse in vielen afrik. Staaten sind manche F. nicht mehr in der Lage, ihren Verpflichtungen zur Versorgung der Familienmitglieder nachzukommen, so dass insbes. in städt. Regionen auch Kinder u. U. für sich selbst sorgen müssen (↗ Kindheit).

🕮 J. Fishburne Collier/S. J. Yanagisako, Gender and Kinship. Essays Toward a Unified Analysis, Stanford 1987. – D. Parkin/D. Nyamwaya (Hg.), Transformations of African Marriage, Manchester 1987. – B. Potthast-Jutkeit (Hg.), Familienstrukturen in kolonialen und postkolonialen Gesellschaften, Münster 1997.

Gabriele Zdunnek

Familien- und Erbrecht. Das F. regelt die personen- und vermögensrechtl. Beziehungen von Mitgliedern der ↗ Familie, insbes. die Eheschließung, die Ehewirkungen, die Auflösung der ↗ Ehe, das rechtl. Eltern-Kind-Verhältnis einschl. Status, Sorgerecht und Unterhalt, Vormundschaft, Pflegschaft und ↗ Adoption. Das E. bestimmt den Übergang vermögensbezogener Rechte und Pflichten vom Erblasser auf die Erben im Todesfall; hierbei ist, je nachdem ob ein Testament vorliegt oder nicht, zwischen der (seltenen) Testat- und der (häufigen) Intestaterbfolge zu unterscheiden. Eng mit dem E. verbunden sind Fragen der Beerdigung und Totengedenkfeiern (↗ Bestattungsrituale) sowie der Übertragung gesellsch. Positionen. Beim F.u.E. ist die in afrik. Ländern bestehende Rechtsvielfalt bes. ausgeprägt. Auch in den Staaten, in denen das F.u.E. vereinheitlicht wurde, existiert im gelebten Recht die Rechtsvielfalt fort. Staatl. Recht, die afrik. Gewohnheitsrechte und das relig. Recht wie insbes. das islam. (↗ islam. Ehe- und Familienrecht) gehen dabei von unterschiedlichen Familienkonzepten aus. – In den afrik. Gewohnheitsrechtssystemen wird Familie in erster Linie durch die Abstammung definiert. Je nach dem Abstammungs- und Verwandtschaftssystem der Gemeinschaft (↗ Verwandtschaft, ↗ Klan und Lineage) erfolgt die rechtl. Zuordnung einer Person zur Familie des Vaters (patrilinear), der Mutter (matrilinear) oder beider Eltern (dual). Daraus ergeben sich der personenrechtl. Status und die Zugangsrechte der Person zu wichtigen Ressourcen wie Grund und Boden sowie ihre familien- und erbrechtl. Position mit den entsprechenden Rechten und Pflichten, die Bestandteil eines umfassenden, auf Reziprozität beruhenden Beziehungsgefüges zwischen Familien und ihren Mitgliedern sind. Familien- und erbrechtl. relevante Vorgänge wie Geburt, ↗ Initiation, Eheschließung und Tod werden von Zeremonien und Riten begleitet, bei denen der starke Gemeinschaftsbezug des Individuums deutlich wird. Für die Eheschließung und Ehescheidung (↗ Heiratsordnungen) ist auch der Konsens der beteiligten Familien erforderlich, der durch den Austausch von Geschenken, häufig auch Brautgut (↗ Brautpreis) zum Ausdruck gebracht wird. Die meisten Gewohnheitsrechtssysteme sehen ↗ Polygamie vor. – Diese gewohnheitsrechtl. Familienkonzepte werden von der auf die konjugale Familie (Kernfamilie) und die rein individuelle Ehe- und Verwandtschaftsbeziehung abstellenden Auffassung, die dem staatl. Recht zugrunde liegt, überlagert und modifiziert. Hieraus ergeben sich Konflikte, insbes. im Hinblick auf ↗ Geschlechterbeziehungen und Kindesrechte, im Eherecht, ehelichen Güterrecht, Unterhaltsrecht, Kindschaftsrecht, Scheidungs- und Scheidungsfolgenrecht sowie im E. Unter heutigen sozioökonom. Bedingungen hält das Gewohnheitsrecht oft keine angemessenen Regelungen zur sozialen Absicherung der Frauen und Kinder mehr bereit, oder seine vermeintliche Anwendung führt zu Unzuträglichkeiten, etwa wenn die Mitglieder der Abstammungsfamilie des verstorbenen Mannes ihre »traditionellen« Rechte geltend machen, die damit verbundenen Pflichten aber nicht übernehmen. Aufgrund des gesellsch. Wandels sowie internat. Übereinkommen und nationalstaatl. Verfassungen, die die Gleichberechtigung der ↗ Frau und Rechte des Kindes postulieren, wird die patriarchal orientierte Familienstruktur zunehmend kritisiert. ↗ Recht.

🕮 A. Bainham (Hg.), The International Survey of Family Law, Bristol (vormals The Hague) 1994 ff. – A. Bergmann/M. Ferid (Hg.), Internat. Ehe- und Kindschaftsrecht, Frankfurt 1952 ff. – B. Rwezaura u. a., Parting the Long Grass: Revealing and Reconceptualising the African Family. In: Journal of Legal Pluralism and Unofficial Law 35 (1995), S. 25–73.

Harald Sippel/Ulrike Wanitzek

Familienplanung ↗ Verhütung

Female genital mutilation ↗ Beschneidung

Feminismus ↗ Frauen, ↗ Frauenliteratur, ↗ Geschlechterbeziehungen

Fernsehen. Das F. verdankt seine Entwicklung der Unabh. der afrik. Staaten. Vor 1960 gab es F. nur in wenigen anglophonen Ländern wie Simbabwe (damals Rhodesien) und Nigeria (Fernsehsender Ibadan, 1959). Allg. ging die Einführung der Fernsehtechnik ungleichmäßig vor sich, je nach der pol.-ideol. und insbes. der wirtsch. Lage des betreffenden Staates. Das F. wurde 1963 in Kenia und in einigen ehemals frz. Kolonien wie der (damaligen) Volksrep. Kongo (Brazzaville), in der Elfenbeinküste und Gabun, 1965 in Senegal, 1966 in Zaire (Demokrat. Rep. Kongo), 1971 in Mali und in den 1980er Jahren in weiteren Ländern eingerichtet, darunter 1984 in Mauretanien, in Ruanda hingegen erst Anfang der 1990er Jahre. Insges. gab es in Afrika (ohne Südafrika)

1965 knapp 100.000 Fernsehempfänger. Bis 1975 stieg die Zahl auf 600.000, 1985 auf 7,9 Mio. und im Jahr 1995 auf 20,9 Mio.

Anfangs waren die afrik. Fernsehanstalten staatl. Einrichtungen. Der Staat stellte dem F. die Aufgabe, pol. Bildung, Allgemeinbildung und Geschichtsbewusstsein zu fördern. Wie andere ↗ Medien ist das F. in Afrika heute von der pol. Liberalisierung der 1990er Jahre geprägt. In vielen Ländern wirken jetzt neben dem staatl. nat. F. auch private nat. sowie ausl. Fernsehsender. Doch staatl. Fernsehanstalten haben nach wie vor dominanten Einfluss. Viele private Fernsehsender befinden sich noch in der Aufbauphase. Große Hoffnungen werden in regionale Zusammenschlüsse wie z. B. die SABA (*South African Broadcasting Association*) gesetzt, während die Mitglieder der eher frankophon orientierten URTNA (*Union des Radiodiffusions et Télévisions Nationales d'Afrique*) sowohl finanzielle als auch organisatorische Schwierigkeiten haben. Ausl. Sender erreichen wegen der raschen Verbreitung von Parabolantennen für Gemeinschafts- und Einzelempfang von Satellitenübertragungen heute Zuschauer in allen afrik. Ländern. So konnten z. B. in Kamerun bereits seit 1990 über zwanzig von den Satelliten Eutelsat, Astra, Intelsat, Gorizont und Arabsat übertragene Fernsehprogramme empfangen werden, inzwischen hat sich die Zahl der digital zu empfangenden Kanäle verdoppelt.

Viele Anstalten verfügen allerdings über inzwischen veraltetes techn. Material, was Direktübertragungen nur aus den Hauptstädten zulässt. Die Eigenproduktionen der Sender beschränken sich i.d.R. auf lokale Nachrichtensendungen (↗ Zensur), Unterhaltungs- und Musikveranstaltungen (teilweise in Landessprachen), Talkshows und Fußballspiele einheimischer Mannschaften. Großer Beliebtheit erfreuen sich, z. B. in Nordafrika, lokale Soap-Operas, in denen oft aktuelle Alltagsprobleme zur Darstellung kommen, aber auch, z. B. in der Elfenbeinküste, satirische Sendungen. Da größere Eigenproduktionen an den eingeschränkten Budgets scheitern, dominieren in den meisten Ländern Übertragungen europ. Fußballspiele, billiger ausl. B- und C-Filme und internat., insbes. brasilianische Serienproduktionen. ↗ Akkulturation, ↗ Kino, ↗ Kultur, ↗ Medien, ↗ Rundfunk.

📖 A. Ba, Télévisions, paraboles et démocraties en Afrique Noire, Paris 1996.

Eddie Tambwe Kitenge bin Kitoko

Finanz- und Währungspolitik. Bereich der Wirtschaftspolitik mit der Aufgabe, Ungleichgewichte wie Inflation, exzessive Geldmengen- und Kreditexpansion, hohe Budgetdefizite und überbewertete Wechselkurse zu vermeiden, so dass das Produktionspotential eines Landes möglichst kontinuierlich ausgeschöpft werden kann.

I. Entwicklung durch angemessene Finanz- und Währungspolitik. Eine gut abgestimmte F.-u. W. kann das Entwicklungspotential eines Landes fördern und besser nutzen. Dies trifft insbes. auf Afrika zu, denn Probleme mit der F.-u. W. sind eine wesentliche Ursache der Wachstumsschwäche, der Zahlungsbilanzprobleme wie auch der zunehmenden Abhängigkeit von der finanziellen ↗ Entwicklungszusammenarbeit. Zu unterscheiden sind dabei die Bedeutung der F.-u. W. für (1) die langfristige Stimulierung der Produktion und der Nutzung der Ressourcen einerseits und (2) die kurz- bzw. mittelfristige Konjunktursteuerung und Vermeidung makroökonom. Ungleichgewichte mit hohen Budgetdefiziten und Inflationstendenzen andererseits. In längerfristiger Perspektive ist es Aufgabe der F.-u. W., die Investitionen auf hohem Niveau zu finanzieren und die Investitionspolitik so zu beinflussen, dass Investitionsprojekte mit hoher Ertragsrate gefördert werden. In Afrika bestehen Probleme aufgrund der niedrigen Investitionen und der oft unzureichenden Effizienz von Investitionsprojekten (↗ Finanzsektor). Die Höhe und Art der Besteuerung spielt als Finanzierungsbasis für öffentl. Investitionen (Schulen, Straßen, ↗ Gesundheitsversorgung etc.) eine entscheidende Rolle. Öffentl. Investitionen wiederum unterstützen in vielerlei Hinsicht die private Investitionstätigkeit. Doch sind Umfang und Finanzierung der öffentl. Investitionen weithin ungesichert, v. a. aufgrund der oft negativen staatl. Ersparnisse.

Die Geldpolitik kann durch die Beeinflussung des Kredits und der umlaufenden Geldmenge wie auch durch Zinssatzänderungen sowohl auf den Konsum als auch auf Investitionen und Ersparnisbildung Einfluss nehmen, doch gilt insbes. für Afrika, dass der Zinssatz nur ein Faktor für die Ersparnisbildung ist neben zahlreichen anderen. Erforderlich ist v. a. die Reduzierung der öffentl. unproduktiven Konsumkomponenten, insbes. der Ausgaben für Verteidigung, Sicherheit und ↗ öffentliche Verwaltung. Diese Ausgaben führen dazu, dass öffentl. Investitionen nicht oder nur mit Mitteln der Entwicklungszusammenarbeit finanziert werden können. Öffentl. Investitionen sind aber notwendig, um private Investitionen durch angemessene Infrastrukturen zu unterstützen. Dazu bedarf es einer ausreichenden Steuerbasis, die oft nicht gegeben ist. Die Länder könnten daher durch Steuerreformen die Strukturtransformation ihrer Ökonomien beschleunigen. Die Steuersysteme sind nicht ausreichend progressiv in Bezug auf höhere Einkommen und Vermögen. Wohlhabende Schichten tragen nur unzureichend die Steuerlast mit. Statt die Produktion zu fördern, gefährden Steuersysteme eher die Produktionsbasis, insbes. in der ↗ Landwirtschaft sowie im Bereich kleiner und mittlerer ↗ Unternehmen. Steuern sollten einen Anreiz geben, die landwirtsch. Fläche effektiver zu nutzen bzw. den Standort eines produzierenden Unternehmens in der Nähe der Märkte effektiver zu nutzen, doch vielfach ist dies nicht der Fall, sondern die Besteuerung der Produktionsmengen, der Gewinne bzw. der Einkommen erfolgt exzessiv und trifft bes. kleine Unternehmen und landwirtsch. Produzenten. Die Steuersysteme sind kompliziert, überaus bürokratisch und nicht hinreichend einkommenselastisch, so dass eine regelmäßige Anpassung der Steuerbasis an die Inflation und an die Veränderungen von Potential und Erträgen (etwa von landwirtsch. oder industriell genutzten Flächen bzw. von Nutzungsrechten im ↗ Bergbau) dringend notwendig ist, um die Steuerbasis zu sichern. Die Steuersysteme sind auch nicht diversifiziert genug und schwanken daher zu sehr in Abhängigkeit von den dominierenden Steuern (auf Exporte, Importe und Verbrauchsausgaben), die Stabilität des Steuersystems ist insges. zu gering. Um die Steigerung und Diversifizierung der Produktion und eine Erhöhung der Exporte, auch neuer Produkte, zu erreichen, ist eine Steuerreform erforderlich.

Die Steuerquote in Bezug auf das BSP in Afrika ist zu gering, was bedeutet, dass die Basis für die Budget- und Entwicklungsfinanzierung unzureichend bleibt. Sie erreicht nicht einmal 20% des BSP gegenüber einer Quote von etwa 40% in den Industrieländern. Der Staat kann den wichtigen Hebel der öffentl. Investitionen für die Wirtschaftsförderung daher nur unzureichend einsetzen. Die Steuerquoten variieren zudem stark zwischen 6 und 20 %. Da die Staatsausgabenquote bezogen auf das BSP aber bei 20–25% liegt, ergeben sich Jahr für Jahr Budgetdefizite in fast unveränderter Höhe, die zu der immer höheren ↗ Verschuldung und zu der dramatischen Abhängigkeit von der Entwicklungszusammenarbeit führten. Ein bes. Problemfeld sind die schwer zu kontrollierenden öffentl. Ausgaben, eine Folge von hohen Militärbudgets, sog. Schattenhaushalten und den letztlich vom Budget zu finanzierenden Verlusten öffentl. Unternehmen und Banken. Private Investitionen werden vom Staat daher nur unzureichend unterstützt, so dass die privaten Investoren mit hohen ökonom. Risiken belastet bleiben.

II. Kurz- und mittelfristige Stabilisierung durch Finanz- und Währungspolitik. Eine der wichtigsten Aufgaben der F.-u. W. in Afrika ist es, sicherzustellen, dass nicht plötzlich auftretende Nachfrageausfälle bzw. Nachfragesteigerungen bei exportierten Rohstoffen und Preiserhöhungen bzw. -minderungen auf den Rohstoffmärkten die Wirtschaft und den Staatshaushalt zerrütten (dies sind sog. externe Schocks, insbes. *Terms of Trade*-Schocks). Daher ist F.-u. W. so einzusetzen, dass Produktion und Beschäftigung stabilisiert werden können. Nur dann können angemessene Verteilungswirkungen bei Einkommen und Vermögen und positive soziale Auswirkungen der Wirtschaftspolitik erreicht werden.

Dauerhafte Budgetdefizite, die Monetarisierung dieser Defizite durch eine inflationär wirkende Geldmengenerhöhung und eine weithin fehlende Unabh. der Zentralbanken afrik. Länder gefährden diese Stabilisierungsaufgabe immer wieder und erschweren so die Aufrechterhaltung der für eine günstigere Zahlungsbilanzposition notwendigen internat. Wettbewerbsposition auf nat. und unternehmerischer Ebene. Die Unabh. afrik. Zentralbanken kann nicht als gesichert angesehen werden, da das Finanzministerium bzw. andere pol. Administrationen bei der Geldmengenentwickung und Kreditentwicklung mitbestimmen, v. a. durch die Festlegung der Staatsausgaben und damit der Budgetdefizite, die pol. für notwendig gehalten werden. Zudem sind die indirekten Instrumente der W. über Zinssatzvariationen und eine Liquiditätspolitik durch Wertpapierverkäufe und -käufe der Zentralbank wenig wirksam gegenüber den direkten Maßnahmen der Kreditkontrolle, mit denen Staat und Unternehmen in versch. Wirtschaftssektoren Kredite zugewiesen werden, um Prioritäten bei der sektoralen Entwicklung durchsetzen zu können. Die unzureichende Entwicklung des Bankensektors und der Finanzmärkte lässt eine stärker indirekt wirkende Geldmengen- und Kreditkontrolle derzeit kaum zu.

Die Budgetdefizite sind trotz der erheblichen fiskalischen Reformbemühungen in den letzten Dekaden nur unzureichend reduziert, Verbesserungen bei den Budgetdefiziten allenfalls durch höhere Mittel der Entwicklungszusammenarbeit erreicht worden, nicht aber durch eigene Umstrukturierungen bei den Ausgaben und Einnahmen des Staates. Wenn von den internat. Hilfen abgesehen wird, sind die Defizite mit etwa 8% des BIP extrem hoch und mit einer eigenständigen und entwicklungsförderlichen Wirtschaftspolitik nicht vereinbar. Die unzureichenden Einnahmen zur Finanzierung der staatl. Ausgaben erhöhen die Inflationsgefahr und verschlechtern damit die Wettbewerbsposition heimischer Firmen und Produkte auf dem Weltmarkt. Zudem kommt es zum *Crowding Out* (Abschöpfen finanzieller Mittel durch den Staat auf Kosten privater Unternehmen).

Der Währungspolitik kommt daher die Aufgabe zu, die Inflationstendenzen zu bekämpfen und die ökonom. Aktivität auf hohem Niveau zu stabilisieren, auch durch angemessen hohe reale Zinssätze. Die Qualität der F.-u. W. wird aber weiterhin beeinträchtigt durch die unzureichende Bankenaufsicht, die dominierende Rolle des Staats bei der Inflationsentstehung durch die Budgetdefizite, die Abhängigkeit der Zentralbanken vom Finanzministerium bzw. pol.-administrativen Prozess und schließlich durch die unzureichende Entwicklung von Geld- und Finanzmärkten, wodurch eine indirekt wirkende Währungspolitik durch Zins- und Liquiditätspol. erschwert wird.

III. Langfristige Perspektiven der Finanz- und Währungspolitik. Für die Zukunft ist es wichtig, die Glaubwürdigkeit der Wirtschaftspol. in afrik. Ländern zu stärken und eine institutionell unabh. Zentralbank zu schaffen. Sind Reputation und Effektivität der Zentralbank in der Geldpolitik gering, was v. a. mit dem pol. Einfluss auf ihre Entscheidungen zu tun hat, so bleibt als Ausweg ggf. die Einbindung des Landes in eine Währungsunion. Die Zentralbanken können in Zukunft nur dann effektiv arbeiten, wenn die bisherigen Strukturen geändert und insbes. der pol. Einfluss auf die Zentralbankpolitik abgewehrt werden kann. Sie kann nur effektiv sein, wenn die pol. Spitze diese Autonomie unterstützt. Uganda ist derzeit eines der wenigen Länder, das sowohl in der Budget- als auch in der Zentralbankpolitik einen von der pol. Führung gestützten Reformkurs eingeschlagen und so den Devisenmarkt und Finanzsektor stabilisierend beeinflusst hat. Dieses Beispiel zeigt, dass Reformen nur dann wirksam sind, wenn die Zentralbankpolitik durch eine reformorientierte Finanzpolitik des Staates gestützt wird. Trotz institutioneller und juristischer Anpassungen gibt es aber deutliche Grenzen einer Zentralbankreform mit dem Ziel einer unabh. Geldpolitik. Da die Wirkungen der Geldpolitik auf den privaten Sektor sehr begrenzt sind, ist der Einfluss der Zentralbank auf die Kreditpolitik gegenüber dem öffentl. Sektor für die Effektivität bestimmend.

Allg. kann die Geldpolitik in Afrika weniger für die Feinsteuerung der Konjunktur genutzt werden, sondern eher für die Beeinflussung längerfristiger Entwicklungen. Die Enge der Finanzmärkte und die dominierende Rolle des Staatssektors in der Wirtschaft erlauben nur bedingt eine liquiditätsorientierte und damit stabilisierende Geldpolitik der Zentralbank, etwa durch die Instrumente der Zins- und der Offenmarktpolitik. Nur bei einem Zusammenwirken von Zentralbankpolitik und staatl. Finanzpolitik gibt es überhaupt Chancen, die Fiskal- und Geldpolitik entwicklungsförderlich auszugestalten. Die Förderung der Entwicklung von Geld-, Devisen- und Finanzmärkten (↗ Finanzsektor) kann es zukünftig den Zentralbanken ermöglichen, effektiver als bisher über Zinssätze, Mindestreserven und durch liquiditätsorientierte Wertpapiergeschäfte die Geldmenge zu steuern.

Bemerkenswert ist das in den letzten Jahren deutlich erkennbare neue Interesse an Währungsunionen in Afrika, offensichtlich, um Stabilität zu gewinnen, indem die Richtung der Geld- und Fiskalpolitik von supranat. Organen der Währungsunion bestimmt wird. Die Mitgliedschaft in einer Währungsunion kann die Durchführung einer laxen Geld- und Fiskalpolitik erschweren und dadurch die Glaubwürdigkeit der Wirtschaftspolitik stärken. Dies setzt aber Anreize voraus, in der Währungsunion die für alle Mitglieder geltenden geld- und fiskalpol. Regeln zu akzeptieren und umzusetzen und zudem auch die relevanten Entscheidungen mit diesem Ziel transparent zu machen.

Es ist eine offene Frage, ob dies ein geeigneter Weg sein kann, die Glaubwürdigkeit der Wirtschaftspolitik zu erhöhen. Afrika hat eine reiche Erfahrung mit Währungsunionen (Franc-CFA-Zone, *Eastern African Currency Board, Rand Monetary Area*), doch zeigte sich immer wieder, dass es starke Anreize geben muss, um in der Währungsunion zu bleiben und die geld- und fiskalpol. Regeln der Union in den Mitgliedsländern zu akzeptieren und konsequent umzusetzen.

In Ostafrika wurde im April 1998 ein Vertrag zur Wiederbelebung der ostafrik. Wirtschafts- und Währungsunion geschlossen (↗ EAC). 1994 wurde von den Ländern der Westafrik. Währungsunion die Westafrik. Wirtschafts- und Währungsunion vereinbart (↗ ECOWAS), 1995 dann die Zentralafrik. Wirtschafts- und Währungsunion (↗ CEMAC). In Südafrika wird zwischen den ↗ SADC-Ländern, die 1997 eine Freihandelszone schufen, über eine Erweiterung der aus dem *Rand Monetary Agreement* hervorgegangenen CMA (*Common Monetary Area*) auf die SADC-Länder gesprochen. Ob das pol. und administrative System in allen Ländern einer solchen Union in der Lage sein wird, die notwendigen finanz- und geldpol. Regeln auch umzusetzen, kann allerdings nicht generell unterstellt werden kann. Welcher Weg zu mehr Stabilität in der Wirtschaftspolitik Afrikas führen kann, bleibt daher eine offene Frage.

🕮 A. Tietmeyer, Geld- und Budgetpolitik in einer Währungsunion, dargest. am Beispiel der Westafrik. Währungsunion, Bochum 1997. – Weltbank (Hg.), Adjustment in Africa, Reforms, Results, and the Road Ahead, Washington/Oxford 1994. – D. Guillaume/D. Stasavage, Making and Breaking Monetary Policy Rules: The Experience of African Countries. Working Paper, Centre for the Study of African Economies, Oxford 1999.

Karl Wohlmuth

Flüchtlinge sind Menschen, die aufgrund von Verfolgung oder Krieg ihren angestammten Lebensraum unfreiwillig verlassen, um vorübergehend oder dauerhaft in einem anderen Gebiet Zuflucht zu suchen.

I. Vor- und Frühgeschichte. F. traten in Afrika nicht erst im 20. Jh. auf. Mündliche Quellen weisen auf Fluchtbewegungen im prähist. Afrika hin. Der »Auszug aus Ägypten« etwa im 13. Jh. v.Chr., von dem das Buch Exodus im Alten Testament berichtet, ist wahrscheinlich die älteste schriftl. Quelle über Massenflucht in Afrika (↗ Juden). F. sind keine zufälligen Einzelereignisse, vielmehr fanden sie im Rahmen größerer hist. Prozesse statt. Die Geschichte Afrikas wurde vom Aufstieg und Niedergang kleinerer, zentralisierter pol. Systeme oder ausgedehnter Reiche geprägt und seit über 2000 Jahren von außerafrik. hist. Prozessen überlagert (↗ vorkoloniale pol. Systeme). Einer der ersten, die Expansion des Römischen Reichs nach Nordafrika (↗ röm. Kolonisation), begann mit dem Sieg Roms über ↗ Karthago im Dritten Punischen Krieg (149–146 v.Chr.), gefolgt von Flucht vor Krieg und Versklavung. Danach drangen Araber in Nord- und Ostafrika ein. Bereits islamisiert (↗ Islamisierung), entgingen die Berber durch Flucht in schwer zugängliche Regionen des Atlasgebirges und der Sahara der drohenden Arabisierung. Mit der arab. Expansion nach Nordafrika sowie der omanischen Machtausdehnung nach Ostafrika entstand ein ↗ Sklavenhandel: Über 10 Mio. Afrikaner wurden via Transsahararouten bzw. das Rote Meer nach Arabien oder via ↗ Sansibar nach Oman verschleppt; zahllose Afrikaner zogen der Versklavung die Flucht vor. Mit der Bildung europ. Nationalstaaten im 15. Jh. setzte die span. *reconquista* der arab. Herrschaft auf der Iberischen Halbinsel ein Ende. Etwa 150.000 span. Juden und 3 Mio. Muslime flohen nach Nordafrika. Der Drang des christl. Europa nach Schwarzafrika hatte bereits Mitte des 15. Jh. eingesetzt. Der transatlantische Sklavenhandel (1450–1867) bestimmte die erste Phase afrik.-europ. Beziehungen. Mindestens 10 Mio. Afrikaner wurden als Sklaven nach Amerika gebracht; hinzu kommen die etwa 3 Mio., die während der Schifffahrt starben. Die Zahl der bei den Sklavenjagden getöteten und vor ihnen geflohenen Afrikaner – es gibt Berichte von völlig entvölkerten Landstrichen – ist unbekannt. Der sog. Dreieckshandel zwischen Afrika, Amerika und Europa – Sklaven, Rohstoffe, industrielle Fertigprodukte – hat die wirtsch. Entwicklung Europas gefördert. Die Europäer erwarben eine techn. Überlegenheit, die ihre erneute Expansion nach Afrika im 19. Jh. ermöglichte: Dieses Mal ging es um die Kolonisierung und territoriale Aufteilung Afrikas.

II. Flüchtlinge seit der europäischen Eroberung Afrikas. Versch. Flüchtlingsströme prägen diese hist. Phase. Bes. in den Siedlungskolonien erfolgte die Gewinnung von Plantagenland für europ. Farmer durch die Vertreibung afrik. Kleinbauern und Viehhalter von ihrem angestammten Boden. So schoben z.B. die Briten in Kenia zehntausende Kikuyu aus den White Highlands in Reservate ab, um 4.000 Weißen Land zuzuteilen. Ein zweiter Typ von F. entstand, als – nach der Abschaffung der Sklaverei – die Rekrutierung von sog. Kontraktarbeitern einsetzte. Der drohenden ↗ Zwangsarbeit z.B. auf europ. Farmen entzogen sich bspw. aus der mosambikanischen Provinz Niassa bis 1919 rund 100.000 Afrikaner durch die Flucht nach Dt.-Ostafrika/Tanganyika. Einen dritten Typ von F. verursachten die Strafexpeditionen der Kolonialarmeen gegen aufständische Völker: Dem ↗ Genozid der dt. Schutztruppe an den Herero und Nama (1904–07) in Dt.-Südwestafrika konnten nur wenige nach brit. Bechuanaland entfliehen. Weitere F. entstanden durch die Kampfhandlungen der europ. Staaten in Afrika während des Ersten und Zweiten Weltkriegs. Der Erste Weltkrieg konzentrierte sich auf die dt. Kolonien. 1915 flohen z. B. aus Kamerun ca. 65.000 Menschen in die span. Kolonie Rio Muni, darunter 25.000 afrik. Soldaten der dt. Schutztruppe. Während des Zweiten Weltkriegs traten F. an den Kriegsschauplätzen in Äthiopien, Eritrea und Somaliland (1935–41) und in Tunesien, Libyen und Ägypten (1940–43) auf. Gegen Ende der 1950er Jahre setzte die ↗ Entkolonialisierung ein. Weigerten sich Kolonialmächte, ihre Kolonien friedlich in die Unabh. zu entlassen, entbrannten langjährige Befreiungskriege (↗ Kriege/Bürgerkriege, ↗ Rebellenbewegungen). Teils massive Flüchtlingsströme verzeichneten Algerien, Angola, Portug.-Guinea, Mosambik und Rhodesien. Insges. 1,2 Mio. Afrikaner flohen aus ihrer Heimat in Nachbarländer, weitere 2,7 Mio. innerhalb der Kolonien in andere Gebiete. Mit der Unabh., ob friedlich oder gewaltsam erlangt, setzten gewalttätige Konflikte oder die Furcht vor Repressalien einen Exodus europ. Siedler in ihre Mutterländer in Gang: U. a. rund eine halbe Mio. Italiener, über 1,5 Mio. Franzosen und etwa 700.000 Portugiesen verließen fluchtartig Afrika. Seit der Unabh. Simbabwes (1980) ist die Entkolonialisierung abgeschlossen. Die meisten afrik. F. kehrten in ihre Heimat zurück.

III. Postkoloniale Flüchtlinge. Erst mit Erlangung der völkerrechtl. Souveränität konnten sich die neuen Staaten Afrikas mit dem Flüchtlingsproblem befassen, denn nur unabh. Länder können als Vertragsstaaten der Genfer Flüchtlingskonvention (1951) den UN-Hochkommissar für Flüchtlinge um Hilfe ersuchen. Als afrik. Besonderheit erhielt die Konventionsdefinition des Begriffs Flüchtling (*Refugee*), die eine individuelle Verfolgung voraussetzt, mit der ↗ OAU-Flüchtlingskonvention (1969) eine erhebliche Erweiterung. Seither werden auch Kriege als Fluchtgrund anerkannt. Eine völkerrechtl. Regelung des Problems der innerhalb ihrer Heimatländer Geflohenen steht noch aus. Sie gelten nicht als Flüchtlinge, sondern als innerstaatl. Vertriebene (*internally displaced persons*). Seit Ende der 1980er Jahre beraten versch. UN- und OAU-Gremien diesen Aspekt. Die nationalstaatl. Konsolidierung der unabh. afrik. Staaten dauert an. Die kolonialen Grenzen fassten unterschiedliche Bev. willkürlich in Staaten zusammen oder zerteilten ihre Wohngebiete auf Nachbarstaaten, so dass afrik. Staaten heute i.d.R. Vielvölkerstaaten mit jeweils zahlreichen ↗ Minderheiten sind. An dieser gesellsch. Heterogenität entzündeten sich viele Kriege, gefolgt von großen Flüchtlingsströmen. ↗ Einparteisysteme oder ↗ Militärregime strebten nach ethn. abgestützter Monopolisierung ihrer pol. Macht; versch. afrik. Regierungen wollten über eine ethn. oder relig. Homogenisierung ihrer Staaten, d. h. über die Vertreibung ganzer Bevölkerungsgruppen, ihre Macht absichern (↗ Ethnizität). Mehrere zehntausend Kopten verließen Ägypten, aus ost- und zentralafrik. Ländern flohen rund 300.000 ↗ Inder, ca. 60.000 Schwarzafrikaner flüchteten 1989/90 aus Mauretanien. Konkurrierende Herrschaftsansprüche führten in vielen Staaten zu Kriegen zwischen Regierungstruppen und Rebellenbewegungen, der Hauptfluchtursache in Afrika. Viele Mio. Menschen flohen aus und in Äthiopien, Burundi, Dschibuti, Guinea-Bissau, Kongo, Liberia, Mali, Niger, Ruanda, Sierra Leone, Somalia, Sudan, Südafrika, Tschad, Uganda, Zaire. Nur wenige zwischenstaatl. Kriege brachen aus, da die OAU eine Anerkennung gewaltsamer Grenzveränderungen in ihrer Charta ausschloss. Aber z. B. der Ogaden-Krieg (1976–88) zwischen Somalia und Äthiopien, der Aouzou-Konflikt zwischen Libyen und Tschad (1973–89) und der äthiop.-eritreische Grenzkrieg (seit 1998) verursachten große Flüchtlingsströme. Ähnlich selten versuchten Widerstandsbewegungen in Sezessionskriegen die Abspaltung eines Teilgebiets eines Staates zu erkämpfen. In Katanga (1960–63) und Süd-Kasai (1960–63) im Kongo (Kinshasa) sowie Biafra (1967–70) in Nigeria flohen Zehntausende vor den Sezessionskriegen bzw. den anschließenden zwangsweisen Wiedervereinigungen. In Afrika brachen bisher drei Kriege aus, in denen afrik. Staaten angrenzende Gebiete widerrechtl. besetzten, um deren Selbständigkeit zu verhindern. Die Kriege in Namibia (1966–88) und Eritrea (1961–91) führten zu deren Unabh., die Westsahara blieb auch nach Beendigung des Krieges (1975–91) weiter von Marokko okkupiert. Jeweils Hunderttausende flohen. Hegemonialkriege fanden nur im südl. Afrika statt: Das 1994 überwundene Apartheidregime Südafrikas wählte die direkte und indirekte milit. Destabilisierung Angolas (1975–89) und Mosambiks (1980–92) als ein Mittel zur Aufrechterhaltung der weißen Vorherrschaft am Kap. Von den Mio. geflohenen Angolanern und Mosambikanern konnten bislang nur letztere zurückkehren. In Angola scheiterte der Aufbau eines demokrat. Systems am Wiederaufflammen des Krieges. Die institutionalisierte Diskriminierung unter der ↗ Apartheid vertrieb 4 Mio. Menschen innerhalb Südafrikas. Die völlige Rechtlosigkeit während der Terrorherrschaften von Sekou Touré in Guinea, Macias Nguema in Äquatorialguinea, Idi Amin in Uganda und Bokassa in der Zentralafrik. Republik setzte eine massive Entvölkerung dieser Länder in Gang. Demokratisierungsprozesse begleiten das Ende des Ost-West-Konflikts, deren Scheitern verursachte neue Flüchtlingsbewegungen. Insbes. die Regierungen in Togo, Kenia und Zaire vertrieben vor Wahlen insges. weit über 1 Mio. potentielle Oppositionswähler, um eine drohende Wahlniederlage abzuwenden. In Ruanda verübte die radikale Hutu-Regierung 1994 einen systematisch vorbereiteten ↗ Genozid an Tutsi und gemäßigten Hutu. Bis zu 1 Mio. Ruander starben, 3 Mio. flohen aus Furcht vor Racheakten der vordringenden Tutsi-Rebellen. Manche Wahlverlierer zogen den Krieg gegen demokrat. gewählte Regierungen der parlamentarischen Opposition vor: 1992 die UNITA in Angola, 1993 die von Tutsi dominierte burundische Armee gegen die gewählte Hutu-Regierung und 1997 der abgewählte Militärmachthaber in der Rep. Kongo. Jeweils Hunderttausende flohen. Somalia versank nach dem Sturz des Diktators Siad Barre (1991) im Chaos konkurrierender Warlords, deren Machtbasis in ihren Klans liegt. Die staatl. Strukturen lösten sich auf, 3 Mio. Somali flohen. Die zunehmende Internationalisierung von Kriegen in Afrika bringt nahezu unüberschaubare Flüchtlingsprobleme mit sich. Allein in dem 1998 begonnenen Krieg in der Demokrat. Rep. Kongo intervenierten acht afrik. Staaten: Angola, Burundi, Namibia, Ruanda, Sudan, Tschad, Uganda und Simbabwe. Insges. brachen in Afrika während der 1990er Jahre 30 neue Kriege aus, mehr als in jeder Dekade zuvor, Hauptursache von Flucht und Vertreibung von Mio. Menschen. Eine gleiche Anzahl Konflikte konnte in dieser Zeit beigelegt werden und bildete somit die Voraussetzung für die Repatriierung von rund 7 Mio. Flüchtlingen und die Rückkehr weiterer Mio. Vertriebener. Diese hochgradige Migrationsdynamik kennzeichnete Afrika am Ende des 20. Jh. Eine Lösung der Flüchtlingsproblematik setzt die Beilegung der Kriege und Konflikte voraus. Bei der zunehmenden Konflikthäufigkeit und -intensität sind die Aussichten allerdings schlecht. ↗ Migration.

📖 E.-R. Mbaya, La Communauté Internationale et les Movements des Populations en Afrique, Abidjan 1985. – R. Sergio, International Migration in Africa. Legal and Administrative Aspects, Geneva 1989. – R. Richter, Flüchtlingsfragen in Afrika. Zwangsmigrationen im Rahmen größerer Entwicklungsprozesse, Baden-Baden 1992.

Roland Richter

Forschung und Entwicklung. In allen afrik. Staaten ist die Forderung, Forschung und techn. Entwicklung zu stärken, weit verbreitet. Für Wachstum und die Überwindung von Armut werden einheimische Fachleute gebraucht. Darüber hinaus soll lokales, durch mündliche Überlieferung und durch Anwendung erhaltenes Wissen – ein Ausdruck der eigenen ↗ Kultur und Geschichte – bewahrt und zur Grundlage angepasster Technologien werden. Kennzeichnend für die Lage von Wissenschaft und Forschung in den meisten afrik. Ländern ist, dass zwischen den Erklärungen und dem tatsächlichen Zustand mit Ausnahme von Südafrika, das nach den internat. üblichen Merkmalen über Kapazitäten verfügt wie die Mongolei oder die Philippinen, eine weite Kluft besteht. Zahlreiche im Ausland ausgebildete Wissenschaftler und Techniker kehren nicht in ihre Heimatländer zurück (↗ *Brain Drain*). Die wenigen Forschungseinrichtungen, die sich mit den lokalen Problemen befassen, werden größtenteils mit ausl. Wissenschaftlern besetzt und von diesen geleitet, die Erkenntnisse in IL (Industrieländern) veröffentlicht. Bibliotheken und Forschungseinrichtungen sind schlecht ausgestattet, die staatl. festgesetzte Besoldung in diesen Institutionen ist niedrig und unattraktiv für Fachleute, die mit ihren Kenntnissen und Fähigkeiten auch in den IL gute Beschäftigungsmöglichkeiten vorfinden. Die Gründe für die unzureichende Ausprägung von Wissenschaft und Technologie liegen zum einen in der Vernachlässigung dieses Sektors in der Wirtschafts- und Entwicklungspolitik; zum anderen können aufgrund des geringen Wirtschaftswachstums nicht genügend Mittel für Forschung und techn. Entwicklung bereitgestellt werden. Grenzübergreifender Forschung zwischen den Staaten – ein Weg, der sich anbieten würde, die knappen Mittel zu bündeln – bleibt ein nachhaltiger Erfolg versagt, da die Wissenschaftsinstitutionen und Regierungen wenig Bereitschaft zu einer Zusammenarbeit zeigen. Netzwerke zwischen versch. Einrichtungen in Afrika oder von mehreren afrik. Staaten betriebene Frühwarnsysteme, die neue Aufgaben für Wissenschaft und Technologie benennen und Folgemaßnahmen auslösen können, sind nicht zuletzt an den schlechten innerafrik. Kommunikationsverbindungen gescheitert. Problematisch erscheinen auch die Ziele der Forschungspolitik in vielen Ländern. Aufgenommen wurden Vorhaben, für die die einheimischen Einrichtungen keine Spezialisierungsvorteile nutzen und deren Ergebnisse für die Lösung der Probleme im eigenen Land nicht verwertet werden konnten. Als Alternative sind für die Zukunft Reformen der Wissenschafts-, der Wirtschafts- und der Entwicklungspolitik anzustreben, unterstützt durch techn. und finanzielle ↗ Entwicklungszusammenarbeit sowie durch eine Einbeziehung afrik. Wissenschaftler und Forschungseinrichtungen in den internat. wiss. Erfahrungsaustausch. ↗ Grüne Revolution.

Karl Wolfgang Menck

Forst- und Holzwirtschaft. Afrika ist mit 520 Mio. ha Wald bedeckt, d.h. 7 % der Gesamtfläche. Hinzu kommen 6 Mio. ha Forstplantagen. Die jährl. Entwaldungsrate betrug von 1990 bis 1995 3,7 Mio. ha (0,7 %). Gründe dafür sind Rodungen für Siedlungszwecke und Infrastruktur, traditioneller Brandrodungsfeldbau, Umwandlungen in landwirtsch. Nutzflächen sowie Brennholzgewinnung und, insbes. vor 1990, der Einschlag von Edelhölzern. Heute wird für Holzkohle mehr Holz geschlagen als für den Export. Unsachgemäße Forstwirtschaft wird für 10 % des Waldrückgangs verantwortlich gemacht. Unter natürl. Verhältnissen besteht die Bewaldung Afrikas zu 98 % aus Laub- und nur zu 2 % aus Nadelbaumarten. Die Zahl der vorkommenden Baumarten wird auf 2.000 bis 2.500 geschätzt. Holzeinschlagsrechte werden i.d.R. in Form von großflächigen und langjährigen Konzessionen mit der Auflage zur Wiederaufforstung vergeben, wobei in Krisengebieten wie in der Demokrat. Rep. Kongo oder Sierra Leone unkontrolliert eingeschlagen wird. In anderen Ländern erschwert die Bestechlichkeit der Forstbehörden eine geregelte Kontrolle.

Die Wälder lassen sich in drei Typen unterteilen: (1) Tropische immer-, halbimmer- und regengrüne Feuchtwälder (↗ Regenwald) mit 265 Mio. ha Fläche: Diese erstrecken sich in Westafrika in einem küstennahen Streifen von Guinea an ostwärts, mit einer Unterbrechung durch die Beninschwelle über den größten Teil Zentralafrikas bis nach Uganda und südwärts über das Kongobecken bis in den Süden der Demokrat. Rep. Kongo. In Ostafrika finden sich kleinere Feuchtwaldgebiete z.B. in Kenia, Tansania, auf Madagaskar, den Komoren und Seychellen. Die afrik. Feuchtwälder bilden keine einheitliche Vegetationsform, vielmehr unterscheiden sie sich floristisch und strukturell z.T. beträchtlich aufgrund ihrer unterschiedlichen Standortverhältnisse. Bes. die westafrik., aber auch die ostafrik. und insularen Feuchtwälder sind heute in ihrer Ausdehnung reduziert und mehr oder weniger stark degradiert. Der Bezirk Yamoussoukro (Elfenbeinküste) wies z.B. 1999 nur noch 1 % Waldfläche aus. Demgegenüber sind die zentralafrik. Wälder aufgrund geringer Erschließung und dünner Besiedlung noch weitgehend intakt. Aus forst- und holzwirtsch. Sicht handelt es sich um z.T. vorratsreiche Bestände mit unterschiedlich hohen Anteilen an vermarktungsfähigen Baumarten wie z.B. Meliaceen. Unter der Sammelbezeichnung »Mahagoni« sind Hölzer dieser Familie wie Khaya, Sapelli oder Sipo für den internat. Holzhandel von großer Bedeutung, dazu kommen Arten aus der Gruppe der Leguminosen wie bspw. Doussié, Limbali oder Wengé. Die EU ist der größte Abnehmer tropischer Hölzer aus Afrika (1997: 4,3 Mio. m^3), davon gelangten 360.000 m^3 nach Deutschland. Der Schwerpunkt des afrik. Holzexports liegt in West- und Zentralafrika in der Hand internat. Konzerne. Ghana und die Elfenbeinküste sind wichtige Furnier- und Schnittholzlieferanten. Rundholz wird vorrangig aus Kamerun, Gabun (überwiegend Okoumé) sowie der Demokrat. Rep. Kongo exportiert. Zunehmend wird Rund- und Schnittholz in asiatische Käuferländer wie Malaysia, Indonesien, China, Japan exportiert, z.B. 1997 mehr als 50% des in Kamerun und Gabun produzierten Rundholzes.

(2) Tropische Trockenwälder im Anschluss an die Feuchtwaldgebiete mit einer Fläche von etwa 240 Mio. ha: Dieser Waldtyp, der auch offenes Waldland, Gebüsch und Baumsavannen umfasst, ist zunehmend durch den Menschen geprägt worden. Die Degradation dieser Ökosysteme wird bes. durch Land- und Viehwirtschaft, Feuer und Dürren verursacht. Die Wälder dienen der Bev. v.a. zur Brennholzgewinnung, außerdem erfüllen sie eine wichtige Funktion als Lieferant von Lebens- und Genussmitteln, Medikamenten, Viehfutter und anderen Waldprodukten mit lokaler und z.T. internat. Bedeutung. Die Bestände, niedrige, 5 bis 10 m – selten bis 20 m – hohe Bäume mit häufig schirmartigen Kronen, sind deutlich baumartenärmer. Mimosaceen (u.a. Akazien), Combretaceen und Rubiaceen sind hier typische Gehölzfamilien. Eine bedeutende Fläche nimmt v.a. im östl. Afrika der Miombowald ein, eine Trockenwaldformation, in der *Brachystegia spp.*, *Julbernadia spp.* und *Isoberlinia spp.* vorherrschen. Für den lokalen und in begrenztem Umfang auch den internat. Holzhandel sind Chanfuta, (*Afzelia quanzensis*), Grenadill (*Dalbergia melanoxylon*) und Mukwa (*Pterocarpus angolensis*) wichtig.

(3) Subtropische Wälder und Buschlandschaf-

ten finden sich mit 15 Mio. ha in Nordafrika und im äußersten Süden des Kontinents. Die nordafrik. Mittelmeerländer sind eine vom Menschen intensiv geprägte Kulturlandschaft, die seit dem Altertum massive Waldzerstörungen erlitten hat. Die heute vorhandenen Wälder in den Maghrebländern sind meist degradiert (Macchie, Garique), erfüllen aber Funktionen des ↗ Erosionsschutzes und liefern wichtige Waldprodukte. Als nutzholzliefernde Arten kommen Atlaszeder (*Cedrus atlantica*), Aleppokiefer (*Pinus halepensis*) und immergrüne Eichen (*Quercus spp.*) vor. Von ökonom. Bedeutung ist die Korkeiche (*Q. suber*). Weitere typische Gehölze sind *Podocarpus*- und *Juniperus*-Arten, Olivenbaum (*Olea europea*), Pistazie (*Pistacia lentiscus*), Feige (*Ficus carica*) und Dattelpalme (*Phoenix dactylifera*). Plantagenforstwirtschaft wird erfolgreich mit Eukalyptusarten (u. a. *E. globulus*) und Kiefern auf 1,5 Mio. ha betrieben.

Im subtropischen Südafrika hat der Plantagenanbau (↗ Plantagenwirtschaft) auf 1,2 Mio. ha bes. mit eingeführten Kiefern (z. B. *Puradiata*, *P. ponderosa*, *P. merkusii*), Eukalypten (z. B. *E. grandis*) und Akazien (z. B. *A. mearnsii*) größere Bedeutung als die natürl. Waldfläche (300.000 ha), die sich aus Ericaceen, Proteaceen und Leguminosen zusammensetzt, aber degradiert ist. Wirtsch. wichtige Arten sind u. a. Kap-Olive (*O. capensis*), Yellowwood (*Podocarpus spp.*) und Stinkwood (*Ocotea bullata*). ↗ Entwaldung, ↗ Naturschutz, ↗ Ökozonen, ↗ Umweltschutz.

🕮 K.G. Dahms, Afrik. Exporthölzer, 3. Aufl., Leinfelden-Echterdingen 1999. – J. Pretzsch, Afrika. In: J. Herkendell/J. Pretzsch (Hg.), Die Wälder der Erde. Bestandsaufnahme und Perspektiven, München 1995. – www.fao.org

Jobst-Michael Schröder

Frankophonie, multilateraler Zusammenschluss aller Staaten Europas, Afrikas, Amerikas, Ozeaniens und Asiens mit Frz. als gemeinsamer Sprache. Hauptziel der F. ist die Förderung der Solidarität und Zusammenarbeit zwischen den Mitgliedern sowie die Unterstützung insbes. afrik. Staaten bei der Überwindung ihrer Krisen. In demographischer, sprachlicher, kultureller, wirtsch. und pol. Hinsicht stellt Afrika eine wesentliche Komponente der F. dar.

Erstmals benutzte der frz. Forscher Onésine Reclus das Wort F. im Jahre 1880, um den geogr. Raum zu bezeichnen, in dem Menschen damals Frz. sprachen. Später bezeichnete »frankophon« sämtliche von Frankreich kolonisierten Gebiete. In die wiss. und pol. Terminologie wurde das Konzept F. erst nach 1960 eingeführt, als die unabh. gewordenen Staaten Afrikas anfingen, ihre kulturellen und pol. Beziehungen zu Frankreich neu zu ordnen. Auslöser war die Entscheidung der afrik. Regierungen, Frz. als Amts- und Unterrichtssprache beizubehalten, um ethn. Konflikte zu vermeiden. Man fürchtete, dass sich jede Volksgruppe auf ihre sprachliche Identität berufen könnte, um die Bildung eines eigenen Staates zu fordern, und setzte die frz. Sprache als Mittel ein, die drohende innere Spaltung abzuwenden. Bei aller anfänglichen Zurückhaltung erkannte Frankreich rasch den Nutzen, den die frz. Sprache als Abwehrmittel gegen die brit. Hegemonie in Afrika bot, und unterstützte die Idee der Förderung einer gemeinsamen Sprache mit Afrikanern bei Wahrung der kulturellen Vielfalt. Für den Aufbau und die Koordinierung des franko-afrik. Dialogs im Bereich der Erziehung und Kultur wurden 1960 die Konferenz der Erziehungsminister (CONFEMEN) sowie die Assoziation der frz.-sprachigen Universitäten (AUPELP) ins Leben gerufen. Seitdem war F. eine Bez. für Länder mit Frz. als Amts- und Unterrichtssprache. Die Muttersprachler wurden dabei ausgeklammert. Auf Initiative des ehem. Präsidenten von Niger, H. Diori, kam es 1970 zur Gründung der Agentur für Techn. und Kulturelle Kooperation (ACCT) in Niamey (Niger).

Die Einbindung Frankreichs in die F. geht auf den 1984 von F. Mitterrand geschaffenen *Haut Conseil de la Francophonie* (HCF) zurück, dessen ursprgl. Aufgabe darin bestand, den frz. Präsidenten zu frankophonen Fragen zu beraten. Auf Initiative des HCF, dem heute 37 Persönlichkeiten aus Politik, Wissenschaft und Kunst angehören, lud Mitterrand 1986 unter der Mitwirkung von L. S. Senghor (Senegal) zum ersten Gipfel der Staats- und Regierungschefs der Länder mit Frz. als gemeinsamer Sprache nach Paris ein, wo die F. als zwischenstaatl. Organisation ins Leben gerufen wurde. Damit bekannte sich Frankreich erstmals offiziell zur F. Seit 1987 findet der Frankophoniegipfel alle zwei Jahre statt. Hauptorgane der F. sind: (1) Die Konferenz der Staats- und Regierungschefs, Gipfel genannt; (2) die interministerielle Konferenz der F. (IMF) der Außenminister oder deren Delegierter; (3) der ständige Rat der F. (CPF) unter dem Vorsitz des Generalsekretärs; (4) der für vier Jahre gewählte Generalsekretär mit administrativer Befugnis; (5) die F.-Agentur und (6) die internat. Versammlung frz.-sprachiger Parlamentarier (AIPLF) mit konsultativer Aufgabe.

Trotz der weltweit zunehmenden Verbreitung der F. stellt Afrika derzeit 24 der 47 Mitglieder, wenngleich nicht alle afrik. Staaten, die der F. zugerechnet werden, frankophon im Sinne der Beherrschung frz. Sprache sind. Der F. gehören folgende Staaten Afrikas an:

(1) Südl. der Sahara: Benin, Burkina Faso, Burundi, Elfenbeinküste, Dschibuti, Gabun, Guinea, Kamerun, Demokrat. Rep. Kongo, Rep. Kongo, Mali, Niger, Ruanda, Senegal, Togo, Tschad, Zentralafrik. Republik;

(2) Indischer Ozean: Komoren, Madagaskar, Mauritius, Seychellen;

(3) Maghreb: Algerien, Marokko, Mauretanien, Tunesien.

Hinzu kommen die lusophonen und hispanophonen Staaten mit Teilnahmeberechtigung am Gipfel: Äquatorialguinea, Guinea-Bissau und Kap Verde. Ägypten besitzt einen Sonderstatus.

Die frankophone Solidarität mit Afrika drückt sich durch Hilfeleistungen der reicheren Mitglieder im Rahmen der techn. und finanziellen ↗ Entwicklungszusammenarbeit aus. Zudem setzen sich Frankreich, Belgien, Kanada und Luxemburg stets für Belange der frankophonen Staaten Afrikas ebenso bei den UN und der Weltbankgruppe wie bei der EU (Mitwirkung bei den ↗ Lomé-Abkommen, Einsatz für Schuldenerlass etc.) ein. Umgekehrt profitiert insbes. Frankreich wirtsch. und pol. von der F. Es sichert v.a. Absatzmärkte für frz. Produkte, billige Arbeitskräfte und seine Rohstoffzufuhr aus Afrika. Kanada trägt mit Stipendien zur Weiterbildung der Afrikaner bei und fördert verschiedene Entwicklungsprogramme. Umgekehrt stimuliert Kanada die Emigration von Afrikanern in die Provinzen Québec und Nouveau-Brunswick. Aus sprachlichen und hist. Gründen wird der F. auch in Zukunft große Bedeutung zukommen.

🕮 M. Tétu, Qu'est-ce que la Francophonie? Paris 1997. – X. Deniau, La francophonie, 2. Aufl., Paris 1992. – Haut Conseil de la Francophonie: Rapport d'activité du secrétariat général, Paris 1998.

Jacob E. Mabe

Frauen. Die Stellung der F. im vorkolonialen Afrika ist durch eine große Variationsbreite geschlechtsspezifischer Arbeitsteilung und unterschiedl. Formen pol. Partizipation gekennzeichnet. Es gab z. B. große Staatsgebilde mit aristokratischen Hierarchien, in denen für F. wenig Möglichkeiten direkter Repräsentation bestanden (↗ König). Daneben existierten kleinere pol. Einheiten und Stadtstaaten, in denen Frauenräte und Repräsentantinnen spezifischer Fraueninteressen in pol. Entscheidungsprozesse integriert waren. Diese Institutionen verloren während der Kolonialzeit an Relevanz; aus formellen pol. Strukturen der kolonialen und nachkolonialen Staaten blieben F. weitgehend ausgeschlossen. – Die geschlechtsspezifische Differenzierung in den nachkolonialen afrik. Gesellschaften rückte erst in den 1970er Jahren mit der Studie von Ester Boserup zur Rolle der F. in Afrika, Lateinamerika und Asien ins Blickfeld ethnolog. Forschung. Ihre These, dass F. im Modernisierungsprozess aus Arbeits- und Einflussbereichen zunehmend ausgeschlossen werden und sich dadurch ihr gesellsch. Status langfristig verschlechtert, war Ausgangspunkt für zahlreiche empirische Studien, die zu einer differenzierten Betrachtung von F. in Afrika beitrugen.

Nach wie vor bestehen insbes. in ländl. Gebieten Afrikas vielfältige Formen geschlechtsspezifischer Arbeitsteilung. F. bauen einen großen Teil der lokal und regional konsumierten Nahrungsmittel an und sind für die Verarbeitung, Lagerung und Vermarktung von Agrarerzeugnissen zuständig (↗ Bauer/Bäuerin). In vielen Regionen spielen sie auch als Arbeitskräfte in der landwirtsch. Exportproduktion eine wichtige Rolle. Im städt. formellen Sektor (↗ öffentl. Verwaltung, Industrie, Banken, große Handelshäuser etc.) arbeiten sie überwiegend in den weltweit typischen Frauenberufen, z. B. als Krankenschwestern, Lehrerinnen oder Sekretärinnen. Mit zunehmender ↗ Urbanisierung erweiterten sich die Erwerbsmöglichkeiten für F. im ↗ informellen Sektor (kleingewerbliche Handwerks-, Handels- und Dienstleistungsbetriebe). Wichtige Bereiche sind Handel, Verarbeitung von Nahrungsmitteln und Schneiderei sowie die Arbeit in Bars und Restaurants (↗ Prostitution). Hervorzuheben ist die große Heterogenität des informellen Sektors bezüglich Betriebsgrößen und Einkommenshöhe der Beschäftigten. Die Skala der »Kleinunternehmen« umfasst sowohl Großhändlerinnen auf den zentralen städt. Märkten, die Waren in Lastwagenladungen ein- und verkaufen (»Mama Benz«), als auch Kleinsthändlerinnen, die z. B. an Bushaltestellen auf einem Tablett ein Sortiment von Zigaretten, Streichhölzern und Süßigkeiten anbieten (↗ Mikrounternehmen). Inzwischen zeigen zahlreiche Studien, dass der Zugang für F. zu sog. modernen Erwerbsbereichen zwar beschränkt ist, sie jedoch als Agrarproduzentinnen, Unternehmerinnen und Beschäftigte des informellen Sektors eine zentrale Bedeutung für regionale und lokale Produktionssysteme haben. – In unterschiedlicher Stärke und Vielfalt existieren in allen afrik. Ländern Frauenorganisationen, die sich auf internat., nat. und lokaler Ebene für soziale, ökonom. und pol. Rechte von F. einsetzen. Mit schnellen Erfolgen in Richtung einer generell größeren Geschlechtergerechtigkeit wird jedoch auch von Seiten der Aktivistinnen kaum gerechnet. Es besteht weitgehend Konsens, dass in vielen Ländern Afrikas die Wirtschafts- und Verschuldungskrisen seit Anfang der 1980er Jahre zu weiteren Benachteiligungen von F. und zur Feminisierung von Armut beitragen. Am Beispiel einzelner Länder zeigt sich, dass Demokratisierungsprozesse nicht notwendigerweise zu mehr Partizipationsmöglichkeiten für F. führen. ↗ Geschlechterbeziehungen, ↗ Ehe, ↗ Heiratsordnungen, ↗ Matrilinearität, ↗ Schwangerschaft und Geburtshilfe, ↗ Abtreibungen, ↗ Frauenliteratur, ↗ Popularmusik.

🕮 E. Boserup, Die ökonom. Rolle der Frau in Afrika, Asien, Lateinamerika, Stuttgart 1982. – G. Clark, Onions are my Husband. Survival and Accumulation by West African Market Women, Chicago 1994.- I. Lenz/U. Luig (Hg.), Frauenmacht ohne Herrschaft. Geschlechterverhältnisse in nichtpatriarchalen Gesellschaften, Berlin 1990.

Gabriele Zdunnek

Frontlinienstaaten (*Front Line States*) sind die unabh. afrik. Länder im südl. Afrika, die sich in der Endphase kolonialer und weißer Minderheitsherrschaft in bes. Maße für die Unterstützung der bewaffneten Befreiungskämpfe engagiert haben und die zugleich geogr. an die Länder angrenzten, in denen gekämpft wurde. Die »Gruppe der afrik. Frontstaaten«, wie die F. auch genannt wurden, war durch situationsbedingte Konsultationen auf der Ebene der Staatschefs geprägt.

Entstanden ist die Gruppe der F. 1974 bei der Suche nach einer Konfliktlösung in Simbabwe. Nach dem Umsturz in Portugal und der damit absehbaren Unabh. von Angola und Mosambik geriet das Bollwerk weißer Herrschaft im südl. Afrika, das Apartheidregime in Südafrika, in Bedrängnis. Die westl. Mächte, namentlich die USA, befürchteten eine pol. Radikalisierung und eine Stärkung östl. Positionen in der rohstoffreichen Region. In dieser Situation ergriff die Regierung am Kap, um eine Verhandlungslösung in Simbabwe herbeizuführen, eine sog. *détente*-Initiative. Präsident Kaunda (Sambia) war bereit, darauf einzugehen, suchte aber Rückendeckung für seine – nicht unumstrittene – Gesprächsbereitschaft bei den Staatschefs Nyerere (Tansania) und Khama (Botsuana) sowie dem designierten Präsidenten von Mosambik. Diese vier Präsidenten bildeten die Gruppe der F., die, nicht zuletzt aufgrund ihres hohen Ansehens, die Unterstützung der ↗ OAU erhielt und – neben den ↗ Rebellenbewegungen zum wichtigsten afrik. Akteur im Befreiungsprozess des südl. Afrika wurde.

Die *détente*-Initiative von Südafrika scheiterte erwartungsgemäß, weil sie die simbabwischen Rebellenbewegungen ausklammern wollte. Bei den nachfolgenden internat. Friedensinitiativen zu Simbabwe spielten die F. aufgrund ihrer Beziehungen zu den Rebellenbewegungen eine wichtige Rolle. Sie trugen v.a. zum Erfolg der *Lancaster House*-Unabhängigkeitsverhandlungen von 1979 bei. Die regionalen Konflikte der 1980er Jahre, insbes. in Angola und Mosambik im Gefolge der südafrik. ↗ Destablisierungspolitik, offenbarten hingegen die begrenzten Möglichkeiten der F., zugunsten ihrer beiden Mitgliedsländer tätig zu werden. Die Abschaffung der institutionalisierten ↗ Apartheid zwischen 1990–94 war schließlich ein im Kern interner Prozess ohne nennenswerte Beteiligung der F.

Zu den vier anfänglichen Mitgliedern der F. kamen 1976 Angola, 1980 Simbabwe und 1990 Namibia hinzu. Mit der Befreiung Südafrikas 1994 war die hist. Aufgabe der F. erfüllt.

1982 hatten die F. auf der Ebene der Außen- und Verteidigungsminister das ISDSC (*Inter-State Defence and Security Committee*) gegründet, das wiederbelebt und 1996 in das unter dem Dach der ↗ SADC neu geschaffene *Organ on Politics, Defence and Security* überführt wurde. ↗ Kriege/Bürgerkriege.

🕮 R. S. Jaster, A Regional Security Role for Africa's Front-Line States: Experience and Prospects, London 1983. – A. H. Omari, Regional Security: One View from the Front Line States, Cape Town/Daressalaam 1995.

Peter Meyns

Geber ↗ Entwicklungszusammenarbeit

Geburten- und Sterberaten ↗ Bevölkerung

Genozid (oder Völkermord), Handlungen, die in der Absicht begangen werden, nat., ethn., rassische oder relig. Gruppen zu zerstören. Dazu gehören die Tötung, das Zufügen schwerer körperlicher oder seelischer Schäden, die Schaffung von Lebensbedingungen, bei denen die vollständige oder teilweise physische Vernichtung einkalkuliert ist, sowie Maßnahmen zur Verhinderung von Geburten und die zwangsweise Überführung von Kindern in eine andere Gruppe. Diese Definition stützt sich auf die UN-Konvention zur Verhinderung und Bestrafung von Völkermord. Damit unterliegt G. als völkerrechtl. Tatbestand ausdrücklich internat. Recht, kann nicht mehr als interne Angelegenheit eines Landes betrachtet werden und verjährt nicht.

Der Genozidbegriff wird in der internat. Pol. zurückhaltend verwandt. Erstens müssen Belege für die Absicht vorhanden sein, tatsächlich eine Gruppe zerstören zu wollen. (Sonst wird nur von Pogromen gesprochen.) Zweitens entsteht bei der Benennung von Verbrechen als G. der Druck, gegen denselben einschreiten zu müssen. Diesem Druck will sich die internat. Gemeinschaft aber oftmals entziehen.

Auch deshalb ist trotz einer Vielzahl von Gewalttaten und Pogromen für Afrika der dezidierte Nachweis eines G. schwer. Als ein Beispiel für G. während der Kolonialzeit gelten die Verbrechen der Deutschen an Herero und Nama im heutigen Namibia (↗ Hererokrieg). Im nachkolonialen Afrika wurde bei einer Reihe ↗ ethn. Konflikte der Vorwurf des G. erhoben, u.a. bei dem Krieg gegen die Ibo-Bevölkerung während des Biafrakriegs in Nigeria (↗ Kriege/Bürgerkriege), den gezielten Vernichtungsaktionen unter Idi Amin in Uganda sowie Verbrechen im Verlauf der Bürgerkriege in Sudan, Liberia oder Sierra Leone. – Ein eindeutig dokumentierter Fall ist der ruandische G., dem 1994 zwischen 500.000 und 1 Mio. Tutsi und oppositionelle Hutu zum Opfer fielen. Radikale Führer der Hutu-Mehrheit, darunter auch Mitglieder der Regierung, sahen ihre Vorherrschaft durch den Demokratisierungsprozess und einen Angriff von Exil-Tutsi bedroht. Zur Sicherung ihrer Macht bereiteten sie planmäßig und systematisch über mehrere Jahre hinweg die Vernichtung der Tutsi-Minderheit vor und riefen öffentlich zum Massenmord an den Tutsi auf. Nach dem gewaltsamen Tod des ruand. Präsidenten Habyarimana wurde der G. von Milizen unter Mitwirkung von Armee und Verwaltung vollzogen. Anhand vorbereiteter Todeslisten wurden führende Tutsi und Hutu-Oppositionelle ermordet, dann erfolgte die systematische Tötung der Tutsi in ihren Häusern ebenso wie in öffentl. Einrichtungen, in denen sie Schutz gesucht hatten, Tutsi-Frauen wurden massenhaft vergewaltigt. Erst der milit. Sieg der Exil-Tutsi setzte dem G. ein Ende. – Am Fall Ruanda zeigen sich die Schwierigkeiten der internat. Gemeinschaft, wirksam auf einen G. zu reagieren. Obwohl einige westl. Regierungen und die UN Kenntnis von dem geplanten G. hatten, unternahmen sie nichts. Selbst als die internat. Medien ausführlich über den G. berichteten, blieb die internat. Gemeinschaft (u.a. wegen der schlechten Erfahrungen mit dem ↗ Blauhelmeinsatz in Somalia 1992) weitgehend untätig. Auch die juristische Aufarbeitung des G. kommt nur schleppend voran, was die Versöhnung zwischen beiden Gruppen außerordentlich erschwert.

🕮 African Rights (Hg.), Rwanda. Death, Despair and Defiance, London 1995. – G.J. Andreopoulos, Genocide: Conceptual and Historical Dimensions, Philadelphia 1994. – Human Rights Watch (Hg.), Leave None to Tell the Story. Genocide in Rwanda, New York 1999. – D. Neubert/A.-M. Brandstetter, Völkermord in Ruanda: Die falsche These vom »Stammeskrieg«. In: SOWI 25 (1996), S. 96-103.

Dieter Neubert

Geschlechterbeziehungen sind ein zentraler Bestandteil der gesellsch. Verhältnisse, die durch die ↗ Sozialstruktur, die ↗ Heiratsordnung, ↗ Verwandtschaft und ↗ Recht, aber auch durch Klassen- und Rassenverhältnisse und ethn. Beziehungen geprägt werden. Der Begriff G., der sich seit den 1980er Jahren eingebürgert hat, unterscheidet sich von »Geschlechterrollen« ebenso wie von »Geschlechterverhältnissen«. In Geschlechterrollen drücken sich die Rechte und Pflichten von Personen aus, die mit der ihnen zugeschriebenen oder von ihnen erworbenen gesellsch. Position (Status) verbunden sind; Geschlechterverhältnisse verweisen auf Machtverhältnisse, die auf der Ungleichheit zwischen den Geschlechtern basieren. Der Begriff G. ist neutraler, weil er nicht von vornherein eine Hierarchie zwischen den Geschlechtern oder spezifische Formen der Interaktion impliziert. Die unterschiedlichen theoretischen Positionen und Erkenntnisinteressen machen es fast unmöglich, Allgemeingültiges über G. in Afrika auszusagen. Im Folgenden werden darum zunächst die Forschungsgeschichte und anschließend überblicksartig einzelne Stationen hist. und gegenwärtiger afrik. G. skizziert.

I. Forschungsgeschichte. Beobachtungen zu G. in Afrika finden sich schon in den ersten europ. Reiseberichten, und afrik. Geschlechterrollen sind seit dem 19. Jh. immer wieder von Reisenden, Missionaren und Ethnographen beschrieben worden (↗ Chroniken, ↗ Geschichtsschreibung).

Zwar dominierten negative Werturteile, doch da in die Beschreibungen nicht nur die Vorurteile der europ. Betrachter, sondern auch der Stand der beobachteten G. einflossen, kam es auch zu positiven Berichten. Erst durch die Kolonialpolitik (↗ Kolonialismus) und den zivilisatorischen Anspruch der christl. Kirchen (↗ Mission, christl.) setzte sich zu Beginn des 20. Jh. allmählich ein Bild afrik. G. durch, das die ↗ Frauen als unterdrückt und ausgebeutet darstellte. Solche Berichte hatten meist zum Ziel, den angeblich niedrigen Status afrik. Frauen zu verbessern und Reformen überkommener Sitten und Gebräuche einzuleiten, wie z. B. die Abschaffung der ↗ Initiation und der vielerorts ausgeführten ↗ Beschneidung, das Verbot der ↗ Polygamie, der Kinderverlobung und des Brautdienstes. Nicht selten lösten solche Reformversuche heftige pol. Kontroversen zwischen Afrikanern und Europäern aus, wie z. B. die Auseinandersetzung über die Beschneidung unter den Kikuyu in Kenia, die in den 1920er Jahren zu einem regelrechten Kulturkampf zwischen den versch. Kikuyu-Fraktionen und der Kolonialverwaltung führte.

Ethnologen beteiligten sich erst spät an der Erforschung der G. und analysierten diese dann auch nur im Rahmen der struktur-funktionalistischen Analyse der Gesamtgesellschaft. Angaben zu den G. finden sich in den meisten Ethnographien darum in Kapiteln über Verwandtschaft, Recht, Politik oder Wirtschaft (Arbeit), aber selten wurden G. explizit thematisiert. Zwar entstanden seit den 1930er Jahren vereinzelte Studien über die Stellung und Rolle von ↗ Frauen in spezifischen Ethnien, doch die systematische Erforschung der G. setzte erst in den 1960er Jahren ein, als im Rahmen der Unabh. afrik. Länder Politiker und Entwicklungsexperten die Rolle von Frauen im Entwicklungsprozess zu diskutieren begannen. Diese Debatte war zunächst durch die Ergebnisse der westl. Frauenforschung und Frauenbewegung geprägt, was von afrik. Wissenschaftlerinnen inzwischen als hegemonial und neokolonialistisch kritisiert wird. Der dominanten Diagnose, die Frauen primär als Opfer patriarchal-kolonialer Gesellschaften und Gewalt betrachtete, wurde das Bemühen entgegengesetzt, Frauen als handelnde Subjekte sichtbar zu machen und ihnen einen Platz in einer männerzentrierten Welt zu sichern. Viele Untersuchungen jener Zeit konzentrierten sich deshalb auf den Nachweis, dass die Ungleichheit zwischen den Geschlechtern durch die Kolonialpolitik entscheidend vorangetrieben worden war, während Frauen in vorkolonialer Zeit wichtige gesellsch. und pol. Aufgaben wahrgenommen hatten. Als Königinnen, Königinmütter, Amazonen, Priesterinnen und Hüterinnen der Traditionen waren sie den Männern nicht nur gleichgestellt gewesen, sondern hatten über sie auch formelle und informelle Kontrolle ausgeübt. Dieser Ansatz, Frauengeschichte aus der Perspektive berühmter Frauen zu schreiben, stieß jedoch bald auf Kritik, weil er die soziale Situation der Mehrheit der Frauen vernachlässigte. Die Geschichte der Frauen als Heldinnen wurde deshalb seit den 1970er Jahren durch ihre Opfer- und Leidensgeschichte ersetzt, in denen der Alltag von Frauen und bes. benachteiligte Gruppen wie Sklavinnen, Dienstmädchen und Prostituierte (↗ Prostitution) behandelt wurden.

Die Thesen von der universellen Asymmetrie der Geschlechter, die die feministischen Diskussionen seit den 1970er Jahren weltweit bestimmten, obwohl sie keineswegs durch statistische Befunde abgesichert waren, fanden auch in Afrika zunächst uneingeschränkt Zustimmung. Die Ursachen der Ungleichheit wurden unterschiedlich begründet: mit dem *male bias*, der Diskriminierung von Frauen durch Kolonialismus und Kapitalismus, ihrer Identifizierung mit der Natur und ihrem Ausschluss aus Öffentlichkeit und pol. Verantwortung. Differenziertere Fallstudien, die Beschreibung geschlechtsegalitärer und polyandrischer Gesellschaften (in S-Tansania) sowie die Dekonstruktion von Geschlecht als essentialistischer Kategorie ließen an diesen Thesen dann aber erhebliche Zweifel aufkommen. Erkenntnisse über die Transformation von Geschlechtsidentitäten und den performativen Umgang mit Geschlechterrollen eröffneten neue Themenbereiche. Die Untersuchung von Körper, Körperlichkeit und geschlechtsspezifischer Gewalt (Beschneidung, Vergewaltigungen) spielt gegenwärtig ebenso eine wichtige Rolle wie neue Forschung über Männer, Männlichkeit und Männerrollen. Außerdem erfährt die Beziehung von G. zu Klasse, Nationalität und Staat zunehmend Beachtung.

II. Wildbeutergesellschaften. In der Diskussion über Geschlechtssymmetrie haben Wildbeutergesellschaften in Afrika und anderswo eine prominente Rolle gespielt. Hier verfügen Frauen und Männer über verschiedene, aber sich gegenseitig ergänzende Machtfelder und ein hohes Maß an persönlicher Autonomie. Eine sorgfältige Analyse der Arbeitsverteilung und des Zugangs zu Statuspositionen hat den Mythos des Jägers als Kulturbringer widerlegt und die Verdienste von Frauen in der Vermittlung von Konflikten und als Heilerinnen hervorgehoben. Die gesellsch. Chancengleichheit findet ihren Niederschlag in Vorstellungen von Männlichkeit und Weiblichkeit, in denen Differenz und Gleichwertigkeit kein Gegensatz sind. Dieses Modell geschlechtsspezifischer Balance – fragil, konfliktträchtig, aber von Solidarität geprägt – hat sich durch die gewaltsame Integration der Wildbeutergruppen in den Nationalstaat, die zu ihrer Marginalisierung und Proletarisierung führte, grundlegend verändert. Auch die Sesshaftwerdung trug dazu bei, dass die G. in Wildbeutergesellschaften unter gegenwärtigen Bedingungen hierarchisch strukturiert und durch zunehmende Konflikte und familiäre Gewalt gekennzeichnet sind.

III. Geschlechterbeziehungen im vorkolonialen Afrika. Die Forschungsergebnisse über geschlechtssymmetrische Gesellschaften verdeutlichen die Notwendigkeit, statt von *Apriori*-Annahmen universaler struktureller Ungleichheit auszugehen, die Dynamik der G. aus lokaler, hist. spezifischer Perspektive zu untersuchen. Diese Sichtweise ermöglicht auch differenziertere Erkenntnisse über die G. im vorkolonialen Afrika. In der ethnographischen Literatur der 1960er und 1970er Jahre wurde v. a. die pol. bedeutsame Rolle von Frauen in matrilinearen und bilinearen Gesellschaften betont (↗ Matrilinearität). Neben solchem öffentl. Einfluss hatten Frauen jedoch auch in der Landwirtschaft und im Handel wichtige Positionen inne. Inwieweit sich dabei ein Machtgleichgewicht zwischen den Geschlechtern herausbilden konnte, hing vom matrilinear oder patrilinear vermittelten Zugang zu Land, Arbeitsmitteln und Arbeitskräften ebenso ab wie von der Wohnfolge, der Höhe des ↗ Brautpreises oder den zu entrichtenden Brautdiensten des Bräutigams/Ehemannes. Über Brautpreis/Brautdienst und Deszendenzregeln wurden reproduktive und ökonom. Rechte und die soziale Zugehörigkeit geregelt, die für die G. von großer Bedeutung waren. Im vorkolonialen Afrika spielten Hausklaverei und Schuldknechtschaft eine wichtige Rolle. Davon waren zwar grundsätzlich beide Geschlechter betroffen, junge Frauen aufgrund ihrer reproduktiven Fähigkeiten aber stärker begehrt. Hypogamie (Ehe zwischen einer Frau aus einer höheren mit einem Mann aus einer niedrigeren Schicht) und Hypergamie (Ehe zwischen einer Frau aus einer niedrigeren mit einem Mann aus einer höheren Schicht) wirkten sich auf die G. aus, konnten aber auch durch Auslösung der Schuldknechte oder durch Freikauf der Sklaven und Sklavinnen wieder aufgelöst werden. G. waren daher auch schon in vorkolonialer Zeit Bestandteil hierarchisch strukturierter Gesellschaften.

Grundsätzlich lässt sich zwar festhalten, dass Frauen in matrilinearen und bilinearen Gesellschaften aufgrund ihrer Kontrolle über Land größere ökonom. Sicherheit besaßen. Beim Tod ihres Ehemannes mussten sie jedoch empfindliche Einbußen hinnehmen, da i. d. R. der gesamte Besitz (Land, Haus, beweglicher Besitz) an die Verwandtschaft des Mannes fiel. Geht man davon aus, dass sich im Rahmen familiärer und verwandtschaftlicher Konstellationen immer gewisse Verhandlungsspielräume ergeben, dann muss auch das plakative Urteil über die Abhängigkeit und Unterdrückung von Frauen in patrilinearen Agrar- und Viehzüchtergesellschaften revidiert werden. Auch hier lässt sich z. B. an der Praxis der ↗ Gynägamie (Heirat zwischen Frauen) zeigen, dass Frauen über Spielräume verfügten, um ihre sozialen und ökonom. Interessen durchzusetzen.

IV. Geschlechterbeziehungen im kolonialen Afrika. Die Dynamik der afrik. G. blieb den Kolonialbeamten weitgehend verborgen. Sie beurteilten die afrik. Geschlechterverhältnisse oft vor dem Hintergrund europ. Familienmodelle und wurden von ihren afrik. Gewährsmännern und Notabeln auf subtile Weise dahin gehend manipuliert, Entscheidungen zugunsten der afrik. Männer zu treffen. Allerdings nutzten auch Frauen das Kolonialsystem für ihre Zwecke, wenn sie – ebenso wie Sklaven beiderlei Geschlechts – sich paternalistischer Vorherrschaft durch Flucht auf Missionsstationen oder in die neu entstehenden Städte entzogen. In Gebieten wie Westafrika, wo Frauen dieser Zuzug erlaubt war, waren sie auch ökonom. initativ und erfolgreich und bauten sich durch Handel, Bierbrauen, Prostitution und Vermietung von Wohnraum eine eigene wirtsch. Existenz auf. Im Verlauf der Kolonialzeit nutzten sie außerdem zunehmend die Angebote schulischer Bildung. In Zentral- und Südafrika blieb es Frauen allerdings bis in die 1960er Jahre hinein verboten, sich in den Bergwerksgebieten und neu gegr. Städten aufzuhalten. Diese staatl. Vorgaben führten zu einer neuen Arbeitsteilung zwischen den Geschlechtern, die Männer in den Bereich der Geldwirtschaft und der ↗ Wanderarbeit drängte und Frauen als Subsistenzproduzentinnen und allein stehenden Haushaltsvorständen ihren Platz in den Dörfern zuwies. Durch den Wegfall männlicher Arbeitskraft und die alleinige Verantwortung für Haus und Hof mussten sie Mehrarbeit verrichten und waren tendenziell vom Gelderwerb abgeschnitten, erkämpften sich gleichzeitig aber auch neue Freiheiten und Kompetenzen. Dennoch wurden dadurch die Weichen für die Feminisierung der Armut gestellt und Frauen aus wichtigen pol. Ämtern und öffentl. Aufgaben verdrängt. Allerdings gelang diese Verdrängung nie vollständig. So konnten sich auch unter kolonialen und postkolonialen Bedingungen manche pol. und relig. Führerinnen behaupten, wie die Königinmütter im ↗ Asante-Königreich oder die berühmten Geist-Medien in Ost-und Zentralafrika, die im antikolonialen Widerstand wichtige Koordinationsaufgaben übernommen hatten.

V. Neuere Entwicklungen. Die beständige Transformation der G. ist auch ein Kennzeichen der postkolonialen Ära, wobei neue nat. Gesetze zum ↗ Familien- und Erbrecht und öffentl. Diskussionen um Polygamie und Matrilinearität einen wichtigen Einfluss ausüben. Prozesse der Globalisierung generieren neue Klassenverhältnisse, in die Frauen und Männer in ungleicher Weise eingebunden sind. Es ist unbestreitbar, dass sich die Situation für die Mehrzahl der Frauen verschlechtert hat und diese Tendenz durch Maßnahmen der internat. ↗ Strukturanpassung weiter zunimmt. Im Kontext dieser zunehmenden ökonom. Differenzierung haben sich neue Funktionseliten gebildet, die zwar mehrheitlich von Männern dominiert sind, zu denen aber auch eine Minderheit von Frauen gehört. Außerdem nehmen Frauen ihre Chancen im Kulturbereich, insbes. in der Musik-, Film- und Videoszene wahr. Dies alles führt dazu, dass Frauen mehr Rechte einfordern und sich dabei nicht nur auf internat. Abkommen, sondern auch auf nat. Gesetzgebungen berufen. Deren Umsetzung stößt allerdings insbes. in den ländl. Gebieten oft auf erheblichen Widerstand. Auch auf dem Land bemühen sich aber Frauen darum, die beschränkten ökonom. und schulischen Möglichkeiten für größere Unabhängigkeit und mehr individuelle Freiheiten zu nutzen. V.a. junge Frauen in Stadt und Land nehmen von der festgefügten Rolle der Frau als Ehefrau (tendenziell) Abschied. Gründe dafür sind die Vernachlässigung ehelicher Pflichten durch Ehemänner, Alkoholismus und Gewalt in der Ehe. Die Scheidungsraten steigen z.T. sprunghaft in den Gesellschaften an, die diese Tendenz nicht durch hohe Brautpreise oder das islam. Recht eindämmen können. Die Zunahme matrifokaler Familienstrukturen stellt die G., die primär auf Ehe und Mutterschaft ausgerichtet waren, in Frage, wobei der Wunsch nach Kindern allerdings stabil bleibt. Vor dem Hintergrund von ↗ Aids werden auch Sexualität, ↗ Verhütung und Männlichkeitsvorstellungen neu diskutiert, und sowohl innerhalb der Paarbeziehungen als auch zwischen den Generationen wird erbittert um neue Konzeptionen von Moral gerungen. Geschlechtsidentitäten werden in diesen Prozessen oft neu bestimmt und ↗ Homosexualität, der noch immer etwas Skandalöses anhaftet, öffentlich diskutiert.

📖 I. Amadiume, Male Daughters, Female Husbands. Gender and Sex in an African Society, London 1987. – N. Hafkin/E. G. Bay (Hg.), Women in Africa. Studies in Social and Economic Change, Stanford 1976. – I. Lenz/ U. Luig (Hg.), Frauenmacht ohne Herrschaft. Geschlechterverhältnise in nicht-patriarchalischen Gesellschaften, Berlin 1990. – S.B. Ortner/H. Whitehead (Hg.), Sexual Meanings. The Cultural Construction of Gender and Sexuality, Cambridge 1981. – C. Robertson/ I. Berger (Hg.), Women and Class in Africa, New York 1986. – M.Z. Rosaldo/L.Lamphere (Hg.), Woman, Culture and Society, Stanford 1974.

Ute Luig

Gesellschaft, Gesellschaften. Unter Gesellschaften versteht man Netzwerke von Menschen, die sich gegenseitig verpflichtet fühlen. Die Kohäsion (gegenseitige Verpflichtung innerhalb der Interaktionsnetze) wird durch den Bezug auf soziale Normen (Gesetze, Sitten, Regeln) erreicht. Als Gesellschaft (im Sing.) bezeichnet man die durch andere Menschen kommunikativ geschaffene Referenz für das Handeln der Einzelnen.

I. Gesellschaften und Nationalstaat. Da die wichtigste normative Referenz heute die Staatsapparate sind, werden G. normalerweise mit den Einwohnern von Nationalstaaten gleichgesetzt. Inwiefern jedoch die afrik. Nationalstaaten (↗ Nationenbildung) G. entsprechen, ist eine offene Frage, wie zwei Extrembeispielen zeigen: (1) In Senegal korrespondieren Nationalstaat und G. Die hohe Wahlbeteiligung (zuletzt im Jahr 2000) und die Bereitschaft vieler pol. engagierter Menschen, andere pol. Positionen zu tolerieren, verweisen auf ein hohes Maß an Kohäsion, das auch Pluralismus zulässt. Zwar wollen sich auch in Senegal Teile der Bev. – etwa in der Provinz Casamance – nicht der senegalesischen G. zuordnen. Doch ist die Zahl der Einheimischen und Ausländer, die an gemeinsamen Interaktionsnetzen teilzunehmen bereit sind, groß genug, um die senegalesische G. zu einem realen Hintergrund für die Interaktion auch mit anonymen

Partnern zu machen. Hier wird deutlich, dass eine G., auch wenn sie wegen ihrer Beziehung zu einem Staat als National-G. bezeichnet werden kann, nicht identisch ist mit einer Nation oder Ethnie. Die Zugehörigkeit zur G. ist vielmehr von der realen Interaktion abhängig, an der Ausländer ebenso wie Einheimische teilnehmen. – (2) Die Demokrat. Rep. Kongo bietet ein extremes Beispiel von Nicht-Korrespondenz von Nationalstaat und G. Schon seit der Unabh. existieren dort Gebiete, die nicht vom Staat, sondern von relig. Verteidigungsgemeinschaften oder von Kriegsherren verwaltet werden. Ende der 1990er Jahre wurde dies durch die Anwesenheit von ausländ. und Rebellentruppen auch internat. offensichtlich. Die Kriegsherren errichten Herrschaften, womit sie eine konkurrierende normative Referenz schaffen. Gesellschaftlichkeit stellt sich aber unter diesen primär auf Ausbeutung zielenden Herrschaften nie für den Gesamtzusammenhang ein, sondern nur in durch ↗ Verwandtschaft, ↗ Nachbarschaft oder Religion (↗ Christentum, ↗ Islam, traditionelle ↗ Religionen) verbundenen regionalen Einheiten, an deren Grenzen (und an den Grenzen der Militärherrschaft) Misstrauen gegen Fremde dominiert.

II. Gesellschaftstypen. Insofern sich die Analyse von Gesellschaften von der Sozialstrukturanalyse (↗ Sozialstruktur) unterscheidet, stellt sich die Frage, was Menschen – und wie – verbindet. Die Verbindungen lassen sich als Netzwerke darstellen. Letztere unterscheiden sich in vielen afrik. G. für Frauen und Männer (↗ Geschlechterbeziehungen). So sind in patrilokalen G. (Ehepaare ziehen zum Vater des Ehemanns, ↗ Patrilokalität) Frauen v. a. mit anderen Frauen vernetzt. Wegen der männl. Dominanz in pol. Strukturen findet die Anbindung der Frauen an eine allgemeine Vergesellschaftung nur indirekt statt. In Gesellschaften ohne Rechtsstaat spielt der Klientelismus eine wichtige Rolle: Der Zugang zu knappen Ressourcen ist nur über Schlüsselpersonen, häufig Dorfchefs, möglich; die G. ist lokal stark vernetzt, aber überlokal nur schwach kohäsiv.

Zur Typisierung unterschiedlicher Formen von G. haben sich keine klaren Konventionen herausgebildet. Nach dem Typ der normativen Referenz können wir ↗ segmentäre G., in denen die geteilten Normen ausgehandelt werden, unterscheiden von herrschaftlichen G., in denen neben die Aushandlung von Normen auch die zentrale Autorität (Zentralinstanz) tritt, die Normen per Erzwingungsstab (z. B. Polizei) durchsetzen kann. Nach dem Typ der Kohäsion kann man zwischen Markt-G., Reziprozitäts- und Redistributions-G. unterscheiden, wobei die beiden letzten der Vergangenheit angehören. Bei Markt-Gesellschaften kommt es nur dann zu langfristigem Austausch mit Kredit und Investition, wenn Vertrauen durch den normativen Rahmen und durch die parallele Existenz nicht warenökonom. Beziehungen gesichert ist. In G., in denen der Warentausch stark eingeschränkt war, wurden die wichtigsten Formen sozialer Bindung, v. a. Beziehungen zu potentiellen Ehepartnern (↗ Heiratsordnungen, ↗ Ehe) und zu Machtinstanzen, durch Abgaben oder Gabentausch (Reziprozität) immer wieder bekräftigt.

Wenn für Afrika zwischen Agrar-, Industrie- und Dienstleistungsgesellschaften (auch postindustrielle Gesellschaften genannt) differenziert wird, so bezieht sich das auf die quantitative Dominanz des agrarischen, industriellen oder Dienstleistungssektors. Dass die – postindustrielle – Dienstleistungsgesellschaft in Afrika noch Zukunft sei, wird manchmal behauptet; aufgrund des hohen Anteils von Händlerinnen, Transporteuren und ihren Hilfskräften an den (Selbst)Beschäftigten (↗ informeller Sektor) könnten aber auch arme afrik. G. als Dienstleistungsgesellschaften eingestuft werden.

III. Gesellschaft und Gemeinschaft. Früher wurde häufig G. von Gemeinschaft abgegrenzt und Afrika mit Gemeinschaft identifiziert. Dabei galt G. als durch anonyme Beziehungen, Gemeinschaft als durch persönliche Beziehungen charakterisiert. Die Vorstellung, die afrik. G. bzw. Gemeinschaften seien solidarisch und wenig differenziert, bei kleinen Mitgliederzahlen nur durch Verwandtschaft verbunden (»Stammesgemeinschaft«), ist aber ein Mythos. Es gab auch in den vorkolonialen G. Afrikas immer Beziehungen zu anonymen Partnern (Herrschaftspersonal oder Handelspartnern); umgekehrt dominiert auch in westl. Industriegesellschaften die alltägliche Interaktion mit vertrauten Personen. Vergesellschaftung stellt sich bei Vertrautheit genauso wie in anonymen Beziehungen nur dann her, wenn das Konfliktpotential des interessengeleiteten und willkürlichen menschl. Handelns durch institutionell gefestigte Formen der Konfliktbewältigung kontrolliert ist. Solche Institutionen gab es auch in vorkolonialen afrik. G. (↗ vorkoloniale pol. Systeme.)

IV. Zivilgesellschaft. Die Möglichkeit selbstgesteuerter Entwicklung einer G. hängt davon ab, inwiefern Entfaltung, Ergänzung und Ausbau der konfliktregelnden Institutionen mit der wirtsch. Entwicklung Schritt halten. Defizite des Rechtsstaats verzögern die gesellsch. Entwicklung. Dieses Problem wird auch mit dem Begriff der ↗ Zivilgesellschaft thematisiert, der in Afrika häufiger eine Zielvorstellung als eine Realität bezeichnet. Der vieldeutige Begriff Zivil-G. oder Bürger-G. bezeichnet eine G., in der der Einzelne als Bürger vergesellschaftet ist. Er hat – über Wahlen oder Abstimmungen – Teil an der pol. Macht, steht als anderen Gleicher einem von unabh. Richtern verwalteten normativen System gegenüber und kommuniziert potentiell mit anderen Bürgern in einer Form, die die Entstehung neuer gesellsch. Institutionen ermöglicht. Einzelne dieser Kriterien (Machtteilhabe, Recht, öffentl. Kommunikation) waren auch in vorkolonialen G. gegeben, und mancherorts existierten damals Formen von Zivil-G., die man i.d.R. erst mit dem 20. Jh. verbindet. In der kolonialen G. wurden aber die Möglichkeiten der Machtkontrolle geschwächt und richterliche Unabh. ausgeschaltet (in den brit. allerdings nicht im gleichen Maß wie in den frz., portug. oder belg. Kolonien). Erst in den 1990er Jahren kam es im Zuge der Ablösung der überalteten pol. Eliten und stimuliert durch das Ende des Ost-West-Konflikts in mehreren afrik. Staaten zu Bewegungen, die den Übergang zur Zivil-G. erkämpfen (↗ nachkolonialer Staat, ↗ Demokratie).

📖 H. Codere, Verteilungsmodus und Gesellschaftsform. In: E. Schlicht (Hg.), Einführung in die Verteilungstheorie, Reinbek 1976. – D. Neubert (Hg.), Die Zukunft Afrikas. Überleben in der Krise, St. Augustin 1991. – A. Kuper (Hg.), Conceptualizing Society, London 1992.

Georg Elwert

Gesundheitsversorgung. *I. Allgemeines.* Die G. wird von der traditionellen Medizin, den öffentl. Gesundheitsdiensten in Dispensarien, Gesundheitszentren und Krankenhäusern und von niedergelassenen Ärzten gewährleistet. Obwohl sich große Teile der Bev. im Krankheitsfall an traditionelle Heiler (↗ Krankheit und Heilung) wenden, ist die staatl. Gesundheitspolitik der meisten afrik. Länder primär an der westl. Medizin ausgerichtet. Das heutige Gesundheitssystem geht in den meisten Ländern auf die Kolonialmächte zurück und wurde nach der Unabh. ausgebaut.

II. Strukturen. Es lassen sich sechs Ebenen medizin. Versorgung feststellen (Abb.).

Die unteren drei Ebenen bilden die Basisgesundheitsdienste. Der Dorfgesundheitshelfer und die traditionellen Hebammen haben neben der Akutbehandlung wichtige Aufgaben in der Prävention (z. B. Hygieneberatung). Dispensarien haben meist keine Betten, was sie von Gesundheitszentren unterscheidet. Beide verfügen nur über paramedizinisches bzw. Pflegepersonal, jedoch keinen Arzt. Im Distriktkrankenhaus können hingegen schwerere Fälle behandelt werden, da dort Mediziner tätig sind, denen Operationssäle und ein Labor zur Verfügung stehen. Das Distriktkrankenhaus und die Basisgesundheitsdienste bilden zusammen die wichtigsten Komponenten des Gesundheitsdistrikts, dessen Aufgaben in der Koordination und Administration der Gesundheitsdienste sowie in der Aus- und Fortbildung der Mitarbeiter in Gesundheitsstationen, Dispensarien und Präventivprogrammen, der Dorfgesundheitshelfer und traditionellen Hebammen bestehen. Zudem dient das Distriktkrankenhaus als Überweisungskrankenhaus, d. h., schwere Fälle werden von den Gesundheitszentren dorthin überwiesen. Die Bereitstellung insbes. von chirurgischen und breiteren diagnostischen Diensten in Krankenhäusern soll das Vertrauen der Bev. in das Gesundheitssystem stärken und die Akzeptanz der Präventivprogramme fördern. Hierzu gehören Impf- und Aidskampagnen, Schwangerschaftsvorsorgeuntersuchungen (↗ Schwangerschaft) etc. Das DHMT (*District Health Management Team*) führt die Präventionsmaßnahmen entweder selbst durch oder koordiniert sie. Es besteht aus mindestens einem Arzt, einer Krankenschwester (mit *Public-Health*-Ausbildung) und einem Apotheker.

Können Krankheiten im Distrikt nicht behandelt werden, wird der Patient an ein Regionalkrankenhaus überwiesen. Hier stehen Fachabteilungen (Internistische Medizin, Chirurgie, Gynäkologie und Geburtshilfe, Psychiatrie) zur Verfügung. In den meisten Ländern gibt es auch ein oder mehrere Tertiärkrankenhäuser, die über weitere Spezialisierungen (z. B. Orthopädie, Augenheilkunde, HNO) verfügen und gleichzeitig Lehrkrankenhäuser sind. Die Koordination der

Gesundheitsdistrikte, der Regional- und Tertiärkrankenhäuser obliegt dem Gesundheitsministerium, das gleichzeitig die Verteilung des Budgets auf die einzelnen Ebenen des Gesundheitswesens vornimmt. Der Anteil der Staatsausgaben für Gesundheit (am Gesamtbudget) lag 1992–99 weltweit bei 12 %, im subsahar. Afrika jedoch nur bei 4 %. Wenn das Finanzvolumen der ↗ Entwicklungszusammenarbeit für den Gesundheitssektor i.d.R. auch weniger als 5 % ausmacht, fließen doch jährl. mehrere Mrd. US$ in die G. afrik. Länder.

III. Die Primary Health Care Innovation. Nach der Unabh. konnte der Ausbau der Krankenhäuser zunächst durchaus Erfolge aufweisen, doch wurde die Bevölkerungsmehrheit durch die bestehenden Dienste nicht erreicht und die Behandlungskosten in den bestehenden Institutionen stiegen immer weiter an. Dies führte zu der als PHC (*Primary Health Care*) bezeichneten neuen Konzeption, die 1978 von der WHO in der Deklaration von Alma Ata definiert wurde. PHC ist dabei nicht eine Stufe der Pyramide der Gesundheitsdienste, sondern ein umfassendes Konzept mit (1) grundbedürfnisrelevanten, (2) kurativen und v. a. (3) präventiven Maßnahmen. Zu (1) zählen Gesundheitserziehung, Ernährungssicherung, Trinkwasserversorgung und sanitäre Maßnahmen, zu (2) angemessene Behandlung und Versorgung mit kostengünstigen Medikamenten, zu (3) Mutter- und Kind-Gesundheitsversorgung, Familienplanung (↗ Verhütung), Impfkampagnen, Bekämpfung lokaler endemischer Krankheiten. Das Ziel, »Gesundheit für alle bis zum Jahr 2000«, wurde alllerdings nicht erreicht.

Bis heute konsumieren die großen Tertiärkrankenhäuser bis zu 80 % des Gesundheitsbudgets der Staaten, Präventionsprogramme sind unterfinanziert und eine Selbstverantwortung für die Gesundheit durch die betroffene Bev. ist i.d.R. nicht realisiert worden. Erfolgreich waren v. a. die Mutter-Kind-Programme der UNICEF, und hier insbes. die Impfprogramme. Insges. hat sich die Situation der G. in den 1990er Jahren stark verschlechtert, so dass Afrika bis heute, nicht zuletzt durch die Verbreitung von ↗ Aids, einen hohen krankheitsbedingten Verlust an Lebensjahren und -qualität aufweist: In mehr als 20 Ländern des subsahar. Afrika ist die durchschnittl. Lebenserwartung zwischen 1985/90 und 1995/2000 gesunken, in den Ländern Botsuana, Burundi, Namibia, Sambia, Simbabwe um mehr als sieben Jahre. Das Bruttosozialprodukt pro Kopf ist im subsahar. Afrika von 1975 bis 1999 im Durchschnitt um 1 % gefallen, z. B. in Madagaskar von 1.258 auf 799 US$ und in Mali von 898 auf 753 US$. Auch für 16 andere Staaten ist der Wert 1999 niedriger als der von 1975.

IV. Die Gesundheitsreformen. Seit Mitte der 1990er Jahre wurden auf Initiative der Weltbank Gesundheitsstrukturreformen durchgeführt. Die wichtigsten Elemente sind (1) Privatisierung, (2) Verringerung der Subventionen, (3) Verringerung sozialer und räumlicher Disparitäten sowie (4) die Entwicklung alternativer Finanzierungssysteme. Zu (1): Ziel der Privatisierung ist der Rückzug des Staates zugunsten der Einführung privater Gesundheitsdienstleistungen (ärztl. Niederlassungsrechte, Krankenhäuser in privater Trägerschaft). Zu (2): Der Anteil der privaten Gesundheitsausgaben schwankt zwischen fast 80% in Uganda und weniger als 15% in Lesotho. Ziel ist, die Kosten der kurativen Leistungen der Gesundheitsdienste mehr als bisher durch Patientengebühren zu decken. Zu (3): Basisgesundheitsdienste unterstützen sozial schwache Gruppen, insbes. auf dem Land. Ziel der Reform ist die Dezentralisierung der Planungsverantwortung auf die Ebene des Gesundheitsdistrikts sowie dort die Erhöhung der Managementkompetenz. Zusätzlich sollen Armutsgruppen in ↗ Slums speziell gefördert werden. Zu (4): Die Einführung ↗ sozialer Versorgungssysteme ist ein weiterer Schwerpunkt der Reform. Bislang sind Krankenversicherungen primär an Lohneinkommen gebunden, so dass nur Bezieher regelmäßiger Einkommen krankenversichert werden können. Da der Anteil der Selbständigen (Bauern, Kleinhändler etc.) sehr hoch ist, wurden bislang weniger als 2% der Bev. krankenversichert. Seit 1990 sind in einigen Ländern genossenschaftliche Krankenversicherungen für Bauern und Kleinhändler oder auch dörfliche Krankenversicherungen auf Gegenseitigkeit entstanden.

Nach dem Scheitern des *Primary-Health*-Konzepts und der unzulänglichen Umsetzung der Gesundheitsstrukturreformen formulierten die UN im Juni 2000 in der Erklärung »Paris 21« zusammen mit Weltbank, IWF und OECD neue Ziele der Gesundheitspolitik bis 2015: die Senkung der Kindersterblichkeit um zwei Drittel, die Senkung der Müttersterblichkeit um drei Viertel, allg. Zugang zu Familienplanung sowie die Halbierung der extremen Armut (Anteil der Bev. mit weniger als 1US$ pro Tag). ↗ Bevölkerung.

🕮 H.J. Diesfeld u. a., Gesundheitsversorgung in Entwicklungsländern. Berlin 1993. – D.R. Phillips, Health and Health Care in the Third World, New York 1990. –

D. R. Phillips/Y. Verhasselt, Health and Development, London 1994. – Weltbank (Hg.), Better health in Africa, Washington 1994 (www.worldbank.org – www.paris 21.org/betterworld).

Steffen Fleßa

Gewerkschaften. Sobald im kolonisierten Afrika ein moderner Wirtschafts- oder Verwaltungssektor mit Lohnarbeit entstand, schlossen sich Arbeitnehmer zu G. zusammen – in Tunesien z. B. schon vor dem Ersten Weltkrieg. In Südafrika gründeten weiße Bergleute 1902 ihre G. und streikten 1913–14, um Schwarze von besser bezahlten Arbeitsplätzen auszuschließen; 1918–27 organisierte C. Kadalie (ca. 1896–1951) bis zu 100.000 schwarze Hafen- und andere Arbeiter Südafrikas in der ICU *(Industrial and Commercial Workers Union)*, die bald danach jedoch an Erfolglosigkeit zugrunde ging. 1937 erlaubte die Pariser Volksfront-Regierung »Eingeborenen« die Bildung von G. in den frz. Kolonien. Im Zweiten Weltkrieg und unmittelbar danach entstanden fast überall G. in enger Zusammenarbeit mit den antikolonialen Befreiungsbewegungen (↗ Rebellenbewegungen). Es kam zu ersten Streiks, z. B. der Eisenbahner in Nigeria 1945 sowie in Frz.-Westafrika von Okt. 1947 bis März 1948. Ein schwarzer Bergarbeiterstreik in Südafrika wurde 1946 blutig niedergeschlagen.

Die Unterentwicklung des kolonialen Afrika begrenzte moderne Arbeitsbeziehungen auf enge Bereiche, nämlich die Verwaltung einschl. staatl. betriebener Schulen, Häfen und Eisenbahnen, den Bergbau, und – v. a. in Süd- und Nordafrika – wenige Ansätze weiterverarbeitender Industrie (↗ Industrialisierung). Dem entspricht bis heute in der Arbeiterschaft und damit in den G. ein Übergewicht von Lehrern und anderen Beschäftigten des öffentl. Dienstes. Noch 1996 waren in Afrika 62% der Erwerbsbev. in der Landwirtschaft tätig, 23% im Dienstleistungsbereich und nur 15% in der Industrie. Für Arbeitslose, die ungezählten Arbeit Suchenden, Wanderarbeiter, Hauspersonal und für die im ↗ informellen Sektor Tätigen sind die G. kaum attraktiv.

Mit der ↗ Entkolonisierung traten Führer der G. an die Spitze der Befreiungsbewegung, z. B. S. Touré (1922–84) in Guinea, J. Nkomo (1917–99) in Simbabwe. In Ghana, Kenia, Tansania ordneten sich die G. nach der Unabh. den neuen Einheitsparteien unter, die von der Arbeiterschaft verlangten, um der ↗ Nationenbildung willen auf Streiks zu verzichten.

Im April 1973 wurde im Rahmen der ↗ OAU die OATUU (*Organization of African Trade Union Unity*) gegründet. Ihr gehörten 1999 73 Verbände aus den 53 Staaten Afrikas an, mit nach eigener Angabe ca. 30 Mio. Mitgliedern; das wären 9,5% der Erwerbsbev. Sitz der OATUU ist Accra (Ghana); ihr Generalsekretär kommt seit 1986 aus Nigeria. 46 Verbände aus 39 Ländern sind daneben im IBFG (Internat. Bund Freier Gewerkschaften) organisiert, darunter die starken Organisationen aus Algerien (UGTA), Ghana (TUC), Marokko (UMT), Sambia (ZCTU), Simbabwe (ZCTU), Südafrika (COSATU und NACTU) und Tunesien (UGTT). Mit der Hinwendung zur ↗ Demokratie seit 1989/90 gingen auch viele G. auf Distanz zu den langjährig herrschenden Regierungen. In Sambia wurde 1991 der Gewerkschaftsführer F. Chiluba (*1943) zum neuen Staatspräsidenten gewählt. In Nigeria verbot der Militärdiktator Abacha 1994 nach dem Scheitern eines Erdölarbeiterstreiks die wichtigsten G. Dagegen waren in Südafrika nach Massenstreiks 1973 G. der Schwarzen als tariffähig anerkannt worden, und der mit 1,77 Mio. Mitgliedern (1997) bei weitem stärkste Gewerkschaftsbund COSATU (*Congress of South African Trade Unions*) trug im Bündnis mit dem ANC zur Überwindung der ↗ Apartheid bei; seit 1994 kritisiert COSATU mit wachsender Schärfe die neoliberale Wirtschaftspolitik der vom ANC geführten Regierung. In Namibia und Simbabwe haben 1999 prominente Gewerkschafter die Führung neuer Oppositionsparteien übernommen.

📖 W. Ananaba, The Trade Union Movement in Africa. Promise and Performance, London 1979. – Ch. Beck, Zimbabwe zwischen Einparteienstaat und Zivilgesellschaft. Die Rolle der Gewerkschaften im Demokratisierungs- und Entwicklungsprozess, Frankfurt 1997. – S. Schmidt, Die Rolle der Schwarzen Gewerkschaften im Demokratisierungsprozess Südafrikas, Hamburg 1992.

Franz Ansprenger

Gewohnheitsrecht ↗ Recht

Globalisierung ↗ Außenwirtschaft

Grenzfrage ↗ Kriege/Bürgerkriege

Gruppe der 77. Eine Interessengruppe von Entwicklungsländern, die gemeinsame Positionen zu wirtsch.- und entwicklungspol. Fragen des Nord-Süd-Konflikts erarbeitet und insbes. im Rahmen des UN-Systems vertritt. Die G. d. 77 wurde 1964 von 77 EL aus Afrika, Asien und Lateinamerika anläßlich der Gründung der UNCTAD (*UN Conference on Trade and Development*) ins Leben gerufen. Mit der 1961 gegr. ↗ Blockfreienbewegung bildete die G. d. 77 in den 1970er Jahren eine »Koalition der Dritten Welt«, die entscheidenden Anteil an den – letztlich gescheiterten – Bestrebungen zur Errichtung einer ↗ Neuen Weltwirtschaftsordnung hatte. Im Unterschied zum globalpol. Selbstverständnis der Blockfreienbewegung konzentrierte sich die G. d. 77 auf Fragen der sozioökonom. Entwicklung. Sie konnte als eine »Gewerkschaft der Armen« (Nyerere) gesehen werden. Mit der Entwicklungs- und Verschuldungskrise vieler Länder der Dritten Welt in den 1980er Jahren verlor die G. d. 77 an Bedeutung. Im Zeichen der Globalisierungsdiskussion der 1990er Jahre erwies sie sich jedoch erneut als geeignetes Forum, um – ungeachtet der größer gewordenen Entwicklungsunterschiede in der Dritten Welt – gemeinsame Positionen in Bezug auf die Gefahren eines schrankenlosen Welthandels sowie die Schuldenlast für die nat. Ökonomien ihrer Mitgliedsländer zu formulieren. Die G. d. 77 hat ihren Sitz in New York. Von anfangs 77 war ihre Mitgliedschaft im Jahr 2000 auf 133 Länder, darunter alle afrik. Länder mit Ausnahme der Westsahara, angewachsen.

🕮 R. A. Mortimer, The Third World Coalition in International Politics, Boulder/London 1984. – M. Williams, Third World Cooperation. The Group of 77 in UNCTAD, London/New York 1991.

Peter Meyns

Guerillakrieg ↗ Rebellenbewegungen

Handels- und Marktsysteme sind alle staatl. Institutionen und agrarpol. Instrumente, mit denen Handel und Vermarktung insbes. von Agrarprodukten beeinflusst und gelenkt werden sollen. Damit werden versch. wirtschafts-, agrar- und ernährungspol. Ziele verfolgt, u. a. die Stabilisierung von Preisen und Erlösen auf heimischen Agrarmärkten. Ohne staatl. preisstabilisierende Maßnahmen gelten diese Märkte, die vergleichsweise starken witterungsbedingten Angebotsschwankungen unterliegen, als instabil. In EL (Entwicklungsländern) kann sich die Nachfrage nach Agrarprodukten auch durch Einkommensschwankungen ändern. Ein zweites Ziel der H.- u. M. ist die Beeinflussung des durchschnittl. Preisniveaus. Je nachdem, ob die Ausgaben der Verbraucher (bei Nahrungsmitteln), die Erlöse der Produzenten oder des Staates (bei Exportgütern) im Vordergrund stehen, kann eine Verminderung oder Erhöhung der Agrarpreise gegenüber dem Weltmarktniveau angestrebt werden.

In EL allg. und in Afrika insbes. sind drei wichtige Elemente von H.- u. M. zu unterscheiden: (1) Lagerhaltungspolitik (*Buffer Stocks*), (2) staatl. Vermarktung (*Marketing Boards*) und (3) Exportsteuern oder direkte mengenmäßige Handelsbeschränkungen. – (1) Die Lagerhaltungs- oder *Buffer-Stock*-Politiken zielen auf die Preisstabilisierung nat. Agrarmärkte. Sie dienen insbes. der Regulierung auf Nahrungsmittelmärkten und werden oft durch staatl. oder halbstaatl. Vermarktungseinrichtungen durchgeführt. Lager werden bei niedrigen Preisen auf- und bei hohen Preisen abgebaut, um Preisinstabilitäten zu vermindern. (2) *Marketing Boards* für Agrarexportgüter sind staatl. oder halbstaatl. Vermarktungseinrichtungen, die oft das Vermarktungsmonopol v. a. bei tropischen Produkten wie Kaffee, Kakao und Tee besitzen. Mit der Politik der Export-*Marketing-Boards* ist oft eine Besteuerung dieser Agrarexportgüter verbunden. Im Gegensatz zur ersten Kategorie der H.- u. M. sind Export-*Marketing-Boards* meist nicht in längerfristiger Lagerhaltung engagiert, da sie nicht auf Nahrungsmittel ausgerichtet sind und keine direkten Ernährungssicherungsziele verfolgen. Export-*Marketing-Boards,* im frankophonen Afrika als *Caisses de Stabilisation* bezeichnet, sind in Afrika mehr als in anderen Kontinenten verbreitet. (3) Exportsteuern oder direkte mengenmäßige Handelsbeschränkungen sind außenhandelspol. Instrumente, die nicht notwendigerweise die Errichtung einer Vermarktungseinrichtung erfordern. Sehr verbreitet sind Exportzölle oder Exportsteuern, mit denen bei agrarischen und nichtagrarischen Ausfuhrgütern Staatseinnahmen erwirtschaftet werden. Wie Importbeschränkungen bei Nahrungsmitteln finden mengenmäßige Exportbeschränkungen Anwendung, wenn in einzelnen Ländern Devisenknappheit herrscht. Ein auf Stabilisierung der Produzentenpreise und -erlöse ausgerichtetes System bei Exportgütern ist die Einrichtung eines Ausgleichsfonds (*Buffer Fund Stabilization*). Dort wird bei hohem Weltmarktpreis ein Zoll erhoben, und die Einnahmen fließen in diesen Fonds, um den Produzentenpreis in Zeiten niedriger Weltmarktpreise stabilisieren zu können. In Afrika hatte z. B. die Elfenbeinküste Ausgleichsfonds auf den Märkten für Kaffee, Kakao und Baumwolle eingesetzt.

Welche Wirkungen gingen von den Aktivitäten dieser H.- u. M. in der Vergangenheit aus? Neuere Langzeitstudien zu Export-*Marketing-Boards*, die in zahlreichen Ländern durchgeführt wurden, belegen, dass überwiegend ein preisstabilisierender, aber auch ein – schwächerer – erlösstabilisierender Effekt erreicht wurde. Die Stabilisierungseffekte waren i.d.R. bei Getreide wesentlich stärker als bei tropischen Getränken (Kaffee, Kakao, Tee) und Faserpflanzen. Von diesen preisstabilisierenden Effekten ist der Niveaueffekt der Vermarktungspolitik im Hinblick auf Preise und Erlöse zu unterscheiden. Dazu ist auf der Grundlage vieler EL und über einen längeren Zeitraum festzustellen, dass in den 1970er und 1980er Jahren ebenfalls eine sehr unterschiedliche Politik bei Getreide als typischem Nahrungsimportgut und bei tropischen Getränken als den traditionellen Exportgütern der EL vorlag. Die Ausfuhrprodukte wurden eindeutig und in hohem Maße über die beschriebenen Vermarktungspolitiken besteuert. Bei Nahrungsgütern wie Weizen und Reis lag eine wesentlich vorteilhaftere Preispolitik vor. Einzelne Länder schützten ihre Erzeuger mit Produzentenpreisen, die über den Weltmarktpreisen lagen. Andere Länder besteuerten ihre Erzeuger, doch lag das Ausmaß dieser Besteuerung in den meisten Fällen unter dem entsprechenden Niveau der Agrarexportgüter.

Insges. werden über die H.- u. M. speziell in Afrika Agrarexportgüter gegenüber Agrarimportgütern diskrimiert. Die Preisinstabilität im Exportsektor wird durch die H.- u. M. in geringem Umfang vermindert und das Niveau der Erzeugerpreise im Vergleich zu den jeweiligen Weltmarktpreisen deutlich stärker reduziert. Begründet ist dieser Unterschied im Protektionsniveau durch Ziele der Selbstversorgung, die bei den Nahrungsgütern eine große Rolle spielen. Demgegenüber dienen Agrarexportgüter seit Jahrzehnten und immer noch als Quelle für die Beschaffung von Staatseinnahmen über Exportsteuern. Die Benachteiligung des Agrarsektors in EL und dabei insbes. des Agrarexportsektors über die H.- u. M. führt zu einem Verzicht an Deviseneinnahmen und einem Wohlstandsverlust in den betreffenden Ländern.

Neben den genannten H.- u. M., mit denen der Staat in EL direkt in den Markt eingreift, sind indirekte Einflüsse des Staates z. B. auf lokalen Märkten vorhanden. Die private Vermarktung von Gütern auf lokalen Märkten und auf statistisch oft nicht erfassten parallelen Märkten ist ein wichtiger Bestandteil der Versorgungssicherung der Bev. Durch Bereitstellung von Infrastruktur, z. B. von Marktplätzen oder durch Kredite an Kleingewerbetreibende, kann der Staat diese Vermarktungseinrichtungen fördern und zu Beschäftigung und Ernährungssicherheit der Bev. beitragen. ↗ Agrarpolitik, ↗ Ernährung.

🕮 O. Knudsen/J. Nash, Domestic Price Stabilization Schemes in Developing Countries. In: Economic Development and Cultural Change 38 (1990), S. 539–558. – A. O. Krueger/M. Schiff/A. Valdés, The Political Economy of Agricultural Pricing Policy, Bd. 3: Africa and the Mediterranean, Washington 1991. – M. Wiebelt u. a., Discrimination Against Agriculture in Developing Countries? Tübingen 1993.

Roland Herrmann

Heiler ↗ Gesundheitsversorgung, ↗ Krankheit und Heilung, ↗ Magie

Herrschaftsformen ↗ Kolonialismus, nachkolonialer Staat

Industrialisierung gilt seit der Industriellen Revolution in England im 18. Jh. als der wichtigste Motor für wirtsch. Entwicklung. Als I. im engeren Sinne bezeichnet man das Wachstum der industriellen Produktion in neuen Sektoren und Regionen. Die Regierungen versuchen dieses mit ihrer Industriepolitik zu steuern, denn die I. stellt erhebliche Anforderungen an einen allg. gesellsch. Wandel von Normen, Institutionen und Verhaltensweisen. Erst diese I. im weiteren Sinne schafft die Grundlagen für eine erfolgreiche I. im engeren Sinne.

I. Industrialisierung im engeren Sinne. Afrika gehört zu den am geringsten industrialisierten Regionen der Welt. In vielen Ländern trägt die Industrie mit weniger als 10% zum BIP bei, in stärker industrialisierten Ländern gerade 20% (z. B. Südafrika, Nigeria, Simbabwe, Kamerun). Trotz seiner Bedeutung als Rohstoffproduzent gilt Südafrika als der »Industriegigant« im subsahar. Afrika, dessen industrielle Produktion die des folgenden Landes – Nigeria – um etwa das Achtfache übertrifft.

Die I. Afrikas begann in Ägypten. Schon im frühen 19. Jh. versuchte Gouverneur Mehmed Ali eine binnenorientierte I., die an der erzwungenen Öffnung für Produkte aus England scheiterte. Eine urbane Industrie entwickelte sich Anfang des 20. Jh. in den großen, von Weißen besiedelten Städten Nord- und Südafrikas und auch wieder in Ägypten. Erst sehr spät entstand dagegen im subsahar. Afrika eine Industrie, mit

Ausnahme einiger »Inseln«, in denen Rohstoffe für den Export bearbeitet wurden. Zu diesen zählen die Hüttenkomplexe an den Bergbaustandorten Shaba (Kongo), Copperbelt (Sambia) und Witwatersrand (Südafrika). Gelegentlich wurden Verarbeitungsbetriebe auf Plantagen (↗ Plantagenwirtschaft) errichtet.

Die I. des subsahar. Afrikas begann nur zögerlich in der Kolonialzeit. Alle Kolonialmächte haben das Aufkommen einer auf den Binnenmarkt ausgerichteten Industrie in Afrika unterdrückt, obwohl die einzigen dort tätigen Unternehmer entweder der Kolonialmacht oder nichtafrik. Minoritäten angehörten. Nur in Zeiten unbeabsichtigter Abschottung entstanden Industriebetriebe, v.a. im Zweiten Weltkrieg, bei der Isolierung Rhodesiens während der von Präsident Ian Smith erklärten Unabh. oder im nigerianischen Biafra-Sezessionskrieg (↗ Kriege/Bürgerkriege). Nach der Wiedereingliederung in die weltwirtsch. Arbeitsteilung mussten die meisten Betriebe wegen der neu einsetzenden Konkurrenz wieder schließen. Eine Ausnahme bilden die in Ostnigeria von Einheimischen aufgebauten Industrien, die nach der wiederhergestellten nat. Einheit weiter aufblühten.

So leidet die I. Afrikas heute einerseits noch unter den Folgen des ↗ Kolonialismus, andererseits aber unter einer unangemessenen Industrialisierungspolitik der unabh. Regierungen. Zwar boten die Agroindustrien – z.B. Plantagen für Tee, Zuckerrohr, Ananas –, Energie aus Wasserkraft nutzende Industrien – z.B. Aluminiumhütten am Volta-Stausee (Ghana), Edea (Kamerun) –, Rohöl verarbeitende Industrien – bes. in Nigeria – und holzverarbeitende Industrien in West- und Zentralafrika relative frühe Ansatzpunkte für eine exportorientierte I., doch entwickelte sich erst nach der Unabh. mit der schnell einsetzenden ↗ Urbanisierung eine städt. Konsumgüterindustrie zur Versorgung des Binnenmarktes. Entgegen der großen Verfügbarkeit gering qualifizierter Arbeitskräfte, aber der Knappheit an Kapital in afrik. Volkswirtschaften wurden aufgrund staatl. Regulierungen bevorzugt kapitalintensive Großindustrien errichtet. Da kaum Zwischenprodukte und Investitionsgüter hergestellt werden, fehlt es weitgehend an einer landesinternen Verflechtung der afrik. Industrie. Sie ist regional sehr ungleich verteilt, wenig auf Export ausgerichtet und von geringem technologischen Niveau; kurz, internat. kaum wettbewerbsfähig. Die Krisen der 1980er und 1990er Jahre haben in vielen Staaten (bes. Westafrikas) sogar zu einer De-Industrialisierung geführt.

Oft wird übersehen, dass in diesen 20 Jahren dennoch eine I. durch kleine ↗ Unternehmen bzw. ↗ Mikrounternehmen stattgefunden hat. In einigen Städten sind lokale *Cluster* vieler kleiner, arbeitsintensiv produzierender und untereinander sowohl kooperierender als auch in Wettbewerb stehender Betriebe herangewachsen, die Ausgangspunkt für eine neue Art der I. für lokale Bedürfnisse sind. So entstanden z.B. Gewerbe für Bekleidung in Nairobi (Kenia), der Autoreparatur in Thika (Kenia), Kumasi (Ghana) und Bamenda (Kamerun), für Metallprodukte in Kumasi (Ghana), für Autoersatzteile in Nnewi (Nigeria) sowie für Schuhe und Lederwaren in Aba und Onitsha (Nigeria). Sie beziehen ihre Wettbewerbsfähigkeit auf dem Binnenmarkt durch teils familienbezogene Netzwerke, Kooperation, informelle Finanzierung, gemeinsame Anstrengungen zur Behebung von Defiziten der Infrastruktur etc. Diese Zusammenarbeit, die den beteiligten Unternehmen Wettbewerbsvorteile ermöglicht, ist aufgrund von Vertrauensbeziehungen gewachsen, die durch kulturell gebundene Institutionen (Regelsysteme) an wenigen Orten Afrikas entstanden.

II. Direkte Industrialisierungspolitik. Seit den 1960er Jahren haben viele afrik. Regierungen der I. eine Schlüsselrolle zugemessen. Die Industriepolitik war jedoch im Ganzen wenig erfolgreich: Es blieb bei der aus der Kolonialzeit stammenden Ausrichtung der Länder auf die ehem. Kolonialmacht – die teils weiterhin erheblich Einfluss nahm –, es fehlte eine einheimische Unternehmerschicht, und schließlich waren die gewählten Strategien unangemessen. Lokale Unternehmer aus ↗ Minderheiten wurden zur Aufgabe ihrer Betriebe gezwungen, und zugleich verhinderten Regierungen das Aufkommen einheimischer Unternehmer. In manchen Ländern hat allerdings die ↗ Afrikanisierung des Handels die Investitionen von Minderheiten erst in die I. gelenkt, z.B. in Nigeria und Kenia. Afrik. Regierungen haben überall den Aufbau einer kapitalintensiven Industrie durch Staatsunternehmen und multinat. Unternehmen bevorzugt, und zwar sowohl in Ländern, die das Entwicklungsmodell der Marktwirtschaft, als auch in Ländern, die das Entwicklungsmodell des afrik. ↗ Sozialismus und der ↗ *self reliance* (Tansania) einschlugen. Folglich entstanden große Industrieeinheiten, deren Kapazitäten nie ausgeschöpft wurden, in einem pol. und ökonom. System der ↗ Rentenökonomie.

Zugleich folgt die Industriepolitik vielfach einer Strategie der Importsubstitution, die auf den

Ersatz von Importgütern durch Eigenproduktion ausgerichtet ist. Diese Politik hat nur bei Endprodukten, insbes. Konsumgütern, Erfolg, im Übrigen steigende Importe von Ausrüstungsgütern und Vorprodukten, wachsende Abhängigkeit vom Ausland, Verhinderung von Produktivitätszuwächsen bei geringem Absatz in kleinen Ländern etc. zur Folge. Importsubstitution hat damit erheblich zur Fragmentierung und gleichzeitiger Außenabhängigkeit der Industrie Afrikas beigetragen. In keinem Land konnte so auf Dauer eine eigenständige I. erreicht werden.

Die exportorientierte Industriepolitik hat nur in kleinen Ländern Erfolg gehabt, die das Modell einer arbeitsintensiven, auf niedrigen Löhnen basierenden I. in sog. freien Produktionszonen verfolgten (z. B. Mauritius). In diesen Zonen werden nat. Regulierungen weitgehend außer Kraft gesetzt, um ausl. Investoren anzuziehen, die ausschließlich für den Export produzieren. Länder, die den Weg der exportorientierten I. mit rohstoffverarbeitender Industrie wählten, sahen sich einer weltweit zunehmenden Konkurrenz bei gleichzeitig abnehmender Nachfrage nach ihren Produkten in den Industrieländern ausgesetzt und scheiterten u. a. an fallenden Weltmarktpreisen. Schließlich haben wirtsch. Schocks durch Dürrekatastrophen, Bürgerkriege und Ölkrisen maßgeblich zum Misserfolg der afrik. Industrialisierungspolitik beigetragen.

Die Auflösung der engen pol. Bindungen an die ehem. Kolonialmächte, die lange auch durch die ↗ Lomé-Abkommen mit der EU aufrecht erhalten wurden, die Maßnahmen zur ↗ Strukturanpassung von IWF und Weltbank sowie die neuen Formen der Globalisierung erzwingen heute veränderte industriepol. Strategien. Zur Überwindung der seit nahezu dreißig Jahren anhaltenden Krise der afrik. Industrie wird eine flexible und zugleich umfassende neue Industriepolitik erforderlich, die u. a. Formen der Importsubstitution mit denen der Exportorientierung verbinden muss.

III. Industrialisierung im weiteren Sinne. Hemmnisse für eine I. liegen weitgehend in den herrschenden pol. und sozialen Verhältnissen in afrik. Ländern. Die rentenökonom. Verhältnisse haben das Aufkommen einer einheimischen Unternehmerschaft weitgehend verhindert. Regierungen haben die Währungen oft überbewertet, was Kapitalflucht und die Möglichkeit des Erzielens von Renten (*rent seeking*) zur Folge hatte. Auch wurde u. a. durch Staatseingriffe die Entwicklung eines funktionsfähigen Bankensektors, der Industrieinvestitionen zu ausgewogenen Zinsen finanzieren könnte, verhindert. Pol. Instabilitäten, Wirtschaftskrisen durch starke Außenabhängigkeit und Staatskonsum (z. B. in Rüstungsgütern) haben dazu beigetragen, dass wenig in die notwendigen Infrastrukturen investiert wurde. In Afrika fehlt es an einer Technologiepolitik und Industrieforschung. Das Bildungssystem geht an industriellen Aktivitäten vorbei. Das Rechtssystem schützt weder eigene technische Innovationen noch Markennamen afrik. Unternehmen. So steht Afrika grundsätzlich vor einer Schwäche der sozialen Institutionen, die für einen eigenständigen Industrialisierungsprozess notwendig wären. Aus der Fragmentierung der nat. sozialen Systeme erwächst eine Inkohärenz, die I. im engeren Sinne weitgehend verhindert. Wo abseits der pol. Einflussnahme solche kohärenten sozialen Systeme in der kleingewerblichen Produktion dennoch heranwachsen, werden sie gegenwärtig weder von den eigenen Regierungen noch von den zunehmend mächtiger werdenden internat. Organisationen wie Weltbank oder WTO gefördert. ↗ Außenwirtschaft, ↗ Stadt, ↗ Stadtplanung, ↗ Transportsysteme, ↗ Umweltschutz.

🕮 Ph. Hugon, L'économie de l'Afrique, Paris 1993. – R. Kappel, Industrielle Entwicklung oder De-Industrialisierung in Afrika? In: Nord-Süd aktuell 8 (1994), S. 617–636. – S. Lall/S. Wangwe, Industrial Policy and Industrialisation in Sub-Saharan Africa. In: Journal of African Economies 7 (1998), Suppl. 1, S. 70–107. – D. McCormick, Enterprise Clusters in Africa: On the Way to Industrialisation? Brighton 1998. – P. O. Pedersen/D. McCormick, African Business Systems in a Globalising World. In: Journal of Modern African Studies 37 (1999), S. 109–133.

Eike W. Schamp

Infibulation ↗ Beschneidung

Informeller Sektor, zusammenfassender Begriff für überwiegend kleinbetrieblich organisierte Arbeit in Produktion und Handel, zumeist staatl. wenig reguliert oder statistisch erfasst, eine quantitativ bedeutende Form der wirtsch. Tätigkeit in den Städten fast aller EL (Entwicklungsländer).

Ältere Theorien über den Arbeitsmarkt in EL legten ein duales Modell zugrunde. Demnach wandern Arbeitskräfte im Zuge des Entwicklungsprozesses vom traditionellen landwirtsch. Sektor in den modernen städt. Industriesektor ab (↗ Migration). Dort, wo eine Absorption nicht sofort möglich wäre, würden übergangsweise

Gelegenheitsarbeiten angenommen. Im Laufe der 1970er Jahre erkannte man, dass diese Tätigkeiten keinesfalls temporär waren, sondern häufig eine lebenslange Beschäftigungsform und dass es sich überdies um eine Lebens- und Arbeitsweise mit eigenen, für EL typischen Charakteristika handelte. Zudem zeigte sich hier kein marginales Phänomen, sondern ein zentrales Moment der Volkswirtschaften von EL. Der brit. Sozialanthropologe Keith Hart führte 1973 bei einer Untersuchung dieser Tätigkeiten in Accra (Ghana) dafür den Begriff des i. S. ein. Zur gleichen Zeit definierte eine ILO-Studiengruppe in Kenia den i. S. aufgrund von sieben Kennzeichen: (1) dem Fehlen von Zutrittsbarrieren für Neuankömmlinge, (2) der Nutzung vorwiegend einheimischer Ressourcen, (3) der auf ↗ Familien basierenden und (4) kleinbetrieblichen Organisation der ↗ Unternehmen, (5) der arbeitsintensiven und den lokalen Verhältnissen angepassten Technologie, (6) dem Kompetenzerwerb außerhalb des formalen Bildungssystems sowie (7) der unregulierten und wettbewerbsintensiven Märkte in diesem volkswirtsch. Sektor. Die Aktivitäten im i. S. werden nicht mehr als rückständig und der Entwicklung hinderlich angesehen, sondern sie demonstrieren ein beachtliches unternehmerisches Potenzial dieser Bevölkerungsgruppe mit großer Bedeutung für den Entwicklungsprozess.

Kritiker wiesen v. a. auf die große Heterogenität der Betriebe und Arbeitsverhältnisse hin, die als »informell« zusammengefasst werden sollten, andere hielten auch den volkswirtsch. Begriff »Sektor« für nicht anwendbar. Manche sprechen deshalb unter Berücksichtigung v. a. der betrieblichen Organisationsform von einem Kleingewerbesektor, womit allerdings ebenfalls höchst heterogene Lebens- und Produktionsformen zusammengefasst werden. Andere stellen den Haushalt in den Mittelpunkt und diskutieren Arbeitsverhältnisse und Einkommensmöglichkeiten im Zusammenhang der Lebensbedingungen einer *community of the poor*. Wissenschaftler, die den Begriff i. S. weiterhin benutzen, weil er eine sinnvolle Erweiterung der ökonom. Analyse durch Ansätze anderer Disziplinen ermöglicht, beschränken sich meist auf zwei Hauptkriterien: kleinbetriebliche Produktionsweise und Vermeidung staatl. Regulierungen (und dadurch auch fehlende Erfassung in volkswirtsch. Statistiken). Die ILO spricht heute von informellen Wirtschaftseinheiten, wenn das wirtsch. Hauptziel die Schaffung einer Beschäftigungsmöglichkeit für den Betreiber selbst ist, ein niedriger Organisationsgrad (Kleinbetrieb, ↗ Mikrounternehmen) besteht und der Besitz der Produktionsfaktoren Arbeit und Kapital zusammenfällt. Empirisch gibt es häufig Überschneidungen zwischen den versch. Kriterien. Die kleinbetriebliche Organisationsform kann i.d.R. als eine Annäherung an den i. S. angesehen werden, mehr noch als die unterlassene Registrierung. So haben zwei Drittel der Kleinbetriebe in Niger eine Gewerbelizenz, in Swasiland etwas mehr als die Hälfte. Vorschriften zur Arbeitssicherheit werden aber nur von 7% der nigrischen Kleinbetriebe eingehalten und von 19% der swasischen.

Heute arbeiten bis zu zwei Drittel der städt. Bev. Afrikas im i. S. Neue Arbeitsplätze entstehen fast ausschließlich in diesem Sektor, v. a. durch Betriebsneugründungen. Unternehmen im i. S. haben allerdings meist nur eine kurze Lebensdauer: Zwei Drittel aller Neugründungen bestehen nicht länger als drei Jahre. Vorherrschende Tätigkeiten sind Handel und Dienstleistungen (z. B. Kleintransporte) sowie die Warenproduktion (↗ Schneiderei, Möbelherstellung und Metallbearbeitung). ↗ Frauen haben meist einen gleich hohen Anteil an der informellen Beschäftigung wie Männer, konzentrieren sich aber auf weniger Branchen, wie Nahrungsmittelzubereitung, Kleinhandel und persönliche Dienstleistungen, u. a. als Friseusen. Je ärmer eine Volkswirtschaft, gemessen am durchschnittl. Pro-Kopf-Einkommen, desto mehr Menschen arbeiten informell. Dies hängt damit zusammen, dass informelle Betriebe einkommensunelastisch nachgefragte Güter herstellen, d. h. dass diese Güter v. a. von Konsumenten mit niedrigen Einkommen nachgefragt werden, während mit steigenden Einkommen industriell gefertigte Standardprodukte bevorzugt werden. Formelle und informelle Aktivitäten sind jedoch häufig miteinander verzahnt: auf der Ebene der Akteure durch Einkommen, das gleichzeitig in beiden Sektoren erzielt wird, aber auch durch Beschäftigte, die zwischen beiden Sektoren wechseln. Auf der Ebene der Unternehmen erweist sich der i. S. als wichtiger Zulieferer für formelle Unternehmen, wobei engere Formen der Zusammenarbeit, z. B. Unterauftragnahme, oft an gesetzlichen Regelungen scheitern. Die Mehrheit der informellen Betriebe beschäftigt nur eine Person, jedoch bilden die Betriebe häufig spontane *Cluster* (bspw. unterschiedliche Automobilhandwerke in einer gemeinsamen Ansiedlung) und kompensieren so die Nachteile des Kleinbetriebs wie die mangelnde Breite des Angebots. Die Lohnsätze im i. S. nähern sich von unten dem Minimallohn im formellen Sektor an und sind i. Allg. höher als in der ↗ Landwirtschaft. Die Unternehmereinkünfte im i. S. sind extrem unterschiedlich, einige bei gleichen Ausbildungsvoraussetzungen weit höher als im formellen Sektor der Volkswirtschaft. Meist niedriger sind hingegen die Einkommen der abhängig Beschäftigten und die Einkommen in Branchen mit niedrigen Eintrittsbarrieren, die als sog. Arbeitsmarktschwamm fungieren. Obwohl eine Ausbildung die Einkommen im i. S. positiv beeinflussen kann, ist die anfängliche Kapitalausstattung i.d.R. der entscheidende Faktor.

Die Hoffnungen, die sich mit einer erfolgreichen Entwicklung des i. S. verbinden, sind so heterogen wie seine Akteure: Während im unteren Teil des Sektors v. a. eine Verbesserung der Lebensbedingungen erreicht werden soll, könnte der obere Teil zu volkswirtsch. Dynamik und zur Entstehung eines Mittelstandes beitragen. Eine Förderpolitik für den i. S. muss dieser Heterogenität Rechnung tragen. Entwicklungspol. empfohlen werden einerseits betriebswirtsch. Förderprogramme, z. B. die Kreditvergabe an vielversprechende Unternehmer, gesichert etwa durch gegenseitige Bürgschaften einer Kleingruppe anstelle der nicht vorhandenen banküblichen Sicherheiten. Andererseits gibt es Projekte, die unabh. vom vermuteten Wachstumspotential des Gewerbes Menschen dabei unterstützen, durch *self employment* eigenes Einkommen zu erzielen, ergänzt durch eine Verbesserung der Lebensbedingungen, also Slumsanierung (↗ Slums, ↗ Squattersiedlungen), ↗ Gesundheitsversorgung oder Frauenförderung. Zudem wird der Abbau institutioneller Diskriminierung der Unternehmen des i. S., z. B. bei der Kreditvergabe oder dem Zugang zu Importen, und die makroökonom. Stützung durch staatl. Nachfrageschaffung empfohlen. ↗ Finanzsektor, ↗ Stadt, ↗ Urbanisierung.

🕮 African Development Perspectives Yearbook, Bd. 4: Active Labour and Employment Policies, Münster 1996. – K. Hart, Informal Sector Income Opportunities and Urban Government in Ghana. In: Journal of Modern African Studies 11 (1973), S. 61–89. – Ch. Reichert/N. Boschmann, Förderung von Kleingewerbe und Handwerk. Erfahrungen im informellen Sektor, Eschborn 1995.

Hans H. Bass/Markus Wauschkuhn

Informelle Siedlungen ↗ Slums, ↗ Squattersiedlungen

Initiation ist ein ritualisierter Vorgang, der meist den Übergang in eine neue, dem natürlichen Lebensalter entsprechende Altersstufe (↗ Kindheit, ↗ Jugend, Erwachsenenzeit, ↗ Alter) markiert (↗ Ritual). Bes. ausgeprägt und von langer Dauer ist die I. männl. Jugendlicher in einigen durch ↗ Altersklassen gekennzeichneten Gesellschaften wie bei den ostafrik. Maasai. Auch Mädchen werden vielfach in ritualisierten Übergangsphasen initiiert und auf ihre künftige Rolle als Ehefrau und Mutter vorbereitet. In zahlreichen randislam. Gesellschaften und großen Teilen Ost- und NO-Afrikas gehört dazu auch die ↗ Beschneidung der Frau. Die Selbstverständlichkeit, mit der sich der volle Personenstatus – und damit verbunden die individuelle und kollektive Identität – auf die Beschneidung und I. gründet, lässt die medizinische und soziale Kritik an der Weiterführung dieser Praxis oft abprallen.

Die I. geht meist mit schmerzhaften Eingriffen in den Körper, Prüfungen und Angsterfahrungen einher. Die Initianten erleben einen symbolischen Tod, mit dem die alte Lebensphase endet, und eine Wiedergeburt, die die neue Lebensphase einleitet. Wichtig ist, dass sich die Initianten der Prüfung oder dem schmerzhaften Eingriff stellen. Dies können relativ späte Beschneidungen sein, aber auch das Anlegen von Schmucknarben, Tätowierungen oder Bemalungen. Bei den Hamar (Äthiopien) stellt der »Sprung über die Rinder« die mit Angst und Hoffnung erwartete Prüfungssituation dar. Bei der I. wird das Verhältnis zwischen Tod und Wiedergeburt auf dem Höhepunkt der Rituale oft dramatisch ausagiert. In vielen Generationsklassensystemen in NO-Afrika, wo der volle Erwachsenenstatus erst mit dem 40. Lebensjahr erreicht wird, beinhaltet die I. eine späte, schmerzhafte Beschneidung. Bei den Sidamo (Äthiopien) stellen sich dann die Männer, die eben noch starke, erwachsene Krieger waren, ostentativ als geschwächte Alte dar. Manchmal gehört zu der I. auch eine rituelle Isolierung. Ältestengruppen können dabei als rituelle Beschützer auftreten und so Verbindungen zwischen den Generationen festlegen. Bei den Bassari (Senegal) z. B. findet die Beschneidung der Männer zwischen dem 15. und 20. Lebensjahr statt. In Waldaufenthalten – der Isolierungsphase – werden sie von Patinnen betreut und zu einem gegenüber ihrem tatsächlichen Alter regressiven, kindlichen Verhalten gezwungen, dessen Einhaltung durch ältere Jugendliche überwacht wird. Ziele dieser Übung sind Gehorsam und Selbstkontrolle. Initiationsrituale können öffentl., halböffentl. oder ganz im Verschwiegenen stattfinden, wie z. B. bei den Frauen der Senufo (Elfenbeinküste) im Sandogo-Geheimbund (↗ Bünde).

In der außerafrik. Wahrnehmung erscheinen afrik. Initiationsrituale meist doppelt verfremdet. Zum einen werden sie auf den dramatischen Höhepunkt verkürzt, der durch mehr oder weniger spektakuläre artistische Ritualsequenzen (↗ Tanz, ↗ Gesang) gekennzeichnet ist. Tatsächlich sind diese Sequenzen aber Höhepunkte von Übungs-, Lern- und Lehrprozessen, die jahrzehntelang dauern können, wie etwa bei den Maasai. Zum anderen erscheint das mit der I. verbundene Wissen von einer Aura des Geheimnisvollen umgeben, selbst wenn es im Kern um sehr weltliche Dinge geht. Die Vermittlung der relig. Aspekte der jeweiligen Gesellschaften steht bei der I. aber im Mittelpunkt. Die Übergänge zum vollen Erwachsenenstatus sind kollektive Ereignisse, die Bruchstellen im Alltag markieren, durch die das Übernatürliche in die Welt kommt. Im Schatten der relig. Aspekte wird v. a. auch praktisches Alltagswissen vermittelt, das mit der neuen Lebensstufe zusammenhängt (z. B. Kleidung, Körperhaltung, Moral, Sprachstile). Lange Phasen der Einführung in neue Wissensbestände und Verhaltensweisen, die den Status des gereiften Erwachsenen kennzeichnen, werden in Initiationsritualen dramatisiert. Initiationsprozesse verkünden dabei aber kein statisches traditionelles Wissen, sondern nehmen immer auch Neues auf. Die I. der jungen Ndebele-Frauen im südl. Afrika z. B. vermittelt zusätzlich Kenntnisse über neue gesellschaftliche und modische Accessoires, und während der I. gleichzeitig die Mitgliedschaft im ANC (*African Nat. Congress*) zu bekunden, stellt keinen Widerspruch dar.

Dramatisiert wird in der I. auch das Verhältnis zwischen Individuum und Kollektiv. Die Jugendlichen werden z. B. bei den Maasai zur korporativen Altersklasse der »jungen Krieger« zusammengefasst. Gleichzeitig geht die Klasse der »Krieger« kollektiv in die Klasse der gereiften Erwachsenen über. In einigen Gesellschaften werden I. in zeitlich festgesetzten Abständen abgehalten. Anderswo, etwa bei den Taneka (Benin), hängt der Zeitpunkt davon ab, wann ein Initiant und seine erweiterte Familie finanziell in der Lage sind, das Initiationsfest (↗ Feste) auszurichten. So können die bereits Erwachsenen oder Ältesten individuelle oder kollektive Emanzipationsprozesse nachfolgender Generationen verzögern. Bei den Maasai können »junge Krieger« durch bes. unbotmäßiges Verhalten gegenüber den Älteren die rituellen Übergänge aber auch beschleunigen. I. betrifft nicht nur die unmittelbaren Initianten. Bei den Maasai z. B. bestimmen die Übergänge der Männer auch den Status der Schwestern, Mütter, Geliebten und Ehefrauen. Mit der I. wandeln sich auch die Beziehungen der Männer zu den Frauen.

Sozialer Wandel und ↗ Urbanisierung hatten unterschiedliche Auswirkungen auf Prozesse der I. Bei den südostafrik. Bemba vermutete A. Richards in den dreißiger Jahren, das *chisungu*, die I. der Frauen, hätte keinen weiteren Bestand. Zeitlich kondensiert und inhaltlich angepasst, z. B. in Bezug auf das Thema ↗ Aids, existiert die I. der Frauen bei den Bemba bis heute. Auch die periodischen und routinisierten Handelsreisen junger West- und Zentralafrikaner nach Europa können als I. in Verhältnisse gesehen werden, die durch die doppelte Unsicherheit von interner Unordnung und äußerer Globalisierung gekennzeichnet sind.

🕮 C. Beckwith/A. Fisher, Afrika – Kulte, Feste, Rituale, Bd. 1, München 1999. – T. Spear/R. Waller (Hg.), Being Masai, London 1993. – B. Streck, Initiation. In: ders. (Hg.), Wörterbuch der Ethnologie, 2. erw. Aufl., Wuppertal 2000. – C. A. Kratz, Initiation and Transition Rites. In: J. Middleton (Hg.), Encyclopedia of Africa south of the Sahara, Bd. 2, New York 1997.

Thomas Zitelmann

Internet. Das *Inter Network System*, gewöhnlich als I. bezeichnet, ermöglicht Wechselbeziehungen zwischen Informatiknetzen auf der ganzen Erde. Mit im Jahre 2000 ca. 40 bis 50 Mio. Teilnehmern in 170 Ländern könnte es sich zur weltweiten Datenbank sowie zum Medium des Austauschs und der Teilung des Wissens auf allen Gebieten entwickeln. Afrika ist jedoch in Bezug auf Nutzung und Ausbau des I. in einer extremen Situation, die sowohl Pessimismus als auch optimistische Erwartungen weckt.

Seit das I. 1994 für den öffentlichen Gebrauch freigegeben ist, scheint es dem Begriff des *globalen Dorfes*, den der kanadische Soziologe Marshall McLuhan in den 1950er Jahren geprägt hat, mit Inhalt zu füllen. Große Teile der Welt bleiben jedoch auch in dieser Hinsicht benachteiligt. In Afrika stehen der Internetnutzung die geringe Industrialisierung, veraltete und verrottete Verkehrs- und Nachrichtenverbindungen sowie die für die große Mehrheit der Bev. unerschwinglichen Betriebskosten (Telefongebühren, Provideranschluss) entgegen. Wegen der hohen Kosten sind dort selbst konventionelle Medien wie Buch, ↗ Presse, ↗ Rundfunk, ↗ Kino und ↗ Fernsehen weithin der städt. Bev. vorbehalten, wenngleich mehr als die Hälfte der Afrikaner auf dem Lande wohnt. Hinzu kommt, dass ein Drittel ohne elektrischen Strom lebt. Von allen Telefonanschlüssen der Welt entfallen ganze 2% auf Afrika, allein auf Westeuropa dagegen 33%, auf Nordamerika 27%, auf Asien 21% und 6% auf Lateinamerika. Während die IL (Industrieländer) pro Jahr und Einwohner 80 US$ in den Telekommunikationssektor investieren, erreichen die afrik. Länder nicht einmal 10 US$. Fast 10% der Weltbev. besitzen dort nur 1% des Weltbestands an Personalcomputern, der sich zu mehr als 90% in den IL befindet. Von rund 800 Mio. Bev. des afrik. Kontinents können nur knapp 3 Mio. das I. nutzen – 80% davon in der Rep. Südafrika.

Trotz dieser ungünstigen Lage und der Gefahr der ↗ Zensur durch versch. Regierungen hat das I. in Afrika hohe Zuwachsraten. 1998 waren dort 7.800 Computer an das I. angeschlossen. 1999 stieg diese Zahl auf 15.000. Mit 92% lag das Jahreswachstum höher als in allen anderen Regionen der südl. Hemisphäre. In den letzten drei Jahren hat es sich versechsfacht. In weiteren drei Jahren wird es, Schätzungen zufolge, mehr als 4,5 Mio. Anschlüsse geben. Die Investitionen in Kommunikations- und Informatikausrüstungen wuchsen dabei in Zentralafrika seit 1984 um mehr als 10% pro Jahr. Zugleich bemühen sich internat. Organisationen um bessere Vernetzungen. Bes. Bedeutung hat dabei das Projekt *Africa ONE*, ein 32.000 km langes Glasfaserkabel um den afrik. Kontinent zu legen und von den Küstenstädten ausgehend die Verbindungen zu den Binnenländern auszubauen. Die dafür erforderlichen Investitionen in Höhe von 1,6 Mrd. US$ werden von Privatinvestoren und den beteiligten afrik. Staaten getätigt, die entsprechende Kredite von der Weltbank erhalten.

Genutzt wird das I. bisher fast nur in großen Städten, v. a. in den Hauptstädten, und zwar von Verwaltungen, Universitäten und Unternehmen, die ihren Aktivitäten entsprechend auf interafrik. und internat. Vernetzung angewiesen sind, oder auf dem von Vereinigungen begründeten populär-assoziativen Weg. So entstanden z. B. das *Maison du Congo* in Paris und Kinshasa, ferner *Famafrique*, das sich als Cyberraum der ↗ Frauen Afrikas bezeichnet, und eine wachsende Anzahl von *Cybercafés* in vielen großen Städten. Weil Informatikausrüstungen und Telefonanschlüsse für die meisten Familien zu teuer sind, machen sich viele, besonders junge Menschen dort mit dem I. vertraut. Sie surfen im Net auf der Suche nach Beschäftigung oder einem Studienplatz an einer ausl. Universität, senden und empfangen E-Mails usw. Die von den *Cybercafés* ausgelöste Dynamik wird mittelfristig das Maß für die Verbreitung des I. in Afrika sein. Auch für das ↗ Bildungswesen wird das I. eingesetzt. Die Weltbank unterstützt die AVU (Afrik. Virtuelle Universität), an der sich zahlreiche Universitäten v. a. anglophoner afrik. Staaten beteiligen.

Afrik. ↗ Eliten und auf diesem Gebiet tätige internat. Organisationen trauen den neuen Informations- und Kommunikationstechnologien zu, Strukturschwächen auszugleichen, Etappen des klassischen Entwicklungsprozesses zu überspringen, durch Internetverbindungen eine schnellere Öffnung zur Welt und die Verbesserung des afrik. Produktangebots, der Ausbildung usw. zu erreichen. Letzten Endes wäre die ges. sozioökonom. Entwicklung vom Aufschwung dieser Technologien abhängig. Dem gegenüber steht die Gefahr der Herausbildung zweier Gesellschaften mit und ohne Zugang zu Informationen und nicht zuletzt die Angst zahlreicher Politiker und Militärs vor der ungehinderten Nachrichtenverbreitung durch das I.

Der Optimismus kann die kritischen Vorbehalte gegenüber dem Netz der Netzwerke nicht entkräften. Die Sozialgeschichte der ↗ Medien zeigt vielmehr, dass soziale Räume nie durch ein neues Instrument, sondern immer durch die Aneignungsweisen revolutioniert werden.

🕮 Cl. Ondobo, L'Afrique dans les enjeux mondiaux de la communication, perspectives d'avenir. In: Communication en Afrique à l'âge postmoderne, autonomie et dépendances culturelles, Louvain-la-Neuve 1992. – Weltbank, Weltentwicklungsbericht (»http://www.worldbank.int« – www.worldbank.int). – www.avu.org

Eddie Tambwe Kitenge bin Kitoko

Islam. *I. Grundlagen und Quelle des Islam.* Nach islam. Verständnis ist der I. eine Religion, die in jedem Menschen schöpfungsgemäß angelegt ist und entsprechend der arab. Bedeutung des Begriffs in einer Haltung der »Hingabe« (an Gott) zum Ausdruck kommt. Doch leitet sich der I. in seiner hist. Erscheinungsform vom Propheten Mohammed (ca. 570–632 n. Chr.) und die durch ihn vermittelte Offenbarung des Wortes Gottes im ↗ Koran her. Gleichermaßen Fremd- wie Eigenbezeichnung, steht der I. heute für eine mit mehr als einer Mrd. Anhänger in fast allen Ländern anzutreffende Weltreligion. Weit mehr als 300 Mio. Muslime leben in Afrika. Bereits vor dem Beginn islam. Zeitrechnung (622 n. Chr.) sollen Mitglieder der jungen muslimischen Gemeinde, die in Mekka Repressionen ausgesetzt waren, in Abessinien Asyl gefunden haben. Damit wäre der I. in Afrika beinahe so alt wie seine Geschichte selbst.

II. Historische Entwicklungen des Islam in Afrika. Aufgrund seiner jahrhundertelangen Interaktion mit den traditionellen ↗ Religionen und den lokalen Kulturen (↗ Synkretismus) weist der I. in Afrika eine besondere Komplexität auf. Schon in seiner frühen Phase zeigt er in Nordafrika eine Vielfalt, die sich später im subsahar. Kontext weiter ausdifferenziert. Seine Bandbreite reicht von gesetzesorientierten Traditionen bis hin zum volkstümlichen Mystizismus – wobei zwischen diesen beiden Richtungen kein Gegensatz behauptet werden darf. Auch die unterschiedlichen Formen und Träger der ↗ Islamisierung haben dazu beigetragen, dass der I. in den versch. Regionen Afrikas eine außerordentliche Vielfalt ausbilden konnte, wie sich bereits am Beispiel der islam. ↗ Bruderschaften zeigt. Diese mystischen Orden spiegeln wiederum ein äußerst breites Spektrum, das von afrik. Traditionen über den islam. Reformismus bis hin zu liberalen oder gar säkularen Tendenzen reicht. Darüber hinaus haben Entwicklungen in Westasien den afrik. I. im Laufe der Geschichte immer wieder angereichert. Ende des 18. Jh. bspw. entsteht auf der arab. Halbinsel eine Bewegung, die zunächst in Nordafrika, dann auch im subsahar. Afrika wachsenden Einfluss gewinnt: die *Wahhabiyya,* so genannt nach ihrem Gründer Muhammad Ibn Abd al-Wahhab (1703–91), der sich insbes. gegen die mystischen Orden wendet und alle volkstümlichen Praktiken als unislam. Neuerungen (arab. *bida',* Sing. *bid'a*) verwirft. Eine weitere Richtung, die zunächst in Nordafrika, später auch im subsahar. Afrika Fuß fassen kann, gehört in den Dunstkreis einer modernistischen Reformbewegung, die um die Wende vom 19. zum 20. Jh. als *Salafiyya* bekannt wird. Nach Ansicht der *Salafiyya* ist der Verfall des I. und der Aufstieg des europ. ↗ Kolonialismus nur dadurch aufzuhalten, dass die Muslime zu den Wurzeln des I. zurückkehren – eben zum reinen Glauben der Altvordern (arab. *salaf*), zur Praxis der ersten Generation der Muslime. Im 20. Jh. differenziert sich die *Salafiyya* in unterschiedliche Zweige und Bewegungen aus und entwickelt ein Spektrum von einem liberalen, sogar säkularen Reformflügel bis hin zu radikalen pol. Bewegungen wie bspw. der der Muslim-Brüder und anderen, z. T. militanten Gruppen.

II.1. Islam in Nordafrika und im Ostsudan. Im Gefolge der arab. Eroberungen kann der I. bereits im 7. Jh. n. Chr. in Nordafrika Fuß fassen, wobei zunächst islam. Sondergemeinschaften – die Kharidjiten und später die Schiiten (Errichtung des ↗ Fatimiden-Kalifats im 10. Jh.) – maßgeblichen Einfluss erlangen. Erst ab dem 11. Jh. erfolgt eine von Sunniten getragene umfassende Islamisierung der Region, wobei große Reformbewegungen wie die der ↗ Almoraviden (11.–12. Jh.) und der ↗ Almohaden (12.–13. Jh.) insbes. auch für die Ausbreitung des I. nach S Bedeutung erlangen. Bis weit in das 19. Jh. hinein sichern kleinere Dynastien (vornehmlich im Westteil Nordafrikas, dem ↗ Maghreb) bzw. eine – oft nur nominelle – Oberherrschaft des Osmanischen Reiches die Unabh. der Region von europ. Mächten. Der antikoloniale Kampf wird in Nordafrika vornehmlich unter dem Banner des ↗ Nationalismus geführt (↗ Widerstand). Erst nach der Unabh. formieren sich im Rahmen des weltweiten islam. Aufbruchs der 1970er Jahre pol. Bewegungen zunehmend unter Bezug auf islam. Symbolik und geben dem nordafrik. I. die Gestalt einer pol. Kraft. Darüber hinaus bleiben bis in die Gegenwart hinein jedoch auch volksrelig. Traditionen der Heiligenverehrung sowie der urban geprägte Gelehrten-I. für den nordafrik. Raum bestimmend. – Bereits im ersten Jh. seiner Geschichte dringt der I. von Ägypten aus auch nilaufwärts in die Region des östl. Sudangürtel vor, kann jedoch nur im Nordteil Fuß fassen. Das Scheitern des zunächst erfolgreichen sog. ↗ Mahdi-Aufstands des Muhammad Ahmad (1843–1885) führt dazu, dass die Region unter brit. Kontrolle gerät. In der Folge legen die Briten mit ihrer Religionspolitik letztlich den Grundstein für die Spaltung des Landes in einen arab. geprägten, islam. N und einen afrik. geprägten, teils christianisierten S. Damit hinterlassen sie dem jungen Nationalstaat ein schweres, bis in die Gegenwart spürbares Erbe.

II.2. Islam in Westafrika. Bereits seit dem 8. Jh. findet der I. durch nordafrik. Händler in Westafrika Eingang, beschränkt sich zunächst aber vornehmlich auf die städt. Zentren der großen Sahel- und Sudan-Reiche wie das alte ↗ Ghana, ↗ Mali und ↗ Songhay. Erst ab dem 16. Jh. dringt er zunehmend in ländl. Gebiete ein und vermischt sich dort mit traditionellen Praktiken. Unter dem Schlagwort des ↗ *Djihad* treten daraufhin mehrere Reformbewegungen mit dem Anspruch auf, den I. vor Vermischung zu schützen bzw. von allem »Unislamischen« zu reinigen. Die milit. Aktionen wenden sich dabei vornehmlich gegen die traditionellen Herrscher und das Establishment; es sind also auch hier handfeste pol. Interessen am Werke. Das bekannteste Beispiel dieser Bewegungen ist der sog. Fulbe-*Djihad* des Usman dan Fodio (1754–1817), dessen Sohn Muhammad Bello das Sultanat von Sokoto (im heutigen Nordnigeria) gründet (↗ Fulbe-Reiche). Bemühungen, eine striktere Observanz des islam. Rechts durchzusetzen, sind allerdings nur teilweise erfolgreich. Immerhin bewirken die *Djihad*-Bewegungen eine Konsolidierung des I. in Westafrika, dessen Verwurzelung im afrik. Kontext jedoch weiterhin dem mystisch geprägten Volksislam zu verdanken ist. Zur Kolonialzeit zeigt sich der westafrik. I. in seinen pol. Intentionen durchaus widersprüchlich: Einerseits gilt er als Religion des antikolonialen Widerstands, andererseits gibt es Beispiele enger Kooperation der Religionsführer mit den Kolonialverwaltungen.

In der Frühphase der Unabh. hat der I. in Westafrika eine nur untergeordnete Bedeutung. Erst in den letzten Jahrzehnten versucht sich das wachsende relig., kulturelle und pol. Selbstbewusstsein des I. auch in dieser Region mehr Gehör zu verschaffen. Das zeigt sich etwa an der seit längerem in Nigeria geführten Scharia-Debatte: Hier fordert eine wachsende Anzahl Muslime, dem islam. Recht eine verfassungsmäßige Geltung einzuräumen. Damit wird der seit dem Ende der Kolonialzeit bestehende Konsens über den säkularen Nationalstaat in Frage gestellt. ↗ Westafrika, Völker, Kulturen und Staaten.

II.3. Islam in Ostafrika. Am Horn von Afrika kann der I. nur in jenen Gebieten Fuß fassen, die nicht dem christl. Königreich Äthiopien unterstehen. In der Region des heutigen Somalia, wo die muslimische Bev. ihren Ursprung auf Mischehen arab. Muslime mit einheimischen Frauen zurückführt, entwickeln sich einzelne Küstenorte wie Mogadischu zu bedeutsamen Handelszentren, während die nomadische Bev. (↗ Nomadismus) für die Ausbreitung der neuen Religion ins Hinterland sorgt. Südl. davon bildet sich an der Küste aus arab.-persisch-afrik. Elementen die Swahili-Kultur, die nach der Vertreibung der Portugiesen insbes. im 18. und 19. Jh. ihre Blütezeit erlebt. Erst in der modernen Kolonialzeit jedoch kann sich der I. entlang der großen Handelsrouten auch ins Landesinnere ausbreiten. ↗ Ostafrika, Völker, Kulturen und Staaten.

II.4. Islam im südl. Afrika. Ein völlig anderes Gepräge hat der südafrik. I.: Seit dem späten 17. Jh. werden aus Südostasien und Bengalen muslimische Sklaven ins südl. Afrika deportiert, und im 19. Jh. siedeln sich große Immigrantengruppen aus Indien, unter ihnen viele Muslime, in Südafrika an. Somit ist der I. in dieser Region stärker von süd- und südostasiat. Traditionen beeinflusst und hat – nicht zuletzt auch in der Auseinandersetzung mit dem System der ↗ Apartheid – ganz eigenständige Ausdrucksformen entwickelt, die sich von anderen Ausprägungen des afrik. I. unterscheiden.

III. Islam und europ. Kolonisierung. Zugleich mit fast der gesamten islam. Welt gerät auch der afrik. I. im 19. und 20. Jh. unter direkte oder indirekte europ. Herrschaft. Schon früh bemühen sich afrik. Muslime darum, in der Auseinandersetzung mit dem europ. Kolonialismus authentische islam. Werte wieder zu entdecken und sich an ihnen zu orientieren. Dieses Bestreben erhält dann nach dem Ende der Kolonialzeit seine eigentliche Dynamik; denn erst mit dem Erreichen der pol. Unabh. wird den afrik. Muslimen bewusst, welches Ausmaß an Veränderungen das koloniale Zwischenspiel ausgelöst hat: die Zerstörung traditioneller islam. Institutionen, die Zersplitterung der muslimischen Gemeinschaft in künstliche Einheiten einzelner Nationalstaaten, Verwestlichung und Säkularisierung, die Integration in den Weltmarkt und die damit verbundene ökonom. Ausrichtung auf die Regionen der nördl. Hemisphäre usw.

IV. Die Entwicklung des Islam in der Gegenwart. – IV.1. Wachsendes islamisches Selbstbewusstsein. Heute sind afrik. Muslime immer noch darum bemüht, ihre Identität und ihr Verhältnis zu den kulturellen Werten und Normen des Abendlandes neu zu definieren und eigenständige Konzepte für die pol. und sozialen Rahmenbedingungen zu entwickeln. Doch inzwischen vollziehen sich diese Überlegungen in einem veränderten hist. Kontext: Die afrik. Muslime beginnen aus dem Bannkreis des kolonialen Traumas herauszutreten und machen sich daran, die Auswirkungen des Einbruchs der Moderne auf die islam. Gemeinschaften in Afrika selbstbewusst zu analysieren. Im Zentrum ihrer Kritik stehen dabei insbes. Instrumente, Institutionen und Organisationen nichtislam. Provenienz, die ihrer Meinung nach vor den großen Herausforderungen und Problemen der nachkolonialen Zeit versagt haben, mehr noch, die selbst Teil des Problems sind. Folgerichtig blicken viele afrik. Muslime heute nicht mehr ehrfürchtig auf die Errungenschaften des Abendlands, sondern orientieren sich an einem Referenzrahmen, der ih-

Karte 11: Religionsverteilung in den afrikanischen Nationalstaaten (Karte: Ulrich Rebstock)

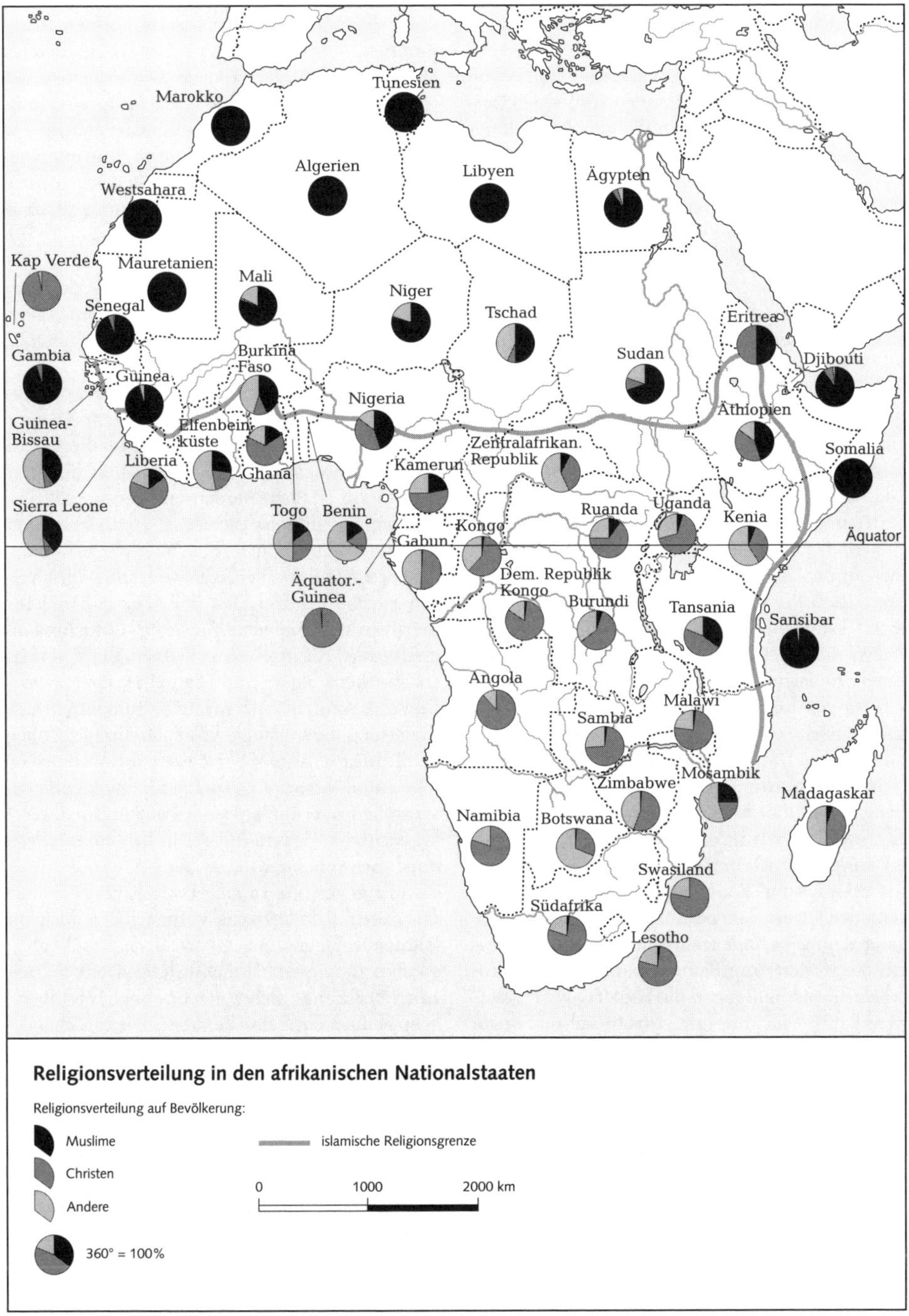

nen Authentizität, Identität und Selbstbewusstsein vermittelt: dem I. und der islam. Gemeinschaft in ihren lokalen, regionalen und globalen Dimensionen. Dieser Perspektivenwechsel ist dadurch erleichtert worden, dass eine Reihe von islam. geprägten Staaten einen Teil des Überschusses aus ihren Erdöleinnahmen dafür eingesetzt hat, ihre Beziehungen zu muslimischen Gemeinschaften in versch. Regionen der Welt und insbes. in Afrika zu intensivieren. So kann auch der afrik. I. an Entwicklungen der weiteren islam. Welt teilhaben, und die Afrikanisierung des I. geht einher mit seiner Globalisierung.

IV.2. Islamischer Internationalismus. Bereits in vorkolonialer Zeit hat zwischen den muslimischen Gemeinschaften in Afrika und der weiteren islam. Welt ein enger kultureller Austausch bestanden. Die Institution des ↗ *Hadjdj* hat entsprechende Kontakte ebenso ermöglicht wie die Netzwerke der Händler oder der Bruderschaften oder das Studium an Zentren der islam. Bildung. Seit der Unabh. sind große internat. Organisationen darum bemüht, diese Beziehungen zu institutionalisieren, wie z. B. die Liga der Islam. Welt, die 1989 im nigerianischen Abuja gegründete Islam-in-Afrika-Organisation oder die ↗ OIC (*Organisation der Islam. Konferenz*). Indem der islam. Internationalismus die Beziehungen der afrik. Muslime zur weiteren islam. Welt fördert, stärkt er zugleich ihre relig. Identität und ihre pol. Artikulationsfähigkeit.

IV.3. Islamisierung des Bildungswesens. Die Integration der muslimischen Gemeinschaften Afrikas in die islam. Welt vollzieht sich nicht nur im relig. und pol. Bereich. Auch auf dem Gebiet der Bildung und Erziehung ist der afrik. I. während der letzten Jahrzehnte in die Offensive gegangen und besinnt sich seiner eigenen Kräfte. Die Konsolidierung der muslimischen Gemeinschaften nach innen und die Förderung der Kommunikation auf internat. Ebene führen selbst unter westl. orientieren Muslimen zum Umdenken und ziehen eine verstärkte Islamisierung des Erziehungswesens nach sich: Zunächst waren viele afrik. Muslime davon ausgegangen, dass das Ideal der islam. Emanzipation durch westl. Schulbildung zu erreichen sei. Doch inzwischen erscheint ihnen die Vermittlung von islam. Grundwerten als Schlüssel zum Erreichen sozialer Gerechtigkeit und kultureller Gleichberechtigung. Auch die Pflege des ↗ Arabischen hat in diesem Zusammenhang an Bedeutung gewonnen und gilt vielen afrik. Muslimen als Bedingung der Möglichkeit einer authentischen Verständigung im Geiste des I. über alle ethn. Grenzen hinweg. Nun hat die Islamisierung des Erziehungswesens in den einzelnen afrik. Ländern durchaus unterschiedliche Formen angenommen. Dennoch trägt sie überall in ähnlicher Weise zur Profilierung der muslimischen Gemeinschaften bei und stärkt das kulturelle, relig. und pol. Selbstbewusstsein der afrik. Muslime in ihren jeweiligen regionalen und lokalen Kontexten. Dabei sind die islam. Bildungsinstitutionen in den meisten afrik. Ländern nur ansatzweise in das öffentl. Erziehungssystem (↗ Bildung) integriert. Doch das spielt kaum eine Rolle; entscheidend ist vielmehr, dass sie einen konstitutiven Faktor für die Ausbildung einer islam. Identität der jeweiligen muslimischen Gemeinschaften darstellen.

IV.4. Neue ↗ Eliten. Von besonderer Bedeutung für den afrik. I. ist die Entstehung einer Schicht Gelehrter und Intellektueller, die als pol. Interessengruppe die Führungsrolle in ihren muslimischen Gemeinschaften beansprucht. Das Phänomen selbst ist nicht neu. Denn bereits zu Beginn des 20. Jh. hatten in Südnigeria und andernorts muslimische Gelehrte derartige Interessengruppen gebildet. Seit Ende der 1970er Jahre betritt jedoch eine neue Generation Muslime die pol. Bühne. Als intellektuelle Avantgarde verfügt sie großteils nicht nur über eine solide westl. Bildung, sondern auch über eine fundierte islam. Erziehung und glaubt aufgrund ihrer Doppelqualifikation, gegenüber den traditionellen Gelehrten oder den nur westl. ausgebildeten Intellektuellen über die besseren Führungsqualitäten zu verfügen. Zudem gilt sie in den Augen ihrer muslimischen Landsleute als bestens gerüstet, sowohl gegen die zerstörerischen Einflüsse des modernen Säkularismus vorgehen als auch die lähmende Stagnation des traditionellen I. überwinden zu können. Schließlich verdankt sich die Hochschätzung dieser neuen pol. Interessengruppe auch der Tatsache, dass sie angesichts des wachsenden Individualismus, der im Zuge der gesellsch. Umwälzungen auch im Kontext des afrik. I. immer mehr an Bedeutung gewonnen hat, Halt und Orientierung bietet. Vielen afrik. Muslimen gilt sie als Prototyp einer islam. Moderne jenseits westl. Lebensformen.

IV.5. Zusammenfassung und Ausblick. Der afrik. I. hat nichts von seiner Vielfalt eingebüßt, allerdings konnten in den letzten Jahren und Jahrzehnten sog. islamistische Bewegungen an Bedeutung gewinnen. Diese wenden sich gegen den Einfluss von Verwestlichung und Säkularisierung, brandmarken das Versagen der Regierungen, ziehen mit heftigen Attacken gegen die

Repräsentanten des traditionellen islam. Establishments zu Felde und stellen die tatsächliche oder vermeintliche Rückständigkeit der mystischen Orden und der Volksreligiosität an den Pranger. Doch nicht nur in Bezug auf diese islamistischen Bewegungen, sondern auf den afrik. I. insges. ist festzustellen, dass die Muslime in engagierter Weise versuchen, im Kampf um kulturelle Selbstbehauptung, soziale Akzeptanz und pol. Einflussnahme neue Strategien zu entwickeln, die sich explizit an islam. Werten und Normen orientieren. Dies geschieht vor dem Hintergrund vielfältiger Herausforderungen und krisenhafter Entwicklungen auf dem afrik. Kontinent sowie im Lichte neuer Perspektiven, die sich für den afrik. I. in den letzten Jahren auf der Grundlage des islam. Internationalismus, einer an islam. Werten orientierten Bildungsoffensive und der Profilierung einer neuen Generation muslimischer Intellektueller ergeben haben. Afrik. Muslime entwickeln ihre eigene Vision von der Zukunft des afrik. Kontinents. Sie agieren auf der pol. Bühne Afrikas als Muslime, und sie bringen sich in der übrigen islam. Welt als Afrikaner ein. Dies wird nicht nur eine neue Dynamik der Einbindung des I. in seinen afrik. Kontext zur Folge haben, sondern auch dem afrik. I. innerhalb des Weltislam ein größeres Gewicht verleihen, als es bisher der Fall war. ↗ Arabischsprachige Literaturen, ↗ Araber, ↗ Juden in Afrika, ↗ Marabut, ↗ Mystik, ↗ Ramadan, ↗ Sanusiyya.

📖 J. S. Trimingham, The Influence of Islam Upon Africa, London 1968. – I.M. Lewis (Hg.), Islam in Tropical Africa, 2. Aufl., Bloomington/London 1980. – L. Brenner, Muslim Identity and Social Change in Africa, London 1993. – M. Hiskett, The Course of Islam in Africa, Edinburgh 1994. – D. Westerlund/E. E. Rosander (Hg.): African Islam and Islam in Africa, London 1997. – N. Levtzion/R.L. Powers (Hg.), The History of Islam in Africa, Athens/Ohio 2000.

Klaus Hock

Islamisches Ehe- und Familienrecht. Das islam. E. ergibt sich aus der Scharia, dem islam. Recht. Dort ist die ↗ Ehe eine vertraglich geregelte Beziehung zwischen Mann und Frau, die bei Nichterfüllung der gegenseitigen Pflichten oder Unvereinbarkeit der Partner aufgelöst werden kann. Nur der Ehemann hat das Recht zur einseitigen und unbegründeten Auflösung der Ehe (Verstoßung).

Bei der Eheschließung vor zwei Zeugen wird die Frau durch einen Vormund vertreten. Frauen können unabh. vom Ehemann Eigentum besitzen und verwalten. Dazu gehört insbes. die Brautgabe (*mahr*), die der Bräutigam der Braut übergibt und die diese nur im Fall einer von ihr initiierten Scheidung zurückzahlen muss. Ehefrauen und Töchter sind erbberechtigt, wobei ↗ Frauen nur die Hälfte des Anteils eines männl. Erben derselben Verwandtschaftsstufe zusteht.

Der ↗ Koran gestattet einem Mann die Heirat mit bis zu vier Frauen unter der Bedingung, alle Ehefrauen gleichzubehandeln. Der Ehemann ist verpflichtet, seine Frauen und Kinder mit Nahrung, Kleidung und Wohnraum zu versorgen. Nach einer Scheidung oder dem Tod des Mannes müssen Frauen eine dreimonatige Wartezeit einhalten, bevor sie wieder heiraten. In dieser Zeit soll nach einer Scheidung festgestellt werden, ob die Frau schwanger ist. Bringt sie ein Kind zur Welt, besteht die Unterhaltspflicht für den Ehemann bis zum Abstillen des Kindes; das weitere Sorgerecht liegt bei ihm. Bei einer Versöhnung innerhalb der Wartezeit kann die Ehe ohne erneute Eheschließung fortgesetzt werden. Eine Verstoßung durch dreifaches Aussprechen der Scheidungsformel vor Zeugen hingegen macht die Scheidung endgültig. Das islam. Recht sieht mehrere Formen der Scheidung vor: *ṭālāk*, die Verstoßung der Frau durch den Ehemann; *khul*, Scheidung in gegenseitigem Einvernehmen bzw. auf Wunsch der Frau, die dem Mann eine dafür vereinbarte Summe zahlt; und *faskh*, die Annullierung der Ehe vor Gericht aus schwerwiegenden Gründen. Ist bis zur Scheidung noch nicht die Brautgabe gezahlt worden, kann die Frau diese einklagen. Wenn auch nur Männer das Recht haben, Ehefrauen zu verstoßen, kann die Frau doch ihren Mann zu einer Verstoßung provozieren. Dies hat für sie den Vorteil, dass keine Anhörung vor Gericht stattfindet, somit auch keine Gerichtsgebühren anfallen und die Brautgabe nicht zurückerstattet werden muss.

In einigen nordafrik. Ländern wird die Ausübung des islam. E. heute durch die staatl. Gesetzgebung modifiziert oder eingeschränkt, insbes. in Bezug auf arrangierte Ehen, die ↗ Polygamie, die Scheidung und das Sorgerecht. So ist Polygamie in Tunesien verboten. In Marokko und Ägypten muß die erste Ehefrau zustimmen, wenn der Ehemann eine weitere Frau heiraten möchte. Das islam. Recht wird neben dem staatl. ↗ Recht in manchen subsahar. Ländern wie bspw. Nigeria im Bereich des ↗ Familien- und Erbrechts anerkannt, d. h. Familien- und Erbangelegenheiten können vor einem islam. Richter geregelt werden. Dabei können sich Unterschiede zwischen den Rechtsnormen und der

Auslegung ergeben. So sieht die in einigen afrik. Ländern angewandte malikitische Rechtsschule im Kontrast zu anderen Rechtsschulen vor, dass eine Frau nach der Scheidung das Sorgerecht für ihre Kinder behält, und zwar für Mädchen bis zur Heirat und für Jungen bis zum 15. Lebensjahr. Die Frau hat in dieser Zeit Anspruch auf Unterhalt durch ihren geschiedenen Mann, allerdings nur, wenn sie unverheiratet bleibt. In Nordnigeria z. B. ist jedoch der soziale Druck auf Frauen im gebärfähigen Alter, sich wieder zu verheiraten, so groß, dass sie dieses Recht nur selten in Anspruch nehmen können. Problematisch ist auch, dass viele Frauen nicht ausreichend über ihre Rechte informiert sind. ↗ Islam. Rechtsschulen.

🕮 C. Fluehr-Lobban, Islamic Society in Practice, Gainesville 1994.

Katja Werthmann

Islamisierung. Wie der afrik. ↗ Islam insgesamt eine große Vielfalt aufweist, so ist auch die I. in sehr unterschiedlichen Formen verlaufen. Dabei lassen sich grob mehrere Typen voneinander abheben, die allerdings häufig ineinander verwoben sind.

I. Islamisierung im Gefolge militärischer Eroberungen. Bereits im ersten Jh. islam. Geschichte eroberten arab. Muslime ↗ Nordafrika. Im Laufe der nächsten Jahrhunderte wurde diese Region weitgehend islamisiert. Später erfolgten von dort aus zwischen dem 11. und dem 16. Jh. vereinzelt milit. Übergriffe in die westafrik. Sahelzone. Wie schon bei der Eroberung Nordafrikas, so kam es auch bei diesen Militäraktionen bisweilen zu Zwangskonversionen. Sie blieben jedoch eher die Ausnahme. Entscheidender war, dass die Errichtung islam. Herrschaft ein »islam. Milieu« mit allen seinen rechtl., relig., sozialen und pol. Institutionen hatte entstehen lassen. Damit wurde nämlich eine wichtige Voraussetzung für die Hinwendung der nichtmuslimischen Bev. zur neuen Religion geschaffen. Die Konversion zum Islam geschah also in gewisser Weise nicht wegen, sondern trotz der milit. Eroberung. Eine I. »durch das Schwert« allein hätte wohl kaum eine so tiefe Verwurzelung des Islam in den betreffenden Gesellschaften nach sich ziehen können.

II. Islamisierung und Handel. Muslimische Kaufleute haben als Träger der I. Afrikas eine herausragende Rolle gespielt. In eingeschränktem Sinn gilt dies auch für die ostafrik. Küstengebiete: Dort siedelten sich schon in vorislam. Zeit Kolonien arab. Händler an. Diese wurden nach der Konversion zum Islam ihrerseits zu Agenten der I. und trugen insbes. ab dem 19. Jh. maßgeblich zur Ausbreitung des neuen Glaubens ins Innere ↗ Ostafrikas sowie nach ↗ Zentral- und Südostafrika bei. In ↗ Westafrika ist die Bedeutung der Kaufleute für die I. noch klarer erkennbar. Dort hatte sich der Islam von N nach S über die großen transsahar. Karawanenrouten verbreitet. Damit war der Grundstein dafür gelegt, dass Länder wie Senegal, Mali oder Niger heute weitgehend islamisch sind. Der Prozess der I. zog sich dort über eine lange Zeit hin und verlief in mehreren Phasen. Zunächst lebten die muslimischen Händler nur vorübergehend in den westafrik. Handelszentren. Bald aber ließen sie sich nieder und bildeten kleine muslimische Gemeinschaften – oftmals in eigenen Wohngebieten und zunächst noch unter nichtislam. Herrschern. Doch gerade diese Herrscher sollten sich bald von der neuen Religion angezogen fühlen und zum Islam konvertieren. Hierbei spielten muslimische Gelehrte (↗ Marabut), »Heilige« und Ordensführer eine entscheidende Rolle.

III. Islamisierung durch religiöse Experten. Wenngleich die Bedeutung der Kaufleute als Träger der I. nicht unterschätzt werden soll, hatte doch eine andere Gruppe Muslime noch größeren Anteil an der Ausbreitung des Islam in Afrika: muslimische relig. Experten, die den Kaufleuten als Seelsorger, theologische Berater oder Sachverständige in Rechtsfragen beiseite standen und sie bei ihren Reisen begleiteten bzw. sich mit ihnen in den neuen Siedlungen niederließen. Einerseits islam. Gelehrte im traditionellen Sinne, andererseits Spezialisten auf Gebieten wie Traumdeutung, Heilung, Geisterbeschwörung oder Schutzzauber beeindruckten sie mit ihrer Frömmigkeit, ihrem Wissen und ihren therapeutischen Fähigkeiten viele lokale Herrscher, die wiederum hofften, sich durch ihre Konversion die Kräfte der neuen Religion nutzbar machen und ihre pol. Stellung stärken zu können. So etablierte sich der Islam als eine Art »Hofreligion«, mit der die Herrscher ihrer pol. Macht eine neue relig. Basis verliehen. Die Wirkung dieser I. war jedoch begrenzt: In dezentral organisierten Gesellschaften fand der Islam trotz langer Anwesenheit muslimischer Händler und relig. Experten keinen Eingang, und an den Sitzen der lokalen Herrscher blieb sein Einfluss auf die unmittelbare Umgebung der Höfe beschränkt. Da sich die muslimischen Herrscher weitgehend einer Bev. gegenüber sahen, die ihrer traditionellen ↗ Religion treu blieb oder allenfalls oberflächlich islamisiert war, mussten sie ständig Kompromisse eingehen. Denn ihre Herrschaft war immer noch zu einem großen Teil in traditionellen Strukturen verankert und ließ sich nicht allein auf der Grundlage der neuen Religion legitimieren. In der Folge führte dies zu einer zunehmenden Vermischung islam. und traditioneller Kulte (↗ Synkretismus), was die wachsenden Widersprüche zwischen dem Ideal der Orientierung am Islam und der tatsächlichen Verankerung eines Großteils der Bev. in den traditionellen Kulten allerdings nur oberflächlich überdecken konnte.

IV. Islamisierung durch militante Erneuerungsbewegungen. Die Vermischung von islam. und traditionellen Praktiken bildete den Hintergrund für Entwicklungen, die schließlich zur Herausbildung von militanten Erneuerungsbewegungen führten. Diese wurden zwischen dem 17. und dem 20. Jh. als sog. ↗ *Djihad*-Bewegungen zu einem der bedeutendsten Faktoren der I. Afrikas. Sie begannen ca. 1675 im Gebiet der südwestl. Sahara mit dem *Djihad* unter Nasir ad-Din, erhielten im Kontext des antikolonialen ↗ Widerstands eine zusätzliche Dynamik und fanden sich in einigen Regionen Afrikas bis ins 20. Jh. hinein. Anders als bei der mit milit. Eroberungen nichtislamischer Gebiete einhergehenden I. ging es bei diesen Bewegungen um die Etablierung islam. Vorherrschaft im Kontext pluralistischer, zum Teil bereits oberflächlich islamisierter Gesellschaften. Wenngleich die tatsächliche Durchsetzung islam. Prinzipien im Gefolge der Erneuerungsbemühungen weit hinter den selbst gesetzten Ansprüchen zurückblieb, hatte die Ausbreitung des Islam auf lange Sicht hin doch eine neue Dimension erreicht. Die Einrichtung und weitgehende Sicherung islam. Herrschaft rückte den Islam in den betroffenen Regionen aus einer eher randständigen Position ins Zentrum der Gesellschaft. In der Folge entstand ein wachsendes Netz islam. Institutionen und trug dazu bei, dass eine umfassende und tiefgreifende I. einsetzte.

V. Islamisierung durch Migration. Insbes. unter kolonialer Herrschaft und auf der Basis verbesserter Kommunikations- und Transportmöglichkeiten verbreitete sich der Islam zunehmend auch durch ↗ Migration und Ansiedlung von Muslimen in nichtislamisierten Regionen. Das Phänomen der I. durch Migration ist nicht neu. In Ostafrika hatten schon in frühester islam. Geschichte muslimische Siedler die Grundlage der Swahili-Kultur gelegt, Nordafrika war nach der milit. Eroberung vornehmlich im Zuge von Migrationsbewegungen islamisiert worden, und auch im subsahar. Westafrika wurden die Niederlassungen muslimischer Händler zum Ausgangspunkt islam. Ausbreitung. Außerdem entstanden ab dem 19. Jh. in den westafrik. Küstenregionen und ihrem Hinterland von zugewanderten Muslimen gegründete Siedlungen (*zongo*). Sie wurden zu multikulturellen Kristallisationspunkten für die weitere muslimische Immigration und boten neuen Konvertiten eine relig. Heimat. Niederlassungen von arab. oder Swahili-Händlern im ostafrik. Binnenland sowie in Zentral- und Südostafrika spielten eine ähnliche Rolle. Ein anderes Bild bot sich in Südafrika. Dort waren seit Ende des 17. Jh. zunächst aus Südostasien, dann aus dem indischen Subkontinent Sklaven und Zwangsarbeiter bzw. angeworbene und freiwillige Arbeitskräfte angesiedelt worden. Insbes. im 20. Jh. konnte der Islam u. a. aufgrund seines Engagements gegen die ↗ Apartheid auch über die Immigrantengemeinschaften hinaus Sympathien und Anhänger gewinnen.

VI. Islamisierung durch organisierte Propagandatätigkeit. In früheren Jahrhunderten hatten sich oftmals Führer der ↗ Bruderschaften oder auch andere relig. Experten der Aufgabe angenommen, durch Wort und Tat für die Sache des Islam zu werben, und sich so gezielt darum bemüht, neue Konvertiten zu gewinnen. Aufgrund ihrer Weisheit und ihres Wissens sowie ihrer Fähigkeiten als Heiler, Schlichter bei Streitfällen, Weissager oder Ratgeber in allen Lebenslagen waren sie weit über die Religionsgrenzen hinweg anerkannt und wurden als vertrauenswürdige Botschafter ihres Glaubens respektiert. In jüngerer Zeit lassen sich auch Ansätze gezielter Propagandatätigkeit finden, die als *da'wa* bezeichnet wird, bisweilen von den christl. Missionsaktivitäten (↗ Mission, christl.) inspiriert ist und entsprechend vielfältige Methoden der I. einsetzt: durch das Verteilen von Schriften und Tonbandkassetten, durch Übersetzungen wichtiger islam. Literatur (einschließlich des ↗ Koran) in die einheimischen Sprachen, durch Straßenpredigten, aber auch durch Angebote diakonischer Art. In einigen Teilen Afrikas hat diesbezüglich die in der islam. Welt weithin als »häretisch« geltende *Ahmadiyya*-Bewegung eine Vorreiterrolle gespielt, indem sie sich am christl. Vorbild orientierte und mit ihrer offensiven Missionstätigkeit die anderen Muslime unter Zugzwang setzte. Die *Isma'iliyya* unter der Führung des Agha Khan ist insbes. in Ostafrika neben ihrem sozialen Engagement im Bereich der ↗ Entwicklungszusammenarbeit auch durch

»missionarische« Aktivitäten hervorgetreten. Mit dem Ölreichtum in vielen Ländern der islam. Welt stehen seit den 1970er Jahren dem Islam erhebliche finanzielle Ressourcen zur Verfügung. Tatsächlich werden diese Gelder jedoch weniger dafür eingesetzt, um durch organisierte Propaganda neue Konvertiten zu gewinnen, sondern sie kommen zunächst den islam. Gemeinschaften selbst zugute – durch den Bau von Schulen, Moscheen und Kliniken oder durch die Bereitstellung von Stipendien für das Studium in arab. Ländern. Das entspricht auch eher dem traditionellen Verständnis von *da'wa* als einer Art »innere Mission« zur Stärkung des islam. Charakters muslimischer Gemeinschaften. Dadurch wird aber auch die Attraktivität dieser Gemeinschaften erhöht, was wiederum dazu beitragen kann, neue Konvertiten zu gewinnen. – Die I. Afrikas war und ist ein vielschichtiger Vorgang. Denn I. ist in geogr. wie in relig. Kategorien zu verstehen und meint sowohl die äußere Ausbreitung des Islam als auch seine Vertiefung durch Erneuerung und Reform. Entscheidend ist jedoch, dass die I. Afrikas mit einer Afrikanisierung des Islam einhergeht. Dadurch erhält der afrik. Islam eine dynamische Pluralisierung und Offenheit, die sich gleichermaßen an der weiteren islam. Welt wie an den Werten der afrik. Traditionen orientiert. ↗ Ostafrika, Völker, Kulturen und Staaten, ↗ vorkoloniale pol. Systeme, ↗ Westafrika, Völker, Kulturen und Staaten.

🕮 R. Bulliet, Conversion to Islam in the Medieval Period, Cambridge/London 1979. – N. Levtzion (Hg.), Conversion to Islam, New York/London 1979. – N. Levtzion/H. J. Fisher (Hg.), Rural and Urban Islam in West Africa, Boulder/London 1987. – R. Otayek, Le radicalisme islamique au sud du Sahara, Paris 1993.

Klaus Hock

Jugend, Lebensabschnitt zwischen ↗ Kindheit und Erwachsenenalter, der in den afrik. Gesellschaften unterschiedlich definiert wird. Früher kennzeichneten Übergangsriten (↗ Initiation, ↗ Ritus), die nicht unbedingt mit dem natürlichen Lebensalter zu tun hatten, den Eintritt in die Welt der Erwachsenen: Z. B. gab es im 16. Jh. in Madagaskar, so berichten die ersten Europäer, die dorthin kamen, Ehepaare, die 12 bis 13 Jahre alt waren. Solche in Ackerbauer-, Viehzüchter- oder Jägergesellschaften jeweils unterschiedlichen Rituale sind heute durch die zunehmende ↗ Urbanisierung Afrikas, die von westl. Lebensweisen und dem Vordringen der ↗ Medien hervorgerufenen Veränderungen größtenteils verschwunden und durch die biolog. Definition von Jugend bzw. den Eintritt ins Erwerbsleben ersetzt worden. Die große Anzahl junger Menschen im subsahar. Afrika ist eine Folge des hohen Bevölkerungswachstums (↗ Bevölkerung). Das Durchschnittsalter der Bev. liegt bei 17,5 Jahren – im Gegensatz zu 25,5 weltweit, 23,5 in den Entwicklungsländern und 35,5 in den Industrienationen. Damit ist die Hälfte der Bewohner Afrikas (oder knapp 800 Mio. Menschen im Jahr 2000) jünger als 17 Jahre.

Der hohe Anteil von Kindern und Jugendlichen bringt vielschichtige soziale, wirtsch. und pol. Probleme mit sich. Was kann in der Politik bspw. ↗ Demokratie bedeuten, wenn ein so großer Anteil der Bev. entweder gar nicht oder nur in untergeordneter Position an der Gestaltung des öffentl. Lebens mitwirkt? In einer Vielzahl afrik. Länder sind die jungen ↗ Frauen bes. benachteiligt, und zwar nicht nur in der Politik, wo sie unterrepräsentiert sind. Nicht nur, dass ihr Beitrag zur Wirtschaft nicht genügend Beachtung findet, häufig werden sie auch sowohl von der staatl. wie von der traditionellen Rechtsprechung in Erbfolgesachen, Eigentumsangelegenheiten, Finanz- und Grundbesitzfragen benachteiligt (↗ Familien- und Erbrecht). Die Einschulungsrate ist bei Mädchen in den 1990er Jahren zwar auf 51% (Grundschule) bzw. 22% (weiterführende Schulen) gestiegen, liegt damit aber immer noch niedriger als bei Jungen (60 bzw. 28%). Insges. haben im subsahar. Afrika nur 46% aller Jugendlichen (15 bis 23 Jahre) Zugang zu ↗ Bildung. Kinder und Jugendliche sind für die arbeitende Bev. eine Last, hinzu kommt eine schwierige Wirtschaftslage. Dieser Druck auf die Erwerbstätigen erklärt, warum junge Menschen schon sehr früh und oft unter schwierigsten Bedingungen ins Arbeitsleben einsteigen, und macht deutlich, weshalb es bei der Bodennutzung und Fragen materiellen Besitzes selbst unbedeutender Größenordnungen häufig zu Konflikten kommt. Auf dem Wirtschaftssektor sind die jenseits der Gesetze operierenden Kleinunternehmer im ↗ informellen Sektor meist junge Leute. Ihre vielseitigen und zunehmenden Aktivitäten zeugen von großem Einfallsreichtum. Die Überlebensstrategie dieser jungen Unternehmer besteht darin, jede sich bietende Gelegenheit zu nutzen, etwas zu verdienen, manche zeichnen sich auch durch innovatives Vorgehen und mittelfristige Investitionen aus. Lange bevor Politiker an Länder übergreifende Zollunionen dachten, hatten junge Geschäftsleute bereits damit begonnen, in Umgehung rechtl. Bestimmungen grenzüberschreitend Handel zu treiben.

Ein weiterer Bereich, in dem Jugendliche Auswege aus der ökonom. Misere, aber auch Prestige und Anerkennung suchen, sind die in die versch. ↗ Kriege/Bürgerkriege verwickelten Armeen, Guerilla- und Söldnertruppen. Die Schwierigkeit, den jungen Soldaten nach ihrer Demilitarisierung lohnende sozioökonom. Perspektiven zu bieten, ist vermutlich einer der Gründe für die mangelnde Bereitschaft zum Friedensschluss (↗ Kindersoldaten).

Trotz dieses düsteren Bildes ist die J. Afrikas, ein Trumpf des Kontinents, nicht passiv. In den afrik. Städten (↗ Stadt) schmiedet die J. das Afrika von morgen, selbst wenn sie im Augenblick noch mehrheitlich in ländl. Regionen zu Hause ist. Die Städte ziehen die J. an, und die jungen Menschen vom Land sehen in ihnen häufig ein – wenn auch trügerisches – Vorbild, v. a. aber eine Fluchtmöglichkeit aus dem schwerfälligen dörflichen Umfeld (↗ Migration). Zwar sind die städt. Jugendlichen am schwersten von Arbeitslosigkeit, Kriminalität, Drogenmissbrauch (↗ Drogen) und ↗ Aids betroffen, doch die immer schneller voranschreitende Verstädterung des subsahar. Afrika (mit einer Urbanisierungsrate von 38% für das Jahr 2000 gegenüber 20,8% 1975) bildet auch den Rahmen für das Aufeinandertreffen versch. Kulturen einschl. der globalen Jugendkultur. So haben Idole aus ↗ Film, ↗ Fernsehen und ↗ Sport (insbes. Fußball) die traditionellen Vorbilder weitgehend verdrängt. Für Künstler und andere junge Talente gibt es keinen anderen Weg als den in die Städte. Die Kinder und Jugendlichen bilden dort die Speerspitzen der Protestbewegungen, insbes. nach dem Ende des Ost-West-Konflikts gegen ↗ autoritäre Regime und für Demokratisierung. Auch die neuen relig. Bewegungen gegen das Establishment entstehen in den Städten. Sie entspringen i.d.R. einer J., die Zugang zu Bildungseinrichtungen hat und erst seit kurzem in der Stadt lebt. Die am weitesten urbanisierten Länder bringen die findigsten jungen Menschen hervor. Diesen Teil der Gesellschaft für seine Entwicklung zu mobilisieren, ist die größte Herausforderung Afrikas für das neue Jahrtausend. ↗ Altersklassen, ↗ Kinder- und Jugendliteratur.

🕮 Human Development Report 2000 (www.undp.org). – F. W. Gathu, Television and the Shaping of Culture in Kenya: a Case Study of Nairobi High School Youth's Use of Foreign TV Programming, Diss., Bowling Green, Ohio 1995.

Sofolo Randrianja

Kapitalismus ↗ peripherer Kapitalismus

Kindersoldaten. In afrik. ↗ Kriegen und Bürgerkriegen werden Schätzungen zufolge mehr als 120.000 Kinder und Jugendliche unter 18 Jahren als Kämpfer und Kämpferinnen missbraucht. Manche von ihnen sind nicht einmal sieben Jahre alt. Dies ist das Ergebnis eines Berichts der im Mai 1998 gegründeten »Koalition zur Beendigung des Missbrauchs von Kindern als Soldaten«. Weltweit wird die Zahl der K. auf 300.000 geschätzt. Der umfangreiche Einsatz von K. in Afrika ist für Algerien, Angola, Burundi, Demokrat. Rep. Kongo, Rep. Kongo, Liberia, Mosambik, Ruanda, Sierra Leone, Sudan und Uganda nachgewiesen. Waisen und Flüchtlingskinder sind bes. leicht zu rekrutieren. K. machen oftmals eine kleine »Karriere«: Sie beginnen als Lastenträger oder Köche, Wachleute, Boten oder Spione. Später bedienen sie auch Waffen. In manchen Fällen werden Kinder systematisch so abgerichtet, dass sie grausamste Verbrechen begehen. Sowohl Regierungen als auch ↗ Rebellenbewegungen sind für diese Praktiken verantwortlich.

Das Verbot der Rekrutierung von K. ergibt sich aus der Kinderrechtskonvention von 1989, den Zusatzprotokollen zu den Genfer Konventionen von 1977 und dem Statut des im Juli 1998 beschlossenen Internat. Strafgerichtshofs. Strittig ist die Frage des Alters. Während die ILO in ihrer Konvention zur Kinderarbeit jeden unter 18 Jahren als Kind definiert, wurden K. bislang nur bis zu einem Alter von 15 Jahren geschützt. Die UN-Generalversammlung hat jedoch am 25. 5. 2000 ein von einer Arbeitsgruppe am 21. 1. 2000 verabschiedetes Zusatzprotokoll zur Kinderrechtskonvention angenommen, das den Kampfeinsatz erst mit 18 Jahren gestattet und nun zur Ratifikation ausliegt. Eine ähnliche Regelung enthält auch die *OAU Charter on the Rights and Welfare of the Child* von 1992, die Anfang 2000 allerdings noch nicht in Kraft getreten war.

🕮 Coalition to Stop the Use of Child Soldiers, The Use of Children as Soldiers in Africa. A Country Analysis of Child Recruitment and Participation in Armed Conflicts, New York/Genf 1999. – www.child-soldiers.org – www.kindersoldaten.de

Tobias Debiel

Kindheit umfasst den Lebensabschnitt von der Geburt bis zur Pubertät, ist aber aus sozialhist.

Sicht nicht nur ein biolog. determiniertes Lebensalter, sondern v.a. ein gesellschafts- und epochenabhängiges Phänomen. Obwohl die ↗ Bevölkerung im subsahar. Afrika mit einem Wachstum von jährl. 2,3% (1998–2015) und einem Durchschnittsalter von nur 17,5 Jahren weltweit die »jüngste« und der Anteil von Kindern und Jugendlichen an der Gesamtbev. somit relativ hoch ist, gibt es bislang nur wenige Untersuchungen zu K. in Afrika, so dass unser Bild der Formen, Verläufe und Vorstellungen von K. mosaikartig bleibt.

Die Herausbildung eines eigenen Raumes für K., die sich durch Schulzeit verlängert hat, und damit die Ausdifferenzierung von K. und Erwachsenenwelt hat in Afrika kaum stattgefunden. Institutionalisierte Kinderräume wie Kinderzimmer oder Spielplätze spielen nur eine marginale Rolle. Kleinkinder werden, auf dem Rücken getragen, z.B. zur Feldarbeit der Mütter mitgenommen; größere Kinder sind unübersehbarer Bestandteil nahezu aller Alltagswelten. Durch die zunehmende Alphabetisierung hat K. sich aber doch verändert. Die Einschulungsrate lag in den 1990er Jahren im subsahar. Afrika bei 61% (Jungen) bzw. 57% (Mädchen) und immerhin 66% der Erstklässler erreichten die 5. Klasse der Grundschule. Mit Ausnahme von städt. europäisierten Mittel- und Oberschichten liegt die Zuständigkeit für Kinder nicht ausschließl. bei den biolog. Eltern. Vielerorts ist der Onkel mütterlicherseits zuständig für die Kindererziehung, bzw. es sind Kindspflegschaften üblich (↗ Adoption). Aber auch da, wo Kinder bei biolog. Eltern aufwachsen, übernimmt die erweiterte Großfamilie vielfach Verantwortungen.

Überall gibt es Vorstellungen über »normale« und »unnormale« Kinder: In weiten Teilen Westafrikas z.B. wird ein bestimmtes Zahnungsverhalten – etwa wenn die oberen Schneidezähne zuerst wachsen – als Zeichen dafür gewertet, dass Kinder verhext oder mit besonderer Macht ausgestattet seien. Bis heute werden diese Kinder gelegentlich ausgesetzt oder Missionaren übergeben. Im Igboland (Nigeria) und anderen afrik. Gesellschaften wie z.B. den Dagara (Ghana) existiert die Vorstellung, es gebe Kinder, die nicht so recht von dieser Welt und daher zum frühen Tod bestimmt seien, jedoch mehrfach wiedergeboren würden. Dies kann als Rationalisierung der Erfahrung aufgefasst werden, dass die Kindersterblichkeit sehr hoch ist. In manchen Regionen Afrikas treten Zwillingsgeburten gehäuft auf; bei den Yoruba in Westafrika z.B. ist jede 12. Geburt eine Zwillingsgeburt (weltweit jede 80). Oft werden Zwillinge mit Göttern in Verbindung gebracht, manchmal, z.T. auch je nach Geschlecht, verehrt, anderswo als bedrohlich empfunden und vereinzelt auch immer noch getötet.

I.d.R. werden Kinder spätestens nach dem zweiten Lebensjahr abgestillt. Anschließend beginnt eine geschlechtsspezifische und zumeist geschlechtergetrennte Erziehung und Ausbildung: Die Mädchen werden von weibl. Bezugspersonen in die Sphäre weibl. Arbeit, v.a. Hausarbeit, sozialisiert, während die Erziehung der Jungen den Männern obliegt. Üblich sind versch. Formen der Kinderarbeit – vom Helfen bei Feldarbeit über den Verkauf von Waren bis zur Tätigkeit als Dienstmädchen. Problematisiert werden sie, da als Teil kindlichen Lernens angesehen, nur selten. Der Übergang von der Kindheit zur Jugend und zum Erwachsenenleben, das mit der Heirat eintritt, ist in den meisten Gesellschaften mit Übergangsritualen verbunden. Wachsende sozioökonom. Probleme und pol. Destabilisierung haben in vielen Ländern zu einer steigenden Zahl Kinder geführt, die als Straßenkinder, Kriegs-, Aidswaisen oder ↗ Kindersoldaten nicht mehr in allen Fällen im Familienverband aufwachsen und für ihren Lebensunterhalt selbst aufkommen müssen. ↗ Jugend, ↗ Initiation, ↗ Aids, ↗ Kinder- und Jugendliteratur.

🕮 S.E. Somé, In unserer Mitte. Kinder in der Gemeinschaft, Berlin 2000. – P. Riesman, First Find your Child a Good Mother: The Construction of Self in two African Communities, New Brunswick 1992. – M.-J. van de Loo/M. Reinhart (Hg.), Kinder. Ethnolog. Forschungen in fünf Kontinenten, München 1993. – Human Development Report 2000 (www.undp.org).

Erdmute Alber

Kirchen, christliche. *I. Allgemeines.* Im subsahar. Afrika bilden die christl. K. mit etwa zwei Dritteln der Bev. (bzw. der Hälfte in ganz Afrika) den größten relig. Block. Sie zeichnen sich durch eine große Vielfalt aus. Obwohl das ↗ Christentum schon sehr früh nach Afrika kam und vom 3. bis 8. Jh. große Teile Nordafrikas christl. waren (↗ Donatismus), wandte sich das subsahar. Afrika erst im Zuge der neueren Missionsbewegung im 17. bis 19. Jh. dem Christentum zu (↗ Mission). Zwar hatten die westl. Missionare daran einen gewichtigen Anteil, doch erfolgte die Evangelisierung Afrikas zum überwiegenden Teil durch Afrikaner. Die K. Afrikas zeichnen sich durch großes Engagement – der Gottesdienstbesuch (↗ Gottesdienst) ist wenigstens zehnmal höher als in Westeuropa – und große Vielfalt aus; es gibt ca. 10.000 versch. Kirchen. Die K. spiegeln einerseits ihre unterschiedliche westl. Herkunft wider, andererseits sind sie von starker afrik. Initiative und oft auch Innovation geprägt.

II. Einzelne christliche Kirchen. – II.1. Orientalische Kirchen. Diese älteste Gruppe christl. K. ist heute durch die koptische K. Ägyptens (seit 62 n. Chr., ↗ Kopten) und die orthodoxe K. Äthiopiens (seit 325 n. Chr., ↗ Axum) vertreten. Sie haben zwar nur 30 Mio. Mitglieder, blicken aber auf eine lange Geschichte zurück, die das Christentum als afrik. Religion ausweist und im 19. Jh. als Inspiration für die Bildung Afrik. Unabh. Kirchen (sog. äthiop. K., ↗ Christentum) diente, v. a. in Süd- und Westafrika.

II.2. Katholische Kirche. Zur kath. K. als weitaus größter christl. Gruppierung gehören etwa 40% aller afrik. Christen. Wie die ev. K. auch, ist sie im islam. Nordafrika fast ausschließlich durch Fremde vertreten. Obwohl kath. Missionsarbeit bereits im 15. Jh. mit den von den Küstenbereichen ins Innere Afrikas (insbes. ↗ Kongo, Angola, Mosambik) vordringenden Portugiesen begann, erreichte die kath. K. mit der neueren Missionsbewegung ihre heutige Stellung. Inzwischen ist die kath. Hierarchie überall errichtet, und fast alle Bischöfe sind Bürger ihres Landes, wenn auch die Selbständigkeit durch die Struktur als Weltkirche mit ihrem Zentrum in Rom begrenzt ist. Da die afrik. kath. Ortskirchen fast alle dem westl. (lat.) Ritus angehören, ist z. B. für Priester der Zölibat verpflichtend. In Angola, Burundi, beiden Kongo-Staaten, Äquatorial-Guinea, Gabun, Kamerun, Kap Verde, Lesotho, Mosambik, Réunion, Ruanda, Seychellen, São Thomé und Uganda sind mehr als 40% der Bev. Katholiken.

II.3. Evangelische Kirchen. Unter ihnen sind die klassischen protestantischen Denominationen, deren Ursprünge in der europ. Reformation liegen und die durch die Missionsbewegung nach Afrika kamen, noch führend. Ihre geogr. Verteilung ergibt sich in den meisten Fällen aus der Missionsgeschichte des 19. Jh., weswegen ihre Schwerpunkte in den damals besser erreichbaren küstennahen Gebieten liegen. So ist der lutherische Anteil in Madagaskar, Tansania oder Namibia hoch, die Anglikanische K. bedeutend in Nigeria und Uganda, und die Reformierten K. spielen eine wichtige Rolle in Ghana und Malawi. Diese protestantischen K. kommen in ihrem Charakter den westeurop. Volkskirchen am nächsten, sind aber stärker von Erweckungsbewegungen geprägt. Die protestantischen K. Afrikas haben heute alle die Selbständigkeit gegenüber ihren Mutterkirchen erreicht, halten aber meist weltweite Verbindungen aufrecht.

II.4. Evangelikale Kirchen sind in Afrika wesentlich stärker als in Europa vertreten. Die größten unter ihnen gehen auf die interdenominationalen Glaubensmissionen zurück. Sie sind am stärksten in Kenia (*Africa Inland Church* mit über 1 Mio. Mitglieder), Nigeria (*Evangelical Churches of Westafrica* 1,5 Mio. Mitglieder; *Churches of Christ in Nigeria,* 4 Mio. Mitglieder) und in anderen Gebieten Zentralafrikas vertreten wie Tschad oder Kongo, wo sie die größte Gruppe der nichtkath. K. darstellen. Diese K. haben zwar Beziehungen zu Missionen, aber keine Mutterkirchen. Andere evangelikale K. gehen dagegen auf die Missionsarbeit der entsprechenden K. wie der Baptisten oder der Heilsarmee in Amerika und Europa zurück. Ihr Anteil an der Bev. ist oft viel höher als in den Heimatländern, so z. B. bei den Siebenten-Tags-Adventisten, den Freien Methodisten, der Kirche der Nazarener oder den Pfingstkirchen. Letztere wachsen stärker als die klassischen protestantischen K. und bilden in einigen Ländern die Basis für die Entstehung großer unabh. afrik. Denominationsfamilien, wie z. B. die Zionisten in Südafrika und die *Aladura*-Kirchen in Nigeria.

II.5. Charismatische Kirchen: Sie sind (seit 1970) die jüngste und z. Z. am schnellsten wachsende Gruppe, die bes. in Nigeria und der Demokrat. Rep. Kongo beheimatet ist. Ihre Zentren liegen in den großen Städten, wo es eine beachtliche Mittel- und Oberschicht gibt. Die Namen dieser K. sind recht unterschiedlich, z. B. *Living Waters, Flames of Victory* oder *Calvary Family Church.*

II.6. Afrik. Unabhängige Kirchen. Alle großen christl. Gruppierungen brachten und bringen sog. unabh. K. hervor (allerdings weniger im kath. und orientalischen Bereich), die sich von ihren Mutterkirchen oft nur durch die Abwesenheit von Missionaren unterscheiden. Heute nennen sie sich statt *Independent* gern *African Instituted Churches.* Afrik. christl. Innovation hat aber auch in diesen K. zu mehr Eigenständigkeit in Theologie und Gottesdienst geführt, so z. B. in der Kimbanguisten-Kirche in Kongo, den *Aladura*-Kirchen in Nigeria, der *Eglise Harriste* in der Elfenbeinküste und den *Spirit Churches* in Simbabwe. Obwohl die große Mehrzahl der christl. Denominationen zu den Afrik. Unabh. K. gehört, bilden sie nur eine Minderheit der afrik. Christen, da viele dieser K. nur aus wenigen Gemeinden bestehen. In geogr. Hinsicht variiert die Verbreitung sehr stark (Tansania 1%, Nigeria

10%, Südafrika 25%). Die charismatischen K. sind, trotz gewisser Beziehungen zum Westen, fast ausschließlich in Afrika entstandene (»unabh.«) K. Nur sehr wenige Afrik. Unabh. K. haben synkretistische Tendenzen (↗ Synkretismus), womit sie in die Nähe marginaler weltweiter christl. Gruppen wie der Mormonen rücken.

III. Gesellschaftliche Funktionen der christlichen Kirchen. In Afrika sind die christl. K. eine Realität, deren Bedeutung weit über den relig. Bereich hinausreicht. Ihr starkes Engagement im Gesundheits- und Schulwesen (mit neu gegr. christl. Universitäten, ↗ Missionsschulen) ist bes. im Lichte des Rückgangs staatl. Engagements in diesen Bereichen für die Menschen hilfreich und manchmal lebensrettend (↗ kirchliche Entwicklungsarbeit). In totalitären Staaten sind die K. die einzigen Massenorganisationen, die nur schwer gleichgeschaltet werden können. In den Demokratisierungsprozessen nach 1990 waren die K. oft führend beteiligt und wirkten wie Geburtshelferinnen (↗ Demokratie, ↗ Zivilgesellschaft), und auch heute werden sie von Politikern oft genug hofiert oder gefürchtet.

In den afrik. K. überwiegen die Frauen, was aber in deren Führung selten reflektiert wird. Die afrik. K. wachsen sowohl aufgrund der hohen Geburtenzahlen als auch durch Bekehrungen aus den traditionellen ↗ Religionen. Bekehrungen vom und zum ↗ Islam sind dagegen nicht häufig. Etwa 10% der Bev. Afrikas sind heute weder Christen noch Muslime, und es steht zu erwarten, dass der größte Teil von ihnen Christen wird. Die kirchl. Landschaft Afrikas unterscheidet sich von der Europas durch die geringere Bedeutung der Volkskirchen und durch eine weit größere (und stark zunehmende) denominationelle Vielfalt, wobei die evangelikalen, pfingstlichen und charismatischen Sektoren meist schneller wachsen als die klassischen Konfessionen.

Alle christl. K. Afrikas haben Teil an der »Südverschiebung des Christentums«, durch die seit etwa 1970 die Mehrheit der Christen im Süden der Welt wohnt. Dies hat bei einer Anzahl ursprgl. amerik. oder europ. Kirchen dazu geführt, dass jetzt die meisten ihrer Mitglieder in Afrika leben (z.B. Herrnhuter Brüdergemeine, Siebenten-Tags-Adventisten) oder aber einen entscheidenden Anteil ausmachen wie bei den Anglikanern (über 30 Mio. Mitglieder, etwa ebenso viele wie in Europa).

Obwohl die Säkularisierung auch in Afrika stattfindet, ist zu erwarten, dass die K. Afrikas in diesem Jh. bei weiter wachsender Vielfalt ihre große Bedeutung behalten werden und ihr Einfluss im Rahmen der weltweiten Christenheit steigen wird.

🕮 D. Barrett (Hg.), World Christian Encyclopedia, Nairobi/Oxford 1982. – J. Bauer, 2000 years of Christianity in Africa. An African History, Nairobi 1994. – K. Fiedler, Ganz auf Vertrauen. Geschichte und Kirchenverständnis der Glaubensmissionen, Gießen 1992. – A. Hastings, A History of African Christianity 1950–1975, Cambridge/London 1979.

Klaus Fiedler

Kirchliche Entwicklungsarbeit. Von Anfang an hat sich christl. ↗ Mission nicht nur um die Verbreitung des Evangeliums bemüht, sondern sie hatte das Wohl der Menschen im Blick. Zunächst wurden Missionsstationen errichtet, die zugleich Zentren medizin. Hilfe waren. Später entstanden auch Missionskrankenhäuser. Beim Aufbau der Stationen halfen einheimische Männer, die handwerklich angeleitet und später in Handwerkerschulen ausgebildet wurden. ↗ Missionsschulen kamen hinzu. Diese Bereiche sind die Hauptschwerpunkte auch heutiger k.E. Für die meisten afrik. ↗ Kirchen sind der Verkündigungsauftrag und die ↗ Entwicklungszusammenarbeit nicht voneinander zu trennen.

Als in der zweiten Hälfte des 20. Jh. staatlicherseits den unabh. gewordenen Ländern Entwicklungshilfe gewährt wurde, beteiligten sich die europ. und amerik. Kirchen an diesen Programmen und unterstützten ihrerseits die Entwicklungsprojekte der selbständig gewordenen Kirchen. Die meisten afrik. Regierungen erwarteten von den Kirchen geradezu einen Beitrag zum Aufbau der Länder. Neben der Projektunterstützung fand k.E. in der Entsendung von Personal ihren Ausdruck, v.a. im medizin., landwirtsch., verwaltungstechnischen, schulischen und berufsbildenden Bereich. Zu den Trägern der k.E. in Deutschland zählen auf ev. Seite: Brot für die Welt, Kirchl. Entwicklungsdienst (KED), Dienste in Übersee (DÜ, zur Personalvermittlung), Ev. Zentralstelle für Entwicklungshilfe (EZE). KED, DÜ und EZE sind seit Anfang 2000 im Ev. Entwicklungsdienst (EED) zusammengefasst. Auf kath. Seite sind Misereor, die Arbeitsgemeinschaft Entwicklungshilfe (AGEH, zur Personalvermittlung) und die Kath. Zentralstelle für Entwicklungshilfe (KZE) zu nennen.

Seit Ende der 1960er Jahre betonen die Kirchen bes. den Einsatz für gerechtere Strukturen in den Ländern Afrikas, Asiens und Lateinamerikas. Alle Unterstützung soll als Hilfe zur Selbsthilfe dienen und damit die Selbständigkeit fördern. Im ökumenischen Kontext wird die Notwendigkeit hervorgehoben, die vorhandenen Gaben und Möglichkeiten miteinander zu teilen (*sharing of resources*). In der gegenwärtigen Debatte stehen vor allem Fragen einer nachhaltigen Entwicklung (*sustainability*) und einer Rechenschaftslegung (*accountability*) im Mittelpunkt. ↗ Christentum.

📖 W. Gern, Entwicklung. In: Lexikon missionstheologischer Grundbegriffe, Berlin 1987, S. 72–82. – EKD (Hg.), Der Entwicklungsdienst der Kirche – ein Beitrag für Frieden und Gerechtigkeit in der Welt, Gütersloh 1973.

Johannes Triebel

Klan und Lineage sind Einteilungen in Abstammungs- oder Verwandtschaftsgruppen (↗ Verwandtschaft). Dabei ist strittig, ob Ethnologen diese Einteilung in den gleichen Grenzen und nach den gleichen Kriterien vornehmen wie die Gesellschaften, von denen sie annehmen, sie seien in K.u.L. organisiert. Die Frage, welche Rolle Abstammung, Abstammungsideologie und lokale Vergemeinschaftung bei der Herausbildung von K.u.L. spielen, ist von Fall zu Fall zu klären und wird kontrovers diskutiert. Als nicht sinnvoll hat sich erwiesen, K.u.L. in strikter Abgrenzung voneinander zu definieren, etwa zu sagen, die L. berufe sich auf einen namentlich bekannten Vorfahren, während beim K. dieser wirkliche oder geglaubte gemeinsame Vorfahr aus einer ferneren Vergangenheit stamme und nicht mehr namentlich bekannt sei. In manchen Gesellschaften stehen auch bei Einheiten geringer genealogischer Tiefe Gruppennamen im Vordergrund und nicht die Namen von Individuen, während anderswo Vorfahrenreihen mit zwanzig und mehr Namen memoriert werden und sich alle Abstammungsgruppen auf namentlich benannte Vorfahren berufen. Viele Ethnologen gebrauchen die Begriffe Klan, Subklan und Lineage nur für größere und kleinere Einheiten gleicher Art in ↗ segmentären Gesellschaften. Andere verwenden stattdessen Termini wie *major, minor* und *minimal lineage*.

Als irrig hat sich auch die weit verbreitete Annahme erwiesen, K.u.L. seien nichts weiter als Untereinheiten, bzw. Untereinheiten von Untereinheiten, von ↗ Stamm oder Ethnien (↗ Ethnizität). Oft finden sich dieselben K. in Gruppen mit unterschiedlichen Sprachen und Kulturen, versch. Ethnien also. Solche interethn. Klanbeziehungen können darauf zurückzuführen sein, dass ethn. Differenzierungsprozesse durch Eroberung, sprachliche Assimilation oder relig. Bekehrung quer zu den Einteilungen in K. verlaufen sind. Dies ist z.B. bei kuschitischsprachigen Ethnien (↗ Kuschitisch) von Kamelnomaden im ariden N Kenias und im S Äthiopiens häufig der Fall gewesen. In Notzeiten wie Dürren oder in Bedrängnis durch feindliche Überfälle finden Kenner dieser interethn. Klanbeziehungen, d.h. in den oralen Traditionen versierte Nomaden, häufig Klanbrüder in Nachbarethnien, bei denen sie Zuflucht suchen können.

Das Tal des Omo (südl. Äthiopien) gehört zu einer ethn. Fragmentierungszone, in der es viele pol. voneinander unabh. und sprachlich oft stark voneinander versch. ethn. Gruppen gibt, die nur wenige Tsd. Menschen umfassen. In dieser Region kommt es häufig vor, dass Gruppen, die im Verlauf der zahlreichen kriegerischen Auseinandersetzungen stark dezimiert werden und sich als eigenständige Gruppe nicht mehr behaupten können, sich miteinander oder mit überlegenen Gruppen zusammenschließen. So entstehen neue pol.-milit. Einheiten, die sich dann sprachlich und kulturell angleichen (↗ Assimilation) und damit zu ethn. Gruppen werden. K. sind hier die relativ konstanten Elemente, die zu immer wieder neuen Ethnien zusammengewürfelt werden. Ähnliches findet sich zumindest in vorkolonialer Zeit auch bei vielen relativ mobilen Ackerbauergruppen in der westafrik. ↗ Savanne. Hier hat der Kolonialismus aber zu einer Verhärtung der Grenzziehung der Gruppen geführt.

So wie Ethnien aus K. versch. Ursprungs bestehen können, können sich auch L. und Individuen versch. Herkunft zu K. zusammenschließen. Oft berufen sich durch solche Zusammenschlüsse gebildete Gruppen im Nachhinein auf einen gemeinsamen Ursprung. Die Redeweise von Klanbrüdern, Klanschwestern, Vätern etc. ist dann aber meist bloße Etikette und Konvention, und das Wissen vom heterogenen Ursprung bleibt in den oralen Traditionen (↗ Oralliteratur) erhalten und wird auch auf Befragen unumwunden mitgeteilt. Fasst man also K.u.L. unter dem Oberbegriff »Abstammungsgruppen« zusammen, so ist dabei im Auge zu behalten, dass eine solche Gruppe häufig oder gar i.d.R. ihre Entstehung nicht gemeinsamer Abstammung verdankt. Vielmehr formieren sich Gruppen, um gemeinsame Unternehmungen durchzuführen, z.B. zum Zwecke der Verteidigung. Die Fiktion der gemeinsamen Abstammung und das Ethos der Brüderlichkeit ist bei solchen Zusammenschlüssen von großem Wert. Durch Geburt und Tod entsteht der Zwang, festlegen zu müssen, wie die Gruppenmitgliedschaft an die nächste Generation weitergegeben werden soll, ob z. B. an die Kinder der zugehörigen Männer, an die der zugehörigen Frauen, also der Schwestern dieser Männer, oder an beide. Dadurch, dass eine Gruppe sich das Ethos der Brüderlichkeit und eine Rekrutierungsregel zulegt, die dann in der Rückschau als Abstammungsregel erscheint, wird sie zu einer Abstammungsgruppe. In analytischen Modellen mag es Abstammungsregeln geben, aus denen sich dann Gruppenstrukturen entwickeln. In vielen hist. Fällen aber scheint die Gruppe primär und die Abstammungsregel sekundär zu sein.

🕮 M. Fortes, The Structure of Unilineal Descent Groups. In: American Anthropologist 55 (1953). – I. M. Lewis, Blood and Bone: The Call of Kinship in Somali Society, London 1994. – G. Schlee, Identities on the Move: Clanship and Pastoralism in Northern Kenya, Manchester 1989.

Günther Schlee

Kleptokratie ↗ Korruption

Klientelismus ↗ Neopatrimonialismus

Klitorisbeschneidung ↗ Beschneidung

Kollektive Eigenständigkeit (*collective self-reliance*). Übertragung und Weiterentwicklung des – ursprgl. nationalstaatl. verstandenen – Konzepts der ↗ *self-reliance* (Vertrauen auf die eigenen Kräfte und Ressourcen, ein von J. K. Nyerere 1967 geprägter Begriff) auf den generellen Bereich der Nord-Süd-Beziehungen und auf die regionale Kooperation zwischen EL. Das Konzept der k. E. verfolgte das Ziel, gegenüber der globalen (wirtsch. und pol.) Konkurrenz der IL (Industrieländer) des Nordens das Gewicht der EL (Entwicklungsländer) durch gemeinsame Positionen zu stärken sowie durch vertiefte regionale Kooperation und Integration Wirtschaftsräume zu schaffen, die von den Weltmarktzwängen weniger abhängig wären. Die Strategie, gegen die Länder und Konzerne bzw. Privatwirtschaftsinteressen des N eine gewerkschaftsähnliche Gegenmacht aufzubauen, verfolgte man pol. im Rahmen der ↗ Blockfreienbewegung, wirtsch. u. a. in Rahmen der UNCTAD-Konferenzen (*UN Conference on Trade and Development*, ab 1964) sowie in der 1967 geschaffenen ↗ »Gruppe der 77«. Durch intensivierte Süd-Süd-Zusammenarbeit auch über Kontinentalgrenzen hinweg – durch ECDC/TCDC (*Economic/Technical Cooperation among Developing Countries*) – erhoffte man sich eine stärkere Verhandlungsposition gegenüber den IL. Allerdings spielte Afrika bei den Konfrontationen (u. a. über die ↗ Neue Weltwirtschaftsordnung) der 1970er Jahre im Vergleich zu gewichtigeren EL (wie China, Indien, Brasilien) nur eine untergeordnete Rolle.

Infolge zunehmender Eigeninteressen der EL (z. B. Herausbildung von ↗ Schwellenländern), des Endes des Ost-West-Konflikts und der sich daraus ergebenden weltwirtsch. Veränderungen verlor das Konzept der k. E. spätestens zu Beginn der 1990er Jahre an Überzeugungskraft, obgleich Blockfreienbewegung und »Gruppe der 77« (mit deutlich verminderten Aktivitäten) weiter existieren. Die Ansätze einer institutionalisierten Süd-Süd-Kooperation wurden weitgehend abgelöst durch neue, direktere Wirtschafts- und Investitionsbeziehungen zwischen EL. Das letzte Plädoyer für eine auf k. E. abstellende, die neue Weltwirtschaftslage berücksichtigende gemeinsame Strategie der EL erfolgte 1990 im Bericht der Süd-Kommission unter Leitung von J. K. Nyerere, die die Blockfreienbewegung eingesetzt hatte. Als Nebeneffekt wurde im gleichen Jahr eine neue Gruppierung etwas fortgeschrittenerer EL aus drei Kontinenten (G 15) gegr., die sich für die gemeinsame Vertretung ihrer Interessen im Weltwirtschaftssystem einsetzen wollte (aus Afrika: Ägypten, Algerien, Nigeria, Senegal, Simbabwe, ab 1997 auch Kenia), allerdings ohne merkliche Bedeutung blieb.

In Bezug auf Afrika hatte die ↗ OAU schon 1980 in ihrem Lagos-Aktionsplan auf verstärkte Regionalkooperation und ein Konzept der k. E. abgestellt und 1991 im Abuja-Vertrag die Einrichtung einer afrik. Wirtschaftsgemeinschaft beschlossen, die bis 2025 erfolgen sollte. Die Umsetzung dieser Absichtserklärungen ist bisher nicht erkennbar. Die ↗ ECA hatte 1989 als Gegenentwurf zu den IWF- und Weltbank-Programmen zur ↗ Strukturanpassung einen auf das Konzept der k. E. abzielenden Rahmenplan alternativer Wirtschafts- und Sozialentwicklung Afrikas vorgelegt, der aber nur von wenigen afrik. Regierungen aufgegriffen wurde. Seither ist auch die ECA auf liberale marktwirtsch. Wirtschaftsstrategien eingeschwenkt. Angesichts der scheinbar unaufhaltsamen Globalisierung ist das Konzept der k. E. heute völlig in den Hintergrund getreten, obgleich einige Grundannahmen nach wie vor durchaus Berechtigung beanspruchen können. ↗ Regionale Organisationen.

🕮 K. M. Khan (Hg.), Self-Reliance als nat. und kollektive Entwicklungsstrategie, München 1980. – Stiftung Entwicklung und Frieden (Hg.), Die Herausforderung des Südens. Der Bericht der Süd-Kommission, Bonn 1991.

Rolf Hofmeier

Koloniales Erbe charakterisiert strukturelle Hypotheken in den Gesellschaften Afrikas, die fremdbestimmte Herrschaft hinterlassen hat. Dies sind sowohl materielle wie auch psychosoziale Phänomene. In den meisten Fällen hinterließ die europ. Kolonialherrschaft Deformierungen, von denen die pol., soziale und wirtsch. Struktur der Länder nachhaltig geprägt wurde. Häufig war die zumindest anfängliche Ausrichtung auch der unabh. Staaten und deren Eliten auf die ehem. Kolonialmacht in den Metropolen ein bedeutendes Wesensmerkmal des k. E., das den Spielraum für eigenständige Entwicklungsmodelle und -wege drastisch einengte. Die geschaffenen Wirtschaftsstrukturen basierten zumeist auf der Ausbeutung und dem Export von unverarbeiteten Rohstoffen (landwirtsch. Monokulturen, Erzen und Metallen, ↗ Landwirtschaft, ↗ Bergbau), die eine Abhängigkeit der Volkswirtschaften vom Weltmarkt bewirkten und die Orientierung auf externe Märkte vertieften. Eine binnengerichtete wirtsch. Entwicklung fand so kaum statt, und mit der Verschlechterung der *terms of trade* führte die export- und handelsorientierte Strategie der meisten Länder in die Verschuldungskrise. Zu den Hinterlassenschaften des ↗ Kolonialismus sind aber auch die herkömmlichen Strukturen pol. Systeme, staatl. Verwaltungsmodelle, Grenzen und die äußeren Rahmenbedingungen gesellsch. Reproduktion zu zählen, wie z. B. die Übernahme des europ. Bildungsbegriffs und Schulwesens. Obgleich das k. E. lang anhaltende Entwicklungshemmnisse mit sich brachte, wird es heutzutage des Öfteren aber auch als populistische Ablenkung von hausgemachten Problemen missbraucht. Autokratische Herrscher und deren nutznießende Klientel verbergen hinter dem Verweis auf das k. E. ihre eigenen kleptokratischen Machenschaften, von denen die Bevölkerungsmehrheit i.d.R. keinen Nutzen zu ziehen vermag. Über die *de facto* bestehende massive Behinderung gesellsch. Wandels zugunsten mehr selbstbestimmter Strukturen durch das k. E. sollten diese Ausflüchte selbstsüchtiger Herrscher jedoch nicht hinwegtäuschen.

Henning Melber

Kolonialismus, die gewaltsame Errichtung europ. Herrschaft in Afrika während des 19. und 20. Jh. Vorausgegangen war eine lange, bis ins 15. Jh. zurückreichende Geschichte euroafrik. Kontakte.

I. Allgemeines. Im Zuge nationalistischer Rivalitäten und aufgrund eines ausgeprägten, vom Wunsch nach Prestige, ↗ Rohstoffen und neuen Einnahmequellen motivierten Expansionsdrangs der europ. Mächte verlagerte sich nach 1885 der Schwerpunkt von Handelsbeziehungen hin zu pol. Kontrolle. Auf der ↗ Berliner Afrika-Konferenz 1884/85 vereinbarten die konkurrierenden europ. Nationen freie Schifffahrt auf den Flüssen Kongo und Sambesi; außerdem legten sie fest, dass ein von einer europ. Nation an der afrik. Küste beanspruchtes Gebiet nur dann als Protektorat anerkannt würde, wenn es sich um eine »effektive Besitzergreifung« handele. In der Folge kam es in großer Zahl zu »Vertragsabschlüssen« mit Herrschern und Oberhäuptern in den Küstenregionen, auf deren Grundlage die europ. Mächte Schutzgebiete errichteten. Schon bald beanspruchten sie auch das Hinterland als Teil ihrer Einflusssphäre. Es kam zu zahlreichen Streitigkeiten über Grenzverläufe und Einflussbereiche zwischen Frankreich, Großbritannien und Deutschland, zwischen Portugal und Großbritannien und zwischen Deutschland und Großbritannien, doch diese Probleme wurden beigelegt und die neu gezogenen Grenzen vertraglich abgesichert. Die afrik. Bev. leistete auf breiter Front erbitterten und teilweise lang anhaltenden ↗ Widerstand, doch der entscheidende Faktor bei der Eroberung war technologische Überlegenheit: Moderne Maschinengewehre trafen auf traditionelle Waffen wie Pfeil und Bogen oder auf veraltete Vorderlader. Manche afrik. Anführer ergaben sich aufgrund der demütigenden Niederlage ihrer mächtigen Nachbarn. Der Widerstand dauerte jedoch während der ges. Kolonialherrschaft an. Daraus entwickelten sich, paradoxerweise unter dem Einfluss europ. Denkens, jene nationalistischen Bewegungen, die letztlich zur Unabh. führten. Die Kolonialherren mussten mit Vertretern der neuen afrik. Oberschicht verhandeln, die Reformen und Machtübergabe forderten (↗ *African Personality*, ↗ afrik. Ideologie). Die alten einheimischen Autoritäten wollten ihre Macht behalten, sei es als subimperialistische Kollaborateure wie in Buganda oder als Vertreter der *Indirect Rule* (↗ Indirekte Herrschaft) wie in Nordnigeria. Auch die versch. Religionen (↗ Christentum, ↗ Islam) wurden eingespannt, wenn es um Autonomieforderungen ging. Die Kolonialherren bedienten sich bei solchen Verhandlungen unterschiedlicher Strategien: Gewalt, Beteiligung an der Macht, Belohnungen und Kompromisse.

II. Koloniale Grenzen und Verwaltung. Die neuen Grenzen waren künstlich. Zahlreiche afrik. Völker wie z. B. die ↗ Yoruba, die Ewe und die Hausa in Westafrika fanden sich nun auf zwei oder mehr Länder verteilt. Die kolonialen Verwaltungssysteme unterschieden sich deutlich voneinander; sie entwickelten sich z. T. in Reaktion auf die lokalen Verhältnisse, z. T. aus weiter gespannten pol. Überlegungen des Mutterlandes heraus, sollten aber in jedem Fall den Kolonialmächten größtmöglichen Profit einbringen. Deshalb galt es, überall Kosten zu sparen und mit möglichst wenig Personal auszukommen. So ergab sich ein Zwei-Stufen-Modell. Auf der höheren Stufe befand sich die Zentralverwaltung, die in der Hauptstadt saß und aus einem Gouverneur oder Generalgouverneur, hohen Polizei- und Armeeoffizieren, Räten, Richtern und Beamten bestand. Die Zentralverwaltung führte die Anordnungen und Befehle aus Europa aus. Auf der Stufe darunter war die jeweilige Lokalverwaltung angesiedelt, unter Einbeziehung der pol. Institutionen der Afrikaner. In den brit. Territorien wurden die ↗ Könige und ↗ traditionellen pol. Herrscher respektiert; anderswo wurden sie gering geachtet und missbraucht, wie es bei den Belgiern im Kongo der Fall war. Die brit. und die frz. Herrschaft sollen im Folgenden ausführlicher dargestellt werden, da diese beiden Mächte sich den Löwenanteil des Kontinents sicherten.

III. Das britische Kolonialsystem. Die brit. Kolonien wurden als separate Länder regiert, jedes mit einem eigenen, in London ernannten Gouverneur und unter der Kontrolle des Ministers für die Kolonien. Der Gouverneur stand einer Zentralverwaltung vor, mit einem Exekutivrat, einem weißen Gremium, das relativ wenig Macht besaß. Ein Legislativrat verabschiedete Gesetze, die vom Gouverneur gebilligt werden mussten, wobei sich die gesetzgebende Macht des Rats zunächst nicht unbedingt auf die ganze Kolonie erstreckte, außer in Gambia und Sierra Leone. Die afrik. Elite bemühte sich darum, im Legislativrat vertreten zu sein, und trat für eine öffentl. Wahl der Mitglieder ein. Das Grundprinzip der Lokalverwaltung (die den meisten Bürgern einer Kolonie am nächsten stand) war die Indirekte Herrschaft, die zu versch. Zeiten in vielen Gebieten mit unterschiedlichem Erfolg eingeführt wurde. Sie basierte auf der Annahme, dass die Afrikaner am besten von ihren eigenen Königen und Chefs regiert werden könnten. Das nördl. Nigeria wurde zwischen 1900 und 1906 unter der Aufsicht von Lord Lugard zum erfolgreichen Versuchsgebiet für dieses Herrschaftsmodell. Die Region war berühmt für ihre Emirate, die von mächtigen Herrschern inmitten eines grandiosen Hofstaats aus zahllosen Würdenträgern (= Staatsbeamten) regiert wurden, also ein für die Indirekte Herrschaft bestens geeignetes System. Zwischen 1924 und 1929 wurde die Indirekte Herrschaft auch im südl. Nigeria eingeführt. Im Reich Oyo im W stärkte sie den Status der ↗ Alafin und verlieh ihnen eine größere Macht, als sie zuvor besessen hatten, während die gebildete Oberschicht bis zum Jahr 1934 keinen Zugang zu Verwaltungsposten erhielt. Im O, wo es keine mächtigen traditionellen Herrscher gab, wurden sog. *Warrant Chiefs* ernannt und mit Befehlsgewalt ausgestattet, was zu Missbrauch und Korruption führte. Da die Indirekte Herrschaft von einer direkten Besteuerung begleitet wurde, stieß sie auf breite Ablehnung, was 1929 zu einer großen Rebellion führte. Danach wurde das System reformiert. Zur gleichen Zeit wurde die Indirekte Herrschaft auch an der Goldküste (heute Ghana), in Sierra Leone und Gambia eingeführt. Der Errichtung der Indirekten Herrschaft ging die Aufteilung des betreffenden Territoriums in mehrere Provinzen voraus, die jeweils einem weißen Residenten, d. h. Regierungsvertreter, unterstanden. Jede Provinz war wiederum in mehrere Distrikte aufgeteilt, die von einem *District Officer* geleitet wurden, auch er ein Europäer, der allein dem Residenten verantwortlich war. Der Distriktkommandant überwachte und beriet die Könige und anderen Machthaber. Solange die einheimischen Herrschaftsträger zur Zusammenarbeit bereit waren, gab es kaum Probleme; es herrschte gegenseitiger Respekt. Europ. Beamte lernten nur in Ausnahmefällen einheimische Sprachen wie ↗ Hausa, ↗ Arabisch oder ↗ Swahili und waren daher auf Dolmetscher angewiesen, die ihre sprachliche Überlegenheit leicht missbrauchen und ausnutzen konnten. I. Allg. war die Indirekte Herrschaft billig und effizient und ermöglichte es den Briten, mit wenig Personal auszukommen, direkten Kontakt mit ihren Untergebenen zu vermeiden und die Afrikaner soweit zu manipulieren, dass sie unpopuläre Maßnahmen, wie

z. B. das Einziehen von Steuern, selbst durchführten. Das System brachte jedoch einige Probleme mit sich. Könige und Chefs kamen, oft zum Nachteil anderer Titelträger, in den Genuss größerer Privilegien. Die vorrangige Notwendigkeit, die Briten zufrieden zu stellen, hatte in vielen Fällen eine Missachtung der Wünsche ihres eigenen Volks zur Folge. Unbeliebte Machthaber konnten auch nicht entfernt werden, so lange sie von den Kolonialherren unterstützt wurden. Da diese auf die lokalen Herrschaftsträger angewiesen waren, blieb die aufstrebende einheimische Elite unbeachtet; nicht einmal ausgebildeten Rechtsanwälten war es gestattet, ihren Beruf bei Gericht auszuüben. In manchen Gebieten wie im Sudan und in Nordnigeria wurde die Verbreitung westl. Schulbildung gebremst, um die Interessen der einheimischen Machthaber zu schützen.

IV. Das französische Kolonialsystem. Die Franzosen schlossen mehrere Kolonien zu Föderationen wie Frz.-Westafrika zusammen, das aus acht Kolonien bestand: Senegal, Frz.-Sudan (heute Mali), Frz.-Guinea (heute Guinea), die Elfenbeinküste, Niger, Mauretanien, Dahomey (heute Benin) und Ober-Volta (heute Burkina Faso). Die Föderation wurde von einem Generalgouverneur geleitet, jede Kolonie von einem Gouverneur verwaltet. Obwohl diese beiden Beamten große Macht besaßen, mussten ihre Entscheidungen von der frz. Regierung gebilligt werden, und alle Gesetze wurden in Paris erlassen. Ein beratendes Organ, der Kolonialrat, der hauptsächlich aus weißen Beamten bestand, kam einmal im Jahr zusammen. Daneben verfolgten die Franzosen eine Assimilationspolitik, wonach die afrik. Untertanen frz. Bürger mit all deren Rechten und Privilegien werden sollten, vollständig in die frz. Kultur integriert. Die Kolonien wurden als Teil Überseefrankreichs betrachtet (*France d'Outre-Mer*). ↗ Assimilation wurde in den sog. Vier Kommunen Senegals praktiziert, d. h. in den Städten Dakar, Saint-Louis, Rufisque und La Gorée, deren Einw. frz. Staatsbürger und Katholiken waren und eine an Frankreich angeglichene Schulbildung erhielten und wo die Männer wählen durften. Außerdem konnten Schwarze und Mischlinge gehobene Stellungen im Staatsdienst, in der Armee und im Handelswesen erreichen. Diese Kommunen hatten des weiteren städt. Verwaltungen nach frz. Vorbild, mit Stadträten und einem Bürgermeister, und einen Generalrat wie in den frz. Departements und Regionen. Die Kommunen wählten einen Abgeordneten für die Frz. Nationalversammlung. Die Assimilation gestattete es gebildeten Afrikanern, einen Status der Gleichrangigkeit zu erlangen, wie es ihn in den brit. Kolonien nicht gab. Allerdings gelang es bis zum Jahr 1939 außerhalb der Vier Kommunen nur 500 Afrikanern, frz. Staatsbürger zu werden. Das lag an den hohen Anforderungen: Ein Bewerber musste in der Armee gedient und zehn Jahre lang für die Franzosen gearbeitet haben, und er musste die frz. Sprache korrekt lesen und schreiben können. 1946 wurden die Bedingungen liberalisiert. Assimilation setzte die Überlegenheit der frz. Kultur gegenüber der afrik. voraus. Die entsprechenden Zielpersonen waren aufgefordert, ihre traditionelle Lebensart aufzugeben. Ein Zusammenprall der Kulturen war unvermeidbar. Assimilierte Afrikaner, von denen man Dankbarkeit erwartete, setzten sich später bes. für den Gedanken der »schwarzen Identität« ein und hoben ihre eigenen Wurzeln und ↗ Traditionen hervor (↗ *Négritude*).

In anderen Regionen der frz. Kolonien hieß das Verwaltungssystem »Assoziation«. Frankreich hatte nicht vor, das Staatsbürgerrecht auf alle Afrikaner auszuweiten, da die Franzosen dann in der Minderheit gewesen wären; um die frz. Kultur anderen aufzuzwingen, wären hohe Ausgaben für genügend frz. Schulen u.ä.m. vonnöten gewesen, eine bes. in islamisierten Gebieten, wo der Widerstand am größten war, entmutigende Vorstellung. Außerhalb der Vier Kommunen waren Afrikaner Untergebene mit eingeschränkten Rechten und zahlreichen Pflichten, darunter Steuerabgabe, ↗ Zwangsarbeit und Militärdienst. Sie waren Opfer des *Indigénat*, eines Gesetzes, das es einem frz. Beamten erlaubte, einen Afrikaner ohne Prozess vierzehn Tage ins Gefängnis zu sperren und weitere Verhaftungen und Urteilssprüche ohne ordentliche Gerichtsverhandlung vorzunehmen. Vor 1944 konnten Afrikaner in keine ↗ Gewerkschaft oder pol. ↗ Partei eintreten. Eine Kolonie war ohne Rücksicht auf regionale oder kulturelle Gegebenheiten in *Cercles* eingeteilt, die einem *Commandant de Cercle*, einem Kreiskommandanten, unterstanden (vergleichbar dem brit. *District Officer*). Ein *Cercle* war wiederum in mehrere Bezirke unterteilt, die jeweils dem *Chef de Subdivision* unterstanden. Die kleinste Verwaltungseinheit war der *Canton* unter der Leitung eines *Chef de Canton*, der etwa zwei Dutzend Dörfern vorstand. Afrik. Herrschaftsträger besaßen bestenfalls eingeschränkte Macht und erhielten eine geringe Entlohnung. Viele von ihnen hatten nicht einmal einen traditionellen Titelanspruch, sondern wurden lediglich für ihre Rollen als ehemalige Soldaten oder frz. Loyalisten belohnt. I.d.R. mussten sie Steuern eintreiben und Zwangsarbeiter oder Soldaten rekrutieren, und es wurde von ihnen erwartet, dass sie tatkräftig und loyal mit den kolonialen Behörden zusammenarbeiteten. Die Steuern wogen schwer und wurden sogar von Kindern eingezogen. Viele Menschen verließen ihre Dörfer auf der Suche nach Geld, um ihre Steuerschuld begleichen zu können (↗ Migration). Auch Rekrutierungen für die Armee wurden – zumindest zeitweise – in großem Umfang durchgeführt, so dass ganze Landstriche ihrer jungen Männer beraubt waren.

V. Weitere Kolonialgebiete. Das Dt. Reich besaß seine Kolonien (offiziell Schutzgebiete genannt) in Westafrika (Togo und Kamerun), Ostafrika (Dt.-Ostafrika, auf dem Gebiet des heutigen Tansania, Ruanda und Burundi) und Südwestafrika (Dt.-Südwest, heute Namibia) nur bis zum Ersten Weltkrieg. Es unternahm keine größeren Anstrengungen, den Menschen in den Kolonien die dt. Sprache und Kultur aufzuzwingen. Die dt. Kolonien unterschieden sich stark voneinander, weshalb auch die Verwaltung keineswegs so einheitlich war, wie das von pol. Seite vielleicht angestrebt wurde (in Dt.-Südwest, mitdem Ziel dt. Besiedlung, sehr viel direkter als in Kamerun mit seinen vielen kleineren und größeren Königreichen). Dem von Berlin ernannten Gouverneur unterstand ein nur langsam wachsender Apparat von Zivilbeamten und Militärpersonal. An eine Integration der einheimischen Bev. war nicht gedacht, und Afrikaner durften nur als Angehörige der Schutztruppe unter dt. Offizieren Dienst tun. Widerstand in der Bev. wurde mit allen Mitteln gebrochen (z. B. ↗ Hererokrieg; Zerschlagung des ↗ Maji-Maji-Aufstands). Eine nostalgische Erinnerung an die dt. Kolonialzeit ist daher in keiner Weise angebracht.

Der Kongo war die einzige Kolonie Belgiens, größer als Belgien selbst, und wurde in drei Phasen verwaltet: 1885–1908; 1908/10 – ca. 1919; 1919–1960. In der ersten Phase war der Kongo praktisch Privateigentum des belg. Königs Leopold II.; das belg. Kabinett und Parlament hatten nichts mit seiner Verwaltung zu tun. Der König beutete den Kongo brutal aus und zwang die einheimischen Chefs, Zwangsarbeiter für die Gewinnung von Kautschuk und Elfenbein zu rekrutieren. Jeglicher Versuch von Widerstand wurde mit harter Militärgewalt und Zerstörung beantwortet. Nach internat. Protesten übernahm 1908 der belg. Staat den Kongo, die Ausschreitungen wurden weniger und den traditionellen Herrschaftsträgern wurde einige Macht zugestanden. Ihren Einflussbereich hielt man klein, um jeden organisierten Widerstand zu unterbinden. Sie wurden von Belgien aus ernannt und konnten gemaßregelt und abgesetzt werden. Das System war so unausgegoren, dass es fast zum Zusammenbruch der lokalen Befehlsstrukturen kam, bevor 1919 größere Verwaltungseinheiten geschaffen wurden. Erst danach kamen zahlreiche belg. Verwaltungsbeamte ins Land (1960 waren es über 10.000).

Die portug. Kolonialherrschaft in Angola, Mosambik, Guinea-Bissau, auf den Kapverdischen Inseln, São Tomé und Príncipe war in ähnlicher Weise von Ausbeutung und Brutalität gekennzeichnet. Die Portugiesen setzten die Zwangsarbeit durch, traten ganze Landstriche an Handelsgesellschaften mit uneingeschränkten Machtbefugnissen ab, machten kaum Investitionen, schickten ihre Jugendlichen zu Tausenden nach Afrika. Die Rassendiskriminierung war Wirklichkeit in ihren Kolonien, die erst spät, in den 1970er Jahren und nach blutigen Befreiungskriegen, in die Unabh. entlassen wurden.

VI. Der Kolonialismus und seine Auswirkungen. Die koloniale Herrschaft ging mit weitreichenden pol., sozialen und wirtsch. Veränderungen einher. Um die pol. Konsequenzen zu verstehen, muss man sich nur vor Augen halten, dass Afrika von Großbritannien, Frankreich, Deutschland, Portugal, Italien, Spanien und Belgien untereinander aufgeteilt, dass neue Grenzen gezogen und den so entstandenen territorialen Gebilden neue Namen, Hauptstädte, Sprachen und Verwaltungsorgane zugewiesen wurden. Zwar gaben diese neuen Institutionen die Basis für die späteren nationalistischen Bewegungen ab, sie brachten aber nicht unbedingt starke und in sich einige Nationalstaaten hervor. Nach dem Motto *divide et impera* war es unter den europ. Kolonialoffizieren üblich, Rivalitäten zwischen ethn. Gruppen zu schüren (↗ politisierte Ethnizität). Eine Kolonie war ein Wirtschaftsgut, das es mit größtmöglichem Gewinn auszubeuten galt. Rohstoffquellen und Absatzmärkte in Afrika sollten die wirtsch. Bedürfnisse Europas decken. Das Ergebnis war ein Kurswechsel weg von der Nahrungsproduktion hin zum Cash-Crop-Farming, dem Anbau von Exportgütern. Der Reichtumstransfer führte zwangsläufig zur Unterentwicklung Afrikas. Kolonien sollten sich finanziell selbst tragen, das Geld wurde durch direkte Steuern, Zwangsarbeit und indirekte Export- und

Importsteuern beigebracht. In den meisten Gegenden dominierte der Export landwirtsch. Erzeugnisse (Erdnüsse, Kaffee, Kakao, Kautschuk, Ölprodukte), die traditionelle Produktion wurde zugunsten der neuen Monopolanbaufrüchte überall zurückgedrängt. Wenn vorhanden, wurden auch Bodenschätze ausgebeutet, v.a. Zinn, Gold, Diamanten und Bauxit (↗ Bergbau). Die Feldfrüchte wurden von Bauern produziert, die davon nicht profitierten, sondern im Gegenteil verarmten, die Mineralien von europ. Firmen abgebaut, die riesige Gewinne machten. Die Wirtschaft dominierten fusionierte Auslandsfirmen jeder Größenordnung. Der Wettbewerb zwischen ihnen war selten bes. scharf, da sie sich darauf geeinigt hatten, für afrik. Produkte niedrige Preise festzusetzen. Indische und libanesische Kaufleute zogen nach Afrika, um an den profitablen Geschäften der Europäer teilzuhaben, wodurch die Existenzgrundlage afrik. Kleinhändler gefährdet wurde. Wann immer es im Interesse der Kolonialherren lag, wie z.B. während des Zweiten Weltkrieges, gründeten die Regierungen Handelsgesellschaften, die Exportgüter zu niedrigen Preisen aufkauften und damit beachtliche Profite anhäuften. Gelegentlich gewährten die Kolonien den Mutterländern zu geringen Zinssätzen Darlehen, die dann manchmal (wie z.B. im Kongo geschehen) auch noch abgeschrieben wurden. In den meisten Gebieten gab es keine nennenswerte Industrie. Man errichtete lediglich ein paar Fabriken zur Weiterverarbeitung, um Schiffsraum einzusparen (Erdnüsse wurden geschält, Baumwolle entkernt) oder um Bier und andere Getränke herzustellen. Die Anforderungen einer exportorientierten Wirtschaft führten zur Einführung neuer Währungen und zum Bau neuer ↗ Transport- und Kommunikationssysteme. Banknoten und Münzen traten an die Stelle älterer Zahlungsmittel wie Kaurischnecken und Manilla (offene Kupfer- und Messingringe). Lohnarbeit, Marktwirtschaft und der Zwang, Steuern zu zahlen, führten zur raschen Verbreitung dieser neuen Währungen. Eisenbahnlinien wurden gebaut, um die Häfen mit dem Landesinneren zu verbinden, in erster Linie, um Rohstoffe und Arbeitskräfte zu transportieren – weniger, um die afrik. Länder miteinander zu verbinden. Mit afrik. Arbeitskraft und afrik. Geld gebaut, brachten die Eisenbahnen europ. Kaufleuten und Handelsgesellschaften große Gewinne und ermöglichten es ihnen, ↗ Wanderarbeiter zu beschäftigen, importierte Waren zu transportieren und die Menge der Exportgüter zu vergrößern. Afrik. Geschäftsleute leisteten mit ihren Lastwagen Zubringerdienste auf schlechten Straßen. Neue Straßen und Eisenbahnlinien führten zu einer massiven Abwanderung in die Städte (↗ Stadt), zur Verbreitung von Christentum und Islam und anderer kultureller Bewegungen und brachten europ. Importgüter in fast jeden Winkel.

Es gab versch. koloniale Strategien in Bezug auf Grund und Boden, aber jede hatte nachhaltige Konsequenzen. In den brit. Besitzungen Westafrikas entstanden keine Plantagen, europ. Siedler wurden nicht ermutigt, den Boden zu bebauen. Eine der Hauptauswirkungen war hier die Kommerzialisierung des Landes, da wirtsch. Veränderungen zum weit verbreitetem Tausch von Ländereien führten. Im ostafrik. Hochland und in Rhodesien errichteten europ. Siedler kommerzielle Plantagen. Auch die portug., frz. und belg. Behörden gestatteten europ. Handelsgesellschaften den Ausbau von Plantagen. Diese Politik führte zur Enteignung fruchtbaren afrik. Landes und war ein Hauptgrund für antikoloniale Revolten (↗ Mau-Mau). Die wichtigste soziale Veränderung war wohl das ↗ Bildungswesen. Kolonialverwaltung, Missionare und Firmen brauchten eine gewisse Anzahl alphabetisierter Afrikaner, daher unterstützten sie die Einrichtung von Schulen, v.a. den Elementarunterricht. Die Entwicklung höherer Schulen ging eher zögerlich voran, da man befürchtete, die Absolventen würden sich für nationalistische Ideen begeistern und mehr Rechte und Privilegien fordern. In den portug. und belg. Kolonien gab es kaum Sekundarstufen. Vielerorts spielten die christl. Missionen eine bestimmende Rolle in der Schulbildung. Sie nutzten die ↗ Missionsschulen für die Bekehrung. In vielen brit. Kolonien arbeiteten die Verwaltungen mit ihnen zusammen, um öffentl. Gelder zu sparen. Die in diesen Schulen heranwachsende ↗ Elite war die Vorhut des Wandels; sie forderte zunächst nur kosmetische Reformen, propagierte dann aber einen kämpferischen ↗ Nationalismus, der das Ende der Kolonialherrschaft zumindest mit herbeiführte. Westl. Bildung brachte eine neue Führungselite hervor, gab afrik. Sprachen eine Schrift und ermöglichte damit eine großflächige Alphabetisierung. Es gab noch weitere soziale und kulturelle Veränderungen. Alte Städte dehnten sich aus, neue schossen aus dem Boden. Das waren Verwaltungszentren oder Hafenstädte oder Orte, die Eisenbahnanschluss hatten und von der neuen Wirtschaftslage profitierten. Die ↗ Urbanisierung brachte mehr Afrikaner miteinander in Kontakt als je zuvor und schuf eine Arbeiterklasse, die wiederum zur Gründung von Gewerkschaften, Parteien und Nationalbewusstsein beitrug. In den Städten bildeten sich Kleinfamilien, die nicht mehr in großen Gemeinschaften, sondern in einem beschränkten Haushalt lebten und sich ehemals unbekannte Ideen von individuellen Rechten und Privateigentum zu eigen machten.

VII. Die Bilanz des K. fällt eher negativ als positiv aus. Die meiste Zeit wurde nur wenig für die Entwicklung der Kolonien getan. Neue Infrastrukturen wie Straßen und Bahnlinien wurden nur aus selbstsüchtigen kommerziellen Interessen gebaut, um den Export- und Importhandel zu erleichtern. Die Bauern profitierten kaum, da sie bei den Preisen übervorteilt wurden und fast jeglicher Grundlagenversorgung entbehren mussten. Investitionen von Seiten der Regierungen und Handelsgesellschaften waren nur dafür gedacht, Gewinne zu erzielen, nicht aber, den Lebensstandard der Bev. zu heben. Anbaugüter wurden nur für den Export gefördert, selbst wenn dadurch die Nahrungsmittel knapp wurden. Die Länder Afrikas wurden zunehmend abhängiger von einigen wenigen Exportgütern. Beispiele sind die Elfenbeinküste, die auf den Verkauf von Kakao und Kaffee angewiesen, und Sambia, das vom Kupferexport abhängig war. Die Veränderungen waren nicht überall gleich: In vielen ländl. Gegenden waren sie eher oberflächlich und lückenhaft, während Eisenbahnverbindungen und Schulbildung folgenschwere Auswirkungen v.a. für die Stadtbewohner hatten; in Gebieten mit einem hohen europ. Siedleranteil an der Bev., wie in Algerien und Kenia, konnten die Veränderungen zerstörerisch wirken. Die Kolonialherrschaft dauerte kürzer als von ihren Architekten geplant. In vielen Teilen Afrikas begann sie nach 1945, als eine Welle nationalistischer Bewegungen aufkam, zu kollabieren (↗ Entkolonialisierung). Noch lange nach dem Zerfall der europ. Kolonialreiche ist jedoch ihr Erbe zu spüren. Fast alle Grenzen wurden beibehalten, europ. Sprachen dienen noch heute als offizielle Landessprachen, ungelöste ethn. Rivalitäten und Minderheitenprobleme führen zu pol. Instabilität (↗ ethnische Konflikte), und der etablierte Transfer von Reichtümern aus Afrika dauert an. Die Hinterlassenschaften des K. in Afrika sind so mächtig und so weitreichend, dass die Unabh. Afrikas stark eingeschränkt ist und die postkoloniale Ära häufig als neokolonial bezeichnet wird. ↗ Helgoland-Sansibar-Vertrag, ↗ koloniales Erbe, ↗ Native Authorities, ↗ zivilisatorische Mission.

🕮 A.A. Boahen, African Perspective of Colonialism, Baltimore 1987. – T. Falola (Hg.), Tradition and Change in Africa: The Essays of J. F. Ade Ajayi, Trenton 1999. – H. Gründer, Geschichte der dt. Kolonien, Paderborn 1985. – J. Osterhammel, Kolonialismus. Geschichte, Formen, Folgen, München 1995. – W. Reinhard, Geschichte der europäischen Expansion, 4 Bde., Stuttgart 1983–1990.

Toyin Falola

Konflikte ↗ ethnische Konflikte, ↗ Kriege/Bürgerkriege

Korruption ist als ein weltweites Phänomen auch in Afrika allgegenwärtig und nach Meinung vieler Beobachter dort inzwischen ein zentrales Entwicklungshemmnis. Allerdings findet K. fast immer im Verborgenen statt. Über ihr tatsächliches Ausmaß gibt es keine verlässlichen statistischen Angaben. Pol. oder bürokratische K. kann definiert werden als Missbrauch öffentl. Ämter und Ressourcen für privaten Gewinn.

Die weit verbreitete endemische oder systemische K. wird im afrik. Kontext auf unterschiedliche Ursachen zurückgeführt, die in der Praxis aber kaum voneinander zu trennen sind und das Entstehen eines afrik. K.-Komplexes begünstigen. Aus soziokultureller Perspektive wird betont, dass in Afrika das Gemeinschaftsgefühl und die Beziehungen zu Großfamilie, ↗ Klan und ethn. Großgruppe vor dem nat. Gemeinwohl rangieren. Da der Nationalstaat während des ↗ Kolonialismus einem Konglomerat ethn., kulturell und relig. heterogener Gruppen übergestülpt wurde, nimmt es kaum Wunder, dass die ethischen und moralischen Standards des Westens als dysfunktional begriffen und weitgehend ignoriert wurden. Wer im Rahmen neopatrimonialer Herrschaft (↗ Neopatrimonialismus) Zugang zu Macht und Ressourcen erhielt, verstand dies häufig als Aufforderung zu hemmungsloser Selbstbereicherung. Mit der großen wirtsch. und finanziellen Krise ab Anfang der 1980er Jahre, die insbes. im öffentl. Dienst zu z.T. drastischen Sparmaßnahmen führte (↗ öffentl. Verwaltung), rückte die K. auch auf die unteren Ebenen des Staates vor. Und obwohl noch fast jede neue Regierung die K. der Vorgänger in ihren offiziellen Verlautbarungen verdammt und rasche Abhilfe versprochen hat, sind Erfolge im Kampf gegen die K. rar geblieben.

Allerdings darf auch das Fehlverhalten der Industrieländer nicht unterschlagen werden, die Afrika häufig der endemischen K. bezichtigen, selbst aber ihre Großaufträge, Waffengeschäfte oder Consulting-Aktivitäten auf der Basis von Bestechungszahlungen sichern, auch wenn hier im Rahmen von OECD-Vereinbarungen inzwischen rechtl. Verbote zu greifen beginnen. Dennoch läßt sich die K. selbst unter günstigen inneren und äußeren Bedingungen nicht vollständig besiegen; der Kampf gegen sie sollte aber gleichwohl aufgenommen werden. Daher sind Initiativen, konkrete Unterstützung und Beratung von außen auch für Afrika wichtig. Unter den geltenden Bedingungen extremer Knappheit und Instabilität kann dies jedoch nur langfristig geschehen. Außer internat. Hilfestellungen setzt das allmähliche Zurückdrängen der K. aber auch voraus, dass die Menschen vor Ort sich weiter gegen die schlimmsten Auswüchse des Phänomens zur Wehr setzen und nicht nur auf der begrenzten Ebene lokaler Solidargemeinschaften Ehrlichkeit, Offenheit und Rechenschaftspflicht praktizieren.

Im Rahmen der Demokratisierung (↗ Demokratie) hat man seit Anfang der 1990er Jahre vielerorts begonnen, das Problem wahrzunehmen, es offen anzuprangern und zu diskutieren sowie über Gegenmaßnahmen nachzudenken.

🕮 J.-F. Bayart, L'état en Afrique: La politique du ventre, Paris 1989. – C. Jakobeit, Korruption in Afrika – Erscheinungsformen, Ursachen, Konsequenzen und Gegenstrategien. In: Institut für Afrika-Kunde/R. Hofmeier (Hg.), Afrika Jahrbuch 1993, Opladen 1994, S. 46–56. – J. P. Olivier de Sardan, A Moral Economy of Corruption in Africa? In: Journal of Modern African Studies 37 (1999), S. 25–52.

Cord Jakobeit

Krankheit und Heilung. Heilung von einer Krankheit zu suchen, heißt in Afrika nicht selten, sich unterschiedlicher, ja zum Teil gegensätzlicher Ätiologien (Klärungen von Krankheitsursachen) und Therapien zu bedienen. An diesem eher pragmatischen und erfolgsorientierten Umgang mit K.u.H., den die Medizinethnologie »medizin. Pluralismus« nennt, wird weder moralisch noch intellektuell Anstoß genommen. Vielfältig sind bereits die lokalen Ätiologien. Unterschieden werden personale und natürl. Ursachen. Erstere betreffen K., die in der sozialen Umwelt des Kranken begründet liegen, letztere solche K., die als außerhalb des menschlichen Einflusses stehend gedacht werden. Dabei wird zumeist unterschieden zwischen K., die von Gott oder den Ahnen (↗ Ahnenkult) kommen; K., die auf ↗ Hexerei und ↗ Magie zurückzuführen sind; K., die durch Verunreinigungen und unzulässige Vermischungen von Körpersäften und Körpertemperaturen entstehen; und K., für die natürl. Umstände verantwortlich sind wie etwa Allergien auf bestimmte Pollen und Gräser.

Die jeweilige Ursache bestimmt die Schwere der K. und ihre Therapie. Auch diese ist vielfältig. Für welche sich entschieden wird, ist abhängig vom Typ der Symptome und der Länge des Leidens. Klarheit in der Diagnose resultiert daraus nur bedingt. In der Praxis vermischen sich die jeweiligen Einteilungen und erweisen sich als abhängig von den sozialen Kontexten, in denen der/die Kranke lebt. So können etwa Husten und Brustschmerzen durchaus als Folge feuchter und kalter Nächte eingestuft werden, für die man Linderung mittels eines Besuchs beim Arzt oder in der Krankenstation und der Einnahme eines in den Industrienationen, Indien oder Südafrika hergestellten Hustensafts sucht. Die gleichen Symptome können bei anhaltenden Beschwerden aber auch zum Besuch eines traditionellen Heilers führen, der diese als Ergebnis von Ehebruch und des damit erfolgten Kontakts zweier ungleicher ritueller Körpertemperaturen deutet, was neben dem Inhalieren eines Baumrindensuds eine finanzielle Kompensation an die Familie der betrogenen Partei notwendig macht. Die sog. Patientenkarrieren der Industrieländer, also die Konsultation mehrerer medizin. Autoritäten, das Einholen mehrerer Diagnosen und das Durchlaufen mehrerer Therapieformen, finden sich also auch in Afrika.

Anders hingegen ist hier die aktive Einbindung der Kranken in ein soziales, an der Diagnose und Therapie beteiligtes Netzwerk, das zumeist aus den Angehörigen des Kranken besteht. In der gemeinsamen Erörterung des Leidens und seiner möglichen Ursachen befindet die Gruppe, welcher Weg zur Heilung einzuschlagen ist, und beschreitet diesen, wenn notwendig, mit dem Kranken zusammen. So kann, wenn die Beteiligten das dieser Beratung zugrunde liegende kulturelle Ordnungsmuster anerkennen und bereit sind, die kulturellen Regeln zu befolgen, ein Wahrsager konsultiert werden, der mittels ↗ Divination Krankheitsursachen und Heilungsmöglichkeiten offenbart. Ergebnis der Divination kann etwa die Überweisung des Kranken in einen sog. affliktiven Kult sein. Der Zusatz »affliktiv« bezieht sich auf personalistische Krankheitsvorstellungen und das Verständnis von Leid und K. als etwas von außen Kommendes, das in das Individuum eindringt und von ihm Besitz ergreift. Verantwortlich dafür können Ahnen sein oder Geister der Wildnis (↗ Geisterglaube) oder der Fremde. Affliktive Kulte begegnen der Kraft dieser Instanzen durch den Versuch ihrer Kontrolle und Zähmung. Dabei bedienen sie sich einerseits der Mittel von Ähnlichkeit und Nachahmung sowie bildhafter Redewendungen wie Metapher, Metonymie und Synekdoche, andererseits performativer Mittel wie ↗ Musik und ↗ Tanz. Im Mittelpunkt steht vielfach die Trommel, die v.a. in Zentral- und im südl. Afrika seit langer Zeit die Heilungsrituale bestimmt.

Divination und ↗ Ritual stehen für ein Verständnis der Person als soziales Subjekt. Körper und Selbst werden als Einheit begriffen, die wiederum als Teil eines größeren sozialen Körpers gedacht wird, was u. a. in der häufig zu findenden Verwendung von Körperbildern wie »Brust« oder »Schoß« als Bez. bestimmter sozialer Beziehungen von Nähe und Verpflichtung zum Ausdruck kommt. Die enge Verschränkung zwischen der öffentl.-pol. und der privat-moralischen Sphäre bedeutet auf der Ebene K.u.H., dass der individuell-passiven Dimension des Krankwerdens die kollektiv-aktive Dimension des Gesundbleibens entspricht.

Der Komplex öffentl. Gesundheit bzw. *Public Health* findet sich diesbezüglich auch in Afrika. In vorkolonialer Zeit gehörten hierzu Institutionen wie die des Regenkults, des Königtums (↗ König) oder des Giftorakels. Die ihnen zugeschriebene Bedeutung reichte von der Wahrung der Fruchtbarkeit und des Wohlergehens der Gesellschaft als Ganzes bis hin zur symbolischen Reinigung der Gemeinschaft von den Übeln der Hexerei. Im Zuge der Etablierung kolonialer Herrschaft (↗ Kolonialismus) veränderte sich ihre Autorität. Zum Teil wurden sie, wie im Falle des Königtums, in das hegemoniale System integriert, zum Teil, wie im Falle des Giftorakels, verboten. Pol. Gründe dominierten gleichwohl über medizin.-ethische. Im Zentrum stand die Macht über die Definition von K. und damit über die Definition des Subjekts. Wer das Recht hatte, über den Namen einer K. zu bestimmen, bestimmte damit auch, welche Elemente des Lebens zu Leid und K. und welche Wege zur H. führen. Die koloniale Einführung der westl. Biomedizin (↗ Tropenkrankheiten) erwies sich vor diesem Hintergrund als integraler Teil des Versuchs der Etablierung neuer ökonom. und psychosozialer Strukturen, innerhalb derer das Subjekt – allerdings nur partiell – als für sich selbst verantwortlich gesehen wurde. Professionalisierung und Privatisierung sind Ergebnisse dieses Prozesses. Auf der Ebene der Institutionen spiegeln sie sich in den zahlreichen nat. und transnat. Verbänden traditioneller Heiler. Zum Teil angesiedelt in der Stadt und ausgestattet mit Handys und Laptops, zum Teil auf dem Land in einfachen Häusern wohnend, stehen sie sowohl in Konkurrenz untereinander als auch zu den staatl. Gesundheitseinrichtungen (↗ Gesundheitsversorgung). Ebenfalls in diesem Bereich findet sich eine in den letzten Jahren stark angewachsene Zahl von Pfingstkirchen. Auch sie sind im Bereich K.u.H. zahlreich vertreten, sehen sie doch die Ursache für Leid und Armut in den Sünden eines gottlosen Lebens, mit dem es zu brechen gilt. Welche Wahl auch immer getroffen wird, ob Krankenhaus, Heiler, Kirche oder auch nur der Kauf von ein paar Tabletten im nächsten Krämerladen, es ist eine Wahl, die auf einem reichen Spektrum von Erfahrungen und Erwartungen basiert. Leid und K. erscheinen im afrik. Kontext eben oftmals als weit mehr als eine körperliche Dysfunktion, was bedeutet, dass auch die Versuche, Heil und H. zu finden, dynamisch und vielschichtig sind.

🕮 S: Feiermann/J. Janzen (Hg.), The Social Basis of Health and Healing in Africa, Berkeley 1992. – M. Vaughan, Curing Their Ills: Colonial Power and African Illness, Cambride 1992. – J. Janzen, Ngoma Discourses in Central and Southern Africa, Berkeley, Los Angeles 1992.

Peter Probst

Kriege/Bürgerkriege. Afrika ist weltweit der Kontinent mit der höchsten Kriegsanfälligkeit seit 1945. Nach Angaben der Arbeitsgemeinschaft Kriegsursachenforschung (AKUF) wurden hier 56 K. geführt, mehr als ein Viertel der über 200 bewaffneten Konflikte zwischen 1945 und 1999. Dabei waren die Zeit der ↗ Entkolonisierung (1960–1964), die Periode nach dem Zerfall des portug. Kolonialreichs (1975–1979) sowie die Zeit nach dem Ende des Ost-West-Konflikts (1990–1994), die zu nachlassendem Engagement der Supermächte und einer Distanzierung westl. Geber von zuvor gestützten ↗ autoritären Regimen führte, bes. gewaltintensiv. Permanente Krisenregionen waren das Horn von Afrika (Sudan, Äthiopien/Eritrea, Somalia) und das südl. Afrika (Angola, Mosambik, Namibia, Simbabwe, Südafrika). In den 1990er Jahren ergab sich – mit Ausnahme Angolas – im südl. Afrika eine gewisse Beruhigung. Dafür sind Westafrika (Liberia, Sierra Leone) und v.a. Zentralafrika (Ruanda, Burundi, Demokrat. Rep. Kongo, Rep.

Kongo) als vom Zerfall bedrohte Kriegsregionen hinzugekommen.

Welches Ausmaß kriegerische Auseinandersetzungen in Afrika haben, zeigt sich daran, dass nur wenige der 53 Staaten seit 1945 keinen bewaffneten Konflikt erlebten: Benin, Botsuana, Gabun, Malawi, Madagaskar sowie einige auf Inseln gelegenen Mikrostaaten. Die Politik ist in vielen Ländern nicht nur durch kriegerische Konflikte militarisiert, sondern – insbes. in Westafrika – durch die stets drohende Einmischung der Armee oder die unmittelbare Herrschaft von ↗ Militärregimen geprägt. Zwischen 1960 und 1997 haben in Afrika 73 erfolgreiche Militärcoups stattgefunden und noch einmal doppelt so viele sind fehlgeschlagen.

Zwischen 1945 und 1990 kamen in bewaffneten Konflikten weltweit etwa 22 Mio. Menschen ums Leben, mehr als 6 Mio. davon in Afrika. Dabei war v.a. die Zivilbev. betroffen. Während der 1990er Jahre fielen allein in Somalia, dem Sudan, Angola, Liberia, Ruanda, Äthiopien und Eritrea zwischen 1,5 und 2 Mio. Menschen Kriegen, kriegsbedingten Hungersnöten, Vertreibung und Völkermord zum Opfer.

I. Kriege/Bürgerkriege zur Zeit des Ost-West-Konflikts. In der Zeit des Ost-West-Konflikts wurden insges. 43 K. in Afrika gezählt. Ein Blick auf die Entwicklungen in den versch. Regionen zeigt, dass trotz einer allg. hohen Gewaltanfälligkeit erhebliche Unterschiede bei Konfliktursachen und Kriegstypen feststellbar sind. In Nordafrika wurden zwischen 1945 und 1989 sechs K. verzeichnet. Der Großteil der K. fand von etwa 1950 bis 1965 statt und hatte die Unabh. von Frankreich bzw. Spanien zum Gegenstand (Algerien, Marokko, Spanisch-Sahara, Tunesien), wobei der ↗ Algerienkrieg (1954–1962) bes. brutal verlief. Zwischen Okt. 1963 und Feb. 1964 waren Marokko und Algerien im sog. Tindouf-Krieg in einen Grenzkonflikt verwickelt. Bis heute ungelöst ist die Frage der Unabh. der ↗ Westsahara, für die die POLISARIO (↗ Rebellenbewegungen) seit 1975 kämpft.

In Westafrika wurden zwischen 1945 und 1989 sechs K. ausgetragen. Neben dem Unabhängigkeitskrieg in Guinea-Bissau war Nigeria von mehreren Konflikten betroffen. Mit 600.000 bis 2 Mio. Toten verlief der Biafra-Krieg (1967–70) am verlustreichsten. Die von christl. Igbo dominierte erdölreiche Ostprovinz Nigerias kämpfte dabei um die Sezession gegen die vom vorwiegend muslim. Nordnigeria beherrschte Zentralregierung. In Kano (Nordnigeria) kam es bis in die 1980er Jahre zu Aufständen gegen Armut und westl. Materialismus. Ende 1985 führte Mali gegen Burkina Faso einen der eher seltenen Grenzkriege in Afrika.

In Zentralafrika fanden sieben K. statt. In Kamerun kämpfte die UPC (*Union des Populations du Cameroun*) zwischen 1955 und 1963 für die Unabh. Der Tschad war von 1966 bis 1998 Schauplatz eines vielschichtigen Bürgerkriegs, der unter Beteiligung libyscher und frz. Truppen geführt wurde und eine OAU-Friedenstruppe scheitern ließ. Allein fünf K. spielten sich in der Demokrat. Rep. Kongo ab. Hohe Verluste forderte der Kongokrieg (1960–1963). Hier verband sich unmittelbar nach der Unabh. der Sezessionsversuch der rohstoffreichen Provinzen Katanga (Shaba) und Kasai mit der Intervention belg. Truppen und einem innenpol. Machtkonflikt. Zahlreiche Rebellionen und Unruhen in den Jahren 1964–67 und 1977/78 – hauptsächlich in Shaba – zeigten die fortbestehende Instabilität.

Das Horn von Afrika war mit neun K. zwischen 1945 und 1989 die kriegsträchtigste Region Afrikas. Zunächst stand in Dschibuti (1947/48) und beim ↗ Mau-Mau-Aufstand in Kenia (1952–56) die koloniale Unabh. im Vordergrund. Der Sudan war Schauplatz zweier K. (1953–72, 1983-heute). Die angestrebte Selbstbestimmung des christl. geprägten, schwarzafrik. S gegenüber der arab.-muslim. dominierten Zentralregierung im N ist eine wichtige Konfliktursache; doch die Kontrolle über die Ressourcen des S und die Aufsplitterung der Kriegsparteien im S sind mit entscheidend für die Kriegsdynamik. Äthiopien war in die meisten K. am Horn verwickelt. Ab 1962 kämpften versch. eritreische Rebellenbewegungen gegen die Herrschaft von Haile Selassie und das Mengistu-Regime. Erst dessen Sturz, den eine Allianz mit den seit 1975 kämpfenden Rebellenbewegungen in Tigray im Mai 1991 herbeiführte, beendete die Auseinandersetzung. Seit Mitte der 1970er Jahre wandte sich auch die Bevölkerungsmehrheit der Oromo gegen die Zentralregierung. Dieser Konflikt dauerte nach 1991 in veränderter Konstellation fort. Im Ogaden hatte bereits 1963/64 ein K. stattgefunden. 1977–78 kam es dann zu verlustreichen Auseinandersetzungen zwischen Somalia und Äthiopien. Im Mai 1988 eskalierte schließlich in Somalia ein Bürgerkrieg, der zum weitgehenden Zerfall von Staats- und Gesellschaftsstrukturen führte.

Ostafrika wurde zwischen 1945 und 1989 von sieben gewalttätigen Konflikten erschüttert. In Ruanda war es nach der sog. Bauernrevolution der Hutu-Bevölkerungsmehrheit von 1959 bis weit in die 1960er Jahre zu bürgerkriegsähnlichen Unruhen gekommen; die in die Nachbarländer geflohenen Tutsi versuchten wiederholt die gewaltsame Rückkehr. In Burundi scheiterte 1972/73 ein Aufstand von Hutu-Milizen, auf den die von Tutsi dominierte Armee mit einer genozidähnlichen Vernichtung beinahe der ges. alphabetisierten Hutu-Bev. antwortete. In zwei Konflikte waren Tansania und Uganda verwickelt. 1971/72 versuchte Tansania erfolglos, in Uganda die von Idi Amin entmachtete Zivilregierung M. Obotes durch die Unterstützung einer Rebellenbewegung wieder an die Macht zu bringen. 1978 reagierte Tansania auf eine Grenzverletzung mit einer milit. Intervention, in deren Verlauf 1979 das Amin-Regime gestürzt wurde. Uganda kam jedoch nicht zur Ruhe: Nach fünfjährigem Krieg stürzte 1986 die NRM/A (*National Resistance Movement/Army*) unter Führung von Y. Museveni die Zentralregierung. Doch auch gegen Museveni haben sich seit 1987 immer wieder Rebellen erhoben.

Im südl. Afrika fanden zwischen 1945 und 1989 acht K. statt, die wesentlich von der südafrik. Pol. der ↗ Destabilisierung und der globalen Einmischung der UdSSR, der USA und Kubas geprägt waren. Der Angola-Krieg war in seiner ersten Phase (1961–74) ein Dekolonisationskonflikt (↗ Entkolonialisierung). Nach der Unabh. Angolas von Portugal kämpften die UNITA (Union für die vollständige Unabh. Angolas) und die FNLA (Nat. Front für die Befreiung Angolas) gegen die sozialistisch orientierte Regierung der MPLA (Volksbefreiungsfront Angolas). Auch in Mosambik lassen sich zwei Phasen unterscheiden. Nachdem die FRELIMO (Front für die Befreiung Mosambiks) nach einem zehnjährigen Krieg gegen die portug. Kolonialmacht 1974 die Unabh. erreicht hatte, sah sie sich zwischen 1978 und 1992 in einen Krieg mit der RENAMO (Nat. Widerstand von Mosambik) verwickelt, die vom rhodesischen Geheimdienst aufgebaut und dann vom südafrik. Geheimdienst übernommen worden war. Im Rhodesienkonflikt kämpften zwischen 1966 und 1979 die ZANU (*Zimbabwe African National Union*) und die ZAPU (*Zimbabwe African People's Union*) gegen das von Südafrika unterstützte Siedlerregime. Nach der Unabh. kam es im Matabeleland-Konflikt (1980–1988) zu einem Machtkampf zwischen der ZANU unter Führung von Staatspräsident R. Mugabe und der ZAPU unter Führung von J. Nkomo. Um einen lokal begrenzten Konflikt handelte es sich auch beim Mushala-Aufstand (1976–1982) in der NW-Provinz Sambias. Für Namibia wurde nach über zwanzigjährigem Unabhängigkeitskampf der SWAPO (*South West Africa People's Organization*) mit dem New Yorker Abkommen Ende 1988 das Ende der völkerrechtswidrigen Besetzung durch die Rep. Südafrika eingeleitet. In Südafrika wiederum kämpfte v.a. der ANC (Afrik. Nationalkongress) mit Unterbrechungen seit 1958 für die Abschaffung des Apartheidsystems.

II. Kriege/Bürgerkriege in den 1990er Jahren. Afrika ist der einzige Kontinent, der in den 1990er Jahren kaum vom weltweiten Rückgang der K. berührt war. Während die Zahl der K. weltweit von 52 im Jahre 1992 auf 32 im Jahre 1998 zurückging, blieb die Gewalt in Afrika auf hohem Niveau. 14 bewaffnete Konflikte in Afrika stellten mehr als 40% der weltweit ausgetragenen K. dar. Insges. waren in den 1990er Jahren 25 afrik. K. zu verzeichnen, von denen zwölf ihren Ursprung in den vorhergegangenen Jahrzehnten hatten. Von ihnen wurden neun K. zumindest im Sinne eines Waffenstillstandes beendet, z.B. der Konflikt um die Entkolonialisierung Westsaharas (1975–91), der Konflikt im Tschad (1966–98) sowie die K. in Mosambik (1978–92), und Südafrika (1958–94). Die langjährigen Auseinandersetzungen in Äthiopien/Eritrea wurden mit dem Sturz des Mengistu-Regimes beendet, so der Tigray-Konflikt (1975–91) der Eritrea-Konflikt (1962–91) und der Oromo-Konflikt (1976–91). Der Krieg zwischen Äthiopien und Eritrea und der Oromo-Konflikt flammten jedoch wenige Jahre später in anderer Gestalt wieder auf. Der Ende 1989 begonnene und äußerst brutal geführte Bürgerkrieg in Liberia, in dem es zeitweise zu einer extremen Aufsplitterung von Kriegsparteien und einer Truppenintervention der ↗ ECOMOG gekommen war, wurde 1996 beendet. Drei Konflikte, die vor 1990 begannen, konnten bis zum Jahr 2000 nicht beigelegt werden, so die K. in Somalia (seit 1988), im Sudan (seit 1983) sowie der Bürgerkrieg in Angola (seit 1975).

In den 1990er Jahren brachen 13 neue Konflikte aus. In fünf Fällen konnten die Kampfhandlungen beigelegt oder ausgesetzt werden, in Dschibuti (1991–94), in der angolanischen Exklave Cabinda (1992–96), bei den Tuareg-Aufständen in Mali und Niger (1990–96), in Guinea-Bissau (1998–99) sowie in Äthiopien/Eritrea (1998–2000). In acht Ländern dauerten die gewaltsamen Auseinandersetzungen im Jahr 2000 noch an, so in Algerien (seit 1992), in der Casamance-Region des Senegal (seit 1990), in Sierra

Leone (seit 1993) trotz Präsenz von ECOMOG- bzw. Blauhelmsoldaten, in der Rep. Kongo (seit 1997), in der Demokrat. Rep. Kongo (seit 1997), in Burundi (seit 1993), in Ruanda (seit 1990) und in dem 1995 erneut ausgebrochenen Bürgerkriegs im N Ugandas.

III. Kriegstypen und externe Intervention. Bei der überwiegenden Mehrheit der bewaffneten Auseinandersetzungen seit 1945 handelt es sich um Bürgerkriege. Dabei dominierten K., die auf den Sturz des herrschenden Regimes abzielten. Aber auch zahlreiche Konflikte, bei denen Autonomie- und Sezessionsabsichten eine Rolle spielten, waren vertreten. Außerdem gab es in den 1960er und 1970er Jahren im Vergleich zu anderen Weltregionen einen hohen Anteil an Entkolonialisierungskriegen. Bei den Anti-Regime-K. fällt auf, dass Machtfragen bedeutsamer waren als eine grundlegende Veränderung des pol. Systems. Die nur unzureichende Konsolidierung staatl. Herrschaft in zahlreichen afrik. Ländern hat ein großes Terrain für Machtkonflikte eröffnet. Die Autonomie- und Sezessionkonflikte beruhen zum überwiegenden Teil auf den während der kolonialen Vergangenheit willkürlich gezogenen Grenzen. Mitte der 1990er Jahre bestanden in immerhin dreizehn Regionen Autonomie- und Sezessionsbestrebungen bzw. es war mit entsprechenden Auseinandersetzungen zu rechnen, z.B. in Somaliland (*de facto* seit 1990 selbständig), Südsudan/Darfur (W-Sudan) und Oromyia (die Hälfte Äthiopiens).

Oftmals spitzte sich im Verlaufe innerstaatl. Auseinandersetzungen das vielschichtige Geflecht von Konfliktursachen (fehlende Selbstbestimmung, fehlende pol. und ökonom. Partizipationschancen, Bewahrung der eigenen kulturellen Identität etc.) auf einen Machtkampf konkurrierender Eliten um die Kontrolle der Staatsmacht und materieller Ressourcen zu. Künstliche Grenzziehungen sowie staatl. Schwäche und Porösität führten dazu, dass Konflikte im Sinne eines *spill over*-Effekts auf die Nachbarstaaten übergriffen und die ges. Region erfassten. Zwischenstaatl. Grenz- und Territorialstreitigkeiten spielten eine vergleichsweise untergeordnete Rolle. I.d.R. sind Grenzfragen bei zwischenstaatl. Auseinandersetzungen eher Auslöser oder Vorwand, nicht die eigentlichen Kriegsgründe. Vielmehr geht es häufig um Fragen regionaler Hegemonie, um die Schaffung von Sicherheitszonen sowie um die gezielte Unterstützung von Aufständischen im Nachbarland. So verbanden sich im zweiten Ogadenkrieg (1977–78) Gebietsansprüche Somalias gegenüber Äthiopien mit der Ablenkung von innenpol. Problemen des Regimes von S. Barre. Hinzu kamen der Wechsel der globalen Schutzmächte und die Intervention Kubas. Auch beim K. zwischen Uganda und Tansania 1978–79 waren nicht Grenzprobleme, sondern das pol. Herrschaftssystem in Uganda maßgeblich. Die Politik der ↗ Destabilisierung, die Südafrika bis Ende der 1980er Jahre gegenüber Angola und Mosambik verfolgte, ist ein weiteres Beispiel für den komplexen Charakter regionalisierter K. In der zweiten Hälfte der 1990er Jahre hat die wechselseitige Intervention in Zentralafrika eine neue Dimension erreicht. In den Kongokrieg waren mit Ruanda, Uganda, Simbabwe, Angola, Namibia und dem Tschad zeitweise sechs externe Mächte mit eigenen Truppen involviert. Schauplatz einer weiteren Destabilisierung war das Horn von Afrika. Der Krieg zwischen Äthiopien und Eritrea (1998–2000) ist nicht nur ein trauriges Beispiel dafür, wie eine Region sich nach dem Ende globaler Einmischung selbst zerfleischt. Vielmehr versuchten beide Länder auch, innenpol. Zerrüttungen im Nachbarstaat sowie das pol. Chaos im staatenlosen Somalia für ihre Kriegszwecke zu instrumentalisieren.

Neben regionaler Einmischung hat in der Zeit des Kalten K. die globale Einflussnahme und Intervention in erheblichem Maße zur Aufheizung und Aufrechterhaltung von Konflikten beigetragen. Neben dem frz. Militarismus in West- und Zentralafrika sowie der belg. Destabilisierung im Kongo ist die milit. Beteiligung der USA, der Sowjetunion und Kubas zu nennen. Sie hat den Charakter der Konflikte in Äthiopien, Somalia und Angola maßgeblich mitbestimmt. Nach dem Ende des Ost-West-Konflikts war in der ersten Hälfte der 1990er Jahre in Ost- und Zentralafrika sowie in Westafrika eine starke Rivalität zwischen frz. und amerik. Einflusssphärenpolitik zu beobachten. Sie scheint jedoch angesichts einer schrittweisen Verminderung des frz. Engagements und eines sehr selektiven amerik. Engagements von rückläufiger Bedeutung zu sein.

IV. Missglückter Systemwandel und chronische Kriegsstrukturen. Woher rührt die Zerbrechlichkeit und Kriegsanfälligkeit, die Afrika in den 1990er Jahren zum Kriegskontinent hat werden lassen? Ab den 1970er Jahren kam es in vielen Staaten zu sozioökonom. und pol. Stagnation. Die bürokratischen Staatsklassen, die ihre Macht durch ↗ Neopatrimonialismus absicherten, stellten zwar eine fragile Stabilität her, initiierten aber keinen Wachstums- und Modernisierungsprozess und finanzierten sich aus Exporterlösen sowie aus der ↗ Entwicklungszusammenarbeit und Militärhilfe. Der ökonom. Globalisierungsschub drängte zahlreiche afrik. Ökonomien noch weiter an die Peripherie des weltwirtsch. Geschehens, die sozialen Belastungen der von IWF und Weltbank auferlegten ↗ Strukturanpassung traten verschärfend hinzu. Mit dem Ende des Ost-West-Konflikts wurden die ärmeren Länder Afrikas zudem in der globalen Koalitionsbildung uninteressant und die Handlungsoption einer Schaukelpolitik kam ihnen abhanden. Stattdessen gerieten sie unter pol. Druck westl. Geber, die die Entwicklungszusammenarbeit kürzten oder einstellten, wenn ihre Forderungen nach *good governance*, ↗ Demokratie und Rechtsstaatlichkeit nicht erfüllt wurden. Der schockartige externe Ressourcenentzug hatte eine mitunter ambivalente Wirkung: Einerseits wurde die Basis ↗ autoritärer Regime untergraben, die oftmals bereits durch die von den pol. Umbrüchen im Ostblock angesteckte ↗ Zivilgesellschaft im eigenen Lande in Frage gestellt worden waren. Andererseits wirkte der rasche Herrschaftszerfall als Katalysator für gewaltsamen Konfliktaustrag. Somalia, Liberia, Ruanda, Burundi und Demokrat. Rep. Kongo sind Beispiele für einen derartigen Kollaps pol. Systeme.

Bedenklich ist, dass viele Bürgerkriege der 1990er Jahre eine regelrechte Eigendynamik gewonnen haben und mit dem Zerfall von Staat und Gesellschaft einhergehen. Die Zahl der Akteure hat zugenommen, die Verquickung pol.-ökonom. und milit. Machtaneignung durch Warlords macht Kriegsziele und Kriegsparteien undurchsichtiger, die exzessive Verbreitung von Kleinwaffen hat zur Allgegenwart von Gewalt geführt, der Zerfall sozialer Strukturen erleichtert die massenhafte Rekrutierung von ↗ Kindersoldaten. In solch einer Situation wird für viele Menschen die ethn. oder relig. Identität zum oftmals letzten Bezugspunkt, was die Bildung von Feindbildern erleichtert. Pol. Unternehmer verstehen in erschreckendem Ausmaß, die vielfältig ↗ politisierte Ethnizität für ihre gewaltsame Machteroberung zu mobilisieren und instrumentalisieren.

Angesichts fehlender sozioökonom. Perspektiven bilden junge Männer oftmals eine ideale Basis für organisierte Gewalt, Bandenkriminalität etc. Da der Staat nicht in der Lage ist, die Kriminalität einzudämmen, ja mitunter direkt daran beteiligt ist, greifen Wohlhabende verstärkt auf private Sicherheitsdienste zurück, die einen der wenigen boomenden Wirtschaftssektoren in Afrika darstellen. Sowohl Konzerne als auch Regierungen und Rebellengruppen heuern zudem mehr und mehr Söldner an, so dass sich für bestimmte afrik. Länder von einer »Privatisierung der Sicherheit« sprechen lässt. Die ökonom. Basis für diesen Formwandel der Gewalt bilden Kriegswirtschaften, die ihre Ressourcen aus Zwang, dem illegalen Handel mit Rohstoffen (Diamanten, Gold, Tropenhölzer) und Drogen sowie aus der Instrumentalisierung externer Hilfsleistungen ziehen und sich in der zunehmend globalisierten Weltwirtschaft lukrative Nischen erobert haben. ↗ Blauhelmeinsätze, ↗ ethnische Konflikte, ↗ nachkoloniale Staaten, ↗ Sozialismus, ↗ Flüchtlinge, ↗ Landminen.

🕮 G. Baechler, Zivile Konfliktbearbeitung in Afrika, Bern 1998. – J. Cilliers/P. Mason (Hg.), Peace, Profit or Plunder? The Privatisation of Security in War-Torn African Societies, Pretoria/Ottawa 1999. – K. J. Gantzel/T. Schwinghammer, Die Kriege seit dem Zweiten Weltkrieg bis 1992, Münster/Hamburg 1995. – V. Matthies, Die friedenspol. Rolle der Organisation der Afrik. Einheit. In: Institut für Afrika-Kunde/R. Hofmeier (Hg.), Afrika-Jahrbuch 1996, Opladen 1997, S. 49–62. – A. Onadipe/D. Lord, African Conflict and the Media, London 1998. – T. Rabehl (Hg.), Das Kriegsgeschehen 1999, Opladen 2000.

Tobias Debiel

Kultur. In unserem alltäglichen Sprachgebrauch und mit Bezug auf westl. Gesellschaften bezeichnet K. meist nur einen bestimmten Ausschnitt des gesellsch. Lebens: v. a. Kunst, manchmal auch Religion und Wissenschaft. Dagegen ist der Kulturbegriff der Ethnologie, der diesem Lexikon zugrunde liegt und zunehmend auch über die Kulturwissenschaften hinaus Verwendung findet, insbes. bei der Behandlung außereurop. Gesellschaften, umfassender. Unter K. wird die ganze Lebensweise von Menschen verstanden oder, wie die klassische Formulierung des brit. Ethnologen Edward Tylor (1871) lautet: K. ist »jenes komplexe Ganze, das Wissen, Glaube, Kunst, Moral, Sitte und Brauch und alle anderen Fähigkeiten und Gewohnheiten einschließt, die der Mensch als Mitglied der Gesellschaft erworben hat«. Bei aller Vielfalt von Kulturdefinitionen, die seither entwickelt wurden (schon 1952 dokumentierten Kroeber/Kluckhohn 160 versch. ethnolog. Definitionen) lassen sich doch bestimmte Theorietraditionen und Debatten erkennen, die auch die Diskussion über afrik. Kulturen prägen.

I. Ganzheitlicher versus kognitiver Kultur-

begriff. Viele der an Tylor anknüpfenden Kulturdefinitionen kann man als ganzheitlich charakterisieren: Sie fassen unter K. sowohl die immateriellen als auch die materiellen Aspekte menschlichen Lebens, alle Errungenschaften, Institutionen und Verhaltensweisen, die nicht von Natur aus vorgegeben, sondern durch Innovationen von Menschen zielgerichtet hinzugefügt wurden. Der Mensch als Mängelwesen, das nur z. T. durch Instinkte geleitet und genetisch programmiert ist, muss sein Überleben durch selbst geschaffene und dadurch prinzipiell offene, veränderbare Techniken und Institutionen sichern. K. ist also gewissermaßen Instinktersatz und wird durch die äußere Umwelt sowie die innere menschliche Natur zwar geprägt, aber nicht determiniert. Dagegen legen Vertreter eines kognitiven Kulturbegriffs den Schwerpunkt auf die immateriellen Aspekte, also die Normen und Werte, Deutungsmuster und Symbole, die die Verhaltensweisen und Institutionen einer Gesellschaft prägen. K. ist hier gewissermaßen das kollektive mentale Programm, das »Netz von Bedeutungen« (Geertz), die das menschliche Handeln und die materiellen Hervorbringungen anleiten. Beide Richtungen sind sich aber über den kollektiven Charakter von K. einig: K. wird von Menschen als sozialen Lebewesen hervorgebracht, weiterentwickelt und an die nachfolgenden Generationen vermittelt.

II. Universalismus der Kultur versus Mannigfaltigkeit der Kulturen. Der kollektive Charakter von K. und die Bindung von K. an auf Dauer angelegte Lebensgemeinschaften wird grundsätzlich von allen Kulturtheorien anerkannt, aber recht unterschiedlich thematisiert. Während einige die universellen Aspekte von K. unterstreichen und nach Erklärungen für die zahlreichen kulturellen Übereinstimmungen suchen, die sich auch in räumlich voneinander entfernten Gesellschaften finden lassen, betonen andere die Vielfalt der Kulturen und sehen in ihnen in sich geschlossene, einzigartige und einmalige Gebilde. Beide Denkrichtungen haben auch die Beschäftigung mit afrik. Kulturen geprägt (↗ Ethnologie). Zu den universalistischen Kulturtheorien gehören die älteren diffusionistischen Ansätze, die nach der geogr. Ausbreitung (Diffusion) bestimmter kultureller Elemente fragen. Häufig suchte man dabei nach einer »Urkultur«, von der ausgehend sich durch Migration, Handel und Eroberungen Vorstellungsgebäude und materielle Güter verbreiteten. Sahen die Briten Elliot Smith (1871–1937) und W. G. Perry im alten Ägypten den Ursprung vieler kultureller Errungenschaften in Afrika (und sogar in Australien, Altmexiko etc.), so fanden dt. Ethnologen wie Leo Frobenius (1873–1938) und Bernhard Ankermann in den Verbreitungsmustern von materiellen Gütern wie Waffen, Kleidung, Haustypen oder Musikinstrumenten auch Spuren indischer und arab. Einflüsse. Entsprechend gliederten sie Afrika nicht in hunderte unterschiedlicher Einzelkulturen, sondern suchten nach hist. gewachsenen größeren Einheiten – oft als kulturgeogr. Provinzen oder ↗ Kulturkreise bezeichnet. Andere, wie der Wiener Ethnologe Pater Wilh. Schmidt (1868–1954), legten der kulturellen Gliederung Afrikas weniger die Unterschiede in den materiellen Gütern als vielmehr Variationen von Glaubensvorstellungen und Verwandtschaftsformen zugrunde. Schmidt interpretierte die Vielfalt afrik. Kulturen und Religionen als Abwandlungen eines angeblich ursprünglichen Urmonotheismus. Aus heutiger Sicht erscheinen viele Annahmen dieser älteren diffusionistischen Ansätze methodisch fragwürdig. Doch zeigen die neueren Diskussionen über kulturellen Wandel, dass die Suche nach übergreifenden Zusammenhängen den dynamischen und wandelbaren kulturellen Austauschverhältnissen der flexiblen, mobilen afrik. Gesellschaften besser Rechnung trug als die Verabsolutierung isolierter Einzelkulturen, die sich in den 1940er bis 1960er Jahren unter dem Einfluss des brit. Strukturfunktionalismus und kulturrelativistischer Ansätze aus den USA durchsetzte. Unter dieser Perspektive – die auch den Blick vieler Kolonialbeamter prägte – erschien Afrika als Mosaik nebeneinander existierender Einzelkulturen, in sich homogen und systemisch integriert und voneinander hinsichtlich Sprache, relig. Vorstellungen und kultureller Institutionen eindeutig unterschieden. Allerdings fand die methodisch folgenreiche Prämisse der amerik. Kulturrelativisten, dass alle Kulturen ethnozentrisch seien und nur »aus sich selbst heraus« verstanden (nicht aber verglichen) werden könnten, unter den Afrikaforschern nur begrenzten Widerhall. Die Gleichung zwischen »Ethnie« (↗ Ethnizität) und »Kultur« setzte sich dennoch weitgehend durch und prägt heute auch die pol. und populären Debatten über K. in Afrika selbst.

III. Neuere Debatten über Kultur. Dass afrik. Kulturen nicht statisch, sondern wandelbar sind, wurde schon recht früh thematisiert. Allerdings wurde dabei der Impuls für den kulturellen Wandel nicht den doch eher statisch aufgefassten »traditionellen« Kulturen zugeschrieben, sondern ihrem Kontakt mit dem Kolonialismus, der in unterschiedlichen Dynamiken von ↗ Assimilation, ↗ Akkulturation und kultureller Fusion mündete. Erst in jüngerer Zeit werden die Wandlungsfähigkeit und multiplen Austauschprozesse auch vorkolonialer afrik. kultureller Systeme betont – Prozesse kulturellen Wandels, die dann im Kontext von Kolonialismus und postkolonialer Globalisierung neue Impulse erhielten und die häufig als mit der Biologie oder Linguistik entlehnten Begriffen wie Hybridisierung, ↗ Kreolisierung oder Synkretisierung bezeichnet werden. Mit dieser Betonung der kulturellen Dynamik gerät auch die Vorstellung von in sich abgeschlossenen Einzelkulturen zunehmend in die Kritik. Kulturen sind weder intern homogen noch eindeutig einer ethn. Gruppe zuzuordnen noch klar voneinander abzugrenzen. Wie kann man dann aber überhaupt noch von unterschiedlichen Kulturen sprechen? Statt Kulturen durch einen festen Kanon bestimmter Normen und Praktiken (bestimmte Verwandtschafts- und Heiratsordnung, relig. Vorstellungen, materielle Kultur etc.) zu definieren, den alle Mitglieder teilen (müssen), gehen neuere Ansätze eher davon aus, dass Kulturen ein Diskursfeld oder eine Arena darstellen, auf der die zentralen Werte und Institutionen immer wieder neu ausgehandelt werden. Die kulturelle Gemeinsamkeit, die jeweils nur temporär hergestellt wird, konstituiert sich dann über die von allen anerkannten Regeln, nach denen die Debatten geführt werden, durch die kollektive Erinnerung an bereits geführte Debatten und durch die gemeinsamen Streitgegenstände, an denen sich die Debatten typischerweise entzünden. Diese neueren Ansätze finden allerdings im öffentl. Diskurs über K. und »Multikulturalismus« nur wenig Widerhall. Auch in Afrika dominiert auf dem Feld der Kulturpolitik ein eher essentialistisches Verständnis von Einzelkulturen als einmaligen, geschlossenen Systemen mit tiefen hist. Wurzeln. Diese Kulturen, so die weithin geteilte Vorstellung afrik. Politiker, können und müssen zwar durch vorsichtige Reformen an die Erfordernisse der »modernen« Gesellschaft angepasst werden (↗ Tradition), aber sie prägen ihre Mitglieder nach wie vor zutiefst und werden darum immer wieder zur Quelle von Konflikten (mit angeblich kulturell nicht kompatiblen Gruppen).

📖 A. L. Kroeber/C. Kluckhohn, Culture. A Critical Review of Concepts and Definitions, Harvard 1952. – C. Geertz, Dichte Beschreibung. Bemerkungen zu einer deutenden Theorie von Kultur. In: ders., Dichte Beschreibung. Beiträge zum Verstehen kultureller Systeme, Frankfurt/M. 1987. – K.-H. Kohl, Ethnologie – die Wissenschaft vom kulturell Fremden, München 1993. – W. Rudolph, Ethnos und Kultur. In: H. Fischer, Ethnologie. Einführung und Überblick, Berlin 1998. – C. Brumann, Writing for Culture. Why a Successful Concept Should not be Discarded. In: Current Anthropology 40 (1999), suppl. – W. Schiffauer, Kultur als Diskursfeld. In: Frankfurter Rundschau, 27. 4. 1999 (Nr. 97).

Carola Lentz

Lagos-Aktionsplan ↗ Neue Weltwirtschaftsordnung, ↗ OAU

Landflucht ↗ Migration

Ländliche Entwicklung ist ein Ansatz der ↗ Entwicklungszusammenarbeit, der auf den ländl. Raum als Ganzes abzielt. Er erstrebt eine umfassende Verbesserung der sozioökonom. Lebensbedingungen der auf dem Lande lebenden Bev. In den ländl. Regionen Afrikas lebt und arbeitet nach wie vor der überwiegende Teil der Menschen (1999: 62%), und das Bevölkerungswachstum ist hoch (1998–2015: 2,3%, ↗ Bevölkerung). Dem stehen aber geringe Zuwachsraten des Arbeitsplatzangebotes gegenüber. Das Stadt-Land-Gefälle betrifft nicht nur die Einkommen, sondern auch die Verfügbarkeit von sozialen Dienstleistungen und Bildungsmöglichkeiten. Die daraus resultierenden Probleme führen zu Landflucht und überproportionalem Wachstum der Städte (↗ Migration, ↗ Stadt, ↗ Urbanisierung). Die klassische Aufgabe des ländl. Raumes, die städt. Bev. mit Nahrungsmitteln zu versorgen, kann dieser in den meisten Ländern Afrikas nicht mehr erfüllen.

Das Konzept der l. E. wurde auf dem Hintergrund negativer Erfahrungen entwickelt, die mit einseitiger Produktionsförderung und vorwiegend techn. Neuerungen in den 1960er Jahren gemacht wurden. Mit der Einführung der »Integrierten l. E.« wurde die Gleichrangigkeit von wirtsch. und sozialer Entwicklung in den Mittelpunkt gestellt. Der Armuts- und Zielgruppenbezug wurde stärker betont. Hinzu kamen die Partizipation und die Ausrichtung der Maßnahmen auf die Bedarfslage der Zielgruppen. Durch aktive Beteiligung der betroffenen Bev. an Planung und Durchführung der Maßnahmen sollten die Voraussetzungen für eine Entwicklung von unten geschaffen werden. Allerdings liegt im Erfordernis der Komplexität gleichzeitig die Begrenzung des Ansatzes, denn das Konzept tendierte automatisch zu großen, schwer überschaubaren Projekten, welche die Durchführungsorganisationen in der Praxis überforderten.

Das Konzept der »Ländl. Regionalentwicklung« verbindet Elemente der l. E. mit raumwirtsch. Gesichtspunkten. Es handelt sich um einen auf eine spezifische Region bezogenen Planungsansatz, in den sich überschaubare Projekte einordnen und in einer schrittweisen Vorgehensweise ihren Beitrag zur Erreichung des Gesamtziels leisten. Zwar sind die Steigerung der ↗ landwirtsch. Produktion und die daraus erhofften Einkommensverbesserungen nach wie vor ein zentraler Gegenstand der Ländl. Regionalentwicklung, aber auch andere Aspekte wie Infrastruktur, Schul- und Gesundheitswesen, Kleingewerbe, ländl. Handwerker und Handel spielen eine wichtige Rolle. Gesamtwirtsch. soll die Ländl. Regionalentwicklung mit der Dezentralisierung einhergehen, die angesichts der für die meisten Länder Afrikas charakteristischen überragenden Stellung der Metropolen eingeleitet werden muss.

Typisch für die Ländl. Regionalentwicklung ist der multisektorale Planungs- und Entwicklungsansatz, arbeitsintensive Produktionsbereiche einer Region zu fördern. Mit einer engen Verzahnung lokaler Nachfrage und lokalen Produktionspotentialen sollen tragfähige Wirtschaftskreisläufe entstehen, die weitere Investitionen ermöglichen. Die dominierende Stellung staatl. Institutionen soll auf ein sinnvolles Maß zurückgeführt werden. Die Grundsätze der Ländl. Regionalentwicklung, wie z. B. die Beteiligung der Betroffenen an Planung und Durchführung der Vorhaben, sprechen für eine Förderung von Selbsthilfeorganisationen. Der hierdurch bewirkte Ansatz einer Entwicklung von unten soll Demokratisierungsprozesse stimulieren (↗ *Community Development*). Die versch. Organisationsformen der Selbsthilfe und Eigeninitiative erweisen sich auch zur Förderung selbstbestimmter techn., finanzieller und organisatorischer Wandlungsprozesse als wirksam. Voraussetzung ist jedoch, dass die gemeinsam durchgeführten Vorhaben den Zielgruppen Vorteile erbringen.

Erste Erfolge der Ländl. Regionalentwicklung dürfen nicht darüber hinwegtäuschen, dass die Voraussetzungen für eine effektive Regionalpolitik in vielen Ländern Afrikas nicht gegeben sind. Interregionaler Kapitaltransfer findet eher zu Lasten der schwachen Regionen statt als zu deren Gunsten, und qualifizierte Arbeitskräfte wandern nach wie vor ab. Die Entscheidungsstrukturen in den Machtzentren lassen oft wenig Raum für eine wirksame Interessenvertretung der ländl. Bev. Damit sind für l. E. demokratische Strukturen (↗ Demokratie) unabdingbar. ↗ Landesentwicklung.

📖 Deutsche Gesellschaft für Techn. Zusammenarbeit (Hg.), Ländliche Regionalentwicklung, LRE aktuell, Eschborn 1997.

Eckhard Baum

Landminen. In rund 70 Bürgerkriegsgebieten der Welt stellen Landminen eine »tödliche Erbschaft« bewaffneter Konflikte dar. Nach Angaben des Internat. Komitees vom Roten Kreuz werden pro Jahr etwa 15.000 Menschen durch Minen getötet oder verwundet. Schätzungen gehen von 60 bis 100 Mio. Landminen weltweit aus, die Agrarland blockieren und die Nutzung von Weideland unmöglich machen. Etwa ein Drittel der verlegten Minen entfallen auf Afrika. Bes. betroffen sind Angola, Äthiopien, Eritrea, Mosambik, Somalia und Sudan, aber auch Senegal. Als Minenproduzenten für afrik. Konfliktgebiete sind in den vergangenen 25 Jahren v. a. Belgien, die VR China, die Tschechoslowakei, Frankreich, die DDR, Italien, Pakistan, Südafrika, Großbritannien, die USA, die Sowjetunion, Jugoslawien und Simbabwe in Erscheinung getreten.

Am 4. Dezember 1997 wurde in Ottawa die »Konvention über das Verbot der Verwendung, Lagerung, Produktion und Weitergabe von Anti-Personen-Minen sowie über ihre Zerstörung« verabschiedet. Dieser Erfolg wurde maßgeblich von der ICBL (Internat. Koalition für ein Verbot von Landminen) erreicht, zu der sich über 1.300 ↗ Nichtregierungsorganistionen aus mehr als 75 Ländern zusammengeschlossen haben. Die Koordinatorin der ICBL, J. Williams, erhielt 1997 den Friedensnobelpreis. Der Landminenvertrag ist am 1. 3. 1999 in Kraft getreten. Bis zum 31. 1. 2001 hatten ihn 139 Staaten unterschrieben, 110 ihn ratifiziert. Allerdings haben die Hauptproduzenten Russland, VR China, die USA und Nordkorea die Konvention bislang nicht unterzeichnet, und es werden darin nur Anti-Personen-, nicht aber Anti-Panzer-Minen erfasst. In Afrika haben bislang 43 Länder den Landminen-Vertrag unterschrieben, 28 ihn ratifiziert.

📖 International Campaign to Ban Landmines (ICBL), Landmine Monitor Report 1999: Towards a Mine Free World, Washington 1999 (www.icbl.org).

Tobias Debiel

Landrecht ↗ Bodenrecht

Landwirtschaft ist in Afrika der wichtigste Erwerbszweig. Die Bedeutung leitet sich aus der Tatsache ab, dass noch immer der überwiegende Teil der ↗ Bevölkerung von der L. lebt. Die Mehrzahl der afrik. Länder sind typische Agrarstaaten. Bezogen auf den ganzen Kontinent machte der Anteil der ländl. Bev. 1996 etwa 60% aus. Ein unterschiedlich ausgeprägter Grad der ↗ Urbanisierung führte in den letzten Jahrzehnten zu erheblichen Schwankungsbreiten. Länder mit geringem Anteil an Einwohnern, die ihren Lebensunterhalt von der L. bestreiten, sind Algerien (24%), Libyen (6%) und Südafrika (11%). Dagegen weisen Äthiopien, Burkina Faso, Burundi, Guinea, Malawi, Niger und Ruanda Quoten von über 85% auf.

Von der gesamten Landfläche Afrikas mit 29,6 Mio. km^2 wurden 1996 5,8%; also eine Fläche von 1,7 Mrd. ha, als Ackerland genutzt. 0,7% ist mit Dauerkulturen bestanden und 0,4% wird bewässert. Über 93% entfallen auf extensiv genutzte Naturweiden (↗ Savannen), Wald- und Buschland, ↗ Gewässer, ↗ Wüsten sowie überbaute Flächen (städt. Siedlungen und Straßen). Die ↗ Bewässerungswirtschaft hat in Ägypten die größte Bedeutung (3,2 Mio. ha). Aber auch der Sudan, Marokko, Südafrika und Madagaskar verfügen über nennenswerte Flächen bewässerten Landes.

Die Bedingungen und Formen der ↗ landwirtsch. Produktion variieren außerordentlich stark infolge des regional unterschiedlichen ↗ Klimas. Gleiches gilt für die Landbaumethoden, die oft auf alten Erfahrungen und überlieferten, aus den Gegebenheiten eines Standorts entwickelten Kenntnissen beruhen. Dazu gehören Methoden der Rodung, der Bodenbearbeitung, der Bestandspflege, der Fruchtbarkeitserhaltung und des Bodenschutzes.

Die Länder Nordafrikas und die Südspitze des Kontinents sind zu den subtrop. Winterregengebieten zu zählen (↗ Ökozonen). Leitkulturen sind hier die Hauptgetreidearten (↗ Getreide); die mediterranen Dauerkulturen finden weite Verbreitung. Die ↗ Viehhaltung ist ein bedeutender, i.d.R. extensiv betriebener Erwerbszweig. In der Wüstenzone ist die intensive Oasen-L. mit der Dattelpalme als Hauptfrucht und der Etagenkultur charakteristisch. Bewässerungs- bzw. Überschwemmungsfeldbau wurde insbes. entlang der großen Flüsse entwickelt. Einen Schwerpunkt bildet das Niger-Binnendelta mit dem Anbau von Reis und Pennisetum.

Die Niederschläge zwischen den Wendekreisen werden in Menge und Verteilung durch den Verlauf der intertrop. Konvergenzzone und den Rhythmus der Jahreszeitenwinde bestimmt. Die südl. der ↗ Sahara sich anschließenden offenen Savannen (Sahel-, Sudan- und nördl. Guineazone), die in geringerer geogr. Ausdehnung ihre Pendants südl. des Äquators haben, sind durch die extensive Viehhaltung der Hirtennomaden geprägt, die sporadisch auch Feldbau betreiben (↗ Nomadismus). Wo drei bis vier humide Monate im Jahr zu erwarten sind, wird Regenfeldbau mit allerdings hohem Anbaurisiko möglich. Versch. Hirsearten, bei zunehmenden Niederschlägen auch Mais, sind neben Hülsenfrüchten die wichtigsten Nahrungsmittel. Als Verkaufskulturen haben Erdnüsse und Baumwolle vorrangige Bedeutung erlangt. Die Brandrodung ist in Verbindung mit dem ↗ Wanderfeldbau weit verbreitet. Bäume werden oft in losem Bestand in der Feldflur belassen. Neben vielfachen Nutzungsmöglichkeiten können einige Arten dem Boden Stickstoff zuführen (bspw. *Acacia albida* in Westafrika). Zum Schutz vor Erosion ist es üblich, vom Feld abgesammelte Steine zu kleinen Mauern entlang der Konturlinien aufzuschichten. Durch kontinuierliches Hacken hangaufwärts entsteht dann die Terrassenkultur. Die Handhacke ist nach wie vor das Universalinstrument der Kleinbauern, aber auch die tierische Anspannung und die Pflugkultur wurden gebietsweise erfolgreich eingeführt.

In den Feuchtsavannen und Übergangsräumen zu den trop. Waldgebieten wird die Viehhaltung durch das Vorkommen der Tsetsefliege als Überträger der Nagana-Seuche eingeschränkt. Als Grundnahrungsmittel werden neben dem Mais zunehmend ↗ Knollenfrüchte (Yams, Maniok, Taro) angebaut. Gängiges Prinzip des Feldbaus ist die Mischkultur, die den Gesamtertrag steigert, den Boden schont und dem komplexen Bedarf an Nahrungsmitteln entgegenkommt. Während früher die Savannen die bevorzugten Siedlungsräume waren, sind heute die südl. angrenzenden Waldgebiete neben den tropischen Höhenlagen die wichtigsten Wirtschaftsräume im tropischen Afrika. Niederschläge von über 1.500 mm jährl. bewirken die vergleichsweise hohe Tragfähigkeit. Die Feucht- und Regenwälder wurden infolge dieser Entwicklung kontinuierlich verdrängt (↗ Regenwald/Regenwaldzerstörung). Obwohl in vielen Gebieten noch Wanderfeldbau und Brandrodung mit mehr oder weniger langen Brachezeiten anzutreffen ist, erzwingt das hohe Bevölkerungswachstum überall intensivere Formen der Umlagewirtschaft bzw. Systeme der permanenten ↗ Bodennutzung. Stabilisierende Elemente sind v.a. die Dauerkulturen, von denen als wichtigste Kakao, Tieflandkaffee (*Coffea canephora* oder *robusta*), Ölpalmen, Bananen und Kautschuk zu nennen sind. Diese bilden nicht nur die Grundlage der ↗ Plantagenwirtschaft, sondern bieten auch der kleinbäuerl. L. Investitionsmöglichkeiten und vergleichsweise sichere Einkommensquellen. Dauerkulturen sind an den feuchttropischen Standort bes. gut angepasst und bieten dem Boden Schutz vor Erosion (↗ Erosionsschutz). Ein System geordneter Integration von Obst und Holz liefernden Bäumen und Nahrungsfrüchten stellt die ↗ Agroforstwirtschaft dar. In Madagaskar wurde die bewässerte Reiskultur schon früh von asiat. Einwanderern eingeführt. In den feuchten Tropen, insbes. in einigen Ländern Westafrikas (Guinea, Sierra Leone, Liberia), hat neben dem Trockenreis auch der Nassreis größere Bedeutung erlangt. Unter den gegebenen Verhältnissen stellt er ein vergleichsweise stabiles System dar, das einen erheblichen Beitrag zur Sicherung der Nahrungsmittelversorgung erbringen kann.

Ökolog. Gunsträume sind die tropischen Höhenlagen Ostafrikas. In Äquatornähe und definitionsgemäß ab 1.000 m über dem Meeresspiegel gelegen, weisen sie für die L. besonders zuträgliche Bedingungen auf. Die Böden, soweit sie vulkanischen Ursprungs sind, verfügen über ein hohes Maß an natürlicher Fruchtbarkeit. Die Entwicklungschancen sind in diesen Gebieten besonders gut. Sie finden Ausdruck in den Möglichkeiten der vielseitigen Gestaltung der Bodennutzungssysteme und der Steigerung der Intensität der Bodennutzung. Gebietsweise extrem hohe Bevölkerungsdichten, wie bspw. in den Bergländern Ruanda und Burundi, bedingen allerdings Betriebsgrößen, die unterhalb des Subsistenzniveaus liegen. Der Einfluss der Höhenstufen auf die Agrarproduktion lässt sich besonders deutlich in Äthiopien verfolgen. Während in den dünn besiedelten Gebieten am Gebirgsfuß typische tropische Produkte angebaut werden, findet man in den Höhenlagen zwischen 1.600 und 2.500 m den Weizenanbau. Eine nur in dieser Region bestellte Getreideart ist der Tef (*Eragrostis tef*). Kaffee hat hier sein Ursprungsgebiet und ist die wichtigste Verkaufskultur. Ausgedehnte Terrassierungen schützen den Boden vor der Erosion. Die höchsten Siedlungen liegen auf 3.500 m. In den Hochlagen von Kenia, Tansania, Uganda, Ruanda und Burundi ist die Differenzierung der Bodennutzung nach Höhenstufen weniger ausgeprägt. Ursache hierfür ist vermutlich, dass diese Gebiete bedeutend später durch Ackerbauern besiedelt wurden als in Äthiopien.

Angesichts des Bevölkerungswachstums und verbreiteter Unterernährung in vielen Ländern Afrikas ist die Steigerung der landwirtsch. Produktion unerlässlich. Von 1987 bis 1996 wuchs die Erzeugung um jährlich 2,8% und lag damit nur geringfügig über dem Bevölkerungswachstum. Die Produktion pro Kopf stieg nur um jährl. 0,3%. Die Zuwächse betrafen fast ausschließlich die Nahrungsproduktion, während Verkaufskulturen nur unwesentlich ausgedehnt wurden. Die Steigerungsraten pflanzlicher Erzeugung waren mehr als doppelt so hoch wie die der tierischen, die sich pro Kopf um jährl. 0,9% verminderte. Unterschiede zwischen den Ländern resultieren aus den spezifischen Klimabedingungen, dem Stand der Infrastruktur und Risikofaktoren wie z.B. Kriege/Bürgerkriege. So konnten bspw. Ghana und Nigeria zwischen 1987 und 1996 die landwirtsch. Produktion um jährl. 5–6% und die Pro-Kopf-Produktion um 2–3% steigern. Dagegen sank die jährliche landwirtsch. Erzeugung in Ruanda und Gambia im gleichen Zeitraum um 2–4%. Gleichzeitig sank in Ruanda infolge des Bevölkerungsrückgangs durch ↗ Genozid und Flucht die Pro-Kopf-Produktion nur um 0,7%, in Gambia allerdings um jährl. 6,6%. Die positiven Beispiele zeigen aber, dass afrik. ↗ Bauern/Bäuerinnen in der Lage sind, unter günstigen Rahmenbedingungen, und dazu zählt v.a. pol. Stabilität, erhebliche Steigerungsraten der landwirtsch. Produktion zu erzielen und auch in Zukunft einen wichtigen Beitrag zur ↗ Ernährung der wachsenden Bev. zu leisten (was allerdings nicht für die Gebiete der Trockenzonen gilt). Zudem wäre die Nahrungsmittelversorgung von Mangelgebieten aus Überschussregionen durchaus möglich. Dies wird jedoch nicht nur durch die mangelhafte Infrastruktur verhindert, sondern auch durch den Weltmarkt, auf dem teilweise subventionierte Produkte billig angeboten werden. ↗ Ackerbau, ↗ Agrarpolitik, ↗ ländl. Entwicklung, ↗ Landtechnik, ↗ Monokultur, ↗ ökolog. Anbau, ↗ Weidewirtschaft.

🕮 FAO Production Yearbook, Rom 1997 (www.fao.org).

Eckhard Baum

Lebenserwartung ↗ Bevölkerung

Lineage ↗ Klan und Lineage

Lomé-Abkommen, Kooperationsverträge im Rahmen der sog. Lomé-Konvention zwischen der AKP-Staatengruppe (Afrika – Karibik – Pazifik), der im Jahr 2000 71 Länder angehörten, und der Europ. Gemeinschaft bzw. Europ. Union (EG/EU). Das erste L.-A. wurde 1975 in Lomé, der Hauptstadt Togos, geschlossen. Im Jahr 2000 wurde das L.-A. durch das Cotonou-Abkommen ersetzt.

I. Allgemeines. Auch nach dem Ende des ↗ Kolonialismus spielt Europa in fast allen AKP-Ländern eine herausragende Rolle. V.a. Frankreich hat in seinen ehem. Kolonien durch milit., pol. und wirtsch. Engagement z.T. massiv Einfluss genommen. Die Beziehungen der AKP-Länder zu den europ. Mächten werden heute v.a. durch die inzwischen vier L.-A. und bilaterale Verträge mit einzelnen Ländern geprägt, die aus den Yaoundé-Verträgen entstanden sind und mit dem Beitritt Großbritanniens, Dänemarks und Irlands zur EG (1973) in das heute einzigartige Kooperationsmodell Lomé mündeten.

Die Lomé-Verträge I-IV gewähren der AKP-Staatengruppe Sondervergünstigungen, die über das Allg. Präferenzsystem (APS) hinausgehen und zudem Kompensationsfonds (SYSMIN und STABEX), Zollregelungen und ↗ Entwicklungszusammenarbeit beinhalten. Die Lomé-Konvention hat bei den Kooperationsbeziehungen der EU zu Regionen der ↗ Dritten Welt die weitaus größte Bedeutung. Die Vertreter der EG/EU und der AKP-Staatengruppe sehen im Lomé-Vertrag den Beginn einer nachkolonialen Kooperation gleichberechtigter Partner, die in unterschiedlichen Entwicklungsphasen ihr Interesse an der Kooperation aufgrund der gemeinsamen, hist. bedingten wirtsch., sozialen und pol. Anknüpfungspunkte bekundet und weiterentwickelt haben. Es handelt sich um eine vertikale Kooperation, d.h. Kooperation von wirtsch. schwachen Staaten mit starken, die die Form einer klientelistischen Beziehung annimmt. Die schwächere Partei sucht Vorteile aus der Dialektik der Abhängigkeit zu ziehen: Nutzung der gegenwärtigen Abhängigkeit und der hist. gewachsenen Beziehungen, um Ressourcen zur Milderung der Abhängigkeit zu erhalten.

Seit 1989 haben sich die Kooperationsbedingungen verändert, und 1993 hat in der EU eine Diskussion begonnen, die die Fortführung der Kooperationsbeziehungen in Frage stellt. V.a. der Maastricht-Vertrag zur europ. Einigung (1991), die GATT-Beschlüsse und die Gründung der WTO (*World Trade Organization*), aber auch veränderte Konstellationen im Pazifikraum, die regionale Kooperation in Nordamerika mit der Gründung der NAFTA (*North American Free Trade Area*), die Zusammenarbeit mit den Mittelmeerländern sowie der Zusammenbruch des Ostblocks haben die Kooperation zwischen Europa und den AKP-Ländern in eine neue weltwirtsch. Landschaft gestellt und den Einfluss der AKP-Staatengruppe vermindert. Lomé IV hatte eine Laufzeit bis zum Feb. 2000. Seit 1998 haben die Vertragspartnern über die zukünftige Ausgestaltung des L.-A. verhandelt und im Mai 2000 ein Nachfolgeabkommen vereinbart, das Cotonou-Abkommen.

II. Die Instrumente der Kooperation. – (1) Handelspolitik. Die Zollregelung der L.-A. begünstigt Waren aus den AKP-Ländern durch Zoll- und Abgabenfreiheit. Trotz dieser Vorzüge ist der Anteil der Importe aus den AKP-Ländern an den EU-Gesamtimporten zurückgegangen. Haupthandelspartner der AKP-Staaten ist die EU. Die bisher gewährten Präferenzen haben sich durch die Liberalisierung des Welthandels (Uruguay-Runde) reduziert und zu Nettoverlusten der AKP- Exporte geführt.

(2) Finanzielle und techn. Kooperation. Angesichts der wirtsch. Krise in den meisten AKP-Ländern kommt der finanziellen Unterstützung der EU, die die bilaterale Zusammenarbeit ergänzt und sich seit 1975 stark ausgeweitet hat, eine wichtige Rolle zu. Die bilaterale Unterstützung der Einzelstaaten ist in etwa so hoch wie der EU (s. Tabelle 1).

Die gesamte finanzielle Unterstützung der EU umfasste in Lomé IV/2 ein Volumen von 14,6 Mrd. ECU, wovon ca. 13 Mrd. ECU aus dem 8. EEF (Europ. Entwicklungsfonds) zur Verfügung gestellt wurden. Bis einschl. dem 6. EEF wurden die Beträge zu zwei Drittel als Zuschuss zur Verfügung gestellt, der Rest als Darlehen zum Zinssatz von 1% vergeben. Daneben stellt die EIB (Europ. Investitionsbank) zinsgünstige Darlehen zur Verfügung. Die Mittel aus dem EEF beinhalten somit einen hohen Schenkungsanteil. Seit dem 7. EEF werden die Mittel ausschließl. als nicht rückzahlbare Zuschüsse vergeben.

Die Lomé-Konvention unterscheidet grundsätzlich zwischen Programmhilfe und »nicht programmierbarer« Hilfe. Die Mittel der *Programmhilfe* werden zu Beginn des L.-A. zwischen den EU-Mitgliedstaaten, dem entsprechenden AKP-Staat und der EU ausgehandelt und im sog. NIP (Nat. Indikativ-Programm) festgehalten. Die Programmhilfe umfasst Projekte der Entwicklungszusammenarbeit, die Förderung der regionalen Zusammenarbeit für sieben

Tab. 2: Die Finanzmittel der Lomé-Abkommen im Vergleich, Mrd. ECU und %

	Lomé I 1975–1980 4. EEF insg.	**Lomé II** 1980–1985 5. EEF insg.	%	**Lomé III** 1985–1990 6. EEF insg.	%	**Lomé IV/1** 1990–1995 7. EEF Insg.	%	**Lomé IV/2** 1995–2000 8. EEF Insg.	%
Programmhilfe (1–2)	**2.057**	**2.986**	**54**	**4.860**	**57**	**7.995**	**67**	**9.592**	**65.6**
1 Zuschüsse	2.057	2.986	54	4.860	57	6.845	57	8.192	56.0
2 Strukturanpassungsdarlehen	–	–	–	–	–	1.150	10	1.400	9.6
Nicht programmierbare Hilfe (3–6)	**0.923**	**1.641**	**30**	**2.540**	**30**	**2.800**	**23**		
3 Sonderdarlehen	0.446	0.518	9	0.600	7	–	–	–	–
4 Risikokapital	0.097	0.284	5	0.600	7	0.820	7	1.000	6.8
5 Stabex	0.380	0.557	10	0.925	11	1.500	12	1.800	12.3
6 Sysmin	–	0.282	5	0.415	5	0.480	4	0.575	3.9
7 EEF (1–6)	**2.980**	**4.627**	**84**	**7.400**	**87**	**10.800**	**90**	**12.967**	**88.7**
8 EIB	0.390	0.885	16	1.100	13	1.200	10	1.658	11.3
Insgesamt (7–8)	**3.457**	**5.512**	**100**	**8.500**	**100**	**12.000**	**100**	**14.625**	**100**

Erläuterungen: EEF = Europ. Entwicklungsfonds; EIB = Mittel der Europ. Investitionsbank

Regionen in den AKP-Staaten, Programme in den Bereichen Gesundheit und ↗ Aids-Bekämpfung, Hilfe für Kleinstprojekte, industrielle Zusammenarbeit, Entwicklung von Handel und Fremdenverkehr, kulturelle Zusammenarbeit, ↗ Bildung und Ausbildung und Programme zur ↗ Strukturanpassung. Zu diesen wirtsch.-pol. relevanten Bereichen kommen sektorale Entwicklungs- und Einfuhrprogramme. Hierbei handelt es sich zumeist um indirekte Budgethilfen, die den Ländern Deviseneinsparungen bei notwendigen Importen ermöglichen. Die »nicht programmierbare Hilfe« beinhaltet die Mittel für Sonderdarlehen, Risikokapital, STABEX und SYSMIN und betrifft alle Ausgaben, die zu Beginn der Kooperation nicht geplant werden können. Der EEF wird nicht aus dem Haushaltsbudget der EU finanziert, sondern aus den Beiträgen der EU-Mitgliedstaaten. Traditionell sind Deutschland und Frankreich (mit jew. ca. 25%) die größten Geldgeber (Tab. 2)

(3) Die Subventionssysteme STABEX und SYSMIN. Das STABEX-System (Stabilisierungsfonds für landwirtsch. Exportprodukte, *Stabilization of Export Earnings*) und der Sonderfonds für Bergbauerzeugnisse (SYSMIN) sind wesentliche Bausteine des Kooperationsabkommens. Das STABEX-System wurde bereits in Lomé I vertraglich verankert. Es umfasst in Lomé IV 51 landwirtsch. Rohstoffe und soll Mindereinnahmen bei den Exporterlösen (z.B. infolge von Preissenkungen) in gewissem Umfang ausgleichen. Die bis 1990 geltende Rückzahlungspflicht entfällt, d.h. Mittel aus dem STABEX-Fonds werden als nicht rückzahlbarer Kredit gewährt. Problematisch bei STABEX ist: Die Gesamtzahlungen sind auf bestimmte Plafonds begrenzt, so dass extreme Preissenkungen nicht aufgefangen werden konnten; die Zahl der einbezogenen Produkte ist begrenzt, es fehlen die Agrarprodukte, die durch die EU-Marktordnungen gestützt werden (wie Zucker und Tabak). Außerdem sind verarbeitete Agrarprodukte nicht einbezogen; durch die Festlegung einer Abhängigkeitsgrenze

(5%) besteht kaum ein Anreiz zur Diversifizierung; die Auszahlung der Mittel ist z. T. schleppend, weil zwischen den AKP-Ländern und der EU zunächst eine Rahmenvereinbarung der gegenseitigen Verpflichtung geschlossen werden muss. – Erstmals kam es im Rahmen von Lomé II zur Errichtung eines Sonderfonds für Bergbauerzeugnisse (SYSMIN). Länder, die hauptsächlich mineralische Rohstoffe exportieren (wie Demokrat. Rep. Kongo, Sambia, Mauretanien, Liberia, Jamaika, Papua-Neuguinea) waren vom Ausgleichssystem ausgeschlossen. Der Mineralienfonds stellt in Lomé IV bei Erlösausfällen für neun mineralische Rohstoffe (Kupfer, Kobalt, Phosphat, Mangan, Bauxit, Zinn und Eisenerz, Gold und Uran) 575 Mio. ECU zur Verfügung. SYSMIN berücksichtigt nur Produkte, die einen Anteil von mehr als 15% an den Gesamtexporten haben (bei LLDC; bei Binnen- und Inselstaaten 10%) und deren Ausfuhrerlöse sich mindestens um 10% vermindert haben. SYSMIN-Mittel wurden bis 1990 als langfristiges, zinsgünstiges Darlehen nur zweckgebunden für Projekte zur Sicherung der Produktions- und Ausfuhrkapazität dieser Mineralien vergeben. Seit Lomé IV sind SYSMIN-Mittel nicht rückzahlbare Kredite. SYSMIN ist im Unterschied zu STABEX kein System zur Erlösstabilisierung, obwohl Erlösminderungen ausgeglichen werden. SYSMIN verfolgt den Zweck, die Zufuhr von Rohstoffen für die rohstoffarme EU zu sichern. SYSMIN-Gelder werden zur Verfügung gestellt, um der Gefahr von Stilllegungen der Bergbauproduktion durch sinkende Rohstofferlöse zu entgehen.

(4) Industrieförderung. In Art. 17 von Lomé IV wird als Ziel der Industrialisierung ein sich selbst tragendes Wachstum und eine ausgewogene und vielfältige Entwicklung genannt. Insbes. unterstützt werden soll die vertikale und horizontale Diversifizierung der Volkswirtschaften. Vergleicht man die Industrieförderungsmaßnahmen von Lomé I mit Lomé IV, so zeigt sich, dass zur Entwicklung der verarbeitenden Industrie weniger Mittel aufgewendet werden (Lomé I noch 25%, Lomé II-IV ca. 10%). Mit der industriellen Kooperation sind die EIB und das *Centre for the Development of Industry* (seit 2000: *Centre for the Development of Enterprise*) befasst.

(5) Regionale Kooperation. Die Unterstützung der regionalen Kooperation spielte bereits seit Lomé I eine große – und wachsende – Rolle. In Lomé IV wurden 1,25 Mrd. ECU für regionale Kooperation zur Verfügung gestellt. Das Schwergewicht der Förderprogramme liegt in der Verbesserung der Infrastruktur, und für sieben Regionen innerhalb der AKP-Staatengemeinschaft stehen regionale Indikativprogramme, die Länder übergreifende Programme und Projekte finanzieren, zur Verfügung. Die Unterstützungsmaßnahmen konzentrieren sich auf folgende Bereiche: Beitrag zu den Übergangskosten, Kompensationszahlungen für die Verlierer der Kooperation, techn. Hilfe, Ausbildung und Forschung und Begünstigung grenzüberschreitender Maßnahmen.

III. Gibt es eine Zukunft für Lomé? AKP-Länder und EU pflegen eine historisch gewachsene Netzwerkbildung, die allerdings strukturelle Heterogenitäten, Asymmetrien und Blockierungen nicht vermieden hat. Die selbst gesteckten Ziele – Beseitigung der Armut, Begünstigung sich selbst tragender Wirtschaftsstrukturen und Beförderung demokrat. Strukturen – wurden bestenfalls ansatzweise zu erreichen versucht. Einzelne Projekte und Programme und in Krisensituationen Nothilfe- und Nahrungsmittelhilfe sowie auch die Stabilisierungsfonds haben zur Linderung von Problemen beigetragen.

Die Lomé-Kooperation war von Anfang an keine strategische Allianz zur Beseitigung von Unterentwicklung und Armut. Sie hatte nicht zum Ziel, Technologie zu transferieren und Investitionen zu fördern, sondern richtete sich auf pol. Einbindung und partikulare ökonom. Interessen. Sie beförderte ein kollektives, einem überholten nachkolonialen Kooperationsgedanken verpflichtetes Klientelsystem.

Lange Zeit wurde die Bedeutung der Demokratie in der Kooperation mit Ländern der Dritten Welt unterschiedlich gewichtet. Erst in Lomé III (1985–1990) konnte bei der Einbeziehung der Menschenrechte in die Entwicklungszusammenarbeit ein Durchbruch erzielt werden. Schließlich wurde in Lomé IV (1990–1995) erstmals ein Kapitel über ↗ Menschenrechte aufgenommen (Artikel 5). Falls es zu schwerwiegenden Menschenrechtsverletzungen kommt, kann die EU einen abgestuften Maßnahmenkatalog beschließen, wozu u. a. Demarchen, Änderungen der entwicklungspol. Zusammenarbeit bis hin zu ihrer Aussetzung gehören.

Das im Februar 2000 vereinbarte Nachfolgeabkommen zu Lomé IV wurde im Mai 2000 in Cotonou, der Hauptstadt von Benin, unterzeichnet. Es hat zum Ziel die Demokratisierung, die Durchsetzung von Menschenrechten und rechtsstaatl. Prinzipien. Vereinbart wurden ferner eine

Rücknahmeklausel für abgelehnte Asylbewerber, eine gute Regierungsführung, die Fortführung der Handelspräferenzen (bis zum Jahr 2008) und die Überführung des Handelspräferenzabkommens in regionale Freihandelsverträge. Diese sehen die stufenweise gegenseitige Marktöffnung innerhalb der Region und mit der EU vor. Bis zur vollständigen Marktintegration sind Übergangsfristen bis zum Jahr 2018 vorgesehen. Sonderregelungen gelten für die 39 ärmsten AKP-Länder. Für diese Gruppe werden ab 2005 sämtliche Einfuhrzölle der EU gestrichen. Die Finanzmittel wurden auf 12,5 Mrd. Euro gesenkt, eine weitere Mrd. Euro kann im Jahr 2004 nachbewilligt werden. Hinzu kommen Mittel der EIB in der Höhe von 1,7 Mrd. Euro. Vereinbart wurde auch eine verbesserte Erfolgskontrolle.

📖 M.A. Ferdowsi (Hg.), Vom Enthusiasmus zur Ernüchterung? Die Entwicklungspolitik der EU, München 1999. – R. Kappel, Europ. Entwicklungspolitik im Wandel. Perspektiven der Kooperation zwischen der EU und den AKP-Ländern, Duisburg 1996. – H. Lingnau, Neue Elemente in der Entwicklungszusammenarbeit der EG zu Beginn der 90er Jahre, Berlin 1991. – P. Molt, EU sucht nach gemeinsamer Afrikapolitik. In: Journal für Entwicklungspol. 15 (1999), S. 257–274. – M. Van Reisen, Global Player EU. Die Nord-Süd-Politik der EU, Osnabrück/Bonn 1999. – S. Wolf, Die handelspol. Zusammenarbeit als Hindernis oder Schub für die Integration der AKP-Länder in die Weltwirtschaft? In: Journal für Entwicklungspol. 15 (1999), S. 293–308. – S. Brüne, Jenseits benevolenter Rhetorik: Offene Grundfragen europ. Entwicklungspolitik. In: Nord-Süd aktuell 2 (2000), S. 296–303.

Robert Kappel

Lusaka-Manifest ↗ OAU

Marginalisierung ↗ Dritte Welt, ↗ peripherer Kapitalismus

Marktwirtschaft ↗ Handels- und Marktsysteme

Massenmedien ↗ Medien

Medien sind Vermittler, mit deren Hilfe eine Mitteilung oder Kommunikation erfolgt. Als solche werden sie auch Kommunikations- bzw. Massenmedien genannt. Zu den klassischen M. gehören der ↗ Rundfunk, das ↗ Fernsehen und die ↗ Presse. Die M. wenden sich i.d.R. an relativ große, heterogene und anonyme Empfängerkreise. Ihre Botschaften werden öffentl. übermittelt und oft so organisiert, dass sie die Mehrzahl der Empfänger gleichzeitig erreichen. Sie unterscheiden sich von anderen Kommunikationstypen durch ihre öffentl. Ausrichtung. Ihr Hauptziel ist die Befriedigung kollektiver Bedürfnisse nach Informationsaustausch. Dass die Massenmedien heute mit der ↗ Industrialisierung verbunden sind, festigt ihren Status als soziales Phänomen.

In Afrika traten die Massenmedien erst im Zuge der Kolonialherrschaft auf. In den vorkolonialen Gesellschaften wurden Mitteilungen anders übermittelt: Mythische, relig. und rituelle Praktiken (↗ Trommeln, ↗ Tanz, ↗ Oralliteratur etc.) dienten dazu, die Gruppenkommunikation sicherzustellen, indem sie menschliche Beziehungen mittels symbolischer Verfahren ordneten, die zur Bewahrung und Aufwertung des kollektiven Gedächtnisses der Gruppe beitrugen. Sie gehörten zu einem umfassenden System kultureller Vermittlungen. Die künstlerischen Ausdrucksweisen bekundeten den Willen von Personen und Gruppen zur Kommunikation mit anderen oder anderen Gruppen. Daneben gab es auch die Übermittlung von Nachrichten durch Boten oder Klangkörper.

Kommunikationspraktiken wie *Tamtam*, rituelle Tänze usw., aber auch Gespräche per Telefon funktionieren ohne Bezug auf ↗ Schriftsysteme oder ein anderes graphisches System. Im Lauf der Zeit wurden auch im subsahar. Afrika graphische Zeichen für die Gruppenkommunikation entwickelt. Zu Beginn des 20. Jh. entwarf z.B. Ibrahim Njoya ein Schriftsystem für die Bamunsprache in Kamerun. Zur selben Zeit erfand Usman Jussuf in Somalia ein von links nach rechts geschriebenes Alphabet. Bis heute benutzen die Tuaregfrauen in Niger die *Tifinagh*-Schrift für ihre Gedichte und zur Wiedergabe der *Tamascheg*-Sprache. Im Osten Nigerias verwendet ein Geheimbund die *Nsibidi*, eine Silbenschrift in Piktogrammen; in der Elfenbeinküste und in Ghana benutzen die Bini ein in Stein geschnittenes Alphabet. Mit der Übernahme des lateinischen Alphabets und den entsprechenden techn. Voraussetzungen verbreitete sich der Buchdruck in Afrika, die Basis für die Druckmedien Buch, Broschüren, Zeitungen und Zeitschriften (↗ Verlagswesen und Buchhandel). Der periodischen ↗ Presse folgte der Transfer des ↗ Rundfunks auf den Kontinent. Das ↗ Fernsehen wurde hingegen erst nach der Unabh. eingeführt. Als neues M. ist in der Verbindung von Telefon und Computer das ↗ Internet hinzugekommen. Alle diese M. verändern durch die Möglichkeiten der Vernetzung über Grenzen und Kontinente hinweg die kulturellen Fundamente der afrik. Gesellschaften.

In der Geschichte der Industrieländer sind die Massenmedien in linearer Folge erfunden und verbreitet worden. Die Problematik der M. in Afrika beruht zum großen Teil darauf, dass die versch. Massenkommunikationsmittel fast mit einem Schlage eingedrungen sind, ohne hist. Abstand, ohne irgendeine Staffelung in der hist. Evolution. Während die Entwicklung der neuen Informationstechnologien, namentlich des Internets, im Mittelpunkt der Diskussion in Afrika steht, sind Teile der Bev. noch Analphabeten, ganze Landschaften des Kontinents ohne elektrische Energie und ohne Zugang zu vielen M. Die Situation zwingt den Kontinent, dringlich pol. Gesamtstrategien in Bezug auf die M. ins Auge zu fassen. ↗ Akkulturation, ↗ Kino, ↗ Kultur, ↗ Technikgeschichte.

🕮 A.-J. Tudesq, Les médias en Afrique, Paris 1999. -A.H.H. Aden, Von der Trommel zum Handy. Kommunikation und Kult in Afrika, Bad Honnef 2000. – M.Ch. Mbida, Afrika und die internat. Kommunikationsordnung: Zu Entwicklungstendenzen der afrik. Medien in der 1990er Jahren und ihre Lage in der Globalisierung, Diss., Frankfurt/M. 2000.

Eddie Tambwe Kitenge bin Kitoko

Medizin ↗ Gesundheitsversorgung, ↗ Krankheit und Heilung, ↗ Tropenkrankheiten

Megastadt ↗ Urbanisierung

Menschenrechte, die unverletzlichen und unveräußerlichen Rechte und Grundfreiheiten des Einzelnen gegenüber dem Staat, z. B. Recht auf Leben und körperliche Unversehrtheit, Recht auf freie Entfaltung der Persönlichkeit, Freiheit der Person, Glaubens- und Gewissensfreiheit sowie auch das Selbstbestimmungsrecht der Völker.

I. Allgemeines. Afrika ist immer wieder durch schwerwiegende Menschenrechtsverletzungen in die Schlagzeilen gekommen, etwa durch die Schreckensherrschaft von Idi Amin und Milton Obote in Uganda, Mengistu Haile Mariam in Äthiopien oder Hissène Habre im Tschad (↗ autoritäre Regime), durch die Kriege in Angola und den beiden Kongostaaten, durch den ↗ Genozid in Ruanda oder die ↗ Kindersoldaten in Liberia und Sierra Leone. Bis in die 1980er Jahre verschanzten sich afrik. Führer gegen internat. Kritik an Menschenrechtsverletzungen in ihrem Land meist hinter dem völkerrechtl. Grundsatz der Nichteinmischung in die inneren Angelegenheiten, während sich westl. Vorwürfe auf den Universalismus der M. stützten. Zur strafrechtl. Verfolgung der Verantwortlichen des ruandischen Völkermords wurde das UN-Tribunal in Arusha (Tansania) geschaffen; bislang ergingen allerdings erst wenige Urteile. Ein weiteres UN-Tribunal soll in Sierra Leone eingerichtet werden.

In der Kolonialzeit hatten die europ. Kolonialmächte die in Art. 63 der Europ. Menschenrechtskonvention von 1950 enthaltene Möglichkeit nicht genutzt, die Konvention auch für ihre Kolonien anzuwenden. Das Recht auf Selbstbestimmung wurde den afrik. Staaten i.d.R. erst nach Befreiungskämpfen zugestanden. Auch haben sich manche europ. Staaten sowie die USA durch die Unterstützung des Apartheidregimes in Südafrika in den Augen der Afrikaner als Verfechter der M. unglaubwürdig gemacht. Das erste ↗ Lomé-Abkommen von 1975 hielt sich daher von pol. Fragen wie den M. fern. Die ↗ OAU (Organisation für Afrik. Einheit) richtete ihre Politik in erster Linie gegen die ↗ Apartheid in Namibia und Südafrika sowie den wirtsch. ↗ Neokolonialismus, andere Menschenrechtsfragen wurden erst ab den 1980er Jahren beraten. Zwar wiesen fast alle Verfassungen der unabh. afrik. Staaten umfangreiche Menschenrechtskataloge auf, doch wurden diese häufig unter Berufung auf wirtsch. oder pol. Probleme außer Kraft gesetzt. Der Ost-West-Konflikt bot Möglichkeiten wirtsch. Unterstützung im Austausch für Loyalität zu einem der beiden Lager, und zwar unabh. vom inneren Zustand eines Landes.

II. Die OAU und die Afrik. Menschenrechtscharta. Ins Blickfeld afrik. Politik rückten die M. (1) nach der Ablösung mehrerer afrik. Diktatoren in den späten 1970er Jahren und (2) nach dem Ende des Ost-West-Konflikts 1989. Ersteres war der Anlass zur Ausarbeitung der »Afrik. Charta der Rechte des Menschen und der Völker« im Rahmen der OAU. Letzteres hatte eine breite Demokratisierungswelle zur Folge, die auch als eine Art zweite Befreiung Afrikas bezeichnet werden kann (↗ Demokratie, ↗ Zivilgesellschaft). M. wurden nun von einer inneren zu einer internat. Angelegenheit, mit der sich auch die OAU befassen musste.

Dazu hat beigetragen, dass die EU die ↗ Entwicklungszusammenarbeit mit den afrik. Staaten zunehmend von Fortschritten im Bereich Demokratie und M. abhängig machte und überdies eine verantwortliche Regierungsführung einforderte, die u. a. den Kampf gegen ↗ Korruption und die Einschränkung der Militärausgaben einschließen sollte. Damit erhielten die nat. und internat. ↗ Nichtregierungsorganisationen (NGOs) als Instrumente der Zivilgesellschaft mehr Handlungsspielraum und konnten stärker für die Umsetzung menschenrechtl. Verpflichtungen eintreten.

Die »Afrik. Charta der Rechte des Menschen und der Völker« war ein bewusster Versuch, eine afrik. Konzeption des Menschenrechtsschutzes zu entwickeln. Die Charta orientiert sich nicht an der Europ. Menschenrechtskonvention (1950), sondern an der Allg. Erklärung der M. der UN von 1948. Ausdrücklich bezieht sie sich auf die hist. Tradition und Werte der afrik. Zivilisation und bekennt sich zur Beseitigung des ↗ Kolonialismus, des ↗ Neokolonialismus und der ↗ Apartheid, auswärtiger Militärstützpunkte und jeder Form der Diskriminierung. Zudem enthält die Charta einen umfassenden Menschenrechtskatalog, der sich aus bürgerlich-pol., wirtsch.-sozialen und sog. Rechten der Völker zusammensetzt und damit alle drei Dimensionen der M. in einem Instrument vereint. Unter den Rechten der Völker finden sich das Recht auf Gleichheit sowie auf pol. und wirtsch. Selbstbestimmung. Erstmals wird in einem regionalen Menschenrechtsinstrument auch das Recht der Völker auf wirtsch., soziale und kulturelle Entwicklung statuiert sowie ein Recht auf nat. und internat. Frieden und Sicherheit und auf eine allg. befriedigende und die Entwicklung begünstigende Umwelt eingeräumt. Die Rechte werden durch eine Reihe von Pflichten ergänzt, in denen die afrik. Spezifizität der Charta zum Ausdruck kommt, etwa die Pflicht zur Bewahrung der harmonischen Entwicklung der ↗ Familie und der Unterstützung der Eltern im Fall der Notwendigkeit, die Pflicht, der nat. Gemeinschaft zu dienen und Steuern zu zahlen sowie die afrik. Einheit zu fördern, insbes. jedoch die Pflicht zur Bewahrung und Stärkung »positiver afrik. kultureller Werte« (Art. 29). Diese Pflichten stellen eine Art Gegenleistung für die gewährten Rechte dar. Sie sind jedoch im Rahmen eines Menschenrechtsinstruments kaum durchsetzbar und somit eher als Postulate zu verstehen.

III. Die Afrik. Menschenrechtscharta und die Rolle der Frau. Angesichts des gesellsch. Umbruchs auf dem Kontinent ist der Inhalt der positiven afrik. kulturellen Werte jedoch umstritten. So sollte die Einschränkung auf »positive Werte« bestimmte kulturelle Praktiken wie die ↗ Beschneidung und andere Formen der Geschlechtsverstümmlung von ↗ Frauen, aber auch die Überlassung junger Mädchen für Sklavendienste oder die Vererbung verwitweter Frauen an einen Bruder des verstorbenen Mannes ausschließen. Afrik. Frauenorganisationen kritisieren allerdings das Familienbild der Charta, v.a. den in Art. 18 enthaltenen Auftrag an den Staat, die Familie als Wächter der Moral und von der Gemeinschaft anerkannter traditioneller Werte zu schützen und sich um ihre physische und moralische Gesundheit zu kümmern. Diese Bestimmung könnte v.a. in islam. Ländern die Verhinderung für notwendig erachteter Reformen legitimieren. Daher wurde ein Zusatzprotokoll zur Charta entworfen, in dem die Bestimmungen im Hinblick auf die Situation afrik. Frauen näher spezifiziert werden. Damit sollen die Verpflichtungen aus der Afrik. Charta auch an die »Internat. Konvention zur Beseitigung jeder Form der Diskriminierung der Frau« angepasst werden, der viele afrik. Staaten bereits angehören. Allerdings besteht die Gefahr, dass dieses Protokoll nur durch einen Teil der Vertragsparteien der Afrik. Menschenrechtscharta ratifiziert wird. Einen anderen Weg bietet die Charta selbst, die den Staaten die Beseitigung jeder Diskriminierung gegen Frauen aufträgt und den Schutz der Rechte von Frau und Kind an den Standard internat. Deklarationen und Übereinkommen bindet. Die Afrik. Kommission könnte somit durch eine interpretative Erklärung dasselbe Ziel in allg. verbindlicher Form erreichen.

Eine anlässlich der Verabschiedung des Internat. Übereinkommens über die Rechte des Kindes im Jahr 1990 ausgearbeitete »Afrik. Charta der Rechte des Kindes« ist am 29. Nov. 1999 mit nur 16 Mitgliedsstaaten in Kraft getreten. Die »Afrik. Charta der Rechte des Menschen und der Völker«, die aufgrund des Ortes ihrer Ausarbeitung in Banjul (Gambia) auch als »Banjul-Charta« bezeichnet wird, trat nach Ratifikation durch die Mehrheit der OAU-Mitglieder am 21. Oktober 1986 in Kraft. Dieser Tag wird seither in Afrika als Tag der M. begangen. Heute gehören der Charta alle 52 OAU-Mitglieder einschließlich Südafrikas an.

IV. Die Aufgaben der Afrik. Menschenrechtskommission und das Beschwerdeverfahren. Mit dem Inkrafttreten der Charta wurde die »Afrik. Kommission für die Rechte des Menschen und der Völker« eingerichtet, deren Sitz Banjul ist. Die aus 11 Mitgliedern bestehende Kommission ist ein Unterorgan der OAU und für die Förderung und den Schutz der Rechte des Menschen und der Völker in Afrika zuständig. Angesichts der Größe des Kontinents und der Neuheit rechtl. garantierter M. ist die Förderung (*promo-*

tion) der Kenntnis der M. bes. wichtig. Zur Bekanntmachung der Charta wird in den einzelnen Ländern die Zusammenarbeit mit NGOs gesucht. So wurde mehr als 200 afrik. und internat. NGOs ein beratender Status eingeräumt. Die NGOs beteiligen sich auch an den öffentl., d. h. nicht mit den Beschwerdeverfahren zusammenhängenden Sitzungen der Kommission. Durch regelmäßige NGO-Workshops zur Vorbereitung der Kommissionssitzungen und eine Vielzahl anderer Aktivitäten wurden die NGOs zu einer Hauptstütze der Tätigkeit der Kommission.

Hinsichtlich des Schutzmechanismus sieht die Afrik. Charta zwei Verfahren vor: ein Berichtssystem und ein Beschwerdesystem. Die Vertragsparteien der Charta haben alle zwei Jahre einen Bericht über die Verwirklichung der Verpflichtungen aus der Charta im nat. Recht vorzulegen. Die Kommission erörtert die Berichte in öffentl. Sitzung, kommentiert die Berichte und gibt Empfehlungen ab. Allerdings nehmen die meisten Vertragsparteien ihre Berichterstattungspflicht nicht ernst und liefern unzureichende oder verspätete Berichte ab.

Das Beschwerdesystem beruht auf Mitteilungen von Staaten, einzelnen Personen oder NGOs an die Kommission über behauptete Menschenrechtsverletzungen. Vom Instrument der Staatenbeschwerde wurde allerdings bisher noch nie Gebrauch gemacht. Die Afrik. Charta sieht als Voraussetzung für Mitteilungen im Gegensatz zu anderen internat. Verfahren keine Zustimmungserklärung der betroffenen Staaten vor. Das Verfahren weist mehrere Schwächen auf und ist wenig effizient: Erhaltene Mitteilungen werden zuerst auf die Erfüllung bestimmter Voraussetzungen wie die Erschöpfung des nat. Instanzenzuges geprüft und dann dem betroffenen Staat zur Stellungnahme übermittelt. Falls trotz Dringlichkeit keine Stellungnahme erfolgt, wird die Prüfung der Beschwerde inzwischen auch ohne den betroffenen Staat vorgenommen. Das Ergebnis ist ein Bericht an die jährl. Versammlung der Staats- und Regierungschefs der OAU, die bei schwerwiegenden Verletzungen eine eingehendere Prüfung beschließen kann. In einigen Fällen hat die Kommission selbständig Untersuchungen vor Ort durchgeführt, wobei sie auf die Zustimmung des besuchten Staates angewiesen ist. In den ersten Jahren wurden die Ergebnisse des Verfahrens nicht veröffentlicht, inzwischen enthalten die Jahresberichte der Kommission einen Anhang über die behandelten Fälle. Doch die Kommission kann nur hoffen, dass die Veröffentlichung ihrer Feststellungen die Staaten zum Handeln veranlasst. Ihre Empfehlungen haben keinen Zwangscharakter, sie kann auch keine Entschädigungen zuerkennen.

V. Das Projekt eines Afrik. Menschenrechtsgerichtshofs und andere Verfahren des Menschenrechtsschutzes. Diese Schwächen des Schutzmechanismus haben zum Projekt der Schaffung eines Afrik. Gerichtshofs für M. und die Rechte der Völker geführt, das 1998 von der OAU-Versammlung angenommen wurde. Zusätzlich zur Kommission sollen in einem zweistufigen Verfahren bestimmte Beschwerden auch durch einen Gerichtshof geprüft werden. Dieser soll ebenfalls aus 11 Personen bestehen und verbindliche, Schadensersatz einschließende Urteile erlassen können. Derzeit ist das Statut des Gerichtshofes im Ratifikationsstadium, welches längere Zeit in Anspruch nehmen könnte. Noch ungesichert ist die Finanzierung des Gerichtshofs, da die OAU die für die Kommission notwendigen Ressourcen kaum mobilisieren kann. Umso wichtiger wäre es daher, dass die Bestimmungen der Afrik. Charta von den nat. Gerichten angewendet werden, was in manchen Ländern aus rechtl., in anderen aus pol. Gründen nicht der Fall ist. Ein weiterer wichtiger Ansatz ist die Einrichtung nat. Institutionen zum Schutz der M., etwa nat. Menschenrechtskommissionen oder Ombudsinstitutionen, die in einigen Staaten mit Erfolg tätig sind, in anderen aber auch nur als Fassade für die um die M. besorgten westl. Partner dienen.

Angesichts der Ineffizienz ihres Verfahrens und der Existenz einer Vielzahl struktureller Menschenrechtsverletzungen auf dem afrik. Kontinent hat die Afrik. Kommission nach dem Vorbild der UN Sonderberichterstatter bestellt, um aktiver auf allg. Probleme wie Hinrichtungen ohne Gerichtsverfahren, unzureichende Haftbedingungen oder die Diskriminierung von Frauen reagieren zu können. Ein Hauptproblem dieser an sich sinnvollen Einrichtung ist wiederum deren Finanzierung. Auch bei der Tätigkeit der Sonderberichterstatter spielen die NGOs eine wichtige Rolle. Außerdem hat die Afrik. Kommission der OAU ein Dringlichkeitsverfahren für Fälle massiver Menschenrechtsverletzungen vorgeschlagen.

Der Schutz und die Förderung der M. auf allen Ebenen muss in Afrika wie auch anderswo von den Menschen selbst eingefordert werden. Daher ist dem Aufbau einer einheimischen Zivilgesellschaft und ihrer Befähigung zur aktiven Verfolgung des Anliegens der M. erste Priorität zu geben. Insbes. die EU fördert Programme für afrik. Menschenrechtsorganisationen und im Rahmen des Abkommens von Cotonou als Nachfolger des Lomé-Abkommens auch den Aufbau der Zivilgesellschaft. ↗ Recht.

🕮 W. Benedek, Durchsetzung von Rechten des Menschen und der Völker in Afrika auf regionaler und nationaler Ebene. In: Zeitschrift für ausländisches öffentliches Recht und Völkerrecht 54 (1994), S. 150–181. – N. Krisch, The Establishment of an African Court on Human and Peoples' Rights. In: ZaöRV 58 (1998), S. 713–726. – U. Tonndorf, Menschenrechte in Afrika: Konzeption, Verletzung und Rechtsschutz im Rahmen der OAU, Freiburg 1997. – U. O. Umozurike, The African Charter on Human and Peoples' Rights, The Hague 1997. – M. Wittinger, Familie und Frau im regionalen Menschenrechtsschutz, Baden-Baden 1999. – M. Worku, Entwicklungstendenzen des regionalen Menschenrechtsschutzes: Die Afrik. Charta der Rechte des Menschen und der Völker, Berlin 2000.

Wolfgang Benedek

Migration (Wanderung) *I. Allgemeines.* M. ist eine temporäre oder permanente Wohnsitzverlegung von Individuen oder Gruppen. Migrationsrichtungen, -distanzen, -gründe, -umfänge und -auswirkungen sind vielfältig, zeitlich und räumlich extrem differenziert. Es ist daher nicht möglich, alle Formen von M. nach ihren Ursachen (Kriegs-, Umwelt-, Armutsflüchtlinge oder freiwillige M.), Erscheinungsformen und Auswirkungen zu typologisieren. Stattdessen bietet sich eine Klassifikation nach der Migrationsrichtung an (Tab. 3).

II. Land-Land-Migration stellt die älteste, noch heute umfangreiche M. dar. Hierzu zählen u. a. die räumliche Ausbreitung ganzer Völker im Zuge kriegerischer Auseinandersetzungen oder einer friedlichen Okkupation von Gebieten wie z. B. die Bantu-M. und die temporären Wohnsitzverlegungen der Nomaden (↗ Nomadismus), Wanderfeldbauern oder Wanderhändler Westafrikas. Ziele intensiver Land-Land-M. waren während des ↗ Kolonialismus die Gebiete europ. Farmen und Plantagen mit ihrem hohen Arbeitskräftebedarf. Solche sog. Siedlerkolonien (v. a. Kenia, Teile Dt.-Ostafrikas, Rhodesien, Angola, Südafrika) konnten ohne massive Land-Land-M. wirtsch. nicht erschlossen werden. Die M. der zunächst kaum zur Lohnarbeit bereiten einheimischen Bev. wurde durch versch. Faktoren initiiert bzw. beschleunigt: (1) Hungerkatastrophen (Rinderpest, Dürren usw.) in weiten Teilen v. a. des südl. und östl. Afrika im ausgehenden 19. und frühen 20. Jh., die z. B. in Mosambik bis 1920 ca. 100.000 Einw. zur M. in das benachbarte Njassaland (heute Malawi) veranlassten, wo sie Arbeit beim Eisenbahnbau und auf Plantagen fanden; (2) die in fast allen Kolonien eingeführte Kopfsteuer. Nur über eine M. in ländl. und städt. Zentren der Lohnarbeit war es möglich, das Geld zur Bezahlung der Steuer zu verdienen; (3) die Erwirtschaftung eines Bargeldeinkommens für den ↗ Brautpreis bei den überwiegend jungen männl. Arbeitsmigranten. Im östl. und südl. Afrika entwickelte sich die Teilnahme an der zirkulären M., dem Pendeln zwischen Zu- und Abwanderungsregion, zu einem auf dem Lande prestigeträchtigen Lebensstil, der z. T. mit den traditionellen Initiationsriten (↗ Initiation) verknüpft war, diese ergänzte oder ersetzte. Weil die Kolonialwirtschaft keine Arbeitsplätze für Frauen bereitstellte, waren diese an der M. zunächst nur marginal beteiligt. Die geringen Löhne und die beengten, nur für junge Männer vorgesehenen Unterkünfte erlaubten es zudem nicht, eine Familie in der Stadt zu unterhalten. In den Zuwanderungsregionen bestand daher ein extremer Männer-, in den Abwanderungsregionen ein extremer Frauenüberschuss mit Folgen wie z. B. ↗ Prostitution (↗ Homosexualität). In vielen Städten entfielen auf 100 Frauen 130 bis 250 Männer; in den südafrik. Städten, v. a. in Bergbauzentren, setzte sich die afrik. Bev. um 1910 zu 93% aus Männern zusammen. Da die expandierende Kolonialwirtschaft aber nicht genügend männl. Arbeitskräfte gewinnen konnte, wurden (auch aufgrund geringerer Lohnkosten) zunehmend Frauen und Kinder als Arbeitskräfte eingestellt, woraus sich eine wachsende Beteiligung von Frauen und Familien an der M. ergab.

Auch heute noch weithin typisch ist die zirkuläre bzw. saisonale M. in Abhängigkeit vom landwirtsch. Arbeitskalender. Zur Zeit der arbeitsintensiven Kaffee-, Tabak- oder – in Westafrika – Kakaoernte ist ein großer Teil der Bev. in die saisonale, oft nur einige Monate umfassende Arbeits-M. einbezogen; nach der Ernte erfolgt(e) die Rückkehr. Mit der Ausweitung weltmarktorientierter *cash crop*-Produktion wurden schon in der Kolonialzeit auch kleinbäuerl. Siedlungsräume Ziele umfangreicher Wanderarbeiterströme (↗ Wanderarbeit) und mancherorts zunehmend zu Zielen endgültiger Zuwanderung. Die kleinbäuerl. Kakaoproduzenten in Ghana und der Elfenbeinküste beschäftigen z. B. für die Ernte saisonal, zunehmend auch längerfristig Zugewanderte aus Burkina Faso, Mali und Nordghana. Umfangreiche M. erfolgen aus den dicht bevölkerten, ökolog. risikoreichen Armutsgebieten der Sahelzone von Burkina Faso, Mali und Guinea in relativ prosperierende Regionen agra-

Tab. 3: Eine Typologie der Migrationen in Afrika nach der Wanderungsrichtung

	Binnenwanderung		Internationale Wanderungen	
Wanderungsrichtung	temporär	permanent	temporär	permanent
I **Land-Land**				
Abwanderungsgründe (Push-Faktoren)				
Landlosigkeit/-mangel	x	xx	x	xx
Arbeitslosigkeit	–	xx	–	xx
Umweltprobleme (u.a. Dürren, Desertifikation, Überschwemmungen)	x	xx	x	xx
Bürgerkrieg	xx	x	xx	x
Zwangsumsiedlungen	–	x	–	–
Zuwanderungsgründe (pull-Faktoren)				
Land, Arbeitsplätze		xx	x	xx
»Frieden«	xx	x	xx	x
ökologisch »intakte« Umwelt	x	xx	x	x
II **Land-Stadt**				
Abwanderungsgründe				
Landlosigkeit/-mangel	x	xx	x	xx
Arbeitslosigkeit	x	xx	xx	x
Umweltprobleme (u.a. Dürren, Desertifikation, Überschwemmungen)	x	xx	xx	x
Bürgerkrieg	x	xx	xx	x
soziale familiäre/dörfliche Kontrolle, Diskriminierung	x	xx	x	x
fehlende Ausbildungsmöglichkeiten	x	xx	x	x
Zuwanderungsgründe				
Arbeitsplätze	x	xx	x	xx
Ausbildungsmöglichkeiten	x	xx	x	x
freizügigeres Leben/Abenteuer	x	xx	x	x
soziale Aufstiegschancen	x	xx	x	x
III **Stadt-Land**				
Abwanderungsgründe				
Arbeitslosigkeit	x	xx	x	x
Wohnungsnot	x	xx	x	x
Krankheit/Alter	–	xx		x
soziale »Heimatlosigkeit«	–	xx	–	x
Zuwanderungsgründe				
Landbesitz	x	xx	x	x
Familienwohnsitz	x	xx	x	x
soziale Bindungen	x	xx	x	x
IV **Stadt-Stadt**				
Abwanderungsgründe				
Arbeitslosigkeit	x	xx	x	xx
Wohnungsnot	x	xx	x	xx
fehlende Karriereaussichten	x	xx	–	xx
Zuwanderungsgründe				
(bessere) Arbeit	–	xx	x	xx
(bessere) Wohnung	–	xx	x	xx
beruflicher Aufstieg	–	xx	–	–
bessere Ausbildungsmöglichkeiten	xx	xx	x	x
familiäre Beziehungen	–	x	–	x

xx häufig x seltener – nicht relevant

Karte 16: Nigeria: Hauptströme agrarischer Wanderung und Kolonisation (um 1975)

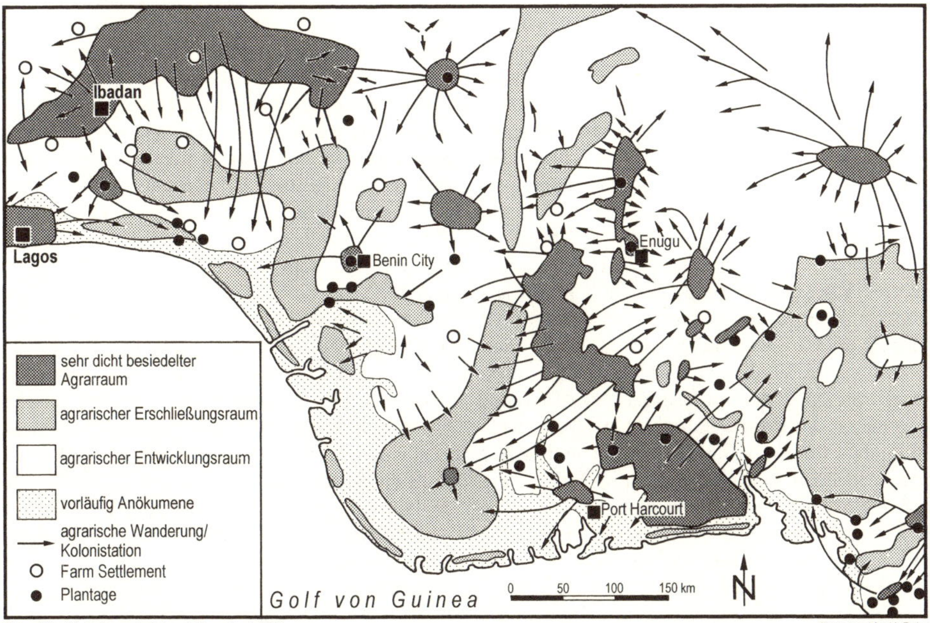

Entwurf: Karl Vorlaufer, verändert nach Grenzebach 1984 Kartographie: U. Beha

rer Produktion der (küstennahen) westafrik. Feuchtsavannenzone, z. B. in die Elfenbeinküste. Im Regenwaldgürtel Südnigerias entwickelte sich nach 1945 eine kleinbäuerl. Produktion von Kakao, Palmöl, Kaffee, Tee, Bananen und Jams. Heimische Grundeigentümer beschäftigten hier v. a. Wanderarbeiter. Aber es siedelten sich auch Wanderpächter (*migrant tenant farmers*) an. Die Land-Land-M. erfolgen i.d.R. von den übervölkerten, durch Landmangel gekennzeichneten Gebieten in dünner besiedelte, wirtsch. dynamische agrarische Entwicklungs- oder in unbesiedelte Erschließungsräume wie in Südnigeria (Karte 16). Viele Zuwanderer migrieren in ihnen fremde Siedlungsgebiete mit der Folge oft beträchtlicher sozialer Spannungen zwischen Einheimischen und Zuwanderern (s. a. unter Pkt. IV).

Umfangreiche, z. T. erzwungene Land-Land-M. waren in vielen Ländern Folge staatl. Umsiedlungsprogramme. Im Zuge großer Staudammprojekte wurden Zehntausende umgesiedelt wie am Kainji-Damm (Nigeria, 1963), Volta-Damm (Ghana, 1964), Kariba-Damm (Sambia, Simbabwe) und bei ↗ Assuan am Nil. Massive Umsiedlungen fanden u. a. in Südafrika und in Äthiopien statt; als spektakulärste Massenumsiedlung ist das 1967 in Tansania zunächst auf freiwilliger Basis, ab 1974 mit Zwang durchgesetzte ↗ Ujamaa-Konzept bekannt geworden, die Umsiedlung der vormals in Einzelgehöften und Weilern siedelnden Bev. in Dörfer. Mit Aufgabe dieser Politik 1977 setzte eine Rückkehr aus den Dörfern zu den Einzelgehöften ein, v. a., da die Bauern einen Wohnort in der Nähe ihrer Felder bevorzugen.

In Kenia und (eingeschränkter) in Simbabwe wurden nach der Unabh. vormals europ. Farmgebiete mit mehreren hunderttausend afrik. Bauern besiedelt und so Ziel umfangreicher Land-Land-M.; 2000 hat in Simbabwe eine weitere Enteignung von Farmern europ. Herkunft und die Aufteilung dieses Landes an Veteranen des Unabhängigkeitskrieges stattgefunden. Infolge rasanten Bevölkerungswachstums (↗ Bevölkerung) und Landmangels in vielen ländl. Regionen verstärkt sich generell die Abwanderung in weniger dicht besiedelte, häufig nur mit marginalen Ressourcen ausgestattete Regionen oder in die für Hirten als Trockenzeitweiden unentbehrlichen, da regenreicheren Areale sowie in Randzonen von Naturschutzgebieten (↗ Naturschutz), woraus sich massive, teils als ↗ ethnische Konflikte bezeichnete Auseinandersetzungen um die Landnutzung ergeben können. Land-Land-Migranten siedeln sich in Zuwanderungsgebieten oft als Squatter, als illegale Siedler, an (↗ Squattersiedlungen, ↗ Slums).

III. Land-Stadt-Migration. Am augenfälligsten und das deutlichste Zeichen des sozialen Wandels sind die Land-Stadt-M. (↗ Stadt, ↗ Urbanisierung.) Neben dem Motiv einer Verbesserung der ökonom. Lage sind hierfür folgende Faktoren relevant: (1) Das Streben nach Freiheit von der Kontrolle durch die ältere Generation; (2) die in der Stadt i.d.R. besseren Wohn- und Versorgungsbedingungen in Bezug auf Schulen, Krankenhäuser, Trinkwasser, Elektrizität, gesichertes Warenangebot; (3) das höhere Sozialprestige der Stadt und (4) teils noch der Wunsch junger männl. Migranten, das Geld für den Brautpreis zu verdienen. Diesen *pull*-Faktoren stehen im ländl. Raum oft starke *push*-Faktoren gegenüber: Landmangel, Arbeitslosigkeit, Umweltgefährdungen, schlechte oder fehlende schulische, medizin. und sonstige Infrastruktur wie z. B. Elektrizität und Trinkwasser.

Zunehmend wandern ↗ Frauen (↗ Geschlechterbeziehungen) unabh. von der Familie in die Stadt. Gründe hierfür sind u. a.: (1) Streben nach einem eigenständigen Leben ohne die oft rigiden familiären Kontrollen sowie nach einer in Städten leichter erhältlichen, vom Mann unabh. Erwerbsarbeit – wenngleich oft als Prostituierte oder im ↗ informellen Sektor; (2) Flucht aus der Bürde der Landarbeit, des Wasser- und Feuerholzholens über große Distanzen, vor dem Stigma der Kinderlosigkeit oder dem einer allein erziehenden Mutter. Verstärkt hat sich die Zuwanderung älterer, i.d.R. verwitweter Frauen in die Städte zu ihren hier lebenden erwachsenen Kindern, da sich Witwen und geschiedenen Frauen in patrilokalen Gesellschaften (↗ Patrilokalität) auf dem Lande nur eingeschränkte Existenzmöglichkeiten bieten. Damit gleicht sich die Alters- und Geschlechtergliederung der städt. und ländl. Bev. tendenziell an. Vormals typische Disproportionen, der Frauenüberschuss auf dem Lande und ein Defizit in der Stadt, kennzeichnen noch die höheren Altersgruppen; bei den 20- bis 35-Jährigen, der für die jüngsten Zuwanderer wesentlichen Gruppe, ist das Geschlechterverhältnis i.d.R. ausgeglichener.

Mit wachsender Größe und funktionaler Dif-

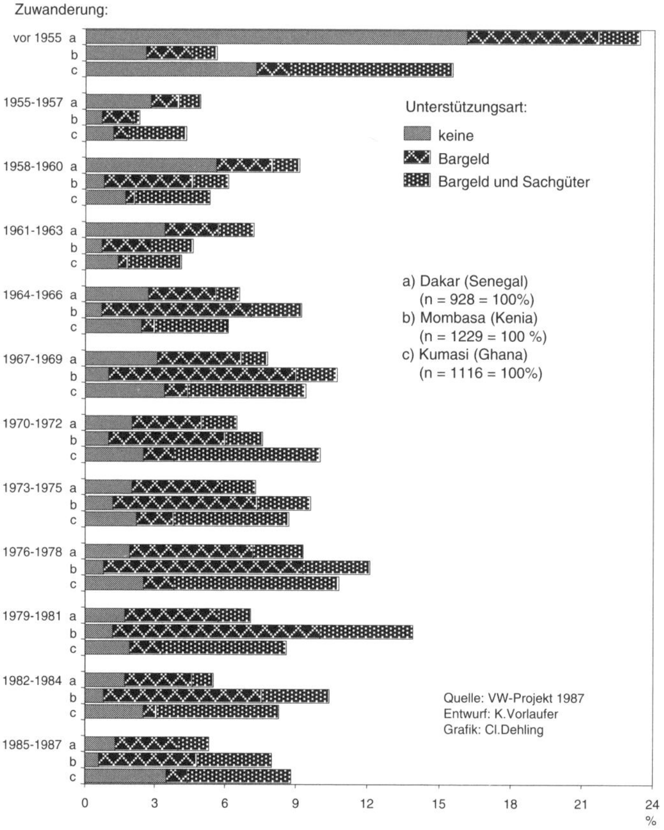

Abb. 22: Das Ausmaß der Transferleistungen von Land-Stadt-Wanderern in ihre Herkunftsräume am Beispiel der Migranten mit unterschiedlich langem Stadtaufenthalt in ausgewählten west- und ostafrik. Großstädten (1987)

ferenzierung einer Stadt weitet sich der Einzugsbereich der M. aus – oft, weil die im Nahbereich lebende Bev. in quantitativer und qualitativer Hinsicht den städt. Arbeitsmarkt nicht adäquat bedienen kann. Für die Umland-Bev. ist zudem die Agrarproduktion auf eigenem Lande für einen nachfragestarken, nahegelegenen städt. Markt oft attraktiver als eine Tätigkeit in der Stadt. Tourismuszentren, wie z. B. Malindi in Kenia oder Victoria Falls in Simbabwe, weisen einen bes. hohen Anteil von Zuwanderern aus entfernten Regionen auch deshalb auf, weil die Tätigkeit in der gehobenen Hotellerie Qualifikationen verlangt, die die Umland-Bev. nicht besitzt (↗ Tourismus).

Die große Bedeutung, die Zuwanderung für das Wachstum einer industriell geprägten Mittelstadt hat, sowie die durch zirkuläre M. entstehende Verflechtung zwischen Stadt und Land wird am Beispiel des 40 km nördl. Nairobi gelegene Thika deutlich (ca. 90.000 Einw.). In den 1980er Jahren waren nur 4% der Erwachsenen in Thika geboren. 84% aller Männer waren Eigentümer bzw. zukünftige Erben von Land in ihrer Herkunftsregion, das von ihnen bzw. Familienangehörigen bewirtschaftet wurde. 60% aller landbesitzenden Familien unterhielten deshalb zwei Haushalte: Die Ehefrau(en) und Kinder bewirtschaften die *Shamba* in der Herkunftsregion, der Mann lebt in der Stadt. Diese Strategie der gespaltenen Haushalte erleichtert die Existenzsicherung und ist Ursache eines umfangreichen Einkommenstransfers von der Stadt aufs Land (Abb. 22). Viele wirtsch. schwache Räume der Peripherie hängen am Tropf dieser Geldüberweisungen, die oft auch für Investitionen in die ↗ Landwirtschaft verwendet werden und so einen Beitrag zur ↗ ländl. Entwicklung leisten. Landeigentum wird sozial hoch bewertet und als Garant für eine angestrebte Rückkehr nach Jahren des Stadtaufenthaltes oder nach dem altersbedingten Ausscheiden aus dem Arbeitsleben angesehen. Viele sind daher bestrebt, mit dem Einkommen aus der Stadt in der Herkunftsregion Land zu erwerben. Migranten stellen in den Städten (↗ Stadt, Karte 33), aber auch auf dem Land einen hohen Anteil der Bev. In manchen ländl. Regionen Simbabwes z. B. ist fast jeder vierte Bewohner innerhalb nur eines Jahres zu- oder abgewandert. Ein Großteil der Bev. pendelt zwischen Stadt und Land, nicht selten, um während der landwirtsch. Nebensaison in der Stadt einem Erwerb nachzugehen. In Mali wandern jährl. Tausende von Webern wie auch Bauern in die Städte, wo Basisprodukte für das Weben günstiger zu beziehen sind und bessere Absatzchancen für ihre Produkte bestehen.

Umweltbedingte M. ist umfangreich und nimmt weiter zu. Die ↗ Desertifikation z. B. führt zur starken Land-Stadt-M. vormaliger Nomaden v. a. im Sahel. Auch Bauern in dürre- oder erosionsgefährdeten Regionen wandern in großer Zahl in Städte. Hungerkatastrophen (wie in Äthiopien 1984, 2000) können immense M. in Städte und auch kleinere Mittelpunktsiedlungen auslösen, wo Zugang zur Nahrungsmittelhilfe gegeben ist. Ein Migrationstyp von wachsender Bedeutung ist in größeren Städten die Rand-M.: Die einkommensstärkere Bev. zieht in das Umland der Städte; die von ihr verlassenen Wohnquartiere in den Innenstädten werden zu Zielen der Land-Stadt-M.. Um die tunesischen Städte sind im Zuge dieser Suburbanisierung bis zu 15 km tiefe Gartenstadtgürtel entstanden. Insbes. in Südafrika verlegen v. a. Weiße ihren Wohnsitz aufgrund der hohen Kriminalität in besser zu schützende, da entsprechend konzipierte Stadtrandsiedlungen in sog. *gated communities* (»Zitadellen«, ↗ Stadt, Abb. 35).

IV. Internat. Migration. Binnenwanderung macht zwar den Großteil der M. aus, jedoch sind auch grenzüberschreitende innerafrik. Wanderungen von Bedeutung und insbes. für das westl. und südl. Afrika typisch. Aus den subsistenzwirtsch. ausgerichteten, z. T. übervölkerten Armutsgebieten der westafrik. Trockensavannen kommen große Wanderungsströme in die marktorientierten Agrarräume und Städte der Küstenregionen (s. a. unter Pkt. I). Seit den 1970er Jahren ist die damals boomende Elfenbeinküste Hauptziel dieser M. Um 1990 waren rd. 30% (Karte 17) der Bev. dieses Landes Ausländer. In den südl. Küstenregionen erreichte der Ausländeranteil ca. 40% und in der Wirtschaftsmetropole Abidjan 50%. 1975 lebten von der Bev. Burkina Fasos 17%, Malis 7%, Togos 13% und Gambias 10% in anderen westafrik. Ländern. Im Zuge des Ölbooms der 1970er Jahre wurde Nigeria zum Ziel umfangreicher M. aus dem Ausland, insbes. aus dem nun unter einer Wirtschaftskrise leidenden Ghana. In den letzten Jahren werden v. a. aus Mali, Benin und Togo verstärkt Kinder entweder ihren Eltern abgekauft oder verschleppt, um auf Plantagen in Nigeria oder der Elfenbeinküste zu arbeiten. In Nordafrika ist das bevölkerungsarme, jedoch erdölreiche Libyen Ziel starker Arbeits-M. v. a. aus Ägypten, aber auch aus dem subsahar. Afrika.

Wichtigstes Ziel internat. M. ist seit dem Ende der Apartheid Südafrika. Bergbau, Industrie und

Karte 17: Anteil ausländischer Migranten an der Gesamtbevölkerung in den Ländern Afrikas 1990

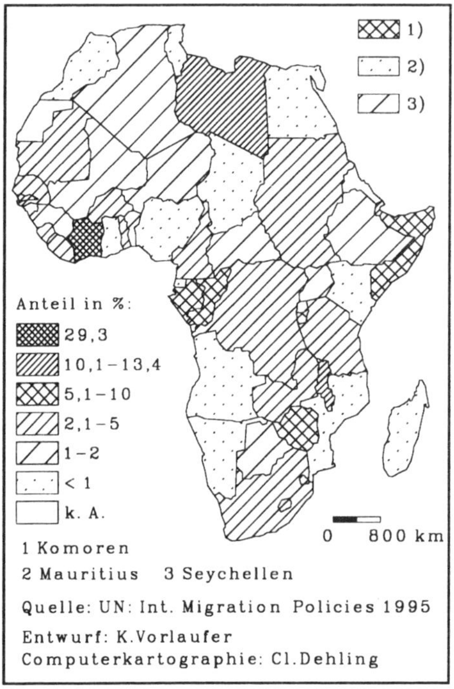

Landwirtschaft beschäftigen schon seit fast 100 Jahren einen hohen Anteil an Arbeitskräften aus Malawi, Sambia, Simbabwe, Mosambik, Swasiland, Botsuana und Lesotho. 1972 z. B. waren drei Viertel der 350.000 Bergleute in den Goldminen Ausländer, 1996 immerhin noch 45% (von 426.872). Die meisten ausl. Arbeiter wurden und werden auf der Basis befristeter Verträge beschäftigt: Das System der Wanderarbeit ist in Südafrika am ausgeprägtesten. Für Lesotho, das wichtigste Herkunftsland ausl. Bergleute, ergeben sich durch den Rückgang der Wanderarbeiter infolge der Rezession des Goldbergbaus und verschärfter Zuwanderungsbeschränkungen seit den 1990er Jahren ökonom. Schwierigkeiten, waren doch um 1990 noch ca. 80% aller Familien auf Überweisungen der Wanderarbeiter aus Südafrika angewiesen. In Südafrika wird der Rückgang der Zahl legaler Wanderarbeiter mehr als kompensiert durch eine enorm gestiegene illegale Zuwanderung aus den Nachbarstaaten wie auch aus Westafrika. Die Zahl illegaler Einwanderer betrug nach offiziellen Schätzungen 1992 ca. 1 Mio., 1995 rd. 5 Mio. und 1997 sogar 8,5 Mio. (= ca. 20% der offiziellen Bev.!). Seit 1994 wurden Grenzkontrollen und Einwanderungsgesetze drastisch verschärft, die Aufenthalts- und Arbeitserlaubnis für Ausländer beschränkt sowie Arbeitgeber, die illegal Ausländer beschäftigen, härter bestraft; von 1990–97 wurden 0,9 Mio. afrik. Ausländer des Landes verwiesen. Die Fremdenfeindlichkeit mit Übergriffen auf Migranten nimmt in Anbetracht wachsender Arbeitslosigkeit und Wohnungsnot zu.

Durch die Entwicklung auch ländl. Räume (↗ Landesentwicklung) versuchen viele Länder die Landflucht zu drosseln.

Der Zusammenbruch staatl. Ordnung in Ländern wie u. a. Angola, beiden Kongo-Staaten, Liberia, Sierra Leone sowie die Übergriffe einer nicht mehr kontrollierbaren Soldateska haben eine umfangreiche Stadtflucht ausgelöst, da die Überlebenschancen auf dem Lande größer sind als in Städten. Andererseits wurden in Bürgerkriegsländern Städte, unter strikter Regierungskontrolle stehend wie z. B. Luanda in Angola oder Khartum (mit rd. 1,5 Mio. Flüchtlingen aus dem Südsudan), zu Zielen der Landflucht.

V. Interkontinentale M. setzten in den 1960er Jahren aus Nordafrika zunächst nach Frankreich und dann in andere Staaten Westeuropas ein. Nach der Unabh. Algeriens 1962 z. B. erfolgte eine Rückwanderung von ca. 2 Mio. Siedlern und Beamten nach Frankreich; mehrere hunderttausend Portugiesen verließen Angola und Mosambik nach der Unabh. dieser Länder 1975. Die Arbeits-M. aus Algerien, Marokko und Tunesien nach Westeuropa ist seit den 1970er Jahren beträchtlich. Umfangreich sind auch die M. aus dem subsahar. Afrika – sei es von Einwanderern, Flüchtlingen oder Asylsuchenden – in fast alle Industriestaaten. Durch diese M. werden sowohl in den Ziel- als auch in den Herkunftsländern beträchtliche Probleme und Veränderungen ausgelöst. So werden u. a. westl. Ideen und Lebensstile in die Herkunftsländer transferiert und dort zunächst auf lokaler Ebene zu Triebfedern des sozialen Wandels. Neben Europa sind Saudi-Arabien und die Golfstaaten Ziel der Arbeits-M. aus Nordafrika, v. a. aus Ägypten. Millionen Ägypter aller Schichten beteiligen sich an dieser Arbeits-M.: Lehrer, Verwaltungsbeamte, Handwerker, Kleinbauern. Die in den Gastländern erwirtschafteten Einkommen fließen im hohen Maße in die Heimatländer. In Marokko stellten diese Überweisungen z. B. 1990 7,7% des BIP (1995: 5,9%); 47,4% der Werte aller Warenexporte (1995: 40,4%) und 29% der Zahlungen für Im-

Tab. 4: Der %-Anteil der Überweisungen im Ausland lebender Migranten an den Deviseneinnahmen ausgewählter Länder Afrikas

Land	Jahr	%
Komoren	1991	16,3
Äthiopien	1993	3,7
Mosambik	1992	16,0
Ägypten	1993	31,1
Marokko	1993	23,4
Sudan	1992	25,1
Tunesien	1994	9,0
Lesotho	1994	57,0
Benin	1993	17,8
Burkina Faso	1993	28,2
Cap Verden	1992	50,8
Mali	1993	22,9
Senegal	1993	6,5

Quelle: UN: Inl. Migration Policies 1995

porte (1995: 22,3%). Die Zahlungsbilanzeffekte der internat. Arbeits-M. sind beträchtlich (Tab. 4). Ein Großteil der Überweisungen wird im Zielland investiert. Neben dem Erwerb von Immobilien fließen in Marokko z.B. beträchtliche Investitionen in die Industrie, das Tourismusgewerbe und die Landwirtschaft. Viele Migranten kommen aus peripheren, ökonom. schwachen Regionen. Das im Ausland ersparte Geld wird in diesen Peripherieräumen oft investiert, deren wirtsch. Lage sich so verbessert.

Schon mit der Gründung des Staates Israels (1949) setzte aus allen nordafrik. Ländern eine starke Auswanderung von ↗ Juden ein. Aus Marokko migrierten ca. 400.000 Juden nach Israel. Auch Kanada wurde zu einem wichtigen Ziel jüdischer Auswanderer.

VI. Flüchtlings-Migration. Die zahlreichen Bürgerkriege haben immense grenzüberschreitende und landesinterne Flüchtlings-M. ausgelöst (↗ Flüchtlinge). Millionen Afrikaner haben im letzten Jahrzehnt aus ihrer Heimat fliehen müssen und leben oft mehrere Jahre häufig in riesigen Flüchtlingslagern. Auf dem Höhepunkt der ↗ Kriege/Bürgerkriege 1995 gab es in Afrika insges. rd. 6,8 Mio. internat. und 11,1 Mio. landesinterne Flüchtlinge (*refugees* bzw. *displaced persons*). Diese Flucht- und Rückkehrbewegungen haben in den Ab- und Zuwanderungsräumen verheerende wirtsch., soziokulturelle und ökolog. Auswirkungen: vom Zerbrechen sozialer Bindungen sowie dörflicher und familiärer Strukturen über Verfall von Infrastrukturen, brachliegende Agrarflächen bis hin zu nicht zu bewältigenden Belastungen in den Aufnahmeländern mit daraus resultierenden Konflikten zwischen Altansässigen und Flüchtlingen und ökolog. Katastrophen im Umfeld der Flüchtlingslager. ↗ Brain Drain.

📖 J. Baker, T. Akin Aina (Hg.), The Migration Experience in Africa. Uppsala 1995. – M. Berriane/H. Popp (Hg.), Migrations internationales entre le Maghreb et l'Europe – les effets sur les pays de destination et d'origine, Passau 1998. – K. Vorlaufer, Wanderungen zwischen ländl. Peripherie- und großstädt. Zentralräumen in Afrika. Eine migrationstheoretische und empirische Studie am Beispiel Nairobi. In: Zeitschrift für Wirtschaftsgeografie 28 (1984), S. 229–261. – K. Vorlaufer, Urbanisierung und Stadt-Land-Beziehungen von Migranten in Primat- und Sekundärstädten Afrikas: Dakar/Senegal und Mombasa/Kenia. In: Zeitschrift für Wirtschaftsgeografie 36 (1992), S. 77–108.

Karl Vorlaufer

Mikrounternehmen, kleine und kleinste ↗ Unternehmen, in denen der »Unternehmer« entweder allein, mit wenigen Familienmitgliedern oder mit einigen, oft seiner Familie nahestehenden Arbeitskräften arbeitet. M. produzieren oder reparieren marktorientiert – zumeist in handwerklicher Art –, verwenden einfachste Technologien und haben eine geringe oder keine betriebsinterne Arbeitsteilung. Wohnstätte des »Unternehmers« und Betriebsstätte fallen vielfach zusammen; der private Haushalt und der Betrieb sind weder in ihrer Organisation noch in den sozialen Beziehungen getrennt. Man spricht auch von »Unternehmern wider Willen«, d.h. Unternehmern der ↗ Überlebensökonomie, die nur selten auf Wachstum ihres Betriebes hoffen dürfen. M. sind die in Afrika vorherrschende Betriebsform, und zwar sowohl in den Städten (↗ Stadt) als auch auf dem Land. Dort sind sie zumeist mit der Landwirtschaft verbunden. Sie sind Bestandteil des formellen und ↗ informellen Sektors und werden in der Entwicklungspolitik oft als förderungswürdige Zielgruppe, bes. bei Kleinkrediten, bevorzugt.

Eike W. Schamp

Militärregime. 32 der 53 afrik. Staaten, darunter allein 14 der 16 Mitglieder der westafrik. Wirtschaftsgemeinschaft ↗ ECOWAS, erlebten nach ihrer Unabh. mehr oder weniger lange Phasen von Militärherrschaft. Seit dem ersten geglückten Staatsstreich in Ägypten im Juli 1952 gab es insgesamt etwa 80 vorübergehende oder länger dauernde Machtübernahmen durch afrik.

Armeen. Die Mehrheit der über 40 Umstürze ereignete sich in Westafrika. Neben den erfolgreichen war eine vergleichbar große Zahl gescheiterter Staatsstreiche zu registrieren. Die Putsch-Rangliste des Kontinents wird mit je sechs Umstürzen von Nigeria, Benin und Burkina Faso angeführt, gefolgt von Ghana, Sierra Leone und Burundi mit je fünf Staatsstreichen. Die mit Abstand längste Dauer von Militärherrschaft – insges. fast dreißig Jahre – erlebte Nigeria. Frei von direkter Militärherrschaft blieben u. a. Senegal in Westafrika, Tunesien und Marokko in Nordafrika, Kenia und Tansania in Ostafrika, Gabun und Kamerun in Zentralafrika, Namibia, Sambia, Simbabwe und Südafrika im südl. Afrika. Diese zivilen Herrschaftssysteme verdankten ihre jahrzehntelange stabile Existenz ↗ autoritären Regimen oder der Regentschaft charismatischer Herrscher.

Militärherrschaft nahm in afrik. Staaten unterschiedliche Ausprägungen an. Während Militärdiktaturen lateinamerik. Provenienz durch massive Repression und schwerste Menschenrechtsverletzungen gekennzeichnet waren, gab es in Afrika Militärregierungen in einer Bandbreite, die von fast liberalen Herrschaftsformen mit einem hohen Maß an Meinungs- und Bewegungsfreiheit bis zu Diktaturen reichte, die Lateinamerika an Härte und Brutalität nicht nachstanden. Neben Militärherrschaft als Herrschaft von Generälen entwickelten sich auch – z. B. in Ghana unter Rawlings (1981–92) – Herrschaftsformen nachrangiger Militärs (z. B. Dienstgrad Hauptmann). Konservativ-reaktionäre Militärregierungen standen neben Militärregierungen mit progressivem Selbstverständnis oder populistischem Zuschnitt. Vor der Demokratisierungseuphorie Anfang der 1990er Jahre waren afrik. Militärregierungen zudem in den Ost-West-Konflikt verstrickt. Die Anlehnung an die USA bzw. den Westen einerseits, an die Sowjetunion und den Osten andererseits bildete seinerzeit eine wichtige Voraussetzung für das pol. Überleben.

Die meisten milit. Machtübernahmen ereigneten sich in den 1960er und 1970er Jahren. Im Zuge der internat. Umwälzungen nach 1989 verschlechterte sich das Image von Umstürzen und M. massiv, die Geberländer beharrten auf Demokratisierung. In dem Maße, in dem die Euphorie des Wandels abebbte und die in den ersten Jahrzehnten nach der Unabh. etablierten Herrschaftsmechanismen wieder in den Vordergrund rückten, entwickelte sich ab Mitte der 1990er Jahre ein Trend zur Renaissance des Staatsstreichs. Gambia (1994), Sierra Leone (1996, 1997), Niger, Guinea-Bissau, die Komoren und – erstmals nach Jahrzehnten scheinbar stabiler Zivilherrschaft – die Elfenbeinküste (alle 1999) verlängerten die Umsturzliste. Im Unterschied zu früher gab sich die ↗ OAU nicht mehr – getreu dem in ihrer Charta verankerten Prinzip der Nichteinmischung – mit der Feststellung zufrieden, bei nicht verfassungsgemäßen Machtwechseln handele es sich um die innere Angelegenheit eines souveränen Staats. Im Juli 1999 fasste sie den Beschluss, Regimen, die durch Putsch an die Macht gelangten, die offizielle Anerkennung und die Teilnahme an OAU-Sitzungen zu verweigern.

Die Ursachen für die Errichtung von M. liegen in den jeweiligen pol.-gesellsch. Verhältnissen der betroffenen Länder, i. d. R. in der Zuspitzung und im Zusammenwirken ökonom., sozialer und pol. Krisen. Strukturell wurde die Entstehung von Militärherrschaft durch die willkürlichen Grenzziehungen der Kolonialmächte begünstigt, die Menschen unterschiedlicher ethn. Herkunft zum Zusammenleben in gemeinsamen Staatsverbänden zwangen. Statt nat. Identitäten bildeten sich oft ethn.-regionale Identitäten und Loyalitäten, die von konfliktfähigen Gruppen für eine oft gewaltträchtige Rivalität um Ressourcen und pol. Macht instrumentalisiert und missbraucht werden konnten. Statt demokrat. Mechanismen von Partizipation an wirtsch. Chancen und pol. Einfluss blühten vielfach Klientelismus (↗ Neopatrimonialismus) und ↗ Korruption. Selbstprivilegierung herrschender Gruppen, Vetternwirtschaft, die Verschärfung innergesellsch. (Verteilungs-) Konflikte und Missmanagement führten nicht selten zu Wirtschaftskrisen, sozialen Verwerfungen und pol. Turbulenzen, die dann das Militär als »Retter der Nation« auf den Plan riefen.

Die Überwindung von Wirtschaftskrisen, die Bekämpfung der Korruption, die Wiederherstellung pol. stabiler Verhältnisse, die Sicherung des durch pol.-gesellsch. Zentrifugalkräfte bedrohten staatl. Zusammenhalts und im Extremfall die Abwendung von Kriegen zählten zu den Begründungszusammenhängen der Machtübernahme durch Militärs. Dabei stand das Militär in einer zwiespältigen Position: Einerseits verkörperte es aufgrund seiner Primäraufgabe der Landesverteidigung Nation und staatl. Zusammenhalt, andererseits rekrutierte es sich selbst i. d. R. bevorzugt aus Teilregionen und bestimmten Ethnien eines Landes, stellte also einen Zerrspiegel existierender gesellsch. Widersprüche dar. Aufgrund der ambivalenten Position des Militärs konnte Militärherrschaft pol. Verhältnisse meist nur kurz- bis mittelfristig stabilisieren, längerfristig entwickelten sich auch unter diesen Regimen Krisen. »Palastrevolten« und die Machtübernahme durch unbelastete »Gesichter« oder alternative Fraktionen des Militärs waren eine mögliche Folge, die Rückkehr zur Zivilherrschaft bildete die zweite Option. ↗ nachkolonialer Staat.

📖 E. Hutchful/A. Bathily (Hg.), The Military and Militarism in Africa, Dakar 1998. – M. Waller/J. Markakis, Military Marxist Regimes in Africa, London 1986.

Peter Körner

Minderheiten. Im Unterschied zu statistischen M., sozialen Aggregaten und Sozialkategorien (wie z. B. Randgruppen) sind M. im soziologischen Sinne soziale Gruppen, denen nicht alle gesellsch. Positionen offenstehen (*non dominant groups*). Sie sind Teil einer Mehrheitsgesellschaft (oft Gastgesellschaft genannt), besitzen ein eigenes Werte- und Normsystem, ein Wir-Gefühl, eine integrierte Struktur mit Status- und Rollensystem, auf Dauer und Regelmäßigkeit angelegte Interaktion und eine genügend große Anzahl Mitglieder, um ihre kulturellen Eigenarten pflegen und tradieren zu können.

Es gibt für M. eine Vielzahl von Differenzierungen. Unterschieden werden rassische, ethn., relig., sprachliche, nat. M., wobei die Abgrenzung zur dominanten Kultur, die von der Mehrheit oder Gastgesellschaft bestimmt wird, sich verstärkt, wenn mehrere dieser Merkmale zusammenkommen. Weitere Unterscheidungen werden vorgenommen zwischen primären und sekundären M., d. h., ob eine Minderheit hist. auf einem bestimmten Territorium angesiedelt war oder durch ↗ Migration in einer ↗ Gesellschaft entstanden ist. Dazu gibt es Unterschiede zwischen Massenminderheiten (Schwarze im Südafrika der ↗ Apartheid) und M., die zahlenmäßig nicht so ins Gewicht fallen. Weitere Unterscheidungen werden nach der regionalen Verteilung vorgenommen, d. h., ob eine M. in einem Gebiet konzentriert oder über größere Bereiche verstreut ist. Entscheidend ist, dass den M. gegenüber eigene Stereotypen vorhanden sind oder entwickelt werden und dass ihnen gegenüber Diskriminationsmechanismen existieren. Die Auswirkungen können von Benachteiligungen bis hin zur physischen Vernichtung reichen.

In fast allen afrik. Staaten leben M. verschiedenster Ausprägung, was z. T. zu gravierenden Problemen führt. Dies hat auch hist. Gründe. M. sind zunächst wohl dadurch entstanden, dass ökonom. versch. organisierte Gruppen, z. B. Jäger und Sammler, Bauern oder Nomaden, in Kontakt kamen, auf demselben Territorium lebten oder sich durch Migrationsprozesse überlagerten, so v. a. in Bereichen des Sahel und Ostafrikas (z. B. in den Königreichen im Zwischenseengebiet). Weitere M. sind durch den ↗ Kolonialismus entstanden. Bei der Einteilung in durch die Kolonialmächte geschaffene administrative Bereiche wurden die verschiedensten kulturellen und relig. Gruppen in einem Territorium als Ethnie zusammengefasst (↗ Ethnizität) und Differenzen noch verstärkt, um durch Gegensätze möglichen ↗ Widerstand gegen die Kolonialverwaltung zu schwächen. Durch die Bindung an das Mutterland entwickelten sich versch. Bildungssysteme; kultureller Imperialismus trennte eigentlich zusammengehörige Gruppen. Dazu kam die Missionierung durch den ↗ Islam und die christl. Kirchen (↗ Islamisierung, ↗ Mission), die versch., oft konkurrierende Religionsgemeinschaften schuf. Die ↗ Entkolonialisierung hat die kolonialen Verwaltungseinheiten zu Staaten zusammengefasst. Dabei war einer der ersten Beschlüsse der ↗ OAU (*Organisation der Afrik. Einheit*), die von den Kolonialmächten geschaffenen Grenzen nicht anzutasten, und die unabh. Staaten versuchten mit dem Konzept der ↗ Nationenbildung (*nation building*) ein gemeinsames Bewusstsein für den neuen Staat zu schaffen. Viele Gruppen blieben durch die Staatsgrenzen getrennt, was zu sezessionistischen Tendenzen und Diskussionen über das Selbstbestimmungsrecht von Volksgruppen führte. Aus den in den ↗ nachkolonialen Staaten entstandenen Konkurrenzsituationen um Macht und Privilegien, ökonom. und kulturelle Dominanz ergaben sich neue Machtkonflikte, Bürgerkriege (↗ Kriege/Bürgerkriege), Militärrevolten; und durch sog. ↗ ethnische Konflikte (↗ politisierte Ethnizität), Umweltprobleme, Katastrophen, Hunger, Armut, ↗ Urbanisierung, Arbeitsmigration, Fluchtbewegungen und Vertreibungen (↗ Flüchtlinge) bildeten sich neue M. Um solche Konflikte zu vermeiden oder zumindest zu mindern, suchen viele afrik. Verfassungen die Bildung von Parteien auf der Grundlage ethn., relig. und regionaler Zugehörigkeit zu verhindern.

Das Verhältnis zwischen Mehrheit und M. wird in der Theorie als eine Typologie beschrieben. Danach gibt es den peripheren Kontakt, der zu Domination und Paternalismus führen kann. Weitere Stufen wären Integration, wobei die M.

in der Mehrheit aufgeht und ihren Minderheitenstatus verliert, sowie Pluralismus mit einem relativ ungestörten Verhältnis zwischen den sozialen Gruppen. Damit wären Formen des Multikulturalismus erreicht. Wichtig für das Verhältnis von Mehrheit zu M. sind auch die zwischen ihnen ablaufenden Prozesse. Dabei versteht man unter ↗ Akkulturation einen Austausch soziokultureller Muster zwischen den Gruppen, unter ↗ Assimilation die Angleichung der M. an die dominante Kultur, unter Amalgamation die Angleichung durch Heirat zwischen Gruppenmitgliedern von Mehrheit und M. Möchten M. sich nicht assimilieren, kann die Mehrheit ihnen ein pluralistisches System zugestehen, ihnen Schutz gewähren oder sogar bestimmte Sonderrechte einräumen. Möchte die Mehrheit bei M. die Assimilation erzwingen, können M. sich fügen, ausweichen oder sich sezessionistisch verhalten. Wird eine solche Sezession nicht geduldet, entstehen militante M.

Die Strukturen zwischen Mehrheit und M. wurden von Soziologen und Ethnologen auch mit den Konzepten zu *Middleman-Minorities* und *Marginal Man* beschrieben. Unter den *Middleman*-M. versteht man Gruppen, die innerhalb einer Gesellschaft im Sinne einer Arbeitsteilung bestimmte Funktionen übernehmen wie Handel (z. B. Asiaten wie die ↗ Inder in Ostafrika, Libanesen und Griechen in Westafrika), im Dienstleistungsbereich oder in bestimmten Berufen, etwa im Handwerk, und somit für eine Gesellschaft wichtig sind. Andere Funktionen und Qualifikationen unterscheiden sie von der Mehrheitsgesellschaft, diese braucht sie, doch werden sie in die Gesellschaft nicht voll integriert, weil sie ethn. oder von ihrem kulturellen Hintergrund her verschieden sind, bleiben also Fremde. Bei der Marginalität, dem *Marginal Man*, handelt es sich um ein Konzept der amerik. Soziologie: Der *Marginal Man* wird beschrieben als der »Mischling«, als »kultureller Hybride« zwischen Kulturen bzw. Ethnien, der nicht mehr zur Herkunftskultur, aber auch nicht zu der Kultur gehört, der er sich selbst zugehörig fühlt. Damit kommt er in eine schwierige, psychisch belastende Lage, kann aber gleichzeitig eine Brückenfunktion, die Aufgabe eines Vermittlers zwischen den versch. Gruppen, übernehmen. Einzelmarginalität kann problematisch, Gruppenmarginalität für eine Gesellschaft fruchtbar sein. Manchmal kommt es bei Marginalität, z. B. bei den rassisch-ethn. Mischlingen wie den *Cape Coloureds* in Südafrika, zur Bildung völlig neuer Gruppierungen, die sich weder an einer Herkunftsgruppe noch an einer Zielgruppe orientieren können. Typische *Marginal Men* wären in Afrika die Politiker der ersten Stunde: Sie sind einer bestimmten ethn. Gruppe zuzuordnen, durch die Kolonialmacht ausgebildet worden, haben eine der in den Kolonien eingerichteten Eliteschulen besucht, in der Metropole studiert, sind dort kulturell assimiliert, ohne oft noch die Muttersprache zu beherrschen, teilweise akzeptiert und dennoch – selbst als Minister in Europa – Diskriminationsmechanismen unterworfen worden. Sie wenden sich oft in nativistischer Weise wieder den kulturellen Werten der Herkunftsgruppe zu, diese betonend und als mindestens gleichwertig darstellend, und stellen sich bei der Entkolonialisierung auf die Seite der ethn. Herkunftsgruppe. Zunächst wird also versucht, die vermeintliche Unterlegenheit der Herkunftskultur als zumindest den Kulturen Europas gleichwertig darzustellen (↗ *Négritude*, ↗ *African Personality*), dann mit den in der Metropole erworbenen Qualifikationen der Kampf um die Unabhängigkeit geführt. Diesen Persönlichkeiten wurden pol. Führungsqualitäten zugetraut, und sie waren oft die ersten Präsidenten der unabh. gewordenen Staaten.

🕮 K. D. Osswald, Das Konzept des Marginal Man in der Soziologie. In: SSIP-Mitteilungen 20/21 (1969), S. 2–20. – W. Heitmeyer (Hg.), Die bedrängte Toleranz – ethn.-kulturelle Konflikte, relig. Differenzen und die Gefahren politisierter Gewalt, Frankfurt/ 1996. – N. Paech, Minderheitenpolitik und Völkerrecht. In: Aus Politik und Zeitgeschichte, 1998, B46/47, S. 18–26.

Klaus-Dieter Osswald

Mission, christliche. *I. Frühchristentum.* Die Geschichte der christl. Glaubensverbreitung bzw. der Evangelisierung Afrikas beginnt im 1. Jh. christl. Zeitrechnung in der röm. Provinz *Africa*, wo die noch heute bestehende koptische Kirche Ägyptens den Evangelisten Markus als ihren Gründer ansieht (↗ Kopten, ↗ röm. Kolonisation). Die Ausbreitung erfolgte von Stadt zu Stadt; die Landbev. wandte sich dem ↗ Christentum nur sporadisch zu. Bis zum 7. Jh., als das Christentum infolge der arab. Eroberung des Maghreb vom ↗ Islam verdrängt wurde, waren Alexandria und das davon beeinflusste Gebiet der Kyrenaika (östl. Libyen), sowie ↗ Karthago (↗ Donatismus) die Zentren der christl. Religion, die sich von dort aus über ↗ Nubien, wo es seit 326 einen Bischof und von ca. 700 bis 1323 ein christl. Nubierreich gab, bis nach Äthiopien

(↗ Axum) verbreitete, wo sie heute noch besteht.

II. Die christliche Mission im 16. und 17. Jh. Die zweite Phase der Missionierung setzte zum selben Zeitpunkt ein, als Afrika von der europ. Expansion erfasst wurde. Sie steht in Zusammenhang mit dem portug. Unternehmen, in West- und Zentralafrika ein Handelsnetz aufzubauen, dem die Kirche in Form einer päpstlichen Bulle ihren Segen gab. Durch die Bulle *Romanus pontifex* vom 8. Jan. 1455 übertrug Papst Nikolaus V. dem portug. König Afonso V. und dem Infanten Heinrich die Länder, Häfen, Inseln und Meere Afrikas samt dem Patronat über die Kirchen, dem Handelsmonopol und dem Recht, die Ungläubigen in die Sklaverei zu führen (↗ Sklavenhandel). Als die Portugiesen 1482 die Mündung des Kongoflusses entdeckt hatten und 1487 nach Mbanza Congo, dem Herrschersitz des Kongoreichs, gelangten, kam es zu einer Zusammenarbeit zwischen dem König von Portugal und jenem des Kongoreichs, die mit der Ausweisung der Missionare 1560 zu Ende ging. Ein weiterer portug. Missionierungsversuch fand im Reich von ↗ Monomotapa statt, dem Nachfolgereich Großsimbabwes im südöstl. Afrika. Im Glauben, dass mit der Konversion der Herrscher auch das Volk zum Christentum bekehrt sei, tauften die portug. Missionare v.a. die Könige. Nach dem Rückzug der Portugiesen verlor das Christentum an Einfluss.

Ende des 16. Jh. und v.a. im 17. Jh. errichteten protestantische Mächte, vornehmlich Holländer, Engländer, Dänen und Schweden, an der Westküste Afrikas ihre Forts. Ihre Geistlichen kümmerten sich i.d.R. um die Europäer und deren afrik. Angestellte. Im Jahre 1652 gründete die Ostindische Kompanie Kapstadt. Die Buren ließen ihre Angestellten im christl. Glauben unterrichten, wodurch allmählich eine afrik. Gemeinde entstand. 1732 begann die Herrnhuter Brüdergemeine ihre Arbeit in Afrika, 1738 in Südafrika.

III. Mission im Zeitalter des Kolonialismus. Im Kontext von ↗ Kolonialismus und Imperialismus erfolgte in der zweiten Hälfte des 19. Jh. (z.B. durch Pioniere wie David Livingstone) die missionarische Durchdringung des Kontinents. Das Verhältnis von M. und Kolonialismus erweist sich als facettenreich: M. war einmal Wegbereiterin des Kolonialismus (Königreich Buganda), ein andermal von der Kolonialmacht abhängig und profitierte von ihr; oder sie formierte sich als Opposition zur kolonialen Herrschaft (Zentralafrika). Von einer wirklichen Missionierung Afrikas, an der kath. und protestantische Missionsgesellschaften vieler europ. Staaten beteiligt waren, lässt sich frühestens gegen Ende des 19. Jh. sprechen. Diese neuere afrik. Missions- und Kirchengeschichte kann in vier Perioden aufgeteilt werden: (1) Die erste Periode beginnt – je nach Region – um 1840, 1860 oder 1880 und dauert etwa bis 1900. Die Missionare arbeiteten noch vorwiegend an den Küsten; das Missionsmittel war an vielen Orten das sog. Christendorf, in dem man die Neuchristen zu sammeln suchte, um sie von ihrer Umwelt abzuschirmen und ihnen eine neue, auch gemeinschaftlich geprägte christl. Identität zu vermitteln. Zum Teil handelte es sich bei diesen Neuchristen um losgekaufte Sklaven. (2) Die zweite Periode dauerte von 1890/1900 bis zum Ersten Weltkrieg 1914–1918. In diesen Jahren etablierte sich die Kolonialherrschaft, der ↗ Sklavenhandel, gegen den sich die meisten Missionare gewandt hatten, verschwand, und die Weißen stießen weiter ins Innere Afrikas vor. Die Missionare befassten sich intensiver mit den afrik. Kulturen. Da es noch keine ethnolog. Forschung im wiss. Sinn gab, erforschten sie auf eigene Faust Hintergründe der afrik. Gesellschaften. (3) Die dritte Periode umfasst die Zeit vom Ende des Ersten Weltkriegs bis zum Ende der 1950er Jahre, also bis gegen Ende der Kolonialzeit. Der Schwerpunkt der Arbeit lag eindeutig auf der Schule (↗ Missionsschule), aber nicht mehr der einfachen Buschschule der Anfangszeit. Die Kolonialverwaltungen waren mittlerweile selbst am Aufbau des Schulwesens interessiert. Meist ergab sich eine Arbeitsteilung: Die Regierungen streckten das nötige Geld vor, die M. errichteten und führten unter staatl. Kontrolle die Schulen. Aus den Buschschulen wurden Primarschulen, aus den früheren Ausbildungsstätten für Katecheten Lehrerseminare. Nach dem Ausbau des Grundschulwesens wurde mit der Einrichtung von Mittelschulen begonnen, und bereits vor Ausbruch des Zweiten Weltkrieges dachte man an Universitäten. Infolge des Krieges konnten viele Pläne nicht weiter verfolgt werden, immerhin entstanden zwei kirchliche Universitäten: eine in Kinshasa (heute Demokrat. Rep. Kongo) und eine andere in Lesotho. Viele Schulen wurden in der Folgezeit verstaatlicht. (4) Die vierte Periode beginnt am Vorabend der pol. Unabh. der afrik. Staaten, also ungefähr ab 1960. Trotz ihrer Überzeugung, dass ein wohlwollender Kolonialismus legitim sei, akzeptierten die Missionare i.d.R. auch eine Bewegung in Richtung pol. Autonomie, hofften aber, diese würde nicht zu schnell kommen. Die kath. Bischöfe in Tanganjika vollbrachten insofern eine Pionierleistung, als sie sich 1953 für die pol. Unabh. des Landes aussprachen. Seit der Zeit der ↗ Entkolonialisierung haben die Christen – mit Unterstützung der Kirchen – in zunehmendem Maße angefangen, ihrem Glauben einen afrik. Ausdruck zu geben. Aus den Missionskirchen wurden junge ↗ Kirchen bzw. afrik. Ortskirchen, die sich – für die kath. Kirche insbes. seit dem letzten Konzil (1962–65) – nicht nur von ihren überkommenen westl. Kirchenstrukturen und theologischem Denken absetzten, sondern auch ihr eigenes Kirchenverständnis und eine eigene Theologie entwickelten, um ein authentisches afrik. Christentum zu gestalten.

IV. Missionare in Afrika. Die Rolle des Missionars bzw. der Missionarin hat sich im Laufe der Zeit weitgehend verändert. Anfänglich wirkten sie als Pioniere und Gründer, wobei dem Kolonisator und dem Missionar vieles gemeinsam war. Beide kamen aus der westl. Zivilisation, waren Fremde, hatten dieselbe Lebensweise und führten Neuerungen ein. Hatte das Christentum erst einmal in einer Gruppe Fuß gefasst und wurden Kirchen errichtet, galt es, die Gemeinden zu führen und die neue Lebensweise auch institutionell zu verankern (Schulen, Krankenstationen, kleine und große Seminare u.a.). In dieser Zeit wirkte der Missionar als Führer und Manager. Er führte und leitete die Christengemeinden und die an sie gebundenen Institutionen. Ihm zur Seite standen die ersten Christen und später einheimische Priester und Pfarrer. Wie für den Kolonisator, so ist auch für den Missionar die Verbindung von Fremdheit und Macht charakteristisch. Die Kultur des Missionars galt als die überlegene, seine Religion als die wahre, seine materielle Hilfe schien unerschöpflich. Er blieb aber ein fremder Arbeiter in einer fremden Kirche. Mit der pol. Unabh. veränderte sich die Stellung der Kirche und mit ihr die Rolle des Missionars. Die westl. Führung wurde massiv in Frage gestellt; nicht zuletzt unter pol. Druck ging die Leitung an die Afrikaner über, die ihre Kirche in eigener Verantwortung führen und gestalten. Der Missionar wurde Mitarbeiter und Partner in einem gemeinsamen Werk, eine Rolle, die zu erfüllen ihm gelegentlich bis heute noch schwerfällt. ↗ Kunst, christliche.

🕮 H. Gründer, Welteroberung und Christentum. Ein Handbuch zur Geschichte der Neuzeit, Gütersloh 1992. – Ders., Geschichte der deutschen Kolonien, 2. Aufl., Paderborn 1991. S. Neill, Geschichte der christl. Missionen, 2. Aufl., Erlangen 1990. – U. van der Heyden (Hg.), Mission und Moderne. Beiträge zur Geschichte der christl. Mission in Afrika, Köln 1996.

Giancarlo Collet

Mission, islamische ↗ Islamisierung

Monokultur ist eine grundsätzlich naturwidrige Anbauweise und an Voraussetzungen gebunden, die neben der Wahl des geeigneten Standortes v.a. in einer relativen Selbstverträglichkeit der Kulturpflanzen liegen. Auch bei günstigen Bedingungen sind i.d.R. hohe Aufwendungen für Mineraldüngung und chemischen Pflanzenschutz erforderlich, um dem einseitigen Nährstoffentzug und dem Wachstum der Schädlingspopulationen entgegenzuwirken. Arbeitskräfte finden meist nur saisonal Beschäftigung. Aus betriebswirtsch. Sicht können mit M. zwar höchste Erträge erzielt werden, dem stehen aber Nachteile wie Risikobelastung, Kapitalbedarf und das Erfordernis sicheren Marktzugangs entgegen. In Afrika findet sich M. vorwiegend in kommerzialisierten Großbetrieben und in der ↗ Plantagenwirtschaft. Für die bäuerl. ↗ Landwirtschaft ist mit Ausnahme des bewässerten Reisbaus die Mischkultur charakteristisch.

Baumwolle ist eine der Kulturpflanzen, die wegen ihrer großen Selbstverträglichkeit jahrzehntelang in M. angebaut werden kann. In der ↗ Bewässerungswirtschaft der Gezira (Sudan) wurde dies seit 1925 praktiziert. Allerdings ist man hier in jüngerer Zeit, nachdem Zeichen der Bodenerschöpfung unübersehbar geworden waren, zu einer dreigliedrigen Fruchtfolge im Verbund mit Hirse und Lubia (*Dolichos lablab*) übergegangen. Zuckerrohr und Sisal eignen sich für den Anbau in M., und gleiches gilt, schon aufgrund ihrer langen ökonom. Nutzungsdauer, für die tropischen Dauerkulturen Kautschuk (35 Jahre), Ölpalme und Tee (50 Jahre), Kokospalme (80 Jahre) und Robusta-Kaffee (über 100 Jahre). Aber auch diese typischen Plantagenkulturen werden nicht immer in M. angebaut. Untersaaten zur Bodenbedeckung, einjährige Kulturen in den ersten Jahren oder Viehweiden bspw. unter Kokospalmen sind durchaus üblich.

Eckhard Baum

Monrovia-Gruppe ↗ OAU

Nachbarschaft bezeichnet (1) eine soziale Beziehung, die durch räumliche Nähe gekennzeichnet ist, und (2) eine kleinräumige Einheit mit komplexen alltäglichen Interaktionen, in der solche Beziehungen überwiegen. (1) Nähe und Ferne sind wesentliche, eigenständige Beziehungskategorien in afrik. Topographien. Allg. drückt die Niederlassung in räumlicher Nähe zueinander Bereitschaft aus zu alltäglichen Interaktionen, persönlicher Verbundenheit und Loyalität. N. unterscheidet sich damit von institutionalisierten Beziehungen, die sich über räumliche Distanz und in Ausnahmesituationen bewähren müssen, wie ↗ Verwandtschaft, Freundschaft, ↗ Altersklassen und ↗ Ethnizität. N. tritt oft unabh. von diesen auf bzw. fördert die Herausbildung weiterer sozialer Beziehungen (z. B. Heirat) und Institutionen (s. u.). Grundlage sind gemeinsame Praktiken wie Landnutzung, alltäglicher Gütertausch und gegenseitige Hilfe sowie Zeremonien, Kulte und ↗ Feste, die das Leben erleichtern und Vertrauen schaffen. Aufgrund der Nähe zum häuslichen Bereich sind ↗ Frauen an Nachbarschaftsbeziehungen bes. aktiv beteiligt. N. als Integrationsfaktor spielt nicht nur im städt. Milieu (↗ Stadt) und nicht erst im Kontext neuzeitlicher ↗ Urbanisierung eine Rolle. Im Unterschied zum europ. Verständnis wird N. in Afrika nicht notwendigerweise als horizontale, im Prinzip egalitäre Beziehung verstanden. Vielmehr sind Nachbarn oft gemeinsam loyal gegenüber lokalen Führungspersonen, etwa den Erstsiedlern (↗ Erdherr bzw. deren Nachkommen), *landlords*, Geschäftsleuten und Politikern.

(2) Trotz der Bedeutung nachbarschaftlicher Beziehungen im Alltagsleben ist es schwer, N. als fest umrissene sozialräumliche Einheiten zu bestimmen. In den afrik. ↗ Sprachen gibt es zwar eine breite Palette von Bez. für räumliche Konzentrationen von Einzelsiedlungen bzw. -haushalten (↗ Dorf). Als Kategorie in den (europ.) Verwaltungssprachen taucht der Begriff N. aber allenfalls bei Maßnahmen der Stadtteilentwicklung im Zusammenhang mit ↗ *community development* und Partizipation auf. Hier gelten meist bodenrechtl. und sozioökonom. Abgrenzungskriterien. Demgegenüber beruhen kollektive Identitäten und Mobilisierungen in Dorf- und Stadtteilen v. a. auf soziokulturellen und hist. Bindungen sowie gemeinsamen pol. Bezügen. Eine Rolle spielen persönliche Loyalitäten, bestimmte Berufe, gemeinsame Herkunft, Klanbeziehungen (↗ Klan und Lineage) und Ethnizität, aber auch gemeinschaftlicher Widerstand gegen staatl. Maßnahmen. Vielzitierte Beispiele sind etwa die Viertel der Hausa-Händler in Westafrika oder die umkämpften *townships, locations* bzw. *compounds* der (Wander-)Arbeiter im S des Kontinents. Gerade in Stadtteilen, die durch großräumige ↗ Migration und koloniale bzw. staatl. Zwangsmaßnahmen (z. B. in Südafrika während der ↗ Apartheid) entstanden sind, gibt es allerdings auch Tendenzen sozialer Desintegration. Die räumliche Segregation afrik. Städte und die selektive Wahrnehmung von Nachbarschaftsbeziehungen widerspricht zwar europ. Idealen urbanen Lebens, fördert aber die Erprobung und Entfaltung neuer Gruppenidentitäten und Organisationsformen. Diese reichen von ethn. Vereinigungen über Glaubensgemeinschaften, Sportclubs und Sparvereine bis hin zu lokalen Zellen pol. ↗ Parteien. Von bes. Interesse sind Ansätze gruppenübergreifender Integration und Außenvertretung (*residents' associations*) sowie nachbarschaftlicher Konfliktregelung (Schiedsstellen).

Achim v. Oppen

Nachkolonialer Staat. *I. Allgemein.* Afrika wurde 1885 als letzter Kontinent vom globalen Prozess der Staatenbildung erfasst, wenn sich auch erste Formierungen größerer Flächenstaaten schon im hist. Kontext des vorkolonialen Fern- und Sklavenhandels bildeten. Der n.St. ist im Wesentlichen das Produkt des antikolonialen Befreiungskampfes nach dem Zweiten Weltkrieg: die Ablösung der europ. Fremdherrschaft durch afrik. Parteien und Bewegungen unter Führung patriotischer, oftmals charismatischer Freiheitskämpfer. Ziel war die Afrikanisierung des kolonialherrschaftlichen Kommandostaats der Europäer, nicht etwa seine Auflösung oder die Rückkehr zu vorkolonialen Zuständen. Der koloniale Ablegerstaat stellte auch in seiner afrikanisierten Hülle ein fragiles pol. Gebilde dar, denn oktroyierter Staat und dazugehörige afrik. Gesellschaft passten nicht zueinander. War der eine durch Machtkonzentration in der kasernierten Hauptstadt gekennzeichnet und fungierte als Pol der ↗ Modernisierung, wurde die andere – die noch nicht zu einer ↗ Gesellschaft verdichtete Bev. – durch hochgradige Fragmentierung und ethn.-kulturelle Diversivität im Rahmen traditionaler, vormoderner agrarischer Produktionsverhältnisse bestimmt. Der subsistenzwirtsch. Agrarsektor bildete als Inbegriff von Rückständigkeit und sozialer Marginalisierung den Gegenpol zu den modernen Enklaven, die *cash crops* (auf Geldeinkommen abzielende marktfähige Waren) herstellten. Es fehlte der »Kitt« der Gesellschaft, deren diverse Gruppen ihren eigenen Staat zur Regelung ihrer Eigeninteressen im Namen des nat. Allgemeinwohls hätten hervorbringen können. Im Prozess des *state-building* kann dieser soziale Kitt durch privatkapitalistische Marktintegration, eine zündende Ideologie, eine mobilisierende Partei, durch Druck von außen oder eine charismatische Führerpersönlichkeit entstehen – Integrationsprozesse, die alle auch in Afrika zu beobachten waren, sich jedoch oftmals nicht als nachhaltig und strukturbildend erwiesen.

Das präsidentielle ↗ Einparteisystem war die typische Herrschaftsform in der ersten Generation nachkolonialer Führer. Ihrem Selbstverständnis nach waren Schaffung, Ausbau und Verteidigung der nat. Einheit im überkommenen staatl. Rahmen oberstes Handlungsgebot, ihre *raison d'être*, da Souveränität nach innen erst Schritt für Schritt aufgebaut werden musste. Aber zu dieser nat. Konsolidierung des aus der Kolonialzeit geerbten Staates fehlte es häufig an Mitteln und Strategien.

Daher ist das Verhältnis zwischen Staat und Gesellschaft im nachkolonialen Afrika prinzipiell als prekär und labil zu bezeichnen, selbst wenn wir neben chronisch instabilen Staaten auch solche vorfinden, die durch ein hohes Maß an Kontinuität über zwanzig, dreißig Jahre hinweg gekennzeichnet sind. Zu letzteren gehören die ↗ Militärregime in Libyen und Togo sowie die Diktaturen in Malawi (bis zu Präsident Bandas Entmachtung 1994), Kamerun, Simbabwe (seit Mugabes Machtantritt 1980) oder Gabun, wo O. Bongo seit vierzig Jahren als Staatschef amtiert.

II. Zu den Funktionen des Staates. Auch in Afrika hat der moderne Staat mehrere Funktionen und Gesichter. Zum einen ist er idealiter ein territoriales System von Verwaltungsinstitutionen zur Aufrechterhaltung von Ruhe und Ordnung und zur Besteuerung der Staatsbürger (innere Souveränität), zum anderen stellt sich Staat dar als ein mehr oder weniger demokrat. legitimiertes, autokratisches oder gar totalitäres Herrschaftsverhältnis zwischen Regierenden und Regierten. Die Abgrenzung zu verwandten Begriffen wie pol. System, ↗ öffentl. Verwaltung, Verfassungssystem etc. ist fließend; dennoch ist es sinnvoll, vom Staat als singulärem Akteur zu sprechen, der über exklusive Charakteristika und Privilegien verfügt. Ihm kommt – dem Anspruch nach – das Monopol legitimer Gewaltanwendung auf dem eigenen Territorium zu, und er repräsentiert Volk und Land nach außen – im Konzert der anderen souveränen Staaten. Er ist heute zum zentralen Ansprechpartner für das Aushandeln internat. (Umwelt-)Abkommen und (Rohstoff- und Handels-)Verträge, gleichzeitig auch erster Adressat für Vorwürfe aus der internat. Gemeinschaft bzgl. Menschenrechtsverletzungen auf seinem Territorium geworden. Als formal gleichberechtigte Mitglieder der Staatengemeinschaft und der UN haben auch die ehem. Kolonien Afrikas unmittelbar mit ihrer Unabh. den Status voller ↗ nat. Souveränität zugesprochen bekommen – unabh. von ihrem innerstaatl. Leistungsvermögen und ihrer Legitimationsbasis. Daher haben alle n.St. Afrikas diesen völkerrechtl. Grundsatz der formalen Gleichheit aller Staaten stets bes. verteidigt.

Aufgrund der Geschichte Afrikas seit dem atlantischen ↗ Sklavenhandel und seiner fast totalen Kolonisierung (mit Ausnahme Äthiopiens und Liberias) ist der afrik. Staat in der ersten nachkolonialen Ära (von ca. 1960 bis zur demokrat. Wende 1989/90) vom Herrschaftssystem des präsidentiellen Einparteistaats mit neopatrimonialem (im Gegensatz zu rational-institutionellem) Charakter geprägt (↗ Neopatrimonialismus): (1) Der n.St. Afrikas ist insofern ein hist. Kunstprodukt, als er seine Existenz in den bis heute bestehenden Grenzen nicht einer innergesellsch. Entwicklung verdankt, sondern dem Willen und den Herrschaftsansprüchen rivalisierender Kolonialmächte. Seine Existenz wird durch das Völkerrecht garantiert, unabh. von der inneren Stärke der Regierung. – (2) Kennzeichnend war die Dominanz einer bürokratischen Staatsklasse mit dem dazugehörigen staatswirtsch. Sektor, der die privatwirtsch. Akkumulation lange Zeit behinderte. Dazu gehören alle aus öffentl. Mitteln bezahlten höheren Amtsinhaber des zivilen und milit. Bereichs, die als korporatives Interesse die Maximierung und willkürliche Verteilung der Staatsrevenuen haben. Schwankte die Staatsklasse anfangs noch zwischen dem Verlangen nach pol. unkontrollierter Selbstbereicherung und dem Bewusstsein, Herrschaft auch durch Dienstleistungen am Volk legitimieren zu müssen (Vorliebe für Bildungsprojekte und Entwicklungspläne), so ist sie heute eher dem Volk entfremdet und von der Globalisierung eingeschüchtert, was eine beispiellose Kapitalflucht seitens der Privilegierten begünstigt hat. – (3) Ein weiteres Kennzeichen des neopatrimonialen n.St. war die Präferenz für staatl. dirigierte Wirtschafts- und Sozialplanung. Da sich eine einheimische nat. Bourgeoisie erst in Ansätzen hatte entwickelt können und es kaum industrielle Unternehmer gab, machten die Regierungen aus der Not eine Tugend und schufen staatl. Wirtschaftssektoren mit parastaatl. Institutionen zur Ankurbelung von Produktion und Handel. Dieses als Etatismus oder *developmentalism* bezeichnete System staatl. Dominanz bei der Entwicklung der Produktivkräfte des Landes kam zunächst auch den auswärtigen Gebern (einschl. der Weltbank) entgegen, die im »peripheren Staat« einen für alles zuständigen Ansprech- und Geschäftspartner hatten, was den Abschluss von Verträgen und Abkommen erleichterte. Da die afrik. Regierungen wie die von K. Nkrumah (Ghana), J. Nyerere (Tansania) oder Kaunda (Sambia) meist wenig von Ökonomie und Finanzen verstanden, kam es zu schweren wirtschaftspol. Fehlentscheidungen. V. a. die Verstaatlichung ausl. Konzerne und das Hochpäppeln einheimischer Industrieunternehmen durch Kredite stellten sich bald als Ursachen für Überschuldung und Fehlentwicklung heraus. Von der sozialistischen Staatengemeinschaft ist der Etatismus mit der Theorie des »nichtkapitalistischen Entwicklungswegs« als Übergangsphase auf dem Weg zum ↗ Sozialismus ideologisch unterfüttert worden. – (4) Die Besteuerung der Rohstoffausbeutung und des Anbaus und Verkaufs tropischer Landwirtschaftsprodukte blieb i. d. R. die eigene materielle Basis staatl. Handels. Mit zunehmenden Ansprüchen der Staatsklasse und an den Staat reichten die eigenen Einnahmen nicht aus, so dass die Abhängigkeit von Auslandskrediten rasch wuchs und oftmals die Handlungsfreiheit afrik. Regierungen einschränkte. Da auch der indirekten Besteuerung einer überwiegend armen Bev. enge Grenzen gesetzt sind, erlangen Auslandskredite und sog. Renteneinkommen eine große Bedeutung. Renten sind in diesem Kontext unverdiente Einkommen, die durch den Export von Rohstoffen oder in Form der Entwicklungshilferente in die Staatskasse fließen. Ihre Höhe wird nicht durch die Leistung der Produzenten oder Empfängerländer bestimmt, sondern durch mehr oder weniger spekulative pol. motivierte Gewinnerwartungen. – (5) In einer Reihe n.St. spielen die Überweisungen von Gastarbeitern und/oder Emigranten an ihre Familien eine wichtige Rolle; auch die Regierungen profitieren davon, weil dadurch Devisen ins Land kommen. In den Erdöl exportierenden Ländern Gabun, Angola, Nigeria oder Algerien ist es zur Herausbildung von klassischen »Renten-Staaten« gekommen, geprägt von *rent-seeking* Staatseliten, die dazu neigen, ihre Konsumbedürfnisse durch Importe zu decken und so die einheimischen Märkte ruinieren, v. a. in der Landwirtschaft. – (6) Militärcoups – erfolgreiche wie gescheiterte – haben sich häufiger ereignet als in anderen Weltregionen. Die große Bedeutung des Militärs als pol. Akteur in Militärregimen ist darauf zurückzuführen, dass eine afrik. konfliktfähige ↗ Zivilgesellschaft bei der Erlangung der Unabh. erst schwach entwickelt war und im Vergleich zu den schon in der Kolonialzeit geförderten milit. Berufen über weniger Erfahrung und einen geringen Organisationsgrad verfügte. – (7) Militärcoups haben sich auch deshalb in Afrika als häufige Form des Regierungswechsels herausgebildet, weil verfassungskonforme zivile Mittel des Regierungswechsels selten zugelassen und von den präsidentiellen Amtsinhabern auch nicht gewollt waren. Deren Vorstellung von staatl. Macht war i.d.R. die eines Mandats für Alleinherrschaft auf Lebenszeit, hin und wieder bestätigt durch Akklamationswahlen. Pol. Macht und demokrat. Spielregeln wurden als Gegensätze gesehen. V. a. fehlte es zunächst an pol. ↗ Parteien, die organisatorisch in der Bev. verankert waren und als mobilisierbarer Machtfaktor eine berechenbare Rolle spielen konnten. So konnte es nur in Ausnahmefällen (Mauritius) zu verfassungskonformen zivilen Machtwechseln kommen; erst mit der zweiten Demokratisierung nach 1989 ist hier ein deutlicher Wandel eingetreten. – (8) Die soziale Basis der autoritären nachkolonialen Herrschaftsregime war fragmentiert, unorganisiert und ökonom. fragil. Überwiegend in der Landwirtschaft und im Kleinhandel tätig, hat die Erwerbsbev. keine autonomen Klasseninteressen artikulieren können und damit keine Interessenparteien hervorgebracht als etwaige Antagonisten einer üppig wuchernden bürokratischen Staatsklasse. Sie hat sich vielmehr in den informellen Wirtschaftssektoren eingenistet und fürchtet den Staat als Repressionsanstalt. Die Bürokraten lebten – außer von den externen Renten – von der Besteuerung der produktiven Schichten der eigenen Bev., von den Bauern, Kleingewerbetreibenden und Händlern.

III. Typen des nachkolonialen Staates. In der ersten Phase nachkolonialer Entwicklung kam es, gemessen am Kriterium der Staatskonsolidierung, zu einer Ausdifferenzierung in mindestens drei Ländertypen. Es entstand eine kleine Gruppe pol. relativ stabiler Staaten, in denen der n.St. als eine Art eiserner Rahmen fungierte, in dem sich gesellsch. Leben und das große nat. Projekt Modernisierung und »Entwicklungsplanung« abspielte. Zu den gelungenen Fällen von ↗ Nationenbildung und Staatskonsolidierung können – trotz all der nach wie vor ungelösten

Probleme von massenhafter Armut und Unterentwicklung – Botsuana, Mauritius, Tansania und Elfenbeinküste gezählt werden, nach überstandenen Turbulenzen vielleicht auch Ghana, Benin und Mali. Eine zweite Gruppe bilden die chronisch pol. instabilen Länder, in denen sich das Gewaltmonopol des Staates nicht durchsetzen konnte und/oder es zu Kriegen bzw. Bürgerkriegen kam: Sudan, Angola, Äthiopien, Ruanda, Burundi, Uganda, die Demokrat. Rep. Kongo (früher Zaire), Rep. Kongo, Senegal (Casamance-Konflikt) und weitere Staaten, in denen die Regierung bislang erfolglos bemüht ist, die Grenzen zu sichern und von allen Bevölkerungsgruppen als legitim anerkannt zu werden – minimale Voraussetzungen für eine Staatskonsolidierung. Eine dritte Gruppe bilden die Staaten, in denen zwar das Gewaltmonopol des Staates weitgehend aufrechterhalten werden konnte und die insofern pol. stabil geblieben (oder geworden) sind, die aber wegen mangelnder Rechtsstaatlichkeit und ↗ Demokratie nicht zu einer wirklichen Konsolidierung von Staat und Nation gefunden haben. Togo unter Präsident Eyadema, Kenia unter Arap Moi und Äthiopien unter Herrschaft der ethn. Minderheitsregierung von Zenawi gehören zu dieser Gruppe. Als vierte Gruppe, allerdings erst in den 1990er Jahren entstanden, können die Länder kategorisiert werden, die akut vom Staatszerfall bedroht sind bzw. bereits den Staatskollaps erlitten haben: Somalia (seit 1993); Liberia, Sierra Leone, Teile der Demokrat. Rep. Kongo, der Rep. Kongo, der Zentralafrik. Rep. und des Tschad.

Unterscheidet man die staatl. pol. Systeme nach ihren Konstitutionsbedingungen, so lassen sich nennen: ↗ Rebellenbewegungen an der Macht (z. B. FRELIMO in Mosambik); Putschisten an der Macht (Burundi); Monarchien (Swasiland) sowie formale und reale Mehrparteiendemokratien (Äthiopien, Ghana). Was die Regierungsformen des n.St. angeht, so hat es auch hierbei signifikante Veränderungen gegeben. Bis 1989/90 konnte man grob vier Grundtypen pol. Herrschaft unterscheiden:

(1) das auf Kooptation von Provinzführern und Repräsentanten von Interessenvereinigungen (Gewerkschaften) beruhende präsidentielle Einparteisystem neopatrimonialer Art, das Stabilität in der Phase der Nationenbildung verspricht; (2) das prätorianische Militärregime, entweder zur Absicherung parasitärer Herrschaft (Selbstbereicherungsdiktatur) oder im Dienste der Durchsetzung von Strukturanpassungspolitiken (Anpassungsdiktatur); (3) das auf Staatsterror und persönlicher Willkür beruhende *personal rule*-System eines pol. Führers, der sich an Verfassung und Gesetz nicht gebunden fühlt; (4) das durch Wahlen legitimierte Regierungssystem, entweder in der parlamentarischen Form (seltener) oder als präsidentielle Mehrparteiendemokratie.

Das präsidentielle Einparteisystem war mit Abstand das erfolgreichste und verbreitetste Regierungssystem Afrikas. Idealtypisch gesehen, basiert es auf zwei einfachen Regeln des staatl. Neopatrimonialismus. Der Chef als selbst ernannter Vater der Nation verkörpert in seiner Person den durch Gewaltenverschränkung unkontrollierbar gemachten Staat und hat als einziger die oberste Kompetenz der Zuteilung von Posten, Privilegien, Fiskaleinnahmen und Devisen. Der Chef kooptiert aus Klugheit möglichst alle Führer konfliktfähiger Gruppen und Regionen und verschafft ihnen und ihrer Klientel – im Tausch gegen pol. Loyalität – einen Anteil am staatl. Kuchen und Glanz des Hofes. In der Praxis litt dieses pragmatische, dem Eigennutz der neuen Nomenklatura frönende Einparteisystem an einem Strukturfehler: Bei schwindenden Staatseinnahmen und/oder steigender Verschuldung gerät das System der regional und ethn. ausbalancierten Revenue- und Ressourcenverteilung in Turbulenzen, da erfahrungsgemäß unter Stressbedingungen die eigene ethn.-regionale-soziale Klientel bevorzugt wird. Je größer die ressourcenabhängige Schieflage des Systems wird, als desto ungerechter wird die Staatstätigkeit wahrgenommen, desto rascher schwindet das Vertrauen in die Legitimität der Regierung.

Seit 1989/90 ist das Verhältnis zwischen Staat und Gesellschaft raschem Wandel ausgesetzt. Bestimmten Anfang der 1990er Jahre v. a. Demokratisierungsprozesse den Verlauf des Umbruchs, so dominierten gegen Ende des Jahrzehnts staatl. Verfallsprozesse das Bild. Als genereller Trend lässt sich ein Kompetenzzuwachs gesellsch. Interessengruppen, pol. Parteien und ↗ Nichtregierungsorgansiationen ausmachen, und zwar auf Kosten der Zuständigkeiten eines verarmten Zentralstaates, der immer weniger am Allgemeinwohl orientierte Dienstleistungen erbringen kann. Die Gesellschaft passt sich insofern dem geschwächten Staat an, als sie in ihm keine Ansatzpunkte für Identifikation mehr findet und sich alternative Instanzen jenseits des klassischen Staates schafft oder sich ihrer bedient, z. B. im Bereich des Religiösen (einschl. Zauberei und ↗ Hexerei) und des Ethn.-Kulturellen. Die Politisierung der Überbaustrukturen – ↗ politisierte

Ethnizität, die Instrumentalisierung der Scharia oder des Gegensatzes zwischen ↗ Islam und ↗ Christentum für Zwecke des pol. Machterhalts (Nordnigeria) – hat zweifellos in dem Maße zugenommen, in dem das Ende des Ost-West-Konflikts die gesellsch. Widersprüche und wirtsch. Krisen an die Oberfläche brachte.

IV. Ausblick. Die Zukunft des n.St. bzw. der nachkolonialen Staatenwelt sieht nicht rosig aus, da mit dem Kollaps staatl. Einrichtungen das öffentl. Gewaltmonopol immer mehr zur Farce wird. Staatsgrenzen sind eher Fiktion als Ausdruck tatsächlicher Souveränität. Bürger- und Bandenkriege, ↗ ethn. Konflikte um Überlebensressourcen, Implosion staatl. Einrichtungen im Sozial- und Verkehrsbereich (aufgrund von *bad governance* und öffentl. Verarmung), die Herausbildung regionaler Vormächte mit Interventionsarmeen, die Politisierung und Militarisierung von ↗ Ethnizität und Religiosität werden auch in Zukunft zum pol. Panorama gehören. Damit nimmt die Bedeutung der informellen Wirtschafts- und Herrschaftsformen zwangsläufig zu, Bereiche, die nicht rechtsstaatl. und demokrat. Logik unterworfen, sondern vom Faustrecht des Stärkeren geprägt sind. In den Räumen, aus denen sich der Staat zurückziehen musste, etablieren sich lokale Autoritätspersonen, *big men*, Warlords, Banden, Schmugglernetzwerke oder auch traditionelle Würdenträger und Vermittler. Aufgrund der Verbindung von transnat. Rohstoffkonzernen und Lokalgrößen entstehen konkurrierende Territorialitätsformen von Dauer, deren materielles Interesse an der Aufrechterhaltung des außerstaatl., kriminellen Tauschzustands (Waffen und Devisen gegen lokale Rohstoffe) zu einer schweren Existenzkrise des n.St. in allen labilen Ländern führen könnte. – Die internat. ↗ Entwicklungszusammenarbeit sollte es sich daher zur Aufgabe machen, lebensfähige öffentl. Einrichtungen in Kernbereichen staatl. Herrschaft (Justiz, Polizei, Verwaltung, Gesundheits- und Hochschulwesen) finanziell und konzeptionell zu unterstützen (wo immer dies noch möglich ist), um sich der Implosion staatl. Autorität und damit den anarchischen Tendenzen entgegenzustemmen. Dabei dürfte in Zukunft der Aufbau wirklich dezentraler Verwaltungsstrukturen unter Einbeziehung von NGOs im Grundbildungs- und Gesundheitsbereich in überschaubaren Wirtschaftsregionen eine positive Antwort auf die gegenwärtige Staatskrise darstellen. Diese hat gezeigt, dass der Traum vom zentral gesteuerten neopatrimonialen Kommandostaat als effizienteste Form geplanter Entwicklung anachronistisch geworden ist.

📖 F. Ansprenger, Pol. Geschichte Afrikas im 20. Jh., 3. Aufl., München 1999. – J.-F. Bayart, The State in Africa. The Politics of the Belly, London/New York 1993. – M. van Crefeld, Aufstieg und Untergang des Staates, München 1999. – R. Tetzlaff, Staat und Gesellschaft in Afrika: ein prekäres Verhältnis im Wandel. In: M. Schultz (Hg.), Entwicklung. Die Perspektive der Entwicklungssoziologie, Opladen 1997, S. 127–154. – R. Tetzlaff, Der Wegfall effektiver Staatsgewalt in den Staaten Afrikas. In: Die Friedens-Warte 74 (1999), S. 307–330.

Rainer Tetzlaff

Nationale Konferenz, Bezeichnung für Bürgerbewegungen im Afrika der 1990er Jahre, die den Abbau der ↗ autoritären Regime und die Etablierung einer ↗ Zivilgesellschaft zum Ziel hatten. Als Reaktion auf die Massenarbeitslosigkeit, die galoppierende Korruption, die Maßnahmen zur ↗ Strukturanpassung und die Umwälzungen nach dem Ende des Ost-West-Konflikts entstanden n. K. im Umfeld der Kämpfe der ↗ Gewerkschaften, Studenten, relig. Bewegungen und der oftmals ins Exil gedrängten Oppositionsparteien.

N. K. fanden statt in Benin, Burkina Faso, Tschad, Gabun, Demokrat. Rep. Kongo, auf Madagaskar, in Niger und Togo. In Kamerun wurde das Abhalten einer n. K. verboten. Es gab zwei Typen: souveräne n. K. wie in Benin mit allen legislativen und exekutiven Vollmachten und nicht souveräne n. K. wie in Tschad und Gabun. Kennzeichnend für die n. K. war die starke Präsenz der kath. Kirche; außer im muslim. Niger hatten fast überall kath. Bischöfe den Vorsitz inne. Die Konferenzteilnehmer, v. a. der Angehörige der gebildeten Mittelschichten, wurden von ethn. und konfessionellen Organisationen sowie von Berufsverbänden (Rechtsanwälte) delegiert.

In den Debatten ging es um Wunden, die das autoritäre Regime hinterlassen hatte: Morde, Verschwinden von Personen, willkürliche Verhaftungen etc., seine Rechtspraxis und Wirtschaftspolitik wurden gegeißelt, neue pol. Spielregeln ausgearbeitet. Die souveränen n. K. behielten für die Übergangsperiode, d. h. bis zur Konstituierung eines demokrat. Parlaments und einer neuen Regierung, alle Vollmachten (Demokrat. Rep. Kongo, Benin, Madagaskar). Die Konferenzdebatten können als Sozialtherapie eines Volkes gesehen werden, das seine Dämonen austreibt, um einen Neuanfang zu wagen. Dieser war in Benin möglich, in der Demokrat. Rep. Kongo nicht. ↗ Demokratie.

📖 F. Eboussi, Les conférences nationales en Afrique Noire. Une affaire à suivre, Paris 1993. – J.-G. Bidima, La palabre, une juridiction de la parole, Paris 1997.

Jean-Godefroy Bidima

Nationale Souveränität ist als ein formaler völkerrechtl. Status staatl. Unabh. und des Selbstbestimmungsrechts von nahezu allen Ländern Afrikas mehr oder weniger hart erkämpft worden. Zur Erlangung n.S. formierten sich oftmals Befreiungsbewegungen (↗ Rebellenbewegungen), die auch den bewaffneten Kampf in Kauf nahmen, mit Erfolg z.B. in Algerien, Angola, Guinea-Bissau, Mosambik, Simbabwe und Namibia. N.S. geht von der Annahme aus, dass eine (möglichst rechtmäßig von der Bev. eines Landes gewählte) Regierung die Belange des Landes sowohl nach innen wie nach außen vertritt (in diesem Sinne erlangte zuletzt Südafrika mit den ersten allg. und freien Wahlen im Jahre 1994 die n.S. – wenngleich die zuvor schon von der weißen Minderheitsregierung wahrgenommene Vertretung verdeutlicht, dass es sich weniger um die innere Rechtmäßigkeit eines Regimes handelt als die Anerkennung in außenpol. Hinsicht, die zwar im Falle Südafrikas eingeschränkt, aber dennoch vorhanden war). N.S. wird zumeist in einem formal völkerrechtl. Sinne verstanden, der den strukturellen Merkmalen von Abhängigkeit keine Bedeutung beimisst. Externe, auch hist. begründete Abhängigkeitsstrukturen und daraus resultierende Einflüsse auf die Staaten Afrikas lassen hingegen eine zumindest teilweise Fremdbestimmung in pol., ökonom. und kultureller Hinsicht erkennen, die den Grad n.S. eher relativieren. Vielleicht gerade deshalb legen die ↗ nachkolonialen Staaten Afrikas bes. Wert auf die Wahrung ihrer n.S., wobei entsprechende Sensibilitäten mitunter auch den Integrationsbestrebungen ↗ regionaler Organisationen und der engeren Kooperation von Staaten im Wege stehen.

Henning Melber

Nationalismus. In der Geschichte Afrikas ist N. gleichbedeutend mit dem (europ. gesprochen) modernen pol. Aufbegehren gegen den ↗ Kolonialismus. Afrik. N. richtet sich also nicht gegen Nachbarvölker, wie das für den europ. N. die Regel ist, und auch nicht pauschal gegen das jeweilige »Mutterland«, sondern gegen dessen pol. Machtzentrum. Entsprechendes gilt für den »schwarzen« N. gegenüber der »weißen« Herrschaftselite in Südafrika. Afrik. bzw. »schwarzer« N. zeigte sich auch in kolonial geprägten gesellsch. Beziehungen am Rande des pol. Systems, insbes. in der Arbeitswelt (↗ Gewerkschaften) und in den christl. Missionskirchen.

Seine Ursprünge fallen weitgehend mit denen des ↗ Panafrikanismus zusammen, zumal die aufbegehrenden Afrikaner im 19. Jh. eine zahlenmäßig kleine »moderne« Bildungselite darstellten und in vielen Fällen von einem Kolonialgebiet in ein anderes wechselten. Anknüpfend an die auf der »Brüderlichkeit« aller Menschen beruhende Argumentation der Antisklavereibewegung um 1800 (↗ Sklavenhandel) protestierten frühe afrik. Nationalisten gegen den weißen ↗ Rassismus. Dieser verschärfte sich gegen Ende des 19. Jh., als mehr Europäer, insbes. mehr weiße Frauen, nach Afrika kamen, so dass sich dort geschlossene weiße Gesellschaftskörper bilden konnten. In Südafrika bestand diese Situation schon seit Beginn der europ. Besiedlung 1652. Der frühe afrik. N. bediente sich fast ausschließl. des gedruckten Worts als Appell an die bessere Einsicht der Weißen. Bewaffneter Kampf lag jenseits denkbarer Möglichkeiten. Dieser wurde vielmehr bis 1945 ausschließl. von Gruppen geführt, die in örtlich begrenzten, vorkolonialen pol. Systemen (die Weißen sprachen von Stämmen) verwurzelt waren und deshalb nicht dem hier definierten N. zuzurechnen sind.

Nach dem Ersten Weltkrieg – in Südafrika schon 1912 mit der Gründung des (seit 1923 so benannten) *African National Congress* (ANC) – formierten sich in den meisten Kolonien pol. ↗ Parteien und Gewerkschaften, die den Protest gegen die Fremdherrschaft aktiver gestalteten. Sie erfassten anfangs außer städt. Bildungsschichten nur dauerhaft beschäftigte Industriearbeiter. Die Kolonialregierungen behinderten sie nach Kräften und vermuteten in ihnen Bundesgenossen der Kommunistischen Internationale. Nach 1945 griff der afrik. N. fast überall auf die Masse der überwiegend noch im ländl. Raum lebenden Bev. über. Es entstanden nat. Befreiungsbewegungen im Rahmen der kolonialen Grenzen – in Frz.-West- und Äquatorialafrika als RDA (*Rassemblement Démocratique Africain*) über die Grenzen der 1958/60 zu unabh. Staaten werdenden Territorien hinweg. Wo die Kolonialmacht den Weg zur Befreiung auf Dauer versperren wollte (Frankreich in Algerien, Portugal in allen seinen afrik. Kolonien (↗ PALOP), Südafrika im Zeichen der ↗ Apartheid, die weiße

Minderheit in Simbabwe), griff der afrik. N. jetzt auch zum Mittel des bewaffneten Kampfes. – Die nationalistischen Bewegungen wandelten sich mit der Unabh. in vielen Ländern zu regierenden Einheitsparteien, die das pol. Bild Afrikas von 1960 bis etwa 1990 bestimmten. ↗ Einparteisystem, ↗ Nationenbildung, ↗ Rebellenbewegungen.

📖 F. Ansprenger, Pol. Geschichte Afrikas im 20. Jh., 3. Aufl., München 1999. – Th. Hodgkin, Nationalism in Colonial Africa, London 1956. – T. O. Ranger, Connections between Primary Resistance Movements and Modern Mass Nationalism in East and Central Africa. In: Journal of African History 9 (1968), S. 437–53, 631–41.

Franz Ansprenger

Nationenbildung/*nation building*. Nach der Erlangung der Unabh. von europ. Herrschaft (↗ Kolonialismus, ↗ Nationalismus), für die das »Afrik. Jahr« 1960 als Orientierungsdatum gelten darf, sahen die Regierungen der neuen Staaten ihre vordringlichste innenpol. Aufgabe in der N., d.h. in der Stabilisierung des auf den Gesamtstaat bezogenen, oft von einer »nat.« Befreiungsbewegung bereits geweckten Identitätsbewusstseins einer Bev., die sich fast überall aus vielen Sprach-, Abstammungs- und Kulturgemeinschaften zusammensetzt. Teilw. entsprechen diese Gruppen (↗ Ethnien) pol. Systemen der vorkolonialen Zeit und fordern selbst pol. Loyalität. Nebensache ist, ob europ. Beobachter in solchen Systemen Staaten erkannten (z.B. das ↗ Zulureich in Süd-, Buganda in Ost-, das Kalifat von Sokoto in Westafrika) oder sie als »staatenlose Gesellschaften« klassifizierten. In Äthiopien und Nordafrika ist die Kontinuität von Staaten über Jahrtausende (Ägypten) oder Jahrhunderte (Marokko, Tunesien) hist. dokumentiert.

Die Kolonialregierungen hatten durch Festlegung der Landesgrenzen, durch Einführung ihrer Verwaltungs- und Schulsysteme, durch Auferlegung der Sprache des »Mutterlandes« als Amtssprache (nur in Dt.-Ostafrika – seit 1964 Tansania, Ruanda und Burundi – wurde 1890 die einheimische Verkehrssprache ↗ Swahili Amtssprache) Vorleistungen für eine N. erbracht, pol. aber eher auf das Prinzip *Divide et impera* (teile und herrsche) gesetzt. Die vorgegebenen Gruppen wurden zu diesem Zweck manipuliert oder gar neue »Stämme« (engl. *tribes*, frz. *tribus*), wie man sie zu nennen pflegte, erfunden und dadurch im Laufe der Zeit tatsächlich im Bewusstsein der Betroffenen geschaffen (↗ Ethnizität, ↗ indirekte Herrschaft).

Die Führer der neuen nachkolonialen Staaten sahen deshalb N. v.a. unter dem Gesichtspunkt des Kampfes gegen ↗ Tribalismus, zugleich als Voraussetzung für einen Erfolg ihrer Wirtschaftspolitik, die auf ↗ Modernisierung zielte. Als am besten geeignete Methode erschien ihnen fast überall zunächst das ↗ Einparteisystem, übernommen von der Befreiungsbewegung. Nach wenigen Jahren erwiesener Untauglichkeit machte es vielerorts einem (oder mehreren einander ablösenden) ↗ Militärregimen Platz.

In einigen Ländern wurde die staatl. Einheit und damit die N. durch vollzogene oder angestrebte Abspaltung von Regionen bedroht und dadurch ein Bürgerkrieg ausgelöst. Als Motiv spielten jedoch zumeist partikulare Wirtschaftsinteressen eine wichtigere Rolle als Tribalismus, so bei der Sezession des rohstoffreichen Katanga vom vorher belg. Kongo 1960–63. Der Biafra-Krieg 1967–70 wurde um die Ölquellen im SO Nigerias geführt. Der seit 1973 mit Waffengewalt ausgetragene Streit, ob die vormals span. ↗ Westsahara loyalen Untertanen des marokkanischen Königs zusteht oder eine eigene Nation ist, hat auch mit Phosphatvorkommen zu tun. Andernorts waren unterschiedliche hist. Prägungen maßgebend, so für die kriegerische Sezession des seit 1890 italien. kolonisierten Eritrea von Äthiopien 1962–93, für Aufstände der in der Sahara als Viehzüchter lebenden Tuareg (↗ Berber) gegen die Regierungen von Mali und Niger 1990–95 oder für Sezessionsdrohungen der Zulu-Regionalpartei *Inkatha* in Südafrika während der Überwindung der ↗ Apartheid 1990–94. Das Bestreben fast aller Zentralregierungen des Sudan, der christl. Bev. des Südens den Lebensstil des arab.-islam. Nordens aufzuzwingen, hat seit der Unabh. 1956 Kriege zur Folge gehabt, die nur kurzfristig durch Waffenstillstand und einen Ansatz zu regionaler Autonomie unterbrochenen waren.

Im Jahre 2000 ist jedoch nur für das 1962 angestrebte »größere« Äthiopien sicher und für den Sudan wahrscheinlich, dass die Politik der N. scheiterte. Überall sonst darf dieses Projekt als Erfolg gelten, mögen auch viele der eingesetzten pol. Mittel sich einen schlechten Ruf erworben haben und Föderalismus als naheliegendes Modell, selbst wo er ernsthaft erprobt wurde (Nigeria, Südafrika, partiell Uganda) noch auf nachhaltige Bewährung warten. Offenbar hat sich das Bewusstsein gemeinsamer Identität in den kolonialen/nachkolonialen Staatsgrenzen und pol.

Loyalität zur gemeinsamen Regierung gefestigt, soweit diese als legitim empfunden wird. Das gilt für Ghana, wo das Einparteisystem ebenso scheiterte wie mehrere Militärregime, obwohl die wichtige Ethnie der Ewe auch im Nachbarstaat Togo tonangebend ist. Es gilt für Nigeria, wo unterschiedlichste diktatorische und demokrat. Regime mit dem Mittel eines nahezu inflationären Föderalismus (1999: 36 Bundesländer) gegen partikulare Eifersucht ankämpften. Es gilt für die Elfenbeinküste, die nach 40 Jahren kontinuierlicher Einparteiherrschaft Ende 1999 den ersten Militärputsch erlebte, und für Senegal mit einer über Jahrzehnte asymmetrischen Mehrparteien-Demokratie, in der seit 1960 immer dieselbe Partei regierte, bis im März 2000 der Oppositionskandidat zum Präsidenten gewählt wurde. Tansania mit Hunderten etwa gleich großer Ethnien kann ebenso als gefestigter Nationalstaat im westeurop. Sinne gelten wie Kenia mit der Führungsansprüche stellenden Kern-Ethnie der Kikuyu.

Selbst in Südafrika, wo N. bedeutet, dass die weißen vormaligen Kolonialherren und die rassisch unterdrückten Schwarzen zu einer neuen »Regenbogen-Nation« zusammenwachsen sollen, gibt es seit 1990 starke Anzeichen für beiderseitige verstandes-, wenn auch kaum gefühlsmäßige Besinnung auf Gemeinsamkeit. Anders steht es um Länder, in denen die Staatsordnung zusammenbrach, insbes. um Somalia seit 1991, obwohl gerade dort eine gemeinsame Sprache und Ethnizität, hinter der sich freilich seit jeher Klanrivalitäten verbargen, die N. zu begünstigen und »Tribalismus« auszuschließen schienen. Der ↗ Genozid, den 1994 in Ruanda Hutu an Tutsi verübten, markiert den bisher traurigsten Tiefpunkt der Bemühungen um N. Andere Staaten wie Tschad, Liberia oder Sierra Leone, in denen langwierige Bürgerkriege Staatszerfall anzuzeigen schienen, haben dagegen wieder zu einer mehr oder weniger stabilen Regierungsordnung gefunden. Auch die seit 1998 befürchtete Aufspaltung der Demokrat. Rep. Kongo in Interessenssphären der verfeindeten Nachbarstaaten ist bisher nicht eingetreten. Dennoch ist zu beobachten, dass partikulare Loyalitäten wieder erstarken, je weniger der »nat.« Staat versprochene Leistungen wie Landfrieden, Schutz vor Kriminalität, Wahrung der Menschenrechte und Ausbau eines sozialen Netzes tatsächlich erbringt. ↗ Kriege/Bürgerkriege.

🕮 M. Fortes/E.E. Evans-Pritchard (Hg.), African Political Systems, London 1940. – K. Nkrumah, Revolutionary Path, London 1973. – J.K. Nyerere, Freedom and Unity – Uhuru na Umoja, Daressalaam 1966. – L.S. Senghor, Nation et Voie Africaine du Socialisme, Paris 1961. – L. Vail (Hg.), The Creation of Tribalism in Southern Africa, London/Berkeley/Los Angeles 1989. – H. Yaméogo, Repenser L'Etat Africain, Paris 1993.

Franz Ansprenger

Neokolonialismus, Bez. für eine Politik der Fortsetzung des ↗ Kolonialismus mit anderen Mitteln. Im N. tritt die formale pol. Unabh. der Kolonien an die Stelle der Verwaltung durch die ehem. Kolonialmächte, die alten Abhängigkeitsbeziehungen bleiben jedoch bestehen. In der Phase der ↗ Entkolonialisierung wurde insbes. Frankreich und Großbritannien der Vorwurf gemacht, den N. als Instrument ihrer Politik einzusetzen, indem sie ihre Kolonien in die Unabh. entlassen, sie mit wirtsch., kulturellen u.a. Mitteln jedoch weiterhin an sich binden und ausbeuten. Als Gewinner des N. wurde auch die USA aufgrund ihrer großen Wirtschaftsmacht angesehen. Wichtiger Bestandteil des N. ist zudem die Unterstützung einer kooperationswilligen Führungsschicht in den unabh. Staaten durch die ehemalige Kolonial- oder eine andere Hegemonialmacht, notfalls auch durch milit. Intervention (↗ Eliten). – Der N.-Diskurs wurde insbes. von radikalen pol. Kräften geführt, die auch nach der formalen pol. Unabh. die Fortsetzung des Befreiungskampfes bis zur Überwindung aller vom Kolonialismus geerbten Abhängigkeitsbeziehungen forderten (↗ koloniales Erbe, ↗ Self-Reliance, ↗ Sozialismus). K. Nkrumah, von 1957 bis zu seinem Sturz 1966 der erste Präsident Ghanas, sah den N. als jüngstes Stadium des Imperialismus und kritisierte insbes. die Balkanisierung Afrikas durch die Kolonialmächte. Das Ziel der Einheit Afrikas, das er propagierte, war als Strategie gegen den N. konzipiert (↗ OAU, ↗ Panafrikanismus).

🕮 K. Nkrumah, Neo-Colonialism. The Last Stage of Imperialism, London 1968.

Peter Meyns

Neopatrimonialismus. Eine in Afrika sehr verbreitete Form pol. Herrschaft, die aber auch in anderen Staaten der ↗ Dritten Welt vorkommt. N. benennt eine im Kern personalisierte Form der Herrschaftsausübung, die auf der klientelistischen Verteilung von Pfründen beruht, und bringt die Wirksamkeit traditioneller Normen und Verpflichtungen im ↗ nachkolonialen Staat zum Ausdruck.

N. ist eine Weiterentwicklung der Analyse des Patrimonialismus in vorbürokratischen Gesellschaften, wie sie Max Weber in *Wirtschaft und Gesellschaft* vorgenommen hat: Im Unterschied zur »bürokratischen Sachlichkeit« und des auf der abstrakten Geltung gleichen objektiven Rechts beruhenden Ideals der Verwaltung »ohne Ansehen der Person« gelte beim Patrimonialismus das entgegengesetzte Prinzip: »Die pol. Verwaltung wird als eine rein persönliche Angelegenheit des Herrn (...) behandelt. Wie er die Macht ausübt, ist daher durchaus Gegenstand seiner freien Willkür.« Im Patrimonialismus fehlt v.a. auch, so Weber, »die bürokratische Scheidung von ›privater‹ und ›amtlicher‹ Sphäre.« Rechtlich fußte der Patrimonialismus auf den traditionellen Strukturen, durch die die Führungsrolle des Herrschers legitimiert, aber auch Verpflichtungen abgeleitet wurden, die er gegenüber seinen Untertanen zu erfüllen hatte. Der N. praktiziert dieselben Herrschaftsprinzipien unter den veränderten, auch territorial erweiterten Bedingungen moderner staatl. Strukturen. Verschiedene pol. Systeme – i.d.R. ↗ autoritäre Regime (↗ Militärregime, ↗ Einparteisysteme), aber auch Mehrparteiensysteme – können den Rahmen für N. abgeben. Wesentlich bleibt die unangefochtene Autorität des Herrschers, zumeist des Staatspräsidenten. Er besitzt die Verfügungsgewalt über den Staatsapparat und setzt sie im Interesse seiner Herrschaftssicherung ein. Staatl. Ämter und Ressourcen sind die materielle Grundlage – die Pfründe – des N. Ämter werden nicht primär nach Kriterien sachlicher Kompetenz, sondern persönlicher Loyalität, nicht selten auch des Nepotismus vergeben. Der Zugang zu ihren Ämtern verschafft den Amtsinhabern wiederum Zugang zu Ämtern und Ressourcen in ihrem Verantwortungsbereich. So entsteht ein Netzwerk des Klientelismus, in dem Patronage und Loyalität zwei Seiten derselben Medaille sind und in dessen Zentrum der Herrscher die Fäden zieht. Die im nachkolonialen Afrika verbreitete nationalistische Wirtschaftspolitik, die zu einem dominanten staatl. Wirtschaftssektor führte, diente auch dem N., da sie zusätzliche Ämter und Ressourcen der staatl. Verfügungsgewalt unterstellte. N. kann sehr unterschiedliche Ausprägungen annehmen und schließt eine entwicklungsorientierte Politik des Staates nicht von vornherein aus. Fehlende Kontrollen staatl. Amtsführung, mangelnde Kompetenz vieler Amtsinhaber sowie der persönliche Bereicherungsdrang der herrschenden Elite begünstigen jedoch die zunehmende Privatisierung des Staates im Rahmen des N. Begleitet wird dieser Prozess, da er auch immer mehr kriminelle Energien freisetzt, durch fortschreitende – und insbes. in rohstoffreichen Ländern von ausländischen Investoren genährte – ↗ Korruption. Schrumpft die staatl. Pfründe durch exzessive Plünderung, wird das System des N. durch Wirtschaftskrise und verschärfte Cliquenkämpfe unterhöhlt.

🕮 J. F. Médard (Hg.), États d'Afrique Noire: Formation, Mécanismes et Crises, Paris 1994. – M. Weber, Wirtschaft und Gesellschaft, 5. rev. Aufl., Tübingen 1990.

Peter Meyns

Nepotismus ↗ Neopatrimonialismus

Neue Weltwirtschaftsordnung (NWWO). Mit der Parole der Schaffung einer NWWO propagierten die Länder der Dritten Welt und der ↗ Blockfreienbewegung seit der Ölkrise von 1973/74 v.a. im Rahmen der UN und der Unterorganisation UNCTAD (Konferenz der UN für Handel und Entwicklung) einen Katalog von Forderungen zur Reform der internat. Wirtschaftsbeziehungen. Grundforderung der NWWO war eine stärkere Beteiligung der Staaten der Dritten Welt am wachsenden Weltwohlstand, die im Rahmen der ↗ kollektiven Eigenständigkeit in mehreren Schritten und durch geeignete Maßnahmen allmählich erreicht werden sollte. Die NWWO kritisierte die nach dem Zweiten Weltkrieg geschaffene liberale Wirtschaftsordnung der sog. Bretton-Woods-Organisationen Weltbank, IWF und GATT (Allg. Zoll- und Handelsabkommen), die die EL (Entwicklungsländer) benachteiligt habe. Aufgrund der ungleichen Arbeitsteilung im Welthandel (Rohstoffe gegen Fertigwaren) und der sich verschlechternden Austauschbedingungen (*terms of trade*) sei es zu Zahlungsbilanzproblemen und Verschuldung gekommen. Eine gerechte NWWO solle die Ungleichheit beseitigen und den Wohlstand auch in den EL erhöhen helfen. Ferner wurde bemängelt, dass multinat. Konzerne eine zu große Marktmacht innehätten.

Ziel der NWWO war somit, die Benachteiligungen der EL in der Weltwirtschaft aufzuheben. Organisiert in der ↗ Gruppe der 77, entwarfen afrik., asiat. und lateinamerik. Länder einen umfassenden Forderungskatalog, der zur Egalisierung von Ungleichheit beitragen sollte. Dazu gehörten Forderungen zur Rohstoffpolitik (integriertes Rohstoffprogramm), zur Handelspolitik, zur Industrialisierung, zu multinat. Konzernen (Verhaltenskodex) und zum Technologietransfer, die im Rahmen von UNCTAD III 1972 in Santiago (Chile), UNCTAD IV 1976 in Nairobi (Kenia) und UNCTAD V 1979 in Manila (Philippinen) erhoben wurden. Dazu kamen Forderungen für ein Währungssystem mit festen Wechselkursen, Erhöhung der öffentl. Entwicklungshilfe (0,7% des BSP), Schuldenerlass, besserer Zugang zu internat. Kapitalmärkten und höherer Stimmrechtsanteil der EL im IWF, in der Weltbank und anderen internat. Organisationen. Obgleich die Umsetzung der meisten Forderungen für eine NWWO nicht erfolgreich war, sind zahlreiche Maßnahmen verwirklicht worden, wie bspw. ein (nicht gut funktionierendes) integriertes Rohstoffprogramm, die Einrichtung sektoraler Entwicklungsfonds, größerer Einfluss in den Bretton-Woods-Organisationen, Schuldenerlass. Insges. ist aber spätestens seit 1983 eine abnehmende Bedeutung von UNCTAD und schließlich auch der Abschied von einer NWWO festzustellen, die gegen den Willen der Industrieländer nicht durchgesetzt werden konnte. UNCTAD wandte sich anderen Aufgaben zu und bekam Konkurrenz, z. B. durch die Gründung der WTO 1995, die aus GATT hervorging und größeren Einfluss auf die Welthandelsordnung nahm (Liberalisierung). – Die afrik. Staaten spielten in der Formulierung der Bausteine der NWWO eine eher marginale Rolle. Zwar agierten sie im Rahmen von ↗ OAU und Beschlüssen zur Verstärkung der innerafrik. Kooperation, bspw. dem Lagos-Aktionsplan, auf der Basis der Forderungen der NWWO. Letztendlich wandten sie sich aber der Kooperation mit der EG/EU zu, so bei der Verabschiedung des ↗ Lomé-Abkommens 1975, das wiederum Bausteine der NWWO übernahm, wie z. B. den Rohstoffsubventionsfonds, eine Vorzugsbehandlung beim Export in die EU.

🕮 B. Engels/K. Liebig (Hg.), Die Zukunft des Welthandelssystems, Hamburg 1999. – R. Kappel (Hg.), Afrikas Wirtschaftsperspektiven, Hamburg 1999. – V. Matthies, Neue Weltwirtschaftsordnung, Opladen 1980.

Robert Kappel

NGO ↗ Nichtregierungsorganisationen

Nichtregierungsorganisationen, (meist NGOs, *Non-Governmental Organisations*) sind freiwillige und gemeinnützige Organisationen. Der Begriff stammt aus der UN-Charta, die in Artikel 71 einer Gruppe nichtstaatl. Organisationen einen beratenden Status bei den UN einräumt. Auf dieser Rechtsgrundlage wurden die NGO-Foren auf den Weltkonferenzen u. a. in Peking (Frauen) oder Rio de Janeiro (Umwelt) durchgeführt. Während die UN auch Berufsverbände oder Gewerkschaften mit erfasst, gelten in der entwicklungspol. Praxis v. a. Organisationen in den Bereichen soziale Dienstleistungen, lokale Entwicklung, Umwelt- und Menschenrechtsfragen (inkl. Frauenrechte) als NGOs. Des weiteren werden auch internat. tätige Selbsthilfegruppen und -organisationen einbezogen. Während NGOs im engeren Sinn v. a. gemeinnützig für andere tätig werden, dienen Selbsthilfegruppen und -organisationen dem Interesse ihrer Mitglieder. NGOs finanzieren sich aus Spenden, staatl. Zuschüssen, freiwilligen Arbeitsleistungen und Selbsthilfebeiträgen der Nutznießer. Zunehmend bemühen sich einige NGOs auch um Einnahmen aus gewerblichen Aktivitäten.

Zu den NGOs gehören u. a. kirchliche Hilfswerke wie Brot für die Welt, Misereor, Caritas, Hilfs- und Entwicklungsorganisationen wie die Dt. Welthungerhilfe, Oxfam, CARE, Ärzte ohne Grenzen und Menschenrechts- und Umweltorganisationen wie Amnesty International, Human Rights Watch/Africa, WWF (World Wide Fund for Nature). Diese NGOs haben ihr Zentrum im N (Nord-NGOs) im Gegensatz zu Süd-NGOs aus den Ländern des S. Nat. Gliederungen internat. tätiger Organisationen (Caritas, Rotes Kreuz) nehmen eine Zwischenstellung ein.

NGOs gelten in der Entwicklungspolitik als humanitär engagiert, basisnah, partizipativ, unbürokratisch, effizient, innovativ und als Ausdruck gesellsch. Selbstorganisation. Nach den Misserfolgen staatl. Entwicklungspolitik sind sie ein Hoffnungsträger. Entwicklungsaktivitäten werden nur teilweise direkt von Nord-NGOs durchgeführt. Zunehmend treten Nord-NGOs als Förderer von Süd-NGOs auf.

Die ersten in Afrika tätigen NGOs waren Kirchen in den Bereichen von Mission und Wohlfahrt. Bes. in den Siedlerkolonien (z. B. Kenia) gründeten in Afrika lebende Europäer NGOs nach europ. Vorbild. Organisationen afrik. Zuwanderer in den Städten auf ethn. und regionaler Basis können als frühe Süd-NGOs angesehen werden. Noch in den 1980er Jahren standen Ländern mit einer beträchtlichen Zahl an nat. NGOs (Burkina Faso, Kenia, Ruanda, Senegal) andere Länder mit einer geringeren Zahl nat. NGOs gegenüber (Angola, Tschad). Mit dem wachsenden Interesse an der Entwicklungspolitik gab es gerade in Ländern mit zuvor wenigen NGOs Neugründungen. Zunächst wurden v.a. NGOs im Bereich der Entwicklung (inkl. soziale Dienstleistungen und Umwelt) gefördert. Hinzu kam eine gezielte Unterstützung für Frauenorganisationen. Seit der Demokratisierungswelle 1989/90 erhalten auch Menschenrechtsorganisationen sowie NGOs mit Aktivitäten der pol. Bildung erhebliche Unterstützung. Die Förderung der Süd-NGOs soll die afrik. ↗ Zivilgesellschaften stärken und eine selbstbestimmte Entwicklung fördern. Diese Strategie ist zumindest quantitativ mit einer großen Zahl an NGO-Neugründungen erfolgreich. Es ist allerdings fraglich, ob das quantitative Wachstum die erwarteten Entwicklungsimpulse einlöst. Der überwiegende Teil der NGO-Aktivitäten wird mit Mitteln aus dem Norden finanziert und ist durch Zielvorgaben der Geber beeinflusst. Es handelt sich um eine angebotsgesteuerte Entwicklung, die, trotz bestehender Unterschiede zwischen den Ländern, nur unzureichend durch eine lokale und nat. Basis gestützt ist.

Das Verhältnis der Süd-NGOs zu ihren Gebern aus dem Norden ist nicht konfliktfrei. Süd-NGOs beklagen die steuernden Eingriffe der Geber und die damit verbundene Beschneidung ihrer Autonomie. Das Verhältnis von NGOs zu den Regierungen in Afrika variiert erheblich zwischen den einzelnen Ländern und unterliegt innerhalb der Staaten pol. Konjunkturen. Die NGOs leisten einerseits einen willkommenen Beitrag zur Entwicklungspolitik. Andererseits kommt es bei erfolgreicher Arbeit zum Aufbau einer parallelen Dienstleistungsstruktur. Staatl. Handeln kann durch die oftmals besser ausgestatteten NGO-Angebote delegitimiert werden (schleichende Delegitimierung). Insbes. pol. aktive NGOs fordern zudem die Regierung direkt heraus und unterhöhlen ihre Machtstellung. Der notwendige Freiraum für die Arbeit von NGOs wird deshalb oftmals nur durch pol. Unterstützung aus den Ländern des Nordens gesichert.

Das gegenwärtige Interesse an NGOs überdeckt mitunter andere lokale Foren der gesellsch. Selbstorganisation, die fester in lokale Strukturen integriert sind und ebenfalls wichtige Entwicklungsbeiträge leisten könnten (z.B. ethn. oder regionale Entwicklungsorganisationen). ↗ kirchliche Entwicklungsarbeit, ↗ Entwicklungszusammenarbeit, ↗ Zivilgesellschaft.

📖 M. Edwards/D. Hulme (Hg.), Beyond the Magic Bullet. NGO Performance and Accountability in the Post-Cold War World, West Hartford 1996. – M. Glagow, Nicht-Regierungsorganisationen in der internat. Entwicklungszusammenarbeit. In: D. Nohlen/F. Nuscheler (Hg.): Handbuch der Dritten Welt, Bd. 1, 3. Aufl., Bonn 1992, S. 304–326. – D. Neubert, Entwicklungspol. Hoffnungen und gesellsch. Wirklichkeit. Eine vergleichende Länderfallstudie von afrik. Nicht-Regierungsorganisationen in Kenia und Ruanda, Frankfurt/New York 1997.

Dieter Neubert

NICs (Newly Industrializing Countries) ↗ Schwellenländer

Nomadismus, etymologisch »Wanderhirtentum«. *I. Definition.* Heute wird unter N. jede mobile Erwerbsform verstanden, so z.B. die Lebensweise wandernder Jäger, Schmiede, Gaukler, Händler, sofern sie ohne bodenstete Behausung leben und nicht als Individuen wandern, sondern in sozialen Gruppen, also mit mindestens einem Haushalt oder in größeren Gemeinschaften. Im ursprgl. Sinne versteht man unter N. eine mit mobilen Behausungen betriebene Wanderweidewirtschaft, die von ganzen ↗ Familien und Familien übergreifenden Gruppen betrieben wird. Formen der Transhumanz von festen Höfen oder Basislagern zählen hingegen nicht zum N., obwohl es vorkommen kann, dass eine transhumante Teilfamilie mit festem Basislager wesentlich größere Entfernungen zurücklegt als eine hirtennomadische Familie, die ihr Zelt unter günstigen Bedingungen monatelang am selben Ort belässt und es nach Verlassen eines verkoteten Lagerplatzes wenige hundert Meter weiter wieder aufschlägt. Nomaden im eigentlichen Sinn sind also keinesfalls immer mobiler als transhumante Hirten. Wo zur ↗ Viehhaltung andere Produktionsformen hinzukommen, wie z.B. ↗ Ackerbau an regelmäßig frequentierten Plätzen oder an solchen, an denen man einen ganzen Vegetationszyklus verweilt, kann es strittig sein, ob der Begriff N. noch anwendbar ist. Für solche Übergangsformen hat der Begriff Agropastoralismus (*agropastoralisme*) bes. im Frz. Beliebtheit erlangt.

Unterscheidungen wie Vollnomadismus vs. Halbnomadismus erscheinen wenig sinnvoll. Diese Termini implizieren einen Unterschied in der Intensität des N., wobei die Frage nach den Kriterien hierfür entweder gar nicht oder immer versch. beantwortet wird. So dienen u.a. als Kriterien: der Anteil mobiler Viehwirtschaft an der Gesamtproduktion; der Anteil mobiler Viehhirten an der Population; die an zurückgelegter Strecke oder an Verweildauer gemessene Mobilität oder das Überwiegen bestimmter Tierarten, da z. B. Kamelhirten oft mobiler als Kleinviehhirten sind. Statt solche summarischen Etiketten zu verwenden, ist es besser, die Gewichtung der Erwerbsformen sowie die Arten von Mobilität (großräumig/kleinräumig, feste saisonale Routen/freie, opportunistische Ortswahl, häufig/selten, koordiniert/auf Kleingruppenbasis etc.) am Einzelfall zu erörtern.

II. Verbreitung. In Afrika hat der N. zwei Verbreitungsgebiete. Das eine sind die Subtropen und die Tropen im N des Kontinents (↗ Ökozonen), wobei sich dieses Gebiet in Ostafrika nach S über den Äquator hinaus erstreckt. Das zweite umfasst Teile des südl. Afrika, die zum südl. Trockengürtel gehören. Einst verbanden von der Tsetsefliege freie Wanderstraßen beide Gebiete. Heute sind die dazwischen gelegenen Landstriche von ↗ Bauern besiedelt, die jedoch vielfach die hohe Wertschätzung des Rindviehs mit ihren stärker nomadischen Vorläufern und Nachbarn teilen. Zu den größeren Ethnien mit einem hohem Anteil an Nomaden zählen in der ↗ Sahara und der Sahelzone ↗ Araber und Tuareg, weiter südl. in Westafrika die Fulbe und im O ↗ nilotischsprachige Gruppen wie Nuer, Dinka und Maasai sowie Kuschiten (↗ Kuschitisch) wie Oromo und Somali. Im südl. Afrika sind als Beispiele die Herero und, früher, die Khoikhoi zu nennen.

III. Wissenschaftsgeschichte. Über den N. und seine Entstehung hat es die unterschiedlichsten Theorien gegeben. Bereits im Altertum begegnen uns vielfach, so z. B. in den Zyklopensagen, Gleichsetzungen von hirtennomadischer Lebensweise mit Roheit und Antisozialität. Auch der Blick des christl. Mittelalters auf den N. war durch Stereotypen verzerrt. Das Hirtenkriegertum, dessen Negativsicht bereits durch frühere Hochkulturen vorgeprägt war, wurde in allerlei apokalyptische Geschichtsentwürfe eingebaut. Von größerem Interesse ist eine Geschichtstheorie, die zu gleicher Zeit in der islam. Welt entwickelt wurde. Ibn Khaldûn (1332–1406) schrieb den Nomaden eine Form der sozialen Bindung (*Asabiya*) zu, die sie in die Lage versetze, die einer unaufhaltsamen Dekadenz unterliegenden städt. Gesellschaften zu erobern und zu erneuern, wonach sie aber selbst von der Dekadenz ergriffen und schließlich ihrerseits einer noch unverbrauchten nomadischen Opposition unterliegen würden.

Die wiss. Beschäftigung des 18. und 19. Jh. mit dem N. ist durch die evolutionistische Dreistufenlehre (Jäger → Hirten → Ackerbauern) geprägt (↗ Ethnologie, ↗ Kulturkreise). Erst die Arbeiten von E. Hahn um 1900 begründeten einen nachhaltigen Zweifel daran, dass das Hirtentum dem Feldbau vorangegangen sei. Er behauptete, es sei unter Bedingungen der Jägergesellschaft unmöglich, Wiederkäuer zu domestizieren, dies habe zumindest eine frühe Form des Hackbaus vorausgesetzt. Der N. sei in einer bäuerlichen Umgebung entstanden und dieser immer durch den Austausch der jeweiligen Erzeugnisse verbunden geblieben.

Entsprechend seiner Entstehungsgeschichte als relativ junger Spezialisierungsform aus einer bäuerlichen Gemischtwirtschaft heraus ist der N. nicht etwa primitiv – auch nicht im Sinne sekundärer Primitivität durch Rückentwicklung –, sondern technisch aufwendig (zusammenlegbarer Haushalt, Pack- und eventuell Reittierhaltung und -training), organisatorisch aufwendig (er erfordert die Koordination von Bewegungen, die Abgrenzung oder das Ausfechten von Weide- und Wasserrechten) und ökolog. hoch spezialisiert. Bes. seit der kolonialen Befriedung (↗ Kolonialismus) und dem damit verbundenen Vordringen des Ackerbaus, das auch demographische Gründe hat, sind die Nomaden i.d.R. auf Gebiete beschränkt, in denen keine andere Wirtschaftsform bei gleicher Produktivität pro Fläche möglich ist und Regenfälle nicht nur insges. gering sind, sondern extremen Schwankungen unterliegen.

IV. Nomaden und die moderne Welt. Dass nomadische Produktionssysteme unter solchen Voraussetzungen labil sind, hat in jüngerer Zeit viele traurige Illustrationen gefunden. Bei Verarmung werden aus Nomaden Jäger, Imker, Sammler, Dienstboten, Kleinkriminelle und heutzutage zu Hunderttausenden Nothilfeempfänger. Im Falle von Verarmung zu Nomaden zu werden oder es zu bleiben, ist dagegen unmöglich, da N. einen gewissen Reichtum voraussetzt. Will man auf jeden Nebenerwerb verzichten, den eine sesshafte Lebensweise erfordert, darf die Herdengröße ein gewisses Minimum nicht unterschreiten. Außerdem braucht man eine Behausung, die sehr viel aufwendiger als ein bäuerliches Lehmhaus ist: einen Bausatz aus kunstvoll auf Leichtigkeit konstruierten und ständig zu reparierenden und erneuernden Fertigteilen wie Stangenbündeln, geflochtenen Matten, Gitterrosten, Seilen etc. (↗ Architektur) sowie Lasttiere und Arbeitskräfte. Unterschreitet ein einzelner Haushalt diese Mindesterfordernisse, wird er durch Solidarleistungen aufgefangen, unterschreitet ihn eine größere Gruppe, ist der

Schritt abwärts zum Lohn- oder Hilfeempfänger etc. unausweichlich und die Rückkehr zum Nomadentum oft unmöglich.

Ein so spezialisiertes und aufwändiges Produktionssystem kann durch ihm feindliche Rahmenbedingungen schnell massiv geschädigt werden. Diese Schädigung erfolgte vielerorts durch Einengung der Mobilität, einer Grundvoraussetzung des N. Eine solche Einengung hat sich z. B. aus der Schaffung von »Stammesterritorien« oder »Reservaten« ergeben, wie sie bes. für den brit. ↗ Kolonialismus typisch war. Die wichtigste Funktion territorialer Eingrenzungen war die milit. Kontrolle, wenngleich es hieß, man müsse die Viehzahlen kontrollieren können, um Überweidung und Bodenerosion zu vermeiden. Vorgeschoben wurden häufig auch romantische Vorstellungen von in sich abgeschlossenen ethn. Kulturen, die sich in einem Gleichgewicht befänden, das nicht gestört werden dürfe. Immer wieder begegnet man bei Politikern und Entwicklungsexperten auch der längst veralteten Dreistufentheorie, die den N. als primitives, zu überwindendes Stadium brandmarkt.

Auf dem Fleischmarkt konkurrieren afrik. Nomaden mit Ranchern. Hierbei kommt es zu allerlei Wettbewerbsverzerrungen, von der Einengung der Mobilität nomadischer Herden durch die Manipulation von Quarantäneregelungen seitens regierungsnäherer Anbieter bis zu Manipulationen staatl. Gesellschaften beim Aufkaufen von Vieh. Auch konkurrieren Nomaden mit den subventionierten Landwirtschaften der Industrieländer. Durch den Abbau von »Fleischbergen« durch Dumpingaktionen werden die parallel betriebenen Anstrengungen von Entwicklungsagenturen derselben Industrienationen, die Viehvermarktung in Nomadengebieten zu fördern, mit Regelmäßigkeit zunichte gemacht. Die Niedrigpreispolitik mancher Staaten im Interesse ihrer städt. Bev. und die Quotierung von Exporten im Interesse von Ranchern aus Regierungskreisen bewirken ebenfalls einen eingeschränkten Zugang nomadischen Viehs zum Markt.

Begleiterscheinung der Zerstörung einheimischer Produktionssysteme ist die Hungerhilfe. Sie beseitigt die Auswüchse des Desasters, zerstört aber die noch intakten Bestandteile nomadischer Produktionssysteme, u. a. wiederum durch Einengung von Mobilität. Das Verteilen von Hungerhilfe führt zu lokalen Bevölkerungskonzentrationen und damit zu Überweidung und Herdentod oder aber zur Trennung der Herden – die von der Jungmannschaft in entfernte Weidelager getrieben werden – von den Alten, Frauen und Kindern, die auf Getreidelieferungen warten und dabei in Kauf nehmen, dass sie sich wichtiger Proteine (Fleisch, Milch) begeben. Dienstleistungen der Regierung wie ↗ Gesundheitsversorgung, Sicherheit und ↗ Bildung existieren nur in sesshafter Form (Krankenstationen, Polizeistationen, Schulgebäude), während mobile, nomadenfreundliche Dienste wie Apotheken auf Rädern, begleitender Polizeischutz und mobile Schulen nicht zur Verfügung stehen.

Der totale Rückzug aus dem Markt und vom Staat ist für Nomaden i.d.R. keine gangbare Alternative, da der N., in bäuerlicher Umgebung entstanden, fast überall dem Ackerbau durch Produktaustausch verbunden geblieben ist. Die meisten Nomaden, seit eh und je marktabhängig, sind dies heute erst recht durch neue Bedürfnisse (Zucker, Tee, Taschenlampen, Radios). Es gilt also Bedingungen zu schaffen, unter denen sich der N. besser in die Nationalökonomien integrieren kann. Die Alternative hieße, den Niedergang des N. in Kauf zu nehmen und so den Teil der Erdoberfläche, der nicht anders als nomadisch genutzt werden kann, aus der Nahrungsmittelproduktion herausfallen zu lassen.

🕮 A. Bourgeot (Hg.), Horizons nomades en Afrique sahélienne, Paris 1999. – L. Vajda, Untersuchungen zur Geschichte der Hirtenkulturen, Wiesbaden 1968. – F. Scholz/J. Janzen (Hg.), Nomadismus – ein Entwicklungsproblem? Berlin 1982.

Günther Schlee

No-party Democracy. Die Suche nach einer authentischen afrik. Form der ↗ Demokratie hat in der nachkolonialen Phase der Entwicklung zu versch. Ideen und praktischen Erfahrungen geführt. Am stärksten verbreitet war in der Zeit von 1960–1990 das ↗ Einparteisystem. Daneben ist aber immer wieder das Konzept der N. D. vorgebracht worden. N. D. ist ein pol. System, in dem keine pol. Parteien zugelassen sind. Als Volksvertreter werden Personen aus der Mitte der Bevölkerung gewählt. Daher wird auch von direkter oder partizipativer Demokratie gesprochen. Das zentrale Merkmal der N. D. besteht im Aufbau des pol. Systems von unten, so dass im afrik. Kontext auch die Bezeichnung Palaverdemokratie verwandt wird. Vorreiter der Umsetzung der N. D.-Konzeption in die Praxis war Libyen, wo Staatschef M. al-Gaddafi in seinem *Grünen Buch* ankündigte, das Problem der Demokratie durch direkte Volksherrschaft zu lösen. In Arbeits- und Ausbildungsstätten sowie Wohnorten gewählte Volkskomitees sind seit 1977 die Basisorgane des Staates. Gaddafi selbst ist seit 1979 nur noch Mitglied der »Führung der libyschen Revolution«, ohne indessen an Macht eingebüßt zu haben. Inspiriert von Gaddafi versuchten sowohl J. J. Rawlings nach seinem Militärputsch in Ghana 1981 als auch Th. Sankara während seiner Militärherrschaft in Burkina Faso von 1983–1987 ähnliche durch Basisorgane getragene Systeme aufzubauen, die allerdings nicht von Dauer waren. Pol. Stabilität brachte das System der N. D. nach Uganda, wo Y. Museveni nach seiner Machtergreifung 1986 die im Widerstandskampf gegen die Obote-Diktatur geschaffenen *resistance councils* zu Basisorganen des neuen Staates ausbaute. 1995 verfassungsmäßig institutionalisiert, besteht die N. D. in Uganda bis zur Distriktebene aus den von unten aufgebauten *local councils*, einem durch direkte Personenwahl gewählten nat. Parlament sowie einem direkt gewählten exekutiven Staatspräsidenten. Da die 1986 an die Macht gelangte NRM (*National Resistance Movement*) das Herrschaftssystem in Uganda weithin bestimmt, wird auch von einem *movement system* – im Unterschied zu einem Parteiensystem – gesprochen. Seine Struktur und Funktionsweise in Uganda zeigen, dass die N. D. sich trotz der vorhandenen basisdemokrat. Elemente nicht grundlegend von Einparteisystemen unterscheidet, einschl. der unangefochtenen Autorität des Staatschefs – Museveni im Falle Ugandas oder Gaddafi in Libyen. ↗ Nachkolonialer Staat.

📖 N. Kasfir, No-Party Democracy in Uganda. In: Journal of Democracy 9 (1998), 2, S. 49–63. – E. Wamba-dia-Wamba, Das Palaver als Praxis von Kritik und Selbstkritik. In: Peripherie 9 (1989), Nr. 35, S. 21–42.

Peter Meyns

NROs ↗ Nichtregierungsorganisationen

OAU (*Organization of African Unity*). – *I. Gründung.* Die Organisation der Afrik. Einheit wurde 1963 gegründet und ist – im Sinne von Kap. VIII der UN-Charta – die »Regionale Abmachung« der Staaten Afrikas. Die OAU ging aus dem ↗ Panafrikanismus hervor, einer seit etwa 1900 bestehenden kulturellen Bewegung schwarzer Intellektueller in der Diaspora, die nach dem Zweiten Weltkrieg für ↗ Schwarzafrika Autonomie und Unabh. forderte. Ihr Wortführer K. Nkrumah, der Ghana 1957 in die Unabh. geführt hatte, entwickelte die Vision, der kolonialen Balkanisierung Afrikas entgegenzuwirken und, nach dem Vorbild der USA oder der Sowjetunion, einen Bundesstaat, die »Vereinigten Staaten von Afrika«, zu schaffen. Mit dem sich 1960 beschleunigenden Unabhängigkeitsprozess trat dem jedoch die wachsende staatl. Vielfalt entgegen. Während sich eine kleine Zahl radikaler Staaten, die Nkrumahs Ideen nahe standen, in der Casablanca-Gruppe zusammenfand, schlossen sich die gemäßigteren der Monrovia-Gruppe sowie der frankophonen UAM (*Union Africaine et Malgache*) an, die stärker vom afrik. ↗ Nationalismus beeinflusst waren. Einigkeit bestand über die Gruppen hinweg in dem Ziel, ein Forum aller unabh. Staaten des Kontinents zu schaffen, was mit der Gründung der OAU erreicht wurde.

II. Ziele und Organisationsstruktur. An der gesamtafrik. Konferenz der Staats- und Regierungschefs in Addis Abeba (Äthiopien), die am 25. 5. 1963 die Charta der OAU verabschiedete, nahmen 30 Staaten teil. Heute, nach der Aufnahme Südafrikas im Jahr 1994, sind 53 Länder Mitglied der OAU. Das sind alle Staaten Afrikas mit Ausnahme Marokkos, das 1984 im Streit über die Aufnahme der Exilregierung Westsaharas ausgetreten ist. – Oberstes Anliegen der afrik. Staaten nach Erlangung ihrer Unabh. war nicht die Schaffung eines gemeinsamen Bundesstaats, sondern die Bewahrung ihrer oft hart erkämpften ↗ nat. Souveränität. Dementsprechend konstituierte sich die OAU als institutionell lockere Organisation mit funktional begrenzten Formen der Kooperation. Sie folgte damit dem Vorbild der ↗ Blockfreienbewegung, auf deren Prinzipien die OAU sich ausdrücklich verpflichtete. Die in Art. 2 und 3 der Charta formulierten Ziele und Grundsätze (Verteidigung der Souveränität, der territorialen Integrität und Unabh., Nichteinmischung in innere Angelegenheiten) bringen den hohen Stellenwert der nat. Souveränität für die Mitgliedstaaten zum Ausdruck. Vor dem Hintergrund des ↗ kolonialen Erbes willkürlicher Grenzverläufe verständigten sich die Mitglieder darauf, den Status quo unangetastet zu lassen, um Grenzkonflikte zu vermeiden, und forderten die Befreiung Afrikas von den Resten des ↗ Kolonialismus. Ausdrücklich stellt sich die Charta auf den Boden der UN-Charta und der Allg. Erklärung der ↗ Menschenrechte. – Höchstes Organ der OAU ist die einmal im Jahr tagende Gipfelkonferenz der Staats- und Regierungschefs. Bei Sachfragen ist eine Zweidrittelmehrheit erforderlich; so weit wie möglich praktizieren die OAU-Mitglieder jedoch das Konsensprinzip. Der zweimal im Jahr tagende Ministerrat arbeitet der Gipfelkonferenz zu. Für die laufenden Geschäfte ist der Generalsekretär mit Sitz in Addis Abeba zuständig, dessen exekutive Kompetenzen aber begrenzt sind. Die Gipfelkonferenz wählt jährlich den Vorsitzenden der OAU und alle vier Jahre den Generalsekretär, dessen Amtsperiode verlängert werden kann. S. A. Salim (Tansania), der bis 2001 Generalsekretär war, wurde 1989 in sein Amt gewählt.

III. Aktivitäten. Die OAU ist als Stimme Afrikas in den internat. Beziehungen anerkannt. Ihrem Ziel, ein besseres Leben für die Völker Afrikas zu verwirklichen, konnte sie aufgrund ihrer an der Souveränität der Mitgliedstaaten orientierten Prinzipien sowie ihrer zunehmend kritischen Wirtschaftslage jedoch nicht näherkommen. Als Plattform »großer Reden« ist sie mehr aufgefallen als bei der Bewältigung dringender Probleme. In seltenen Fällen wurde ihre durch das Nichteinmischungsgebot bedingte pol. Ohnmacht auf einer Gipfelkonferenz angeprangert, so 1986, als der gerade an die Macht gelangte Staatspräsident Ugandas, Y. Museveni, ihr vorwarf, die Willkürregime von Idi Amin und M. Obote und deren Menschenrechtsverletzungen jahrelang tatenlos hingenommen zu haben, oder 1993, als der Staatschef Eritreas, I. Afewerki, dessen Land nach 30-jährigem, von der OAU ignoriertem Befreiungskampf die staatl. Loslösung von Äthiopien erreicht hatte und Mitglied der OAU geworden war, ihr die jahrelange Passivität vorhielt.

In der Ablehnung der ↗ Apartheid in Südafrika hat die OAU über alle Differenzen hinweg auch immer wieder Einheit demonstrieren können. Bereits auf der Gründungskonferenz 1963 beschloss sie die Einrichtung eines »Befreiungskomitees« mit Sitz in Tansania, das die pol. und materielle Unterstützung der von der OAU anerkannten ↗ Rebellenbewegungen koordinierte. 1970 befürwortete die OAU im Lusaka-Manifest den bewaffneten Kampf, solange die weißen Regime im südl. Afrika unnachgiebig blieben. Mit dem Ende der Apartheid in Südafrika war diese Aufgabe erfüllt, das Befreiungskomitee wurde 1993 aufgelöst.

Trotz der Anerkennung der territorialen Integrität kam es in der nachkolonialen Entwicklung zu Grenzkonflikten. In einigen Fällen (Algerien/Marokko, 1963–67; Somalia/Kenia/Äthiopien, 1964–67) gelang es, das in der Charta postulierte Prinzip der friedlichen Streitbeilegung durchzusetzen, in anderen Konflikten wie zwischen Somalia und Äthiopien (Ogaden, 1977–78), Libyen und Tschad (1984–88), Äthiopien und Eritrea (1998–2000) jedoch nicht.

Als grundlegende Herausforderung der OAU erwiesen sich indessen die innerstaatl. ↗ Kriege/Bürgerkriege, die seit Ende der 1980er Jahre u. a. in Liberia, Sierra Leone, Sudan, Somalia, Ruanda und Burundi eskalierten. Seit dem Ende des Ost-West-Konflikts lassen sich schwerwiegende Menschenrechtsverletzungen nicht mehr durch Prinzipien wie das Nichteinmischungsgebot und die territoriale Integrität zudecken. Dem trug die OAU durch die Schaffung eines neuen Instruments Rechnung, dem »Mechanismus für die Prävention, das Management und die Lösung von Konflikten«, womit sie ihrer Friedenspolitik eine neue Richtung gab. Mit der Gründung des »Mechanismus« 1993 und der Einsetzung entsprechender Gremien (des Zentralorgans zur Beschlussfassung und des OAU-Generalsekretärs als exekutiver Instanz) machte sie auch die primäre Verantwortung Afrikas für die eigenen Konflikte deutlich. Das Engagement in Burundi 1996, als die OAU nach einem Militärputsch Sanktionen erließ, zeigte zwar ihre Bereitschaft, die neue Politik umzusetzen, indessen blieb der »Mechanismus« aufgrund der chronischen Finanznöte der OAU schwach. Seine Effektivität hängt ab von der sicherheitspol. Zusammenarbeit mit regionalen Initiativen wie der ↗ ECOMOG in Westafrika oder der Kooperation mit den UN. Einzelne afrik. Staaten beteiligten sich mit Truppenkontingenten an ↗ Blauhelmeinsätzen. Wie begrenzt die Möglichkeiten der OAU sind, Frieden zu vermitteln, zeigte sich seit 1998 bes. beim Kampf um die Macht im Kongo, wo sie nicht verhindern konnte, dass sich ein regionaler Krieg von bisher in Afrika unbekannten Dimensionen entwickelte. – Durch die Verabschiedung einer Flüchtlingskonvention 1974, einer »Afrik. Charta der Menschen- und Völkerrechte« (Banjul-Charta) 1986 sowie einer »Charta der Rechte und der Wohlfahrt des Kindes« 1991 formulierte die OAU wichtige Prinzipien, deren Umsetzung wie anderswo auch v. a. vom pol. Willen der Mitgliedstaaten abhängt. – In Wirtschaftsfragen ließ die OAU meist der ebenfalls in Addis Abeba ansässigen ↗ ECA den Vortritt, fühlte sich jedoch immer der Vision einer kontinentalen wirtsch. Kooperation verpflichtet. 1980 verabschiedete sie den »Lagos-Aktionsplan für die wirtsch. Entwicklung Afrikas«, der eine Politik der ↗ kollektiven Eigenständigkeit und die Errichtung eines afrik. Gemeinsamen Marktes bis zum Jahr 2000 propagierte. 1991 folgte der Abuja-Vertrag, der die Schaffung einer »afrik. Wirtschaftsgemeinschaft« bis 2025 vorsah. Es blieb bei diesen Absichtserklärungen. Initiativen auf der Ebene von ↗ regionalen Organisationen werden jedoch im Abuja-Vertrag als Bausteine der angestrebten kontinentalen Kooperation bezeichnet.

IV. Afrik. Union. Mit der auf seine Initiative hin 1999 auf einem Sondergipfel der OAU verabschiedeten »Syrte-Deklaration« wollte der libysche Führer Gaddafi dem ↗ Panafrikanismus zu neuem Leben verhelfen. Für einen afrik. Bundesstaat im Geiste Nkrumahs konnte er die Staaten Afrikas nicht gewinnen. Ein Jahr später wurde jedoch eine neue Charta, die *Constitutive Act of the African Union*, unterzeichnet und bereits 2001 in Kraft gesetzt. Die Grundstrukturen der OAU bleiben bestehen, aber mit der Gründung der Afrik. Union hat die pol. und ökonom. Kooperation auf dem Kontinent einen neuen Impuls erhalten. ↗ ECOWAS, ↗ Frontlinienstaaten, ↗ SADC.

🕮 Y. El-Ayouty (Hg.), The Organization of African Unity after Thirty Years, Westport, Conn./London 1994. – V. Matthies, Die friedenspol. Rolle der Organisation der Afrik. Einheit: Der OAU-Mechanismus für die Prävention, das Management und die Lösung von Konflikten. In: Institut für Afrika-Kunde/R. Hofmeier (Hg.): Afrika Jahrbuch 1996, Opladen 1997, S. 49–62. – G. J. Naldi, The Organization of African Unity. An Analysis of its Role, 2. Aufl., London/New York 1999. – G. J. Naldi (Hg.), Documents of the Organization of African Unity, London/New York 1992.

Peter Meyns

Öffentliche Verwaltung. Verwaltung ist die Tätigkeit des Staates, die der Erfüllung öffentl. Aufgaben dient (und nicht Gesetzgebung oder Rechtsprechung ist), sowie alle damit befassten Behörden und die in diesen tätigen Angehörigen des öffentl. Dienstes. Die ö. V. ist somit ein Instrument der Politik, das pol. Entscheidungen umsetzt und auf Dauer strukturiert. In der Realität hat sich jedoch gezeigt, dass der Einfluss der ö. V. auf die Politik wächst, dass die ö. V. pol. Entscheidungen umlenken kann bzw. – als gesellsch. Interessengruppe – eigene Ziele verfolgt. Dafür hat sich der Begriff Bürokratie gebildet als Herrschaftstypus, gegründet auf die Beachtung gesetzlicher Regelungen und organisatorische Effizienz, dann aber auch als Kritik dieses Typus im Sinne von Formalismus ohne Berücksichtigung individueller Problemlagen (Bürokratisierung).

I. Historischer Entstehungskontext. Die Kolonialverwaltung erzwang Unterwerfung (z. B. durch ↗ Zwangsarbeit und Steuerzahlung), erlaubte aber auch eine begrenzte Partizipation, da sie auf Hilfskräfte angewiesen war. Wer in diese Positionen gelangen wollte, musste das kolonial geprägte, i.d.R. von Missionsgesellschaften geleitete Schulsystem (↗ Missionsschule) durchlaufen (Alphabetisierung + Christianisierung = ↗ Modernisierung) und verkörperte dann als Beamter oder Lehrer gegenüber der breiten Bev. dieses Modernisierungsideal. Bei Erlangung der Unabh. mussten in den kolonial gesetzten Grenzen ethn. heterogene Gruppen in einem neuen Staat zusammengeführt und für eine neue – moderne – Zukunft gewonnen werden. Die damit beauftragte ↗ Elite benutzte die ö. V. als eines der zentralen Instrumente zur Erreichung dieses Zieles.

Die Bev. knüpfte an die Unabh. große Erwartungen. Der Fortschritt sollte in gesteigertem ökonom. Wohlstand sichtbar werden, wobei eine stärkere Teilhabe an öffentl. Positionen – und nicht ein verstärktes Engagement in der Privatwirtschaft – als der Königsweg erschien. Ein Instrument, um in die ö. V. zu gelangen, wo es viele gewichtige Stellen zu besetzen galt, waren die Abschlüsse im modernen Erziehungssystem. Zunächst folgten die im Kolonialsystem herangebildeten mittleren afrik. Beamten den abziehenden weißen Verwaltungskräften nach und gelangten so nach einer oftmals kurzen Ausbildung im jeweiligen Mutterland (Frankreich, England) in verantwortungsvolle Stellungen. Diese Beamten sind oft kritisiert worden (geringe akademische Vorbildung, mangelndes Verständnis für neue Entwicklungsideologien etc.), aber sie waren pflichtbewusst, diszipliniert und den gesetzten Regelungen verbunden.

Die Verwaltungssysteme afrik. Länder expandierten rasch, nicht nur wegen wachsender Staatsaufgaben (z. B. wurde auf externen Druck hin ein umfassendes Planungssystem eingeführt), sondern auch aufgrund der Erwartungshaltung der Bev. Wer einen Schulabschluss erreichte, glaubte damit einen Anspruch auf eine Lebensstellung in der ö. V. erworben zu haben. So wuchs in den ersten zwei Jahrzehnten nach der Unabh. der öffentl. Dienst in vielen Ländern auf das Drei- bis Vierfache an. In nicht wenigen Ländern entfallen 70–80% des staatl. Budgets auf die Bezahlung der Beamtenschaft, so dass für Entwicklungsaufgaben so gut wie keine Mittel mehr übrig sind und diese durch externe Zuflüsse (↗ Entwicklungszusammenarbeit) bestritten werden müssen.

II. Image und Verhaltensweisen der Verwaltung. In den Augen der Bev. genoss die Verwaltung ein fast grenzenloses Prestige. Es gibt offensichtlich keine andere Position, die so sehr das Moderne und den Fortschritt verkörpert wie die eines Beamten, der hinter seinem Schreibtisch sitzt und mit gewichtigen Akten umgeht. Das gesamte Schulsystem, das eher zur Verachtung manueller Tätigkeit erzieht (die Institutionen der handwerklich-techn. Ausbildung werden i.d.R. nur von solchen Schülern besucht, die im klassischen Schulystem gescheitert sind), schien gradlinig auf diese Position hinzuführen. Da Sekundarschulen, die ein Universitätsstudium und damit den späteren Eintritt in den höheren öffentl. Dienst erlaubten, nur in Städten existierten, wurden Schüler dem heimischen ländl. Milieu entfremdet und stellten insgesamt einen wichtigen Faktor für Landflucht und galoppierende Urbanisierung dar. Die ö. V. wurde somit als eine Entwicklungsagentur für persönliche Karrieren par excellence wahrgenommen. Die fabelhaften Karrieren junger Menschen verbreiteten sich in der Heimatregion und führten zu weiterer Landflucht.

Die Bev., während der Kolonialherrschaft zur Passivität verpflichtet, erwartete von der ö. V. die Lösung all ihrer Probleme. Dieser Mythos, der jede Kritik an der ö. V. schon im Keime erstickte, korrespondierte mit spezifischen Verhaltensweisen der Beamtenschaft: Sie begriff sich als Inhaber einer Machtposition und nicht als Dienstleister für die Bev. Die mit der Unabh. erforderliche Entwicklungsfunktion wurde so in ihr Gegenteil verkehrt. Um den Klienten einzuschüchtern und Kompetenzlücken sowie Entscheidungsscheu zu überspielen, pflegen die Bürokraten dieses Image durch eine Art rituellen Modernismus: Stilisierung der äußeren Erscheinung (je höher der Rang, desto dunkler der Anzug und desto enger die Krawatte geknüpft), Pflege von Statussymbolen (z. B. Dienstwagen), Überbetonung von dem Bürger unverständlichen Verfahren und Details, hochtönende Reden bei offiziellen Anlässen etc. Die Beamtenschaft hatte schon kurz nach der Unabh. einen hohen Grad der Privilegierung erreicht, zumal sie über vielfältige Mechanismen verfügte, ihre Stellung für zusätzliche Einnahmen zu benutzen. So werden mancherorts die Regeln des Beamtenrechts aufgeweicht, bis ein paralleles Engagement in der Wirtschaft möglich wird, oder – was einfacher ist – das Netzwerk der Familie und Freunde wird dafür genutzt. Aber auch diese Tendenzen, die einem Verständnis von systemischer ↗ Korruption nahe kommen, führten nicht zur Kritik an der Verwaltung, sondern zu der Ansicht, dass diese Amtsinhaber über bes. starke Mittel verfügen (Amulette, ↗ Hexerei) müssten, die ihnen zu ihrer Stellung verholfen hätten. Also galt es, gewichtige Gegenkräfte zu finden, traditionelle Heiler und Hexer zu konsultieren, ein stärkeres Amulett zu kaufen etc. In spezifischem Sinne wird hier ersichtlich, dass die ö. V. von ihrem soziokulturellen Umfeld durchdrungen wird. Der Modernisierungsprozess in Staat und Verwaltung ist oft nur eine Fassade geblieben, hinter der die sog. traditionellen Werte stärker denn je wirken.

III. Pol. Entscheidungen und Verwaltung. Die mit der Unabh. an die Macht gekommenen afrik. Eliten entwickelten einen exklusiven Herrschaftsanspruch, der für Gewaltenteilung, eine unabh. Justiz, eine freie Presse und Oppositionsparteien keinen Raum ließ (↗ Autoritäre Regime). Eine Politisierung der Verwaltung wurde so unausweichlich, d. h. die Beamten konnten sich nicht mehr auf pol. Abstinenz berufen (und lediglich die ihnen übertragenen Aufgaben erfüllen), sie mussten Farbe bekennen und Mitglied der staatstragenden Partei werden. Die Politiker veränderten ihrerseits die Gestaltungsmechanismen des öffentl. Dienstes, z. B. die Beförderung nach Bewährung und Leistung durch Faktoren der pol. Loyalität, ethn. Zugehörigkeit, familiärer Nähe etc. Das führte dazu, dass die ö. V. sich immer weniger auf eine kontinuierliche Aufgabenerfüllung konzentrieren konnte, sondern in den pol. Entscheidungsprozess hineingezogen wurde, der einen größeren Wert auf innere Stabilität und Sicherheit legte als auf z. B. die Befriedigung der Grundbedürfnisse der Bev. In diesem pol.-administrativen Komplex verwischten sich Unterscheidungen und Grenzen von Partei, Regierung und Verwaltung, was auch in personellen Fluktuationen zum Ausdruck kam: Beamte wurden zu Ministern und Mitgliedern des Parteibüros. Diese Staatsklasse unterlag keiner Kontrolle mehr und unterwarf den Staat (auch zum großen Teil die Wirtschaft, die früh in ihren Einflussbereich gezogen wurde) ihren Gruppeninteressen. Neutrales, rationales Verwaltungshandeln war so nicht möglich, und es konnte auch keine ethische Basis dafür entstehen, dass die ö. V. eine Sachwalterin des öffentl. Interesses sein sollte. Ein solches Konzept hat bisher in Afrika noch keine Wurzeln schlagen können. Der staatl. Sektor wird noch weitgehend mit der Kolonialherrschaft assoziiert, als etwas Fremdes und Oktroyiertes, das man für sich nutzen kann. Phänomene wie Klientelismus, ↗ Neopatrimonialismus und Korruption müssen unter diesem Blickwinkel gesehen werden. Wenn *Transparency International* 1999 Kamerun als das korrupteste Land der Welt bezeichnet (unter 99 untersuchten), dann wird dies im Lande eher als Ausdruck des bösen Willens der westl. Welt interpretiert.

Charakteristisch für afrik. Verwaltungssysteme ist der hohe Zentralisierungsgrad der Entscheidungsabläufe, ein Reflex des extrem zentralistischen pol. Systems. In Ministerien werden Verantwortlichkeiten ungern nach unten delegiert und solche ebenso ungern übernommen, selbst wenn der Amtsinhaber über die erforderliche Kompetenz verfügt. Es gibt kaum eine konsistente Personalpolitik und -führung, die Leistung honorieren würde. Wer wenig Entscheidungen produziert, hat u. U. höhere Aufstiegschancen. Dadurch beschränkt sich Verwaltungshandeln auf routinisierte Verfahren (z. B. Ausgabe von Personalausweisen, aber gegen ein Schmiergeld) und kurzfristige Perspektiven (z. B. Erarbeitung einer Rede für den Minister). Leistungswillige und gut ausgebildete Beamte werden so demotiviert und wandern ab – soweit ihnen diese Möglichkeit zur Verfügung steht, z. B. in die arab. Welt oder zu internat. Organisationen. Das Problem des Zentralismus ist bes. ausgeprägt im Bereich der Regional- und Kommunalverwaltung, da die Zentralregierung das Aufkommen pol. Gegengewichte fürchtet. Dadurch bleiben viele Probleme vor Ort ungelöst, obwohl pol. Meinungsführer immer wieder betonen, wie wichtig ihnen die Entwicklung von unten sei. Diese jedoch mit autonomen Initiativen aus der ↗ Zivilgesellschaft gleichzusetzen, übersteigt noch ihre einzig auf Machtkonzentration und -sicherung ausgerichtete Vorstellungswelt.

IV. Neuere Tendenzen und Perspektiven: Bis zum Ende der 1980er Jahre konnte man die afrik. Staaten unter dem Begriff patrimonial-administrativer Staat zusammenfassen, der ein »lahmer Staat« war, nicht in der Lage, ökonom. Wohlstand für seine Bev. zu produzieren. Die ökonom. Krise sowie die mit dem Ende des Ost-West-Konflikts einsetzende Demokratisierung (↗ Demokratie) und Auflösung des Einparteisystems hat auch die Strukturen der afrik. Staaten in Mitleidenschaft gezogen. Heute kann man eher von Staatszerfall sprechen, was sich auch darin manifestiert, dass ↗ Kriege/Bürgerkriege zugenommen haben. Das geringe Niveau an nachhaltiger Entwicklung wird v. a. damit erklärt, dass die afrik. Staaten nicht über die institutionellen Kapazitäten verfügen, um den Entwicklungsprozess zu steuern, obwohl doch seit der Unabh. viele Tausende Afrikaner im In- oder Ausland für Führungsaufgaben in der ö. V. ausgebildet worden sind. Offensichtlich waren bisher zu viele negative Faktoren am Werke, die eine Nutzung der persönlichen Fachkompetenz im Sinne einer Systementwicklung verhindert haben, was die externen Akteure in Afrika, insbes. internat. Organisationen wie IWF und Weltbank, dazu gebracht hat, den institutionellen Faktoren eine erhöhte Bedeutung beizumessen. Dies geschah im Rahmen der ↗ Strukturanpassung durch Auflagen, den öffentl. Dienst zu verkleinern und ihm gleichzeitig mehr Effizienz zu verleihen. Diese Quadratur des Kreises konnte nicht gelingen, da die angestrebten Veränderungsstrategien – eine Privatisierung der Staatsbetriebe und die Förderung der Marktkräfte – die etablierten Eliten eines Großteils der Ressourcen berauben, mit denen sie bisher ihre Patronagepolitik betrieben haben. Die bisherigen Reformmaßnahmen haben zu weitgehend technokratischen, schablonenhaften Scheinlösungen geführt, die nicht dauerhaft Bestand haben können, da sie nicht in das soziokulturelle Umfeld eingebettet und nicht vom pol. Willen der nat. Entscheidungsträger getragen sind. So ist es zwar in manchen Ländern gelungen, die Zahl der öffentl. Bediensteten etwas zu reduzieren bzw. zu stabilisieren, aber dies hat zu Verunsicherungen und Motivationsverlusten geführt. Oft haben gerade die besseren Beamten die angebotenen Abfindungsprogramme für Frühpensionierungen wahrgenommen. Verbunden mit eklatanten Kaufkraftverlusten durch eine restriktive Haushaltspolitik hat diese Konstellation zu einer Zunahme der Korruption – wie in Kamerun – geführt. Um aus diesem Dilemma herauszukommen, ist zweierlei erforderlich: (1) Eine Einbettung des Verwaltungsprozesses in die demokrat. Reformen; (2) die Transformation einer bisher monokratischen Verwaltung in eine polyzentrische, d. h. es müssen langfristig demokrat. Systeme aufgebaut werden, die den Grundprinzipien der Gewaltenteilung, des Wettbewerbs und der Machtkontrolle gehorchen. Dazu gehört die Auswahl und Beförderung nach Leistung, Loyalität nicht nur zu Personen, sondern zum Recht; die Betonung der Dienstleistungen für die Bev. Der Aufbau einer polyzentrischen ö. V. bedeutet auch, dass durch eine funktionale Dezentralisierung öffentl. Aufgaben auf der Ebene durchgeführt und übernommen werden, die dafür am besten geeignet sind. Eine solche Strategie würde die Zentralregierung entlasten und die Regional- bzw. Lokalverwaltungen stärken. Sie kann aber nur funktionieren, wenn die jeweiligen Verwaltungen der Bev. gegenüber rechenschaftspflichtig bzw. von dieser gefordert sind, effizienter zu werden. Die Staaten Afrikas müssen die Herausforderungen einer doppelten Transformation – gleichzeitig ökonom. und pol.-institutioneller Art – selbst in die Hand nehmen, sollen Erfolge erzielt werden. ↗ Nationenbildung, ↗ nachkolonialer Staat.

📖 H. F. Illy, Mythos und Realität der öffentl. Verwaltung in Afrika. In: Die Verwaltung 4 (1983), S. 447–464. – Ders., Strukturanpassungsprogramme und institutionelle Reformen in Afrika – stumpfe Waffen der Weltbank? In: W. A. Koch (Hg), Ökonom. Aspekte der Demokratisierung in Afrika, München 1994, S. 89–107. – Th. M. Callaghy, The State as Lame Leviathan: The Patrimonial Administrative State in Afrika. In: Z. Ergas (Hg.), The African State in Transition, New York 1987, S. 87–116. – J. Corkery/A. Land/J. Bossuyt, Minding One's Own Business: Institutional Dimensions of Management for Capacity Development. In: International Review of Administrative Sciences 64 (1998), S. 531–551. – B. Olowu, Redesigning African Civil Service Reforms. In: The Journal of Modern African Studies 31(1999), S. 1–23.

Hans F. Illy

OIC (Organisation der Islam. Konferenz). Nach einem Gipfeltreffen zwischen muslim. Regierungschefs im Jahre 1969 und einer Außenministerkonferenz islam. Staaten im folgenden Jahr wurde 1971 in Djiddah (Saudi-Arabien) die OIC gegründet. Mit (im Jahre 2001) 60 Ländern, von denen 56 Vollmitglieder sind und vier nur über einen Beobachterstatus verfügen, ist sie die bedeutendste Organisation des islam. Internationalismus. Wie es in der Präambel ihrer Charta heißt, vertritt die OIC »eine strikte Orientierung am ↗ Islam und an islam. Prinzipien und Werten als Lebensform«. Ihr Hauptziel ist die Förderung islam. Solidarität auf wirtsch., sozialem, wiss. und kulturellem Gebiet. Zu den wichtigsten Unterabteilungen und Projekten der OIC gehören u. a. die Islam. Entwicklungsbank, der Internat. Solidaritätsfonds oder die Internat. Islam. Nachrichtenagentur. Aus der Mitgliedschaft in der OIC erhoffen sich insbes. viele ärmere afrik. Länder wirtsch. Unterstützung und eine stärkere Integration in die islam. Welt. Mitglied kann laut Charta der OIC jeder islam. Staat werden, wobei allerdings unklar ist, nach welchen Kriterien ein Staat als islam. gilt. So trat etwa Senegal der OIC zu einer Zeit bei, als ein Katholik Regierungschef war, und mehrere afrik. Länder wie Gabun, Benin oder Uganda sind Mitglieder, obgleich Muslime dort nur eine Minderheit bilden. In den 1980er und 1990er Jahren kam es in Nigeria und Tansania bei der Diskussion über die Frage der Verfassungsmäßigkeit bzw. des Status einer Mitgliedschaft zu schweren innenpol. Krisen.

📖 H. Moinuddin, Die Organisation der Islam. Konferenz als Forum pol. und wirtsch. Kooperation, Bochum 1984. – E. Schöne, Islam. Solidarität, Berlin 1997.

Klaus Hock

Ökologischer Anbau umschreibt landwirtsch. Produktionsverfahren, die auf geschlossenen Stoffkreisläufen beruhen. Die Verwendung synthetisch hergestellter Produktionsmittel wie Mineraldünger und Pestizide ist ebenso ausgeschlossen wie der Einsatz gentechnisch veränderter Pflanzen und Tiere. In der kontrollierten Erzeugung ökolog. Nahrungs- und Genussmittel sehen auch afrik. Länder eine zusätzliche Chance für den Export. Die EU regelt in der Verordnung Nr. 2092/91, dass die Gleichwertigkeit von Herstellung, Inspektion und Zertifizierung nachgewiesen werden muss. Nicht-EU-Mitglieder müssen in einer Drittländerliste aufgeführt sein, was jedoch bis 1999 noch für keinen afrik. Staat zutraf. Allerdings ist der Export von Produkten, die unter die Verordnung fallen, auch möglich, wenn der Importeur in der EU über eine Importermächtigung gemäß Artikel 11 (6) verfügt. Diese Regelung ermöglicht es bspw. Madagaskar, ökolog. erzeugte Rohwaren wie Palm- und Kokosfett, Vanille und versch. Gewürze zu günstigeren Preisen in die EU zu exportieren. Dies geschieht auf Initiative eines dt. und eines frz. Unternehmens, die eine internat. Kontrollstelle mit der Zertifizierung beauftragt haben, und zeigt gleichzeitig die Probleme, die im ökolog. Anbau liegen: Die von sich aus hohe Marktabhängigkeit der Exportproduktion wird durch die enge Bindung an einen Händler noch verstärkt, und die Erzeugung im Rahmen des kontrollierten ökolog. Anbaus ist wenig geeignet, einen Beitrag zur Ernährungssicherung der afrik. Bevölkerung zu leisten. Viele Projekte der ↗ Entwicklungszusammenarbeit fördern daher vordringlich landwirtsch. Produktionsverfahren, die als standortgerechter Landbau umschrieben werden. Dieser kombiniert oder integriert traditionelle Anbaupraktiken und überliefertes Wissen mit modernen Methoden. Im Vordergrund stehen wirtsch. und ökolog. Alternativen zu teuren zugekauften Produktionsmitteln und die schonende, nachhaltige Verwendung natürl. Ressourcen.

Eckhard Baum

Organisation der Islamischen Konferenz ↗ OIC

Palaverdemokratie ↗ No-party Democracy

PALOP (*Países Africanos de Língua Oficial Portuguesa*). 1979 kamen die 1974/75 unabh. gewordenen afrik. Länder mit Portugiesisch als Amtssprache erstmals zu einer gemeinsamen Konferenz zusammen. »Die Fünf« (*Os Cinco*), wie die Gruppe auch genannt wurde, sind Angola, Guinea-Bissau, Kap Verde, Mosambik und São Tomé und Príncipe. Gemeinsam war den PALOP-Ländern ihre koloniale Vergangenheit und die Tatsache, dass sie erst nach langjährigen nat. Befreiungskämpfen gegen die portug. Kolonialherrschaft ihre Unabh. erlangt hatten. Daraus resultierte auch ihr Entschluss, sich – im Unterschied zum ↗ Commonwealth oder zur ↗ Frankophonie – ohne die ehem. Kolonialmacht Portugal als Gruppe zusammenzuschließen. Der Zusammenhalt der PALOP beruhte darauf, dass die ↗ Rebellenbewegungen, die bereits seit 1961 in der CONCP (Konferenz der nationalistischen Organisationen in den portug. Kolonien) zusammengeschlossen waren, nach der Unabh. in ihren Ländern die pol. Macht übernahmen. Als jedoch im Zuge der Demokratisierungswelle 1991 sowohl in Kap Verde wie in Sao Tomé e Príncipe die seit der Unabh. herrschenden Parteien abgewählt wurden, endete die traditionelle Solidarität zwischen den fünf Ländern. Nach 1992 fand erst 2001 die nächste Gipfelkonferenz der PALOP statt. Ohnehin hatte die wirtsch. Kooperation zwischen den »Fünf« nur geringe Fortschritte erzielt. Insbes. hinsichtlich Sprache und Ausbildung bestehen zwischen ihnen aber weiterhin Gemeinsamkeiten. Starken Anteil am Fortbestand der PALOP hatte ihre Anerkennung im Rahmen der ↗ Entwicklungszusammenarbeit der EU (↗ Lomé-Abkommen). Als Ergebnis der EU-Präsidentschaft Portugals wurde 1992 ein erstes Kooperationsabkommen zwischen EU und PALOP vereinbart, dem 1997 ein zweites folgte.

🕮 P. Meyns, Die vielfältigen Kooperationsbeziehungen der portugiesischsprachigen Länder in Afrika. In: Institut für Afrika-Kunde/R. Hofmeier (Hg.): Afrika Jahrbuch 1993, Opladen 1994, S. 66–75.

Peter Meyns

Panafrikanismus, afrik. Einheitsbewegung. *I. Begriff.* Als einzelne Nationalismen überwölbende Bewegung birgt auch der P., wie andere Pan-Bewegungen (Panslawismus, Panamerikanismus), von Anfang an ein unlösbares Dilemma – zwischen Nationalismen und kontinentaler Einheit. Hinzu kamen drei weitere Schwierigkeiten: (1) Vom N her überschnitten sich zwei, dazu konkurrierende Pan-Bewegungen, Panarabismus und Panislamismus, für den Zusammenschluss aller arab. Völker bzw. islam. Staaten. (2) P. enthielt als Befreiungsbewegung gegen europ. ↗ Kolonialismus und weißen ↗ Rassismus fast automatisch eine Prise (emanzipatorisch gemeinten) schwarzen (Gegen-)Rassismus, v. a. gegen Weiße im südl. Afrika. (3) Auch P. war eine typische Kopfgeburt isolierter Intellektueller, mit ideol. Rückgriff auf Afrika als ideelle Ganzheit und idealisierte Vergangenheit.

II. Vorgeschichte. P. begann als kollektive Selbstfindung von Nachfahren ehem. Sklaven aus Afrika in der Neuen Welt, v. a. in der brit. Karibik und den USA. Seine Vorgeschichte gehört daher ins weite Feld von Transatlantischem ↗ Sklavenhandel, Sklaverei, Kolonialherrschaft (↗ Kolonialismus), Abolitionismus (Bewegung zur Abschaffung von Sklavenhandel und Sklaverei) ab ca. 1787 und der dialektischen Konsequenz aus der Sklavenemanzipation – Rassismus als Rechtfertigungsideologie für europ. Kolonialismus und Vorherrschaft in der Welt. Schon ihr äußeres Aussehen und die explizite wie implizite Gleichsetzung von »*Negro = Slave*« in Nordamerika warf die Sklaven auf Afrika zurück. So machten erste Freigelassene (meist Afrikaner mit weißen Vätern) aus ihrer existenziellen Not eine ideol. Tugend: Sie werteten das verachtete Afrika positiv auf, sahen es, noch vor Afrikanern selbst, von außen als Einheit, auch »rassisch«: Afrika = Land der Schwarzen. Sie nutzten Chancen zur Selbstorganisierung und Artikulation der sich industrialisierenden westl. Zivilgesellschaft, zwar auf deren unterster Stufe, aber mit einem Minimum an Bürgerrechten. Ohne konkrete Kenntnisse fiel ihr Afrikabild jedoch, wie anders nicht möglich, romantisiert aus.

Erste Gruppen freigelassener Sklaven in den USA nannten sich *Free Africans, Free Persons of Color*, später *Negro*, danach *Afro-American*. Zugang zu moderner Bildung und (bescheidene) Partizipation an der beginnenden Industrialisierung ermöglichten Anfänge einer zunächst autodidaktischen, oft als »halbgebildet« verhöhnten Intelligentsia, die für Gleichberechtigung in einer weißen Gesellschaft kämpfte. Einige propagierten, als Reaktion auf rassistische Zurückweisung, *Back to Africa* – Rückkehr nach Afrika, allegorisch-symbolisch oder real.

Selbstorganisierung von unten begann ab 1787 mit Selbsthilfegruppen und afroamerik. Kirchen in Philadelphia, der Hauptstadt Pennsylvaniens. Quäker drängten dort seit 1688 auf Emanzipation ihrer eigenen, später aller Sklaven und gaben den Freigelassenen ab 1750 mit moderner Schulbildung Starthilfe.

Ein Jahrhundert später setzten, teilweise als Folge christl. ↗ Mission, vergleichbare Prozesse ein, zuerst an der Küste Westafrikas, bes. in europ. Küstenforts samt umliegenden afrik. *towns*, später in Sierra Leone, Goldküste, südl. Nigeria. In den relativ liberalen Kolonien des viktorianischen England fanden akkulturierte Afrikaner den größten Freiraum im sich modernisierenden Sektor von Wirtschaft und Bildung, konnten aber auch in den traditionellen Sektor durch Wahl zu Chiefs ihrer heimischen Gesellschaften überwechseln. Dieser Teil der sich bildenden westafrik. Intelligentsia hatte die stärkste Bindung zum traditionellen Afrika. Auf dem Höhepunkt des Kolonialimperialismus um 1900 provozierte die Zurückweisung europ. gebildeter Afrikaner (*educated natives*), oft mit europ. Namen und weißen Vätern oder Vorvätern, durch die Kolonialregierung die erste Welle eines noch moderaten afrik. ↗ Nationalismus. Anfangs beschränkte er sich auf Mitsprache in den kolonialen Verwaltungseinheiten.

III. Panafrik. Kongresse und pol. Emanzipationsbewegungen in Afrika. Nach komplexer Vorgeschichte seit dem späten 18. Jh. liefen versch. Strömungen im geogr. Rahmen des berühmten Sklavenhandels-Dreiecks (Westeuropa – Westafrika – Westindische Inseln/Amerika) in der 1. Panafrik. Konferenz in London 1900 zusammen. Sie war initiiert von afroamerik. Diaspora-Intellektuellen aus der brit. Karibik, v.a. Henry Sylvester-Williams (Trinidad), der zuvor einige Jahre in Südafrika gelebt hatte, und aus den USA, aber schon unter Beteiligung gebürtiger Afrikaner aus den brit. westafrik. Kolonien. Wichtigster Sprecher des beginnenden P. wurde W.E.B. Du Bois (1868–1963) aus dem NO der USA, schon wegen seiner vielfältigen Lebenserfahrung (u.a. als Gründer der Bürgerrechtsbewegung der NAACP in den USA ab 1910 und zuletzt im unabh. Ghana seit 1958) und wegen seiner immensen literar. Produktivität.

Nach dem Ersten Weltkrieg organisierte Du Bois Anfang 1919 in Paris, am Rande des Friedenskongresses, den 1. Panafrik. Kongress, um erstmals pol. Ansprüche für das noch koloniale Afrika zu erheben – Verbot der Sklaverei und Zwangsarbeit, Anerkennung der Rechte der Afrikaner u.a. Von 57 Delegierten kamen 16 aus den USA, 13 aus Frz.-Westindien, je 7 aus Frankreich und Haiti, 3 aus Liberia, 11 aus versch. afrik. Kolonien, u.a. Senegal (Blaise Diagne). Drei weitere Kongresse folgten 1921, 1923 und 1927, getragen von Du Bois. Die organisatorische oder publizistische Kontinuität blieb schwach, aber die panafrik. Idee hielt sich über die Weltwirtschaftskrise 1929 und den Zweiten Weltkrieg hinweg.

Wie die antikoloniale Bewegung insges., radikalisierte der Zweite Weltkrieg auch den P. mit ihren pol. Forderungen – von der Autonomie zur Souveränität für die Kolonien, überhöht zur kontinentalen Einheit Afrikas. Der Aufstieg der Sowjetunion erlaubte, im Kalten Krieg die beiden feindlichen Lager gegeneinander auszuspielen, auch mit offenen oder verdeckten Sympathien für den Kommunismus.

Damit war die Ausgangslage für den 5. Panafrik. Kongress in Manchester im Okt. 1945 erreicht, der die pol.-ideol. Inspiration zur überraschend schnellen ↗ Entkolonialisierung Afrikas lieferte. Führend waren George Padmore (Trinidad), ein Neffe Sylvester-Williams', und Kwame Nkrumah, der zum charismatischen Führer des afrik. ↗ Nationalismus aufstieg, seit 1948 an der Goldküste, seit 1957 im unabh. Ghana, danach auf der panafrik. wie internat. Bühne. Mit Obafemi Awolowo (Nigeria), Jomo Kenyatta (Kenya) und Hastings Banda (Malawi) waren weitere bedeutende Vertreter des afrik. Nationalismus in Manchester aktiv beteiligt. Schärfer denn je zuvor forderte der Kongress ein Ende der Rassendiskriminierung und den Kampf um die Unabh., durch Streiks und Boykott, nur notfalls auch mit Gewalt von unten. Der 6. und letzte Panafrik. Kongress tagte 1958 sinnfällig in Accra, der Hauptstadt Ghanas. Die Entkolonialisierung auf breiter Front seit dem »Afrik. Jahr« 1960 und der Unabh. des Kongo unter Patrice Lumumba, der in Accra 1958 einen wichtigen Politisierungsschub erhalten hatte, führte den P. scheinbar seinem Triumph entgegen.

IV. Panafrikanismus in Afrika nach 1960. Die Kongokrise unmittelbar nach der Unabh. 1960 erwies sich jedoch als unheilvolles Omen für die weitere Entwicklung Afrikas: Die Ermordung des Togoer Präsidenten Sylvano Olympio 1963 eröffnete die Kette von Militärcoups in scheinbar gefestigten Nachfolgestaaten, die Anfang 1965 auch Nigeria und Ghana erschütterten (↗ nachkolonialer Staat, Militärregime). Dagegen kam die ↗ OAU, 1963 als Kompromiss zwischen dem von Nkrumah geforderten bundesstaatl. *Union Government for Africa* und dem Verzicht auf jegliche kontinentale Zusammenfassung, über mehr als formale Beschlüsse kaum hinaus. Realistisch war jedoch die Grundsatzentscheidung, an den kolonialen Grenzen festzuhalten, weil sonst Afrika in ein Chaos von Revisionskriegen versunken wäre.

Nach dem raschen Erfolg der nat. Entkolonialisierung war, spätestens mit Nkrumahs Sturz im Feb. 1965, der P. als afrik. Einheitsbewegung an den komplexen Realitäten Afrikas selbst gescheitert: Die Kolonialherrschaft erwies sich als Intermezzo zwischen prä- und postkolonialen Epochen. Präkoloniale Kontinuitäten, wenn auch noch so modifiziert, schlugen in mannigfachen inneren Konflikten durch: Wo im Prozess der ↗ Nationenbildung die stärkste ethn. oder relig. Gruppe, gemäß der frz. Formel der »einen und unteilbaren Nation«, die zahlreichen Minderheiten unter assimilatorischen oder gar diskriminierenden Druck setzte, begann, wie überall, die Selbstzerstörung. Erst recht provoziert jeder Versuch zur gewaltsamen ↗ Islamisierung durch Einführung der Scharia in relig. gemischten Staaten Konflikte (↗ Kriege/Bürgerkriege), v.a. in Sudan und Nigeria.

Wie alle postimperialen und postkolonialen Nachfolgestaaten sind auch die afrik. jungen Nationalstaaten nach innen und außen labil, verzehren sich in ↗ Tribalismus, ↗ Korruption, Begünstigung der Städte zu Lasten der Bauern, Missbrauch der Macht durch Diktatoren aller Schattierungen. In Somalia zerfiel der erst durch die Kolonialmacht geschaffene sog. Nationalstaat wieder in den Urzustand chaotischer Konflikte zwischen Klans und ethn. Gruppen. In Liberia und Sierra Leone zerschmetterten die Völker des Hinterlands quasi-koloniale Strukturen europäisierter Kreolen. Entsprechend bleibt der P. gelähmt, sind Versuche, ihn wieder zum Leben zu erwecken, in der Gesamtkrise Afrikas vorerst zum Scheitern verurteilt.

📖 I. Geiss: Panafrikanismus, Frankfurt/M. 1968. – V.B. Thompson, Africa and Unity. The Evolution of Panafricanism, London 1969.

Imanuel Geiss

Parteien. *I. Begriff.* In Demokratien erfüllen P. zentrale Vermittlungsfunktionen zwischen Staat und Gesellschaft, indem sie ihre Anhängerschaft integrieren und repräsentieren. P. und ihre Repräsentanten besetzen zahlreiche Schnittstellen des pol. Systems, angefangen von lokalen Verwaltungen bis zum nat. Parlament. Sie tragen dabei nicht nur zum Prozess der Willensbildung bei, sondern dienen zugleich einer demokrat. legitimierten Elitenrekrutierung.

II. Parteiengründung im ↗ Kolonialismus. Erste Vorläufer von P. in Gestalt demokrat. legitimierter Repräsentanten sind in der Mitte des 19. Jh. zu verzeichnen, als in Teilen Senegals allg. Wahlen (aller männl. Einwohner) zur Nationalversammlung der Zweiten Frz. Republik stattfanden. Die weitere Genese von P. geht zurück auf institutionelle Anreize. In den frz. Kolonien gingen derartige Impulse von den institutionellen Reformen der Jahre 1945/46 aus, die den Aufbau gewählter Institutionen sowie Wahlen zur Nationalversammlung für alle Kolonialgebiete vorsahen. In der Mehrzahl der west- und zentralafrik. Kolonien dominierte in der Folgezeit das RDA (*Rassemblement Démocratique Africain*), eine der pol. Linken in Frankreich nahestehende P., deren Zielsetzung sich zunächst auf die Gleichberechtigung von Kolonialherren und indigener Bev. bezog. Die überwiegend als Reaktion auf die Erfolge der RDA gegründeten konservativen sog. Verwaltungsparteien konnten in ländl. Gebieten mit noch existierenden traditionellen Herrschaftsstrukturen partielle Wahlerfolge erzielen. In der Mehrzahl blieben diese P. jedoch ohne feste Organisation und wurden häufig nur zu Wahlzeiten aktiv. Mit dem Einstellungswandel in Frankreich hinsichtlich der Gleichstellung und staatl. Souveränität ihrer Kolonialgebiete verloren die Verwaltungsparteien an Bedeutung oder zerfielen. – Auch in den brit. Kolonien standen zahlreiche Parteiengründungen im direkten Zusammenhang mit der Möglichkeit, an Wahlen teilzunehmen. Die neuen P. gingen i.d.R. nicht auf Vertreter der bestehenden *Legislative Councils* zurück, sondern wurden als antikoloniale Unabhängigkeitsbewegung gegründet. Das vorrangige Ziel bestand darin, die Kolonie möglichst rasch in die Unabh. zu führen und bei den darauf folgenden Parlamentswahlen möglichst viele Anhänger zu mobilisieren. Dabei kam es bereits in einigen Kolonien zum Wettbewerb zwischen Parteien mit spezifisch regionalem/ethnischem Hintergrund.

III. Parteien im ↗ nachkolonialen Staat. Mit der Unabh. wurden pol. Strukturen in die vormaligen Kolonien übertragen, die sich eng an das System der Fünften Frz. Republik bzw. an das brit. Westminster-Modell anlehnten. Beide Verfassungssysteme hielten sich in Afrika jedoch nicht lange. Dort, wo sich zum Zeitpunkt der Unabh. Mehrparteiensysteme herausgebildet hatten, setzte ein Trend zum ↗ Einparteisystem ein. Damit war nur noch eine Partei, die Einheits- oder Staatspartei, zugelassen. Binnen weniger Jahre hatte sich das System der Einparteiherrschaft als Strukturprinzip pol. Herrschaft in Afrika etabliert. Fürsprecher dieser Herrschaftsform sahen hierin die einzige Möglichkeit, ein ethn. segmentiertes Parteiensystem mit dem damit verbundenen Konfliktpotential zu verhindern (↗ ethnische Konflikte) und stattdessen eine erfolgreiche ↗ Nationenbildung zu ermöglichen. Die hierfür notwendige Vermittlungsfunktion zwischen Staat und Gesellschaft konnten die existierenden P. jedoch an keiner der beiden Schnittstellen erbringen. Auf der einen Seite gelang es den P., obwohl sie sich in nahezu allen Staaten als Massenparteien definierten, nicht, die Gesellschaft demokrat. zu durchdringen. Die P. selbst blieben Organisationen städt. Elitenkoalitionen mit geringem Organisationsgrad. Ihren Herrschaftsanspruch setzten sie landesweit um, indem bestehende traditionelle oder klientelistische Strukturen für parteipol. Ziele funktionalisiert wurden oder auf Basis neu etablierter Patronagestrukturen. Gleichzeitig repräsentierte die herrschende P. häufig eben nicht die propagierte nat. Einheit, sondern sicherte die Vormachtstellung einzelner Ethnien oder Regionen. Von Kritikern wurden die Staatsparteien bereits früh als parasitär, korrupt und massenfeindlich beschrieben. – Unabh. von der ideol. Ausrichtung versagte der Einparteistaat bei dem Versuch, die Nationenbildung zu befördern oder nachhaltige ökonom. und soziale Entwicklungsleistungen zu initiieren und verlor daher zunehmend seine anfangs infolge des Unabhängigkeitskampfes vorhandenen Legitimationsbasis. Hiervon waren sowohl jene P. betroffen, die sich in unterschiedlicher Form auf den ↗ Sozialismus beriefen, wie auch P., die sich westlich und marktwirtsch. orientierten.

IV. Parteien in den 1990er Jahren. Mitte der 1980er Jahre existierten Mehrparteiensysteme lediglich noch in Botsuana, Gambia, Mauritius, Senegal (ab 1976) und Simbabwe. Mit den pol. Reformen, die nach dem Ende des Ost-West-Konflikts im Zuge der zweiten Demokratisierungswelle in Afrika einsetzten, stieg ihre Zahl Anfang der 1990er Jahre jedoch sprunghaft an. I.d.R. waren es lokale Massenproteste, die veränderte weltpol. Situation sowie der äußere Druck seitens der Geberländer, die ein Ende der überkommenen autokratischen Einparteiherrschaft herbeiführten. In einigen Ländern kamen die Herrscher ihrer Absetzung auch durch von ihnen eingeleitete demokrat. Reformen zuvor. Bis 1994 kam es in Afrika zu 29 sog. Gründungswahlen, in deren Folge fast auf dem gesamten Kontinent wieder (teilweise auch erstmalig) Mehrparteiensysteme mit einer im Parlament vertretenen Opposition etabliert wurden. Nicht immer sind aus den Wahlgängen die Herausforderer als Sieger hervorgegangen, in zahlreichen Staaten gelang es den bisherigen Herrschern und ihren P., sich ihre Macht demokrat. legitimieren zu lassen.

V. Ausblick. Eine Bilanz zehn Jahre nach Beginn der zweiten Demokratisierung in Afrika fällt, sieht man von einer Minderheit erfolgreicher Länder ab, nüchtern aus. Zwar finden heute i.d.R. flächendeckend Wahlen zu den versch. Repräsentationsorganen statt, doch verfehlen diese häufig das Kriterium »frei und fair«. Offene Manipulationen bleiben dennoch die Ausnahme, da demokrat. Wahlen für die herrschenden P. eine zentrale legitimative Bedeutung (nicht zuletzt im Hinblick auf die Geberländer) erhalten haben. Etabliert haben sich vielmehr unterschwelligere Strukturen der Begünstigung und Einschüchterung, die häufig lange vor dem eigentlichen Wahltermin erfolgen. Gleichzeitig entpuppen sich einige der nun demokrat. legitimierten P. im Vergleich zu ihren autokratischen Vorgängern als nur unwesentlich demokratischer. Dem Zeitgeist folgend bildet heute nicht länger die Einparteiherrschaft das Strukturprinzip pol. Herrschaft in Afrika. Neu entstanden sind hingegen zahlreiche Systeme mit einer dominanten Partei, d.h. faktische Einparteisysteme. Andererseits existieren heute in zahlreichen Staaten Mehrparteiensysteme mit relevanten Handlungsspielräumen auch für oppositionelle P. Eine flächendeckende Weiterentwicklung zu demokrat. Mehrparteiensystemen ist an die Lösung einer Reihe struktureller Probleme geknüpft: (1) P. stellen nach mehreren Jahrzehnten in ihrer Mehrzahl weiterhin Organisationen städt. Elitenkartelle ohne institutionellen Unterbau dar, in denen die ländl. Bev. eine nur geringe Repräsentation besitzt. (2) Nach dem Wegfall der übergreifenden Einheitsparteien organisiert sich der Parteienwettbewerb nicht selten entlang ethn. Loyalitäten. Ein entlang pol. Interessen orientierter Wettbewerb mit der Chance auf wechselnde Mehrheiten scheint ebenso schwer erreichbar wie notwendig für eine demokrat. Konsolidierung. (3) Demokrat. Oppositionsparteien sind nicht oder nur ungenügend verankert.

Von den herrschenden Parteien wird ihnen häufig eine systemfeindliche Haltung vorgeworfen, anstatt ihre der Demokratie zuträgliche Kritikfunktion anzuerkennen. (4) Zusätzlich wird die Effektivität der Opposition – insbes., aber nicht nur in multiethn. Gesellschaften – durch ihre starke Fragmentierung beeinträchtigt. Gerade dort, wo nach dem Mehrheitswahlrecht gewählt wird, führt dies regelmäßig zur Abwesenheit oder nur geringfügigen Repräsentation der Opposition im Parlament. (5) Häufig wird das Prinzip der Herrschaft auf Zeit von den dominanten P. nicht akzeptiert. Insbes. ↗ Rebellenbewegungen, die im Zuge der Demokratisierung die Macht errungen haben, sehen ihre Herrschaft durch ihren Erfolg im Guerillakrieg legitimiert und negieren oft das Prinzip eines demokrat. Machtwechsels. ↗ Demokratie, ↗ nachkolonialer Staat.

🕮 J.S. Coleman/C.G. Rosberg (Hg.), Parties and National Integration in Tropical Africa, Berkeley/Los Angeles 1964. – S. Schmidt, Parteien und demokrat. Konsolidierung in Afrika unter bes. Berücks. der Entwicklung Kenias. In: W. Merkel/E. Sandschneider (Hg.), Systemwechsel 3. Parteien im Transformationsprozess, Opladen 1997, S. 251–292. – J. Widner, Political Parties and Civil Society in Sub-Saharan Africa. In: M. Ottaway (Hg.), Democracy in Africa. The Hard Road Ahead, Boulder/London 1997, S. 65–81. – K. Ziemer, Pol. Parteien. Afrika. In: D. Nohlen/P. Waldmann/K. Ziemer (Hg.), Lexikon der Politik. Bd. 4, Die östl. und südl. Länder, München 1997, S. 427–430. – G. Erdmann, Parteien in Afrika. Versuch eines Neuanfangs in der Parteienforschung. In: Afrika-Spektrum 34 (1999), S. 375–393.

Christoph Emminghaus

Partizipation ↗ Demokratie, ↗ Zivilgesellschaft

Patrimonialismus ↗ Neopatrimonialismus

Peripherer Kapitalismus. *I. Allgemeines.* P.K. ist eine ökonom. Theorie, die Armut und Unterentwicklung der ↗ Dritten Welt mit deren Einbindung in das kapitalistische Weltsystem erklärt, insbes. mit der strukturellen Abhängigkeit der Entwicklungsländer (Peripherie) von den Industrieländern (Zentren) und der Ausrichtung der peripheren Wirtschaftsstrukturen auf die Interessen der Zentren (z.B. Export von Rohstoffen) sowie einheimischer ↗ Eliten (z.B. Import von Konsumgütern). Die Begriffe Zentren und Peripherie wurden von Raul Prebisch in den 1950er Jahren anläßlich vergleichender Untersuchungen der Wirtschaftsbeziehungen zwischen Lateinamerika einerseits, dem Großbritannien des 19. Jh. und den USA des 20. Jh. andererseits in die ökonom. Analyse eingeführt, von Samir Amin und Immanuel Wallerstein auf das kapitalistische Weltsystem insgesamt bezogen. Die Theorie des p.K. wurde in Deutschland v.a. während der 1970er Jahre von Dieter Senghaas vertreten.

II. Hist. Entwicklung. Die Zentren sind Produkte einer hist. Entwicklung, die in bestimmten Regionen zur Bildung einer nat.-bürgerlichen Hegemonie und eines nat.-kapitalistischen Staates führte. Bourgeoisie und bürgerlicher Staat sind hier untrennbar verbunden; nur die sog. liberale Ideologie kann entgegen aller Realität von einer kapitalistischen Wirtschaft reden und dabei vom Staat absehen. Der bürgerliche Staat ist national, wenn er den Akkumulationsprozess beherrscht – freilich in den Grenzen äußerer Zwänge, die aber durch seine Fähigkeit, auf ihr Wirken zu reagieren und an ihrer Gestaltung mitzuwirken, stark relativiert werden.

Die Peripherien hingegen sind die Länder und Regionen, die lokal nicht die Herrschaft über den Akkumulationsprozess haben, der demnach hauptsächlich von äußeren Zwängen gestaltet wird. Das bedeutet nicht, dass sie stagnieren, obwohl ihre Entwicklung nicht derjenigen der Zentren in der globalen Expansion des Kapitalismus gleicht. Es kann eine Bourgeoisie und einheimisches Kapital geben, und Peripherien sind nicht dasselbe wie vorkapitalistische Gesellschaften. Der Staat kann formell fehlen (wie in der Epoche des ↗ Kolonialismus); aber selbst wenn sich heute alle afrik. Länder als unabh. Staaten konstituiert haben, macht sie die formelle Existenz des Staates nicht schon zu kapitalistischen Nationalstaaten, denn die lokale Bourgeoisie, die den jeweiligen Staat weitgehend kontrolliert, beherrscht den Akkumulationsprozess nicht.

Derart definierte Zentren und Peripherien haben in jeder Entwicklungsphase des kapitalistischen Weltsystems existiert. Zu fragen ist nun, ob sich aus den gegenwärtigen Peripherien neue Zentren bilden können, bzw., ob die im globalen System wirkenden Kräfte in Richtung Peripherien drängen oder in die Gegenrichtung.

Der abstrakt, d.h. als Produktionsweise, betrachtete Kapitalismus beruht auf einem in seinen drei Dimensionen (Markt der Produkte gesellsch. Arbeit; Kapitalmarkt; Arbeitsmarkt) integrierten Markt, der Kapitalismus als Weltsystem auf der weltweiten Expansion eines

Marktes, der nur die beiden ersten Dimensionen umfasst. Die Entstehung eines Weltmarkts der Arbeit ist wegen des Weiterbestehens der Staatsgrenzen unmöglich – trotz der Globalisierung der Wirtschaft, die dadurch noch immer unvollständig ist. Aus diesem Grund ist der Kapitalismus im globalen Maßstab mit Notwendigkeit polarisierend, und die darauf beruhende ungleiche Entwicklung wird zum heftigsten, zunehmend schärferen Widerspruch, der im Rahmen der kapitalistischen Logik nicht überwunden werden kann.

Von der industriellen Revolution bis in die 1950er Jahre war der Gegensatz Zentren – Peripherien gleichbedeutend mit dem Gegensatz von Industrieländern und nicht industrialisierten Ländern. Die Erhebungen der Peripherien – in Gestalt der Befreiung vom Kolonialismus – stellten diese alte Form der Polarisierung in Frage, indem sie die ↗ Modernisierung und ↗ Industrialisierung ihrer Gesellschaften in Gang setzten. Während der Bandung-Periode (1955–75) betrieben die Staaten der Dritten Welt autozentrierte Entwicklungspolitiken, um die weltweite Polarisierung zu verringern (um »aufzuholen«). Dazu gehörten nat. Regulierungssysteme ebenso wie ständige, auch kollektive Verhandlungen (z. B. Nord-Süd) und internat. Regulierungssysteme wie z. B. UNCTAD (*UN Conference on Trade and Development*). Zugleich wurde angestrebt, die gering produktiven Arbeitskraftreserven durch Überleitung in moderne, produktivere Tätigkeiten zu verringern, selbst wenn Letztere auf dem offenen Weltmarkt nicht wettbewerbsfähig waren.

III. Industrialisierung in der Peripherie. Die Industrialisierung wurde von den gesellsch. Kräften, die aus den Erfolgen der Befreiungsbewegungen (↗ Rebellenbewegungen) hervorgegangen waren, gegen das dominante transnat. Kapital durchgesetzt, jedoch mit ungleichen Ergebnissen. Damit entstanden Peripherien ersten Ranges, die Produktionssysteme mit potentiell im globalisierten Kapitalismus wettbewerbsfähigen Industrien aufbauten, und marginalisierte Peripherien, denen das nicht gelang. Der gegenwärtige p. K. ist deshalb nicht gleichbedeutend mit Nichtindustrialisierung, sondern im Gegenteil differenziert. Es sind heute drei Gruppen peripher-kapitalistischer Länder zu unterscheiden: (1) die ehemals soz. Länder China, Korea, Taiwan, Indien, Brasilien, Mexiko u. a., die nat. Produktionssysteme (die also potentiell, wenngleich nicht real wettbewerbsfähig sind) aufbauten; (2) Länder, die sich industrialisieren, aber keine nat. Produktionssysteme schufen: arab. Länder, Südafrika, Iran, Türkei, Länder Lateinamerikas. Dort sind zwar einige Industriebetriebe v. a. wegen der billigen Arbeitskraft »wettbewerbsfähig«, allerdings gibt es keine wettbewerbsfähigen Systeme; (3) die außerhalb der industriellen Revolution verbliebenen Länder, im Großen und Ganzen die AKP-Länder des subsahar. Afrika, des pazifischen Raums und der Karibik, die bestenfalls in von natürlichen Vorzügen bestimmten Bereichen wie z. B. Bergbau, Erdöl, tropische Agrarprodukte oder ↗ Tourismus »wettbewerbsfähig« sind.

IV. Gegenwärtige Monopole. Für die Zukunft ist ohne weiteres ein Szenario der globalen Evolution vorstellbar, wonach die globale Polarisierung auf der Grundlage neuer Monopole verschärft reproduziert werden könnte. Die Entwicklung käme dann aus den Monopolen der Zentren, d. h. der Triade USA/Kanada, EU, Japan, als da sind:

(1) Monopole im Bereich der Technologie, die gigantische Ausgaben, wie sie nur der Staat – der große und reiche Staat – auf sich nehmen kann, erfordern. – (2) Monopole im Bereich der Kontrolle globaler Finanzströme. Die Niederlassungsfreiheit für große, auf dem globalen Finanzmarkt tätige Finanzinstitute hat diesen Monopolen nie gekannte Wirksamkeit verliehen. Vor noch nicht sehr langer Zeit konnte das Geldaufkommen einer Nation nur in dem – generell nationalen – Raum zirkulieren, den ihre Finanzinstitute beherrschten. Heute wird das Geldaufkommen durch das globale Agieren von Finanzinstituten zentralisiert. Das freizügige globalisierte Finanzkapital operiert dabei im Rahmen eines Weltwährungssystems, das auf dem Dogma der freien Wertbestimmung der Devisen durch den Markt (nach einer Theorie, der zufolge das Geld eine Ware wie alle anderen sein soll) und der Bezugnahme auf den Dollar als faktisch universelle Währung fußt. Die erste Bedingung ist wiss. unbegründet, die zweite besteht nur mangels Alternative. Eine nat. Währung kann nur dann als Weltgeld fungieren, wenn die Voraussetzungen internat. Wettbewerbsfähigkeit ihres Stammlandes einen strukturellen Exportüberschuss produzieren, der sicherstellt, dass dieses Land die ↗ Strukturanpassung der anderen finanziert. Das gilt weder für die USA, die im Gegenteil ihr Defizit dadurch ausgleichen, dass sie die anderen zur Kreditgewährung nötigen, noch für die Konkurrenten der USA, denn die Überschüsse Japans und der EU stehen in keinem Verhältnis zum Finanzbedarf für die Struktur-

anpassung der anderen. Unter diesen Voraussetzungen erzeugt die finanzielle Globalisierung nur dauernde Instabilität statt der für erfolgreich verlaufende Anpassungsprozesse erforderlichen Stabilität. – (3) Monopole auf den Zugang zu den Naturschätzen der Welt. Sie sind umso gravierender, als die unsinnige Ausbeutung dieser Ressourcen durch die schon entwickelten Länder jetzt Gefahren für die Erde heraufbeschwört, die der Kapitalismus nicht beheben kann, weil er nur einer kurzfristigen sozialen Rationalität folgt (↗ Naturschutz, ↗ Umweltschutz). – (4) Monopole auf den Gebieten der Kommunikation und der ↗ Medien. Damit wird nicht nur die Gleichmacherei der Weltkulturen vorangetrieben, es werden auch neue Wege pol. Manipulation eröffnet. – (5) Monopole im Bereich der Massenvernichtungswaffen. Während sie zur Zeit des Ost-West-Konflikts Einschränkungen unterworfen waren, sind sie für die amerik. Diplomatie nun zur absoluten Waffe geworden.

V. Ausblick. Zusammen genommen definieren die fünf Monopolgruppen den Rahmen, in dem sich das globalisierte Wertgesetz äußert. Dieses Wertgesetz ist nicht als »rein« ökonom. Rationalität zu definieren, sondern als der verdichtete Ausdruck des gesamten Systems und daher stets in seinem gesellsch. und pol. Kontext zu betrachten. Es nimmt der Industrialisierung der Peripherien ihre Bedeutung, denn die produktive Arbeit, die sich in deren Erzeugnissen verkörpert, wird so abgewertet, die Wertschöpfung, die angeblich aus Tätigkeiten im Operationsfeld der neuen Monopole der Zentren herrührt, dagegen zu hoch angesetzt. Das erzeugt im globalen Maßstab eine neue Rangstufung in der Einkommensverteilung, die noch mehr Ungleichheit aufweist als zuvor. Die Industrien der Peripherie werden auf die Stellung von Subunternehmen zurückgedrängt. Die Polarisierung findet darin eine neue, ihre künftigen Formen bestimmende Grundlage, die den p.K. von morgen prägen wird. ↗ Außenwirtschaft, ↗ Finanz- und Währungspolitik, ↗ Gruppe der 77, ↗ Handels- und Marktsysteme, ↗ Kollektive Eigenständigkeit, ↗ Lomé-Abkommen, ↗ Neue Weltwirtschaftsordnung, ↗ Rentenökonomie, ↗ Rohstoffwirtschaft, ↗ Schwellenländer, ↗ Verschuldung.

📖 S. Amin, Maldevelopment, London/New Jersey 1990. – Ders., Capitalism in the Age of Globalisation, London/New Jersey 1996. – Ders., Zur Theorie von Akkumulation und Entwicklung in der gegenwärtigen Weltgesellschaft. In: D. Senghaas (Hg.), Peripherer Kapitalismus, Frankfurt/M. 1974, S. 71–97. – Ders., Die ungleiche Entwicklung, Hamburg 1975. – Ders., Delinking, London/New Jersey 1990. – I. Wallerstein, The Modern World System, New York 1973.

Samir Amin

Pfründenkapitalismus ↗ Neopatrimonialismus

Polygamie (Mehr- oder Vielehe), eheliche Verbindung mit mehr als einem Partner (↗ Ehe). Man unterscheidet zwischen Polyandrie, der Ehe einer ↗ Frau mit mehreren Männern, und Polygynie, der Ehe eines Mannes mit mehreren Frauen. Polygyne Ehen sind trotz christl. Einflusses und staatl. Verbote nach wie vor weit verbreitet. Elternschaft und Kinderreichtum werden hoch bewertet und sind für Männer v.a. durch die Heirat mehrerer Frauen zu erreichen, zumal in vielen Gesellschaften von beiden Ehepartnern nach der Geburt eines Kindes manchmal jahrelange sexuelle Enthaltsamkeit erwartet wird (*post-partem*-Tabu). Das ↗ islam. Ehe- und Familienrecht gestattet die Ehe mit bis zu vier Frauen. In Ländern, deren Gesetzgebung heute nur monogame Ehen als legal anerkennt, werden zusätzliche Frauen oft auf »traditionelle« Art geheiratet. Dies hat für die Frauen den Nachteil, dass sie und ihre Kinder im Fall von Scheidung oder Tod des Ehemannes keinen Anspruch auf Versorgung oder Erbschaft haben.

Das Zusammenleben mehrerer Frauen desselben Mannes kann zu Eifersucht und Konflikten führen. Frauen, die polygyne Ehen ablehnen, haben oft nur die Möglichkeit der Scheidung. Andererseits sind es manchmal auch Frauen, die ihre Mitfrauen selbst auswählen, wie im Fall der sororalen Polygynie (↗ Sororat).

Katja Werthmann

Primary Health Care ↗ Gesundheitsversorgung

Rassismus, Glaube an die Ungleichheit der Rassen, mit dem die wirtsch. Ausbeutung, soziale und pol. Absonderung oder sogar physische Ausrottung bestimmter Gruppen gerechtfertigt wird. Anders als ↗ Ethnizität oder ↗ Tribalismus geht der R. nicht primär von kulturellen und sprachlichen, sondern von behaupteten biolog.-genetischen Unterschieden zwischen versch. Bevölkerungsgruppen aus. Diese biolog. Unterschiede sollen soziale Relevanz haben, und die angeblich an äußeren Merkmalen wie Hautfarbe und Phänotypus erkennbare Rasse soll auch die kulturellen Fähigkeiten und Merkmale determinieren. In der neueren Forschung unterscheidet man zwischen einer engeren Definition von R. als Ideologie und Doktrin und einer weiteren Definition von R. als Haltung, die sich auch in bestimmten auf Ausschluss der diskriminierten »Rasse« abzielenden institutionellen Konstellationen niederschlägt. Beide Definitionen treffen zumindest in groben Zügen auf die Grundlagen der europ. Kolonialherrschaft (↗ Kolonialismus) in Afrika zu, die durchweg rassistische Züge aufwies, auch wenn einzelne koloniale Beamten einzelne Afrikaner als (fast) gleichwertige Menschen geschätzt haben mögen. Im nachkolonialen subsahar. Afrika spielt der R. als pol. Ideologie im Vergleich zu Ethnizität keine so herausragende Rolle mehr. Eine Ausnahme stellt allerdings das südl. Afrika dar, wo R. zur Grundlage der ↗ Apartheid wurde. Auch die in Ruanda virulente Vorstellung, die Tutsi seien (überlegene) hellhäutige hamitische Einwanderer aus dem N, die die schwarzen autochthonen Hutu-Bauern ausgebeutet hätten, enthält Elemente von R. (↗ Genozid). R. spielt schließlich auch noch eine Rolle bei der pol. und sozialen Ausgrenzung von Jäger- und Sammlerbev. wie z. B. den Khoisan im südl. Afrika.

📖 S. Marks/S. Trapido (Hg.), The Politics of Race, Class and Nationalism in Twentieth Century South Africa, London 1987.

Carola Lentz

Rebellenbewegungen. *I. Begriff.* So unterschiedlich R. im Einzelnen sind, gemeinsam ist ihnen, dass sie ihre Ziele außerhalb des legalen Rahmens eines gegebenen pol. Systems verfolgen. Dazu kommt die i.d.R. gewaltsame Kampfführung, meist in Form der Guerillataktik. Begriffe wie Befreiungs- oder Guerillabewegungen, für die diese Merkmale auch gelten, werden durch den weiter gefassten Begriff R. mit abgedeckt. R. treten nicht nur gegen koloniale und andere Formen der Fremdherrschaft an; der Begriff umfasst auch Bewegungen, die im Rahmen innerstaatl. Konflikte gegen als illegitim angesehene einheimische Regime gerichtet sind. Nicht immer wird die Macht im Staat angestrebt, es kann auch um Sezession oder Autonomierechte gehen, aber auch um lokalisierte Machtausübung durch Warlords. Zu differenzieren sind R. auch danach, ob sie pol.-ideol., machtpol. oder materielle Ziele verfolgen. Machtpol. Ziele, auch mit persönlichem Ehrgeiz charismatischer Führer verbunden, können in R. unterschiedlichster Art auftreten. Dagegen sind pol.-ideol. Ziele, die das Recht auf Selbstbestimmung kolonial abhängiger Bevölkerungen oder nat. Minderheiten zu verwirklichen suchen, und materielle Ziele von Warlords, denen der Krieg lediglich dazu dient, sich und ihre Anhänger zu reproduzieren, so weit voneinander entfernt, dass der übergreifende Begriff R. unpassend erscheint. Er findet jedoch neben den bereits genannten gemeinsamen Merkmalen auch darin seine Berechtigung, dass R. multikausal bedingt sind und ihren Charakter unter dem Einfluss sich wandelnder Bedingungen verändern können. So ist die UNITA (Union für die vollständige Unabh. Angolas) 1965 als antikoloniale Befreiungsbewegung entstanden, während sie unter ihrem langjährigen Führer J. Savimbi heute vornehmlich als Warlord-Bewegung anzusehen ist. Ein wichtiger Faktor solcher Wandlungsprozesse ist die externe Unterstützung von R. So bedeutete das Ende des Ost-West-Konflikts auch das Ende der geopol. motivierten Förderung für manche R., die danach andere Finanzquellen erschließen mussten und sich in dem Prozess selbst veränderten. Die UNITA wurde lange von Südafrika und den USA finanziert; als diese Quelle versiegte, stellte sie sich zu Beginn der 1990er Jahre erfolgreich auf den Diamantenhandel um, was ihren Charakter als Zentrum einer Warlord-Ökonomie in den Vordergrund rückte.

II. Der Guerillakrieg – auch Partisanenkrieg genannt – ist die bevorzugte Kampfform von R. Die Guerilla (spanisch für kleiner Krieg) ist der Krieg irregulärer Verbände gegen einen konventionell gerüsteten Gegner. Durch eine flexible Kampfführung, die sich dem Gegner entzieht, wo er seine Kräfte konzentriert hat, und dort angreift, wo der Gegner es nicht erwartet, verfolgt die Guerillabewegung das Ziel, ihre milit. Schwäche in Stärke umzuwandeln. Für nat. und revolutionäre Befreiungsbewegungen gehört die pol.-ideol. Zielsetzung zum Wesen des Guerillakriegs. Sie ist Voraussetzung dafür, die breite Unterstützung der Bev., insbes. in den ländl. Gebieten, zu gewinnen und es den Guerillakämpfern zu ermöglichen, wie »die Fische im Wasser zu schwimmen«. Der Guerillakrieg wird so zum Volkskrieg. Große Vorbilder in der ↗ Dritten Welt für seine erfolgreiche Durchführung waren die chines. Revolution unter der Führung Mao Zedongs, der Befreiungskrieg in Vietnam unter Ho Chi Minh und Vo Nguyen Giap sowie die von F. Castro und Che Guevara angeführte kuban. Revolution. In Afrika ragten

F. Fanon (*Die Verdammten dieser Erde*) als Theoretiker der alger. Revolution und A. Cabral, der 1973 ermordete Führer der PAIGC (Afrik. Partei für die Unabh. Guinea-Bissaus und Kap Verdes), heraus. Im Übrigen endeten vor allem im südl. Afrika (Angola 1975, Mosambik 1975, Simbabwe 1980, Namibia 1990) und am Horn von Afrika (Äthiopien 1991, Eritrea 1991/93) Guerillakriege mit der Machtübernahme der R. – Im engeren Sinn verstanden als Kampfform irregulärer milit. Verbände sind die Bürgerkriege (↗ Kriege/Bürgerkriege) der 1990er Jahre durchweg durch Guerillaaktionen geprägt gewesen. Der Guerillakrieg ist immer durch ein hohes Maß an Disziplin und Gewalttätigkeit gekennzeichnet. Tritt indessen die pol.-ideol. Komponente in den Hintergrund, gewinnen leicht terroristische Aktionen die Oberhand. Mit blindwütigen Aktionen höchster Brutalität, teilweise ausgeübt von zwangsrekrutierten ↗ Kindersoldaten, haben R. in den 1990er Jahren in allen Teilen Afrikas Schlagzeilen gemacht. Auch solchen Aktionen kann, ob als Aufschrei des Protests gegen eine als korrupt und ungerecht gesehene staatl. Übermacht, ob zur Einschüchterung der Bev. oder zur Erzwingung von Gefolgschaft, eine Kriegslogik nicht vorschnell abgesprochen werden. Eine klare Linie zwischen Guerillakrieg und scheinbar sinnlosem Terror zu ziehen, ist in der Praxis kaum möglich.

III. Antikoloniale nationale Befreiungsbewegungen. Der Unabhängigkeitskampf in Afrika brachte eine Vielzahl pol. Organisationen hervor, von denen die meisten nach oft heftigen Auseinandersetzungen mit der Kolonialverwaltung die ↗ nat. Souveränität ihrer Länder erreicht haben. Nur in wenigen Ländern, meist Siedlerkolonien, in denen die Weißen nicht nachgeben wollten, konnte die nat. Unabh. erst nach bewaffneten Befreiungskämpfen errungen werden. Den Anfang machte die FLN (Nat. Befreiungsfront) Algeriens im Kampf gegen Frankreich und die frz. Siedler (1954–62). Portugal träumte von einem »lusitanischen Imperium« und weigerte sich daher, sein Kolonialreich aufzulösen. In drei seiner fünf Kolonien in Afrika, Angola, Guinea-Bissau und Mosambik, führten R. Guerillakriege, bevor die Nelkenrevolution in Portugal 1974 der Unabh. den Weg öffnete. In Angola erschwerte die Existenz von drei Befreiungsbewegungen, FNLA (Nat. Front für die Befreiung Angolas), MPLA (Volksbefreiungsfront Angolas) und UNITA, den Unabhängigkeitskampf. In Guinea-Bissau und Kap Verde sowie in Mosambik waren die PAIGC bzw. die FRELIMO (Front für die Befreiung Mosambiks) die dominierende Kraft. Auch in Simbabwe konkurrierten zwei Befreiungsbewegungen miteinander, ZANU (*Zimbabwe African National Union*) und ZAPU (*Zimbabwe African People's Union*). In Namibia verfolgte die SWAPO (*South West African People's Organization*) eine Doppelstrategie des – die UN-Verantwortung für ihr Land ausnutzenden – diplomatischen und des bewaffneten Kampfes. In Südafrika legten der ANC (Afrik. Nationalkongress) und der PAC (Panafrik. Kongress) viel Gewicht darauf, die internat. Isolierung der ↗ Apartheid zu stärken. Der ANC führte auch in den 1980er Jahren gelegentlich spektakuläre Sabotageaktionen durch. Auf der Basis der UN-Entschließung 1514 (XV) von 1960 zur Gewährung der Unabh. an alle kolonial abhängigen Länder und Völker erhielten die antikolonialen Befreiungsbewegungen breite internat. Zustimmung. Materiell wurden sie v.a. von den soz. und auch von kleineren westl. (z.B. skandinavischen) Ländern unterstützt. – Befreiungsbewegungen an der Macht haben sich nicht als bessere Herrscher erwiesen. Ihre ehrgeizigen gesellsch. Ziele sind an der Realität gescheitert. Ihre autoritäre Herrschaftsausübung hat in mehreren Fällen neuen (Algerien, Mosambik) oder alten (UNITA in Angola) R. den Boden bereitet.

IV. Autonomie und Sezession. Ein Konfliktfeld mit eigenen Merkmalen betrifft nat. Minderheiten, die in einem bestehenden staatl. Rahmen keine Möglichkeit sehen, ihr Recht auf Selbstbestimmung zu verwirklichen. Vorangegangen sind sehr unterschiedliche hist. Prozesse der Einverleibung, die jedoch meist mit der willkürlichen kolonialen Grenzziehung in Verbindung stehen. Für die R., die den Kampf in solchen Situationen aufnehmen, sind Autonomie und Sezession zwei pol. Optionen. R. in Eritrea haben v.a. in den Anfangsjahren ihres Kampfes (nach 1961) eine geregelte Autonomie angestrebt. Die Kompromisslosigkeit der äthiop. Regierung ließ jedoch die Sezession unausweichlich erscheinen, die 1993 nach erfolgreichem Guerillakrieg unter der Führung der EPLF (*Eritrean People's Liberation Front*) erreicht wurde. Eritrea war damit der erste Fall einer erfolgreichen Sezession in der nachkolonialen Entwicklung Afrikas. In mehreren Provinzen Äthiopiens kämpfen R. für Autonomie ebenso wie seit 1982 die MFDC (Bewegung demokrat. Kräfte der Casamance) in Senegal. Die Sezession von Somaliland vom zerfallenen Somalia hat bisher keine internat. Anerkennung gefunden. Der Kampf der christl. Bev. im S des Sudan für eine größere

Autonomie angesichts der repressiven Herrschaft des arab.-islam. N im Staat dauert – mit Unterbrechungen – fast seit der Unabh. des Sudan 1956 an. Seit 1983 wird der Widerstand von der SPLM *(Sudan People's Liberation Movement)* angeführt, die in versch. Phasen des Kampfes neben der Autonomie das Ziel einer Sezession, aber auch die Übernahme der Macht im Staat im Bündnis mit pol. Oppositionskräften im N formuliert hat. Existenznöte, wechselnde Kriegserfolge sowie Spaltungen in den R. haben im Sudan zunehmend *warlordism* auftreten lassen. Eindeutig auf Sezession ausgerichtet ist die Polisario-Front in der ehem. span. Kolonie Westsahara, die Marokko sich 1975 gewaltsam einverleibt hat. Die von ihr ausgerufene Exilregierung (DARS) wurde 1982 in die ↗ OAU aufgenommen. Das unter Aufsicht der UN vorgesehene Referendum wird jedoch von Marokko seit Jahren erfolgreich verschleppt.

V. Anti-Regime-Rebellenbewegungen. Mit dem Ende des ↗ Kolonialismus traten gegen bestehende Regime gerichtete R. in den Vordergrund. In manchen Ländern (z. B. Demokrat. Rep. Kongo, Somalia) ist ihre Zahl nicht zu überschauen. Brennpunkte von Anti-Regime-R. waren zu Anfang 2000 v. a. das Horn von Afrika und das Gebiet der Großen Seen in Zentralafrika. Dazu kamen weitere Schauplätze in Westafrika (Liberia, Sierra Leone), Nordafrika (Algerien) und dem südl. Afrika (Mosambik), wo allerdings Friedensschlüsse R. zumindest teilweise in legale pol. Strukturen eingebunden haben. So vielschichtig R. im innerstaatl. Kontext sind, so entstehen sie i.d.R. vor dem Hintergrund korrupter und repressiver Regime, deren Misswirtschaft zu fortschreitendem Staatsverfall geführt hat. In welchem Maße zudem externe Interventionen R. in der Verfolgung ihrer eigenen Ziele zugleich zum Instrument regionalpol. Machtkalküle machen, wurde im Gebiet der Großen Seen und am Horn bes. deutlich. Erst wurde die ADFL (*Alliance of Democratic Forces for the Liberation of Congo-Zaire*) Laurent Kabilas mit externer Hilfe 1997 an die Macht gebracht. Nur ein Jahr später brachten dieselben Helfer, Uganda und Ruanda, zwei andere R. gegen Kabila in Stellung, Anfang 2001 gegen dessen Nachfolger Joseph Kabila. Im südl. Afrika hatte Südafrika im Rahmen seiner ↗ Destabilisierungspolitik in den 1980er Jahren u. a. die UNITA in Angola und die RENAMO (Nat. Widerstand von Mosambik) unterstützt. Häufig sehen sich R., die gewaltsam die Macht ergriffen haben, der Herausforderung anderer R. gegenüber. Die Gründe dafür differieren von Fall zu Fall. Als Vertreter partikularer – auch, aber nicht nur ethn.-regionaler – Interessen an die Macht gelangt, schaffen sie es oft nicht, die Grundlagen einer allg. akzeptierten zivilen Herrschaft zu legen. Die Liste der betroffenen Länder reicht von Algerien über Angola, Mosambik (1978–92), Burundi, Ruanda, Demokrat. Rep. Kongo, Rep. Kongo, Uganda, Äthiopien bis zu Somalia. Es entstehen durch Gewalt geprägte Situationen, aus denen nur schwer auszubrechen ist. Dass es dennoch möglich ist, hat der Friedensschluss in Mosambik 1992 gezeigt.

VI. Warlords. Durch Gewalt geprägte Situationen, die zu gewaltoffenen Räumen führen, sind der Nährboden für Warlords (Kriegsherren). Warlords leben vom Krieg; er dient ihnen und ihren Anhängern/Soldaten als Grundlage der Reproduktion. Nicht selten sind Warlords aus R. hervorgegangen, denen im Verlauf des Bürgerkriegs aus versch. Gründen die pol. Perspektive aus den Augen geraten ist. Die UNITA in Angola und die SPLM im Sudan sind Beispiele hierfür. Der offene Staatszerfall wie in Liberia oder Somalia begünstigt das eigenständige Auftreten von Warlords. Menschenverachtende Exzesse kennzeichnen oft ihre Kriegführung. Der Bezug zu pol. Zielen bricht jedoch selten vollständig ab, zumal sie zur Rechtfertigung der Gewalttätigkeit dienen. Daraus können sich pol. Konfliktlösungen ergeben wie in Mosambik, wo die RENAMO seit 1994 zweitstärkste Partei ist, oder in Liberia, wo Ch. Taylor, der Führer der NPFL (*National Patriotic Front of Liberia*) 1997 sogar Staatspräsident geworden ist. Ihre Pfründe geben Warlords indessen ungern aus der Hand, wie das Verhalten der RUF (*Revolutionary United Front*) in Sierra Leone zeigte, die auch nach dem Friedensschluss 1999, der für sie die Beteiligung an der Regierung brachte, die Kontrolle der Diamantengebiete im O des Landes nicht abgeben wollte. ↗ Blauhelmeinsätze, ↗ ethn. Konflikte, ↗ nachkolonialer Staat, ↗ Sozialismus.

🕮 A. Cabral, Die Theorie als Waffe, Bremen 1983. – C. Clapham (Hg.), African Guerillas, Oxford 1998. – A. Gandolfi, Les Mouvements de Libération Nationale, Paris 1989. – W. Reno, Warlord Politics and African States, Boulder/London 1998.

Peter Meyns

Recht. *I. Rechtsvielfalt.* (1) R. ist in Afrika nicht einheitlich und die oft verwendete Bez. »afrik. R.« daher missverständlich. Vielmehr besteht in den einzelnen Staaten meist Rechtsvielfalt. Die Rechtssysteme dieser Mehrrechtsstaaten setzen sich aus dem jeweiligen staatl. R., den in zahlreichen Ethnien befolgten Gewohnheitsrechten sowie relig. R. zusammen (Rechtspluralismus). Das pol. Kräftefeld, gesellsch. und wirtsch. Transformationsprozesse sowie der hist. und kulturelle Kontext wirken sich auf das R. des jeweiligen Staates, seine einzelnen Teilrechtsordnungen sowie auf das Verhältnis zwischen ihnen aus. Infolgedessen sind allgemeingültige Aussagen über das R. in Afrika oder eine Zusammenfassung der Rechtssysteme in klar abzugrenzende Rechtsräume kaum möglich. Im Folgenden werden daher nur Grundlinien dargestellt, die zudem nicht für alle afrik. Rechtssysteme gleichermaßen gelten. Die nordafrik. Staaten sind wegen ihrer Prägung durch das islam. R. nicht erfasst. – (2) In Bezug auf afrik. Gewohnheitsrecht und staatl. R. wird meist eine Dichotomie von Traditionalität und Modernität gebildet. Da Gewohnheitsrecht seine Wurzeln in den vorkolonialen afrik. Lebensformen hat, wird es als »traditionelles R.« bezeichnet, das dann leicht als statisch misszuverstehen ist. Dabei liegt eines der wesentlichen Charakteristika des Gewohnheitsrechts gerade in seiner dynamischen Natur. Aufgrund seiner Flexibilität und Anpassungsfähigkeit ist es nicht zwingend traditionell im Sinne von althergebracht, sondern enthält vielmehr Fortentwicklungen und Neuschöpfungen. Staatl. R. beruht zumeist auf dem R. der jeweiligen früheren Kolonialmacht und wird dieses Ursprungs wegen häufig als »modernes R.« bezeichnet. Dies ist zwar in vielen Rechtsbereichen, wie z. B. dem Vertrags-, Handels- und Wirtschaftsrecht, zutreffend, aber staatl. R. ist nicht immer und nicht notwendigerweise modern. Es kann vielmehr auch das im südl. Afrika rezipierte römisch-holländische *common law*, ein in Teilen der heutigen Niederlande im 17. und 18. Jh. geltendes Gemeinrecht, oder das in brit. Kolonialgebieten seinerzeit eingeführte engl. *common law* umfassen. Eine weitere, in Bezug auf Gewohnheitsrecht und staatl. R. behauptete Dichotomie ist diejenige eines eigenen (afrik.) und eines fremden (europ.) R. Jedoch enthält afrik. Gewohnheitsrecht heute u. U. durchaus Elemente europ. Rechtsdenkens, während staatl. R. Elemente afrik. Gewohnheitsrechts aufgreifen kann.

II. Gewohnheitsrecht. (1) Im Laufe der Jahrhunderte hat sich innerhalb der Ethnien und ihrer ↗ vorkolonialen pol. Systeme eine Vielfalt oral tradierter Rechtsgebräuche entwickelt, die die komplexen Verhältnisse im afrik. Familien- und Gemeinschaftsverband regelten (↗ Familie, ↗ Klan und Lineage). Dieses R. basierte auf der von einer gemeinsamen Rechtsüberzeugung getragenen konkreten Rechtspraxis, die in engem Bezug zu der pol., sozioökonom., kulturellen und naturräumlichen Situation einer Gemeinschaft stand und zudem auf deren relig. und sozialem Wertesystem fußte. Afrik. Gewohnheitsrecht kam im Alltag der Menschen zur Anwendung. Durch den Gemeinschaftsbezug des Gewohnheitsrechts waren an wichtigen Rechtsakten immer mehrere Mitglieder einer Gemeinschaft beteiligt, was dem betreffenden Rechtsakt Öffentlichkeit verlieh und die mündliche Tradierung des Gewohnheitsrechts ermöglichte. Im Streitfall kam Gewohnheitsrecht vor autochthonen Streitschlichtungsinstanzen, die mit angesehenen Mitgliedern der Gemeinschaft besetzt waren, unter Teilnahme einer lokalen Öffentlichkeit zur Anwendung und wurde hierdurch immer wieder neu gebildet, weiterentwickelt und tradiert. Das Ziel der Konfliktbeilegung bestand nicht in erster Linie darin zu klären, welche der Streitparteien objektiv recht hat, sondern vermittelnd und schlichtend ein für alle Beteiligten akzeptables Ergebnis zu finden, um den Streitparteien und ihren jeweiligen Gruppen für die Zukunft ein gedeihliches Zusammenleben zu ermöglichen. Die Rechtsnormen des Gewohnheitsrechts sind nicht in Gestalt eines Korpus abstrakter Rechtsregeln gefasst, sondern einesteils als Bestandteil einer umfassenden Philosophie zu sehen, anderntteils als hiervon getragene Rechtspraxis, die immer wieder neues R. schafft. – (2) Diese Merkmale des Gewohnheitsrechts machen deutlich, dass bei seiner Erfassung Inhalt, Form und Verfahren nicht voneinander getrennt werden können. In einigen Kolonialgebieten veranlassten die Kolonialmächte Erhebungen über den Inhalt der ungeschriebenen afrik. Gewohnheitsrechtssysteme mit dem Ziel einer Systematisierung, Kodifizierung und ggf. Vereinheitlichung. Auch von unabh. Staaten wurden derartige Untersuchungen vorgenommen. Der Versuch, Gewohnheitsrecht unter Verwendung europ. Rechtsterminologie in abstrakte Rechtssätze zu fassen, konnte das gelebte Gewohnheitsrecht allerdings nicht wiedergeben. Auch bei den Gerichten und Verwaltungsbehörden, die Gewohnheitsrecht im Rahmen des staatl. Rechtssystems anzuwenden hatten, entwickelten sich aus ähnlichen Gründen zuweilen Ausprägungen dieses R., die mit der Rechtswirklichkeit der afrik. Gemeinschaften nicht im Einklang standen. Es ist daher zwischen versch. Arten von Gewohnheitsrecht zu differenzieren. Das eine ist das in das staatl. Rechtssystem inkorporierte Gewohnheitsrecht, so wie es von den staatl. Gerichten aufgefasst, anerkannt und angewandt wird (offizielles Gewohnheitsrecht). Es leitet seine Autorität auch vom Staat ab. Das andere ist das Gewohnheitsrecht, wie es von den Menschen in ihrem Alltagsleben befolgt und bei der Konfliktbeilegung außerhalb staatl. Institutionen zu Grunde gelegt wird (gelebtes Gewohnheitsrecht). Die Übergänge zwischen beiden Arten von Gewohnheitsrecht sind fließend.

III. Rechtsentwicklung während der Kolonialzeit. – III. 1. Rezeption europ. Rechts. Von Äthiopien und Liberia, die der Kolonialherrschaft in dieser Form nicht unterlagen, abgesehen, übertrugen die europ. Kolonialmächte mit der Landnahme auch ihr R. in die neuen Herrschaftsgebiete. Obwohl dieser Rechtstransfer zwangsweise vonstatten ging, ist dafür der Begriff »Rechtsrezeption« üblich. Sie erfolgte einmal, indem das R. des europ. Kolonialstaats, unter partieller Anpassung an die örtlichen Verhältnisse, in derjenigen Gestalt für anwendbar erklärt wurde, die es im Kolonialstaat zu einem festgelegten Datum besaß (statische Rezeptionsklausel). Oder es wurde auf seinen aktuellen Stand zum Zeitpunkt des gerichtlichen Verfahrens abgestellt, in dem das rezipierte R. relevant wurde (dynamische Rezeptionsklausel). Eine andere Art der Rezeption bestand darin, dass die Kolonialmacht Regelungen erließ, die zwar auf ihren eigenen Rechtsauffassungen beruhte, aber speziell auf die Kolonialgebiete zugeschnitten waren und nur dort galten (Kolonialrecht). Indirekt fand Rechtsrezeption bspw. auch durch die Rechtsprechung der europ. Richter in den Kolonien statt, die bewusst oder unbewusst ihr eigenes Rechtsdenken in die Entscheidungsfindung einfließen ließen.

III. 2. Rezipiertes Recht und Gewohnheitsrecht. Dieses »rezipierte« europ. R. galt zunächst nicht für die afrik. Bev., da die Kolonialmächte duale Rechts- und Gerichtssysteme einsetzten. Die für die europ. Bev. in den Kolonien zuständigen Gerichte wandten auf die sie betreffenden Rechtsfragen rezipiertes europ. R. an. Für die afrik. Bev. war ein der Kolonialverwaltung unterstehender und der Rechtsstaatlichkeit in geringerem Maße verpflichteter Gerichtszweig zuständig, der im Rahmen des kolonialen Herrschaftssystems überwiegend Gewohnheitsrecht – bzw. was man dafür hielt – anwandte. Im Gegensatz zu den unterschiedslosen Rechtsordnungen innerhalb der europ. Kolonialstaaten selbst waren diese in den Kolonien nach »Rassen« gegliedert. Die »Eingeborenen« bedurften nach vorherrschender kolonialer Auffassung noch der Entwicklung im Rahmen der ↗ zivilisatorischen Mission der Kolonialmächte. Darüber hinaus galt afrik. Gewohnheitsrecht nur in den Grenzen des rezipierten europ. R. und der diesem zugrunde liegenden Vorstellungen von Gerechtigkeit und Moral und nur, soweit dies den macht- und ordnungspol. Interessen der Kolonialmächte diente. Da die Kolonialmächte die Kompetenz für das öffentl. R., wie das Straf- und Verwaltungsrecht, auf der Grundlage europ. R. an sich gezogen hatten, reduzierte sich die Bedeutung afrik. Gewohnheitsrechts auf den Bereich des Zivilrechts.

IV. Rechtsentwicklung nach der Unabhängigkeit. – IV. 1. Aufwertung des Gewohnheitsrechts. Nach der Unabh. galt das bestehende R. grundsätzlich fort, wurde jedoch in den einzelnen Staaten weiterentwickelt. Während manche Länder auf eine Ersetzung des Gewohnheitsrechts durch staatl. R. hinarbeiteten, wollten andere die spezifisch afrik. Elemente innerhalb des Gesamtrechtssystems aufwerten. In vielen Ländern umfasste dies neben der Reform des materiellen R. auch die Vereinheitlichung des dualen Gerichtssystems: Afrik. Gewohnheitsrecht sollte auf die afrik. Bev. im gleichen Justizsystem angewandt werden wie das vom rezipierten europ. R. geprägte staatliche R. Gewohnheitsrecht wird in der Gesetzgebung, v.a. auch in neueren Verfassungen zahlreicher afrik. Staaten, ausdrücklich anerkannt, dem staatl. R. gleichgestellt und ist insbes. in den Bereichen des ↗ Familien- und Erbrechts und des ↗ Bodenrechts von Bedeutung. Beim öffentl. R. sowie Wirtschafts- und Arbeitsrecht gilt hingegen überwiegend staatl. R.

IV. 2. Geltung religiösen Rechts. In vielen afrik. Staaten wird relig. R. gemäß der Verfassung bzw. Gesetzgebung als Teilrechtsordnung anerkannt. Dies gilt insbes. für das islam. R. Dort, wo relig. R. nicht offiziell als eigene Teilrechtsordnung anerkannt ist, wird es von den staatl. Gerichten u.U. trotzdem wie Gewohnheitsrecht angewendet.

IV. 3. Demokratisierung und ↗ Menschenrechte. Die rechtl. Entwicklung in Afrika ist im Zusammenhang mit pol. Orientierung, Änderungen der Staats- und Regierungsformen und entsprechender rechtspol. Prioritätensetzung zu sehen. Seit den 1980er Jahren vollzog sich die Fortentwicklung des R. verstärkt unter den Vorzeichen der Demokratisierung (↗ Demokratie) und des Schutzes der Menschenrechte. Die Einhaltung entsprechender Standards wurde von

Weltbank, Internat. Währungsfonds und Geberländern zur Auflage für die Gewährung entwicklungspol. Leistungen gemacht. Neuere Verfassungen enthalten umfassende Kataloge von Menschen- und Grundrechten und spiegeln in der stärkeren Rechtsposition von Individuen und kulturellen Gemeinschaften gegenüber dem Staat den aktuellen Stand der internat. verfassungsrechtl. Diskussion wider. Internat. wie regionale Menschenrechtsabkommen und die Menschenrechtskataloge der Verfassungen bilden die Grundlage für tiefgreifende, allerdings z.Z. oft noch punktuelle Veränderungen in Rechtsprechung und Gesetzgebung.

IV. 4. Fortgesetzte Rezeptionsprozesse. Trotz der genannten Veränderungen haben die afrik. staatl. Rechtssysteme bis heute ihren vom R. der ehemaligen Kolonialmacht vorgegebenen Charakter vielfach beibehalten. Die Grundstrukturen dieses Rechtssystems und die es prägende jeweilige europ. Rechtskultur wirken somit fort. Dazu tragen auch fortbestehende Kontakte der afrik. Juristinnen und Juristen zu den rechtl. Institutionen der westl. Länder bei, insbes. auch im Bereich der Juristenaus- und -fortbildung und der Gesetzgebungsberatung.

IV. 5. Zwischen Rechtsvielfalt und Rechtseinheit. In den afrik. Mehrrechtsstaaten existiert nicht nur ein Nebeneinander der Teilrechtsordnungen, sondern diesen steht zudem die allgemeine, das jeweilige gesamte Staatsgebiet und Staatsvolk betreffende, Gesetzgebung des Staates gegenüber, insbes. die Verfassung. Zwischen dieser und den Normen des afrik. Gewohnheitsrechts und des relig. R. können sich Konflikte ergeben. Dies gilt v.a. für den Gleichheitsgrundsatz, etwa hinsichtlich der Gleichberechtigung von Mann und Frau, der rechtl. Stellung des Kindes sowie der Stellung ethn., relig. und gesellsch. Minderheiten. Angesichts des wachsenden Menschenrechtsbewusstseins geht es zunehmend darum, die Normen der versch. Teilrechtsordnungen mit den nach der Verfassung zu beachtenden Menschenrechten in Einklang zu bringen und dafür bei den betroffenen Rechtsadressaten Akzeptanz zu erreichen. Da die staatl. Rechtsreformen bisher kaum in der Bev. verankert werden konnten, hat sich die Erkenntnis durchgesetzt, dass Rechtsreformen aufgrund der Wirkungskraft des Gewohnheitsrechts nur durch intensive Aufklärung und Bewusstseinsbildung der Bev. eine Wirkungschance haben. Zudem können Vertreter »traditioneller« Gemeinschaften durch ein in ihren Augen modernes und fremdes staatl. R. ihre Autorität bedroht sehen und gegen ein Zusammenwachsen der versch. Rechtsordnungen innerhalb des Staates arbeiten. Entsprechendes gilt für relig. Gemeinschaften und deren R. Die Balance zwischen den beiden Polen Rechtsvielfalt und Rechtseinheit muss für jedes Rechtsgebiet sorgfältig austariert werden. Dies kann durch die Vereinheitlichung der Teilrechtsordnungen (Rechtsvereinheitlichung), durch Teilvereinheitlichung unter Aufrechterhaltung und Einbindung einzelner Regelungen der Teilrechtsordnungen (Rechtsintegration) oder durch Abstimmen einzelner Regelungen der Teilrechtsordnungen (Rechtsharmonisierung) erfolgen. Dabei kann es zu einer Vermischung von Normen afrik. Gewohnheitsrechts bzw. relig. R. mit solchen des staatl. R. kommen und hieraus ein neuartiges R. entstehen (Rechtssynkretisierung). Dort, wo der Rechtspluralismus in Gestalt lokal bzw. personal unterschiedlicher Teilrechtsordnungen weiterhin besteht, existieren Vorschriften, die bestimmen, in welchen Fällen welches R. anzuwenden ist (internes Kollisionsrecht).

V. Anwendung und Durchsetzung des Rechts. Die staatl. Justiz verfügt in der Straf- und Zivilgerichtsbarkeit über einen mehrstufigen Aufbau. In einigen Staaten hat sich eine funktionierende Verfassungsgerichtsbarkeit entwickelt, die v.a. im Hinblick auf die Einhaltung der Menschenrechte eine Kontrolle staatl. Handelns vornimmt. Das Gerichtsverfahren ist gesetzlich geregelt. Um der Bev. den Zugang zu den staatl. Gerichten zu erleichtern, bestehen mancherorts Sonderregelungen für die unterste Gerichtsinstanz, wonach diese ein vereinfachtes Verfahren anwendet und teils mit Laien, teils mit nicht akad. ausgebildeten Richterinnen und Richtern besetzt ist (wohingegen das Richterpersonal ansonsten aus akad. ausgebildeten Juristinnen und Juristen besteht). Neben den staatl. Gerichten gibt es auch eine »traditionelle« Gerichtsbarkeit, die anerkannten örtlichen Autoritäten und Ältesten untersteht. Die relig. Gemeinschaften haben ebenfalls Streitschlichtungsorgane, die unter Anwendung relig. R. außerhalb des staatl. Gerichtssystems zwischen ihren Mitgliedern vermitteln oder R. sprechen. Die Stellung und Zuständigkeit traditioneller und relig. Gerichte ist sehr unterschiedlich ausgestaltet: Teils sind sie vom staatl. R. anerkannt und mit bestimmten Zuständigkeitsbereichen betraut, vielfach bestehen sie aber auch außerhalb des staatl. Systems. Die Mehrzahl der Konflikte kommt gar nicht erst vor die staatl. oder staatl. anerkannten Gerichte. Der erschwerte Zugang zu diesen oftmals vom

Wohnort der Streitbeteiligten weit entfernt gelegenen Gerichten, die lange Verfahrensdauer, hohe Prozesskosten, die Unkenntnis des vom Gericht angewandten R. und der Gerichtssprache, die Unsicherheit hinsichtlich des zu erwartenden Urteils sowie Schwierigkeiten bei der Durchsetzung und Vollstreckung der gerichtlichen Entscheidungen sind Gründe dafür, dass meist einer Streitbeilegung durch örtliche, inoffizielle Streitschlichtungsorgane wie Familien- oder Ältestenräte und sonstige Schiedsgerichte der Vorzug gegeben wird. Daneben hat sich aufgrund der ethnischen Vielfalt der Bev. v.a. in urbanen Regionen eine informelle Gerichtsbarkeit herausgebildet, die insbes. auf zivilrechtl., teils sogar auch auf strafrechtl. Gebiet ein R. entwickelt und anwendet, das einerseits an die Gewohnheitsrechte vorkolonialer pol. Systeme erinnert, andererseits den heutigen Lebensverhältnissen angepasst ist. Eine Durchsetzung der Urteile dieser Gerichte erfolgt im sozialen Umfeld. Die hierfür angewandten Methoden reichen von der Schaffung eines Erwartungsdrucks bis zur Ausübung physischer Gewalt gegen den Verurteilten.

VI. Internationalisierung und Regionalisierung. (1) Unter dem Einfluss der Globalisierung sind Veränderungen der Rechtssysteme afrik. Staaten v.a. bei den Menschenrechten festzustellen. Hier werden regionale (z.B. die Menschen- und Völkerrechtscharta der ↗ OAU vom 26. 6. 1981) und internat. (z.B. die UN-Übereinkommen zur Beseitigung jeder Form von Diskriminierung der Frau vom 18. 12. 1979 und über die Rechte des Kindes vom 20. 11. 1989) Übereinkommen zunehmend in der nat. Gesetzgebung und Rechtsprechung berücksichtigt. Auch ↗ Umweltschutz und Wirtschaftsrecht orientieren sich an internat. Vorgaben. Zwischenstaatl., aber auch innerstaatl. Konflikte können vor internat. Gerichten behandelt werden, wie z.B. die juristische Verfolgung der Verbrechen im Zusammenhang mit dem Völkermord in Ruanda vor dem *International Criminal Tribunal for Rwanda* in Arusha (Tansania). – (2) Regionale Zusammenschlüsse von afrik. Staaten sollen der Erreichung eines einheitlichen Rechts- und Wirtschaftsstandards dienen. So haben sich bspw. die Mitgliedstaaten der OHADA (*Organisation pour l'harmonisation en Afrique du droit des affaires*) auf ein einheitliches Handels- und Gesellschaftsrecht verständigt, das starke Bezüge zum frz. R. aufweist. Die Aktivitäten der OHADA und weiterer regionaler Staatenzusammenschlüsse (↗ regionale Organisationen) weisen darauf hin, dass rechtl. Entwicklungen in Afrika sich zunehmend nicht nur auf lokaler und nat., sondern auch auf supranat. Ebene vollziehen. ↗ Islamische Rechtsschulen, ↗ islamisches Ehe- und Familienrecht.

🕮 D. Darbon/J. du Bois de Gaudusson (Hg.), La création du droit en Afrique, Paris 1997. – P.-F. Gonidec (Hg.), Encyclopédie juridique de l'Afrique, Bd. 1–10, Paris 1982. – Internat. Encyclopedia of Comparative Law, Bd. 1,2,4,6, Tübingen 1972ff. – J. Vanderlinden, African Law Bibliography, Bd. 1 (1947) ff, Brüssel 1972ff. – K. Wähler, Rechtsordnungen Afrikas und Madagaskars. In: G. Grasmann (Hg.), Einführung in die großen Rechtssysteme der Gegenwart, 2. Aufl., München 1988, S. 623–658. – G. R. Woodman/A. O. Obilade (Hg.), African Law and Legal Theory, Aldershot 1995.

Harald Sippel/Ulrike Wanitzek

Regenwald/Regenwaldzerstörung. Die Regenwälder Afrikas liegen in Äquatornähe und setzen sich aus immergrünen, ombrophilen (regenliebenden) und, in den Randbereichen, aus halb immergrünen, teils Laub abwerfenden Formationen zusammen. Immergrüne Regenwälder entwickeln sich im Bereich ganzjährig feuchtheißer äquatorialer Klimate bei mind. 1.700–2.000 mm Jahresniederschlag, verteilt auf zehn humide Monate (↗ Klima). Bei längerer Trockenzeit (ca. drei Monate) entstehen halb immergrüne Formationen. In den Gebirgen West- und Ostafrikas gibt es die Bergregen- und Nebelwälder. Sie sind in Höhenlagen zwischen 1.700 und 2.400 m und bei ganzjährigen Niederschlagsmengen von 2.000–4.000 mm verbreitet, reich an Baumfarnen und Wildbananen, Flechten und Epiphythen. Die (durch menschl. Entwicklung unbeeinflussten) Primärwälder weisen eine große Artenvielfalt und eine vertikale Gliederung in zwei bis drei Baumstockwerke auf. Über einem 5–10 m hohen lockeren untersten Stockwerk erhebt sich bis in Höhen von ca. 30 m das Hauptkronendach, das von einzelnen Baumriesen bis zu 40 m überragt wird. Die im trop. Afrika heute weit verbreiteten Sekundärwälder sind meist artenärmer und von niedrigerem Wuchs (bis 20 m Höhe), z.T. mit verwilderten Kulturpflanzen (Ölpalmen, Bananenstauden) durchsetzt.

Der ursprgl. Regenwaldgürtel reichte ca. 5.000 km weit von Sierra Leone über Liberia, den S der Elfenbeinküste, SW-Ghana – unterbrochen durch die sog. Dahomey-Lücke – über S-Nigeria, W- und S-Kamerun, Äquatorialguinea, Gabun, die Rep. Kongo, den S der Zentralafrik. Rep. bis in das Kongobecken. Von den ehemals 6,2

Karte 26: Verbreitung und Gefährdung der Regenwälder in Afrika am Ende des 20. Jh.

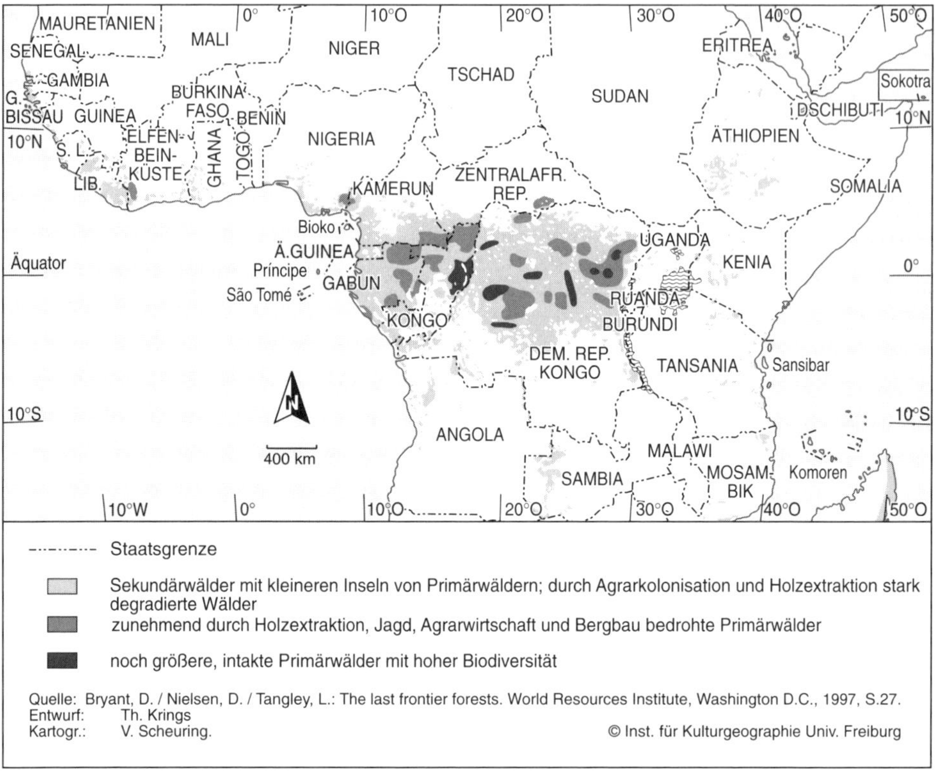

Mio. km² Regenwald sind heute nur noch 2 Mio. km² übrig. Allein im Zeitraum 1960–90 gingen im trop. Afrika fast 20% der Regenwälder verloren. Primärwälder sind nur noch auf etwa 300.000 km², v. a. im Kongobecken, in Gabun, im S der Zentralafrik. Rep. und in SO-Kamerun erhalten geblieben. In Westafrika wurde der Regenwaldgürtel aufgrund kommerzieller Tropenholzexploitation seit Beginn des 20. Jh. und nachfolgender kleinbäuerl. Agrarerschließung für den Kakao- und Kaffeeanbau (Elfenbeinküste, Ghana) sowie durch Ölpalmenpflanzungen (Nigeria) zu 90% zerstört (Karte 26). Liberia verlor im Laufe des Bürgerkriegs (↗ Kriege/Bürgerkriege) in den 1980er und 1990er Jahren durch informellen Holzhandel rivalisierender Kriegsparteien einen großen Teil seiner Primärwälder. Die Regenwälder im O Madagaskars wurden v. a. durch Zuwanderung von Kleinbauern im Rahmen der ungelenkten Agrarkolonisation weitgehend zerstört. Auch die Bergregen- und Nebelwälder sind z. B. am Mt. Kenia, am Kilimandscharo oder in Ruanda durch illegale Landnahme infolge des Bevölkerungsdrucks bedroht. An ihre Stelle traten Kaffee- und Teepflanzungen bzw. kleinbäuerl. Felder. Auch der Wildbestand der Regenwälder ist bedroht, da die Nachfrage nach Wildfleisch in den wachsenden Städten steigt (↗ Jagd, ↗ Wildtierbewirtschaftung). Im Fall der Demokrat. Rep. Kongo erklärt sich die Existenz von z. Z. noch umfangreichen Primärwäldern durch den Armutsanstieg seit der Unabh. und den Verfall der während der belg. Kolonialzeit angelegten Pisten. Nur im O des Landes kam es in den 1990er Jahren aufgrund der Flüchtlingsströme aus Ruanda durch massiven Brennholzeinschlag für die Flüchtlingslager zur Zerstörung großer Waldgebiete. Durch den Bürgerkrieg wurden seit 1995 zum Zwecke der Waffenbeschaffung von unterschiedlichsten milit. Gruppen wertvolle Tropenhölzer an das benachbarte Ausland verkauft.

Die afrik. Regenwälder beherbergen ca. 50 wertvolle Tropenholzarten, z. B. Sipo-Mahagoni, Sapali, weißer Acajou, Samba, Koto, Fraké. Durch fortgesetzten Raubbau an den Regenwäldern könnten etwa um das Jahr 2020 sämtliche kommerziell wichtigen Tropenholzressourcen im äquatorialen Afrika weitgehend erschöpft sein. ↗ Entwaldung, ↗ Naturschutz, ↗ Ökozonen.

🕮 M. Bollig/D. Bünnagel (Hg.), Der zentralafrik. Regenwald, Münster 1993. – B. Wiese, Afrika. Ressourcen, Wirtschaft, Entwicklung, Stuttgart 1997. – D. Bryant/D. Nielsen/L. Tangley, The Last Frontier Forests. Washington 1997.

Thomas Krings

Regionale Organisationen. Oberbegriff für ein breites Spektrum verschiedenartigster Institutionen/Organisationen, die für mehr als zwei Länder eine bestimmte Funktion erfüllen und, wenn auch z. T. in geringem Maße, institutionell verankert sind. Ein vollständiger Überblick über alle r. O. in Afrika ist praktisch unmöglich, da es seit den 1960er Jahren zeitweise über 500 gegeben hat und derzeit insges. noch über 200 existieren (die meisten in Westafrika). Daher kann hier nur auf die Wichtigsten eingegangen werden. Sie sind nach versch. Kriterien zu charakterisieren, wenn sich auch zwischen den einzelnen Merkmalen Überlappungen ergeben.

Nach dem formellen Status der Mitgliedschaft ist zu unterscheiden zwischen (1) zwischenstaatl. r. O. (Vertretung durch Regierungen), (2) r. O. von halb bzw. quasi staatl. Institutionen (z. B. öffentl. Versorgungsunternehmen, Finanzinstitutionen) und (3) r. O. von nichtstaatl. Partnern (z. B. Gewerkschaften, Privatwirtschaft, pol. Parteien, Wissenschaft, Kirchen, Medien, NGOs, kulturellen Gruppierungen).

In geogr. Hinsicht kann unterschieden werden nach (1) kontinentalen/gesamtafrik. r. O., (2) r. O. mit begrenzter regionaler Mitgliedschaft (wobei die Zugehörigkeit zu den üblicherweise fünf Großregionen ganz unterschiedlich ausfallen kann und auch andere Konfigurationen möglich sind) und (3) r. O. aufgrund sprachl. und hist. Affinitätsmerkmale wie z. B. die ↗ PALOP der ehem. portug. Kolonien und die 1985 aufgelöste OCAM (*Organisation Commune Africaine et Malgache*) mit frankophoner Orientierung,

Eine weitere Kategorie bilden afrik. Untergruppierungen im Rahmen von allg. internat. Organisationen (wie z. B. ↗ *Commonwealth*, ↗ OIC), die aber meist keine separate Struktur haben und hier nicht weiter behandelt werden. Schließlich ist nach dem Typus der jeweiligen Aufgabenstellung zu unterscheiden zwischen (1) im engeren Sinne pol. oder auf Fragen der Sicherheitspol. ausgerichteten r. O., (2) umfassend angelegten Wirtschaftsgemeinschaften, (3) r. O., die auf einzelne Wirtschafts- bzw. Sozialsektoren begrenzt sind, und (4) r. O. mit spezieller techn. Ausrichtung oder begrenzten spezifischen Zielsetzungen, wobei häufig allerdings keine derart klare Abgrenzung möglich ist und verschiedenste Mischformen vorherrschen.

I. Institutionelle Vielfalt. Als gesamtafrik. zwischenstaatl. r. O. von überragender Bedeutung sind in pol. Hinsicht die ↗ OAU, die sich auch die Schaffung einer AEC (*African Economic Community*) zum Ziel gesetzt hat, sowie in ökonom. und finanzieller Hinsicht die ↗ ECA und die ↗ AfDB. Im Rahmen des ↗ Lomé-Abkommens zwischen der EU und der Gruppe der AKP-Länder (Afrika, Karibik, Pazifik) bilden die 48 Staaten des subsahar. Afrika (einschl. Südafrika seit 1998) den weitaus größten Länderblock (Gesamtzahl der AKP-Länder 71). Andere gesamtafrik. r. O. sind von untergeordneter Bedeutung: Die OATUU (*Organization of African Trade Union Unity*) mit Sitz in Accra (Ghana) ist die Dachorganisation der Gewerkschaften des Kontinents. Länder aus mehreren Regionen haben sich auch zusammengefunden in der PALOP, der Gruppierung der portugiesischsprachigen Länder, und in der vorrangig durch die enge währungs- und finanzpol. Anbindung an Frankreich charakterisierte Franc-Zone mit der gemeinsamen Währung des Franc-CFA. Dieser wird von den zwei Zentralbanken BCEAO (*Banque Centrale des Etats de l'Afrique de l'Ouest*) und BEAC (*Banque des Etats de l'Afrique Centrale*) emittiert. Über den Kreis der frz. Exkolonien hinaus haben sich auch Äquatorial-Guinea und Guinea-Bissau dieser Zone angeschlossen. Die 1998 geschaffene OHADA (*Organisation pour l'Harmonisation du Droit des Affaires en Afrique*) soll die wirtsch. Integration aller Länder der Franc-Zone erleichtern. Eine geogr. Verklammerung zwischen Nordafrika sowie Ländern aus Ost-, West- und Zentralafrika stellt die auf Initiative Libyens ebenfalls 1998 gegründete COMESSA (*Communauté des Etats du Sahel et du Sahara*) dar, der außerdem bis 2000 Burkina Faso, Dschibuti, Eritrea, Gambia, Mali, Niger, Senegal, Sudan, Tschad und die Zentralafrik. Rep. beigetreten waren; im Feb. 2001 kamen noch Ägypten, Marokko, Nigeria, Somalia und Tunesien hinzu.

Angesichts der Größe des Kontinents und der geringen Verflechtungen zwischen räumlich weit voneinander entfernten Ländern liegt der Ansatzpunkt für eine vertiefte regionale Kooperation und Integration jedoch bisher – und sicher auch weiterhin – v.a. auf der Ebene der fünf großen Regionen (N-, W-, Zentral-, östl. und südl. Afrika). Die hier jeweils dominanten r.O. haben unterschiedliche Entstehungsgeschichten, praktische Voraussetzungen und formale vertragliche Mandate, zielen letztlich aber in ähnlicher Form über versch. Zwischenschritte auf die Schaffung umfassender Wirtschaftsgemeinschaften. Die mögliche Stufenabfolge auf dem Weg zu einem höheren ökonom. Integrationsgrad verläuft idealtypisch von einer Präferenzhandelszone über Freihandelszone, Zollunion, Gemeinsamen Markt, Wirtschaftsunion bis zu einer Supranationalen Union und eventuell einer pol. Gemeinschaft/Föderation. Die wichtigsten r.O. sind in diesem Sinne in Nordafrika die ↗ UMA, in Westafrika die ↗ ECOWAS, in Zentralafrika die ↗ CEMAC und die geogr. erheblich umfassendere, bisher aber wirkungslose CEEAC (*Communauté Economique des Etats de l'Afrique Centrale*), im östl. und südl. Afrika die ↗ COMESA, in Ostafrika die ↗ EAC und im südl. Afrika die ↗ SADC. In Westafrika bildet darüber hinaus die eine Hälfte der ECOWAS-Mitglieder (das sind die sieben frankophonen Staaten Benin, Burkina Faso, Elfenbeinküste, Mali, Niger, Senegal, Togo, Guinea-Bissau) die separate UEMOA (*Union Economique et Monétaire Ouest-Africaine*), die 1994 aus der früheren CEAO (*Communauté Economique de l'Afrique de l'Ouest*) hervorgegangen ist.

Weitere hier aufzuführende r.O. haben sowohl eine begrenztere geogr. Mitgliedschaft als auch eine deutlich engere Aufgabenstellung. Den Sonderfall eines sicherheitspol. Abkommens bilden acht frankophone Staaten Westafrikas in der ANAD (*Accord de Non-Agression et d'Assistance en Matière de Défense*). Als Entwicklungsbanken fungieren die BOAD (*Banque Ouest-Africaine de Développement*) für die UEMOA-Mitglieder, die BDEAC (*Banque de Développement des Etats de l'Afrique Centrale*) für die CEMAC-Mitglieder und die EADB (*East African Development Bank*) für die Staaten der EAC. Elf afrik. Erdöl produzierende Länder bilden seit 1987 neben der global agierenden OPEC die APPA (*African Petroleum Producers' Association*); auch für andere Rohstoffe (wie Kaffee, Palmöl) gibt es spezielle afrik. Vereinigungen oder aber Untergruppen im Rahmen internat. Rohstoffvereinigungen. Die ↗ SACU (*Southern African Customs Union*) bildet den institutionellen Rahmen für die Zollunion von Südafrika mit den vier kleinen Nachbarländern Botsuana, Lesotho, Namibia und Swasiland; ohne Botsuana bilden diese Länder auch die CMA (*Common Monetary Area*) mit einer Anbindung der Währungen an den südafrik. Rand. Einen lediglich lockeren Zusammenschluss mit dem Ziel der Liberalisierung und Erleichterung des regionalen Handels im südl. und östl. Afrika stellt die 1992 mit Unterstützung von AfDB, EU und Weltbank initiierte CBI (*Cross-Border Initiative*) dar, an der sich potentiell alle Mitgliedsländer von COMESA, SADC und IOC beteiligen können. Auf die gemeinsame Nutzung der Wasserressourcen zweier Flusssysteme (↗ Gewässer) in Westafrika ausgerichtet sind die OMVG (*Organisation pour la Mise en Valeur du Fleuve Gambie*) und die OMVS (*Organisation pour la Mise en Valeur du Fleuve Sénégal*).

Weitere r.O. von minderer Bedeutung und mit nur geringer Wirksamkeit sind die von Guinea, Liberia und Sierra Leone gebildete MRU (*Mano River Union*), die von neun Anliegerstaaten des Niger-Flusssystems in Westafrika geschaffene ABN (*Autorité du Bassin du Niger/ Niger Basin Authority*), die mit ähnlicher Funktion ausgestattete CBLT (*Commission du Bassin du Lac Tchad*) von fünf Anrainerstaaten des Tschadsees, die KBO (*Organization for the Management and Development of the Kagera River Basin*) von Burundi, Ruanda, Uganda und Tansania sowie die CEPGL (*Communauté Economique des Pays des Grands Lacs*) der Länder Burundi, Ruanda und Demokrat. Rep. Kongo. Alle diese r.O. waren wegen minimaler Finanz- und Ressourcenausstattung von Anfang an nur wenig leistungsfähig; zusätzlich wurde ihnen in den letzten Jahren durch anhaltende ↗ Kriege/Bürgerkriege fast jede Betätigungsmöglichkeit entzogen. Das CILSS (*Comité Permanent Inter-Etats de Lutte contre la Sécheresse dans le Sahel*) wird von neun westafrik. Sahelländern gebildet und dient der gemeinsamen Durchführung von Programmen zur Bekämpfung der Wüstenbildung. Eine ähnliche Orientierung für die Länder am Horn von Afrika stand ursprgl. hinter der Gründung der IGAD (*Intergovernmental Authority on Development*), die aber trotz konfliktbedingter Spannungen zwischen ihren sechs ostafrik. Mitgliedern seit Mitte der 1990er Jahre ein breiter verstandenes Mandat verfolgt. Der von fünf frankophonen Staaten Westafrikas gebildete CE (*Conseil de l'Entente*), gegr. gegen Ende der Kolonialzeit, hat gleichermaßen eine pol. wie eine wirtsch. Ausrichtung. Die fünf Inselstaaten im Ind. Ozean (einschl. Frankreich als Mutterland der Insel Réunion) haben die weitgehend auf Unterstützung durch die EU angewiesene IOC (*Indian Ocean Commission*) zur Förderung der angesichts der Insellage schwierigen Regionalkooperation gebildet. Eine neue, auf alle Anrainerstaaten des Ind. Ozeans (in Afrika, Asien und Ozeanien) ausgerichtete Initiative, die IORARC (*Indian Ocean Rim Association for Regional Cooperation*), ist derzeit noch im Anlaufstadium.

II. Durchwachsene Erfolgsbilanz. Während in der Kolonialzeit trotz der damaligen Verwaltungsabgrenzungen vergleichsweise große, zusammenhängende Wirtschaftsräume existierten, gestaltete sich der grenzüberschreitende Güter- und Personenverkehr nach Entstehung der vielen Einzelstaaten angesichts des Vorrangs nat. Entwicklungsziele und extrem zunehmender bürokratischer Hindernisse immer schwieriger. Vor diesem Hintergrund und den Auswirkungen der allg. Globalisierungstendenzen wurde seit langem in Afrika selbst wie von externer Geberseite auf die Regionalkooperation als wesentliches Element zur Überwindung der entwicklungshemmenden Kleinstaaterei hingewiesen. Sie war schon 1980 ein zentraler Aspekt des Aktionsplans von Lagos der OAU und wird auch von der ECA immer wieder betont. Die bisherigen Lomé-Abkommen der EU mit den AKP-Ländern haben seit 1975 ebenfalls der Unterstützung der regionalen Zusammenarbeit bes. Beachtung geschenkt. Eine Erfolgsbewertung der bisherigen Erfahrungen ist angesichts der großen Zahl unterschiedlicher Organisationen und ihrer spezifischen Charakteristika jedoch schwierig. Insges. sieht die Bilanz der meisten r. O. ernüchternd aus: Überwiegend wurde die Realisierung der selbst gesetzten Ziele immer wieder hinausgezögert, die Ressourcenausstattung für eine adäquate Aufgabenerfüllung blieb weit hinter den Notwendigkeiten zurück, und es fehlte letztlich an dem ernsthaften pol. Willen zur Abgabe jeweiliger nat. Kompetenzen an übergeordnete r. O.

Die großen, pol. und geogr. heterogenen Wirtschaftsgemeinschaften, die primär auf eine Steigerung des Handelsaustauschs und auf eine wirtsch. Integration zielen, haben bisher nur sehr begrenzte Erfolge aufzuweisen. Dies erscheint bei realistischer Betrachtung der Ausgangsbedingungen nicht weiter verwunderlich, da die Komplementarität der beteiligten Volkswirtschaften gering ist und auch die großen Entfernungen sowie die ungenügenden Verkehrsverbindungen einem intensiveren Handelsaustausch im Wege stehen. Nach wie vor überwiegen die Belange der jeweiligen nat. Wirtschaftspolitik, weshalb aus Rücksichtnahme auf die eigene Wirtschaft und die Sorge vor neuer Konkurrenz die vorgesehenen Mechanismen zum Abbau von Zöllen und anderen Handelshemmnissen nur zögerlich in die Tat umgesetzt werden. Die angestrebte Marktintegration führt unvermeidlich zu Polarisierungseffekten, die von den versch. vorgesehenen Kompensationsmechanismen aber nur unzureichend ausgeglichen werden, so dass die strukturell schwächeren Mitglieder kaum Anlass haben, sich vehement für die Realisierung der Integrationsziele einzusetzen. Gerade die Erzielung verbindlicher Absprachen über den Aufbau moderner Industrien, die auf größere Märkte und die Kostenvorteile großer Produktionseinheiten angewiesen sind, erweist sich in der Praxis als extrem schwierig. Ein weiteres Hindernis lag lange im monetären Bereich, d. h. in der allg. Devisenknappheit und der Nichtkonvertierbarkeit der nat. Währungen; durch die Freigabe der Währungsrestriktionen in den 1990er Jahren wurde dies weniger bedeutsam. Allerdings ist auch der Handelsaustausch zwischen den Mitgliedsländern der Franc-Zone trotz ihres währungspol. Vorteils nicht signifikant höher. Als vergleichsweise erfolgreicher, wenn auch bei von vornherein bescheideneren Zielsetzungen, können hingegen die wesentlich lockereren, vorwiegend auf zwischenstaatl. Koordination von Einzelmaßnahmen angelegten Organisationen angesehen werden. Eine flexible und pragmatische funktionale Regionalkooperation (mit selektiver Beteiligung an jeweiligen konkreten Maßnahmen wie z. B. den Sektorprogrammen im Rahmen der SADC) bedeutet keine generelle Einschränkung der nat. Wirtschaftspolitik. Letztlich lassen die Verschiedenartigkeit und Vielzahl derartiger Organisationen keine generalisierende Bewertung zu. Neben effizienten und integrationsfördernden Institutionen gibt es auch eine Reihe schwerfälliger bzw. unzureichend ausgestatteter r. O. mit geringen Kompetenzen und von nur marginaler Bedeutung. Im Übrigen sind Fortschritte der regionalen Zusammenarbeit nicht notwendigerweise von der Existenz institutioneller zwischenstaatl. Strukturen abhängig; angesichts der wirtschaftspol. Liberalisierung ist die Privatwirtschaft in den letzten Jahren längst zu einem entscheidenden Motor einer wachsenden faktischen Regionalintegration geworden. Angesichts der Parallelität von Globalisierung und neuen Regionalismen in anderen Kontinenten erscheint eine erhebliche Verstärkung der Regionalkooperation in Afrika unumgänglich. Sichtbare Fortschritte in überschaubaren Zeiträumen sind am ehesten bei der Konzentration auf solche Formen der Zusammenarbeit zu erwarten, bei denen für alle Beteiligten in begrenzten Bereichen Vorteile deutlich identifizierbar sind. Hierauf aufbauend können dann auch komplexere Integrationsansätze vorangetrieben werden. In jedem Fall müssen die r. O. ihre übergeordneten Interessen schrittweise und beharrlich gegen die fortbestehende Dominanz der nat. Eigeninteressen durchsetzen.

🕮 S.K.B. Asante, Regionalism and Africa's Development. Expectations, Reality and Challenges, Basingstoke 1997. – D. Bach (Hg.), Regionalisation in Africa: Integration and Disintegration, Oxford/Bloomington 1999. – A. Becart, Integration et développement. Bilan et perspectives de la Zone Franc en Afrique, Paris 1997. – P. Körner, Macht- und Interessenpolitik in der ECOWAS-Region und der Krieg in Liberia. Die pol. Dimension regionaler Integration in Westafrika, Hamburg 1996. – A. Oyejide (Hg.), Regional Integration and Trade Liberalization in Sub-Saharan Africa, Bd. 1–4, Basingstoke 1997–1999. – F. Söderbaum, Handbook of Regional Organizations in Africa, Uppsala 1996.

Rolf Hofmeier

Rentenökonomie, eine Volkswirtschaft, in der sich Staatsbürokratie und Unternehmer (↗ Unternehmen) durch ihr Zusammenwirken leistungsunabh., überhöhte Einkommen aneignen können und diese für konsumtive Zwecke nutzen (Luxuskonsum). Staatsbürokratien schöpfen von den Weltmarktpreisen aus dem Export von Produkten des ↗ Bergbaus, der ↗ Forstwirtschaft und der ↗ Landwirtschaft (*cash crops*) durch Exportsteuern, *Marketing Boards* o. ä. ab, Unternehmer können monopolartige Gewinne durch staatl. Eingriffe in den Wettbewerb erzielen. Staatl. Produktlizenzen, Devisenbewirtschaftung oder Importlizenzen sind pol. Instrumente, mit denen Rentenvorteile für bevorzugte Gruppen geschaffen werden. Unternehmer suchen mehr oder ausschließlich danach, ihre Gewinnmöglichkeiten durch Lobbying (*rent seeking*) zu steigern, als dies durch Innovationen und Investitionen zur Produktivitätsverbesserung zu erreichen. Dies trifft v. a. auf Afrika zu.

Eine wesentliche Erklärung wird in den pol.-gesellsch. Strukturen afrik. Länder gesehen, indem Klientelismus (↗ Neopatrimonialismus) und ↗ Korruption »legale« und »illegale« Renten begründen. Die volkswirtsch. Wirkungen sind schädlich, u. a. weil die Regierungen die bevorzugten Unternehmen dadurch schützen, dass konkurrierende Unternehmer unterdrückt werden, die sich meistens im ↗ informellen Sektor befinden. Dadurch entstehen Anreize für Schmuggel und Korruption. Konsumenten haben dagegen relativ hohe Preise zu zahlen. Da Investitionen ausbleiben, wird die Volkswirtschaft ineffizient und wenig dynamisch. Aus diesem Grund hat die Weltbank mit ihrer Politik der ↗ Strukturanpassung versucht, die rentenökonom. Strukturen aufzubrechen – allerdings manchmal vergeblich. Die Vorstellung, dass vom Staat geschaffene Vorteile für Unternehmer immer zur wirtsch. Stagnation führen, trifft jedoch nicht zu. In anderen Ländern, insbes. Ostasiens, hat sich das Gegenteil erwiesen. Einige Autoren sehen daher in der »schwachen« ↗ Zivilgesellschaft und fehlenden Institutionen den eigentlichen Grund für Klientelismus und *rent-seeking* in stagnierenden Rentenökonomien Afrikas.

🕮 G. Ashoff, Rent-Seeking: Zur Relevanz eines relativ neuen Konzeptes in der ökonom. Theorie der Politik und der entwicklungstheoretischen Diskussion. In: Vierteljahresberichte Nr. 112 (1988), S. 103–125. – F. Czichowski, Rent-Seeking, Stagnation und Unterentwicklung. Der Beitrag der Neuen Politischen Ökonomie zur Theorie der Entwicklung und Unterentwicklung. In: Konjunkturpolitik 36 (1990), S. 169–191.

Eike W. Schamp

Rohstoffe. Afrika verfügt über 85% der derzeit bekannten Vorkommen an Platin und Palladium, über 75% der Manganreserven und über 50% der Vorräte an Gold und Vanadium (↗ Bergbau). Die ↗ Landwirtschaft, v. a. im subsahar. Afrika, erlaubt den Anbau zahlreicher tropischer Erzeugnisse und kann sich auf ausreichende Wasservorkommen stützen (↗ Bewässerungswirtschaft). Afrik. Bauern produzieren für den Weltmarkt u. a. Kaffee, Kakao, Bananen, Baumwolle und natürliche pharmazeutische Grundstoffe. Die Wälder sind lange Zeit für den Einschlag von Holz verschiedenster Art genutzt worden (↗ Forst- und Holzwirtschaft). In der wirtsch. Entwicklung der afrik. Staaten kommt der Rohstoffwirtschaft – der Gewinnung und Vermarktung der versch. Erzeugnisse – eine wichtige Rolle zu. Bis in die 1970er Jahre waren zahlreiche Arbeitsplätze in diesem Sektor entstanden; die dort erzielten Einkommen hatten Kaufkraft auf den inländischen Märkten geschaffen und stellten die wirtsch. Grundlage dar für Investitionen; die Devisenerlöse aus dem Export der Rohstoffe finanzierten den Import von Nahrungsmitteln, Verbrauchs- und Investitionsgütern. R. haben die Politik und die Beziehungen zu den IL (Industrieländern) geprägt. Innerhalb der einzelnen Staaten haben Kämpfe um die Nutzungsrechte der R. Konflikte ausgelöst, die bis zu Bürgerkriegen ausgeartet sind. R. haben zwischenstaatliche und regionale Konflikte verursacht, von denen nicht wenige mit Waffengewalt ausgetragen wurden (↗ Kriege/Bürgerkriege).

Rohstoffreiche Länder konnten enge Beziehungen zu IL aufbauen. Die afrik. Volkswirtschaften trifft es besonders hart, dass die Erlöse aus dem Verkauf von R. weltweit seit den 1990er Jahren rückläufig sind, bedingt durch einen Rückgang der mengenmäßigen Nachfrage und der Preise. Zudem konkurrieren die Rohstoffe afrik. Länder seit 1990 mit denen aus den osteurop. Staaten. Ursächlich für die geringe Wettbewerbsfähigkeit der Rohstofflieferanten in Afrika sind Fehlentscheidungen in der Wirtschafts- und Entwicklungspolitik dieser Staaten. Lieferengpässe und -unterbrechungen – verursacht durch pol. Konflikte und die unzureichende Verkehrsinfrastruktur – verunsichern mögliche Abnehmer. Halbstaatl. und staatl. Unternehmen kontrollieren den Rohstoffsektor. Geringer Rechtsschutz für das Eigentum und Auflagen für die Verwendung der Gewinne beeinträchtigen die Bereitschaft in- und ausl. Unternehmen, Kapital und Technologie für die Modernisierung des Rohstoffsektors bereitzustellen. Kleinbauern weigern sich, die Produktion angesichts niedriger staatl. festgesetzter Abgabepreise der Ausfuhrbehörden auszuweiten. Große Farmen werden hingegen für Verluste im Exportgeschäft entschädigt. Unzureichende Wiederaufforstungsmaßnahmen der Regierungen sowie der Holzeinschlag der Bev. zur Sicherung des Energiebedarfs (Brennholz, Holzkohle) haben den Waldbestand schrumpfen lassen (↗ Entwaldung).

Gescheitert sind auch die Bemühungen der afrik. Staaten, durch marktregulierende, weltumspannende Rohstoffabkommen die Erlöse dauerhaft zu steigern. Das Integrierte Rohstoffprogramm – Teil der in den 1970er Jahren propagierten ↗ Neuen Weltwirtschaftsordnung – sollte die Preise für die Ausfuhren von R. nicht nur aus afrik. EL (Entwicklungsländern) durch Anbieterzusammenschlüsse, die Bildung von Zwischenlagern und die Finanzierung von Maßnahmen zur Steigerung der Wettbewerbsfähigkeit der Anbieter im Rahmen eines gemeinsamen Fonds stabilisieren. Derartige Vorhaben scheiterten am hartnäckigen Widerstand der IL. Ihrer Auffassung nach ist das angestrebte Modell in sich widersprüchlich und läuft langfristig den Interessen der EL zuwider. Die EU hat im ↗ Lomé-Abkommen (seit 2001: Cotonou-Abkommen) eine Alternative angeboten in Form einer Erlösstabilisierung für agrarische Rohstoffe. Für die Stabilisierung der Einnahmen aus dem Verkauf mineralischer R. sagte die EU die Unterstützung bei Investitionen zu, die Engpässe bei der Gewinnung und Vermarktung beseitigen. Aber auch diese Maßnahmen entlasteten die afrik. Staaten nicht. Bei langfristig sinkenden Preisen konnten der Fonds und die Finanzierung von Investitionen die zugedachten Aufgaben nicht erfüllen. Die in Aussicht gestellten Mittelzusagen reichten nicht aus, um die den afrik. Staaten zustehenden Ansprüche abzudecken, und eine Erhöhung der Zusagen lehnte die EU ab. Da die Ausgleichszahlungen zu Investitionen im Rohstoffsektor verwendet wurden, unterblieben Anstrengungen, langfristig Güter herzustellen, die weniger anfällig waren für einen Verfall von Mengen und Preisen als R. Abhilfe gewährleistet vielmehr die Integration der afrik. Volkswirtschaften in die Weltwirtschaft durch Strukturwandel sowie Arbeitsteilung und Spezialisierung. Die afrik. Staaten wollen dies erreichen, indem sie die Leistungsfähigkeit des Rohstoffsektors im Rahmen von Programmen zur ↗ Strukturanpassung fördern. Neue Vermarktungsstrategien sollen die Erlöse erhöhen helfen, vorgeschlagen werden zum zeitweiligen Ausgleich von Erlösminderungen Versicherungssysteme, finanziert von exportierenden Ländern, den Verbrauchern und internat. Finanzierungsorganisationen. Ein anderer Weg – vertreten v. a. von den internat. Finanzierungseinrichtungen als Teil der Strukturanpassungsprogramme – sieht vor, auf der Grundlage vorhandener R. die Wirtschaftsstruktur zu verändern. Kompensationen bei Erlösausfall sollten ausschließlich im Rahmen von Strukturanpassungsprogrammen erfolgen und Investitionen in anderen Branchen anregen. Die EU und andere IL sollen die Märkte für verarbeitete Erzeugnisse aus den afrik. EL öffnen. ↗ Handels- und Marktsysteme, ↗ Verschuldung.

📖 H. Barth/M. Kürsten, Die mineralischen Rohstoffe Afrikas: Chancen für die deutsche Wirtschaft, Stuttgart 1996. – K. Michaelowa/A. Naini, Der Gemeinsame Fonds und die speziellen Rohstoffabkommen, Baden-Baden 1995.

Karl Wolfgang Menck

Rundfunk. Die Einführung des R. begann in den brit. Kolonien Südafrika (1924) und Kenia (1928) sowie in Liberia, Sierra Leone und Nigeria zu Beginn der 1930er Jahre. Fast zur gleichen Zeit entstanden erste Sender auch in den frz. Kolonien Madagaskar (1931), Kongo (1936) und Senegal (1939). In Belgisch-Kongo wurde der R. zunächst von den kathol. Missionaren eingerichtet (1937).

Ihre eigentliche Entwicklung nahm die Rundfunktechnik in Afrika jedoch erst nach der Unabh. vieler Staaten seit ca. 1960. Der R. erschien als das sozial wirksamste Medium zur Verbreitung von Informationen, das der traditionell auf dem Kontinent vorherrschenden Art der Gruppenkommunikation angepasst werden konnte. Außerdem zog jedes Rundfunkgerät zahlreiche Hörer an und erfüllte so die Aufgabe, den sozialen Zusammenhalt zu festigen (↗ Nachbarschaft). Nach dem Ende der Kolonialzeit gerieten die Rundfunkanstalten unter staatl. Kontrolle. Selbst die Landfunksender waren vom Staat abhängig, der die Finanzierung, die infrastrukturelle Erstausstattung und v. a. die Zuweisung von Frequenzen übernahm. Bei der Sensibilisierung der Bev. für Entwicklungskampagnen sowie der Weiterbildung und Information der Bauern erhielten sie meist finanzielle Unterstützung im Rahmen der ↗ Entwicklungszusammenarbeit.

Die Anzahl der Rundfunkempfänger stieg z. B. in Südafrika von 875.000 im Jahre 1955 auf 4,8 Mio. 1975. In den anderen Ländern des subsahar. Afrika lag diese Anzahl schätzungsweise bei 360.000 (1955), dann bei 4,2 Mio. (1965), bei 18,5 Mio. (1975), bei 42,6 Mio. (1985) und 70,2 Mio. (1995).

Die pol. Liberalisierung der 1990er Jahre setzte dem staatl. Monopol im Rundfunkwesen ein Ende. Man unterscheidet heute drei Hauptsektoren:

(1) Der öffentliche Sektor. Mit den alten staatl. Sendern behält er eine dominante Rolle. Diese Sender haben hist. Gewicht und verfügen über eine gut ausgebaute Infrastruktur, dank derer sie mit wenigen Ausnahmen – wie Äthiopien – das gesamte Landesgebiet erreichen. Um sich auf den neuen Pluralismus einzustellen, richten die staatl. Rundfunkanstalten außerdem seit 1990 flächendeckend kleinere Sender mit versch. thematischen Schwerpunkten ein. So hat etwa die nat. Rundfunkanstalt der Demokrat. Rep. Kongo ein zweites Programm für Musiksendungen eingeführt, um ihre Führungsrolle auszubauen. Gleiches gilt für den nat. R. in Benin mit dem Programm *Atlantic FM*. Die Gegenstücke sind *Canal Arc-en-Ciel* in Burkina Faso, *City Radio* in Tansania, *Radio 2 FM* in Malawi. In Nigeria besitzt der staatl. R. außer dem bundesweiten Netzwerk *FRCN* mehr als ein Dutzend Regionalsender in allen Landesteilen.

(2) Der internationale Sektor. Internat. oder transnat. Sender, die bis in die 1980er Jahre nur über Kurzwelle zu empfangen waren, wurden nach 1990 mit Sendungen auf UKW-Frequenzen zum zweiten Sektor des R. Dazu gehören RFI (*Radio France Internationale*), BBC (*World Service*), VOA (*Voice of America*), Deutsche Welle und *Africa N° 1*, aber auch, mit geringerer Bedeutung, Radio Moskau, Radio Peking und Radio Vatikan. Diese Entwicklung erklärt sich aus der Abneigung afrik. Hörer gegen ihre nat. Medien, die sie vielfach als staatl. Propagandainstrumente betrachten (↗ Zensur).

(3) Der private Sektor. Zum dritten Sektor gehören private Sender in den einzelnen Ländern. Hatte der Privatsektor vor Errichtung des Mehrparteiensystems fast nur aus konfessionellen Sendern bestanden, so besetzen seit 1990 afrik. Manager diese Nische. Die nat. Privatsender haben ihr Erscheinen zwar der pol. Liberalisierung zu verdanken; die wichtigste technische Voraussetzung zu ihrer Verbreitung waren jedoch moderne UKW-Sender, die sich mit relativ geringem Aufwand betreiben lassen. *Horizon FM* in Burkina Faso ist vielleicht der älteste Rundfunksender der privaten Kategorie. Nach einem kurzlebigen Vorspiel 1987 erhielt er schon im Dez. 1990 die Sendeerlaubnis. Bes. intensiv war die Liberalisierung des R. in Mali, das heute fast 60 Privatsender zählt. Die bedeutendsten sind *Radio Liberté* (seit Okt. 1991), *Kayira* (1992) und *Radio Nataa*. In Gabun arbeiten trotz Repressalien des herrschenden Regimes (Verbote, Zerstörung oder Sabotage) weiterhin Privatsender wie u. a. *Fréquence Libre, Radio Liberté, Radio Soleil, Radio Mandarine*. Madagaskar verfügt über mehr als 70 Privatsender. Die Regierung Ghanas musste etwa zehn Sendeerlaubnisse für UKW-Stationen erteilen. Auch Nigeria zählt etwa zehn UKW-Sender. In fast allen afrik. Ländern hat sich auf diese Weise der nat. private R. etabliert. ↗ Medien.

🕮 R. Fardon (Hg.), African Broadcast Cultures: Radio in Transition, Oxford 2000.

Eddie Tambwe Kitenge bin Kitoko

SADC (*Southern African Development Community*). Die »Entwicklungsgemeinschaft des südl. Afrika« ist eine ↗ regionale Organisation, die das Ziel verfolgt, die Kooperation der Mitgliedsländer untereinander zu fördern, um die wirtsch. und soziale Entwicklung sowie die ↗ kollektive Eigenständigkeit zu stärken, aber auch, um in der Region Frieden und Sicherheit zu schaffen. Sie wurde 1992 von den zehn Staaten Angola, Botsuana, Lesotho, Malawi, Mosambik, Namibia, Swasiland, Sambia, Simbabwe und Tansania gegründet und löste damit die seit 1980 bestehende SADCC (*Southern African Development Coordination Conference*) ab. SADCC war auf dem Hintergrund des Konflikts zwischen den unabh. afrik. Staaten im südl. Afrika und dem Apartheidregime in Südafrika gegründet worden, um die wirtsch. Abhängigkeit der Mitgliedsländer von Südafrika zu verringern. Im Anschluss daran wurde SADC ins Leben gerufen, um der zukünftigen Kooperation mit einem nicht rassischen, demokrat. Südafrika den Boden zu bereiten. Das neue Südafrika wurde 1994 Mitglied der SADC. 1995 wurde Mauritius aufgenommen, 1997 folgten die Demokrat. Rep. Kongo und die Seychellen, so dass SADC heute 14 Mitglieder aufweist.

Den Vorsitz der SADC übernahm nach der Gründung Botsuana, das auch den Vorsitz der SADCC innegehabt hatte. 1996 ging SADC zu einem rotierenden Vorsitz über, der zunächst für drei Jahre an Südafrika unter seinem Staatspräsidenten Mandela ging. Seither rotiert das Amt jährl., nach Mosambik hatte 2000/2001 Namibia den Vorsitz inne. Der Vorsitzende der SADC wird von der jährl. Gipfelkonferenz der Staats- und Regierungschefs, dem obersten Entscheidungsorgan, gewählt. Oberstes Prinzip der SADC ist die souveräne Gleichheit der Mitgliedstaaten. Dementsprechend beruht ihre Entscheidungsfindung auf dem Konsensprinzip.

Die dezentralisierte funktionale Kooperation, die die SADC (wie schon die SADCC) praktiziert, belässt die Zuständigkeit für die insgesamt 18 Kooperationsbereiche bei den einzelnen Mitgliedstaaten (z. B. Energie – Angola, Bergbau – Sambia, Wasser – Lesotho, Agrarfoschung – Botsuana), die sie in eigener Verantwortung verwalten. Das Ziel der SADC, eine intensivere regionale Integration zu verwirklichen, kam seit ihrer Gründung nur langsam voran. Die Schaffung der als bes. bedeutsam angesehenen, 1996 beschlossenen SADC-Freihandelszone wurde aufgrund von Interessendivergenzen zwischen Südafrika als dominanter Wirtschaftsmacht und den übrigen Mitgliedsländern erst auf dem Gipfeltreffen 2000 konstituiert. Bis 2008 sollen im Handel unter den SADC-Staaten 85% der Zölle, bis 2012 sämtliche Zölle entfallen. Einschneidend war der 2001 gefasste Gipfelbeschluss einer institutionellen Reform, nach dem die bisherigen dezentralisierten Kooperationsbereiche in vier dem in Botsuana operierenden SADC-Sekretariat zugeordneten Direktoraten konzentriert werden sollen.

Für den Bereich Frieden und Sicherheit, der die nat. Souveränität bes. berührt, gründete die SADC 1996 ein *Organ on Politics, Defence and Security*, das im Unterschied zu allen anderen Kooperationsbereichen auf der Gipfelebene angesiedelt wurde. Das SADC-Organ soll unter den veränderten Bedingungen im südl. Afrika die Aufgaben der ↗ Frontlinienstaaten fortführen. Staatspräsident Mugabe von Simbabwe, der zuletzt Sprecher dieser Gruppe gewesen war, übernahm zunächst den Vorsitz des SADC-Organs. Nach Differenzen mit Mandela kam es 1997 zu einer Lähmung des SADC-Organs, dessen Zukunft erst mit den Reformbeschlüssen von 2001 im Sinne einer stärkeren Integration in die SADC-Strukturen geklärt wurden.

🕮 I. Mandaza/A. Tostensen, Southern Africa: In Search of a Common Future. From the Conference to a Community, Gaborone 1994. – P. Meyns, Die »Entwicklungsgemeinschaft des Südl. Afrika« nach der Apartheid – neue Ziele, alte Probleme. In: Verfassung und Recht in Übersee 31 (1998), S. 171–195.

Peter Meyns

Scheidung ↗ Ehe, ↗ Familien- und Erbrecht, ↗ Ehe, ↗ islamisches Ehe- und Familienrecht

Schule ↗ Bildungswesen, ↗ Missionsschule

Schwangerschaft und Geburtshilfe. Sch. und Geburt sind komplexe biolog. Vorgänge, werden aber auch in erheblichem Maß gesellsch. strukturiert und definiert. Von diesen einschneidenden und lebensbedrohlichen Ereignissen und den dabei angemessenen Verhaltensweisen existieren unterschiedl. Vorstellungen, die wiederum auf biolog. Abläufe einwirken können. Diese Vielfalt wurde im afrik. Kontext bisher nur punktuell untersucht, so dass verallgemeinernde Aussagen schwer möglich sind.

Der Zusammenhang zwischen Koitus und Empfängnis gilt allg. als bekannt. Häufig herrscht jedoch – z. B. bei den westafrik. Kissi, Mende und Kono – die Auffassung, dass in der Anfangszeit für eine erfolgreiche Sch. wiederholter Geschlechtsverkehr notwendig sei, da das Kind aus den sexuellen Sekreten von Mann und Frau geformt werde. Der Genuss bestimmter Pflanzen, so glauben viele, könne das Kindeswachstum und einen unkomplizierten Schwangerschaftsverlauf fördern. Gleichermaßen wird bestimmten Nahrungsmitteln ein ungünstiger Einfluss auf die Entwicklung des Kindes und seine Geburt zugesprochen, z. B. vermeidet die Schwangere Fett, damit das Kind bei der Geburt nicht »schmutzig« ist. Dies gilt auch für bestimmte Verhaltensweisen: So werden beim Sitzen mit gekreuzten Beinen oder beim Verweilen der Schwangeren im Türrahmen Analogien bei der Geburt befürchtet. Konflikte und Streitigkeiten erschweren, wie man glaubt, den Geburtsprozess, weshalb die Schwangere diese vermeiden oder bei der Geburt durch Offenbaren lösen sollte. Sch. wird aber nicht als Krankheit gewertet; die Schwangere geht i.d.R. bis zur Niederkunft ihrer Arbeit nach, auch körperlich schwerer.

Betreuen in einigen Gesellschaften, z. B. bei den Mende (Sierra Leone) oder den Kpelle (Liberia), hoch angesehene Spezialistinnen die Geburten, so werden sie in anderen Gesellschaften von einem erfahrenen Familienmitglied begleitet. Hebammen werden dort, wo die Frau wie bei den Bariba (Benin) idealerweise ohne Beistand gebiert, nur bei Komplikationen zugezogen. Männer sind meist von Geburten ausgeschlossen, wobei es für spezielle Heilkundige Ausnahmen geben kann.

I.d.R. bevorzugt die Frau vertikale Gebärpositionen. Bei der Geburt wird bes. auf die Plazenta geachtet, da sie Ursache tödlicher Komplikationen für Mutter oder Kind sein kann. Vielfach wird sie nach bes. Regeln vergraben, die der menschlichen Bestattung ähneln und für die weitere Fruchtbarkeit der Mutter für bedeutsam gehalten werden. Erst nach dem Ausstoßen der Plazenta und wenn diese nicht mehr pulsiert, wird die Nabelschnur abgebunden und durchtrennt, heute zunehmend mit Rasierklingen. Der am Kind verbleibende Nabelrest wird mit Pflanzenextrakten oder anderen Mitteln behandelt, damit er schneller abtrocknet und abfällt. In Teilen Sierra Leones, Liberias und Guineas bleiben Mutter und Kind bis zum Abfall der restlichen Nabelschnur zu Hause, die Männer dürfen das Kind bis dahin nicht sehen. Erst danach finden Zeremonien zur Reintegration der Mutter und zur Integration des Kindes in die Gesellschaft statt sowie die Namensgebung durch den Vater. Wie lange sich die Mutter nach der Geburt ausruhen darf, hängt nicht nur von den jeweiligen Gebräuchen ab, sondern auch davon, inwieweit andere ↗ Frauen sie unterstützen und ihre Arbeit übernehmen. Die Kinder werden idealerweise zwei Jahre gestillt; dass die Frau in dieser Zeit sexuell abstinent sein sollte, wird heute als eine Methode der Geburtenplanung anerkannt (↗ Verhütung).

Geburtskomplikationen werden häufig auf das Verhalten der Schwangeren und Dissonanzen im sozialen Umfeld zurückgeführt. Stirbt die Mutter während oder durch die Geburt, so wird in einigen Gesellschaften, wie z. B. den Kissi (Guinea), davon ausgegangen, dass sie eine Hexe ist und ihre Verpflichtungen gegenüber anderen Hexen nach einem Menschenopfer nicht erfüllt hat. Anderswo wird das Baby der ↗ Hexerei verdächtigt. Zwillingen hingegen werden häufig Fähigkeiten zur Bekämpfung von Hexen zugesprochen.

Das Risiko für Frauen in Afrika, an einer Geburt oder ihren Folgen zu sterben, ist weltweit gesehen am höchsten; in ländl. Gebieten liegt die Müttersterblichkeit zwischen 400 und 1.000 pro 100.000 Lebendgeburten. Ursachen hierfür liegen aus westlicher Sicht v. a. im schlechten Gesundheitszustand der Frauen, u. a. bedingt durch Krankheiten wie ↗ Aids und Malaria (↗ Tropenkrankheiten), einer Vielzahl Sch. – das subsahar. Afrika hat mit durchschnittl. 5,4 Lebendgeburten pro Frau (1999) weltweit die höchste Fruchtbarkeitsrate – sowie in mangelhaften Zugangsmöglichkeiten zu medizin. Einrichtungen, um z. B. bei Komplikationen einen Kaiserschnitt durchzuführen. Auch wo die medizin. Infrastruktur existiert, können kulturelle, soziale und finanzielle Barrieren den Zugang erschweren. Im Rahmen der Primären Gesundheitspflege (*Primary Health Care,* ↗ Gesundheitsversorgung) wurden daher sog. traditionelle Geburtshelferinnen aus- oder weitergebildet, allerdings ohne auf die unterschiedlichen Geburtssysteme Rücksicht zu nehmen. Weil man nicht immer auf traditionelle Hebammen zurückgreifen konnte oder an ihrer Statt Frauen ausgewählt wurden, die opportuner erschienen, kam es zu gegenseitigen Akzeptanzproblemen. Trotz vereinzelter positiver Erfahrungen wird heute daher eher für eine Stärkung modern-medizin. Dienste plädiert.

📖 C. MacCormack (Hg.), Ethnography of Fertility and Birth, London 1982. – W. Schiefenhövel/D. Sich/C. E. Gottschalk-Batschkus (Hg.), Gebären – Ethnomedizin. Perspektiven und neue Wege. In: Zeitschrift für Ethnomedizin und transkulturelle Psychiatrie, Sonderbd. 8 (1995). – www.who.int

Line Göttke

Schwellenländer. Sammelbegriff für bereits halbindustrialisierte Entwicklungsländer (*engl.*

NICs/Newly Industrializing Countries), die im Aufholprozess gegenüber den Industrieländern schon weiter fortgeschritten sind. Eine allg. akzeptierte Definition und Abgrenzung von anderen Ländergruppierungen gibt es nicht. Je nach Erkenntnisinteresse wurden von unterschiedlichen Institutionen bzw. Autoren stark differierende Listen von Sch. aufgestellt. Die Klassifizierung von Staaten als Sch. ist als Kriterium bei der Vergabe finanzieller Mittel in der ↗ Entwicklungszusammenarbeit von Bedeutung, aber auch als Ausdruck wachsender Konkurrenzfähigkeit gegenüber den Industrieländern innerhalb der Weltwirtschaft. Mit dem Begriff verbindet sich ein entwicklungsheoretisches Konzept einer ökonom. und soziostrukturellen ↗ Modernisierung, die im Sinne eines nachholenden Entwicklungsprozesses über Zwischenstadien ein Entwicklungsland letztlich in den Status eines Industrielands verwandeln wird. Als Klassifizierungskriterien für Sch. werden statistische Wirtschaftsindikatoren, v.a. der Grad der Industrialisierung eines Landes und das Volumen seiner Exporte von Industriegütern, herangezogen, teilweise auch soziale Faktoren. Klassische Beispiele von Sch. sind Süd-Korea und Taiwan in Asien sowie Brasilien und Mexiko in Lateinamerika. In Afrika kann nur Südafrika als Sch. bezeichnet werden; auch große Volkswirtschaften wie Ägypten, Algerien und Nigeria sind strukturell noch weit von einer Eingruppierung als Sch. entfernt. Der ambivalente Status von Südafrika zeigt sich z.B. daran, dass es zwar generell als Entwicklungsland anerkannt ist, als Sch. aber im Rahmen des ↗ Lomé-Abkommens nicht wie die anderen afrik. Staaten mit Hilfsprogrammen bedacht wird.

📖 Ch. Bergmann, Schwellenländer. Kriterien und Konzepte, München/Köln 1983.

Rolf Hofmeier

Karte 27: Die Ausdehnung informeller/illegaler Siedlungen im Großraum Kairo (um 1995)

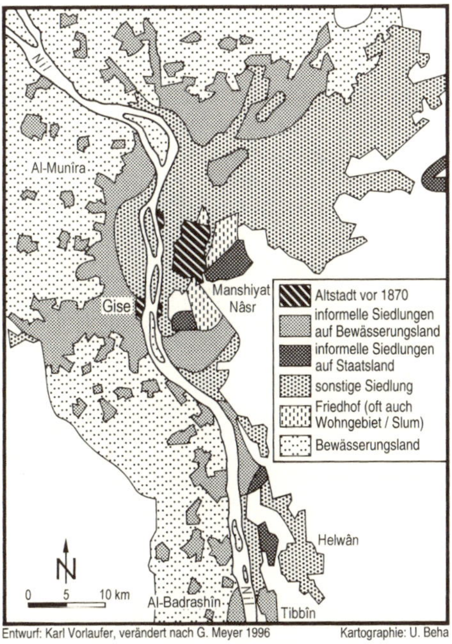

Entwurf: Karl Vorlaufer, verändert nach G. Meyer 1996 Kartographie: U. Beha

Slums im engeren Sinne sind durch Überbelegung und Verfall gekennzeichnete innere Stadtbereiche, die vormals oft Quartiere einkommensstarker Gruppen waren, wie z.B. die Medina Algiers. Außerhalb der Innenstädte gelegene Siedlungen mit Einfachstunterkünften (Bretter-, Blech-, Schilfhütten, -buden), hoher Wohndichte, fehlenden oder mangelhaften Ver- und Entsorgungsdiensten (z.B. Müllabfuhr) sowie schlechten Straßen werden demgegenüber oft auch als *Shanty Towns, Bidonvilles, Quartiers Clandestins,* Marginal- oder – wegen der ungeplanten, schnellen Entfaltung oft über Nacht – als Spontansiedlungen definiert. Da S. meist ungeplant und unkontrolliert ohne Beachtung von Baugesetzen oder ohne Landrechtstitel entstehen, werden sie auch als informelle oder illegale Siedlungen bezeichnet (↗ Squattersiedlungen). Um Kairo entstanden sie auf dem für die Ernährungssicherung wichtigen und daher für eine legale Bebauung nicht freigegebenen Bewässerungsland (Karte 27). Schon in der Kolonialzeit gab es S. in den großen Städten (↗ Stadt, ↗ Stadtplanung). Im Zuge der rasanten ↗ Urbanisierung haben sie sich seit 1960 rapide ausgedehnt. In Nairobi (Kenia) z.B. lebten 1999 von den ca. 3,6 Mio. Einw. rd. 60%, in anderen bes. schnell wachsenden Städten wie z.B. Daressalam (Tansania) oder Addis Abeba (Äthiopien) sogar 80–90% der Bev. in S. *Quartiers Clandestins* und *Bidonvilles* sind nicht immer S. Häufig werden aus den zunächst errichteten Schilfhütten nach einigen Jahren Blechbuden oder Steinhäuser, und auch eine infrastrukturelle Grundausstattung (z.B. öffentl. Wasserstellen, Viertelslatrinen) kommt hinzu. Viele *Bidonvilles* sind sozial und infrastrukturell relativ intakte Quartiere. In Südafrika wurde die Entstehung von S. durch die ↗ Apartheid gefördert. Da Schwarze sich in »weißen« Städten lange legal gar nicht und in den für sie vorgesehen *Townships* nur unter bestimmten Voraussetzungen (u.a. Arbeitsplatznachweis) aufhalten durften, entstanden oft außerhalb der Stadtgrenzen, i.d.R. auf »weißem« Farmland oder an den Grenzen nahegelegener ↗ Bantustans, ausgedehnte nach den Apartheidsgesetzen illegale Siedlungen. Ausgedehnte S. entfalteten sich zudem in den *Townships*. Als die Zuzugsbeschränkungen in der Spät-/Postapartheidzeit aufgehoben wurden, haben sie sich v.a. in den Städten enorm ausgebreitet (↗ Stadt, Abb. 35).

In den ersten Jahren nach der Unabh. wurden S. vielerorts brutal und entschädigungslos beseitigt, ihre Bewohner umgesiedelt und i.d.R. obdachlos, da Ersatzwohnungen kaum gestellt wurden. Die Beseitigung der S. stieß auf den Widerstand der Betroffenen und war daher innenpol. nicht lange durchzusetzen. Seit etwa 1975/80 wird die bauliche und infrastrukturelle Sanierung der S., das sog. *Upgrading*, angestrebt. Das Selbsthilfepotential der Slum-Bev. soll jetzt verstärkt genutzt werden. In Daressalam z.B. wird seit 1994 das sog. *Community Based-Upgrading* als Ansatz propagiert.

🕮 R. A. Obudho/C. C. Mhlanga (Hg.), Slum and Squatter Settlements in Sub-Sahara Africa, New York 1988.

Karl Vorlaufer

Soziale Vorsorge. Systeme der sozialen Sicherung dienen der Behandlung im Krankheitsfall und der Altersvorsorge. Traditionsgemäß ist in Afrika die ↗ Familie für die Versorgung der Alten und Kranken zuständig. Die hohen Kosten der Krankenbehandlung im modernen Gesundheitssystem sowie die verlängerte Lebenszeit alter und gebrechlicher Menschen überlasten jedoch häufig die Kapazität selbst großer Familien. Deshalb wurden Alters- und Krankenversicherungen eingeführt.

In den ersten Jahren der Unabh. führten einige Regierungen Sozialversicherungssysteme ein, die sich jedoch meist lediglich auf Angehörige des öffentl. Dienstes oder Arbeiter mit regelmäßigem Einkommen erstreckten. Die große Mehrheit der Bev., die als Bauern oder Gelegenheitshändler tätig war, erhielt keinen Versicherungsschutz. Damit waren nur etwa 2% der Bev. Afrikas sozialversichert. Diese institutionalisierte s.V. fand allerdings geringe gesellsch. Akzeptanz: die Qualität der Leistungen der öffentl. ↗ Gesundheitsversorgung war so schlecht, dass Versicherte zusätzlich zu den Versicherungsprämien noch Ausgaben für Gesundheitsdienstleistungen des privaten Marktes zu tragen hatten. Die Beiträge zur Pensionskasse schmälerten das monatliche Einkommen, die Rentenzahlungen waren jedoch so gering, dass die meisten Rentner unterhalb des Existenzminimums lebten. Fehlinvestitionen und hohe Inflation führten zu einem Verfall der Rentenkasse.

Seit Ende der 1980er Jahre haben einige Länder Basiskrankenversicherungen eingeführt, die sich primär an Subsistenzbauern und Kleinhändler wenden. Sie sind meistens an ein Krankenhaus angeschlossen und bieten einer Familie kostenlose oder verbilligte Behandlung. Als Versicherungsprämie wird zum Teil die Lieferung von Naturalien akzeptiert. Die Krankenversicherungen sind oftmals nach genossensch. Prinzipien organisiert, d.h., die Mitglieder haben eine hohe Partizipationsmöglichkeit. Beispiele aus versch. afrik. Ländern zeigen, dass viele zunächst zwar der Versicherung beitreten, nach einigen Jahren jedoch wieder austreten, was die Auflösung der Versicherung zur Folge hat. Die Gründe hierfür sind: Erstens führt der Versicherungsschutz zu einer Erhöhung der Nachfrage nach Gesundheitsleistungen (*moral hazard*), da versicherte Kranke, die vorher die hohen Kosten der Behandlung gescheut haben, nun vermehrt die Gesundheitsdienste in Anspruch nehmen. Hinzu kommt die Einstellung, für die bezahlte Prämie auch eine adäquate Leistung erwarten zu können. Die erhöhte Nachfrage führt zu steigenden Kosten pro Versichertem, die nur über steigende Prämien ausgeglichen werden können. Dies veranlasst jedoch einen Teil der Versicherten, wieder auszutreten. Zweitens ist das Bildungsniveau der Versicherten oftmals relativ niedrig. Zudem ist es schwierig, Menschen mit geringer Schulbildung zu vermitteln, warum ein Versicherter am Ende einer Periode seine Prämie nicht zurückgezahlt bekommt, obwohl er nicht krank war. Es verwundert daher nicht, dass diese Krankenversicherungen innerhalb von zwei Jahren 90% ihrer Mitglieder verlieren: Sind die Versicherten in einem Jahr nicht krank, so treten sie aus Enttäuschung aus. Drittens fehlt vielen Krankenversicherungen die erforderliche Kompetenz, Versicherungsprämien treuhänderisch zu verwalten. Das Rechnungswesen ist rudimentär und dient weder als Aufzeichnungs- noch als Führungsinstrument. Die Veruntreuung von Geldern ist nicht auszuschließen und veranlasst viele enttäuschte Versicherte zu einem Austritt.

Der Ausbau eines Systems der s.V. hängt entscheidend vom Umgang der Menschen mit Zukunft ab. Eine auf die Gegenwart ausgerichtete Gesellschaft vernachlässigt s.V., was sich insbes. in Afrika heute feststellen lässt. Daher sind weder die Alters- noch die Krankheitsvorsorge bislang flächendeckend insitutionalisiert, sondern werden weiterhin primär der Familie überlassen.

📖 S. Fleßa, Krankenversicherungen in Afrika: ein Strohhalm für das Gesundheitswesen. In: Das Gesundheitwesen 60 (1998), S. 52–57. – A.K. Gemegah, Möglichkeiten und Grenzen der Versicherungswirtschaft in Entwicklungsländern, 1995. – J. Toepffer, Krankenversicherung im Spannungsfeld von Markt und Staat, Bayreuth 1997.

Steffen Fleßa

Sozialisation ↗ Jugend, ↗ Kindheit

Sozialismus. *I. Allgemeines.* In den ersten zwei Jahrzehnten der nachkolonialen Entwicklung war der S. als pol. Ideologie, Gesellschaftsmodell und Entwicklungsstrategie in Afrika eine feste Größe. Mit dem Niedergang des S. in der Sowjetunion und den anderen Ländern des Ostblocks sowie dem Ende des Ost-West-Konflikts verlor er weitgehend an Bedeutung. Von der Unabh. Ghanas 1957 bis zum Sturz Mengistu Haile Mariams in Äthiopien 1991 ist der S. durch die Nähe zum Ostblock indessen nur ungenügend beschrieben, charakteristisch ist vielmehr ein Spektrum unterschiedlicher Vorstellungen. Insbes. in den 1960er Jahren beriefen sich nationalistische Bewegungen auf den S., um nach Erlangung der Unabh. ihren antikolonialen und antiimperialistischen Zielen Ausdruck zu verleihen. Eine Hinwendung zum Ostblock war damit jedoch i.d.R. nicht verbunden. Vielmehr sprach man z.B. in Algerien und Senegal vom afrik. Weg zum S., und in nur wenigen Ländern war vom S. keine Rede. Allg. wird die Zeit nach 1960 als Phase des afrik. S. bezeichnet, die Zeit nach 1975 hingegen als Phase des wiss. S.

II. Afrik. Sozialismus. Aus der antikolonialen Bewegung hervorgegangen, war der afrik. S. in starkem Maße kulturell geprägt. Der langjährige Präsident Tansanias, Nyerere, erklärte 1962, dass S. eine Geisteshaltung sei. Afrik.-autochthone, westl.-christl., islam., sozialdemokrat. und marxistische Ideen, die sich in unterschiedlichen Zusammensetzung im afrik. S. wiederfanden, führten zu Gedankengebäuden wie der ↗ *Négritude* Senghors, dem ↗ Consciencismus Nkrumahs oder dem ↗ *Ujamaa*-S. Nyereres. Immer ging es um die Besonderheit des afrik. Wegs zum S. – Ausdruck des Strebens nach Eigenständigkeit war ebenfalls der häufige Bezug auf traditionelle, kommunalistische Dorfstrukturen als Grundlage des eigenen Wegs zum S. Aus dieser idealisierten Vorstellung traditioneller Gemeinschaften wurde ferner die Perzeption der vorkolonialen Gesellschaft als frei von Klassen und Klassenkämpfen hergeleitet. – In den meisten Staaten blieb der afrik. S. bloße Rhetorik ohne ernsthafte Versuche der Umsetzung in die Praxis. Eine Ausnahme stellte Tansania dar mit dem *Ujamaa*-S. Im Vordergrund stand ansonsten der Ausbau des staatl. Wirtschaftssektors, so dass der afrik. S. auch als Staatskapitalismus charakterisiert wurde.

III. Wiss. Sozialismus. Die zweite Welle des S. in Afrika war durch die Hinwendung zu marxistisch-leninistischen Positionen geprägt. Wurde der afrik. S. im Wesentlichen von zivilen Regierungen proklamiert, so waren die Staaten, die den Weg des wiss. S. einschlugen, durchweg durch Militärumsturz oder bewaffneten Befreiungskampf an die pol. Macht gelangt. Zwar blieb ihre Zahl begrenzt, aber ihre Entwicklung erlangte eine hohe Aufmerksamkeit. Insbes. Angola und Mosambik nach ihrer Befreiung vom portug. Kolonialismus 1975 sowie Äthiopien nach dem Sturz von Kaiser Haile Selassie 1974 nahmen ehrgeizige sozialistische Reformen in Angriff, während der Marxismus-Leninismus in Benin, Rep. Kongo, Madagaskar und Simbabwe von Anfang an kaum mehr als ideol. Rhetorik war. – Für den wiss. S. stand die Universalität des S. im Vordergrund. Traditionelle afrik. Strukturen galten als rückschrittlich. Angola, Äthiopien und Mosambik suchten den Schulterschluss mit dem sozialistischen Lager unter Führung der Sowjetunion und richteten ihre pol. und wirtsch. Entwicklung weitgehend am sowjet. Modell aus. Zentrale Merkmale waren das Primat der Politik unter der Führung der marxistisch-leninistischen Vorhutpartei, der Ausbau eines zentralen und mit hoher Autorität ausgestatteten Staatsapparates, der Aufbau eines dominanten staatl. Wirtschaftssektors sowie die zentrale Wirtschaftsplanung. – Trotz ihrer ideol. Anlehnung an den orthodoxen S. des Ostblocks galten die wiss.-soz. Staaten Afrikas als selbständige Länder, die sich in eigener Verantwortung für ihre gesellsch. Option entschieden hatten. Die Begriffe afro-marxistisches Regime oder Afrokommunismus brachten dies zum Ausdruck.

IV. Sozialismus in Afrika aus geopolitischer Perspektive. Die beiden Kontrahenten im Ost-West-Konflikt, die USA und die Sowjetunion, betrachteten den S. in Afrika durch ihre jeweilige

Brille. Die Sowjetunion, auf der Suche nach Verbündeten in der Dritten Welt, sah die Länder, die sich zum S. bekannten, aufgrund ihrer wirtsch. Rückständigkeit und schwachen Arbeiterklasse als auf einer Vorstufe des S. stehend an, für die sie den Begriff »nichtkapitalistische Entwicklung« und später »soz. Orientierung« geprägt hatte. Mosambiks Antrag auf Aufnahme in den sozialistischen Rat für gegenseitige Wirtschaftshilfe wurde 1981 abgelehnt. – Für die USA waren nicht die afrik.-soz., wohl aber die wiss.-sozialistischen Länder, insbes. Angola und Äthiopien, solange dort große kubanische Truppenkontingente stationiert waren, potentielle Einfallstore östl. Einflusses.

V. Das Scheitern des Sozialismus. Die Flucht Präsident Mengistus aus Äthiopien im Jahr 1991 und der Sturz seines diktatorischen Regimes können als vorläufiger Endpunkt des S. in Afrika angesehen werden. Bereits gegen Ende der 1980er Jahre hatten sich die herrschenden Parteien in Mosambik und Angola vor dem Hintergrund gravierender pol. und wirtsch. Zerfallsprozesse vom wiss. S. abgewandt und ihre Länder auf eine stärkere Zusammenarbeit mit dem kapitalistischen Westen, einschl. IWF und Weltbank, ausgerichtet. Sowohl als Strategie nachholender Entwicklung wie als Herrschaftsideologie war der S. gescheitert. Wiss. S. und afrik. S. wiesen dabei deutliche Ähnlichkeiten auf. Mosambiks triumphalistische Proklamierung der 1980er Jahre zum »Jahrzehnt des Siegs über die Unterentwicklung« steht stellvertretend für etatistische Höhenflüge (↗ nachkolonialer Staat) im Namen des S., denen jähe Abstürze folgten. – Ob der S. in Afrika nach den gescheiterten Erfahrungen dreier Jahrzehnte noch eine Perspektive hat, erscheint zweifelhaft. Z. B. ist auch der Einfluss der Kommunistischen Partei Südafrikas (SACP), die mit dem herrschenden ANC verbündet und auf sozialdemokrat. Kurs eingeschwenkt ist, deutlich rückläufig. Die Ansicht, dass soziale Gerechtigkeit, das ureigene Ziel des S., unter dem Kapitalismus – zumal in einer Zeit neoliberaler Globalisierung – nicht erreicht werden könne, gibt es indessen weiterhin, heute allerdings eher im Bereich der Wissenschaft als der Politik. Zu Recht weisen diese Wissenschaftler auch darauf hin, dass der doktrinäre wiss. S. keine Zukunft hat, sondern dass S. egalitär, freiheitlich, partizipativ und pluralistisch sein muss. Gemessen an den Erfahrungen der Vergangenheit und der gegenwärtigen Realität haften einem so verstandenen S. jedoch unverkennbar utopische Züge an.

🕮 S. Amin, The Future of Socialism, Harare 1990. – W. H. Friedland/C. G. Rosberg (Hg.), African Socialism, Stanford 1964. – E. J. Keller/D. Rothchild (Hg.), Afro-Marxist Regimes. Ideology and Public Policy, Boulder/London 1987. – P. Meyns, Der Sozialismus in Afrika in der Krise. In: Institut für Afrika-Kunde/R. Hofmeier (Hg.): Afrika Jahrbuch 1989, Opladen 1990, S. 31–41. – D. u. M. Ottaway, Afrocommunism, New York/London 1981. – C. G. Rosberg/T. M. Callaghy (Hg.), Socialism in Sub-Saharan Africa. A New Assessment, Berkeley 1979.

Peter Meyns

Sozialstruktur. *I. Begriff.* S. ist ein Begriff für den Aufbau einer ↗ Gesellschaft und deren soziale Ungleichheit. Merkmale der S. sind u. a. Bevölkerungsschichten, räumliche und Herrschaftsstrukturen, Wirtschaftsformen, Altersaufbau, relig., sprachl. und ethn. Gruppierungen. Eine zusammenfassende Beschreibung der S. ist für Afrika nicht möglich. Erstens finden sich hier höchst unterschiedliche Gesellschaften (z. B. variiert die Urbanisierungsrate zwischen 6% in Ruanda und 83% in Dschibuti); gemeinsam ist ihnen allenfalls die als Folge des hohen Bevölkerungswachstums sehr junge Bev. (Durchschnittsalter 17,5 Jahre, ↗ Jugend). Zweitens sind die Statistiken für afrik. Länder ungenau, und damit fehlt für eine präzise, quantifizierende Analyse der S. die Datengrundlage. Drittens erfassen die in der Soziologie üblichen Schichten- oder Klassenmodelle afrik. Gesellschaften noch weniger als Industriegesellschaften, und empirisch bewährte Alternativen liegen nicht vor.

II. Sozialstruktur kolonialer Gesellschaften. Ein prägender Faktor für die S. afrik. Gesellschaften war der koloniale Einfluss. Die Wirkung des ↗ Kolonialismus variierte je nach Struktur der ↗ vorkolonialen pol. Systeme, den Zielen der Kolonialmächte in den Kolonien (Export von Bodenschätzen, Agrarprodukten, Arbeitskräften oder Besiedlung), der Form der Kolonialherrschaft (vereinfacht: ↗ indirekte oder direkte Herrschaft) und der Intensität der kolonialen Durchdringung. Bis heute aktuell sind die künstlichen kolonialen Grenzziehungen, die bis auf wenige Ausnahmen (z. B. Ruanda, Somalia) multikulturelle Gesellschaften mit selten weniger als zehn und oftmals mehreren hundert Volksgruppen (z. B. Kamerun, Demokrat. Rep. Kongo, Nigeria) schufen. In den Kolonialgesellschaften etablierten sich die weißen Kolonisatoren als neue Oberschicht. ↗ Urbanisierung wurde in Gang gesetzt, und es entstand eine meist kleine städt. Arbeiterschaft, die weiterhin mit ihren ländl.

Herkunftsregionen verbunden blieb (↗ Migration). In den multikulturellen Städten gewannen ethn. Identitäten an Bedeutung. In vielen Staaten wanderten, von den Kolonialmächten gefördert, neue ↗ Minderheiten ein (Libanesen, ↗ Inder). Durch die Einführung moderner ↗ Bildung entstand eine Schicht westl. gebildeter afrik. Schulabgänger, aus denen sich die erste Generation der nachkolonialen Oberschicht rekrutierte (↗ Eliten, ↗ öffentliche Verwaltung).

III. Sozialstruktur nachkolonialer Staaten. – III. 1. Ältere Untersuchungen. Die S. ↗ nachkolonialer Staaten untersuchten z. B. in den 1970er Jahren abhängigkeitstheoretische Arbeiten im Hinblick auf ihre pol. Ökonomie (↗ peripherer Kapitalismus). Ihnen zufolge verfügt eine kleine einheimische (Kompradoren-) Bourgeoisie über pol. Macht und profitiert von der Außenabhängigkeit der afrik. Staaten, wovon auch die kleine Mittelklasse der Staatsangestellten und die relativ privilegierten Industriearbeiter profitieren. Diesen Gruppen steht die Bevölkerungsmehrheit der Kleinbauern gegenüber, die durch die ungleichen Stadt-Land-Beziehungen ausgebeutet wird. Dies wurde allerdings nicht empirisch präzise belegt, und da die Betonung auf der wirtsch. Außenabhängigkeit lag, fanden interne Prozesse und Querverbindungen zwischen den vermeintlichen Klassen nur ungenügende Berücksichtigung. Ein Verdienst der Abhängigkeitstheorie ist aber der Hinweis auf die Bedeutung des Staates als wichtiger Ressource. – *III. 2. Neuere Untersuchungen.* Jüngere empirisch orientierte Arbeiten beschäftigen sich mit der zunehmenden Differenzierung innerhalb afrik. Gesellschaften. Zwar liegt noch kein geschlossenes Konzept vor, doch zeichnet sich eine Überschneidung von drei Strukturmerkmalen ab: Schicht- oder Klassenzugehörigkeit, regional-ethn. Zugehörigkeit, Zugang zu pol. Macht und Verwaltung. Die Ausprägung dieser Strukturmerkmale variiert zwischen den einzelnen Ländern; insges. eignen sie sich aber durchaus zur Beschreibung afrik. Gesellschaften. Ein weiteres wichtiges Strukturmerkmal, um das sich ein eigener Forschungsbereich konstituiert hat, sind die ↗ Geschlechterbeziehungen (↗ Frauen).

IV. Einzelne Strukturmerkmale. – IV. 1. Schichten oder Klassen. Die Zuordnung beruht vornehmlich auf der Einkommenshöhe und der Einkommensgrundlage (Kapital, Lohnarbeit, Subsistenzproduktion). Nur in Ausnahmefällen wird der Versuch unternommen, die Größe einzelner gesellsch. Gruppen zu erfassen oder die bruchstückhaft vorliegenden Daten zur Beschreibung von Lebenslagen zusammenzuführen. Typisch für alle Schichten ist die Verflechtung unterschiedlicher Einkommensarten. Unter- und Mittelschicht stützen sich auf die Verbindung von Subsistenz- und Marktproduktion (ländl.) bzw. Kleingewerbe und Lohnarbeit (städt.). Die Oberschicht besteht i.d.R. aus Spitzenbeamten, Politikern und Unternehmern (↗ Unternehmen), wobei Beamte und Politiker oft zugleich als Unternehmer aktiv sind und pol. Macht in vielen Ländern den ökonom. Erfolg fördert. Nur die Mittel- und Oberschicht kann die Investionen in Bildung aufbringen, die den Zugang zu besseren Positionen in Verwaltung, Wirtschaft und Politik eröffnen. Sie investiert zudem in kommerzielle Landwirtschaft, was zur Verdrängung von Kleinbauern und zu Landlosigkeit führen kann. Ein Teil der Stadtbewohner hat die Beziehungen zur ländl. Herkunftsregion reduziert (landlose Arme, neue Mittelschichten); vermutlich entstehen so neue urbane Milieus und Lebensstile, die bislang kaum erforscht wurden. – *IV. 2. Regional-ethn. Zugehörigkeit.* In vielen Ländern Westafrikas besteht ein aus der Kolonialzeit überkommener Nord-Süd-Gegensatz. Anderswo werden semiaride Regionen und dort lebende nomadisierende Viehzüchter benachteiligt (z. B. Kenia, Mali). Im Falle ethn. homogener Siedlungsgebiete bestimmen regionale Gegensätze auch ethn. Gegensätze, so dass eine regional-ethn. Gliederung entsteht, die durch unterschiedliche Religionszugehörigkeit noch verstärkt werden kann (z. B. Sudan). In multiethn. Siedlungsgebieten oder an Siedlungsgrenzen entstehen aus der Konkurrenz um lokale Ressourcen soziale Spannungen. Die ethn. Zugehörigkeit wird jeweils retrospektiv begründet und ist vielfältigen und variierenden Interpretationen unterworfen (↗ Ethnizität, ↗ politisierte Ethnizität, ↗ ethn. Konflikte).

IV. 3. Zugang zu pol. Macht und Verwaltung. Pol. Ämter und Spitzenpositionen in der Verwaltung oder im Militär bieten Akkumulationsmöglichkeiten – durch die direkte Verfügung über staatl. Mittel und indirekt durch den Zugang z. B. zu Import- oder Transportlizenzen. Im Extremfall kommt es zur Privatisierung des Staates durch eine kleine herrschende Clique wie unter Mobutu in Zaire (heute Demokrat. Rep. Kongo). Zugleich können Konflikte innerhalb der Oberschicht um die Herrschaft im Staat die Politik bestimmen. Die Verteilung staatl. Ressourcen ist zudem regional hart umkämpft. Regionale Gegensätze sind deshalb immer auch von verteilungspol. Bedeutung und bestimmen die Politik mitunter mehr als Gegensätze zwischen den einzelnen Schichten. Die regional-ethn. Zugehörigkeit schneidet quer durch Schicht- und Klassenzugehörigkeiten. Ein wichtiges Muster der Verkopplung der versch. Strukturelemente sind Patron-Klient-Beziehungen mit regional-ethn. Klientelnetzen, die pol. Macht begründen können und zugleich als Verteilungsagenturen für staatl. Ressourcen fungieren (↗ Neopatrimonialismus).

V. Fazit. Die drei Strukturmerkmale Schicht, Ethnie und Zugang zu pol. Macht dürfen nicht als eine typisch afrik. S. missverstanden werden. Erstens finden sich ähnliche Strukturelemente auch in anderen Weltregionen, und zweitens unterscheiden sich afrik. Gesellschaften in der Kombination und Ausprägung dieser Merkmale. Zu berücksichtigen sind auch länderspezifische Elemente der S., z. B. die dominante Rolle befreiter Sklaven in Liberia und Sierra Leone, die große wirtsch. und pol. Bedeutung der islam. Muriden-↗ Bruderschaften *(Muridiyya)* im Senegal oder die lange Herrschaft der weißen Minderheiten in Simbabwe, Namibia und in Südafrika während der ↗ Apartheid.

Die S. afrik. Gesellschaften unterliegt dauernden Veränderungen. In einigen Ländern (z. B. Südafrika, Simbabwe, Senegal, Kenia) formiert sich ein reges öffentl. pol. Leben zu einer ↗ Zivilgesellschaft. Die Welle der ↗ Strukturanpassung hat vielerorts bes. die Stellung der kleinen und mittleren Staatsangestellten aus der Mittelschicht bedroht, die nun teilweise in das Kleingewerbe drängen oder zurück aufs Land migrieren. ↗ Bevölkerung, ↗ Stadt.

🕮 G. Arrighi/J. S. Saul (Hg.), Essays on the Political Economy of Africa, New York 1973. – D. Berg-Schlosser/R. Siegler, Pol. Stabilität und Entwicklung, München 1988. – G. Elwert, Bauern und Staat in Westafrika, Frankfurt 1983. – D. Ghai/M. Godfrey/F. Lisk, Planning for Basic Needs in Kenya, Geneva 1979. – M. G. Schatzberg, The Dialectics of Oppression in Zaire, Bloomington 1988. – Human Development Report 2000 (www.undp.org).

Dieter Neubert

Staat ↗ nachkolonialer Staat, ↗ vorkoloniale politische Systeme

Staatsbürokratie ↗ Öffentliche Verwaltung

Staatspartei ↗ Parteien

Staatszerfall ↗ ethnische Konflikte, ↗ Kriege/Bürgerkriege, ↗ nachkolonialer Staat

Stadt. *I. Allgemeines.* Gemeinsame Merkmale (fast) aller afrik. St. sind das stürmische Bevölkerungswachstum infolge massiver Zuwanderung und hoher Geburtenüberschüsse (↗ Bevölkerung) sowie eine wachsende Verelendung großer Bevölkerungsteile. Darüber hinaus hat eine regional versch. hist., kulturelle und wirtsch. Entwicklung zur Herausbildung von Stadttypen geführt, die hinsichtlich ihrer Funktionen und innerer Gliederung große Unterschiede aufweisen. Die Abgrenzung einer städt. von einer ländl. Siedlung ist oft nicht eindeutig zu vollziehen. Viele Mittelpunktsiedlungen (Zentrale Orte) deuten in ihrem Erscheinungsbild den städt. Charakter nur an und besitzen eine zwar geringe Einwohnerzahl, für ein weites Umland mit großer Bev. aber wichtige wirtsch., administrative und soziale Funktionen wie z. B. Märkte, Schulen und Krankenhäuser. Andererseits gibt es Siedlungen, die in Physiognomie und Größe die Charakteristika einer St. aufweisen, denen aber zentrale Funktionen für das Umland fehlen. Dies ist der Fall bei monofunktionalen Bergbausiedlungen in hermetisch abgeschlossenen Konzessionsgebieten.

II. Vorkoloniale Städte. Bei einer Typenbildung nach hist.-genetischen Kriterien können Großräume spezifischer Stadtentwicklung unterschieden werden (Karte 29). (1) In Nordafrika entstanden St. im 3. Jt. v. Chr. im heutigen Ägypten als relig. und wirtsch. Zentren und später infolge der phönizischen, ↗ griech. und ↗ röm. Kolonisation. Im Zuge der arab. Invasion entwickelte sich vom 6.–11. Jh. in Anlehnung an antike St. oder als Neugründung (z. B. Kairouan in Tunesien, Fès in Marokko) der Typ der islam.-orientalischen St. mit Medina bzw. Kasbah (Altstadtviertel), Stadtmauern, Burgen, Moscheen und Karawansereien. (2) Im äthiop. Hochland entstanden von ca. 500 v. Chr. bis 500 n. Chr. wichtige, auch auf dem Handel über das Rote Meer basierende St. wie v. a. ↗ Axum, die Hauptst. des gleichnamigen Reiches. (3) Im Zusammenhang mit der Entstehung zahlreicher Staaten entwickelten sich in der Sahel-Sudan-Zone seit dem 10./11. Jh. bedeutende, wirtsch. auf dem Transsahara-Handel (↗ Westafrika, Völker, Kulturen und Staaten) basierende St., so z. B. in Mali Djenné und Timbuktu (14. Jh.), Gao (15. Jh.), im 16./17. Jh. die Hausa-St. Kano oder Zaria (im heutigen Nigeria) sowie die erst im 19. Jh. von Fulbe gegr. St. Sokoto, heute in Nigeria. (4) In der Waldzone der östl. Oberguineaküste entwickelten sich seit dem 9. Jh. als kulturell-relig. Zentren zahlreiche, noch heute bedeutende St. wie v.a. Ife, Oyo, Benin im Yorubaland oder das erst im 19. Jh. gegr., aber noch präkoloniale Ibadan (heute Nigeria). Kumasi, Abomey und Quidah waren vorkoloniale Herrschaftszentren der Ashanti (heute Ghana); Salaga (heute Ghana) war die bedeutendste, auf dem Kolahandel (↗ Drogen) basierende Wirtschaftsmetropole dieses Raumes. (5) An der Ostküste Afrikas entfalteten sich die seit dem 9. Jh. von Arabern und Persern gegr., auf dem maritimen Fernhandel basierenden Swahili-St. wie u.a. Mogadischu, Lamu (Karte 32), Mombasa, Kilwa, das für den Goldhandel mit Simbabwe bedeutende Sofala oder das im 19. Jh. v.a. durch den Sklaven-, Elfenbein- und Gewürznelkenhandel florierende ↗ Sansibar.

Nur in Regionen, in denen gesellsch. Arbeitsteilung und die agrarische Überschussproduktion ein gewisses Niveau erreicht hatten, konnten sich präkoloniale Zentren des Handels, der Herrschaft und des spirituellen Lebens entfalten. In vorkolonialer Zeit waren weite Regionen des zentralen, östl. und südl. Afrika infolge des Fehlens dieser Voraussetzungen städtelos. Nur in kleinen Räumen gab es Ansätze präkolonialer Zentrenbildung, von denen die *Great Zimbabwe*

Karte 29: Regionen historisch-genetischer Stadttypen in Afrika bis zum Ende des 19. Jh. und charakteristische Städte (Auswahl)

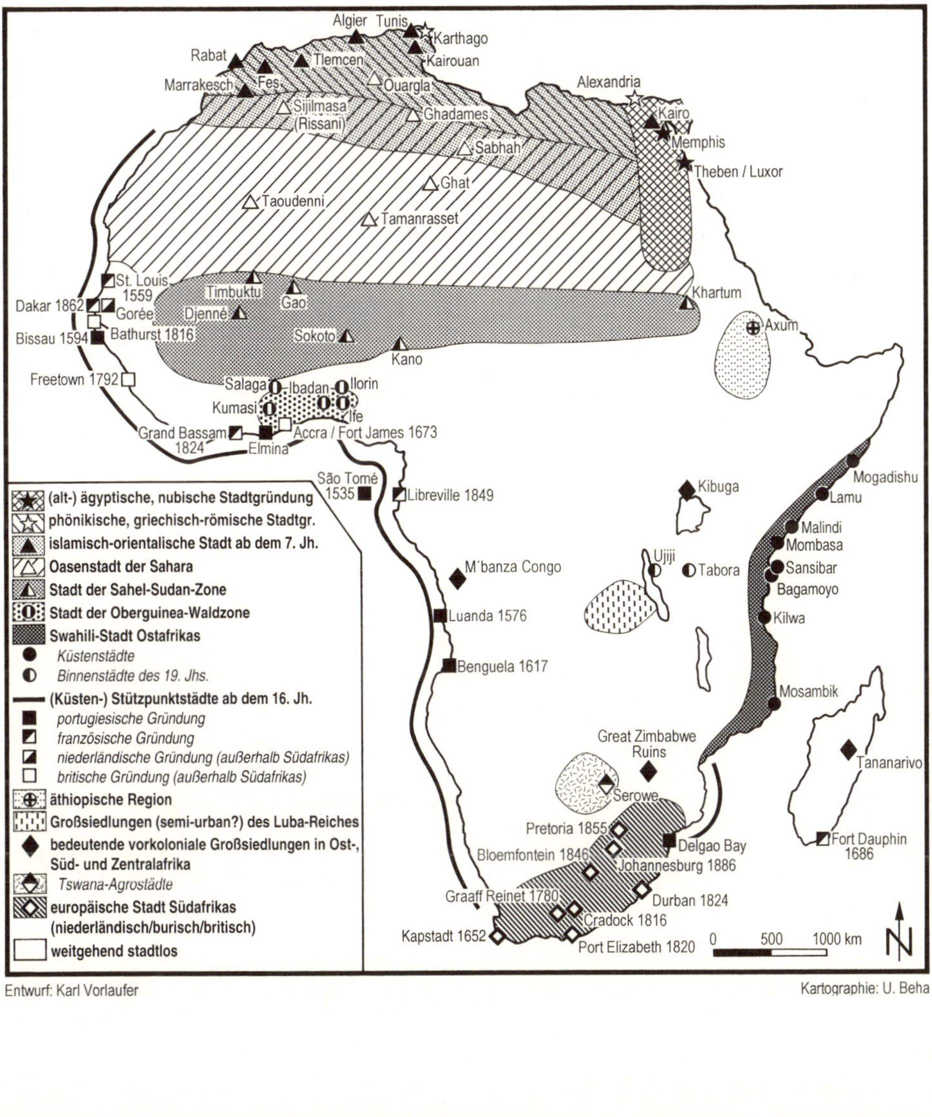

Entwurf: Karl Vorlaufer — Kartographie: U. Beha

Karte 30: Die Flächennutzung in Harare/Simbabwe (um 1990) als Beispiel der Fortdauer kolonialer Segregationspolitik

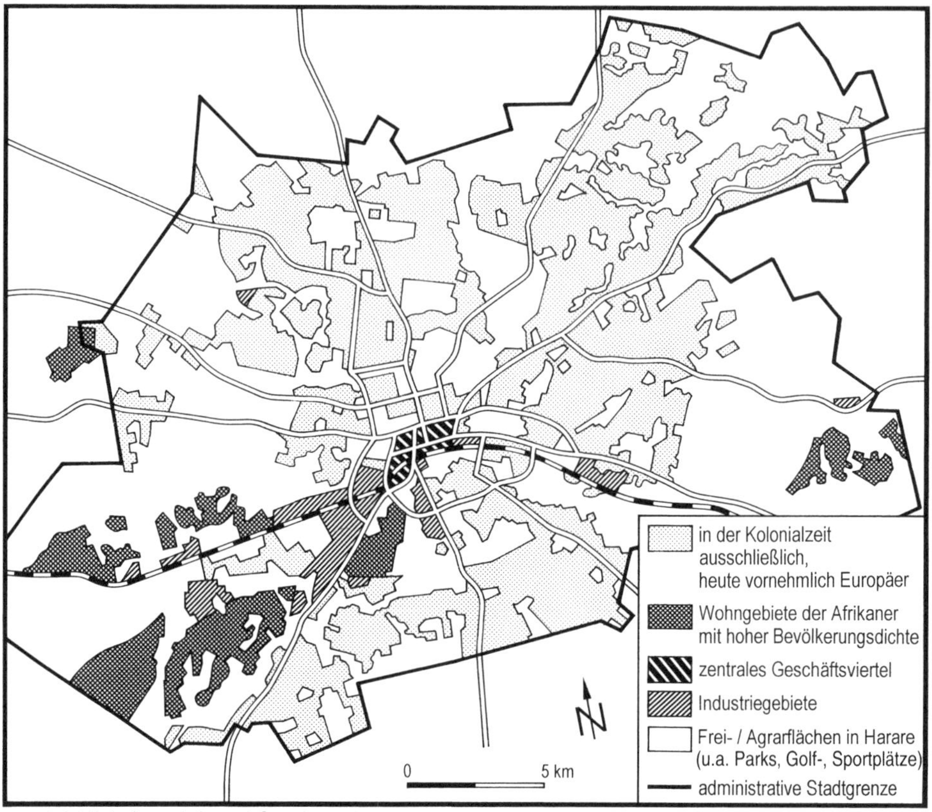

Entwurf: Karl Vorlaufer, verändert nach Cumming 1992

Kartographie: U. Beha

Ruins das bekannteste Zeugnis sind. Aus der Residenz des ↗ Kabaka (Königs) von Buganda entwickelte sich seit der Kolonialzeit die Hauptst. Ugandas, Kampala. Präkoloniale Großsiedlungen nur semi-urbanen Charakters gab es zudem im Königreich ↗ Kongo mit der Hauptst. M'Banza (heute Angola). Tananarivo, heute die Hauptst. Madagaskars, war ein präkoloniales (v. a. Herrschafts-) Zentrum. Im heutigen Kenia, Malawi, Ruanda, Sambia oder Tansania existierten jedoch keine autochthonen Großsiedlungen städt. Charakters, sondern nur Sitze lokaler Herrscher, die ihren Standort oft verlagerten.

III. Kolonialstädte. Seit dem 16. Jh. errichteten europ. Mächte an den Küsten eine Kette von Handelsposten, Forts und Faktoreien zunächst zur Sicherung des Seewegs nach Indien und schließlich für den transatlantischen ↗ Sklavenhandel. Zur gleichen Zeit gründeten die Portugiesen offiziell als St. bezeichnete Stützpunkte. Im 17. Jh. entstanden frz., niederländ. und brit. Stützpunkte, oft in Anlehnung an autochthone Siedlungen v. a. für den Sklavenhandel. Freetown (1892, heute Sierra Leone), Libreville (1849, heute Rep. Kongo) und Monrovia (1822, heute Liberia) wurden als Refugien für ehem. Sklaven gegr.

Am Beispiel Südafrika lässt sich die Entfaltung eines von Europäern angelegten kolonialen und postkolonialen Städtenetzes darstellen: (1) Hafenst. als maritime Stützpunkte auf dem Wege nach Niederländ.-Indien entstanden bereits Jahrhunderte vor der Erschließung des Binnenlandes, so z. B. 1652 Kapstadt, von dem aus das Kapland durch Verwaltungs-, Handels- und Kirchorte erschlossen wurde. (2) Mit der brit. Herrschaft (seit 1814) wurden für den Indienhandel wichtige Hafenst. gegr.: Port Elizabeth 1820; Durban 1824, East London 1847. Im Binnenland entwickelten sich St. aus Militärposten, die zur Landessicherung gegen die Xhosa und Zulu angelegt wurden, wie z. B. Grahamstown 1820 und Adelaide 1834. (3) Im Zuge des Großen Trecks der Buren (1836–80) erfolgte die Erschließung des Binnenlandes über die Gründung zahlreicher Kirch-, Schul-, Handels- und Verwaltungsorte, die Kerne heute oft bedeutender Großst. sind, so u. a. Pietermaritzburg, Winburg 1841, Bloemfontein 1846 und Pretoria 1855. Die Klein- und Mittelst. dieser Phase sind bis heute zentrale Orte in ländl. Gebieten geringer Industrialisierung. (4) Mit den Diamantenfunden in Kimberley 1867 und den Goldfunden in Johannesburg 1886 setzte die Erschließung des östl. Binnenlandes durch Bergbaust. ein. (5) Ab den 1940er Jahren kam es im Zuge wirtsch. Wachstums und verstärkter Zuwanderung aus dem Aus- und Binnenland zur Gründung von Planst. (u. a. Vanderbijpark 1942) auch nach dem brit. Vorbild des *New Town*-Konzeptes. (6) Mit der stärkeren Diversifizierung der Wirtsch. und der weiteren bergbaulichen Erschließung setzte in den 1970er Jahren eine zweite Stadtgründungsphase ein; Industrie-, Bergbau- und Hafenst. wie u. a. Sishen, Secunda, Richards Bay wurden planmäßig angelegt. (7) Zur Entlastung metropolitaner Räume wurden im Umland oft riesige Satellitenst. oder in größerer Entfernung eigenständigere Trabantenst. errichtet, so z. B. die 1974–1984 erbaute Satellitenst. Mitchells Plains,

Abb. 32: Modell der Raumstruktur einer ostafrikanischen Küstenmetropole: Daressalaam

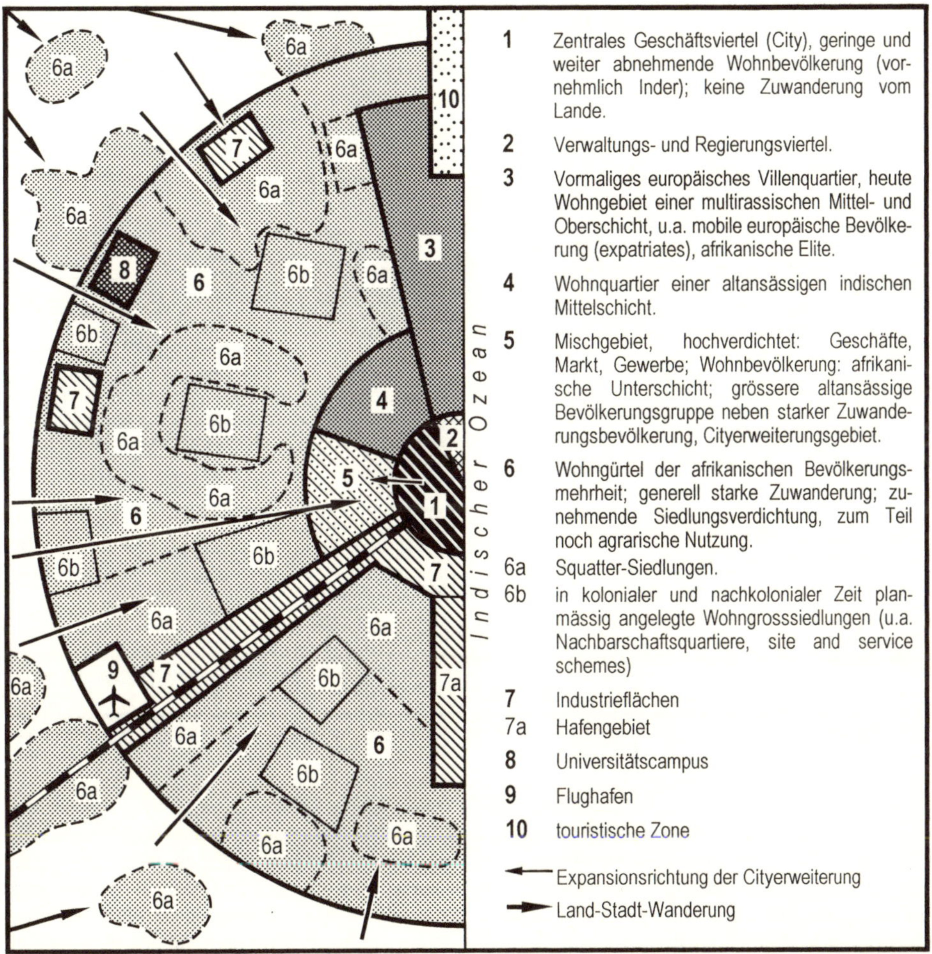

Entwurf: Karl Vorlaufer nach Vorlaufer 1972 — Kartographie: U. Beha

Karte 31: Genese und Funktion kolonialer Zentren in Deutsch-Ostafrika

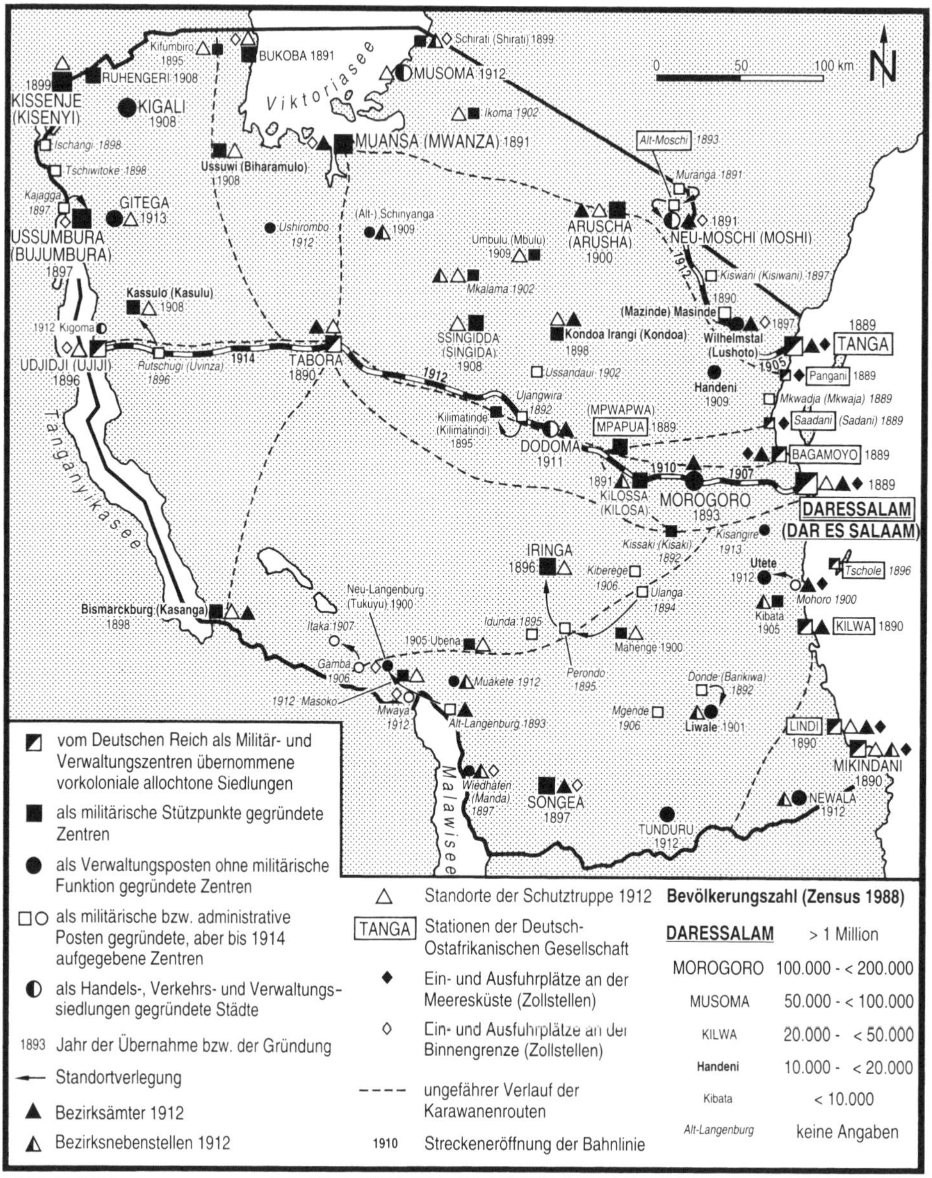

Entwurf: Karl Vorlaufer — Quelle: Nigmann 1911; Deutsches Kolonialblatt 1890 ff; Vorlaufer 1978 — Kartographie: U. Beha

ca. 25 km von Kapstadt entfernt gelegen, für 250.000 Einw., und seit 1974 die Trabantenst. Atlantis, die 500.000 Einw. aufnehmen soll.

Der Prototyp der Kolonialst. entstand in den europ. Siedlerkolonien (v.a. Südafrika, Kenia, Dt.-Ostafrika, Südwestafrika, Rhodesien, z.T. Algerien, Marokko). Ohne Berücksichtigung vorkolonialer Siedlungen und entsprechend den kolonialen Interessen wurden hier sowohl St. mit zentralörtlichen Funktionen für die europ. Farmer und produzierendes Gewerbe und auch Hafenst. als koloniale Brückenköpfe (z.B. Casablanca) angelegt. Die nach der Gartenstadtidee angelegten Wohnquartiere der Europäer nahmen

Abb. 33: Modell einer marokkanischen Stadt als Beispiel eines bis in die postkoloniale Zeit geprägten Dualstadtcharakters

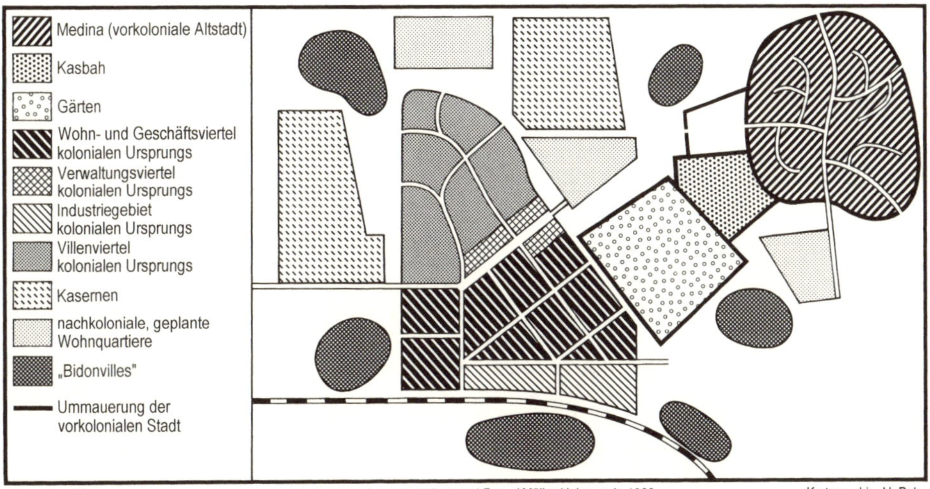

Entwurf: Karl Vorlaufer — Quelle: verändert und ergänzt nachPopp / Müller-Hohenstein 1990 — Kartographie: U. Beha

im Verhältnis zu ihrem Bevölkerungsanteil überproportional große Flächen ein. Prominente Beispiele sind Nairobi (↗ Stadtplanung), Harare (früher Salisbury, Karte 30) oder Casablanca.

In den Kolonialst. Ost-, eingeschränkter auch Zentralafrikas stellten neben Europäern ↗ Inder als sog. koloniale Zwischenschicht einen hohen Bevölkerungsanteil; sie wohnten zunächst über ihren Läden im Geschäftsviertel und später in eigenen Vierteln (Abb. 32). Europäer, die koloniale Oberschicht, waren vornehmlich in der Verwaltung tätig. Die als Arbeitskräfte benötig-

Abb. 34: Modell einer westafrikanischen Hybridstadt

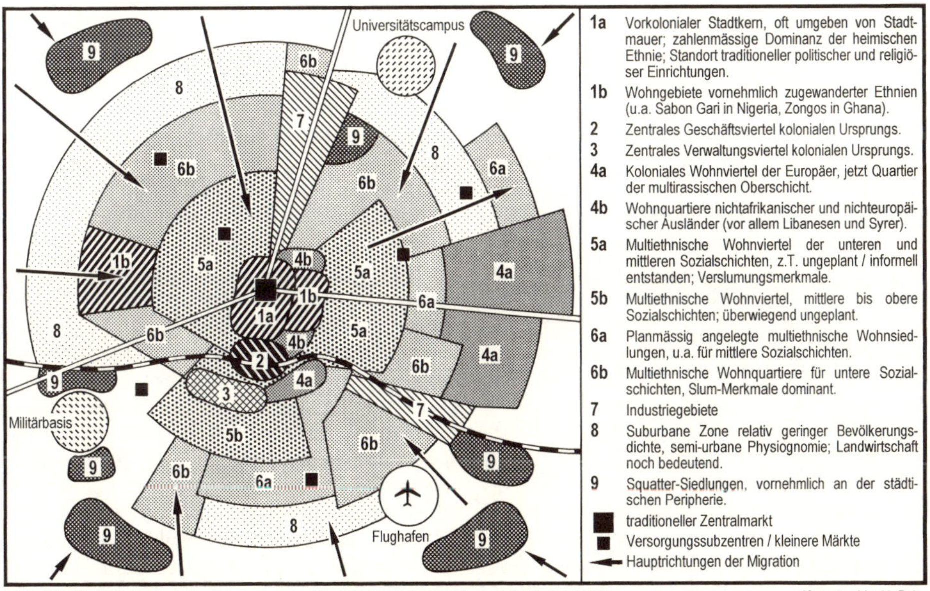

Entwurf: Karl Vorlaufer — Quelle: verändert und ergänzt nach Manshard 1991 — Kartographie: U. Beha ten, aber lange von den Kolonialherren nicht als städt. Bewohner angesehenen Afrikaner stellten die zahlenmäßig breite, aber wirtsch., pol. und sozial marginalisierte Unterschicht. Eine Variante der Kolonialst. ist die weitgehend monofunktionale Bergbaust. Bergbaugesellschaften als i.d.R. alleinige Landbesitzer bestimmten die wirtsch. und städtebauliche Entwicklung. Die meisten der heute großen St. südl. der autochthonen Stadtkulturen Nordafrikas, der Sahel-Sudan-Zone und Oberguineaküste sowie Städtenetze bzw. Systeme zentraler Orte auch mit (heutigen) Klein- und Mittelst. stammen aus der Zeit des ↗ Kolonialismus.

IV. Funktionen kolonialer Zentren. Die zentralen Orte wurden zu Einfallstoren und Diffusionszentren westl. Werte sowie der Geldwirtschaft; über sie erfolgte die Umstrukturierung überkommener Gesellschaften und Ökonomien sowie deren Einbindung in den Binnen- und Weltmarkt. Ostafrika ist ein Beispiel für die Oktroyierung eines Netzes kolonialer Zentren, denen mit ihrer Gründung jeweils spezifische Funktionen zugewiesen wurden (Karte 31). Nachfolgend entwickelten sich aus vielen dieser Siedlungen, die schnell auch Handelsfunktionen übernahmen, multifunktionale St.

Typisch für die Kolonialzeit waren häufige Hauptstadtneugründungen bzw. -verlegungen, v.a., weil die zunächst gewählten Standorte im Zuge der infrastrukturellen und wirtsch. Erschließung der Kolonien ihre ursprgl. günstigen Lage verloren. Hauptstadtverlagerungen gab es u.a. von Mombasa nach Nairobi (1907) in Kenia, von Bagamoyo nach Daressalam (1891) in Dt.-Ostafrika; von Grand Bassam (seit 1893) über Bingerville (seit 1900) nach Abidjan (seit 1934) in der Elfenbeinküste. Aus gesundheitlichen Gründen verlegten z.B. die Deutschen in Kamerun den Sitz der Verwaltung von Duala nach Buea an die Hänge des Kamerun-Berges sowie die Italiener in Somalia die Hauptst. vom »heißen« Roten Meer-Hafen Massawa in das höhergelegene Asmara; die Hauptst. Swasilands wurde vom zentral, aber tiefer gelegenen Manzini in das periphere, jedoch höhergelegene, daher gesündere Mbabane verlegt. Als Folge der Neugliederung Frz. Westafrikas übernahmen z.B. Niamey, Wagadugu und Ndjamena Hauptstadtfunktionen von St. Louis (Senegal).

V. Dual- und Hybridstädte. Der Typ der Dualst. entstand im Umfeld präkolonialer Stadtkultur. Im Zuge der kolonialen Okkupation wurden hier i.d.R. zunächst die vorkolonialen Großsiedlungen besetzt und dann neben der autochthonen St. planmäßig die europ. St. angelegt (Abb. 33). Wie z.B. Kibuga/Kampala (Uganda) blieben beide Siedlungskomponenten, die eine jeweils spezifische Raum-, Wirtschafts- und Bevölkerungsstruktur aufwiesen, oft bis in die nachkoloniale Zeit eigenständige Verwaltungseinheiten.

Im Zuge der rasanten ↗ Urbanisierung glichen sich fast alle St. schnell dem Typ der Hybridst. an (Abb. 34), in der sich exogene und endogene Siedlungselemente zu einer Einheit verflechten. Die Dualstadtmerkmale wurden zudem bereits in früher Kolonialzeit im Zuge massiver Überlagerung oder der Beseitigung der alten Siedlung häufig eliminiert. Vorkoloniale städt. oder halb städt. Siedlungen, die europ. Herrschaft unterworfen wurden, erhielten so schon früh die Merkmale einer Kolonialst. (z.B. Daressalam, Tabora, Tanga/Tansania; Bulawayo/Simbabwe) oder einer Hybridst. (z.B. Lagos/Nigeria; Wagadugu/Burkina Faso; Kumasi, Accra/Ghana; Kampala/Uganda; Mombasa/Kenia).

VI. Nachkoloniale Stadtentwicklung. Mit der ↗ Entkolonialisierung setzte ein radikaler Wandel ein. Die im Rahmen der Segregationspolitik nur für Europäer konzipierten Wohnquartiere gingen auf die multiethn. Oberschicht über, v.a. die neue afrik. ↗ Elite. Vormals als Grünzonen zwischen den Wohngebieten von Europäern, Asiaten und Afrikanern angelegte Areale (*Cordon Sanitaires*) wurden bebaut. In vielen ehem. Europäervierteln erfolgte eine Verdichtung der Bebauung; sie wandelten sich zu Wohnquartieren auch mittlerer oder sogar unterer Einkommensschichten. Die noch bis in die 1950er Jahre typische Gliederung der St. nach »rassischen« Kriterien wurde, dem Paradigma der *multi-racial society* entsprechend, aufgehoben. Die in der Kolonialzeit angelegte Stadtstruktur ist aber noch weithin erhalten. V.a. die St. Simbabwes sind auch 20 Jahre nach der Unabh. noch durch das koloniale Muster geprägt (Karte 30).

Fast alle heute großen St. bestanden bereits um 1960, als die meisten Staaten die Unabh. erlangten. Aus zahlreichen, in der Kolonialzeit noch kleinen Zentren wurden oft riesige urbane Agglomerationen. Diese Urbanisierung greift zunehmend auf ländl., bis 1960 weithin städtelose Regionen über: An Verkehrslinien und Straßenkreuzungen entwickeln sich spontan, ohne städteplanerische Gestaltung in großer Zahl Klein- und Mittelst. Spektakuläre nachkoloniale Stadtgründungen sind die neuen Hauptst. Nigerias (Abuja, 1982), der Elfenbeinküste (Yamoussoukro, 1984) oder Botsuanas (Gaborone, 1963).

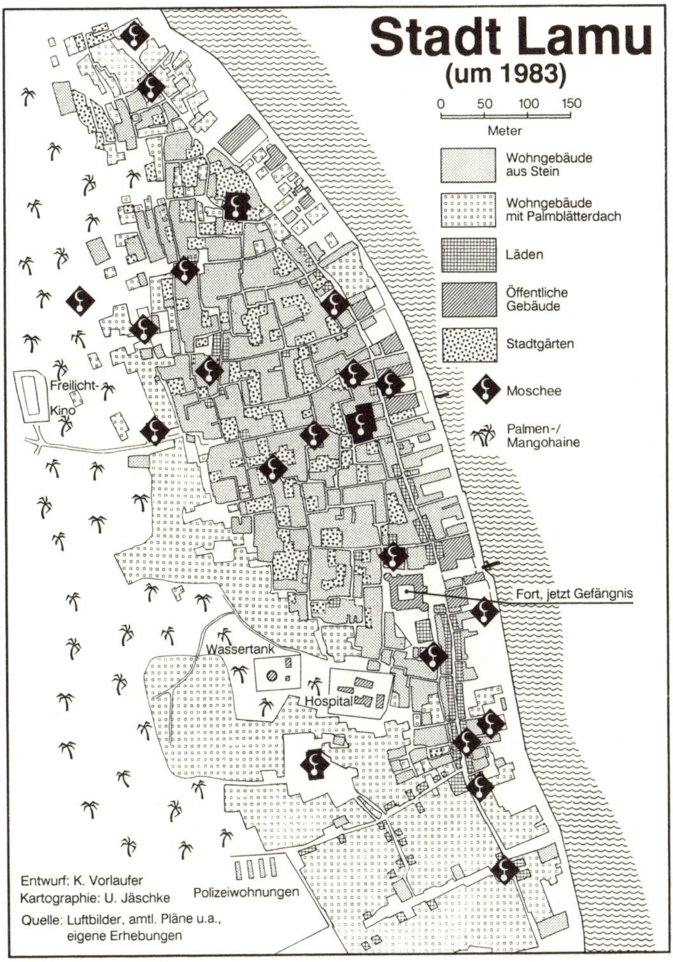

Karte 32: Lamu/Kenia als Beispiel der Raumstruktur einer Swahili-Stadt

Die Gründung dieser Hauptst. sollte eine Abwendung vom Kolonialismus symbolisieren. Yamoussoukro und Abuja wurden zudem im Binnenland errichtet, um die aus der Kolonialzeit überkommene starke Küstenorientierung abzumildern. Die Anlage Gaborones als neue Hauptst. war notwendig, weil Botsuana in der Kolonialzeit als Betchuanaland von dem in Südafrika gelegenen Mafeking verwaltet wurde. Mehrere unabh. Länder verlegten ihren Regierungssitz in bereits bestehende St. Tansania verfolgt seit 1972 die Verlegung der Hauptst. von Daressalam nach Dodoma. Das koloniale Verwaltungszentrum Ugandas, Entebbe, musste seine Funktion 1963 an Kampala abtreten.

VII. Strukturmuster der Städte. Markantes Merkmal fast aller St. ist der scharfe Gegensatz zwischen Wohnvierteln unterschiedlicher Einkommensschichten: einerseits luxuriöse Villenquartiere mit bester infrastruktureller Versorgung sowie großen öffentl. Grünanlagen und andererseits Elendsquartiere mit hoher Bevölkerungsdichte, fehlender oder mangelhafter Ver- bzw. Entsorgung mit Wasser, Müll oder Strom sowie in gesundheitsbelastender Lage etwa in Nähe von Industrieanlagen oder in von Malaria verseuchten Flussniederungen. In vielen St. Westafrikas leben seit präkolonialer Zeit die Angehörigen ortsfremder Ethnien in eigenen, ethn. (relativ) homogenen Quartieren, so z.B. in den Ashanti-St. Ghanas u.a. die sog. *Northern*, Zuwanderer aus den nördl. Savannen, in eigenen, von den Ashanti getrennten Vierteln, sog. *Zongos*. Die Entstehung sozialer und/oder ethn. homogener Viertel wurde durch die Stadtplanung vorgegeben. Südafrika verfolgte schon Jahrzehnte vor dem im Rahmen der Apartheidpolitik 1950 erlassenen *Group Areas Act* eine rigide Segregationspolitik, die in der Bergbaust. Kimberley am konsequentesten durchgeführt wurde, nicht zuletzt auch im Interesse der dominierenden Bergbaugesellschaft De Beer, die durch isolierte Quartiere für afrik. Bergleute den Diamantenschmuggel zu verhindern suchte. Das Prinzip der Segregation wurde dann auf die zahlreichen, um einzelne Goldgräbercamps entstandenen St. am Witwatersrand, dem Goldabbaugebiet mit Johannesburg als Kernst., übertragen. Schon Ende des 19. Jh. gab es im ungesunden W von Johannesburg drei Wohngebiete jeweils für die schwarze, indische und farbige Bev. Nach Ausbruch der Pest 1901 wurden die meisten Afrikaner in das von der St. 15 km entfernte Klipspruit, das heutige Soweto (Akronym für *S*outh-*We*stern-*To*wnship) umgesiedelt.

Die präkolonialen und später ungeplant entstandenen St. und Stadtteile weisen ein unregelmäßiges Straßen- und Wegenetz, die Medinas z.B. Marokkos und Algeriens zudem eine Sackgassen-Struktur auf. Lamu (Kenia) ist bis heute ein prägnantes Beispiel für den Grundriss der Swahili-St. (Karte 32; ähnlich noch heute Sansibar und die Altst. Mombasas). Für die islam. St. Nordafrikas und insbes. Marokkos sind Basare typisch. Geschäftsstraßen, Hofkomplexe oder ganze Viertel sind Standorte jeweils bestimmter Handwerks- und Handelszweige.

In den Zentren vorkolonialer St. dominierte die Mischnutzung von Wohnen und Gewerbe, in vielen Geschäftsvierteln großer Kolonialst. dagegen eine monofunktionale Nutzung. In zahlreichen mittleren und kleineren St., aber selbst in Johannesburg, wies der CBD (*Central Business District*) eine größere Wohn-Bev. auf. Mit dem Anstieg der Nachfrage nach günstigen Standorten in den CBDs kam es in vielen Großst. zu einer Verdrängung der Wohn-Bev. zugunsten kommerzieller Nutzungen und zur Nutzungsintensivierung des Bodens durch den Hochhausbau. Viele CBDs afrik. Großst. ähneln funktional und physiognomisch europ. Innenst. und sind durch abnehmende Bevölkerungszahlen gekennzeichnet. Dies wurde in Johannesburg begründet mit der bis 1986 massiven, auf der Apartheidpolitik fußenden Umsiedlung der Afrikaner aus den CBDs; in Nordafrika mit der Sanierung der Medinas, die zu ↗ Slums geworden waren. Wie in den St. Europas stoßen im städt. Umland im Zuge der Urbanisierung oft zwei Migrationswellen (↗ Migration) aufeinander: die Abwanderung aus den Innenst. und die Zuwanderung aus ländl. Räumen und anderen St. Insbes. die Zentren südafrik. St., v.a. Johannesburgs, zeigen die für St. in den USA typischen Verfallsmerkmale: Zuzug unterer Einkommensschichten, wachsende Zahl von Squattern (↗ Squattersiedlungen), fliegenden Händlern und eine hohe Kriminalität. Höhere Einkommensschichten und hochrangige Dienstleistungsbetriebe verlassen die CBD. Die Edge City, ein am Rande des Agglomerationsraumes gelegenes neues Siedlungselement, wird zum Standort vieler ehem. City-Betriebe (Abb. 35). In jüngster Zeit breitet sich in vielen St. Afrikas (u.a. Algier, Johannesburg, Kairo) eine neue Siedlungsform aus, nämlich sog. *Gated Communities*, größere Wohnkomplexe, deren Zugänge durch Zäune, Mauern und bewachte Tore kontrolliert werden (Zitadellen): Angesichts wachsender Kriminalität schottet die Oberschicht sich ab.

VIII. Städtische Wirtschaft. Handel, Transportwesen und Verwaltung bilden die wirtsch. Basis fast aller St. Das Handwerk ist weithin von großer Bedeutung und wird oft informell (↗ informeller Sektor) unter freiem Himmel ausgeübt. In den Yoruba-St. Südnigerias, den islam. St. Nordnigerias und Nordafrikas war das Handwerk schon in vorkolonialer Zeit ein prägender Wirtschaftszweig. Hier konzentrieren sich die einzelnen Handwerke noch heute in gesonderten Vierteln. Infolge des geringen Industrialisierungsgrades bestimmt die Industrie nur in wenigen Fällen die Stadtstruktur. So wurde etwa das kleine Verwaltungs- und Handelszentrum Jinja (Uganda) am Ausfluss des Nils aus dem Victoriasee in spätkolonialer Zeit zu einer relativ bedeutenden Industriest. (u.a. Stahlwerk) ausgebaut, da hier von dem 1954 eröffneten Wasserkraftwerk des Owen Falls-Staudamms kostengünstig Elektroenergie genutzt werden kann. Zur Entlastung Nairobis (Kenia) wurden seit den 1970er Jahren die ca. 40 km von der Hauptst. entfernten Kleinzentren Thika und Athi River zu Industriest. ausgebaut. Eine ähnliche Funktion als industrielle Satellitenst. zur Entlastung der Hauptst. haben Rufisque bei Dakar (Senegal) oder Kafue bei Lusaka (Sambia). Beispiele für eine industriell geprägte St. sind Annaba – El Hadjar (Algerien) als Standort von Schwerindustrie und zahlreiche Bergbaustädte (Diamanten, Gold, Kohle, Soda, Zinn etc., ↗ Bergbau) in Ghana, der Demokrat. Rep. Kongo, Nigeria, Sambia, Simbabwe (s.u., Karte 33), Tansania und insbes. Südafrika.

Eine ausgeprägte Spezialisierung weisen die für die Einbindung Afrikas in den Weltmarkt

Abb. 35: Modell der Post-Apartheid-Stadt

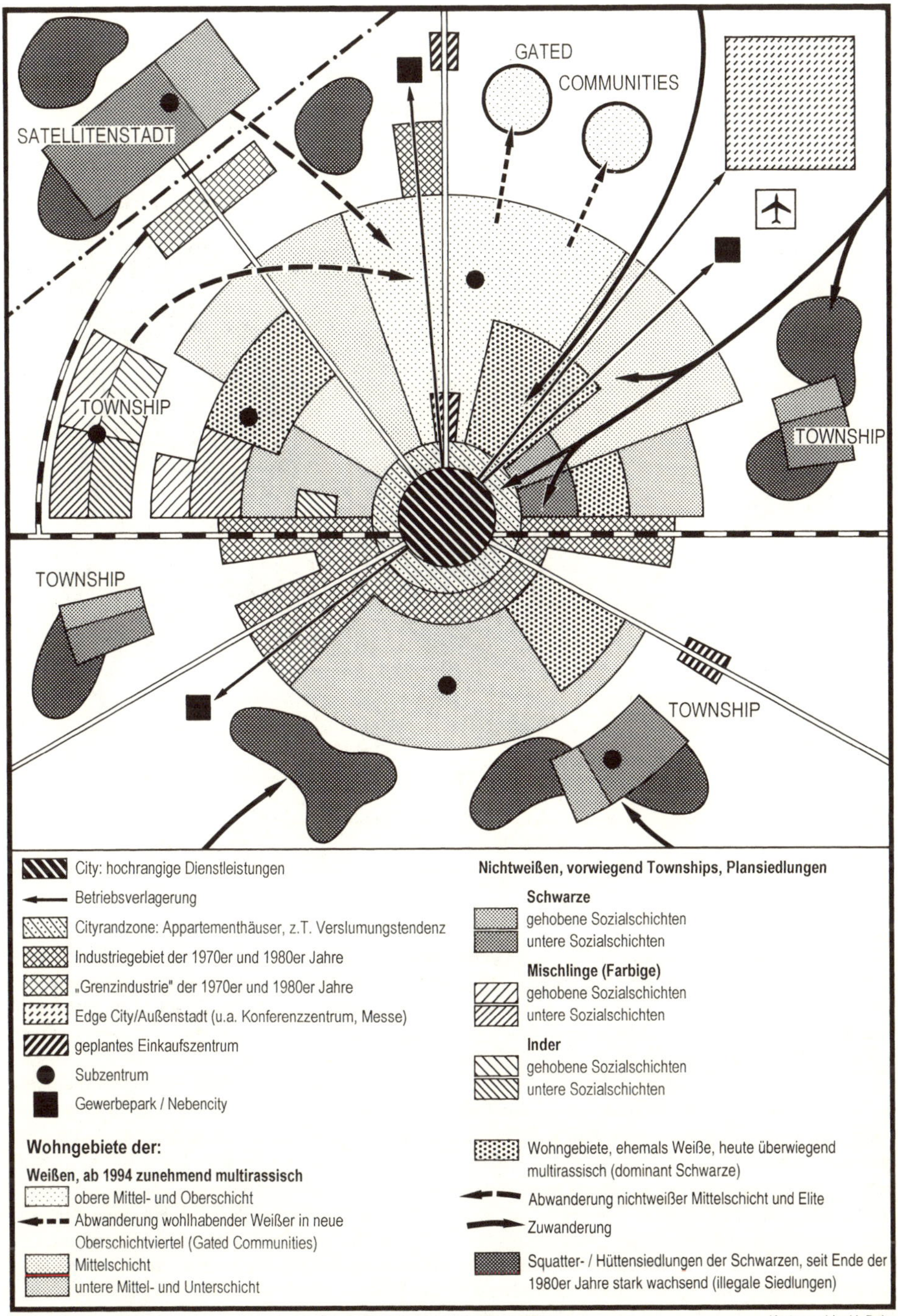

Entwurf: Karl Vorlaufer Quelle: Bähr/Jürgens 1993, Wiese 1999 u.a. Kartographie: U. Beha

Karte 33: Verteilung und Größe der Städte Simbabwes 1992 und der Anteil der Migranten (Lebenszeitwanderung) in ausgewählten Städten

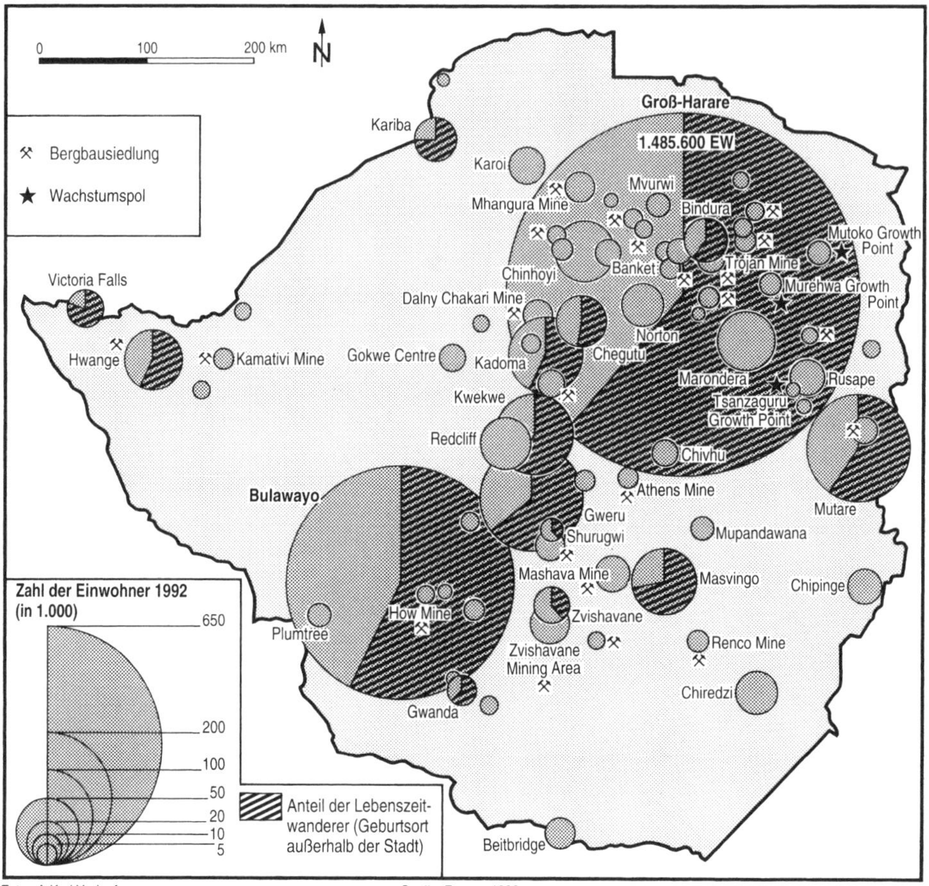

Entwurf: Karl Vorlaufer Quelle: Zensus 1992 Kartographie: U. Beha

wichtigen Hafenst. auf, die in der Kolonialzeit Brückenköpfe der europ. Mächte waren und Ausgangspunkte der für die Erschließung des Binnenlandes unentbehrlichen Eisenbahn. So werden z.B. Kenia, Uganda, Ruanda und Teile des östl. Kongo über Mombasa mit dem Weltmarkt verflochten, über Abidjan neben der Elfenbeinküste Burkina Faso und Mali, über Beira Nordmosambik und Simbabwe, über Daressalam neben Tansania Sambia und z.T. Uganda. Seit dem 19. Jh. sind die südafrik. Hafenst. Durban, Port Elizabeth und East London, aber auch Maputo (Mosambik) über Eisenbahnen mit den Bergbaurevieren und Agrarräumen des südafrik. Binnenlandes verbunden. Aufgrund ihrer günstigen Lage für den In- und Export sind Hafenst. vorrangige Industriestandorte. Die Wachstumsdynamik der Hafenst. erhöhte sich dadurch, dass sie in der Kolonialzeit häufig Hauptstadtfunktionen hatten. Aus diesem Standortmuster ergibt sich das für fast alle Staaten gravierende Problem räumlicher Disparitäten, ein meist starkes wirtsch. Gefälle von der Küste zum Binnenland. Über die Verlegung der Hauptstadt und der Förderung von St. des Binnenlandes wird versucht, die Dominanz der Hafen-/Hauptst. zu verringern (↗ Landesentwicklung).

In nahezu allen afrik. St. ist ein großer Teil der Bewohner mit der ↗ Landwirtschaft verbunden. In den präkolonialen Yoruba-St. z.B. betrieben ca. 80% der Bev. Landwirtschaft im städt. Umland. Im Zuge der Urbanisierung ist dieser Wert zurückgegangen, aber immer noch hoch. Die große Mehrheit der städt. Zuwanderer führt den heimatlichen Agrarbetrieb weiter oder versucht, in der St. oder ihrer Umgebung Land für eine Agrarproduktion i.d.R. im Nebenerwerb zu bewirtschaften. Im Umland vieler Großst. entstanden Zonen auch einer marktorientierten Intensivlandwirtschaft, z.B. um Nairobi. Selbst in den St. werden weithin alle bestellbaren Flächen – oft von Squattern illegal – bewirtschaftet. Die Kleintierhaltung (v.a. Ziegen, Hühner) ist in vielen Slums und Squattersiedlungen verbreitet, als Futterbasis dient oft Müll. Die urbane Landwirtschaft ist so ein wichtiger Faktor der Existenzsicherung und ermöglicht in Anbetracht der hohen Arbeitslosigkeit und geringen Einkommen häufig erst das Verbleiben im urbanen Raum. Zudem sind die städt. Kleinproduzenten wichtig für die Ernährungssicherung ihrer St. So bewirtschafteten z.B. in Nairobi (um 1999) 3.700 »Bauern«, davon 40% Squatter und 60% Frauen, in der St. oder ihrem nahen Umland rd. 2.000 ha.

Wenn auch der ↗ Tourismus in einigen Ländern einen wichtigen Wirtschaftszweig darstellt, konnten sich ausgesprochene Fremdenverkehrsst. jedoch nur vereinzelt entfalten. In Kenia basiert das Seebad Malindi (50.000 Einw.) wirtsch. vornehmlich, in Simbabwe die St. Victoria Falls (ca. 25.000 Einw.) fast ausschließlich auf dem Tourismus. Das schon in vorkolonialer Zeit als Agrost. entstandene Maun (Botsuana) hat sich aufgrund seiner Funktion als Ausgangszentrum des Safari-Tourismus zu einer wirtsch. vom Fremdenverkehr abhängigen St. entwickelt, ähnlich auch als touristische Plansiedlungen gegr. St. wie Tabarka (Tunesien) oder Hurghada (Ägypten). Daneben ist der Tourismus in vielen multifunktionalen St., bspw. den marokkanischen Königsst. Fès, Marrakech, Meknès und Rabat oder Mombasa, Sansibar, Luxor und Kapstadt, ein bedeutender Wirtschaftsfaktor. In Tunesien und Ägypten erhielten versch. Oasenst. in jüngster Zeit Wachstumsimpulse durch den Sahara-Tourismus.

Schon in vorkolonialer Zeit besaßen insbes. die islam. St. häufig relig.-spirituelle Funktionen. Dies trifft gegenwärtig auf Senegal zu, wo sich zahlreiche »Heilige St.« und Pilgerst. oft um ↗ Bruderschaften bzw. Glaubensgemeinschaften berühmter Marabuts entfaltet haben (v.a. Touba, Médina-Gounass, Dahra, Tivaouane, Diourbel, Kaolack).

Einige afrik. St. weisen Merkmale von *Global Cities* auf, die welt- oder zumindest afrikaweite Funktionen ausüben. So ist z.B. Nairobi ein Standort internat. Organisationen und u.a. Hauptsitz wichtiger Unterorganisationen der UN (UNEP, Habitat). Als Standort der Hauptverwaltungen transnat. Wirtschaftsunternehmen haben die St. Afrikas keinerlei Bedeutung. ↗ Architektur, ↗ Transportsysteme.

🕮 C.M. Baker/A.N. Hamer/A.R. Morrison, Beyond Urban Bias in Africa, Portsmouth, London 1994. – J. Baker (Hg.), Small Town Africa. Studies in Rural-Urban Interaction, Uppsala 1990. – W. Manshard, Städte des tropischen Afrika, Stuttgart 1977. – A. O'Connor, The African City, London 1986. – K. Vorlaufer, Kolonialstädte in Ostafrika: Genese, Funktion, Struktur, Typologie: In: H. Gründer/P. Johanek (Hg.): Kolonialstädte – Europ. Enklaven oder Schmelztiegel der Kulturen, Münster 2001, S. 125–181. – J.-B. Bisson/V. Bisson, Wüstenstädte im funkionsräumlichen Gefüge der Sahara heute. In: Geogr. Rundschau 53 (2001), S. 18–23.

Karl Vorlaufer

Stamm bezeichnet eine ethn. Gruppe, die kleiner ist als ein Volk, aber mit meist einigen tausend Mitgliedern doch größer als eine Verwandtschaftsgruppe (↗ Klan und Lineage). Während die großen afrik. Völker wie Hausa, Fulbe, Somali, Nuer oder ↗ Araber zwar über kulturelle und sprachliche Gemeinsamkeit, jedoch nur in Ausnahmefällen wie etwa die Zulu im 19. Jh. über pol. Einheit verfügten, waren die Gebilde, die man als St. bezeichnete, auch pol. Einheiten und beanspruchten i.d.R. eine gemeinsame Abstammung. Gute Beispiele für eine sinnvolle Anwendung des Begriffs sind die arab. St. (arab. *qabila*) im Tschad und Sudan. Sie fühlen sich zwar diesen beiden Staaten und gleichzeitig den arab. Nationen zugehörig, bewahren aber eine bes. Loyalität gegenüber ihrer *qabila*, die sie als Nachkommen eines gemeinsamen Vorfahren ansehen, auch wenn sich dessen Spur in einer weit zurückliegenden Vergangenheit verliert. Solche St. bilden pol. *pressure groups* und betrachten sich als korporierte Konkurrenten benachbarter St. Das Bewusstsein tribaler Zugehörigkeit bildet also eine wichtige Orientierung, wenn auch nicht die einzige.

Der Begriff St. ist in den letzten Jahrzehnten nicht zuletzt wegen seiner kolonialen Vergangenheit in die Kritik geraten und wird heute in der Wissenschaft nur noch selten verwendet. Frühe europ. Beobachter übertrugen die Vorstellung des territorialen Nationalstaats allzu leicht auf vormoderne Gesellungsformen in Afrika und sahen in den St. eine Art primitiver, kleinformatiger Nationen. Afrika wurde neben Australien, den nordamerik. Indianergesellschaften und den indischen Gemeinschaften außerhalb des hinduistischen Kastensystems zum klassischen Anwendungsgebiet für den Stammesbegriff. Er wurde undifferenziert für die unterschiedlichsten Gemeinschaften verwendet, gleichgültig, ob es sich um kleine Wildbeutergruppen, große Stadtstaaten wie die ↗ Yoruba und Hausa oder einfach um Bev. mit einer gemeinsamen Sprache handelte. Seine Blüte erlebte der Begriff St. in der Kolonialzeit. Auf der Suche nach Verwaltungsgliederungen setzten die Kolonialverwaltungen einheimische Häuptlinge zu Herrschern über Stammesgebiete und die darin lebenden Menschen ein. Vielerorts wurden dabei die Bedeutung alternativer Gesellungsformen zurückgedrängt und umfassendere pol. Systeme abgeschafft. Personell und territorial klar abgegrenzte St. wurden so zu den wichtigsten Einheiten der Rechtsprechung, der pol. Organisation und der Besteuerung. Die neuere ↗ Ethnologie Afrikas und die ↗ Geschichtsschreibung haben aber auch die Zielstrebigkeit nachgewiesen, mit der Afrikaner sich die Idee der Stammesorganisation zu eigen machten und im kolonialen Alltag zu ihrem Vorteil nutzten. Unter einer überwältigend tribalen Perspektive betrachtet, erschien Afrika wie ein Flickenteppich aus einzelnen St. Erst mit der pol. Unabh. und der Idee der ↗ Nationenbildung rückten andere Existenzweisen wie ↗ Eliten, Städter, Angestellte und Arbeiter in den Blick. Im Diskurs der afrik. Eliten ist der Begriff St. heute wegen seiner kolonialen Vergangenheit und seiner Assoziationen mit Traditionalität, wenn nicht Primitivität, diskreditiert.

In vielen Fällen, wo vorkoloniale St. tatsächlich von Bedeutung waren, wurde die typische pol. Dynamik von Abspaltung und ↗ Assimilation eingefroren und dadurch erst das Bild der tribalen Stabilität erzeugt, das nachfolgenden Beobachtern als Beleg für den St. als eine naturwüchsige Organisationsform erschien. Aber selbst da, wo St. in vorkolonialer Zeit nicht existent oder unbedeutend waren, entstanden aus einem europ. Vorurteil pol. Wirklichkeiten. Erfunden oder nicht, die Realität tribaler Identität und Politik in Afrika spricht eine deutliche Sprache, auch wenn nicht alles, was die Medien als ↗ Tribalismus oder »Stammeskonflikt« etikettieren, auf das Wirken tribaler Loyalitäten zurückzuführen ist. ↗ Ethnizität.

📖 K. Beck, Stämme im Schatten des Staats. Zur Entstehung administrativer Häuptlingstümer im nördlichen Sudan. In: Sociologus 39 (1989).

Kurt Beck

Steuern ↗ Finanz- und Währungspolitik

Strukturanpassung, Maßnahmen zur Behebung der wirtsch. Rückständigkeit v.a. der Staaten des subsahar. Afrika. Rückläufige Exporte bei steigenden Einfuhren, Kapitalflucht und eine rasch steigende Auslandsverschuldung (↗ Verschuldung) als Folge einer planwirtsch. Politik in Verbindung mit marktwidrigen Eingriffen in den Außenhandel ließen in den 1970er Jahren eine Wirtschaftsstruktur offenbar werden, die die notwendigen Anpassungen der EL (Entwicklungsländer) an die veränderten weltwirtsch. Bedingungen verhinderte. Diesen Trend umzukehren war Aufgabe der Strukturanpassung. Ihr Ziel war es zunächst, die Exportfähigkeit der Staaten des subsahar. Afrika zu stärken und das Vertrauen ausl. Investoren und Kreditgeber zurückzugewinnen. Die ↗ Außenwirtschaft wurde marktwirtsch. Regeln unterworfen. Die Maßnahmen sahen zudem vor, die Lenkungsfunktion der Preise zu stärken, staatl. Ausgaben und Steuern zu senken. Ausl. Kredite wurden für produktive Zwecke verwendet, ihre Tilgung und Rückzahlung wurden gewährleistet. Die Förderung der Tätigkeit privater Unternehmen erhielt Vorrang gegenüber der Unterstützung staatl. und halbstaatl. Unternehmen. Öffentl. Investitionen umfassten vermehrte Ausgaben für Ausbildung (↗ Bildungswesen) und ↗ Gesundheitsversorgung. St. schloss in der letzten Phase die Mitwirkung der Bürger durch demokrat. Willensbildung und die Beteiligung von ↗ Nichtregierungsorganisationen (NGOs, ↗ Zivilgesellschaft) sowie Maßnahmen ein, das Bevölkerungswachstum (↗ Bevölkerung) zu beschränken. In jüngster Zeit wurden auch der ↗ Umweltschutz sowie eine soziale und pol. Krisenprävention einbezogen. Länder wie Botsuana, Burundi, Elfenbeinküste, Ghana, Lesotho, Nigeria, Tansania und Uganda haben einen Prozess der Strukturanpassung auf Drängen internat. Finanzierungsinstitute wie IWF und Weltbank sowie zahlreicher IL (Industrieländer) eingeleitet. Sie alle sahen sich außerstande, den hoch verschuldeten Ländern weitere Finanzzusagen zu gewähren und die Zusammenarbeit fortzusetzen, solange nicht Voraussetzungen für die wirtsch. Wiederbelebung in den um Kredite und ↗ Entwicklungszusammenarbeit nachsuchenden Staaten geschaffen wurden.

Von Anfang an waren die Auflagen der Geber im Sinne der St. umstritten. Regierungen und zahlreiche NGOs in den betroffenen Staaten wehrten sich gegen die Eingriffe in die nat. Souveränität. In den ärmsten EL bestand auch wenig Bereitschaft durch die Rücknahme staatl. Ausgaben die Lebensbedingungen der Ärmeren und der Bev. im ländl. Raum zu verschlechtern. Zerstört wurden Arbeitsplätze in kleinen Betrieben, die sich nicht gegen die Importe ausländ. ↗ Unternehmen behaupten konnten. St. zeigt die günstigen Wirkungen für Wachstum und Beschäftigung erst nach einem Prozess der Zerstörung überkommener Strukturen, und die afrik. Länder fürchteten um die pol. und wirtsch. Stabilität in der Zeit des Übergangs. Arbeitsplätze und mehr Mittel für die Armutsbekämpfung stehen erst dann bereit, wenn es gelungen ist, die einheimische Wirtschaftstätigkeit zu beleben, die Standortattraktivität für in- und ausl. Investoren zu erhöhen und die Inflation einzudämmen. Zudem bemängeln afrik. Kritiker, dass sie ihre Märkte öffnen müssen, während die IL zu gleichen Schritten nicht bereit sind und dadurch die Anstrengungen der EL zur Steigerung der Exportfähigkeit unterlaufen. In den 1980er und 1990er Jahren hat sich in den internat. Finanzierungsinstituten und in IL sowie in den Staaten des subsahar. Afrika die gemeinsame Einsicht herausgebildet, dass die Vorteile der St. gerade in den ärmsten EL wachsen, wenn die Änderungen der Wirtschaftspolitik mit Maßnahmen zur Überwindung der Armut verbunden werden. Insbes. sollen kleine und mittlere Unternehmen gefördert und Rahmenbedingungen für die Entfaltung der Wirtschaftskraft des ↗ informellen Sektors geschaffen werden. Eine weltweite Liberalisierung des Außenhandels muss die Strukturanpassung der afrik. EL ergänzen.

🕮 A. Kuck, Strukturanpassungsmaßnahmen auf dem Prüfstand. Zur Theorie der Stabilisierungswirkungen, Wachstumswirkungen, Verteilungswirkungen von IWF- und Weltbankprogrammen am Beisp. Sub-Sahara-Afrika, Berlin 1998.

Karl Wolfgang Menck

Synkretismus. (1) Wenn sich zwei Religionen, hier die ursprgl. afrik. und die christl. bzw. der ↗ Islam, begegnen, beeinflussen sie sich gegenseitig. Dieser Vorgang wird S. genannt, wobei dieser Begriff zunächst rein beschreibend verstanden werden sollte. In der Begegnung kommt es neben klaren Abgrenzungen zu Veränderungen in den Religionen durch Angleichung oder Übernahme zunächst fremder Elemente insbes. im Bereich der Sprache (weltanschaulicher Aspekt), der Riten (soziokultureller Aspekt, ↗ Ritus) und der Ethik (individueller und kommunaler Aspekt).

(2) Diese beschreibende Sicht des S. wird durch eine normative ergänzt, ja oft überlagert. S. ist jetzt negativ besetzt und wird als Kampfbegriff gegen andere verwendet, denen man vorwirft, der christl. Religion durch Religionsvermischung ihre eigene Prägung zu nehmen. S. ist dann gleichzusetzen mit Verfälschung des Glaubens bzw. Abfall vom wahren Glauben. Auf der anderen Seite bemüht sich christl. Theologie in Afrika darum, den christl. Glauben in den afrik. Kontext zu inkulturieren und heimisch werden zu lassen. Dieser Prozess der Inkulturation (kath.) und Kontextualisierung (ev.) meint dasselbe wie S., aber nicht mehr aus einer Perspektive von außen, sondern von innen als Betroffener. Als Beispiel dafür sei auf die Übernahme von afrik. Gottesnamen als Bezeichnung des biblischen Gottes oder auch von Initiationsriten (↗ Initiation) in die Feier der Konfirmation oder Firmung verwiesen. Ähnlich wird Christus mit Titeln aus den ursprgl. afrik. ↗ Religionen bezeichnet (z. B. Initiationsmeister, Heiler, Ahne, Häuptling). Die Beurteilung des ↗ Ahnenkults und die Übernahme einzelner diesbezüglicher Riten in die christl. Kirchen ist dagegen heftig umstritten. Bes. in Hinblick auf die Afrik. Unabh. Kirchen (↗ Christentum, ↗ Kirchen, christl.) wurde die Frage kontrovers diskutiert, ob hier von S. oder gelungener Inkulturation gesprochen werden sollte.

(3) Die Vielfältigkeit islam. Lebens- und Glaubensformen ist Ausdruck der besonderen Ausbreitungsgeschichte und Anpassungsfähigkeit des Islam im afrik. Milieu. Rechtgläubigkeit, aber auch ihr Gegenstück, die Erklärung als Unglaube, entschieden sich durch die Einhaltung eines weitmaschigen und überschaubaren Regelwerks orthopraktischer Vorschriften. Im relig. Alltag, jenseits theologischer Spitzfindigkeiten, konnten sich deshalb nichtislam. rituelle Praktiken und Vorstellungen behaupten, die den Übertritt zum Islam erleichterten und diesen gleichzeitig »afrikanisierten«. Aus diesem Mechanismus erklärt sich unmittelbar der notorische Vorwurf des S. (arab. *talfiq*), der von der arab. dominierten muslim. Weltgemeinschaft gegenüber afrik. muslim. Gemeinschaften, aber auch innerhalb derselben untereinander erhoben wurde. In periodischen Erneuerungsbewegungen wurde die Ausmerzung »heidnischer« Praktiken propagiert und als pol. Handlungsmotiv instrumentalisiert. Die bis heute wiederkehrenden Anklagen richten sich u. a. gegen den weitverbreiteten ↗ Geisterglauben, gegen Tieropfer, gegen die Verehrung von Heiligen und deren durch Talismane übertragbare magische Schutz- und

Heilkräfte, gegen die unverkennbar afrik. musikalischen und tänzerischen Elemente im rituellen Alltag und Festkalender (↗ Magie, ↗ Musik, ↗ Tanz). Ausgesprochen selten sind dagegen synkretistische Annäherungen an christl. Gemeinschaften, zu denen die afrik. Muslime, bedingt durch ihre religions- und missionsgeschichtliche Erfahrung, kritische Distanz bewahren. ↗ Akkulturation, ↗ Kreolisierung.

🕮 Th. Sundermeier, Was ist Religion? Religionswissenschaft im theologischen Kontext, Gütersloh 1999. – Der schwarze Christus. Wege afrik. Christologie, Freiburg/Basel 1989. – K. Hock, Gott und Magie im Swahili-Islam. Zur Transformation relig. Inhalte am Beispiel von Gottesvorstellungen und magischen Praktiken, Köln/Wien 1987.

Johannes Triebel/Ulrich Rebstock

Technische Zusammenarbeit ↗ Entwicklungszusammenarbeit

Tontine. Unter T. sind Spar- und Kreditvereinigungen zu verstehen, die insbes. in West- und Zentralafrika, aber auch unter Immigranten in den Industrieländern verbreitet sind und die angesparten Beträge nach dem Rotationsprinzip ihren Mitglieder zuteilen. Obwohl die T. weitgehend nach dem gleichen Prinzip funktionieren, differieren ihre Namen von Land zu Land. T. kennen keine Zinsen, da kein externes Geld aufgenommen wird. Durch das regelmäßige Ansparen von etwa 100 Währungseinheiten können bspw. 12 Mitglieder der Vereinigung im Monat 1.200 Währungseinheiten ansparen und somit einem Mitglied pro Monat zur Verfügung stellen, z. B. für den Ankauf eines dauerhaften Konsumguts. Der Kreditnehmer ist also selbst Sparer und zahlt den Kredit mit seinen weiteren Sparbeiträgen zurück; im nächsten Monat wird die Summe einem anderen Mitglied zur Verfügung gestellt. Es gibt aber auch die Möglichkeit, dass einzelne Teilnehmer mehr sparen als andere, also mehrere Anteile und Anrechte haben und dann auch eher die Zuteilung der Gesamtsumme erhalten. Die Zuteilung kann per Konsens (etwa zugunsten der finanziell Schwächsten), per Lotterie (nach dem Zufallsprinzip) oder per Gebot (wobei dann eine bes. produktive Verwendung der Mittel unterstellt werden kann) erfolgen. Um die Vertrauensbasis zwischen den Mitgliedern zu stärken und die Kosten der Finanztransaktionen zu senken, sind die T. wie auch alle anderen Formen von ROSCAS (*Rotating Savings and Credit Associations*/ Rotierenden Spar- und Kreditvereinigungen) v. a. nach ethn. und geogr. Auswahlkriterien (z. B. gleiches Stadtviertel, gleiche Straße) strukturiert. Die Sicherung des Kredits umfasst Instrumente wie Sanktionen und Formen der Reziprozität, bis zum völligem Ausschluss von der weiteren Kreditgewährung mit sozialer Ächtung. Insges. zeichnen sich diese Vereinigungen durch eine sehr große Flexibilität aus, so dass vielfältige Formen des Kleinsparens und Kleinkredits für landwirtsch., handwerkliche und handelsbezogene Tätigkeiten, aber auch generell für die Finanzierung der Haushalte möglich werden.

Die T. sind in ländl. Regionen und in peripheren städt. Zonen in den letzten Jahren noch wichtiger als früher geworden, weil die Öffnung der Märkte und die Wirtschaftsliberalisierung den Bedarf an finanziellen Einrichtungen und finanziellen Produkten für Kleinstproduzenten und für Kleinstsparer mit niedrigen Einkommensniveaus vergrößert haben und der formale Sektor diesen Bedarf weder quantitativ noch qualitativ decken kann. Es zeigt sich sogar die Tendenz, die Arbeitsweise dieser Mikrobanken auf einer höheren Stufe zu reproduzieren (so etwa in den Susu-Unternehmen in Ghana). ↗ Informeller Sektor, ↗ Finanzsektor, ↗ Überlebensökonomie.

🕮 African Development Bank (Hg.), African Development Report (http://www.afdb.org). – P. K. Kimuyu, Rotating Saving and Credit Associations in Rural East Africa. In: World Development 27 (1999), S. 1299–1308. – Virtual Library on Informal Credit: http://www.soc.titech.ac.jp/icm/suppliers/rosca.html

Karl Wohlmuth

Tourismus. *I. Entwicklung des Tourismus.* Schon im 19. Jh. war Ägypten für die europ. und v. a. brit. Oberschicht ein attraktives Reiseland aufgrund seines in den Wintermonaten angenehmen Klimas, seiner Exotik und Kultur. Ab 1900 setzte ein zunächst noch bescheidener T. auch im östl. und südl. Afrika ein (z. B. Großwildjagden). Mit dem Bau von Bahnlinien wurden Attraktionen des Binnenlandes für den T. erschlossen. Die als Kap-Kairo-Linie geplante Bahn z. B. überquerte den Sambesi bei den Victoriafällen: Das noch bestehende Victoria-Falls-Hotel wurde hier bereits 1901 eröffnet. Das frz. Protektorat Marokko war schon in den 1920er Jahren Ziel eines relativ intensiven T. v. a. von Franzosen. Die Entfaltung des internat. T. zu einem wirtsch. bedeutenden Faktor setzte aber erst in den 1960er Jahren mit dem Einsatz großer

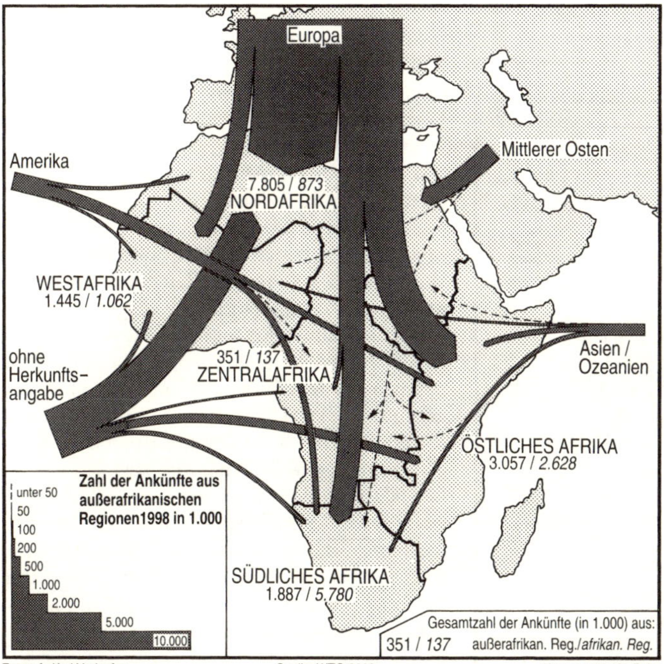

Entwurf: Karl Vorlaufer Quelle: WTO 2000 Kartographie: U. Beha

Karte 40: Ankünfte ausländischer Touristen (in 1.000) in den Regionen Afrikas 1998

Karte 41: Die Zahl internat. Touristenankünfte in den Ländern Afrikas (pro 1.000 Einw. 1981 und 1998)

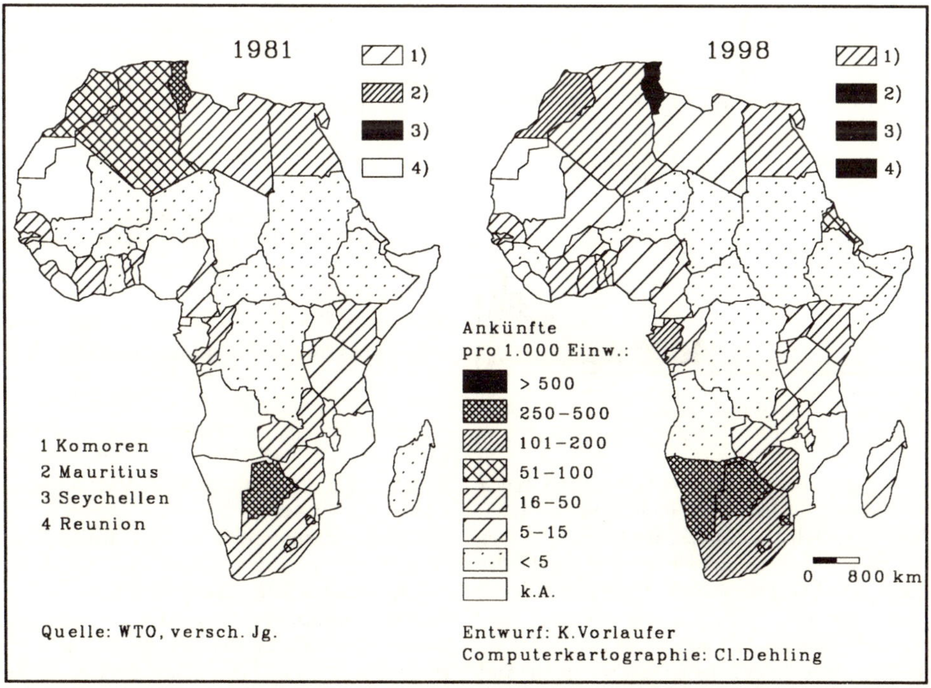

Karte 42: Touristenankünfte in Tunesien, Kenia und Mauritius nach Regionen und ausgewählten Ländern

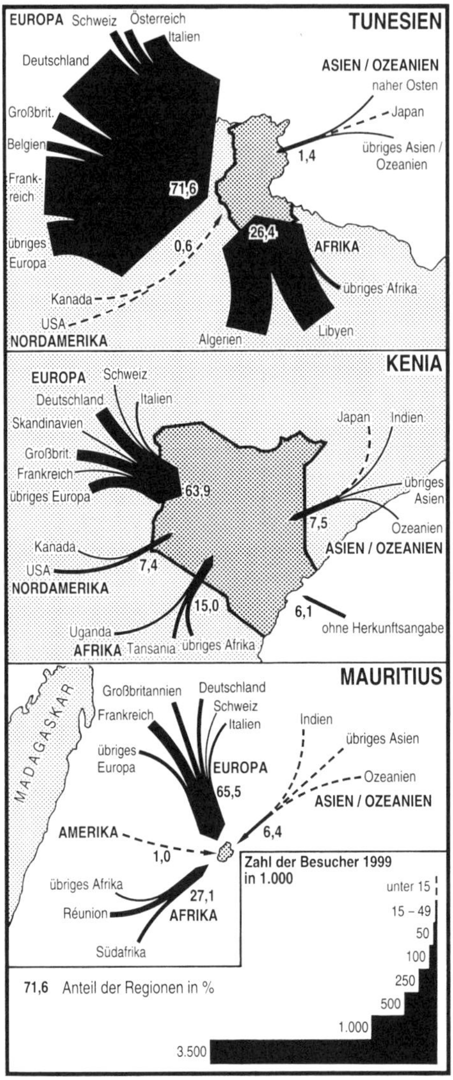

Entwurf: Karl Vorlaufer — Kartographie: U. Beha

Quellen: Nationale Tourismusbehörden; Kenya (Ed.): Economic Survey 2000

Düsenjets sowie wachsender Einkommen in den IL (Industrieländern) ein. Ein umfangreicherer T. begann zunächst in Nordafrika (Tunesien, Ägypten, Marokko), griff in den 1970er und 1980er Jahren auf Kenia, dann auf Mauritius und nach dem Ende der ↗ Apartheid auf Namibia, Botsuana, Simbabwe und v.a. Südafrika über. Eine geringe absolute, in Relation zur Bev. große Zahl internat. Besucher weisen die Seychellen und neuerdings auch die Kapverden auf. Im westl. und äquatorialen Afrika ist der internat. T. relativ unbedeutend (Karte 40, 41). Trotz starken Wachstums des. T. ist der Anteil Afrikas am Welt-T. gering.

II. Ziele der Tourismusförderung. Mit der Förderung des T. verfolgen die Länder v.a. eine Steigerung der Deviseneinnahmen, Einkommen und Arbeitsplätze sowie einen Abbau räumlicher Disparitäten. In jüngster Zeit wird der T. zunehmend als ein Instrument zur nachhaltigen Sicherung natürl. Ressourcen und der Biodiversität (↗ Naturschutz) verstanden. Nur durch Einnahmen aus dem T. lässt sich der heimischen Bev. gegenüber die Schließung von Schutzgebieten (Nationalparks) für nicht touristische Nutzungen legitimieren. Zudem hofft man, dass sich die Bev. aktiv an der Sicherung natürl. Ressourcen (z.B. Wild, Korallenriffe, Strände) beteiligt, wenn sie erkennt, dass ökolog. Stabilität Basis des T. und damit Existenzgrundlage der von ihm direkt oder indirekt abhängigen Bev. ist. Fast alle Länder propagieren in ihren touristischen Entwicklungsplänen eine Maximierung wirtsch. Nutzens und eine Minimierung kultureller und ökolog. Negativeffekte wie eine Kommerzialisierung der überkommenen Kultur oder eine Über- bzw. Fehlnutzung natürl. Ressourcen durch den T. In Anbetracht wachsender Zahlungsbilanzprobleme, der Massenarbeitslosigkeit sowie sich verschärfender regionaler Disparitäten stehen die Länder unter dem Zwang, alle verfügbaren Potenziale und damit auch die touristischen Attraktionen wirtsch. zu nutzen.

III. Tourismus als Devisenbringer. Neben dem generellen Kapitalmangel limitiert die Devisenknappheit das Wirtschaftswachstum aller Länder. Die für eine Produktionssteigerung unerlässliche Einfuhr u.a. von Investitionsgütern oder zur ↗ Gesundheitsversorgung, aber auch wachsende Importe für das Militär oder den Luxuskonsum der Oberschicht bedingen oft eine rasante Verschlechterung der Zahlungsbilanz sowie eine dramatisch steigende Auslandsverschuldung (↗ Verschuldung). Als Devisenbringer bietet sich der T. an, u.a., weil viele Länder mit ihren oft einzigartigen Attraktionen (Wildreichtum, »exotische« Völker, »unberührte« Landschaften) auf dem Welttourismusmarkt im Vergleich zu ihren »traditionellen« Exportgütern (v.a. Rohstoffe, ↗ Rohstoffwirtschaft) eine oft konkurrenzlose Position einnehmen. Fernreisen erfreuen sich zudem einer wachsenden Nachfrage; die Zielländer können so an den hohen Einkommen in den IL stärker teilhaben als bei einer Ausweitung anderer, auf gesättigte Märkte stoßende Warenexporte. Vielerorts zählt der T. zu den wichtigsten Devisenbringern und hilft, die negativen Handelsbilanzsalden zu reduzieren; Südafrika z. B. erreicht nur durch den T. eine positive Leistungsbilanz. Insbes. in Kleinstaaten mit fehlenden Ressourcen für alternative Exportproduktionen wie z. B. den Seychellen ist der T. lebensnotwendig, zumal die Deviseneinnahmen pro Kopf der Bev. oft beträchtliche Höhen erreichen. Die positiven Effekte werden dadurch erhöht, dass alle Länder Afrikas eine positive Reiseverkehrsbilanz aufweisen, d. h. mehr Reisedevisen einnehmen als durch Reisen ihrer Bev. im Ausland ausgegeben werden, während sie im Warenhandel i.d.R. negative Salden haben. Gleichwohl ist der innerafrik. Reiseverkehr bedeutend. Neben häufigen Familienbesuchen infolge der massiven internat. ↗ Migrationen und eines relativ umfangreichen Geschäfts- und Pilger-T. v. a. in Nord- und Westafrika beteiligt sich die einkommensstärkere nichtafrik. Bev. am internat. Erholungs- und Safari-T. In ost- und zentralafrik. Binnenländern lebende Europäer verbringen z. B. ihren Badeurlaub häufig in Kenia, auf Mauritius, Réunion oder den Seychellen. Weiße Südfrikaner stellen in den Nachbarländern die größte und auf Mauritius eine bedeutende Besuchergruppe (Karte 42). Auch der sich nach dem Bürgerkrieg allmählich erholende Bade-T. in Mosambik wird wesentlich von Südafrikanern getragen, die jedoch auch in großer Zahl überseeische Länder besuchen. In Tunesien und Kenia z. B. stellen Besucher aus Nachbarstaaten eine bedeutende Gruppe.

Für die Zahlungsbilanz sind nicht die Brutto-, sondern die Nettodeviseneffekte von Bedeutung. Je weniger Güter, Dienste, Sach- und Humankapital ein Land zur Erstellung des touristischen Angebotes importieren muss, desto geringer ist der Abfluss durch den T. erzielter Devisen ins Ausland. Diese sog. Sickerrate hängt von vielfältigen Faktoren ab; sie ist aber im Vergleich zu vielen anderen exportorientierten Wirtschaftsbereichen beim T. geringer. Diese Rate wird v. a. einmal durch die in einem Land vorherrschenden Tourismusarten sowie durch Größe, Struktur und Entwicklungsstand der Volkswirtschaft bestimmt. Ein den heimischen Ressourcen angepasster T. wird einen geringeren Importbedarf aufweisen als z. B. ein stark auf den Einsatz von Gütern aus den IL basierender T. Im östl. und südl. Afrika werden so z. B. Fotosafari- und v. a. Jagdtouristen bevorzugt in einfachen Camps untergebracht und mit lokalem Wildbret versorgt. Jedoch auch Luxushotels sowohl in Nationalparks etwa in Kenia, Simbabwe oder Tansania als auch an Badestränden werden zum großen Teil mit lokalen Baumaterialien erstellt. Hierdurch werden Devisen gespart; für Touristen ist das Lokalkolorit dieser Unterkünfte attraktiv, die sich zudem in die Landschaft einfügen. Die Trekking- und Bergsteigertouristen am Kilimandscharo, Ruwenzori oder am Mt. Kenia übernachten auf ihrer Tour in einfachen Hütten; der boomende Sahara-T. wird z. T. in Zelten durchgeführt; der Trekking-T. im Hohen Atlas Marokkos basiert auf Einfachunterkünften der bäuerl. Bev. Der Importbedarf für diese Unterkünfte ist gering, der Nettodeviseneffekt hoch. Beim stationären Bade-T. z. B. in Kenia oder auf Mauritius entfällt weitgehend der i.d.R. für den Rundreise- oder Safari-T. notwendige Import von Fahrzeugen und Treibstoffen. Länder mit einer diversifizierten Produktionsstruktur wie z. B. die nordafrik. Zielländer, Südafrika oder – mit Einschränkung – Kenia und Simbabwe können einen Großteil der von der Tourismuswirtschaft benötigten Inputs im Lande erzeugen. Hohe Nettodeviseneffekte werden in Ländern mit bedeutender Souvenirproduktion (↗ Touristenkunst) erzielt, da vornehmlich lokale Mate-

Abb. 38: Die Verteilung der Ausgaben ausländischer Besucher in Südafrika im August 1996

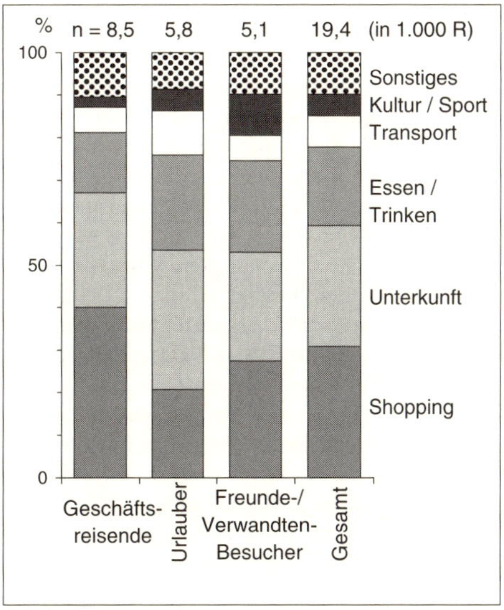

Quelle: Satour:Survey of South Africa`s Visitor Market 1996
Entwurf: K.Vorlaufer Grafik: U.Dortschy

rialien und überkommenes Know-how eingesetzt werden. In vielen Ländern entfallen 20–25% aller Ausgaben der Touristen auf den Andenkenkauf. Südfrika ist ein markantes Beispiel für über das Shopping der Touristen realisierbare Einkommen (Abb. 38). Länder mit geringer Bev. und Fläche wie v. a. insulare Mikrostaaten (Seychellen, Komoren, Réunion, Kapverden) sind im hohen Maße vom Import für den T. abhängig. Hier sind die Produktionskapazitäten quantitativ nicht ausreichend und zu wenig diversifiziert, um die benötigten Vorprodukte erzeugen zu können. Ein beträchtlicher Devisenabfluss kann sich dann ergeben, wenn ausl. Investoren, Hotelketten oder Reiseveranstalter in der nat. Tourismuswirtschaft engagiert sind (Karte 43). Dies ist in den einzelnen Ländern jedoch unterschiedlich. Die meisten Hotelanlagen gehören i.d.R. heimischen Investoren, z. T. mit einer Minderheitsbeteiligung ausl. Partner. Das Management dieser Hotels wird oft transnat. Hotelketten übertragen, die z. T. auch als Pächter auftreten. Die großen transnat. Ketten sind vielerorts und v. a. in Hauptstädten mit einem bedeutenden Geschäfts-T., im wachsenden Maße auch in Ferienländern vertreten. Nichtafrik. Hotelketten sind zwar dominant, jedoch transnat. oder nat. operierende Ketten afrik. Eigner haben meist einen bedeutenden Marktanteil. Ein Nachteil ist, dass im Falle nat. oder internat. Konflikte der T. oft abbricht, während unter objektiv gleichen Bedingungen andere Exportsektoren weiter für die Ausfuhr produzieren können. Die diskontinuierliche Entwicklung des T. in vielen Ländern ist hierdurch mitbedingt: Pressemitteilungen über Raubüberfälle auf Touristen, Anschläge islam. Fundamentalisten oder der Golfkrieg 1991 erklären die Einbrüche der touristischen Nachfrage auch in Ländern abseits dieser Ereignisse. Ägypten ist ein Beispiel dafür, dass sich der T. selbst nach einem blutigen Terroranschlag wie in Luxor 1997 schnell erholen kann.

IV. Tourismus und Beschäftigung. Die Schaffung von Arbeitsplätzen durch den T. hat in allen Ländern Priorität. Die Beschäftigungseffekte werden beeinflusst durch die touristische Nachfrage- und Angebotsstruktur sowie durch die Struktur und den Entwicklungsstand der Volkswirtschaft. In Anbetracht des Kapitalmangels sind alle Länder bemüht, Investitionen vorrangig in jenen Sektoren zu tätigen, in denen pro investierte Kapitaleinheit die meisten Arbeitsplätze geschaffen werden. Viele Branchen der Tourismuswirtschaft sind im Vergleich zu anderen Sektoren arbeits- und weniger kapitalintensiv. Die meisten direkten Arbeitsplätze werden im Beherbergungsgewerbe geschaffen, wobei Betriebe oberer Kategorie pro Gast und Tag mehr Arbeitskräfte beschäftigen als Einfachunterkünfte, die jedoch pro Bett einen geringeren Kapital- und Importbedarf benötigen. In wichtigen Reiseländern wie z. B. Tunesien dominieren i.d.R. Betriebe mittlerer bis luxuriöser Kategorie hinsichtlich ihres Anteils an den ges. Bettenkapazitäten und Übernachtungen. Im südl. Afrika beherbergen Farmen, oft im Zusammenhang mit der Buchung eines Jagdaufenthaltes, Gäste in großer Zahl. In Ländern mit einem hohen Anteil von Freundes-/ Verwandtenbesuchen am T. (Beispiel Südafrika, Abb. 39) kommt der Hotellerie eine *relativ* geringe Bedeutung zu. In Badezentren haben demgegenüber 3- bis 5-Sterne-Hotels, Feriendörfer und -wohnungen einen hohen Kapazitätsanteil. Der Binnen-T. ist in vielen Ländern umfangreich; er ist jedoch nicht wie der T. aus den IL vornehmlich erholungs-, abenteuer- oder naturorientiert. In Westafrika z. B. werden durch die obligatorische Teilnahme an Beerdigungen (↗ Bestattungsrituale) von Verwandten und Bekannten große Reiseströme ausgelöst. Besuche von Verwandten auf dem Land durch Stadtbewohner, insbes. in Ländern mit starker ↗ Urbanisierung, bedingen einen oft lebhaften Reiseverkehr, dessen wirtsch. Effekte infolge entfallender Übernachtungskosten aber eher gering sind. Die mit der Buchung einer Unterkunft verbundenen Devisen- und Beschäftigungseffekte weisen so eine unterschiedliche Intensität auf. Zudem ist die Nachfrage bei in- und ausl. Gästen unterschiedlich mit der Folge auch differenzierter Effekte. In Marokko, einem Land mit umfangreichem Binnen-T., nächtigen Marokkaner viel häufiger als Europäer auf Campingplätzen sowie in einfachen Hotels.

Wirtsch. bedeutend ist der in einigen islam. Ländern umfangreiche Pilger-T. (↗ Hadjdj). In Marokko nimmt ein großer Teil der Bev. an oft mehrtägigen Wallfahrten zu den rd. 500 regionalen Heiligtümern (Moussen) teil. Hiermit sind auch profane Aktivitäten verbunden (Wettspiele, Tänze, Festessen, Erledigung von Geschäften). In Nordafrika und in Senegal spielen zudem grenzüberschreitende Pilgerreisen etwa zu Heiligen Städten wie nach Kairouan (Tunesien) eine wichtige Rolle.

Neben dem Beherbergungs- und Gaststättengewerbe, auf das in den meisten Ländern 40–60% aller direkt vom T. abhängigen Beschäftigten entfallen, entstehen Arbeitsplätze in einer

Karte 43: Die Standorte wichtiger Hotelketten bzw. -konzerne in Afrika 2000

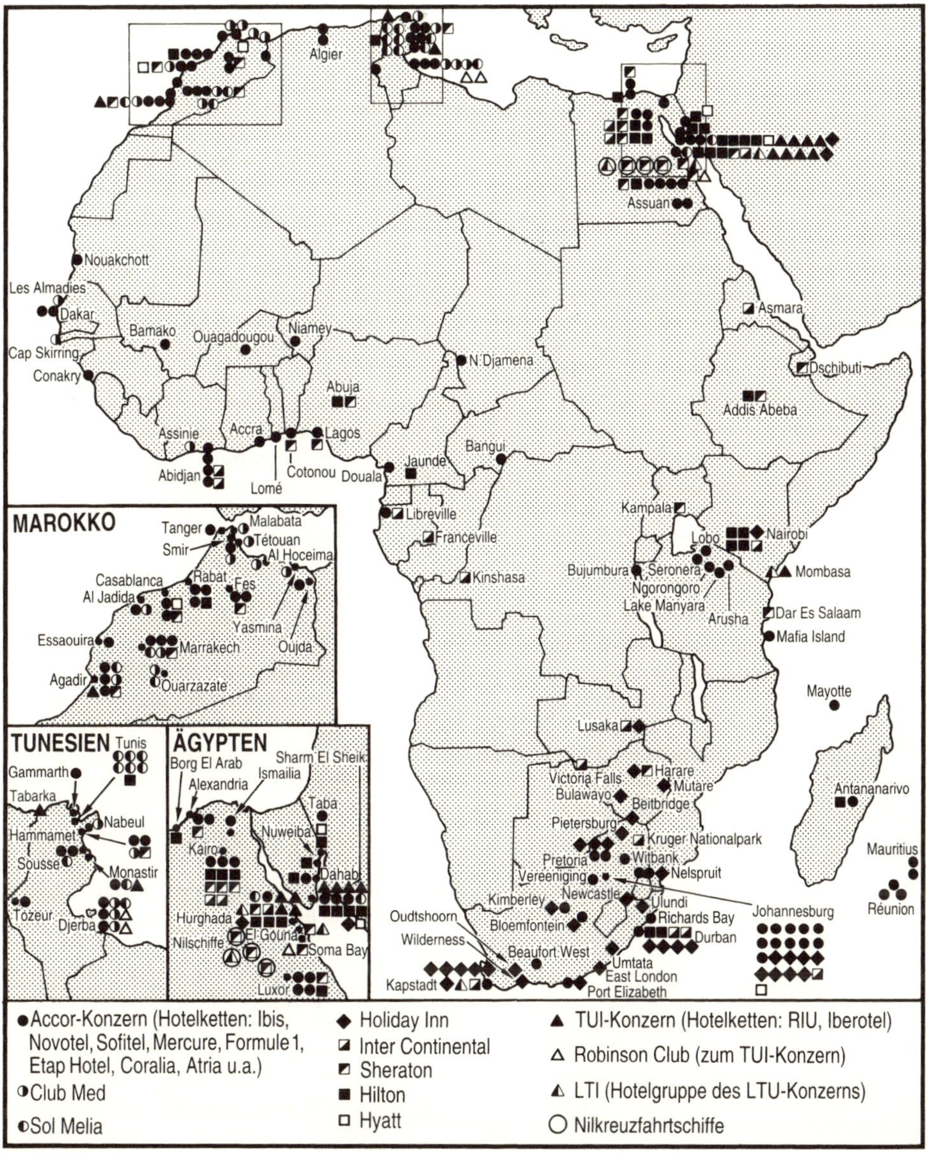

Entwurf: Karl Vorlaufer — Quelle: Unterlagen der Hotelkonzerne bzw. -ketten — Kartographie: U Beha

oft breiten Palette touristischer Betriebe des formellen und ↗ informellen Sektors: Andenkenproduzenten und -verkäufer; Fremden-, Trekking-, Bergführer; Anbieter von Transportleistungen (Taxen, Busse, Boote, Schiffe, Autovermietung, Dromedare für den Wüsten-/Sahara-/Oasen-T.), Berufsjäger (für den Jagd-T.) oder weibliche (z. B. in Kenia) und männliche (z. B. in Tunesien) Prostituierte (↗ Prostitution). Beschäftigte in Bars und Banken, Polizisten, Zollbeamte oder Ärzte sind oft vollständig oder z. T. mit ihrer Arbeitszeit auf den T. ausgerichtet. Von der touristischen Nachfrage gehen zudem indirekte Beschäftigungseffekte auf Wirtschaftszweige aus, die Leistungen an die Tourismuswirtschaft liefern: Das Bau- und Ausbaugewerbe, die Getränke-, Nahrungs-, Genußmittelindustrie, die Land-, Fischerei- und Forstwirtschaft, das Reparaturhandwerk etc. Die in diesen Bereichen erzielten Einkommen bewirken zudem eine Nachfrage nach vielfältigen Gütern und Dienstleistungen (induzierte Effekte) und damit eine Zunahme von Arbeitsplätzen und Einkommen in Branchen, die scheinbar mit dem T. nicht verbunden sind. Je diversifizierter und größer eine Volkswirtschaft ist, desto stärker sind die indirekten und induzierten Effekte des T. In großen Reiseländern wie Ägypten, Marokko, Südafrika oder Tunesien entfallen auf einen direkt vom T. abhängigen Beschäftigten i.d.R. 1,5–2,5 weitere Arbeitsplätze in anderen Branchen, und zwar häufig auch weit abseits der Touristenorte. In Marokko z. B. entstanden 1998 bei 3,4 Mio. aus- und 2,0 Mio. inländischen Touristen 608.000 direkte und indirekte Arbeitsplätze. Mind. 2,5–3,0 Mio. Marokkaner, d. h. rd. 10% der Bev., sind vom T. wirtsch. abhängig. In der stark vom T. geprägten Ökonomie der Seychellen liegt dieser Wert sogar bei rd. 15–20%. Der hier dominante Luxus-T. bietet in Relation zu den Besucherzahlen vielen Menschen Arbeit; die Seychellen weisen zudem eine hohe Tourismusintensität auf (Karte 41).

Im internat. T. tätigen Geschäftstouristen relativ hohe, Besucher von Freunden und Verwandten geringe Ausgaben. Viele Länder streben deshalb den Ausbau des Geschäfts-, Messe- und Kongress-T. an, der in Südafrika, Kairo, Nairobi (Kenia) oder Abidjan (Elfenbeinküste) bereits existiert. Dieser wetterunabh. T. hat zudem den Vorteil einer geringeren Saisonalität als z. B. der wetterabhängige Bade-T. Die touristische Nachfrage verteilt sich in vielen Ländern sehr ungleichmäßig über das Jahr, mit dem Nachteil, dass viele Betriebe der Tourismuswirtschaft nicht alle Arbeitskräfte ganzjährig beschäftigen können. Insbes. der Messe-/Kongreß-T. wird deshalb bevorzugt in der Nebensaison gefördert, um so die Saisonalität abzuschwächen. Diesem Ziel dient auch die angestrebte Diversifizierung der touristischen Märkte, da Besucher aus unterschiedlichen Ländern auch ein zeitlich differierendes Reiseverhalten aufweisen. I.d.R. gilt, dass vornehmlich aufgrund klimatischer Bedingungen die Nachfragespitzen in den innertrop. Zielländern (z.B. den Seychellen) im N-Winter, in Nordafrika in den Ferienmonaten europ. Länder im N-Sommer und im südl. Afrika v. a. aufgrund der dann hier herrschenden Trockenzeit im N-Winter liegen.

V. Tourismus und räumliche Disparitäten. Viele Tourismusarten in Afrika basieren auf der Attraktivität einer mehr oder weniger unberührten Natur, dem Wildreichtum, »einsamen«, unverbauten Stränden oder auf den von der westl. Zivilisation (oft scheinbar) noch nicht erfassten »exotischen« Völkern (Ethno-T.). Diese Attraktionen liegen v. a. in peripheren, häufig dünn- oder unbesiedelten Räumen, die für andere Wirtschaftszweige keine, für den T. jedoch günstige Standorte bieten. Während etwa die Industrie zur räumlichen Ballung tendiert und so die regionalen Disparitäten verschärft, eignet sich der T. zur Inwertsetzung peripherer Räume und damit als Instrument des räumlichen Disparitätenabbaus. Der Rundreise-(Oasen-/Sahara-)T. in Tunesien, der Trekking-T. im Zentralen Hohen Atlas (Marokko), der auf die oft abseits gelegenen Nationalparks ausgerichtete Safari-T. oder der in bevölkerungsarmen, jedoch wildreichen Räumen angebotene Jagd-T. (↗ Wildtierbewirtschaftung) sind Beispiele. Auch durch den Bade-/Wassersport-T. wurde eine oft massive Erschließung marginaler Küstenräume eingeleitet. An der vormals nur extensiv von Beduinen genutzten Küste des Roten Meeres in Ägypten entsteht – mit Hurghada (ca. 25.000 Betten) als bisherigem Zentrum – eine sich über mehrere 100 km erstreckende Tourismuszone, die *Red Sea Riviera*. Am Golf von Aqaba entstehen z. Z. zehn neue Touristenzentren mit insges. 33.000 Betten (ca. 82% der ges. Kapazität Ägyptens 1994). In den jeweiligen Räumen werden der heimischen Bev. häufig erstmals Erwerbsmöglichkeiten in einem modernen Sektor angeboten. Aufgrund der i.d.R. gering qualifizierten Bev. in Peripherieräumen kommt es häufig zu massiven Migrationen aus übervölkerten Räumen und aus Großstädten (Fachpersonal). In Ägypten wird so mit der Zuwanderung von mind. 600.000 Menschen an die Küste des Roten Meeres gerechnet. Mit dieser ↗ Migration sind beträchtliche soziale und ökolog. Probleme verbunden (v. a. Müll, Abwasser, Slumbildung, Wassermangel, Verbauung der Landschaft, ↗ Umweltschutz), die die touristische Attraktivität dieser Räume zunehmend gefährden. Trotz oft umfangreicher Migrationen in die Tourismusregionen werden die grundsätzlichen Muster der Bevölkerungsverteilung nicht wesentlich verändert. So bestehen z. B. in Kenia zwischen der Verteilung der Bev. und des T. weiterhin große Diskrepanzen. Auch in Tunesien und Marokko wurden trotz touristischer Erschließung peripherer Räume bisher die Disparitäten durch den T. eher verschärft. Die ohnehin schon dichter besiedelte und agrarisch günstigere Ostküste Tunesiens z. B. um Hammamet und Sousse verzeichnete einen im Vergleich zum Binnenland dynamischen Ausbau der Tourismuswirtschaft. In Marokko ist zwar schon seit der Kolonialzeit der Rundreise- und Städte-T. stärker ausgeprägt und v. a. die Königsstädte Fès, Meknès, Marrakech und Rabat sind wichtige touristische Zentren. Aufgrund der internat. Nachfrage v. a. nach einem Strandurlaub orientiert sich der T. jedoch zunehmend zur Küste.

Während in der Frühphase der touristischen Entwicklung einer Peripherieregion oft nur die lokale Bev. (i.d.R. Einfach-) Unterkünfte anbietet, setzt im Zuge der weiteren Entfaltung und generell bei den planmäßig angelegten Tourismuszentren ein massiver Zustrom auswärtiger Investitionen ein. In den Oasen z. B. Südtunesiens oder an der Küste des Roten Meeres kam es so zu einer konfliktbeladenen Enteignung und wirtsch. Abhängigkeit der lokalen Bev. von auswärtigen Interessen. Die regionalwirtsch. Effekte des T. sind in den einzelnen Peripherieräumen sehr unterschiedlich. Im Umland Agadirs (Marokko) z. B. erfolgte durch die touristische Nachfrage eine Intensivierung der Landwirtschaft; ca. 80% der von touristischen Betrieben benötigten Güter werden im Umland erzeugt. In den mit staatl. Hilfe entwickelten Touristenzentren an der vormals unterentwickelten Mittelmeerküste Marokkos (u. a. Restinga, Mdig) dominieren im Unterschied zu Agadir mit seinen zahlreichen Luxushotels weitgehend autarke Feriendörfer. Die geringen Auswirkungen auf die Regionalwirtschaft erklären sich auch daraus, dass sich hier – im Unterschied zum ganzjährig nachgefragten Agadir – die Saison auf den Sommer beschränkt. Die unterschiedliche Saisonalität des T. selbst innerhalb eines Landes hat so auch divergierende regionalwirtsch. Auswirkungen. In den vom Wüsten-T. profitierenden Oasen Tunesiens und Marokkos hat demgegenüber die touristische Nachfrage zu einer Ausweitung der lokalen Agrarproduktion geführt. Gleichwohl müssen viele Güter aus weiterentwickelten Regionen bezogen werden. Dies trifft v. a. auf *Lodges* in oder am Rande von Nationalparks zu. Viele Nahrungsmittel für Hotels können evtl. aus ökolog. Gründen nicht im Umland erzeugt werden. Die Hotels der Küstenzone Kenias z. B. beziehen europ. Gemüsearten aus dem Binnenhochland. Ähnlich differenziert sind die regionalwirtsch. Effekte hinsichtlich Produktion und Verkauf von Souvenirs. Die in den Oasen Südmarokkos angebotenen Lederwaren (↗ Leder) werden trotz ihrer scheinbar lokalen Authentizi-

Abb. 39: Die Unterkünfte ausländischer Touristen in Südafrika im August 1996

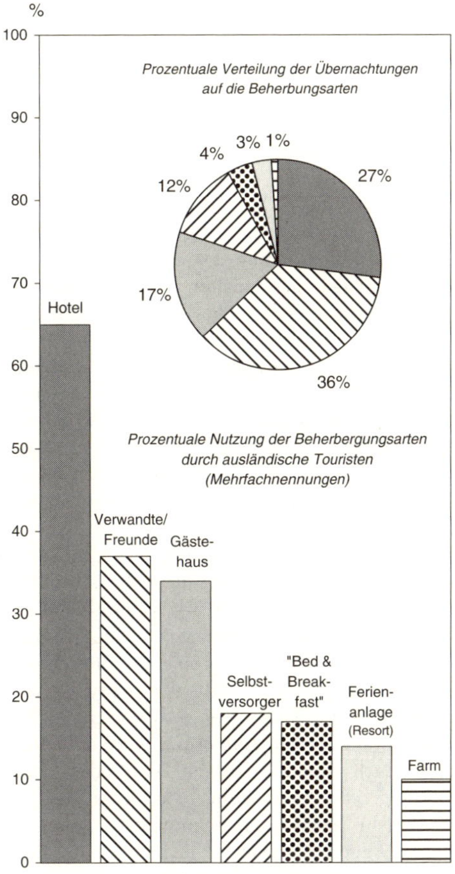

Quelle: Satour: Survey of South Africa's Visitor Market 1996
Entwurf: K.Vorlaufer Grafik: B.Montag

tät in großen Städten wie Marrakech oft in Massenproduktion hergestellt. An lokale Rohstoffvorkommen gebundene Souvenirs können bedeutende regionale Effekte auslösen. Auf den Fossilienfunden bei den südmarokkanischen Oasen des Tafilalet z. B. basiert ein umfangreicher Souvenirhandel. Die in Peripherieräumen wie z. B. den Oasen Nordafrikas durch den T. entstandenen Arbeitsplätze sind lokal oft von beträchtlicher Relevanz; sie verhindern eine noch stärkere Abwanderung in die Großstädte und Tourismusregionen der Küste. Ein noch stärkerer Disparitätenabbau wird dadurch oft erschwert, dass sich der in einigen Ländern bedeutende Kultur-T. auf kulturell attraktive Großstädte orientiert. Kairo oder die Königsstädte Marokkos sind deshalb überragende Touristenzentren. Diese exzessive Ballung des T. oft nur auf eine Großstadt wird dadurch verstärkt, dass sie i.d.R. mit ihren Großflughäfen Ausgangs- sowie Endpunkte auch des Rundreise-T. sind (Beispiele: Kapstadt, Nairobi, Windhuk, Harare, Kairo). Bestreben vieler Länder ist es daher, in peripheren Touristenregionen und v.a. in den stark besuchten Küstenräumen direkt mit Europa verbundene Flughäfen zu errichten: Die touristische Attraktivität dieser Region wird aufgrund ihrer dann zeit- und kostengünstigeren Erreichbarkeit erhöht; die Entzerrung des ansonsten i.d.R. in der Hauptstadt gebündelten Verkehrs mit den daraus resultierenden ökolog. Negativeffekten und sozialen Kosten wird erleichtert, Disparitäten werden abgeschwächt. Agadir in Marokko, Mombasa in Kenia oder Hurghada in Ägypten sind Beispiele für v.a. auf dem T. basierende Großflughäfen in Peripherieräumen.

VI. Ökolog. und kulturelle Probleme. Die vom T. ausgehenden ökolog. Probleme sind vielfältig. Die Tragfähigkeit der oft bes. fragilen Ökosysteme zahlreicher Tourismusregionen droht insbes. durch den Massen-T., die hohe räumliche Konzentration eine großen Touristenzahl auf relativ kleinem Raum, überschritten zu werden. Ver- bzw. Entsorgungsprobleme hinsichtlich Wasser, Energie oder Müll, der exzessive Verbrauch knapper Ressourcen (Wasser, Land), Beeinträchtigung oder Zerstörung wertvoller Biotope durch eine touristische Fehl- oder Übernutzung, die Schädigung von Korallenriffen durch den Tauch- und Schnorchel-T. (etwa in Kenia, Ägypten) sowie die nicht nur ästhetisch negative exzessive Überbauung weiter Küstenabschnitte durch touristische Einrichtungen (z.B. in Tunesien, Marokko) sind wachsende Probleme. In ariden Räumen entzieht z.B. der Oasen-T. infolge eines exzessiven Wasserbrauchs der Hotels (u.a. Pools) der heim. Bev. und Landwirtschaft das knappe Gut Wasser. Der v.a. in Tunesien, Südafrika oder Simbabwe boomende Golf-T. hat einen großen Verbrauch an (oft agrarisch günstigen) Flächen und an Wasser zur Bewässerung der Golfplätze. Auch deshalb propagieren fast alle Länder einen Ausbau des Öko-T. Unter diesem Label wird jedoch weithin nur eine bessere Vermarktung des in vielen Ländern ohnehin vorherrschenden naturorientierten T. gesehen. Gleichwohl verstärken viele Zielländer mit diesem Ansatz auch den Schutz touristischer Ressourcen. Mit dem Ökotourismuskonzept verknüpft ist die langfristige Sicherung der Natur und die Rücksichtnahme auf die Kultur der vom Touristen als »exotisch« bewerteten Ethnien, die zudem am wirtsch. Nutzen des T. teilhaben sollen. Die Forderung nach einem umwelt- und sozialverträglichen T. ist eine zentrale Komponente. Dieser Ansatz basiert auch auf der Erkenntnis, dass bes. – aber nicht nur – die abseits der Städte lebenden, von der westl. Zivilisation (oft scheinbar) nicht berührten Völker durch den T. eine Kommerzialisierung und evtl. sogar eine Zerstörung ihrer Kultur befürchten müssen. Die negativen Auswirkungen des T. auf die Kultur der gastgebenden Gesellschaften werden jedoch oft überschätzt. ↗ Fernsehen, ↗ Rundfunk, Videos und im wachsenden Maße das ↗ Internet sind effektivere Agenten des sozialen Wandels als Touristen, auch wenn v.a. in den durch den Massen-T. geprägten Küstenräumen der Wandel von Werten und Lebensstilen durch den von Touristen ausgehenden Demonstrationseffekt beschleunigt wird. Dem steht gegenüber, dass gerade das Interesse der Touristen am kulturellen Erbe der Reiseländer hier eine Vitalisierung der Kultur bewirken kann, zumal wenn die Bev. erkennt, dass die Sicherung des kulturellen Erbes Voraussetzung für die Weiterentwicklung des T. und damit Basis ihrer wirtsch. Existenz ist. Ein Beispiel: Gerade bei den Maasai, die in Nähe der von Touristen stark besuchten Nationalparks Kenias und Tansanias leben, ist eine bes. ausgeprägtes Festhalten an tradierten Werten und Verhaltensweisen festzustellen. Die vielen an ihnen – zumindest als Fotoobjekte – interessierten Touristen vermitteln den Eindruck, eine offensichtlich einzigartige Kultur zu repräsentieren, derentwegen Europäer aus weit entfernten Räumen anreisen und viel Geld auszugeben bereit sind. Auch bei den zunehmend in den T. eingebundenen San der ↗ Kalahari ist eine Vitalisierung ihrer Kultur festzustellen, deren Untergang vormals unumgänglich erschien. So wurden ein Museum und eine Kunstgalerie eröffnet, in denen Besuchern und Einheimischen die materiellen Kulturgüter dieses Volkes vorgestellt werden. Die Ausweisung und Sicherung zahlreicher Stätten des ↗ Weltkulturerbes erfolgt auch, um das touristische Angebot und damit die Einkommen der Bev. auszuweiten. Denkmalschutzmaßnahmen können häufig erst durch Einnahmen aus dem T. finanziert werden. Auch die Ausweisung der oft riesigen Nationalparks ist ohne Einnahmen aus dem T. in vielen Ländern nicht mehr vertretbar.

🕮 A. Kagermeier, Staatl. geförderte Tourismusprojekte in Marokko und Tunesien. In: Zeitschrift für Wirtschaftsgeographie 43 (1999), S. 104–115. – K. Vorlaufer

(Hg.), Tourismus in Entwicklungsländern. Möglichkeiten und Grenzen einer nachhaltigen Entwicklung durch Fremdenverkehr, Darmstadt 1996. – www.wto.org

Karl Vorlaufer

Tradition. Unter T. verstehen wir bewusst oder unbewusst gesellsch. weitergegebene Handlungsformen und Wissen. Dieser Erfahrungsschatz kann bei der Weitergabe verändert, angepasst oder umfunktioniert werden, so dass sich hinter dem Ausdruck T. durchaus ein (u. U. kontinuierlicher) Neuerungsprozess verbergen kann.

Häufig wird T. mit einer unterschwelligen oder sogar offenen Wertung belegt. Wer die Macht hat, beruft sich, um seine Praxis zu legitimieren, gern auf »Tradition«. T. wird als etwas Bewährtes oder sogar in mystischer Weise Legitimiertes dargestellt, von dem abzuweichen riskant wäre oder sogar mit transzendentalen Sanktionen belegt würde. Es liegt nahe, dass solchermaßen sanktionierte T. auch erfunden werden kann. Bei Wissen und Handlungsformen, die in bes. emphatischer Weise als Traditionen deklariert werden, liegt die Vermutung nahe, dass ihre Legitimität eigentlich strittig ist. Sie sind oft in entscheidenden Aspekten verändert, umfunktioniert oder von anderswo übernommen worden. Negative Wertungen werden mit »T.« meist verbunden, wenn ihr »Modernität« gegenübergestellt wird. Dabei kann das als modern und damit wünschenswert dargestellte Verhalten genauso alt oder jung sein, wie das, was als »traditionell« und rückständig abgewertet wird. Gerade in Afrika wird häufig das, was den europ. Beobachtern nicht vertraut war und ist – wie etwa die Großfamilie, der ↗ Brautpreis oder Formen der Religion – als T. bezeichnet, obwohl die betreffenden Institutionen und Phänomene eine Innovation sein mögen. Oft wird der Begriff T. als eine Restkategorie von Moderne gebraucht. »Traditionell« ist dann alles, was nicht als modern erscheint oder gewertet wird. Dabei wird die Kontinuität gesellsch. Entwicklung unterschlagen; bestimmte Aspekte der Gegenwart sollen auf diese Weise als Neuerung und Verbesserung erscheinen.

In manchen Gesellschaften Afrikas wurden Traditionen schon vor der Kolonialzeit durch bes. Institutionen bewahrt. Bei zeremoniellen Anlässen wurde hervorgehoben, dass ein bestimmtes Wissen oder eine Fertigkeit von Vorgängern oder Ahnen übernommen wird; u. U. wurde auch die pol. Macht an die Übernahme und Weitergabe von Traditionen gebunden. In anderen Gesellschaften existierte zwar auch ein Wissen um Geschichte (↗ geschichtl. Überlieferung) und die Weitergabe von Wissen, aber die »Scham« verbot, es explizit zu machen oder gar als T. zu zitieren. Traditionen, die Macht oder wirtsch. Vorteile sichern, wecken Opposition. Setzt sich diese z. B. gegen die Vorrechte von Priestern oder ererbte Machtprivilegien durch, kann das die Fortführung oder Weitergabe einer T. unterbinden. Traditionen, die von Institutionen weitergetragen werden, überleben deren Ende kaum. Wenn z. B. ↗ *griots* (Barden) in Westafrika keinen Lohn mehr für ihre Preisgesänge (↗ Preisgesang) erhalten oder wenn als Schlichter wirkende Ältestenräte kein Gehör mehr finden, wird das Wissen dieser Traditionsträger nicht weitergegeben. Umgekehrt kann dagegen eine Stärkung dieser Institutionen durch erhöhte Nachfrage oder Entlohnung auch die T. stärken. T., die nicht von Institutionen tradiert, sondern unbewusst weitergegeben wird, betrifft insbes. Handlungsroutinen und implizites Wissen, das durch kontinuierliche Praxis erhalten wird. Ein Teil dieses impliziten Wissens ist für die gesellsch. Entwicklung bes. wichtig: die Orientierungsmuster. Orientierungsmuster dienen erstens dazu, die Wichtigkeit der versch. Handlungsbereiche zu ordnen (Relevanzstruktur); es sind zweitens Muster, nach denen eine Information als wahrscheinlich zutreffend oder unglaubwürdig bewertet wird (Plausibilitätsstruktur), und sie enthalten drittens das Netz der Begriffe, das wir über die Realität werfen (semantische Struktur). Nur bei überlebensbedrohenden, die Ökonomie ganz umwälzenden und/oder emotional fesselnden Ereignissen kommt es zur Diskontinuität dieser meist unbewussten Teile von T.

Die Fixierung von T. durch Verschriftlichung und Archivierung (auch von ↗ Musik) setzte in Afrika später ein als in anderen Kontinenten. Das hat einerseits die Chance, die Flexibilität und »Machbarkeit« von T. erhalten, andererseits waren und sind dadurch akkumulative Prozesse der Erweiterung des gesellsch. Wissens begrenzt. Wissen der Vergangenheit, das durch Verschriftlichung und Archivierung zu »fossilierter T.« wurde, kann u. U. heute die Vielfalt der Optionen für Problemlösungen und kreative Entwicklungen vergrößern.

🕮 G. Elwert, Der entwicklungssoziolog. Mythos vom Traditionalismus. In: D. Götze/H. Weiland (Hg.), Soziokulturelle Implikationen techn. Wandlungsprozesse, Saarbrücken 1983. – G. Elwert, Kulturbegriffe und Entwicklungspolitik. In: G. Elwert (Hg.), Kulturen und Innovationen, Berlin 1996. – T. Ranger, The Invention of Tradition in Colonial Africa. In: E. Hobsbawm/T. Ranger (Hg.), The Invention of Tradition, Cambridge 1983. – E. Shanklin, Two Meanings and Uses of Tradition. In: Journal of Anthropological Research 37 (1981). – J. Vansina, Oral Tradition and History, London 1985.

Georg Elwert

Traditionelle Medizin ↗ Krankheit und Heilung

Tribalismus. Der Begriff T. leitet sich vom engl. Begriff *tribe* für ↗ Stamm ab und lässt sich am besten als »Denken in Stammeskategorien« übersetzen. Im wiss. Sprachgebrauch wird heute meist der eigentlich bedeutungsgleiche Begriff ↗ Ethnizität statt T. verwendet, weil die Bezeichnungen *tribe* und Stamm wegen ihrer kolonialen Vergangenheit als pol. diskreditiert gelten. Im populären Sprachgebrauch ist die Bez. T. aber v. a. im anglophonen Afrika nach wie vor üblich. Sie verweist auf die Politisierung von ethn. Gemeinschaftsideologien, die aus einer behaupteten gemeinsamen Abstammung, Sprache, Kultur und Geschichte und manchmal auch Religion bestimmte pol. Rechte und Forderungen ableiten. Dabei kann mit T. das positiv bewertete Festhalten an kulturell-ethn. Identitäten gemeint sein; meist schwingt aber Kritik an ethn. Klientelismus und pol. Vetternwirtschaft mit. T. ist eines der innerhalb wie außerhalb Afrikas populärsten Erklärungsmuster für pol. Diskriminierung, Unterentwicklung und Bürgerkriege, selbst dann, wenn andere Faktoren wie Ökonomie und Demographie unübersehbar sind.

🕮 P. P. Ekeh, Social Anthropology and Two Contrasting Uses of Tribalism in Africa. In: Comparative Studies in Society and History 32 (1990), S. 660–700. – J. Lonsdale, Staatsgewalt und moralische Ordnung. Die Erfindung des Tribalismus in Afrika. In: Der Überblick 29 (1993), S. 5–10. – A. Mafeje, The Ideology of ›Tribalism‹. In: Journal of Modern Africa Studies 9 (1971), S. 253–61.

Carola Lentz

Überlebensökonomie, das strategische Handeln ungesicherter Personen und Haushalte im Kampf um das alltägliche Überleben. Ungesicherte sind Menschen, die kaum über eigene Ressourcen verfügen; d. h. sie haben z. B. weder einen Arbeitsplatz in der ↗ Stadt noch ein Grundstück auf dem Land. Sie sind somit auf ihre große Flexibilität bei der Kombination von Erwerbsmöglichkeiten, die Verknüpfung von Subsistenz- und Geldwirtschaft sowie die Bildung vielseitiger sozialer Netzwerke angewiesen. Ungesicherte sind oft Krisen ausgesetzt, die sie aus eigener Kraft kaum überwinden können, und werden daher auch als »verwundbare Gruppen« bezeichnet. Dazu gehören bes. Haushalte in afrik. Städten, die von allein stehenden Frauen geführt werden. Armut macht oft Ü. notwendig. Beide sind v. a. im ↗ informellen Sektor zu finden.

Eike W. Schamp

Ujamaa (Swahili: erweiterte Familie). In der nachkolonialen Entwicklung nach 1960 suchten viele junge Staaten nach einem afrik. Weg zum ↗ Sozialismus. Gerade unabh. geworden, wollten sie eine Entwicklung einschlagen, die sich ebenso vom westl. Kapitalismus wie vom östl. doktrinären Sozialismus abhob. Indem er U. als die Grundlage des afrik. Sozialismus bezeichnete, brachte J. K. Nyerere (1923–99), einer der Gründungsväter des unabh. Afrika und bis 1985 Staatspräsident Tansanias, zum Ausdruck, dass dessen Wurzeln in den traditionellen Lebensformen und -gewohnheiten afrik. Gesellschaften liegen. Vom Sozialismus östl. Prägung grenzte er U. mit dem Argument ab, es habe in der traditionellen afrik. Gesellschaft keine Klassenunterschiede gegeben. Vielmehr würden die Menschen dort zusammen leben und zusammen arbeiten zum Wohle aller. Da die traditionelle afrik. Gesellschaft eine bäuerliche Gemeinschaft war, war U. für Nyerere auch ländl. Sozialismus. – U. erwies sich in der Realität als utopische Konzeption, die starke Ähnlichkeiten mit populistischen Ideen eines bäuerlichen Sozialismus in anderen Ländern zu anderen Zeiten hatte, z. B. zu den Vorstellungen der Volkstümler in Bezug auf die russische Mir im 19. Jh. Umgesetzt wurde der U.-Sozialismus in Tansania durch die Schaffung von sog. U.-Dörfern (*ujamaa vijijini*) in einer Umsiedlungskampagne, die mit administrativer Gewalt durchgesetzt wurde und folglich auf die Agrarproduktion destruktiv und auf die Bauern demotivierend wirkte. In der Praxis ist U. gescheitert, als pol. Idee der frühen nachkolonialen Entwicklungsphase behält sie ihre Bedeutung. ↗ Egalitarismus.

🕮 J. K. Nyerere, Afrik. Sozialismus. Aus den Reden und Schriften von J. K. Nyerere, Stuttgart 1973. – M. von Freyhold, Ujamaa Villages. Analysis of a Social Experiment, London 1979.

Peter Meyns

UMA (*Union du Maghreb Arabe*). Die Arab. Maghreb-Union wurde im Februar 1989 von den drei engeren Maghreb-Staaten Algerien, Marokko und Tunesien sowie von Libyen und Mauretanien gegründet. Ihr Ziel besteht darin, die Integration der beteiligten Staaten auf wirtsch., aber auch sozialem und kulturellem Gebiet zu fördern. Ursprünglich v.a. von Libyen betonte sicherheitspol. Prioritäten sind heute gegenüber ökonom. in den Hintergrund getreten. 1995 wurde die Schaffung einer Zollunion vereinbart, deren Einrichtung bisher jedoch auf sich warten lässt. Begründet werden soll ferner Freizügigkeit für die Bürger der Mitgliedsländer durch Abschaffung der Grenzkontrollen, ein einheitlicher Energiemarkt, gemeinsame Industrien und eine gemeinsame Maghreb-Fluglinie. Höchstes Gremium der UMA ist der Präsidentenrat, dem der Ministerrat zuarbeitet. Die Aktivitäten werden von einem Generalsekretär koordiniert. Für Schlichtungszwecke wurde ein Schiedsgericht gegründet. – Hohe Priorität hat für die UMA eine enge Handels- und Wirtschaftskooperation mit der EU, die jedoch im Rahmen der 1995 ins Leben gerufenen »Euro-Mediterranen Partnerschaft« (Barcelona-Prozess) auf bilaterale Abkommen mit den Maghreb-Ländern setzt. Mit Marokko und Tunesien wurden seither Assoziationsverträge unterzeichnet, mit Algerien wird noch verhandelt. Zudem erwies sich der Westsahara-Konflikt als größtes Hemmnis für die Realisierung der UMA-Ziele, da Algerien die im Krieg mit Marokko befindliche ↗ Rebellenbewegung POLISARIO unterstützt. Die 1999 erfolgte Aufhebung des westl. Embargos gegen Libyen und eine Lösung des Westsahara-Konflikts könnten die UMA zukünftig zu einem Pendant der EU in Nordafrika mit enger Bindung an Europa werden lassen.

🕮 E. Weidnitzer, Regionale Kooperation im Rahmen der »Union du Maghreb Arabe« und Perspektiven der Zusammenarbeit mit der EG, Berlin 1991.

Frank Bliss

Umweltschutz. Afrika ist mit ähnlichen Umweltproblemen konfrontiert wie die übrigen Kontinente, wobei die Ressourcen für eine effektive Umweltpolitik beschränkter sind als in den meisten Ländern Asiens oder Lateinamerikas und die Probleme zumindest in einzelnen Sektoren, z.B. Verwüstung, gravierender. Die Armut vieler Menschen fördert mangels ökonom. Alternativen die Übernutzung und Zerstörung natürl. Ressourcen und verhindert zugleich einen effektiven U. Schrankenlose Ausbeutung des Naturraums (↗ Ökozonen) durch nat. wie internat. Unternehmungen im Verein mit mangelhafter Durchsetzung von (oft durchaus vorhandenen) Umweltschutzgesetzen treten hinzu. Zentrale Problembereiche und notwendige Interventionssektoren der Umweltpolitik sind Abholzung (↗ Entwaldung, ↗ Forst- und Holzwirtschaft), Überweidung und daraus resultierend Verwüstung (↗ Desertifikation), ↗ Urbanisierung mit ihrer Müll- und Abwasserproblematik sowie der Luft- und Bodenverschmutzung und schließlich Eingriffe in ↗ Gewässer. Mit der Industrie verbundene Umweltprobleme (Luft-, Boden-, Wasserverschmutzung) treten dagegen nur punktuell auf und sind bis auf wenige Ausnahmen (z.B. in Algerien, Ägypten, Nigeria, Südafrika) eher nachrangig.

Die zunehmende Entwaldung und Verwüstung stehen an erster Stelle der Umweltschutzprobleme. Ein nicht angepasstes Forst- und Wildschutzrecht verhindert oft den Schutz von Baum- bzw. Wildbeständen, indem es den Anrainern die vormalige Nutzung des Waldes bzw. des Wildes untersagt und damit deren Engagement für den Wald- und Wildschutz (↗ Naturschutz, ↗ Wildbewirtschaftung) unterbindet. Ein modernes Nutzungsrecht, das Wälder und Wild einerseits in der Substanz schützt, andererseits eine verantwortliche Nutzung durch die Anrainer-Bev. zulässt, wird derzeit u.a. in der Elfenbeinküste, Guinea, Ghana, Mali und Simbabwe erprobt. Durch die Rio-Konferenz 1992 wurde der Partizipationsgedanke im U., insbes. in für viele Länder erstellten Waldschutz- bzw. in Wildbewirtschaftungskonzepten verankert.

Während die Verwüstung mancherorts (in Tunesien bereits durch die Römer) Tradition hat, sind Umweltprobleme der Verstädterung, nachrangig auch der ↗ Industrialisierung, neueren Datums. Im einzelnen sind zu nennen die Luftverschmutzung durch den explosionsartig zunehmenden Kraftfahrzeugverkehr, die Emission von Kraftwerken und Hausbrandstellen (v.a. der Küche); die Versiegelung des Bodens in den städt. Agglomerationen ohne ausreichende Drainagen; die Bodenvergiftung durch Öl und Chemikalien aus Werkstätten und üblicherweise von den Wohnbereichen kaum getrennten kleinen Produktionsbetrieben; die Abwässer als negative Begleiterscheinung einer weiterhin hygienisch zumeist schlechten, aber quantitativ stark verbesserten Wasserversorgung; ferner der Haus- und Gewerbemüll, für den vielfach selbst in Großstädten noch keine organisierte Entsorgung existiert.

Da Städte zumeist auch Gewerbezentren sind, kommen zu den genannten Problemen die oft illegalen, gleichwohl von der Verwaltung kaum geahndeten Immissionen aus der Produktion hinzu: Abgase und Stäube, Altöl- und Abwässerverklappung in Gewässer, ungeordnete Deponierung selbst von Sonder- und Giftmüll bis hin zu verstrahltem Gerätemüll aus Krankenhäusern.

Z. T. im nat. Umweltrecht bereits eingeführte strenge Grenzwerte für Immissionen werden mit Ausnahme von Südafrika und im Ansatz in den Maghrebländern selbst in den Hauptstädten, wo es zumindest Kontrolleure gibt, wenig beachtet. Mit internat. Unterstützung führt jedoch u. a. Tunesien gegenwärtig ein modernes boden- und wasserschützendes System der Mülldeponierung ein, das anteilig durch Nutzergebühren finanziert wird. Auch der Bau der Stadtbahn von Tunis ist hier ein wichtiger Beitrag gegen die urbane Luftverschmutzung durch den Individualverkehr.

Schädigende Eingriffe in den Wasserkreislauf werden nicht nur im städt. Bereich, sondern praktisch von der gesamten Bev. vorgenommen. Bis auf wenige Ausnahmen ist die Einleitung von Abwässern jeglicher Art in Flüsse oder Seen, aus denen vielfach wieder das Trinkwasser geschöpft wird, die Regel. Nicht ordentlich, z. T. sogar in saisonalen Flusstälern deponierte Abfälle werden in der Regenzeit in die perennierenden Gewässer gespült. Im städt. Bereich sind infolge der zahlreichen Sickerlatrinen Kontaminierungen des Grundwassers unausweichlich. Durch die verbesserte Trinkwasserversorgung und den Latrinenbau kommt es auch in Dörfern zur Verschmutzung des teilweise dann wieder durch Handpumpen aus geringer Tiefe geförderten Trinkwassers.

Ein sich verschärfendes Umweltproblem stellt vielerorts die Übernutzung der Süßwasserressourcen dar. Die Anlage von Stauseen entzieht häufig den Unterliegern an einem Fluss das Wasser. Die Dämme, die z. B. in Burkina Faso für die Wasserversorgung von Menschen, Tieren und Bewässerung angelegt wurden, schädigen die Quellflüsse des Volta-Stromes und damit die Wasserversorgung in Ghana. Die Übernutzung der Oberläufe von Nil, Sambesi oder Niger führte bereits in der Vergangenheit zu Konflikten zwischen den Anrainerstaaten. In fast allen Ländern des Highararaums wird artesisches Wasser in großen Mengen für Bewässerungszwecke abgepumpt, mit der Folge, dass der Druck in den Aquiferen sinkt und Wasser aus immer größerer Tiefe unter exponentiell steigenden Kosten gepumpt werden muss. In Tunesien, Libyen und Ägypten sind nahezu alle artesischen Quellen versiegt, bei denen das Wasser jahrhundertelang aufgrund des natürl. Drucks an die Oberfläche kam. Häufig vorhandene Gesetze, die Eingriffe in den Grundwasserhaushalt von staatl. Genehmigungen abhängig machen, werden durch ungeprüfte Bewilligungen insb. für staatl. Agenturen konterkariert. Der Übernutzung der Oberflächen- und Grundwasser stehen im ↗ Maghreb und in Ägypten die Überbewässerung und bei mangelhafter Drainung die Versalzung wertvoller Ackerböden gegenüber. Einige Länder wie z. B. Marokko oder Tunesien investieren wegen der Bedeutung des ↗ Tourismus zumindest in den Gewässerschutz (u. a. Kläranlagenbau).

Nicht alle Umweltzerstörungen in Afrika lassen sich mit Armut begründen. Sie sind vielfach das Ergebnis grenzenlosen Profitstrebens, der Bestechlichkeit, fehlender Ausbildung der Verwaltung und (seltener) unzureichender gesetzlicher Bestimmungen. Zumindest in einigen Ländern stehen dieser Negativbilanz jedoch eine sich langsam formierende Umweltbewegung und aktive umweltschützende Maßnahmen sowohl im traditionellen wie im modernen Sektor gegenüber. Ein Großteil aller internat. Entwicklungsprojekte ist im Umweltbereich angesiedelt, mit allerdings höchst unterschiedlichem Erfolg. Während einzelne Vorhaben wie z. B. die Organisation der Müllabfuhr in tunesischen Städten, die Abwasserentsorgung in Nord- und Westafrika, die erstmalige Formulierung von (partizipativen) Gesetzen zum Waldschutz oder die Unterstützung der Dezentralisierung (z. B. Burkina Faso und Mali) erste Erfolge zeigen, haben sich andere entwicklungspol. Maßnahmen als direkter Beitrag zur Umweltzerstörung erwiesen. So wurde durch das EU-finanzierte Western-Savannah-Projekt im Darfur (Sudan) die natürl. Vegetation gleich auf Hunderten von Quadratkilometern zerstört. Prävention tut not, denn Umweltschutzmaßnahmen hinken zumeist auch unter guten Rahmenbedingungen den Negativentwicklungen hinterher. So werden nicht mehr als maximal 10%, eher aber nur rund 5% der jährl. in Afrika vernichteten Waldbestände wieder aufgeforstet. Während die Verwaltung die Müllproblematik zumindest in einigen Großstädten in den Griff zu bekommen scheint, führt das Vordringen von Verpackungen, v. a. von Plastikmüll, im ländl. Raum zu unlösbaren Problemen. Mancherorts kommen bereits mehr Tiere durch Plastiktütenmüll um (Erstickung) als durch Seuchen oder Futtermangel.

Indes bleibt der U. nicht mehr allein dem Staat und der ↗ Entwicklungszusammenarbeit überlassen. Umweltgruppen werden mehr und mehr aktiv, die z.T. von ausl. Förderung profitieren können, sich aber auch zunehmend selbst finanzieren. In Burkina Faso, der Elfenbeinküste, in Kamerun, im Senegal oder auch in Südafrika kam es bereits zur Gründung »grüner« Parteien.

Nicht vergessen werden dürfen angesichts dieser modernen Entwicklung die traditionellen Umweltschutzbemühungen. Mustergültig organisiert – zumindest bis zur Einmischung des ägypt. Staates – war z.B. die Müllabfuhr in Kairo durch die *Zaballîn*, zumeist koptische Müllsammlerfamilien, die einerseits Recycling, andererseits mit organischen Abfällen eine produktive Schweinezucht betrieben.

Wenn heute in der Forstgesetzgebung anstelle des zeitweise praktizierten Ausschlusses der Anrainer von der Waldnutzung wieder die Mitverantwortung lokaler Repräsentanten der Bev. eingeführt wird, so ist auch dies ein Rückgriff auf alte Umweltschutztraditionen. Dabei wird kein abstrakter U. propagiert. Wirtschaftsgüter, nämlich Baumbestände, werden geschützt, weil sie einen unmittelbaren ökonom. Nutzen haben. Das trifft auch auf die Nutzung und langfristige Sicherung der Wildbestände zu. Der Nachhaltigkeitsgedanke wird sich angesichts der geringen Kapitalressourcen in Afrika generell stark an solchen unmittelbaren Nützlichkeitserwägungen orientieren müssen.

🕮 S. Karekezi/T. Ranja, Renewable Energy Technologies in Africa, London 1997. – A. Krammer, Über die Verstädterung im trop. Afrika und ihre kulturellen Grundlagen, Saarbrücken 1998. – G. Leach/R. Mearns, Beyond the Woodfuel Crisis. People, Land and Trees in Africa, London 1988. – G. Meyer, Abfall-Recycling als wirtschaftliche Existenzmöglichkeit im informellen Sektor – das Beispiel der Müllsammler in Kairo. In: Die Erde 118 (1988), S. 65–78. – C. Rakodi (Hg.), The Urban Challenge in Africa, Tokyo/New York 1997.

Frank Bliss

Unabhängigkeit ↗ African Personality, ↗ Afrikanische Ideologie, ↗ Consciencismus, ↗ Entkolonialisierung, ↗ nachkolonialer Staat, ↗ nationale Souveränität, ↗ Nationalismus, ↗ Nationenbildung, ↗ Négritude, ↗ Rebellenbewegungen, ↗ Kriege/Bürgerkriege, ↗ Widerstand, ↗ Wind des Wandels

UN-Friedensmissionen ↗ Blauhelmeinsätze

Universität ↗ Forschung und Wissenschaft

Unterentwicklung ↗ peripherer Kapitalismus

Unternehmen. *I. Allgemeines.* Die hist. Wurzeln afrikanischer U. liegen in Handwerk und Handel (↗ Handels- und Marktsysteme). Während der Kolonialzeit wurde das afrik. Handwerk größtenteils verdrängt, und die Struktur des Handels veränderte sich, z.B. wurden in Westafrika im internat. Handel Afrikaner zu Agenten europ. U. In die Kolonialzeit fällt eine Diversifizierung afrik. Handels-U. in das Transportgeschäft (↗ Transportsysteme) sowie das verstärkte Vordringen von Minderheiten wie ↗ Indern und Libanesen. Die ersten größeren Industrie-U. in afrik. Eigentum entstanden in den meisten Ländern in den 1950er Jahren (↗ Industrialisierung).

II. Unternehmensstruktur und Charakteristika. Auch heute überwiegen Handels- und Kleingewerbe-U., der Anteil von Dienstleistungs- und Industrie-U. ist dagegen gering. Bei sehr kleinen U. verwischen sich die sektoralen Grenzen – oft werden Produktion und Dienstleistung kombiniert. Es sind alle Branchen vertreten, mit regionalen Schwerpunkten, je nach Rohstoffvorkommen (↗ Rohstoffe); Industrie-U. produzieren überwiegend Konsumgüter für den inländischen Bedarf, kaum Investitions- oder exportfähige Güter. Exportorientierte U. – wie z.B. ↗ Bergbau, Mineralöl – sind meist in ausl. Eigentum. Das Gros der afrik. Privat-U. ist sehr klein. Etwa 90% beschäftigen nur bis zu vier Mitarbeiter (↗ Mikrounternehmen), was sowohl für den Handel als für das produzierende Gewerbe gilt. In ländl. Regionen sind fast ausschließlich Kleinst-U. ansässig, die häufig als Nebeneinnahmequelle betrieben werden. Die Größe der U. ist mit der Eigentümerstruktur eng verbunden: Die größten sind Tochtergesellschaften transnat. Konzerne oder *joint ventures* (d.h. Partnerschafts-U. mit ausl. und afrik. – hier oft staatl. – Anteilseignern) oder afrik. Staats-U. Der mittlere Bereich (ca. 50 bis 100 Beschäftigte) wird in vielen Ländern von Minoritäten-Unternehmern dominiert, insbes. von Indern. Während die Zahl der Industrieunternehmerinnen sehr gering ist, sind ↗ Frauen im Handel wesentlich stärker vertreten. Bei den afrik. U. ist der Eigenkapitalanteil im Vergleich zu den Industrieländern sehr hoch.

III. Wirtschaftliche Bedeutung. Die wirtsch.

Bedeutung der U. in afrik. Eigentum wird im Bereich der Beschäftigungswirkungen, weniger im Industrialisierungspotential gesehen. Die Kleinst- und Klein-U. schaffen Arbeitsplätze und bilden zudem junge Arbeitslose aus. Da alternative Beschäftigungsmöglichkeiten fehlen, schließen Kleinst-U. auch bei sehr geringen Erträgen selten; bei größeren U. ist die Schließungsrate wesentlich höher. Die Betreiber von Kleinst-U. sehen sich selbst kaum als Unternehmer; weniger gewinn- und wachstumsorientiert, ist das U. für sie vielfach bloßes Überlebensinstrument (↗ Überlebensökonomie). Das Gros dieser U. verharrt bei der sehr geringen Startgröße. Im Hinblick auf das Wachstums- und Industrialisierungspotential sind Klein- und Mittel-U. die wichtigste Gruppe, ihr Anteil ist jedoch noch zu klein. In den Statistiken hat sich der Anteil des (formellen) produzierenden Gewerbes am BSP kaum erhöht und liegt bei durchschnittlich 10%. Dennoch ist die Bedeutung der U. größer, als sich im (geringen) Anteil am BSP ausdrückt, da ein Teil der Kleinst- und Klein-U. nicht formalisiert ist, d.h. die U. halten keine Lizenz, zahlen weder Steuern noch sonstige Abgaben (↗ informeller Sektor) und finden in der Berechnung des BSP keine Berücksichtigung.

IV. Unternehmensprobleme. Diese variieren je nach Wirtschaftssystem. Generell konnte bisher trotz versch. wirtschaftspol. Bemühungen die starke Importabhängigkeit der U. nicht reduziert werden. Viele Länder weisen eine defizitäre Infrastruktur auf. Hinzu kommen fehlende Rechtssicherheit, bürokratische Hürden, ineffiziente Beamte (↗ öffentliche Verwaltung) und eine unzureichende Schul- und Berufsausbildung, die zu Wissensdefiziten bei den Unternehmern und ihren Mitarbeitern führt. Diese Probleme senken die Produktivität und erhöhen die Kosten. Die Kapazitätsauslastung der U. ist im Vergleich zu U. in den Industrienationen sehr schlecht – in manchen Ländern liegt sie bei durchschnittl. unter 30%. Zudem hat sich für die U. seit der im Zuge der ↗ Strukturanpassung vollzogenen Öffnung der afrik. Märkte die Wettbewerbssituation verschärft. Dazu kommen hohe Transaktionskosten durch vielfache Instabilitäten in der Wirtschaftspol. sowie durch Bürgerkriege (↗ Kriege/Bürgerkriege) und Kriminalität. Ein oftmals unausgereiftes, wenig zuverlässiges Bankensystem erschwert oder verhindert die Kreditaufnahme sogar bei erfolgreichen kleineren U. Neben Problemen, die auf staatl. bzw. infrastrukturelle Defizite zurückzuführen sind, werden den afrik. Unternehmern, insbes. den Betreibern von Kleinst- und Klein-U., selbst Managementschwächen im technischen wie kaufmännischen Bereich attestiert. Bezogen auf das Wachstum behaupten sich die mittelgroßen U. i.d.R. am erfolgreichsten.

V. Unternehmenspolitik ↗ nachkolonialer Staaten. Seit der Unabh. betreiben die meisten afrik. Staaten eine Industriepolitik, die v.a. auf die Entwicklung von Groß- und Mittel-U. zielt. Die Bandbreite der Fördermaßnahmen reicht von Steuererleichterungen über Zollbefreiungen, Errichtung von Gewerbegebieten bis zu direkten Beihilfen aus dem Staatshaushalt. In den 1970er Jahren wurden in mehreren Ländern Nationalisierungsprogramme implementiert, die sich die Veränderung der Eigentumsstruktur zu Gunsten afrik. privater oder staatl. Anteilseigner zum Ziel setzten, zu Lasten des ausl. Kapitals. Da die Staatshaushalte in der Vergangenheit durch die oft hohen Verluste der Staatsunternehmen belastet wurden, werden im Zuge der Strukturanpassung auf Druck von Weltbank und IWF Anstrengungen zur Privatisierung von Staats-U. unternommen. In der staatl. und nichtstaatl. ↗ Entwicklungszusammenarbeit konzentrieren sich die unternehmensbezogenen Maßnahmen auf die Förderung von Kleinst- und Klein-U. sowie auf die Entwicklung afrik. Unternehmensverbände. ↗ Finanzsektor.

📖 T. Biggs/P. Srivastava, Structural Aspects of Manufacturing in Sub-Saharan Africa. Findings from Seven Country Enterprise Survey, World Bank Discussion Paper No. 346, Washington 1996. – D. Gebert (Hg.), Traditionsorientierung und unternehmerischer Erfolg, Saarbrücken 1992. – J. Iliffe, The Emergence of African Capitalism, London 1982. – R.C. Riddell, Manufacturing Africa: Performance and Prospects of Seven Countries in Sub-Saharan Africa, London 1990. – A. Wilfert, Die Strategien nigerianischer Unternehmer bei wechselnden ökonom. Rahmenbedingungen. Eine empirische Analyse der Wirkungen des Strukturanpassungsprogramms von 1986, Fuchsstadt 1992. – H. Willer, Das neue Unternehmertum in Afrika. Motivation und Erfolgsstrategien von einheimischen und von Minoritätenunternehmern in Nordnigeria, Spardorf 1989.

Heidi Willer

Urbanisierung/Verstädterung. *I. Probleme der quantativen Erfassung.* Das rasante Wachstum städt. Bev. und Siedlungsflächen sowie eine enorm steigende Zahl der Städte sind die sichtbarsten Merkmale des sozialen Wandels in Afrika. Dimension und Dynamik der U. sind jedoch quantitativ nur bedingt zuverlässig zu erfassen und so für die einzelnen Länder nur mit Einschränkungen vergleichend zu bewerten.

Schon die Definition von ↗ Stadt ist unterschiedlich. Manchmal wird jede kompakte Siedlung ab 2.000, ein andermal erst ab 5.000 Einw. als städt. definiert oder unabh. von der Einwohnerzahl nur der Rechtsstatus einer Siedlung zugrunde gelegt. Selbst in ein und demselben Land können die Kriterien variieren. Als städt. eingestuft wurde bspw. in Simbabwe 1969 bei der Volkszählung jede Siedlung mit mind. 150 männl. Beschäftigten, von denen 50% im nicht agrarischen Bereich tätig sein mussten, 1982 jeder Ort mit mehr als 2.500 Einw. und 1995 jede kompakte Siedlung mit mehr 2.500 Einw. und mehr als 50% aller Beschäftigten in nicht agrarischer Tätigkeit. Die bei Volkszählungen erhobenen Daten werden zudem durch die administrative Abgrenzung der als städt. definierten Siedlung beeinflusst. Viele Städte sind z. B. überbegrenzt, d. h., sie umfassen auch große ländl. Räume. Andere Städte sind unterbegrenzt, d. h., das städt. geprägte, oft hoch verdichtete Umland wird als ländl. Raum berücksichtigt, wie z. B. das Umland Nairobis (Kenia).

In Südafrika wurde während der ↗ Apartheid der Umfang der U. der schwarzen Bev. zudem statistisch verschleiert, da nach Auffassung der Apartheidregierung ein großer Teil der in den »weißen« Städten arbeitenden schwarzen Bev. in der ländl. Heimat zu leben hatte. In den ↗ Bantustans hatten sich aber in Grenzräumen zum »weißen« Südafrika oft riesige informelle städt., jedoch als ländl. klassifizierte Siedlungen entwickelt, aus denen die Bev. zur Arbeit über die Grenze in nahegelegene, von Weißen bewohnte Städte pendelte.

II. Verstädterungsgrad und -dynamik. Afrika, um 1900 ein in weiten Räumen städteloser oder -armer Kontinent, verzeichnet von allen Weltregionen die rasanteste U. (Tab. 6), wobei die einzelnen Großregionen und Länder (Tab. 6, Karte 44), manchmal auch einzelne ethn. Gruppen in einem Land (z. B. Südafrika, Abb. 42) recht unterschiedliche Urbanisierungsraten aufweisen. Anfang 2000 lebten ca. 340 Mio. Afrikaner oder 43% der Bev. in Städten, nur 20 Jahre früher waren es lediglich 130 Mio. (27%). Begleitet wird das rasante Wachstum der Stadt-Bev. von einer rapiden Ausweitung städt. Siedlungsflächen sowie einer schnell steigenden Zahl von semi-urbanen und urbanen Zentren. Aus vor Jahrzehnten noch winzigen kolonialen Verwaltungs- und Handelsposten oder aus vorkolonialen semi-urbanen Kleinzentren entwickelten sich oft riesige Megastädte (Tab. 7). Auch die zu Beginn des 20. Jh. wenigen großen präkolonialen Städte vervielfachten ihre Einwohnerzahl und Siedlungsfläche wie u. a. Kairo, Algier und Tunis oder das schon vor Jahrzehnten über die vorkoloniale Stadtmauer expandierende Ibadan (Nigeria; Karte 45). Auch die erst in der Kolonialzeit entstandenen Städte wie z. B. Daressalam (Tansania) breiteten sich in wenigen Jahren und v. a. in jüngster Zeit großflächig in das sie umgebende Umland aus. Die im noch ländl. Umland lebende Bev. wird so in die U. einbezogen; wertvolle landwirtsch. Nutzflächen werden oft umgewidmet, nicht selten mit der Folge wachsender Versorgungsprobleme der Stadt mit Nahrungsmitteln. Die Zahl der Städte unterschiedlicher Größe wuchs zudem beträchtlich; Zahl und Bev. auch kleinerer Städte haben dramatisch zugenommen (Abb. 43). Die rasante Ausbreitung der städt. Siedlungsflächen erfolgte im letzten Jahrzehnt mit zunehmender Dynamik. Oft werden bis zu 100 km vom Stadtkern entfernte kleinere Zentren und Dörfer in den urbanen Verdichtungsraum einbezogen. Es entstehen riesige, häufig in zahlreiche selbständige Kommunen gegliederte städt. Agglomerationen. Um Johannesburg entstand z. B. in Anlehnung an den O-W-Verlauf der goldführenden Schichten eine Kette von Städten, die heute zum ca. 5 Mio. Einw. zählenden Agglomerationsraum Witwatersrand zusammengewachsen sind (Karte 46). Groß-Kairo umfasste 1994 fast 13 Mio. Einw., wobei der Zuwachs in nur acht Jahren, von 1986-94, etwa 3 Mio. Einw. betrug. Bis 2000 war die Bev. auf über 16 Mio. angewachsen, deren Flächenbedarf riesig ist. Eine Umwidmung von großen, für die Ernährungssicherung unentbehrlichen Bewässerungsflächen zu städt. Siedlungen geht hiermit einher. Die rasante U. wird getragen von der administrativen Eingliederung vormals ländl. Räume in die Stadt, der Zuwanderung (↗ Migration) und von einer hohen natürlichen Bevölkerungszunahme (↗ Bevölkerung). In der Elfenbeinküste z. B. betrug die Wachstumsrate der städt. Bev. von 1990-1999 3,9% gegenüber dem Landesdurchschnitt von 2,5%, in Tansania sogar 7,5% gegenüber 2,8% (subsahar. Afrika: 4,7/2,6%). Dies beruht i.d.R. nicht auf einer höheren Geburten-, sondern auf der geringeren Sterberate infolge besserer ↗ Gesundheitsversorgung sowie auf dem geringeren Durchschnittsalter der städt. Bev. In Abidjan (Elfenbeinküste) betrug die Sterberate 1988 z. B. 7,5% (Zensus), im Landesdurchschnitt jedoch 13%. Infolge der selektiven Zuwanderung weist die Bev. der meisten Städte bis heute eine disproportionierte Alters- und Geschlechtergliederung auf. Insbes. die 20- bis

	Anteil der Stadtbevölkerung an der Gesamtbevölkerung (in %)			Wachstum pro Jahr in %			
	1970[2]	1980[2]	1995[1]	1970–1975[2]	1980–1985[2]	1990–1995[1]	1995–2000[1]
Afrika	22,5	27,0	34,9	4,4	4,8	4,8	4,3
Ostafrika	10,3	15,1	22,0	6,5	6,8	6,3	5,3
Nordafrika	36,5	39,9	46,0	3,3	3,7	3,6	3,1
Westafrika	17,6	22,2	37,0	5,3	5,4	5,6	4,9
Zentralafrika	24,8	31,6	33,0	5,0	5,1	4,9	4,5
Südl. Afrika	44,1	49,6	48,0	3,5	3,7	3,6	3,3
Nordamerika	73,8	73,9	76,2	1,1	1,0	0,9	1,2
Lateinamerika	57,4	65,4	73,4	3,9	3,3	2,7	2,3
Europa	66,7	70,2	73,5	1,3	0,7	0,6	0,5
Südasien	21,3	25,4	29,0	4,2	3,9	3,8	3,4
Ostasien	26,9	28,1	37,0	2,0	1,6	2,0	2,9

Quellen: 1 UNFPA: The State of the World Population 1999
2 UNCHS: World Urbanization Prospects: The 1996 Revision

Tab 6: Verstädterungsgrad und -dynamik in den Regionen Afrikas im Vergleich mit anderen Weltregionen

Karte 44: Der Verstädterungsgrad (%-Anteil) der städt. Bev. an der Gesamtbev. in den Ländern Afrikas 1960 und 1996

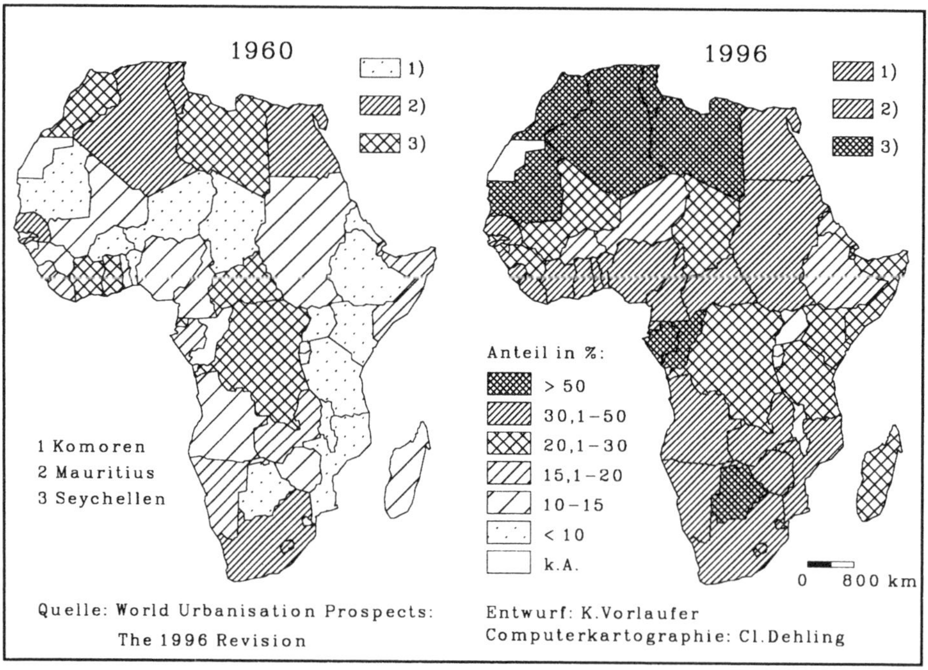

Abb. 42: Der unterschiedliche Verstädterungsgrad ethnischer Gruppen am Beispiel Südafrika 1946 und 2000

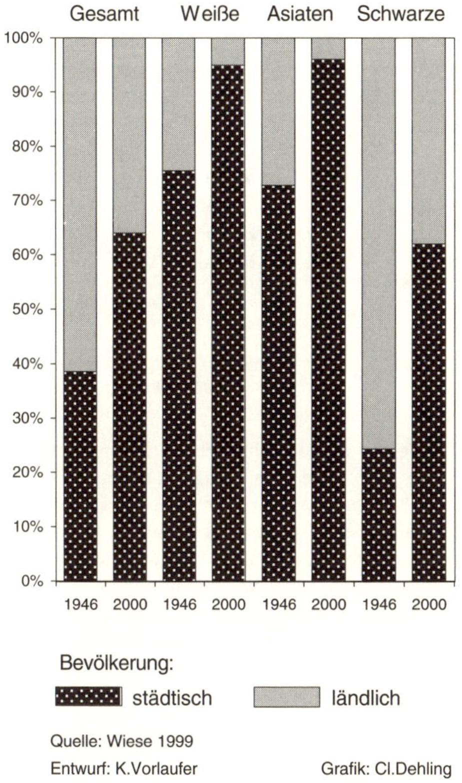

Karte 45: Ibadan/Nigeria als Beispiel für das Flächenwachstum einer vorkolonialen Stadt Westafrikas

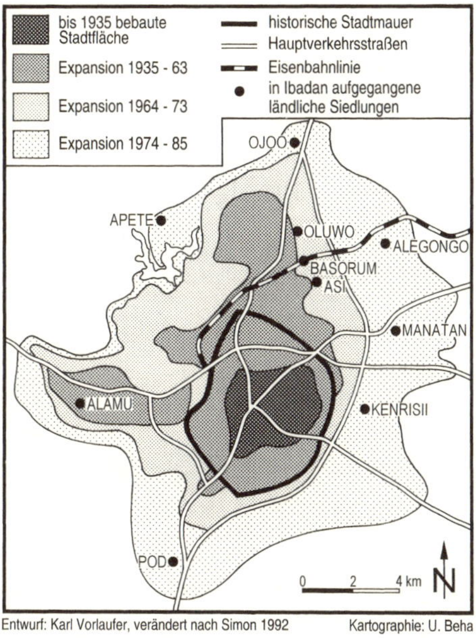

35-Jährigen sind in Städten im Vergleich zum Landesdurchschnitt überrepräsentiert. In dieser Altersgruppe übertrifft die Zahl der Männer die der Frauen meist deutlich.

III. Urbanisierung und räumliche Disparitäten. Die U. verläuft in vielen Ländern räumlich ungleichgewichtig und konzentriert sich auf nur wenige, dann aber sehr große Städte. Die nat. Städtenetze weisen oft extreme Disproportionen auf. Die i.d.R. durch die Kolonialmächte vorgeprägten Disproportionen zeigen sich in der Dominanz oft nur eines Zentrums, einer sog. Primatstadt, die die vielfache Größe der nachfolgend größten Städte hat und auf die so oft ein hoher Anteil der ges. städt. Bev. eines Landes entfällt (Karte 47). Durch die Entfaltung oft nur einer einzigen riesigen Agglomeration werden die räumlichen Disparitäten, ein zentrales Problem vieler Länder, verschärft. Die sich durch die Ballung von Bev. und Wirtschaft in einer Stadt ergebenden Vorteile (z. B. Minimierung des Ver-

	Bevölkerung (in Mio.)			Jährliches Bevölkerungswachstum (in %)			
				Gesamtstaat		Urbane Agglomeration	
	1970	1985	2000	1970–1985	1985–2000	1970–1985	1985–2000
Kairo-Giza	5,69	7,69	11,13	2,33	2,06	2,01	2,46
Lagos	1,44	3,65	8,34	3,39	3,54	6,18	5,51
Kinshasa	1,23	2,69	5,04	2,86	3,09	5,21	4,19
Algier	1,19	2,66	5,09	3.05	2,88	5,34	4,52

Quelle: United Nations

Tab. 7: Wachstum und Größe urbaner Agglomerationen am Beispiel ausgewählter Megastädte

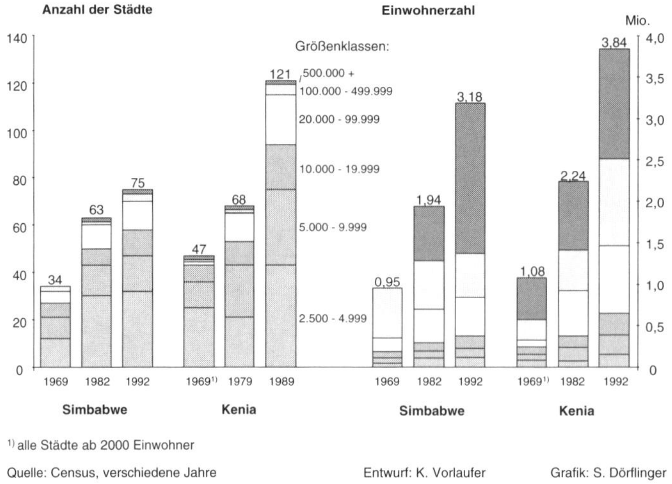

Abb. 43: Zunahme der Zahl und Bevölkerung der Städte unterschiedlicher Größenklassen an den Beispielen Simbabwe und Kenia

kehrsaufkommens, erleichterte Bezugs- und Absatzbedingungen für die Wirtschaft) können bei Überschreiten einer bestimmten Stadtgröße in Nachteile umschlagen. Die so entstandenen Megastädte sind – zumal unter den weithin vorhandenen Defiziten beim Stadt- und Umweltmanagement – kaum noch effizient zu verwalten (Slumbildung, Umweltprobleme etc., ↗ Umweltschutz). Die Entfaltung einer Primatstadt und dann eines disproportionierten Städtesystems ist insbes. in Ländern ausgeprägt, in denen präkoloniale Städtenetze nicht vorhanden waren und die Kolonialmächte somit wirtsch.-räumliche Strukturen oktroyieren konnten, die auf die exogene Haupt-/Hafenstadt ausgerichtet sind. Guinea, Kenia, Rep. Kongo, Sambia, Senegal, Simbabwe, Uganda und Tansania sind Beispiele für extrem disproportionierte Städtenetze und eine über-

Karte 46: Der Agglomerationsraum Witwatersrand als Beispiel einer durch die Apartheidpolitik und den Bergbau geprägten städt. Siedlungsfläche in Südafrika (um 1973)

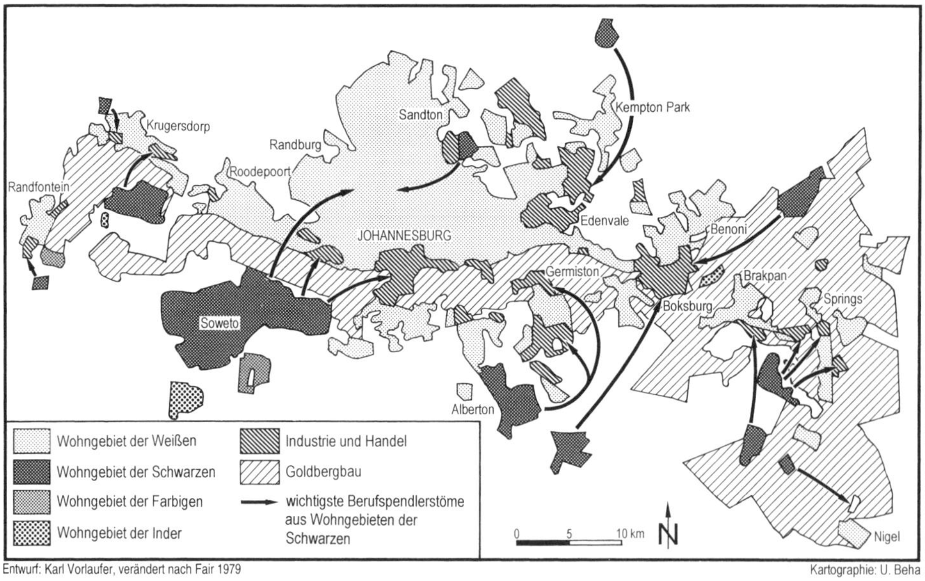

Karte 47: Der Anteil der in Städten lebenden Bevölkerung an der Gesamtbevölkerung in den Ländern Afrikas 1975 und 1996

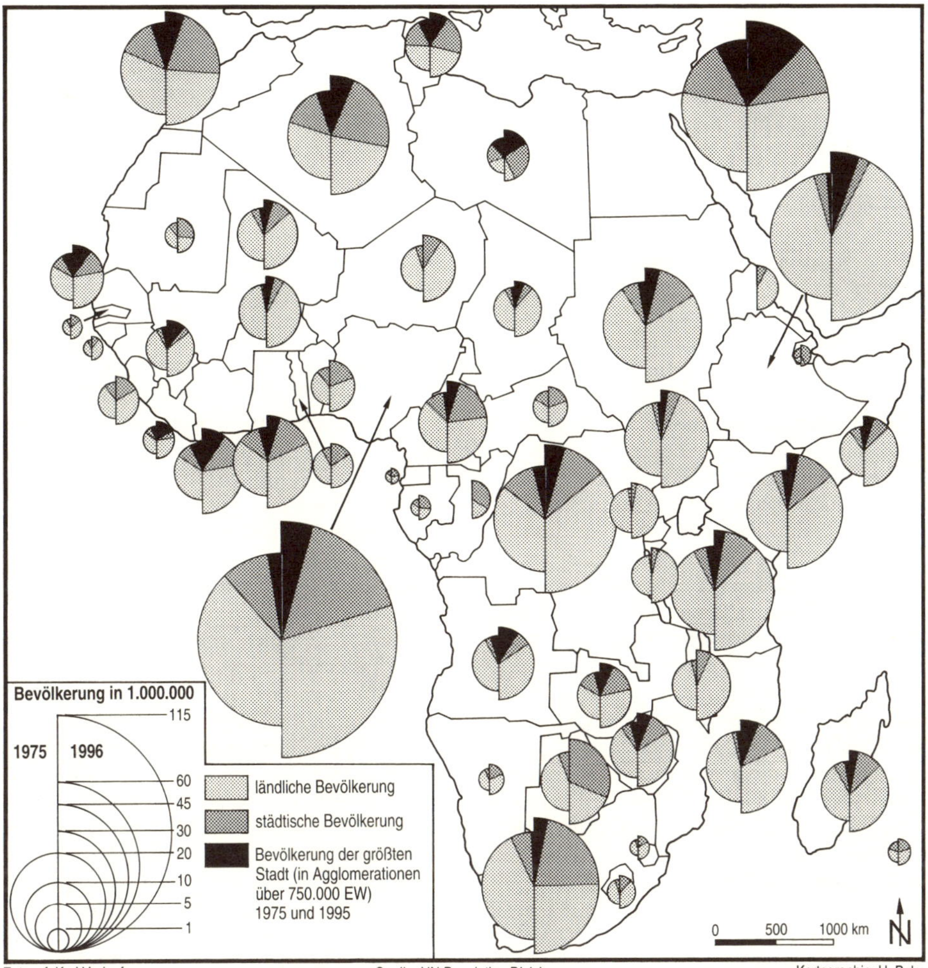

Entwurf: Karl Vorlaufer Quelle: UN Population Division Kartographie: U. Beha

ragende Primatstellung der Hauptstadt. Marokko ist ein Beispiel dafür, dass auch in einem Land mit langer städt. Tradition durch die Kolonialherrschaft in nur wenigen Jahren Städtenetze neu strukturiert wurden. In vorkolonialer Zeit verlegten die Herrscher innerhalb des Jahres ihren Sitz im saisonalen Rhythmus in die Königsstädte Marrakech, Fès, Meknès und Rabat. Hierdurch wurde ein ausgeglichenes Wachstum dieser vier größten Städte Marokkos erreicht. Die Franzosen konzentrierten die städt. Entwicklung auf die neu angelegte Hafenstadt Casablanca, die zur Wirtschaftsmetropole und größten Stadt aufstieg, und dies, obwohl Rabat Regierungssitz wurde. Heute ist Casablanca Kern eines riesigen, sich über 130 km entlang der Küste erstreckenden urbanen Raumes.

IV. Urbanisierung und sozialer Wandel. Während im Europa des 19. Jh. Industrialisierung und U. synchron verliefen, beide Prozesse sich gegenseitig bedingten, vollzieht sich das Wachstum der afrik. Städte weitgehend unabh. von der bescheidenen ↗ Industrialisierung mit der Folge, dass die Industrie, der für den städt. Arbeitsmarkt im Europa des 19. Jh. wesentliche Wirtschaftszweig, in Afrika nur wenige Arbeitsplätze bietet. Die Massenarbeitslosigkeit mit ihren gravierenden sozialen und wirtsch. Auswirkungen

(Wohnungsnot, Armut, Kriminalität usw.) ist daher in den Städten Afrikas ausgeprägter als z. Z. der Industrialisierung in Europa. Entstehen und Wachstum der Städte wurden im subsahar. Afrika zudem von den Kolonialmächten initiiert und getragen, während die europ. U. an endogene, jahrhundertealte städt. Siedlungen, Traditionen, Lebensstile und Milieus anknüpfen konnte. Mit der U. in Afrika ist für eine riesige Mehrheit der Stadtbewohner ein viel radikalerer Umbruch tradierter Werte verbunden. Die Übernahme städt. Lebensstile, das Hineinwachsen in urbane Netzwerke und Positionen können Individuen und Gesellschaften nur unter großen psychischen und sozioökonom. Spannungen und Anpassungsschwierigkeiten bewältigen, was aber nicht heißt, dass alle überkommenen Werte und Sozialbeziehungen obsolet würden. Tradierte Strukturen und Kulturmuster werden vielmehr in die neue Lebenswelt, die Stadt, transferiert, hier evtl. unter dem Anpassungsdruck modifiziert, oft auch bewusster gelebt als auf dem Land. Die U. vollzieht sich für die Mehrheit der städt. Bev. und v. a. für die große Zahl der Zuwanderer und ihrer Nachkommen zumindest noch der zweiten und dritten Generation zwischen zwei Welten. Einerseits ist jeder Stadtbewohner gezwungen, sich in das urbane Wirtschafts- und Sozialleben einzufügen (Übernahme einer typisch städt. Tätigkeit, räumlich enges Zusammenleben mit Menschen unterschiedlicher Herkunft, Berufe, Religionen, Ethnien). Andererseits besteht die Strategie der Existenzsicherung für die meisten darin, tradierte Sozialbeziehungen und Netzwerke auf der Grundlage der Großfamilie oder Ethnie zu bewahren und auszubauen (↗ Familie, ↗ Verwandtschaft, ↗ Ethnizität). Freundschaften knüpfen viele Stadtbewohner v. a. zu Angehörigen der eigenen Ethnie, was auch für Personen gilt, die schon lange in der Stadt leben. Ethn. orientierte Netzwerke (↗ Vereine) sind für die in immer größerer Zahl in Städten allein lebenden Frauen allerdings weniger relevant als für Männer. Mit der Abwanderung vom Land entziehen sich Frauen oft bewusst den traditionellen Autoritäten; in der Stadt gehen sie zudem häufig diskriminierten Tätigkeiten nach, etwa als Barmädchen bzw. Prostituierte (↗ Prostitution, ↗ Frauen, ↗ Geschlechterbeziehungen), mit der Folge, dass sie die männl. dominierten tradierten und ethn. orientierten sozialen Netze in der Stadt nicht nutzen können oder wollen. Frauen binden sich daher häufiger in Netzwerke ein, die, etwa auf der Basis der Religion oder gemeinsamer Berufe, ethn. Grenzen überschreiten. Die Bindung der Zuwanderer und ihrer Nachkommen oft auch noch der zweiten und dritten Generation an die ländl. Herkunftsregionen zeigt sich u. a. im Konzept der gespalteten Haushalte bzw. im Prinzip »eine Familie, zwei Haushalte«, das eine wichtige Strategie der Existenzsicherung darstellt. Ein Teil der Familie bzw. des Haushalts (als Wirtschaftseinheit) lebt weiter auf dem Land und betreibt häufig ↗ Landwirtschaft. Ein anderer Teil lebt entweder permanent oder zeitlich befristet in der Stadt. Das Bündeln städt. und ländl. Einkommens ist für viele Familien eine ökonom. Voraussetzung für das Verbleiben in der Stadt und die Übernahme städt. Lebensstile. Die Rückbesinnung auf tradierte Werte und Normen vermittelt den in der zunächst fremden Stadt lebenden Zuwanderern (und ihren Nachkommen) in psychischer, emotionaler und sozialer Hinsicht Halt und Orientierung. Die Aussicht auf eine endgültige oder nur zeitlich begrenzte Rückwanderung lässt die aus der ländl. Gesellschaft überkommenen Kulturmuster für viele Stadtbewohner, selbst für schon vor langen Jahren zugewanderte, nicht obsolet erscheinen; sie gelten vielmehr als Garant für eine Rückkehrmöglichkeit in die Heimat, woraus sich oft eine verstärkte Ethnozentrierung ergibt. Der Rückwanderungswunsch und seine Realisierung wird stark bestimmt von der jeweiligen sozioökonom. Lage der Migranten. Da die sozialen, familiären, wirtsch. (Landbesitz) und emotionalen Bindungen der meisten Zuwanderer an die Herkunftsregion eng sind, wird eine Rückkehr nach dem alters- oder krankheitsbedingten Ausscheiden aus dem Erwerbsleben angestrebt und oft in die Tat umgesetzt. Im Zuge des Hineinwachsens vieler Migranten in das städt. Sozialsystem einerseits und aufgrund des Fehlens der wirtsch. Basis in der Herkunftsregion andererseits (Landmangel, Umweltzerstörung, ↗ Kriege/Bürgerkriege) entscheiden sich jedoch mehr und mehr Zuwanderer für ein endgültiges Verbleiben in der Stadt; die Rückkehr wird hinausgeschoben und schließlich aufgegeben und die Stadt zum endgültigen Lebensraum. Im Apartheidstaat Südafrika durfte die schwarze Bev. nur zeitlich begrenzt in den Städten leben und musste nach dem Ausscheiden aus dem Arbeitsleben mit ihren Familien in die heimatlichen Siedlungsräume, die *Native Reserves* (Bantustans/Homelands), zurückkehren. Erst 1976 wurde schwarzen Stadtbewohnern ein Daueraufenthaltsrecht zugestanden.

V. Probleme der Urbanisierung. Massenarbeitslosigkeit, Wohnungsnot, steigende Kriminalität, Prostitution, Drogenkonsum (↗ Drogen), Alkoholismus (↗ Alkohol) sowie dramatisch wachsende Umweltbelastungen sind zentrale Probleme der U. Zu rigide, den Bedingungen nicht angepasste Bauvorschriften, lange Baugenehmigungsverfahren, Rechtsunsicherheiten hinsichtlich des Baulandes (↗ Bodenrecht, ↗ Recht, ↗ Stadtplanung), ineffiziente Baubehörden, ein unzulängliches Hypothekenwesen sowie mangelnde Kapitalkraft der Privathaushalte sind Ursachen dafür, dass der legale Wohnungsbau die stark steigende Nachfrage nach preisgünstigen Wohnungen nicht befriedigen kann. Der legale private Wohnungsbau, auf den z. B. in den Städten Kenias während der 1980er Jahre nur knapp 10% der legalen Bautätigkeit entfielen, ist von geringer Bedeutung. Infolge der Finanzkrise der afrik. Staaten sowie des mit der ↗ Strukturanpassung verbundenen Rückzugs des Staates aus wesentlichen Investitionsbereichen wurde der staatl. Wohnungsbau reduziert. Dieser Rückgang konnte in den meisten Ländern durch die legale private Bautätigkeit nicht kompensiert werden. So konnte in Kenia der legale private und öffentl. Wohnungsbau schon in den 1980er Jahren jährl. nur für ca. 12% der zusätzlichen Haushalte Wohnraum erstellen. Dieser Wert hat sich weiter verringert, während die Stadt-Bev. spektakulär gewachsen ist. Extreme Überbelegungen der Wohnungen, exzessive illegale Bautätigkeit, die Entstehung riesiger ↗ Slums und ↗ Squattersiedlungen sind die Folge. Das staatl. Engagement im Wohnungsbau beschränkt sich in vielen Ländern auf die Förderung von Selbsthilfeprogrammen. In wachsender Zahl werden z. B. *Sites and Service Schemes* erstellt. Dabei überlässt der Staat Bauinteressenten zu günstigen Konditionen infrastrukturell erschlossene Grundstücke, die nach den finanziellen Möglichkeiten des Besitzers bebaut werden können. Dieser Ansatz hat jedoch den Nachteil, dass kapitalstarke Gruppen die nach sozialen Kriterien vergebenen Grundstücke über Strohmänner erwerben und Wohnungen bauen, die dann teuer vermietet werden.

Die Versorgung mit ausreichendem und qualitativ gutem Trinkwasser ist nicht nur in ariden (trockenen) Regionen, sondern fast generell für die großen Agglomerationen unbefriedigend. Der Wassermangel verschärft sich, obwohl viele Städte bereits über kostenaufwendige und reparaturanfällige *Pipelines* oft aus weit entfernten Gebieten versorgt werden. Mängel weisen zudem die innerstädt. Verteilersysteme auf. Insbes. Slums und Squattersiedlungen sind weithin unterversorgt. Offene Quellen und Gewässer sowie unzulänglich angelegte private Flachbrunnen dienen der Versorgung breiter Bevölkerungsschichten mit häufig stark verunreinigtem Oberflächen- und Grundwasser. Wasserleitungen werden zudem illegal angezapft; Rohrbrüche, gesundheitsgefährdende Verschmutzungen des Trinkwassers, hohe Reparaturkosten und häufige Ausfälle auch für die legal an das Leitungsnetz angeschlossenen Kunden der Wasserwerke sind die Folge. Eine fehlende oder unzulängliche Abwasser- und Müllbeseitigung belastet die Umwelt. Abwässer – oft mit toxischen Rückständen – versickern im Boden oder werden ungeklärt in Fließgewässer und ins Meer geleitet. Von den zumindest in den meisten Großstädten vorhanden, aber oft unsachgemäß angelegten Mülldeponien gehen beträchtliche Belastungen der Luft und insbes. des Grundwassers aus. In den Wohnsiedlungen einkommensschwacher Bevölkerungsschichten erfolgt keine oder eine nur unregelmäßige Müllabfuhr, was zu wilden Müllkippen und dem Abbrennen von Müll mit der Folge hoher Luftemissionen führt. U. a. aufgrund Fahrzeugmangels wurden z. B. 1986 in Daressalam nach Schätzungen der Stadtverwaltung lediglich ca. 20% des anfallenden Mülls aus den Wohngebieten abgefahren, aber damit noch keineswegs sachgerecht entsorgt; in Lagos 1998 nur 40%, und nur 4% aller Industriebetriebe hatten eine geregelte Abfallentsorgung. Allerdings erfolgt meist eine Wiederverwertung des Abfalls durch die in vielen Städten große Gruppe der »Müllmenschen«, die aus dem Müll alle noch verwertbaren Stoffe heraussuchen und einer Recyclingwirtschaft zuführen. Noch problematischer ist in vielen Ländern die Abwasserentsorgung. Um 1985 hatten z. B. rd. 90% der etwa 1,5 Mio. Bewohner Daressalams keinen Kanalanschluss. Die Sickergruben werden von der Stadtverwaltung aufgrund von Fahrzeugmangel, -mängeln und organisatorischen Defiziten zu selten geleert, und auch bei Haushalten mit Anschluss an die Kanalisation ist die Abwasserentsorgung mit Mängeln behaftet. Die Kanalisation ist veraltet, schlecht gewartet und daher häufig verstopft. Eine die Erneuerungsrate übersteigende Grundwasserentnahme ist ebenfalls ein Problem vieler Städte. Die Übernutzung verhindert eine nachhaltige Wasserversorgung, woraus sich Bodenabsenkungen mit Gefährdungen für große Siedlungen ergeben können. Im Rahmen bi- und multilateraler ↗ Entwicklungszusammenarbeit wurden in vielen Städten hohe

Investitionen in die Verbesserung der Wasserver- und -entsorgung sowie der Müllbeseitigung getätigt; die rasante U. marginalisiert jedoch diese Bemühungen. In den ärmeren Stadtvierteln mit i.d.R. unzulänglicher Stromversorgung kann ein Großteil der Bewohner aus Kostengründen nur Holz oder Holzkohle als Energieträger verwenden, die aus immer größerer Entfernung in die Städte transportiert werden müssen, weil das Umland bereits entwaldet ist (↗ Entwaldung). Hinzu kommen umweltbelastende Bausünden. In Dakar z. B. hat die Erschließung von Bauland zur Zerstörung der Küstenvegetation, diese zur Bildung von Wanderdünen und damit zu einer Bedrohung für Gebäude und Infrastrukturen geführt. Niederschläge versickern jetzt weniger im Boden, sondern fließen stärker oberflächlich ab, woraus sich ein Rückgang der Grundwassererneuerung ergibt. Meerwasser kann leichter in die küstennahen Aquifere eindringen; Quantität und Qualität der Trinkwasservorräte nehmen ab. In anderen großen Küstenstädten hat die Beseitigung der Mangrovenwälder u. a. zur Bauholz-, Baulandgewinnung ähnliche Negativwirkungen.

Die Elektroenergie- und Trinkwasserversorgung ist jedoch in städt. Regionen deutlich besser und gesicherter als in ländl. Angesichts der zunehmenden Brennholz- und Süßwasserkrise wird so für Zuwanderer aus ariden Regionen die Attraktivität der Städte erhöht.

VI. Urbanisierung und Wirtschaftswachstum. I. Allg. besteht zwischen Urbanisierungsgrad und wirtsch. Entwicklung ein enger Zusammenhang. Stark urbanisierte Gesellschaften erreichen i.d.R. ein hohes Pro-Kopf-Einkommen. In Afrika ist der Zusammenhang zwischen Urbanisierungsgrad und BIP pro Kopf allerdings nur schwach ausgebildet, wenngleich die Länder mit dem geringsten Pro-Kopf-Einkommen auch die geringste U. aufweisen (z. B. Äthiopien, Burundi, Ruanda, Uganda: U. unter 20%; BIP pro Kopf unter 600 US$). Länder mit dem stärksten Urbanisierungsgrad haben jedoch auch nur ein geringes bis mittleres BIP pro Kopf (z. B. Ägypten, Elfenbeinküste, Botsuana, Mauritius: U. 30–75%; BIP pro Kopf 500–2.800 US$), Länder mit mittlerem Urbanisierungsgrad (um die 50%) wie Gabun und die Seychellen aber ein BIP pro Kopf von bis zu 4.500 US$. Eine wesentlich von exogenen Kräften initiierte U. kann also auch Indikator wachsender Unterentwicklung und Verelendung großer Bevölkerungsteile sein. Städte können zudem als parasitäre Elemente gesehen werden, die auf Kosten der ländl. Bevölkerungsmehrheit leben, weil die Regierungen v. a. die Hauptstädte auf vielfältige Weise (u. a. vorrangiger Ausbau von Infrastrukturen) privilegieren. Die Land-Bev. alimentiert nach dieser sog. *Urban-Bias*-These die Städte und erhöht indirekt deren Attraktivität für Zuwanderer. Dem steht gegenüber, dass der Anteil der Städte an der Erstellung des BSP ein- bis zweimal höher liegt als ihr Anteil an der jeweiligen Bev. Die Städte erwirtschaften meist ca. 45–50% des »offiziellen« BSP. Unberücksichtigt bleibt dabei, dass v. a. in den armen Ländern ein beachtlicher Anteil der Güter außerhalb des formellen Wirtschaftskreislaufs auf dem Land im Rahmen der Subsistenzwirtschaft erstellt wird. Wenn auch die wirtsch. Bedeutung der Städte in dieser Hinsicht überschätzt wird, sind sie doch wesentliche Elemente ökonom. Wachstums, und U. ist eine Voraussetzung wirtsch. Entwicklung. Für das Wirtschaftswachstum langfristig entscheidende Branchen wie der Dienstleistungssektor, aber auch die Industrie finden günstige Standortbedingungen nur in Städten. Hier können aufgrund vielfältiger Agglomerationsvorteile höhere Produktivitätssteigerungen sowie größere volks- und betriebswirtsch. Kostenersparnisse erzielt werden als auf dem Land. Die Drosselung der U. ist jedoch geboten, um die mit dem rasanten Städtewachstum verknüpften Probleme lösen zu können. Die verstärkte Förderung ländl. Regionen sowie der Abbau bisheriger städt. Privilegien sind hierfür zentrale Voraussetzungen, die in vielen Ländern seit einigen Jahren im Rahmen der Strukturanpassung verfolgt werden. Auch über die Förderung ↗ ländl. Entwicklung wird versucht, die U. zu verlangsamen. V. a. gilt es, über den Ausbau eines Systems von Städten unterschiedlicher Größe die bisher oft auf nur eine Stadt konzentrierte U. und damit die Entstehung weiterer Megastädte zu verhindern. ↗ Landesentwicklung, ↗ Sozialstruktur.

📖 J. Baker/P. O. Pedersen (Hg.), The Rural-Urban Interface in Africa, Uppsala 1992. – A. Krammer, Über die Verstädterung im trop. Afrika und ihre kulturellen Grundlagen, Saarbrücken 1998. – P. Feldbauer (Hg.), Mega-Cities. Die Metropolen des Südens zwischen Globalisierung und Fragmentierung, Frankfurt/M. 1997. – J. D. Tarver (Hg.), Urbanization in Africa. A Handbook, Westport/London 1994.

Karl Vorlaufer

Verhütung. In weiten Teilen Afrikas sind große Familien nach wie vor die Norm, doch bekommen auch afrik. Frauen heute weniger Kinder als früher. Die Fruchtbarkeitsrate, d. h. die Zahl der Kinder, die eine Frau durchschnittl. in ihrem

Leben zur Welt bringt, ging in Nordafrika von 7,1 Kindern 1960 auf 3,7 im Jahr 1999, im subsahar. Afrika von 6,7 Kindern auf 5,4 zurück (↗ Bevölkerung). Dieser Rückgang ist größtenteils auf die Anwendung von Verhütungsmethoden zurückzuführen. Insges. stieg der Anteil der Frauen zwischen 15 und 49 Jahren, die oder deren Partner eine Form der V. nutzen, in den 1990er Jahren in Afrika auf 20% (70% in den Industrienationen), wobei es allerdings erhebliche Unterschiede zwischen den Ländern gibt: von 6% in Nigeria über 33% in Kenia bis zu 48% in Simbabwe. Verhütungsmethoden werden insbes. im städt. Milieu und von Frauen mit längerer Schulbildung genutzt.

Überwiegend wird mit reversiblen Methoden verhütet; Verhütung ist i.d.R. Sache der ↗ Frauen. Repräsentative Untersuchungen zum kontrazeptiven Verhalten allein stehender Frauen gibt es bislang nicht; was Paare anbetrifft, so erklärten bei Befragungen etwa ein Drittel derjenigen, die Verhütungsmittel anwenden, traditionelle Methoden (Coitus Interruptus, periodische Abstinenz u. a.) zu nutzen. Von den verheirateten Frauen, die verhüten, nutzen 27% die Pille und 17% die Dreimonatsspritze. Kondome finden bei der Verhütung kaum Beachtung, während sie als Aids-Prävention (↗ Aids) zunehmend akzeptiert werden. Sexuelle Abstinenz von bis zu zwei Jahren nach Geburt und Stillen tragen v. a. in West- und Zentralafrika zur Verlängerung der Geburtenabstände bei (↗ Schwangerschaft und Geburtshilfe). Diese Praktiken treten allerdings mit zunehmender ↗ Urbanisierung und »Modernisierung« in den Hintergrund.

Der Anteil von Frauen, die in den zwei Jahren nach der Geburt nicht schwanger werden oder gar kein Kind mehr haben wollen, aber keine Verhütungsmittel nutzen, ist im subsahar. Afrika sehr hoch. Als Begründung, warum Paare keine Verhütungsmittel anwenden, werden relig. Motive genannt (obwohl nur der Katholizismus die Nutzung reversibler Verhütungsmethoden verbietet), die Ablehnung von Familienplanung durch den Partner (i.d.R. den Mann), Mangel an Information, Angst vor Nebenwirkungen (Sterilität) sowie fehlender Zugang zu Familienplanungseinrichtungen. 77% der Frauen kennen mindestens eine Verhütungsmethode; sehr viel weniger sind jedoch über die ganze Methodenpalette, ihre Wirkungsweise und mögliche Nebenwirkungen informiert und wissen, wo die Mittel erhältlich sind. Kulturelle Schranken, der für viele Frauen schwierige geogr. Zugang zu Gesundheitsdiensten und deren unzureichende Qualität beeinträchtigen einen breiteren Gebrauch von Verhütungsmitteln. Gesetzliche Einschränkungen – wie z. B. die erforderliche Zustimmung des Partners oder Alterseinschränkungen – wurden weitgehend abgeschafft, doch bleibt die Ausgabe von Verhütungsmitteln, selbst Kondomen, an unverheiratete Jugendliche aufgrund fehlender Information des Gesundheitspersonals und mangelnder gesellsch. Akzeptanz kontrovers, obwohl bei jungen Mädchen und Frauen im Alter von 15 bis 19 Jahren unerwünschte Schwangerschaften häufig vorkommen. Angesichts der überdurchschnittl. hohen Aids-Infektionsrate gerade bei Jugendlichen, zunehmender öffentl. Diskussion dieser Problematik und wachsender Sensibilität der Betroffenen zeichnet sich hier allerdings ein Wandel ab. ↗ Abtreibung, ↗ Gesundheitsversorgung.

📖 D. Kirk/B. Pillet, Fertility Levels, Trends, and Differentials in Sub-Saharan Africa in the 1980s and 1990s. In: Studies in Family Planning 29 (1998). – J. Rosen/S. Conly, Africa's Population Challenge: Accelerating Progress in Reproductive Health, Washington 1998. – www.who.int – www.unfpa.org

Cordula Schümer

Verschuldung, Folge einer Entwicklungsstrategie, nach der durch Kreditaufnahme finanzierte Investitionen einen Wirtschaftsaufschwung herbeiführen sollen, die beabsichtigte Wirkung jedoch nicht eintritt und die Kredite nicht zurückgezahlt werden können.

I. Rahmenbedingungen. Die Grundlage wirtsch. Wachstums bilden volkswirtsch. Ersparnisse, wenn sie (1) vorhanden sind und (2) in produktive Investitionen umgelenkt werden können, deren Erträge über dem nat. Zinsniveau liegen. In Ländern mit nur geringer Ersparnisbildung, was typisch ist für die meisten subsahar. Staaten, erweitern Auslandskredite den volkswirtsch. Investitionsspielraum. Insofern wird die Kreditaufnahme als legitimer Bestandteil der Entwicklungspolitik gesehen. Zudem die Risiken der Kreditfinanzierung bei Beachtung folgender drei Kriterien kontrolliert werden können: (1) Transformationskriterium: Auslandskredite müssen in Ertrag bringende Inlandsinvestitionen umgewandelt werden; (2) Effizienzkriterium: Kreditfinanzierte Investitionen müssen eine Mindestrentabilität aufweisen, die gleich dem zu zahlenden Realzins oder größer ist, damit der Schuldendienst sich selbst finanziert; (3)Transferkriterium: Wenn der Schuldendienst in Devisen zu leisten ist, sollten mit den Krediten nur

Investitionen finanziert werden, die entweder für den Weltmarkt konkurrenzfähige Produkte herstellen (und damit Devisen erwirtschaften), oder aber Produkte herstellen, die bislang importiert wurden (Deviseneinsparung durch Substitution). Diese Voraussetzungen werden nicht immer ausreichend beachtet. Im Gegenteil nimmt die V. Afrikas insbes. im Hinblick auf die Auslandsschulden weiterhin stark zu und erreicht für einzelne Staaten besorgniserregende Dimensionen.

II. Ursachen und Entwicklung. Neben dem Problem der Inlands-V., das meist durch defizitäre Haushaltspolitik entsteht und durch inflationsanheizende Vermehrung der Geldmengen die wirtsch. Entwicklung lähmt, bindet v. a. die Bedienung der Auslandsschulden zunehmend nat. Ressourcen und verursacht gravierende Engpässe bis hin zur Zahlungsunfähigkeit des Staates.

II.1. Externe Ursachen. Hauptauslöser der Verschuldungskrise waren die Ölpreisschocks von 1973/74 und 1979/80. Bei der ersten Krise stieg der Ölpreis von drei auf elf US$/Barrel. Um die zusätzlichen Kosten zu finanzieren, mussten die Öl importierenden Entwicklungsländer entweder den Binnenkonsum oder die Investitionen reduzieren bzw. zusätzliche, infolge der Petrodollars leicht verfügbare Kredite aufnehmen. Ein Großteil der Entwicklungsländer griff – meist zu variablen Zinssätzen – auf Auslandskredite zurück. Ebenso 1979/80, als die Aufnahme ausl. Kredite vieler nicht Erdöl exportierender Staaten in eine schwere Verschuldungskrise führte, da die Industrieländer aufgrund des zweiten Ölpreisschocks eine Politik des sog. knappen Geldes betrieben, die die Zinssätze nach oben trieb. Realzinsen von zeitweise 10–20% waren keine Ausnahmen, wodurch die Zinslast der Entwicklungsländer dramatisch anstieg. Dazu kam ein steigender Dollarkurs, da die Kredite meist in US$ aufgenommen wurden. So entstand 1982 die erste sog. Verschuldungskrise, die v. a. durch die schwierige Lage Lateinamerikas in den Blickpunkt der Öffentlichkeit geriet und dazu führte, dass sich die Geschäftsbanken aus der Neuvergabe von Auslandskrediten zurückzogen, wodurch der Nettokapitaltransfer rückläufig wurde. Die Möglichkeit, durch zusätzliche Exporte Einnahmesteigerungen zu erzielen, wurde durch die Wachstumsschwäche der Weltwirtschaft von 1979 bis 1983 begrenzt. Recyclingverfahren, Rohstoff sparender techn. Fortschritt und ein zunehmend breiteres Rohstoffangebot führten zu einem Rohstoffpreisverfall. Durch die negative Entwicklung der *Terms of Trade* mussten die Entwicklungsländer wesentlich mehr exportieren, um die gleiche Menge importieren zu können, was aufgrund des Protektionismus in den Industrieländern gegenüber Produkten aus den Entwicklungsländern schwieriger wurde. Hinzu kam, dass der Absatz hoch subventionierter Agrarexporte der EU in Afrika die Absatzchancen der lokalen Produktion zerstörte, wodurch es zu weiteren Einnahmeminderungen kam, die den Schuldendienst erschwerten. Die Kreditnehmer wurden häufig nicht sorgfältig beraten oder geprüft, da einmal die Staatsgarantien und zum anderen die Sicherheitsgarantien der Exportländer (wie z. B. die dt. Hermesdeckung) aus Sicht der Banken ausreichend Gewähr für Sicherheit boten.

II.2. Interne Ursachen. Neben externen gibt es auch eine Reihe interner Faktoren, die zur Verschuldungskrise vieler Staaten beigetragen haben: Ein großer Teil der Finanzierungsmittel wurde nicht für produktive Investitionen genutzt, aus deren Erträgen die fälligen Zins- und Tilgungszahlungen hätten bedient werden können. Stattdessen absorbierten Luxuskonsum, Prestigeobjekte sowie kapitalintensive unrentable Großprojekte bis zu 70% der aufgenommenen Mittel. Zusätzlich ergab sich das Problem der Fristen, d. h. kurzfristige Kredite wurden für langfristig wirksame Investitionen benutzt, deren Erträge erst wesentlich später anfielen als die durch die Laufzeit der Kredite festgelegten Rückzahlungen. Viele Länder versäumten eine angemessene Gestaltung der makroökonom. Rahmenbedingungen, wodurch das Risiko für Investitionen und für Wirtschaftswachstum stieg. Typische Strukturschwächen waren künstlich überhöhte Wechselkurse, wodurch die Importe verbilligt und die Exporte verteuert wurden. An Monostrukturen des Exports wurde festgehalten und die Agrarentwicklung und insbes. die eigenständige Ernährungssicherung vernachlässigt (z. B. Weizenimporte).

Ineffiziente Personal- und Ausgabenstrukturen (Rüstungs- und Sicherheitsausgaben) produzierten chronische Haushaltsdefizite und speisten so die Inflation. Ein desolates Schuldenmanagement, bei dem die Höhe der V. den Entscheidungsträgern nicht bekannt ist, unzureichende Kontrollen (Meldepflicht etc.), fehlendes Verantwortungsbewusstsein der Funktionäre und unzureichende Kontrollen der Mittelverwendung, ineffiziente staatl. Unternehmertätigkeit, ↗ Korruption und verkrustete bürokratische Strukturen lähmten die Wirtschaft. Dies steht auch in

Zusammenhang mit fehlender Öffentlichkeit und Kontrolle. Das mangelnde Vertrauen in die pol. und wirtsch. Zukunft des eigenen Landes oder auch der eigenen Person führt häufig zu privaten Kapitalabflüssen ins Ausland. Zuverlässige Statistiken sind nicht verfügbar, aber Schätzungen des IWF nehmen eine insges. etwa der Verschuldungshöhe entsprechende Kapitalflucht an. So könnte das Auslandsvermögen des ehem. Präsidenten Mobutu (Zaire, heute Demokrat. Rep. Kongo) wahrscheinlich die Schulden seines Landes ausgleichen.

Ausmaß und Grad der V. variieren von Land zu Land, und auch wenn Afrika in absoluten Zahlen gesehen nicht zu den größten Schuldnern gehört, so sind doch die Auswirkungen der V. insbes. in den ärmeren Sahelstaaten gravierend.

III. Strategien und Handlungsoptionen. Von entscheidender Bedeutung für die zu wählenden Strategien ist die Einschätzung der Verschuldungsproblematik: Entweder handelt es sich um kurzfristige Liquiditätskrisen (Option: Umschuldungen) oder längerfristige Insolvenzkrisen (Option: Schuldenerlass und Sanierung). Umschuldungen können immer dann sinnvoll sein, wenn die Hoffnung besteht, dass das Land mittel- bis langfristig seine wirtsch. Stabilität zurückgewinnen kann. Erste Zahlungsunfähigkeiten, wie z. B. in Ghana 1966, wurden im Rahmen von Umschuldungen geregelt. Heute werden teilweise durch konzertierte Aktionen der Gläubiger- und Schuldnerländer, des IWF und der BIZ (Bank für Internat. Zahlungsausgleich) umfangreiche Umschuldungsmaßnahmen eingeleitet. Dadurch können die fälligen Tilgungen zeitlich gestreckt und durch die Gewährung neuer Kredite laufende Zinszahlungen geleistet werden. Im Rahmen des Pariser Clubs wird die Umschuldung der öffentl. Kredite organisiert, wodurch der private Sektor wichtige Impulse bzw. Vorgaben erhält. Zwar führen die Umschuldungen zur Beseitigung von Liquiditätsengpässen, die langfristigen Ursachen der V. werden jedoch nicht thematisiert. Ziel ist die volle Rückzahlung zu veränderten Konditionen. Die Überwindung akuter Zahlungskrisen steht im Vordergrund, da man einen internat. Finanzkollaps befürchtet.

Von 1983–85 wurden die kurzfristigen Überbrückungskredite durch Beistandskredite des IWF abgelöst. Diese Kredite waren mit einschneidenden wirtschaftspol. Auflagen verbunden, die die Voraussetzung bildeten für die Bereitschaft der Geschäftsbanken, parallel zu den Umschuldungsverhandlungen neue Kredite zur Verfügung zu stellen. Dabei handelte es sich meist um Maßnahmen zur Verminderung des öffentl. Haushaltsdefizits, zur Inflationsbekämpfung, zur Förderung produktiver Investitionen, zur Reduzierung konsumptiver Ausgaben, zur Schaffung positiver Realzinssätze (Ersparnisbildung), zur Förderung marktorientierter Wechselkurs- und Preispolitik, Liberalisierung des Außenhandels und zur Förderung von ausl. Investitionen.

Diese makroökonom. sinnvollen Maßnahmen hatten zum Teil negative Konsequenzen, insbes. für ärmere Bevölkerungsschichten: Der Staat nahm die geforderten Kürzungen häufig im Gesundheits- und Bildungsbereich vor (↗ Gesundheitsversorgung, ↗ Bildungswesen). Bes. hart waren die Streichung der Nahrungsmittelsubventionen sowie der Personalabbau in der Verwaltung. Die Freigabe der Preise für lokale Nahrungsmittel führte zu städt. Preissteigerungen. Neben der unzureichenden Sozialverträglichkeit wurden die Programme auch wegen ihrer ausgesprochenen Zahlungsbilanzorientierung, der Überschätzung der Steuerungskapazitäten des Staates und der zu kurzen Anpassungsfristen kritisiert. Es zeigte sich, dass hinter dem Problem der Zahlungsbilanzkrise Probleme struktureller Art standen, die kurzfristig nicht zu lösen waren.

Typische Ansatzpunkte der Weltbankprogramme sind: (1) die Handelspolitik: Exportförderung, institutionelle Hilfen, Importliberalisierung, Wechselkursanpassung; (2) die Verbesserung des Managements im öffentl. Sektor; (3) die techn. Hilfe zur Trägerförderung sowie (4) die Förderung der Privatwirtschaftsentwicklung. Dieser Ansatz ist als techn. Rehabilitierungsstrategie mit ausgesprochener Exportorientierung ohne ein eigentliches Entwicklungskonzept kritisiert worden. Die von Weltbank und IWF ins Leben gerufene Schuldenerlassinitiative für die HIPC-Länder (*Highly Indebted Poor Countries*) verfolgt das Grundprinzip von Schuldenerleichterung gegen Reformen, wobei erstmals auch der Einschluss multilateraler Schulden erfolgt. Ziel ist eine langfristig tragfähige Schuldendienstbelastung (Zinszahlungen plus Tilgungen) der Länder. Der G 7-Gipfel 1999 in Köln beschloss eine Reform der HIPC-Initiative, die mehr Länder einschließen soll. Bis Ende 2000 waren folgende afrik. HIPC-Länder in die Initiative aufgenommen worden: Benin, Burkina Faso, Gambia, Guinea, Guinea-Bissau, Kamerun, Madagaskar, Malawi, Mali, Mauretanien, Mosambik, Niger, Ruanda, São Tomé und Príncipe, Sambia, Senegal, Tansania, Tschad und Uganda.

Nur nachhaltige gesellsch. Reformen können bei gleichzeitigem Schuldenerlass helfen, den hochverschuldeten Ländern eine gangbare Perspektive zu eröffnen. Im Einzelfall besteht jedoch das Risiko, dass Einsparungen durch Schuldenerlasse nicht zur Armutsbekämpfung genutzt und die notwendigen Strukturreformen (↗ Strukturanpassung) nur halbherzig umgesetzt werden. Neben den erwähnten externen Ursachen sind es v.a. die internen institutionellen Strukturen der Länder, die einer nachhaltigen Reform unterzogen werden müssen, um die Armuts- und Verschuldungsfalle zumindest mittel- bis langfristig überwinden zu können. ↗ Außenwirtschaft, ↗ Finanz- und Währungspolitik, ↗ Finanzsektor, ↗ Lomé-Abkommen.

🕮 Herausforderung Schuldenkrise, München 2000. – E. Toussaint, Profit oder Leben. Neoliberale Offensive oder internationale Schuldenkrise, Köln 2000. – www.imf.org

Walter Thomi

Verstädterung ↗ Urbanisierung

Verwaltung ↗ Öffentliche Verwaltung

Verwandtschaft, System sozialer Beziehungen aufgrund von Abstammung und Heirat. Afrika weist einen großen Reichtum an Verwandtschaftssystemen auf – im Gegensatz zu Europa, wo zwar auch heute noch Grundbesitz und Industriekapital durch Erbe und Heirat transferiert werden, wesentliche Funktionen von V. wie Rache oder Altersversorgung aber von staatl. Institutionen (Polizei, Militär, Rechtswesen, Wohlfahrt, Versicherungen) übernommen worden sind und z.B. zwischen den Kindern der Brüder und Schwestern des Vaters und der Mutter – den Vettern und Kusinen – nicht mehr terminologisch unterschieden wird.

In Afrika hat V. nicht an Bedeutung verloren, vielmehr bieten staatl. Institutionen neue Arenen der Betätigung auch verwandtschafts-basierter Netzwerke (↗ Neopatrimonialismus). V. ist als Medium sozialer Bindungen und Strukturierungen so vorherrschend, dass auch Vergemeinschaftungen, die auf anderen Prinzipien beruhen (Lokalität, Kooperation), dazu tendieren, in verwandtschaftlichen Begriffen beschrieben zu werden. Die Formen der Abstammung und damit zusammenhängend der Weitergabe von Gütern und Zugehörigkeiten prägen die soziale Organisation einer Gesellschaft und umgekehrt (größere Abstammungsgruppen, ↗ Klan und Lineage).

Die Weitergabe einer Zugehörigkeit kann patrilinear sein, d.h. vom Vater an Kinder beiderlei Geschlechts, weiter aber nur durch Söhne, matrilinear, d.h. von der Mutter an Kinder beiderlei Geschlechts, weiter aber nur durch Töchter, wobei an das männl. Geschlecht gebundene Ämter und Funktionen von einem Mann an den Sohn seiner Schwester (SwSo) übertragen werden, oder kognatisch, d.h. von beiden Eltern und ihren Herkunftsfamilien an Kinder beiderlei Geschlechts. Aufgrund der einen oder anderen Art der Weitergabe von einer patri- bzw. matrilinearen Gesellschaft zu sprechen, ist ungenau, denn diese Linearitäten sind Merkmale von Deszendenz- und Erbregelungen, nicht von ganzen Gesellschaften. Gibt es mehrfache Gruppenzugehörigkeiten, von denen die eine patrilinear, die andere matrilinear weitergegeben wird, spricht man von doppelt-unilinearer Abstammung. In einem solchen System wird also die Abstammung vom Vater zum Vater des Vaters verfolgt, von der Mutter entsprechend zur MuMu, während die Beziehung zu den anderen beiden Großelternteilen (VaMu und MuVa) keine Gruppenzugehörigkeit bestimmt und als weniger eng empfunden wird. In einem kognatischen System dagegen gebührt allen vier Großeltern annähernd die gleiche kulturelle Aufmerksamkeit.

Gleichsetzungen von Patrilinearität und Patriarchat sowie ↗ Matrilinearität und Matriarchat sind veraltet und entsprechen nicht den Gegebenheiten. Die Sichtweise von patrilinearen Abstammungsgruppen als Gruppen von Männern, die untereinander zum Zweck der Heirat Frauen tauschen, trägt den wirklichen Entscheidungsstrukturen nicht Rechnung, da die Rolle der weiblichen Akteure beim Zustandekommen solcher Verbindungen vernachlässigt wird (↗ Heiratsordnungen). Andererseits stärkt Matrilinearität nicht automatisch die Position der ↗ Frauen. Nur wenn Matrilinearität und Matrilokalität zusammenfallen, also Landeigentum von Frauen an Frauen weitergegeben wird und sich so zusammen siedelnde Gruppen miteinander verwandter Frauen bilden, deren Ehemänner von außen hinzukommen, kann sich die Balance von Macht und Einfluss zugunsten der Frauen verschieben. Wo Rechte zwar durch Frauen, aber nicht an Frauen weitergegeben werden, ist dies nicht der Fall. Werden Landrechte matrilinear von einem Mann an seinen SwSo vererbt, so dass ein junges Paar zum MuBr des Bräutigams zieht (Avunkulokalität), haben Frauen keinerlei Vorteil gegenüber einem patrilinearen Arrangement.

Sich die Verbreitung von Linearitätsformen in Afrika anzusehen, kann also nur als grobe Orientierung dienen; den Komplexitäten der ethnographischen Realität wird dadurch nicht Rechnung getragen. Quer durch das südl. Afrika, vom südl. Kongogebiet und Angola bis an die Küsten des Ind. Ozeans nördl. des Sambesi erstreckt sich ein breiter matrilinearer Gürtel, an dessen Rändern auch doppelt-unilineare und kognatische Systeme vorkommen. Ansonsten gibt es matrilineare Inseln in Westafrika, bei den Akan in und um Ghana, bei den Tuareg in der Sahara und in kleinteiliger, breiter Streuung im übrigen Afrika. In den Regionen nördl. und südl. des matrilinearen Gürtels ist meist Patrilinearität vorherrscht.

Für alle Behauptungen eines engen Zusammenhangs zwischen Abstammungsrechnungen und Verwandtschaftsterminologien finden sich Gegenbeispiele. Trotzdem lassen sich einige typische Entsprechungen feststellen. Im nördl. Afrika gibt es häufig Bezeichnungssysteme für Verwandte, die den ethnolog. Wortzusammmensetzungen entsprechen und die einzelnen Verwandtschaftstypen genau unterscheiden. Wenn z. B. der Mutterbrudersohn (MuBrSo) in einer Weise bezeichnet wird, die die einzelnen Elemente (Mu, Br, So) erkennen lässt, und wenn dieser Typ von Wortbildung in der betreffenden Verwandtschaftsterminologie vorherrscht, spricht man von einer deskriptiven Terminologie. Existiert ein gesonderter Terminus für jeden Verwandtschaftstypus, sind diese Bezeichnungen aber nicht in der erwähnten Weise zusammengesetzt und analysierbar, so handelt es sich um eine Terminologie vom sog. Sudan-Typ. Deskriptive und Sudan-Terminologien finden sich häufig in Kulturen, die durch patrilineare Abstammungsgruppen, insbes. in ↗ segmentären Gesellschaften, geprägt sind. Dem patrilinearen Klangedanken entspricht in vielleicht noch reinerer Form das sog. Omaha-System, das eigentümliche Spiegelungen zwischen den Bez. für die Klanangehörigen der Mutter und für die Kinder der eigenen (wirklichen oder Klan-) Schwester aufweist. Diese beiden Kategorien von Verwandten haben miteinander gemein, dass die SwKi zu Ego stehen wie dieser zu seinem MuBr. Auch setzt das Omaha-System Mitglieder des eigenen Patriklans in der eigenen Generation Brüdern und Schwestern gleich oder unterscheidet sie zumindest von allen anderen Vettern und Kusinen. Eine Terminologie, die sich von allen anderen in der Verwandtschaftsethnologie etablierten Typen unterscheidet, ist die der Boran (Äthiopien), die die VaBrKi den eigenen Geschwistern gleichsetzen und alle anderen Vettern und Kusinen mit einer anderen, untereinander aber gleichen Bezeichnung (also sozusagen als Vettern bzw. Kusinen) bezeichnen. Auch hier kommt zum Ausdruck, dass Verwandtschaftssysteme nicht nur als Beziehungsnetz zwischen Individuen gesehen werden sollten, sondern auch im Lichte der vorherrschenden Gruppenstrukturen. ↗ Brautpreis, ↗ Familie, ↗ Familien- und Erbrecht, ↗ Islam. Familien- und Erbrecht, ↗ Patrilokalität, ↗ Scherzverwandtschaft.

📖 A. Kuper, Wives for Cattle: Bridewealth and Marriage in Southern Africa, London 1982. – R. Parkin, Kinship: An Introduction to Basic Concepts, Oxford 1997. – G. Schlee, Kuschitische Verwandtschaftssysteme in vergl. Perspektiven. In: T. Geider/R. Kastenholz (Hg.), Sprachen und Spracherzeugnisse in Afrika, Köln 1994.

Günther Schlee

Währungspolitik ↗ Finanz- und Währungspolitik

Wald ↗ Entwaldung, ↗ Forst- und Holzwirtschaft, ↗ Ökozonen, ↗ Regenwald/Regenwaldzerstörung

Warlords ↗ Rebellenbewegungen

Weltwirtschaft ↗ Neue Weltwirtschaftsordnung

Wind des Wandels/*Wind of change*, ein geflügeltes Wort, das die Entkolonialisierungswelle (↗ Entkolonialisierung) auf dem afrik. Kontinent von den späten 1950er bis in die frühen 1960er Jahre symbolisch umschreibt und von H. Macmillan, dem damaligen Premierminister Großbritanniens, stammt. Macmillan verwendete es 1960 in Südafrika in einer viel beachteten Rede, in der er die Phase des Umbruchs als »der heiße Wind der Freiheit, der über Afrika weht« bezeichnete und die weiße Regierung am Kap damit indirekt aufforderte, mit der Zeit zu gehen und auch in Südafrika den Weg einer demokrat. Mehrheitsregierung einzuschlagen. Die weiße Regierung hielt aber an ihrer Politik der ↗ Apartheid fest und entschloss sich, Südafrika von einer konstitutionellen Monarchie (mit der brit. Königin als Staatsoberhaupt) in eine Republik umzuwandeln und aus dem ↗ *Commonwealth* auszutreten. – Ende der 1980er Jahre wurde das Wort vom W.d.W. reaktiviert, um den – teils als zweite Befreiung, teils als zweite Demokratisierung apostrophierten – Prozess pol. Wandels zu charakterisieren, der mit dem Zusammenbruch des Sozialismus und Ende des Kalten Krieges Afrika erfasste und Anfang der 1990er Jahre in vielen Ländern zur Ablösung von ↗ autoritären Regimen und ↗ Einparteisystemen durch Mehrparteiendemokratien führte.

Henning Melber

Wissenschaft ↗ Forschung und Wissenschaft

Zentralismus ↗ Öffentliche Verwaltung

Zivilgesellschaft ↗ Gesellschaft

Zivilisatorische Mission ist eine schönfärberische Umschreibung von Eroberungsstrategien, mit denen die kolonialen Sendboten Europas (Missionare, Forschungsreisende, Händler und andere Abenteurer) sowie in der Folge auch die direkten Vertreter der Kolonialmächte (Beamte und Militärs) Afrika zu unterwerfen trachteten. Sie begriffen sich als Träger einer allein gültigen Definition von Kultur und Fortschritt, die anderen Menschen und deren lebensweltlicher Orientierung aufoktroyiert wurde. Zu den wesentlichen Bestandteilen des europ. Zivilisationsgedankens gehörte die Einführung von Waren- und Geldwirtschaft, Lohnarbeit, damit einhergehender kapitalistischer Arbeitstugenden und christl. Religion. Die »Eingeborenen« sollten erzogen und dadurch zivilisiert werden, notfalls mit Gewalt.

Die z.M. entsprang der Philosophie der Aufklärung, deren neuzeitl. Rationalitätsgedanke ein lineares Fortschrittsmodell kultureller Entwicklung postulierte und mit pseudowiss. Erklärungsansätzen verbrämte. Ihr wohnte eine rassistische Grundhaltung inne, die mehr als ein paternalistisches Verständnis für fremde Kulturen (wie z.B. in der idealistischen Verklärung des edlen Wilden) nicht zuließ. Von dieser eurozentrischen Sichtweise abweichende Werte und Normen wurden nicht als gleichwertig akzeptiert. Dabei ist der Nachweis schwierig, in welchen Fällen die Verfechter der z.M. sich einer Rechtfertigungsstrategie bedienten, deren Legitimationscharakter für die in ihrem Namen begangenen Gräuel und Untaten ihnen bewusst war. Jedenfalls erforderte die »Zivilisierung der kolonialen Mündel« einen hohen Preis unter den Opfern, die bei Verweigerung und Widerstand z.T. physisch und psychisch vernichtet wurden. Die z.M. erwies sich für sie somit als Unterwerfung unter fremdbestimmte Verhältnisse und Beraubung der eigenen Identität.

🕮 U. Bitterli, Die »Wilden« und die »Zivilisierten«. Grundzüge einer Geistes- und Kulturgeschichte der europ.-überseeischen Begegnung, 2. Aufl., München 1991. – H. Melber, Der Weissheit letzter Schluss. Rassismus und kolonialer Blick, Frankfurt/Main 1992.

Henning Melber

Artikelverzeichnis

Sämtliche Querverweise des großen Lexikons sind beibehalten worden, auch wenn die entsprechenden Artikel nicht in diesem Auswahlband enthalten sind. Bitte konsultieren Sie in solchen Fällen das große Afrikalexikon (eine Artikelliste dieses Lexikons findet sich unter: www.metzlerverlag.de).

Verzeichnis der Autorinnen und Autoren

Alber, Erdmute, Freie Universität Berlin
Amin, Samir, Forum du Tiers Monde, Dakar, Senegal
Ansprenger, Franz, Berlin
Bass, Hans H., Universität Bremen
Baum, Eckhart, Universität Gesamthochschule Kassel, Witzenhausen
Beck, Kurt, Universität München
Benedek, Wolfgang, Universität Graz
Bidima, Jean Godefroy, Collège de France, Paris
Bliss, Frank, Remagen
Caglar, Ayse, Freie Universität Berlin
Collet, Giancarlo, Universität Münster
Debiel, Tobias, Stiftung Entwicklung und Frieden, Bonn
Elwert, Georg, Freie Universität Berlin
Elwert-Kretschmer, Karola, Berlin
Emminghaus, Christoph, Universität Hamburg
Falola, Toyin, University of Texas, Austin, Texas, USA
Fiedler, Klaus, University of Malawi, Zomba, Malawi
Fleßa, Steffen, Evangelische Fachhochschule, Nürnberg
Gärtner, Susanne, Universität Gießen
Geiss, Imanuel, Universität Bremen
Göttke, Line, Berlin
Grohs, Gerhard, München
Herrmann, Roland, Universität Gießen
Hock, Klaus, Universität Rostock
Hofmeier, Rolf, Institut für Afrika-Kunde, Hamburg
Illy, Hans F., Arnold-Bergstraesser-Institut, Freiburg
Jakobeit, Cord, Institut für Afrika-Kunde, Hamburg; Universität Hamburg
Kappel, Robert, Universität Leipzig
Körner, Peter, Norderstedt
Krause, Rüdiger, Universität Gesamthochschule Kassel, Witzenhausen
Krings, Thomas, Universität Freiburg
Küper, Wolfgang, Eschborn
Lentz, Carola, Universität Frankfurt/M.
Luig, Ute, Freie Universtät Berlin
Mabe, Jacob E., Freie Universität, Humboldt-Universität, Berlin
Melber, Henning, The Nordic Africa Institute, Uppsala, Schweden
Menck, Karl, HWWA Institut für Wirtschaftsforschung, Hamburg
Meyns, Peter, Universität Duisburg
Neubert, Dieter, Universität Bayreuth
Nord, Antonie, Institut für Afrika-Kunde, Hamburg
Oppen, Achim von, Zentrum Moderner Orient, Berlin
Osswald, Klaus-Dieter, Pädagogische Hochschule Freiburg
Probst, Peter, Iwalewa-Haus, Universität Bayreuth
Randrianja, Solofo, Université de Tamatave, Tamatave, Madagaskar
Rebstock, Ulrich, Universität Freiburg
Richter, Roland, München
Ritz-Müller, Ute, Kelsterbach
Rwegera, Damien, UNAIDS, Abidjan, Elfenbeinküste
Schamp, Eike W., Universität Frankfurt/M.
Schlee, Günther, Max-Planck-Institut für ethnologische Forschung, Halle/S.
Schröder, Jobst-Michael, Bundesforschungsanstalt für Forst- u. Holzwirtschaft, Hamburg
Schümer, Cordula, Frankfurt/M.
Sippel, Harald, Universität Bayreuth
Tambwe, Eddie Kitenge bin Kitoko, Annières, Frankreich
Tetzlaff, Rainer, Universität Hamburg
Thomi, Walter, Universität Halle
Triebel, Johannes, Neuendettelsau
Vorlaufer, Karl, Universität Düsseldorf
Wanitzek, Ulrike, Universität Bayreuth
Wauschkuhn, Markus, Universität Bremen
Werthmann, Katja, Universität Frankfurt/M.
Willer, Heidi, Universität Bayreuth
Wohlmuth, Karl, Universität Bremen
Zdunnek, Gabriele, Berlin
Zitelmann, Thomas, Zentrum Moderner Orient, Berlin

20°
10°West
0°
10°Ost
20°
30°
40°
50°
60°
40°
Kap Verde
MAROKKO
TUNESIEN
30°Nord
Kanar.
Inseln
23,5°
1
ALGERIEN
LIBYEN
ÄGYPTEN
23,5°
20°
MAURETANIEN
MALI
NIGER
TSCHAD
ERITREA
SUDAN
2
3
4
GUINEA
BURKINA
FASO
BENIN
NIGERIA
Sokotra
9
10°
5
ELFEN-
BEIN-
KÜSTE
GHANA
7
6
ZENTRALAFR.
REP.
ÄTHIOPIEN
KAMERUN
Bioko
8
Príncipe
São Tomé
GABUN
KONGO
UGANDA
KENIA
SOMALIA
0°
RUANDA
BURUNDI
DEM. REP.
KONGO
Seychellen
Sansibar
TANSANIA
ANGOLA
MALAWI
SAMBIA
Komoren
St. Helena
SIMBABWE
MOSAM-
BIK
MADAGASKAR
NAMIBIA
BOTSUANA
Mauritius
Réunion
SÜDAFRIKA
SWASILAND
LESOTHO
400 km
30°Süd
1 WESTSAHARA
2 SENEGAL
3 GAMBIA
4 GUINEA-BISSAU
5 SIERRA LEONE
6 LIBERIA
7 TOGO
8 ÄQUATORIALGUINEA
9 DSCHIBUTI
• Hauptstadt
© Inst. für Kulturgeographie Univ. Freiburg